포기성명서
테크니컬 다이버 백과사전

저자, 임원회, 고문 혹은 IANTD사와 관련된 다른 관계자들은 이 출판물에 포함된 내용의 사용을 통해, 혹은 압축공기호흡 혹은 오픈, 폐쇄 그리고/혹은 반폐쇄 회로장비를 사용한 스쿠버 다이빙 활동, 혹은 산소, 질소 그리고/혹은 헬륨 그리고/혹은 네온의 혼합체를 포함한 대체 호흡 혼합체 사용으로 인한 사고나 부상에 대한 책임을 지지 않을 것이다.

수중에서 압축된 공기와 다른 혼합기체 사용이 포함된 스쿠버 다이빙은 본질적인 위험이 존재하는 활동이다. 장애나 사망으로 이어질 수 있는 부상을 경험할 수 있을 수 있다. 개개인의 생리와 체력의 편차로 인해 용인된 실행능력 기준, 지정된 산소한계, 그리고 다이빙 테이블과 컴퓨터를 정확히 사용하여도 심각한 부상이나 사망으로 이어질 수 있다. 스쿠버 다이빙을 시작하고 싶은 이들은 인가된 강사로부터 교육을 받아야 하며 국가적으로 인정 받는 조건들을 완료해야 스쿠버 다이버로서 자격을 인정 받을 수 있다. 산소, 질소 그리고/혹은 헬륨 그리고/혹은 네온과 같은 혼합체를 포함한 대체 호흡 혼합체 사용 시 전통적인 스쿠버 다이빙 교육 이상의 필요한 추가 교육을 받아야 한다.

위에 설명된 압축된 공기나 대체 호흡 혼합체 사용에 대한 교육을 받고 인증된 스쿠버 다이버들은 스쿠버 다이빙과 관련된 위험들과 위에 설명된 대체 호흡 혼합체 사용을 알고 있으며 궁극으로 자신들의 행동에 대한 책임을 질 것이다. 만약 강습을 완료하지 않으려거나 인증시험과 평가에 합격하지 않거나 적극적으로 다이빙 활동에 참여하여 자신들의 기술과 학문을 유지하지 않고 스쿠버 다이빙 활동을 통해 발생하는 부상이나 사망에 대한 책임감을 갖지 않으려면 위에 설명된 압축공기 혹은 대체 호흡 혼합체를 사용한 스쿠버 다이빙을 시작하지 말아야 한다.

편집: Patti Mount, Pierce Hoover, Gary Joyce와 Yvonne Hoffman

목 차

저자들에 대하여

톰 마운트(Tom Mount)는 IANTD의 CEO이다. 그는 40년 이상 다이빙을 하는 동안 그는 군, 상업 및 레크리에이션 다이빙을 하였다. 그는 숙달된 포화 다이버이며 SAT(Scuba Adventures & Training, Inc.) 감독관이다. 그의 첫 테크니컬 다이빙은 그가 동굴 다이빙을 시작한 1962년이다. 그는 1968년 창립된 NACD(National Association of Cave Diving)의 4명의 창설자 중 한 명이며 마이애미 대학의 Rosenstiel 해양 및 대기과학 학교의 다이빙 임원으로 활동해 왔다. 그는 또한 NACD의 전 회장 및 교육관이었으며 1970년대 후반에는 YMCA 교육관으로 활동하였다. 그는 사진작가 및 몇 다이빙 교재 및 테크니컬 출판물들의 저자로 활동하기도 하였다. 또한 그는 IANTD 기준과 과정 개발에 있어 도움이 되기도 하였다. 그는 세계적으로 가장 경험 있는 테크니컬 다이버들 중 한 명이며 거의 모든 형태의 테크니컬 다이빙 및 장비 시험에 참여하였다.

존 줌릭 (John Zumrick, MD, Capt., MC, USN(은퇴한 미국 해군대령))은 미국해군 실험다이빙부대의 전 의료연구장교 및 선임 군의관이었다. 그는 거기서 폐쇄회로 다이빙 장비사용, 다이버 체온보호, 및 딥 포화 다이빙 실험연구에 주요 연구원이었다. 그는 수많은 다이빙 생체실험과 37일의 1,500 fsw(458.7 msw)수심 다이빙을 포함한 포화 다이빙의 피실험자로 활동하였다. 해군 다이빙 절차를 작성하고 있지 않을 때 그는 항상 북 플로리다 및 멕시코의 다양한 수원지에서 동굴 다이빙을 하였다. 그는 1971년에 동굴 다이빙을 시작하였으며 그가 다이빙한 수원지에서 많은 초기 탐험을 하였다. 그는 국립동굴학협회 및 뉴욕 탐험가들의 클럽의 특별회원이다.

데이빗 둘렛 박사 (David Doolette Ph.D.)는 호주, Adelaide/Royal Adelaide 대학병원 마취 및 집중치료 과의 특수연구원이다. 신경생리학과 신경

약리학 교육을 받은 그는 다이빙 생리학에 관심을 가지고 있는다. 그의 현재 연구분야는 다음을 포함한다: 신경계의 기능; 감압 절차, 감압병 및 직업 다이버들의 건강관리; 그리고 기초적인 불활성 기체교환의 메커니즘. 그는 호주의 레크리에이션과 생업 다이빙 산업에 다이빙 생체에 대한 자문으로 활동하고 있다. 그는 1979년부터 다이빙을 하였고 현재는 호주의 수중 동굴탐험에 주로 관련된 일을 하고 있다. 또한 감압 프로토콜 디자인, 혼합기체 다이빙 절차 디자인 및 연장된 동굴 다이빙 대한 건강 관리를 책임지고 있다.

브루스 보스 박사 (Bruce Voss MD)는 13년 동안 중환자 관리와 함께 산소 관련 연구를 하였다. 그는 고압치료의사이며 미국육군 예비역 다이빙 군의관이다. 그는 또한 트라이믹스 다이버이며 20년의 다이빙 경험이 있다.

욜리 북스팬 (Jolie Bookspan) 박사는 환경생리학연구 과학자이다 – 고온, 저온, 압력, 운동, 침수, 고중력 및 부상(때로는 한번에 전부해당)이 인체에 미치는 영향에 대한 연구. 그녀의 부친은 1960년대에 허드슨 강에서 그녀에게 다이빙을 가르쳤다. 육군병역이 끝난 후 그녀는 미국해군에서 생리 연구자로 활동하였다(숙달된 과학자도 반복해 실수 할 때도 있다). 그녀는 수중 및 고도 연구실에서 살면서 일하였으며 멕시코 산맥의 대학에서 해부학을 가르쳤고 박사학위를 위해 저온 침수에 대해 공부하였고 박사학위 취득 후 고도 감압에 대해 연구하였다. 그 후 그녀는 펜실베니아 의학대학에서 고압, 저산소 및 탄산 과잉증이 휴식, 운동 및 다른 과학적 내용들에 미치는 영향에 대한 산소중독 연구를 하였다.

케빈 걸 (Kevin Gurr)은 영국 IANTD 인가 다이버이며 모든 단계의 테크니컬 다이빙 강사 교육관이다. 그는 처음으로 EANx 다이빙 컴퓨터를 개발하였으며 ProPlanner 감압 소프트웨어를 개발하기도 하였다. 영국에서 선도적인 난파선 다이버인 그는 테크니컬 다이빙 교육 보조자료 개발에 참여하였다. Lucitania를 다이빙 하고 Brittanica 원정을 지휘한 다이버로서 그는 서적들을 출판을 하였고 성공적인 난파선 탐험가로 활동하고 있다.

라마 히레스 (Lamar Hires)는 DiveRite 제조사의 사장이며 안전한 테크니컬 다이빙 장비 개발의 선도자이다. 그는 DiveRite 다이빙 팀의 지도자이며 세계적으로 인정 받는 동굴 탐험가이다. Lamar은 NSS-CDS(National Speleological Society-Cave Diving Section)의 전 회장이었으며 NACD 교육위원회의 임원이다. 그는 IANTD EANx 동굴 강사교육관이며 IANTD BOA의 임원이다.

제이피 임버트 (JP Impert)는 19년 동안 세계적으로 선도적인 상업 다이빙 회사인 Comex에서 안전 및 다이빙 관리자로 활동하였다. Comex에서 그는 딥 다이빙과 감압 절차에 대한 연구를 하였다. 이 연구를 통해 프랑스 공기와 혼합기체 상업용 다이빙 테이블이 1992년에 출판되었다. JP는 IANTD 프랑스 인가 다이버이다. 또한 그는 동굴 다이빙을 하며 유럽동굴다이빙 커뮤니티를 지원하였고 1997년 Fountain de Vaucluse에서 Pascal Bernabe 850 ft(250 m) 다이빙을 위해 다이빙 테이블을 디자인 하였다. JP는 트라이믹스 강사교육관이다.

제로드 자브론스키 (Jarrod Jablonski)는 성공적인 동굴 탐험가로 전세계에서 다이빙을 하였다. JJ는 IANTD 트라이믹스 및 동굴 강사교육관이다. 그는 또한 NSS-CDS와 NACD 강사이며 NSS-CDS 및 NACD 임원회에서 활동하고 있다.

마틴 샤밀란 (애니멀) 박사 (Martin Shamilan, Ph.D)는 은퇴한 육군특수부대 간부이며 군대에서 다이버 및 다이빙 강사로 활동하였다. 그는 또한 레크리에이션 다이빙 강사로 활동하였다. '애니멀'은 군에 있을 때 붙여진 별명으로 아직까지 그렇게 불리고 있다. 그는 고압 연구의 고문 및 강사로 활동하였다. '애니멀'은 IANTD 강사교육관이다.

역자의 글

무엇을 하던 한 분야에 한번 빠져들게 되면 새로운 것을 도전해보고 싶은 모험심이 생긴다. 스포츠는 모험심을 유발시키는 가장 중독성이 높은 분야일 것이다. 특정 스포츠에 입문하게 되면 초기에는 남들이 하는 것만큼 하는 것에 성취감을 느끼다가 나중에는 남들이 하지 못하는 것을 하는 것에 더 큰 성취감을 느낀다. 이로 인해 스포츠에 빠져든 사람들에겐 절대 만족이란 없을 것이다. 끝이 없는 한계에서 사람들은 더 멀리, 더 빨리, 더 많이 하고 싶어 한다. 스포츠, 특히 익스트림 스포츠는 특별한 사람들만이 하는 것으로만 알고 있었던 나도 서서히 스포츠의 매력에 빠져들면서 테크니컬 다이빙을 접하게 되었고, 더 많은 기체와 장비들을 착용하고 아무도 접하지 못했던 수심과 환경에서 다이빙을 하게 되었다. 도전과 성취감에 대한 만족이 두려움을 잊게 할 정도로 컸었던 것 같다. 하지만 이 책을 번역하고 원서를 수 번 읽으면서 그 당시 나의 모험심과 함께한 무지함이 얼마나 큰 위험이라는 것을 새삼 느꼈다. 테크니컬 다이버라 생각했던 내 자신이 부끄럽게 느껴지기까지 했다.

이 책의 핵심내용을 한 단어로 표현하자면 '책임감'이다. 사람은 누구나 새로운 것을 탐구하고 성취할 권리가 있다. 하지만 이에 따른 위험도 자신이 책임져야 한다. 새로운 것을 하는 것은 훌륭한 일이지만 이에 따른 위험요소들을 미리 연구하고 고민해야 하며, 대처방법도 모두 계획해 놔야 한다. 말로는 쉬운 일이지만, 어떠한 일이 발생하기 전에는 어떤 위험이 도사리고 있을지 아무도 모르기 때문에 새로운 도전은 항상 위험이 따른다. 《**테크니컬 다이버 백과사전**》은 테크니컬 다이빙 시 가장 많이 발생될 수 있는 위험상황들을 실테 상황들을 바탕으로 설명한 후 이에 대한 해결책들을 전문가들의 경험을 바탕으로 제시하고 있다. 또한 다이버들이 필히 알아야 할 신체적 변화와 병태생리학을 기술함으로서 신체에서 어떠한 변화가 있고 어떻게 문제를 피할 수 있는지 알려주고 있다. 이 책에서 발생 가능한 문제들을 모두 다루지는 못하지만, 위험을 피하기 위해 무엇을 준비해야 하고, 어떠한 책임감을 가지고 접근해야 하는지는 충분히 제시해 줄 것이다.

이 책을 다 읽고 테크니컬 다이빙이 무엇인가에 대한 질문에 읽기 전과 다른 답을 할 수 있었으면 하는 마음이다. 대부분의 사람들이 테크니컬 다이빙의 핵심은 탐험, 고가의 장비, 깊은 수심, 오랜 잠수 등이라 생각한다. 개인적으로 테크니컬 다이빙은 다이빙을 하는 이의 전문적인 마음가짐이라 생각한다. 새로운 곳을 탐험하면서 발생할 수 있는 모든 상황들을 미리 계획하고 대처할 수 있는 준비된 자세야 말로 진정한 테크니컬 다이버라고 생각한다. 단순히 따라하는 것이 아니라, 왜 하는지 알고 남들이 하지 않더라도 하는 이유가 정당하다면 실행하는 것이 위험을 예방하는 기본 자세일 것이다.

국내 테크니컬 다이빙에 대한 관심도는 몇 년 사이에 급격히 상승했다. 관심과 함께 사건사고도 많이 발생한다. 이 책이 다이빙으로 인한 사건사고들을 줄여주는데 조금이나마 그 역할을 할 수 있다면 이 책의 역자로서 나는 만족할 것이다.

안전한 테크니컬 다이빙을 할 수 있도록 항상 격려와 염려를 아끼지 않으신 가족 그리고 NSDM 회장 및 회원님들과 이 책이 완성되기까지 수고하신 모든 분들에게 감사드리며, 이 책을 펴낼 수 있도록 해 주신 정담출판사의 사장님을 비롯한 편집부 윤옥인 직원 에게도 깊은 감사를 드린다.

2013. 8 역자 씀

지 혜 미

University of California, Irvine 생물학과 학사

서울대학교 체육교육과 석사

울산대의대 의과학 박사

CHAPTER 1

제1장
테크니컬 다이빙의 주요 사고 원인들 Tom Mount
(The Leading Causes of Accidents in Technical Diving)

사고없는 다이빙은 그냥 이루어 지는 것이 아니다. 의식과 교육, 지속적인 연습과 계획을 포함한 포괄적인 노력을 통해 이루어 진다. 다이빙 사고는 다양한 원인들로 인해 발생되며 이러한 사고들을 최소화하는 방법은 각각의 원인들을 대비한 행동과 연습을 하는 것이다. 이 장에서는 가장 자주 발생되는 다이빙 사고들을 분석하여 좀 더 효과적인 예방법과 해답을 찾으려고 할 것이다.

사고분석은 사고의 원인과 적용 가능한 예방법들을 지속적으로 재검토하는 과정을 바탕으로 하고 있다.

Cis-Lunar MK 5 다이빙을 준비하는 Tom Mount
사진: Don Townsend

이 책에 나온 실제 상황들과 의견들은 20년 동안 모아온 다이빙에 대한 사고분석 자료들을 기반으로 구성 되었으며, 안전 관련 전문가들과 저자의 40년 이상의 다이빙 경력 및 통찰력, 또한 많은 테크니컬 다이빙 경험자들과 전문인들의 실제 상황들과 의견들을 모아 제작되었다.

이 장을 통해 대부분의 사고는 훈련, 연습, 혹은 교육이 부족한 상태에서 다이빙을 하였기 때문에 일어 났다는 것을 알 수 있을 것이다. 또한 본 장에서는 **테크니컬 다이빙 사고의 가장 흔한 10가지 발생 원인**들과 예방법들을 다룰 것이다.

1. 훈련(Training)

무지(Ignorance)는 사고의 가장 큰 원인이다. 무지는 어리석음이 아니다. 무지는 적절한 정보와 지식을 교육받지 못한 사람의 행동이고, 무지로 인해 중요한 사실과 잠재적인 위험들을 인식하지 못할 뿐이다.

테크니컬 다이빙 영역에서 안전에 대한 정보를 제대로 교육받는 단 한가지 방법은 확인된 정식 교육프로그램들을 통해 교육받는 것이다. 감독된 훈련을 받지 않거나 부적절한 교육을 받는 것은 테크니컬 다이빙에 있어 가장 큰 사고 원인이 된다. 이는 동굴, 난파선 혹은 딥 다이빙에서도 모두 적용된다.

안전하고 효율적인 다이빙 프로그램은 어떻게 인지할 수 있을까? 적절한 테크니컬 다이빙 교육은 이론적인 교육뿐만 아니라 육지, 수영장 및 수중 교육을 통해 중요한 기술들을 학습하고 반사적으로 올바른 행동을 취할 수 있도록 해야 한다. 올바른 교육 프로그램은 학생들에게 다이빙 환경이 요구하는 것과 위험에 대한 지식을 교육시키고 안전에 대한 인식 및 응급상황에 대한 준비를 시킬 뿐만 아니라 스트레스를 제어하고 극복할 수 있도록 포괄적인 교육을 제공해야 한다. 다음은 적절한 교육에 대한 저자의 의견이다.

- **교육은 개개인에게 정보를 제공하는 기본적인 방법이다. 개인이 정보를 얻게 되면 무지와 이에 관련된 위험요소들을 극복할 수 있게 된다.**
- **교육은 다이버의 행동과 반응 패턴에 대한 변화를 준다.**
- **교육은 학생이 선생의 지식을 받아드릴 준비가 되었을 때 가능하다. 아무리 좋은 교육 내용이나 기술을 가르치더라도 학생이 열린 마음으로 교육을 받아 드려야만 적절한 교육이 될 수 있다. 옛 속담에도 "학생이 준비되면 선생이 나타날 것이다"라는 말이 있다.**
- **교육을 통해 응급상황시 반응할 수 있는 자신만의 기술들을 개발해야 한다.**

테크니컬 다이빙를 위한 필수 교육 사항들

- 안전잠수경력과 함께 경험과 인지도가 확인된 테크니컬 다이빙 교육자들에 의해 개발된 프로그램을 찾아야 한다.
- 교육 프로그램에 수중 안전에 대한 기술들도 포함됐는지 확인한다. 스트레스 관리기술 – 단련과 자제심을 개발하는 기술들 – 이는 테크니컬 다이빙에 있어서 필수적인 요소들이다. 이러한 기술들은 실제와 같은 상황에서 수행되어야 하며, 자제력을 키울 수 있어야 한다. 또한 연습은 다이버에게 닥칠 실제 문제들과 같은 환경으로 재현되어야 한다.
- 기본적인 지식과 기술은 교과서 혹은 참고문헌 자료와 깊이있는 강의 및 수중기술 실습을 통해 교육되어야 한다. 학생의 지식은 필기시험을 통해 평가되어야 한다.
- 침투(penetration)의 정도와 수심은 강사 관리하에 점진적으로 증가되어야 한다.

다음과 같은 교육 프로그램들은 피해야 한다.

- 집중적인 기술개발을 제공하지 않는 프로그램
- 점진적인 교육 단계 없이 과도한 형태의 다이빙을 급하게 시키는 경우
- 모든 교육생들에게 맞는 교과서나 필수적이고 기본적인 지식을 제공하지 않는 경우
- 가이드 투어만을 제공하는 경우

교육이 효과적이기 위해서는 배움이 필요하다. 지식이 본인것이 되려면 마음을 열고 받아드릴 자세로 대화를 해야 한다. 현명한 다이버는 강사로부터 얻은 모든 정보를 갈망하고 이를 모두 소화시킨다.

2. 방향감각 상실 및 연속되는 가이드라인 (지침선)을 따르지 못할 경우

오버헤드 환경[1]에서 이러한 문제는 당연히 매우 심각하지만 오픈워터 다이빙 시 앵커라인이나 다운라인에서 감압정지를 하고 있을 경우, 혹은 다이버가 바다에서 실종 될 수 있을 상황에서 방향감각 상실 및 가이드라인 문제는 매우 심각한 문제가 된다. 오픈워터 환경에서 다이버는 네비게이션 기술을 터득하고 있어야 하며, 시각점을 사용할 수 있어야 한다. 다이빙 중 다이버는 지속적으로 시작한 위치와 다른 시각적 표시들을 확인하여 자신의 위치를 파악해야 한다.

동굴이나 난파선 다이빙 시 지속적으로 연결되는 가이드라인이 없다는 것은 안전에 심각한 문제가 된다. 이는 오버헤드 환경에서 발생할 수 있는 두 번째로 치명적인 사고원인이다. 오버헤드 환경에서는 항상 가이드라인을 사용해야 한다. 침투[2]는 다이버가 들어가 바로 상승할 수 없는 위치에서 시작된다. 이는 또한 수심에서의 빛으로 분별할 수 없을 만큼 시야가 감소된 환경일 수 있다.

릴과 가이드라인을 사용하기 전 적절한 사용에 대한 교육은 필수이다. 부적절한 릴(reel)이나 라인(참조선) 사용은 선을 꼬이게 하여 더 위험한 상황으로 이어지게 할 수 있다.

3. 기체관리(Gas management)

너무 많은 다이버들이 공기를 나눠야 하는 응급상황을 경험했다 – 그 중에는 치명적인 상황도 있었다 – 이는 적절한 기체관리를 하지 않았기 때문에 발생된 상황들이다. 적절량의 기체로 다이빙을 하여도 이를 안전하게 관리를 할 수 있다는 보장은 없다. 매우 노련한 다이버들도 적절한 기체관리를 하지 않고 있을 수 있으며, 많은 다이버들이 기체관리를 어떻게 해야 하는지 모른다.

---

1 오버헤드 환경 : 동굴, 난파선 및 스테이지 다이빙 같이 바로 수면으로 상승할 수 없는 환경
2 침투 : 동굴이나 난파선 등의 오버헤드 환경으로 들어가는 잠수행위

기체관리는 적절한 량의 기체를 갖고 수면으로 상승해 다이빙을 끝내는 것 만이 아니다. 예측하지 못한 지연이나 응급상황들을 위해 적절한 기체를 남기기 위해서는 다이버들은 적절한 기체사용 규칙들을 따라야 한다. 39m(130ft) 수심이내에서 감압정지 없는 오픈워터 다이빙 시 (1/2+13.6bar(Half-Plus-200psig) 규칙이 적절하다. 하지만 이 범위를 벗어나게 되면 1/3의 법칙(The Rule of Thirds)이 적용된다.

39m(130ft) 이상 수심의 오버헤드 환경 다이빙이나 감압 정지가 있는 다이빙을 할 경우 1/3의 법칙을 준수해야 한다. 1/3의 법칙은 다이버가 수면에 상승했을 때 기존 기체량의 1/3이 남아있어야 한다는 규칙이다.

"1/3의 법칙(The Rule of the Thirds)" 사용방법

다이빙 계획 작성 시 입수점으로 돌아올 때까지 최대 2/3의 기체를 사용할 것이라는 가정 하에 시작한다. 이는 1/3의 기체를 목표지점으로 가는데 사용하고 1/3의 기체를 제자리로 돌아오는데 사용하도록 계획하기 위해서다. 이러한 방법을 사용할 경우 나머지 1/3은 응급상황이나 기체를 나눠야 할 경우에 사용될 수 있다.

주의: 만약 주 기체를 감압에 사용해야 할 경우 다이빙 시 사용하는 2/3의 감압리체가 포함되어야 하며 1/3의 예비분은 사용하지 말아야 한다.

나머지 1/3은 다이버가 줄 등에 얽히거나, 방향 감각을 잃거나, 상승이 늦어지는 문제가 발생할 경우 요구되는 추가 시간을 위해 남겨두도록 한다. 또한 1/3분을 남겨 놓지 않는다면 다이빙 버디에게 필요한 기체를 공급해 줄 수 없다.

오픈워터 다이빙은 언제나 수면으로 탈출할 수 있다고 주장할 수 있다. 하지만 만약 단계별 감압정지를 해야 할 경우 각각의 감압정지들은 난파선의 철 케이싱이나 동굴의 석회암과 같은 오버헤드 환경과 같을 수 있다. 단계별 감압 다이빙 시 다이버가 수면으로 탈출하여 기체고갈 상황을 모면할 수 있지만, 치명적인 감압병으로 인해 다치거나 사망 할 수 있는 가능성을 증가시킬 뿐만 아니라 바다에서 행방불명 될 가능성도 증가시킨다.

만약 수심위로 탈출해야 할 상황에 놓여졌다면 리프트 백(소시지)를 띄워 바다에서 미아가 될 위험을 감소시킨다. 남 플로리다와 같이 표류 감압이 잦은 지역의 경우 다이빙 관리자들은 리프트 백과 수면 표류 다이버들이 상승하는 것을 주목하여 관찰하기 때문에 리프트 백 사용이 안전한 방법일 것이다.

하지만 다이빙 보트가 앵커에 걸려있거나 밧줄로 고정되어 있을 경우 다이빙 관리자는 리프트 백이 뜨길 주목하고 있지 않는다. 자유롭게 표류되어 있는 다이버들은 바다에서 행방불명 될 가능성이 높다. 그러므로, 기체관리 규칙을 지켜 수면 관리자들이 주목하고 있는 장소에서 상승하는 것이 매우 안전한 방법일 것이다.

기억해야 할 것들…

- 기체를 너무 많이 흡입하여 사망한 사람은 없다; 하지만 너무 적은 기체를 사용하거나 기체를 적절이 관리하지 못할 경우 사고로 이어질 확률은 매우 높다.
- 만약 누가 최소의 기체량을 가져갈 것을 권한다면 그 사람을 조심해라; 그런 사람들은 당신의 안전에 위험이 될 수 있다!

4. 생리적 한계를 초과할 경우

Cay Sal Banks에서 상어들에 먹이를 주는 Patti Mount
사진: Tom Mount

생리적 한계 초과는 다이빙에 있어서 가장 위험한 행동이다. 위험한 생리적 한계에는 산소노출, 마취의 한계와 감압병 등이 포함된다.

고농도 산소믹스를 감압 중 장기간 사용하거나 장기간 나이트록스 다이빙을 할 경우, 52m(180ft) 이하의 수심에서 에어 다이빙을 할 경우, 산소한계(oxygen limit)는 다이버들이 가장 걱정해야 하는 문제가 된다. 산소한계는 트라이믹스 다이빙 시 반드시 계산되어야 하며 따라야 한다.

산소노출만이 다이버들이 인식해야 할 생리적 한계는 아니다. 산소노출 한계만을 고려한다면 에어로 최대 180ft(52m)까지 다이빙을 한 후 가속(고산소량)된 믹스기체(accelerated mix)로 감압을 할 수 있을 만큼의 적절한 산소창(oxygen window)이 남아 있다.

하지만 많은 사고 사례들을 보면 마취의 영향과 CO_2 축적 등으로 인해 문제가 발생되기 때문에 다이빙 전문가들은 50m(170ft) 이상의 수심에서는 트라이믹스 사용을 권하고 있다. 또한 대부분의 연구들은 - 또한 깊은 수심을 탐험하는 다이버들의 경험에 의하면 - 트라이믹스를 사용해 48m(160ft) 이상 수심에서 다이빙을 할 경우 다이버의 생산성은 현저히 증가된다고 한다.

최근 몇 년 동안 논쟁의 대상이 되어왔던 분야는 감압한계(Decompression limits)이다. 요즘 상용화 되어있는 S/W 프로그램들은 맞춤 식 감압 모델들을 제작할 수 있게 하였는데 일부 다이버들은 이를 통해 "가속된" 감압 프로필을 제작하여 매우 좁은 안전 범위의 다이빙을 하기 시작하였다.

감압은 정확한 과학이 아닐뿐더러 다이버의 신체적 반응들은 다이빙 마다 매우 다를 수 있으므로 이러한 매우 "가속된" 감압 모델들은 DCI 발병 위험율을 현저히 증가시킬 수 있다. 위험을 줄이기 위해서 다이버들은 감압에 영향을 주는 모든 요소들을 이해하고 적절하고 보수적으로 감압 계획을 작성하는 것이 좋다.

"미리 계산된 위험에 맞선다. 조급히 행동해야 할 때와 매우 다르게 대처할 수 있다."_ George S. Patton

5. 위험/이익의 한계를 초과할 경우

모든 다이버들은 자신들의 교육과 경험을 바탕으로 자신의 한계를 인지하고 넘지 않도록 제어해야 한다. 자신의 한계에는 수심, 활동량, 다이버의 체력 및 전반적인 위험부담, 난이도, 그리고 다이버가 견딜 수 있는 불편함의 한계 등이 고려되어야 한다

자신의 한계를 정할 때는 위험대비 이익부석(Risk-to-Benefit Analysis)을 해야 할 경우가 있다. 특정한 다이빙에 대한 위험대비 전반적인 이익을 비교할 때 다이버는 위험보다 이익이 얼마나 큰가를 고려할 수 있다. 예를 들어 탐험가들은 레크리에션 다이버들이나 일반 다이버들보다는 큰 위험부담을 가지고 다이빙을 한다.

위험부담이 큰 다이빙을 할 경우 다이버는 사망의 가능성보다 성취에 대한 중요성을 인정한 후 다이빙에 임해야 할 것이다. 하지만 위험의 강도를 받아드릴 수 없다면 다이빙은 하지 말아야 한다.

대부분의 다이버들은 과도한 위험은 피하고 기록을 깨기 위한 과도한 다이빙은 하지 않는다. 하지만 언제나 다른 이들이 살아 남지 못한 곳을 당당하게 탐험하려는 사람들이 있다. 탐험가들과 한계에 도전하는 사람들이 없다면 새로운 과학지식과 사회의 발전이 없었을 것이다.

하지만 탐험을 위해 위험을 감안하는 것과 이미 인증된 안전과정을 무시하거나 생리적 한계를 넘는 것은 엄연히 다르다.

위험/이익 분석을 행할 경우 다이버들은 모든 위험 가능성들을 인식하는 것은 물론이고 일반적인 편안한 범위가 아닌 환경에서 얼마나 육체적으로나 정신적으로 견딜 수 있는지 분석해 봐야 한다. 위험/이익 분석이 적용되고 모든 위험 가능성들을 확인하면 대부분의 다이버들은 위험부담이 낮은 계획을 선택한다. 하지만 기억해야 할 것은 위험요소들은 완전히 제거할 수 없으며, 다만 할 수 있는 것은 위험요소들을 확인하여 최소화 시킬 뿐이라는 것이다. 모든 다이빙은 형태를 막론하고 항상 위험 가능성은 존재한다.

어리석은 이들만 다이빙이 전혀 위험하지 않다고 생각한다.

자신이 얼마나 위험을 감당할 수 있는지와는 무관하게 공기 수심 한계에 대한 위험부담을 가질 이유는 없다. 딥 에어 다이빙은 산소, 질소마취와 이산화탄소 축적의 복합적인 요소에 노출 되게 한다. 이러한 생리적 장애요소들이 존재하는 상태에서 힘든 작업을 진행할 경우, 허용할 수 있는 안전범위를 벗어나 생명에 위험을 줄 수도 있다. 통계자료를 보면 딥 에어 다이빙은 지속적으로 더 깊은 수심에서 그 기록이 갱신되었지만 항상 성공만 하지만은 않았다는 것을 볼 수 있다.

위험과 이익

- 개념 있는 다이버는 다이빙이 극적일수록 위험 노출로 인한 위험의 정도가 증가된다는 것을 알고 있다.
- 위험관리 프로필을 작성할 때 모든 변수와 가능성에 대해 "만약에?(What-if?)"라는 질문을 하도록 한다.
- 위험 가능성이 있는 모든 장소들에 대한 목록을 작성하고, 각각의 장소에서 발생될 수 있는 위험에 대한 해결책과 결과를 제공한다.
- 목록이 완성되면 본인이 위험요소들을 수락할 수 있는지 결정한다.
- 새로운 장소를 탐험할 때는 최종 목표로 가기까지 단계적인 계획을 세워 위험을 최소화 한다.
- 문제 발생을 미리 상상해 본다면 문제가 발생하기 전에 해결 할 수 있다.

6. 포기(Quitting)

매우 간단한 단어이지만 생존을 위한 – 혹은 실패로 이어지는 – 필수 단어이다. 다이빙 서적들은 수중 어디에선가 갇히거나 행방불명 된 다이버들이 사랑하는 이들에게 마지막으로 남긴 글에 대한 사례들을 많이 다루고 있다. 언론과 다이빙 커뮤니티 내 많은 이들은 이러한 감정적인 행동들을 찬미하며 사망한 이들이 남기고 간 사람들에 대한 사랑과 걱정을 칭찬한다.

하지만 많은 경우 갇히거나 행방불명 된 이들을 찾았을 때 확인된 것은 이들이 사랑하는 이들에게 글을 남기기 보다는 살기 위해 글을 쓰던 에너지와 공기를 사용했다면 살아서 안전하게 수면까지 올라왔을 가능성이 높다는 것이다. 감동적인 글들이 실제로는 죽음의 원인인 비문이 된 것이다: 그것은 **포기**이다. 진정한 영웅은 포기하지 않는 자이다! 이러한 사람은 불가능해 보이는 데서 생존한다.

톰 마우트(Tom Mount)의 *'동굴 다이빙과 실용적인 다이빙을 살리자'*(Save

Cave Diving and Practical Diving)에서 밥 스미스(Bob Smith)는 스트레스를 주제로 수중 생존을 가장 적절히 설명하였다:

"죽음이나 불가능에 부딪혔을 때 어떤 이들은 불가능을 극복해 삶을 선택하였다."

불행하게도 이러한 이들은 소수였고 대부분의 사람들은 불가능 극복을 선택하지 않았다. 많은 사람들이 교육적 배경, 경험, 자신감, 자제력, 혹은 자신에 대한 믿음이 없어 불가능에 맞서지 못한다. 이러한 사람들의 죽음은 상황으로 인한 것이 아니라 사건에 대한 인식과 자신의 나약함으로 인한 것이다.

좋은 교육 프로그램은 기술 수준, 단련과 생존에 대한 사고방식을 도와 포기할 가능성을 감소시킨다. 하지만 자신의 능력을 연마하고 강하고 믿을 만한 시스템을 개발하며 지속적으로 지식을 찾고 자신의 기술 수준을 개선시켜 삶의 모든 도전들을 맞서는 것은 본인 자신에게 달려있다.

생존에 대한 긍정적인 사고방식과 반응은 자신으로부터 나오며 믿음, 자신감, 지속적인 자기훈련 및 자신 혹은 다른 이들의 경험을 통해 배우면서 생성된다.

생존에 대한 생각

- **결과적으로 생존은 정신을 집중시킬 수 있는 능력에 달려있다. 집중된 정신은 현재 상황에 대한 걱정을 없애며 문제 해결에 집중하게 한다.**
- **현명한 다이버는 자신게 적절한 맞춤 식 생존 훈련 프로그램을 디자인 한다. 이것은 안전에 위험을 가하지 않고 할 수 있다.**
- **생존 훈련 프로그램들은 편한 범위를 벗어난 정신적, 육체적 훈련을 요구하는 동시에 일관된 호흡률을 요구한다.**
- **생존자에게"포기할 생각 없었나요? 라고 물어보면 그는 단호하게"아니오!"라고 대답한다.**

- 위험한 상황에서 포기의 결과는 죽음이다.
- 성공은 어떻게 앞으로 전진하고 위로 전진할까라는 생각과 장애를 막론하고 어떻게 반응할 것 인지 생각하는 것부터 시작된다.
- 장애를 극복하면서 계속 시도하는 것은 생존을 선택할 수 있는 방법이다.
- 포기를 극복하게 하는 방법은 정신/육체를 통제할 수 있게 하는 정신적, 육체적 단련으로 부터 시작된다.
- 집중된 정신력은 우리의 행동과 육체적 반응들을 제어할 수 있게 한다.

포기는 실패했다고 인정하는 것이다.
"예"라는 답은 생존을, "아니오"라는 답은 실패로 이어지게 한다.

7. 부적절한 장비/장비구성 (Improper Equipment/Equipment Configuration)

'나쁜' 장비로 시작하면 좋은 다이빙을 할 수 없다. 당연한 소리 같지만 부적절하고 불충분하며, 불완전하게 유지된 장비는 많은 다이빙 사고를 유발한다. 테크니컬 다이버에게 스쿠버 장비는 목숨을 유지해 주는 장비이며 그렇게 다뤄져야 한다.

- 최상의 장비는 성공적인 탐험을 위한 보험이다.
- 당신 목숨을 걸 수 있는 장비를 사용하자.
- 마음을 열어 놓고, 더 좋은 해결책이 있다면 장비와 장비 구성을 변경하자.
- 고정관념을 갖지 말자; 대신 완벽을 추구하라.

다이빙 시나리오가 다를 때마다 그에 맞는 장비들이 필요하다 –이는 "더 많은 것이 좋다"라는 고정관념에 빠진 다이버들이 인식하지 못하는 부분이다. 다이빙을 하기 전에 특정한 다이빙 환경과 목표에 맞는 특정한 장비만을 선택한다. 목숨을 유지시키는 장비는 중복되는 것이 좋지만 불필요한 장비는 피하는 것이 좋다.

선택한 장비들의 구성 또한 안전한 다이빙에 영향을 준다. 늘어져 있는 장비들, 덜렁거리는 레귤레이터와 부적절하게 매어진 보조 라이트는 얽힐 확률을 증가시키며 손상될 가능성을 높인다. 보조 레귤레이트에 진흙이 들어가거나 보조 라이터가 난파선에 부딪히거나 물이 들어가게 되면 사용할 수 없는 불필요한 물건들이 된다.

장비고장을 예방하기 위해서는 장비를 보호해야 한다. 최대한 보호될 수 있도록 장비들을 침착하게 관리하고 유선형 형태로 고정시킨다. 구체적인 장비 부착 기술들은 정식 테크니컬 다이빙 코스에서 배울 수 있으며, 노련한 다이버들 사이에서 자주 토론 및 교육의 주제가 되는 중요한 내용이다.

한가지 구성만을 고집하는 교육은 당신의 성장을 제한하며, 당신의 성과와 전반적인 안전을 제지한다. 일반적으로 선호하는 장비구성은 장비들의 드래그(Drag) 혹은 끌림을 최소화하게 하고, 편안한 유선형 형태로 간단한 접촉을 통해 쉽게 장비를 식별할 수 있으며, 자기구조를 가능한 빠르게 할 수 있게 하는 형태를 말한다. 개개인의 유연성 및 육체적 특징 등의 차이로 인해 점차적으로 자신에게 맞는 장비구성을 하게 될 것이다.

적절한 장비를 선택하지 않았거나 특정한 용도에 맞게 장비구성을 하지 않았을 경우 사고가 발생할 가능성은 높아진다. 이렇게 간단한 문제를 해결하지 않아 통계의 일부가 되지 않았으면 한다.

8. 다이빙 팀 선택

테크니컬 다이빙 교육은 자기 의존(self-reliance)과 자급 자족(self-sufficiency)을 강조하지만 안전하고 능력 있는 다이빙 파트너는 어떤 것과도 바꿀 수가 없을 만큼 중요한 선택이다. 좋은 다이빙 팀은 혼자보다 더 강하고 문제 해결 가능성이 높으며 사고를 예방한다. 하지만 능력없는 다이빙 파트너나 부적절한 다이빙 팀과의 다이빙은 사고의 원인이 될 수 있다. 안전한 다이빙 팀은 개개인의 능력과 책임감도 필요하지만 기술, 경험, 목표 및 사고 방식에 있어서 양립될 수 있어야 한다.

어떤 경우에는 매우 능력있는 다이버와 같이 다이빙을 하면서 무의식적으로 경쟁심이 발생해 다이버로서의 자신의 한계를 넘어 사고가 난 경우도 있다. 또한 파트너의 강요로 인해 자신의 안전범위를 벗어나거나 제어능력을 넘어 사고가 난 경우도 있다.

자존심 경쟁 및 자극으로 인해 사고가 날 수도 있다. 이러한 상황은 친구나 연인들 사이에 무의식적으로 일어 날수 있다. 이러한 사고를 예방하기 위해서 능력 있는 다이버들은 모두 다 같은 능력과 기술을 가지고 있다는 것을 인식해야 한다. 또한 경험이 부족한 다이버들은 자신의 한계를 인식하고 자존심 혹은 다른 이들을 의식해 능력 밖의 행동을 하지 말아야 한다.

본인이나 파트너의 자존심을 자극하거나 자극 받지 말아야 한다.

9. 스트레스 관리

사고는 스트레스가 적절히 관리되지 못할 경우 발생한다. 역으로 스트레스 관리를 잘하는 다이버는 수중에서 발생하는 대부분의 문제들을 해결할 수 있다.

스트레스 관리능력은 훈련, 연습 및 전반적인 정신력에 영향을 받는다. 신뢰할 수 있는 전문 교육 프로그램들은 수많은 반복 연습과 강의를 통해 스트레스를 인식하고 맞설 수 있게 한다.

생각하는 다이버는 스트레스로 인한 위험들에 대한 저항력이 더 뛰어나다. 미리 준비하고 "만약에(What ifs?)"라는 질문에 미리 답을 정해 놓으면 스트레스 예방에 큰 도움을 된다. 연습과 계획은 스트레스 관리의 기본이다.

10. 자기 훈련과 기술 유지

앞서 말했듯이 생존적 행동은 교육과 연습, 그리고 기술 유지의 지속적인 반복에서 비롯된다. 많은 다이빙 사고들은 다이버가 자신의 기술 수준을 유지 하지 못하거나 업데이트 하지 않았기 때문에 발생한다.

다이빙 기술들의 유지와 업데이트는 사고율을 최소화 하는데 가장 큰 원인일 것이다. 하지만 자기 만족에 빠지거나 게으른 다이버는 이 부분을 쉽게 지나칠 수 있다.

다이버가 테크니컬 다이빙을 지속적으로 할 경우 지속적인 교육의 필요성을 강조하고 싶다. 정식 교육을 수료하였다는 것은 시작에 불과하다. 교육을 받은 다이버는 추가 지식과 교육에 대한 지속적인 개인 탐구를 할 수 있는 준비가 되었다는 것을 뜻한다.

사고의 원인들을 보면 긍정적인 행동들이 대부분의 상황들을 극복시켜 줬다는 것을 알 수 있다. 지식, 교육, 태도, 자신감과 기술은 힘의 열쇠이다. 이 모두 다 기본적인 요소들이며 모두 쉽게 실행할 수 있다. 이러한 요소들로 키운 자신의 힘은 상황이 불리한 경우에도 지속적으로 목적을 위해 추진하게 한다. 이 장의 개념들을 적용한다면 당신은 살아남은 사람들 중 하나가 될 것이다.

자가 훈련은 정식 교육을 바탕으로 수행되어야 하지만 수업에서 배운 내용보다는 매우 진보적으로 수행되어야 한다. 성실한 다이버는 항상 연습하고 테크니컬 다이버의 기본적인 개념과 기술들을 확장시킨다. 다음 기술들의 사용에 전문가가 되자.

- 안전의 열쇠는 지속적이고 반복적인 연습이며 수행 능력은 잦은 반복을 통해 개선된다.
- 창조적이도록 하며 자신이 개발시킨 기술을 개선시키도록 한다.
- 더 좋고 효율적이며 안전한 다이빙 방법을 위해 지속적으로 장비와 장비 구성, 그리고 다이빙 기술들을 분석한다.
- 열린 마음을 갖지만 성과에 있어서는 자신의 관념을 타협하지 않는다.
- 당신은 당신 자신의 행동, 기술, 지식 및 성과에 책임이 있다.
- 동료 다이버들과 정보를 교환하고 지식을 나눈다.

CHAPTER 2

제2장

장비구성 (Equipment Configuration) Tom Mount

매끄럽고 유선형의 수중 수영 스타일을 향상시키기 위해서는 연습이 필요하며, 적절한 기술에 대한 이해가 필요하다. 또한 동일하게 중요한 것은 다이빙 장비의 구성과 운반 방법이다. 부적절한 장비 구성은 불필요한 드래그(끌림)을 유발하며, 더 심각하게는 장비들로 하여금 꼬이거나 얽히게 한다. 또한 필요한 예비 장비들을 원하는 데로 사용할 수 없게 하거나 아예 꺼낼 수도 없게 한다. 하지만 적절한 구성은 수중 드래그를 최소화하게 하며 장비를 보호하고 필요한 주 장비나 예비 장비들을 바로 사용할 수 있게 해준다.

이러한 전반적인 구성방법 외에도 적절한 장비 구성의 구체적인 구성방법들은 매우 다양하며, 장비착용에 단 한가지의 "가장 적절한 방법"은 없다. 다이빙 환경과 다이빙 스타일의 다양한 차이점들로 인해 장비에 적용되는 스타일들은 매우 다양하며 딥 트라이믹스 다이빙에 적절한 장비구성이 좁은 웅덩이 다이빙에는 전혀 적용되지 않을 수도 있다.

장비구성의 20가지 필수 요소들 (중요도 우선순위)

1. 안전하고 믿을 수 있다.
2. 다이버에게 편하다.
3. 장비는 과하지 않고 적절히 중복한다.
4. 자급자족과 자기구조를 할 수 있게 한다.
5. 간단하며 사용하기 편하다(KISS 법칙).
6. 밸브와 액세서리들은 쉽게 찾을 수 있다.
7. 버디구조 / 지원능력을 제공한다.
8. 다이버의 필요성과 다이빙 목적에 맞춰 제작되었다.
9. 본인의 장비구성에 신뢰를 가질 수 있다.
10. 드래그가 적은 구성이다.
11. 장비의 균형이 맞다.
12. 촉감으로 장비들을 확인 할 수 있다.
13. 기본적인 장비 배치방법이 적용되었다.
14. 융통성이 있다.
15. 유선형이며 깨끗하다.
16. 장비구성 업데이트는 다이버에게 편한 시점에서 하도록 한다.
17. 감압 스테이지 실린더들은 시각, 촉감과 배치 마크로 확인 가능하다.
18. 각각의 실린더는 사용용도에 따라 표기되었다.
19. 팀 다이빙은 팀 전체의 잠수개념과 맞다.
20. 사용자는 지속적으로 장비구성 향상 방법을 찾는다.

안전은 장비구성을 계획할 때 가장 첫 번째로 고려되어야 할 요소이다. 대부분의 경우 다이빙의 임무는 어떤 장비를 사용해야 할지를 결정하는 것이다. 다이빙에 필요한 각각의 장비는 신중이 선택하면서 어떤 것이 전반적인 안전과 성과에 필요한지 꼼꼼히 따져봐야 한다. 안전한 장비 시스템없이는 다른 모든 노력들은 불필요하다. 자신의 시스템을 구성하기 전에 다른 다이버들의 경험담을 들어보고 다양한 유형의 사고들을 분석해 본다. 잠재적인 문제들을 발견하고 이에 따른 장비들을 구성하게 되면 자신에게 맞는 장비 구성뿐만 아니라 안전을 최대한 고려해 제작된 장비구성이 될 것이다.

테크니컬 다이빙 장비에 대한 보편적인 고려사항들

편안함과 **적합함**은 모든 즐거운 다이빙의 열쇠이기도 하지만 다이빙 시간이 연장되고 더 많은 노력이 필요한 테크니컬 다이빙 시에는 더욱 더 중요한 요소가 된다. 불편한 장비로 인해 불편한 다이버는 스트레스에 민감해 지고 쉽게 지치며 지각이 좁아지게 되는 것을 경험하게 된다. 반대로 편안한 다이버는 경계심을 더 유지할 수 있고 편안하게 주위환경을 인식할 수 있다. 이는 다이빙 성과를 향상시키며 응급상황에 빠르게 대처할 수 있도록 해준다.

추가 액세서리 혹은 부속품을 부착해도 장비가 편안해야 하며 안정적이야 한다. 선택한 장비들은 수중은 물론 육지에서도 편해야 한다. 장기간 다이빙을 기다리거나 장거리를 걸어가야 할 상황에서는 중요한 문제가 되기 때문이다. 현재 불편하거나 통증을 유발하는 시스템을 사용하고 있다면 바로 변경하는 것을 권한다.

중복(Redundancy)은 테크니컬 다이빙에 있어서 가장 큰 안전여백이다. 중복에 대한 철학은 생명에 관련된 중요한 장비는 반드시 여유분이 있어야 한다고 강조한다. 하지만 중복에 대한 철학을 너무 과하게 적용할 경우 문제가 발생한다. 복식장비착용은 불필요하며 과도한 중복은 장비구성의 문제가 되기도 하지만 전반적인 안전성을 감소시키기도 한다.

Bikini Atoll의 Nagata에서 트라이믹스 다이빙 전 Patti Mount
사진: Tom Mount

백업이 필요한 장비는 1단계에 부착된 레귤레이터와 동굴이나 난파선 다이빙 시 사용되는 라이트 등이다. BC 제어 시스템 또한 예비로 추가하는 것이 좋을 수 있다.

드라이 슈트와 BCD, 혹은 웻슈트와 2개의 BCD를 같이 사용 할 수 있다. 일부 제조사들은 하나의 커버 내에 두 개의 윙(Wing)이 특징인 등 쪽으로 뜨는 시스템을 출시 하였다. 두 개로 구성된 윙 혹은 더블윙의 장점은 하나의 윙 보다는 적은 드래그를 한다는 것이다. 폐쇄형 더블-윙 시스템의 단점은 더블윙에서 하나의 윙 구성으로 변경할 수 없다는데 한계가 있다. 중복으로 착용할 또 다른 장비는 절단장비이다. 작은 칼이 될 수도 있고 수술용 가위가 될 수도 있다. 난파선 다이빙 시 절단장비는 선과 낚시 줄을 자를 수 있어야 한다.

자급자족(Self-sufficiency)은 자기 구조 능력과 함께 모든 테크니컬 다이빙 장비 구성의 우선적인 필수조건이다. 자기 구조를 하기 위해 빠른 속도로 필요한 장비를 찾아 사용할 수 있는 장비 구성이 요구되며, 자급자족의 실질적인 한계를 알아야 한다. 여기서 다시, 불필요한 장비의 중복 착용은 단점이 될 수 있다. "좋은 것"을 너무 많이 사용하게 되면 능력을 강화시키기 보다는 성과를 감소시킬 수도 있다. 모든 다이빙을 혼자 한다고 여기고 모든 다이빙 활동에 임한다. 다시 말해, 다른 사람들에게 당신의 안전을 의지하지 말아야 한다. 자급자족한 다이버는 생존자이다.

간편함(Keep it simple)은 더 이롭다. 광범위하고 복잡한 장비 배치는 혼돈을 초래할 수 있다. 간단하고 사용하기 좋으면 장비구성이야 말로 가장 이상적인 구성이다. 만약 복잡한 구성 때문에 필요한 장비를 찾지 못한다면 빠르게 움직여야 하는 스트레스적인 상황 혼란만을 제공할 것이다. 이는 적절한 구성이 되지 못한다. 탱크 밸브는 최대한 어려움 없이 잡을 수 있어야 하며 추가된 장비들도 바로 찾을 수 있도록 배치되어야 한다.

버디구조(Buddy rescue) 혹은 버디를 보조하는 것은 테크니컬 다이빙의 필수 조건이다. 버디를 돕기 위해 일반적으로 사용되는 장비배열 형식은 긴 2단계 스테이지 호스를 첫 번째 혹은 두 번째 1단계 스테이지 레귤레이터에 부착하는 것이다. 스테이지 호스의 길이는 5ft(~1.5m) 혹은 그 이상 되어야 하며, 일반적으로 사용되는 길이는 7ft(~2m)이다. 공기가 필요한 다이버에게 호스를 쉽게 전달해 줄 수 있어야 한다. 다이빙을 하기 전, 버디는 자신의 파트너가 착용하고 있는 안전장비와 백업 장비들의 위치를 미리 확인해 파악하고 있어야 하며, 장비 기능에 문제가 없는지 확인해야 한다. 계속 같은 팀으로 다이빙을 할 경우 더 이상적인

물에 들어가기 전에 마지막 점검을 하는 Billy Deans
사진: Dan Burton

것은, 버디 구조를 위해 동일하게 구성된 장비구성에 필요한 장비와 이들의 위치를 합의 하 미리 지정해 놓는 것이다.

테크니컬 다이빙 시 바로 구입한 다이빙 장비가 자신에게 적절히 맞는 경우는 거의 없다. 이로 인해 대부분의 테크니컬 다이버들은 새로 구입한 장비들을 자신의 필요에 **맞게 제작**하는 방법을 터득한다. 최적의 기능과 맞춤을 위해, 새로운 장비을 맞춤형으로 개조하기 전에 현재 사용하고 있는 장비구성 시스템과 전체적인 연결성을 분석해 볼 필요가 있다. 다시 말해, 시간을 따로 정해 각 장비들을 적절히 분석하고, 어떻게 장비들을 조화시켜 하나의 완제품을 만들 것 인지 신중히 생각한 후 개조를 결정하는 것이 현명할 것이다.

테크니컬 다이빙 장비의 뼈대는 백플레이트 하네스(Backplate harness)이다 – 혹은 새로운 테크니컬 소프트 백팩(Technical soft backpack)이다. 이러한 이유로 백 플레이트/백팩의 하네스 조정 및 개조에 특별한 관심을 두어 장비가 몸에 적절히 맞도록 하여야 한다. 하지만 일반적으로 다이버들은 가장 기본적으로 사용되는 장비들을 자신에게 맞게 하기 위해 시간을 투자하거나 조절 방법을 배우려 하지 않는다. 부적절한 조절은 불편을 초래하며 실행능력을 저하시켜 다이버의 판단력이나 능력을 저하시킨다.

많은 강사들이 교육시간의 30% 이상을 학생들 장비 배열에 활용한다. 이것은 좋은 시작이지만 여기서 끝내지 말아야 한다. 항상 더 좋은 방법이 있는지 찾아본다. 한가지 방법만을 고집하기 보다는 어떠한 장비나 기술이 더 유선형을 이뤄 사용하기도 쉽고 착용하기 편해 보이면, 조심스럽게 시도해 보는 것을 권한다. 앞서 말했듯이 완벽한 장비 및 착용에 대한 연구는 지속적으로 이뤄지고 있다.

좋은 테크니컬 다이빙 장비 착용은 하루아침에 이루어 지는 것이 아니다; 오랜 시간 동안 진화되는 것이다. 자신을 진화하기 못하게 하는 고정관념은 갖지 않는 것이 좋다. 만약 한가지 테크니컬 다이빙 스타일만 고집한다면 특정한 환경에 맞는 매우 특수화된 장비 스타일만 사용하게 된다. 하지만 다양한 스타일의 다이빙을 경험한다면 다양한 환경에 쉽게 맞을 수 있는 장비 스타일은 구상할 수 있다. 예를 들어 앞서 논의된 소프트 백팩은 약간의 조절을 통해 싱글, 더블 혹은 사이드 마운트 탱크들을 부착할 수 있도록 설계할 수 있게 되어 있다.

어떤 형태의 맞춤을 추구하던 결과는 믿을 수 있게 장비를 구성해야 하며, 사용 시 최소한의 노력과 최대한의 편안함을 주어야 한다. **유선형(streamlined)**의 다이버는 수중에서 드래그가 적다. 유선형을 추구한다면 불필요한 에너지 낭비없이 수영을 할 수 있게 되고, 기체사용시간도 증가시킬 수 있다. 또한, 유선형 장비구조는 장비가 꼬이는 것과 제한된 장소에서 곤경에 빠지는 것을 피할 수 있게 한다.

장비들을 선택하고 조립하였다면 유선형으로 배치시켜 끌리거나 늘어지는 것을 최소화 시킨다. 조심스럽게 장비들을 검시를 하면서 드래그와 부피를 최소화 시킬 수 있는 방법을 찾는다.

유선화된 구조로 장비를 구성할 경우, 탱크 밸브 손잡이 밖으로 장비가 튀어나오는 부분이 없거나 거의 없을 것이다. 호스들은 깔끔하게 정리되고 게이지들은 다이버의 몸에 가지런히 안착되어 있어야 한다. 액세서리들의 드래그는 최소화 시키고 얽힐 가능성이 없게 해야 한다. 전반적으로 늘어져 있는 것들이나 하네스 클립 혹은 스트랩에 연결되어 불필요한 움직임을 주는 것들은 피해야 한다.

장비 시스템의 디자인 및 배열에서 고려해야 할 추가적인 사항은 **균형 있는 수영자세**이다. 편안한 수평 균형을 유지시켜 주지 못하는 장비 구조는 대부분의 테크니컬 다이빙에 적절하지 못하다. 본질적으로 불안정하거나 수영자세를 잡는데 불필요한 노력이 필요한 장비구조는 재구성하거나 교정하여 문제를 해결해야 한다.

결론적으로 효과적인 테크니컬 다이빙 장비는 균형 있고 편안하며 유선형이어야 한다. 기본적인 장비구조 방법은 따라야 하지만 개선이나 혁신을 할 수 있어야 한다. 각 장비는 쉽게 확인될 수 있어야 하며, 감각과 시각으로 확인될 수 있어야 한다. 또한 장비구성 시스템은 융통성이 있어 다양한 환경에서도 쉽고 편안하게 맞춰질 수 있어야 한다.

모든 실린더는 **적절히 표기** 되어야 한다. 매우 숙달된 다이버들도 호흡 기체를 확인하지 않고 적절한 표시를 하지 않아 치명적인 결과를 초래한 경우가 있다. 공기가 아닌 다른 기체를 사용한다면 기체믹스를 분석하고 확인한 후 라벨을 부착해 표기해야 한다.

하나의 구성방법만이 옳다는 환상은 피해라. 당신의 다이빙 스타일에 적절한 방법을 적용해라.

- **항상 자기 중심적으로 선택할 수 있는 자유를 가져라.**
- **당신의 안전, 당신의 목숨, 당신의 편안함이 우선이다.**
- **당신의 필요에 따라, 논리적인 분석을 바탕으로 장비구성을 한다.**
- **장비구성을 한 이유를 세부적이고 논리적으로 명부한다.**
- **장비구성을 한 이유와 방법을 설명할 수 있어야 한다.**
- **장비구성에 대한 마지막 확인은 당신이 해야 한다.**

신중하고 책임감 있고 개방적이고 안전한 올바른 다이빙을 하기 위해 시간을 투자해라.

우리는 당연히 인간이고 인간의 실수는 우리들에게 가장 큰 위험이다. 운명은 인간의 과실로 인해 발생하는 모든 상황들에 위험을 준다. 이러한 사고들을 예방하기 위해 최대한 많은 예방책들을 마련하고 실행해야 한다. 적절한 실린더 확인과 기체 내용 표시와 함께 고려해야 할 사항들은 산소 함류량과 최대활동수심(MOD)이다. 테크니컬 다이빙 교육 시 공기가 아닌 다른 믹스가 들어 있는 기체와 MOD용 기체를 다이버의 반대 쪽에 위치하도록 하고 있다. 가장 높은 EANx 혹은 산소의 마우스 피스는 덮여 있거나 고무튜빙으로 싸여져 있게 한다. 이러한 방법은 실수로 다른 레귤레이터를 사용할 가능성을 예방 할 수 있게 한다. 마우스 피스에 덮개나 튜빙이 있으면, 임의적으로 제거하기 전에 다이버는 레귤레이터를 사용할 수 없다. 이러한 방법은 다른 종류의 혼합 기체가 들어있는

실린더의 잘못된 사용을 피할 수 있게 해준다. 실린더가 잘못 교체되어 발생되는 매우 단순한 사고는 피해야 한다.

주의 : 공기가 아닌 다른 호흡기체 사용은 특별한 교육이 필요하다.
교육 없이 공기가 아닌 다른 기체를 사용한다면 당신은 책임감 없는 행동을 하는 것이고 재난을 초래할 것이다.

당신의 실린더를 표기하고 항상 기체 내용을 확인한다.
당신의 목숨이 달렸다!

테크니컬 장비의 배경

테크니컬 다이빙 장비의 다양한 부품들에 대한 역사, 속성, 강점과 결점을 더 많이 알수록 당신의 생명을 유지시켜 주는 장비 시스템에 포함시킬 부품들의 선택이 개선될 것이다.

오늘날의 테크니컬 다이빙 장비와 시스템들의 상황과 앞으로 발전해 나아가는 방향을 이해하기 위해서는 지난날의 역사와 진화 과정들을 검토해 봐야 한다. 60년대의 일반적인 딥 다이빙 장비는 미국 해군 하네스에 기본적인 싱글 아웃렛(Single outlet)과 더블 실린더 매니폴드(Double cylinder manifold) 구조였다. 수중용 라이트는 집에서 만들 수 있는 응급장비 수준으로 전력 공급체로는 오토바이 배터리와 배관공들이 사용하는 전구 손잡이 등을 이용해 제작되었다. 이뿐만 아니라 다른 별난 아이디어가 시도되었고, 많은 것들이 비교적 성공적으로 활용되었다. 1966년도쯤에 프랭크 마츠(Frank Martz)가 방수 실린더를 배터리 케이스로 사용하였다. 이러한 전등형태는 매우 신뢰성이 있었고 91m(300ft)의 수심까지 지속적으로 작동되었다. 또한 마츠(Martz)는 처음으로 신뢰할 수 있는 안전릴과 자동팽창 시스템(auto-inflate system)을 개발하였다. 이러한 발전은 다이

플로리다의 Boca Raton 해변의 하이드로 아틀란틱 난파선의 엔진실에 있는 Joe Citelli (사진: Tom Mount)

빙 커뮤니티의 안전을 증가시켰을 뿐만 아니라 다른 새로운 디자인과 개선된 시스템 개발을 자극하기도 하였다.

1970년 조지 벤자민(George Benjamin)과 함께 탐험 다이빙과 촬영을 하면서 저자, 그리고 프랭크 마츠(Frank Martz), 짐 락우드(Jim Lockwood), 이크 이케하라(Ike Ikehara), 딕 윌리엄스(Dick Williams) 박사로 구성된 팀은 조지 벤자민(George Benjamin)의 독립적 혹은 개별 탱크의 사용을 걱정하기 시작하였다. 이러한 우리의 걱정은 독립 시스템을 사용하던 다이버들의 사망사고 뉴스를 듣게 되면서 더 커져갔다.

저자는 개별 탱크의 부착을 제시했고 이크 이케하라(Ike Ikehara)는 부착 시스템을 디자인 했다. 조지 벤자민(George Benjamin)은 디자인 된 도면을 톰 맥컬란(Tom McCullan)에게 가져갔고, 그는 벤자민 전환밸브(Benjamin conversion valves)를 제작하였다. 그것이 최초로 테크니컬 다이빙에 사용된 듀얼 아웃렛 밸브(Dual outlet valves)였다. 얼마 있지 않아 다른 곳에서도 일반적인 매니폴드(manifold)를 듀얼 밸브 시스템으로 변경하기 시작하였다. 이와 같이 오래 전서부터 우리가 요즘 쉽게 지나치며 선택할 수 있는 밸브들을 포함해 많은 장비들은 진화하고 있었다.

말목걸이형 BC(Horse collar BC)가 개발된 후 얼마 있지 않아 테크니컬 다이버들은 자신들의 스타일에 맞게 BC의 디자인을 변경하였다. 두 번째로 고정형 자켓인 스태브 자켓(Stab Jacket) 이 개발되었고 이는 수많은 다이버들로부터 선호되었다. 처음으로 테크니컬 다이빙에 백마운트 BC(Back mounted BC)를 사용한 사람은 1978년 6월 한 동굴 다이빙 수업에서 패티 마운트(Patti-Ann Schaeffer)가 착용 하였던 것으로 기억한다. 윙(Wing)은 Cressi-Sub 하네스에 테이프로 부착된 체로 사용되었지만 너무 수행능력이 뛰어나 일주일도 되지 않아 저자와 봅 레드베터(Bob Ledbetter)는 길거리 표지판을 백팩에 넣어 시도해 다이빙을 시도해 보았고, 그 후 "다이빙 윙(Diving wing)"은 모든 다이빙에 지속적으로 사용되었다. 이전에 다른 이들이 이미 윙을 제작하여 사용하였을지도 모르지만 저자는 그때 처음으로 윙을 접하였다.

현새의 백마운트 부력 시스템은 진화와 성숙을 거쳐 제작되있고, 현재 다이버들이 다양하게 선택할 수 있는 장비가 되었다. 또한, 이를 바탕으로 ABS, 알루미늄 및 스테인레스 철로 제작된 하드 백팩(hard backpack)이 개발되었다. 하드 백팩은 90년대 중반까지 최고의 장비였다. 지금은 Zeagle, ScubaPro, DiveRight 및 다른 제작사들이 미래 테크니컬 다이빙 적용의 알맞은 소프트 백팩(soft backpack)를 제작하였거나 출시하려고 하고 있다. 이러한 개발품을 보완하기 위한 OMS와 DiveRight의 계속적으로 노력하였고, 하나의 가방과 이중 주머니(single bag dual-bladder)로 구성된 진화된 듀얼 윙이 제작되었다. 듀얼 윙은 웻슈트를 착용한 다이버들의 잦은 BC고장과 추가적인 부력의 필요성을 고려해 제작되었다.

오늘날의 테크니컬 다이빙은 새로운 시대로 접어 들었으며, 자신들의 가능성을 최대화 시키고싶고 개방적인 생각을 가지고 있는 이들은 이러한 새로운 기술과 흐름에 뒤떨어 지지 않는다. 최신 경향에 발맞춰 가지 않을 경우 장비를 폐물로 만들거나 탐험의 가능성을 감소 시키는 경우가 발생한다.

레귤레이터 개발은 테크니컬과 확장된 범위의 다이빙의 필요성과 함께 성장해 왔다. 10년 전 장비에 비해 현재 판매되고 있는 많은 레귤레이터들은 현저하게 낮은 호흡 저항력을 제공하고 빠른 공기 복원 속도와 함께 전반적인 능력 및 신뢰도가 증가되었다.

최근 몇 년 동안 다이빙 산업은 현저히 부피가 증가된 탱크들을 출시하였다. 부피가 커진 탱크에 현저히 증가된 량의 기체를 주입시키는 기술력은 다이버들의 안전 마진을 증가시켜 주었으며, 수중탐험의 한계 확장과 함께 몇 년 전까지만 해도 불가능 했던 열린 바다 환경에서 수중 탐험가들의 한계를 확장시켜 주었다. 90년대 중반 레크리에션/테크니컬 커뮤니티에 출시된 리브리더(Rebreather)는 이러한 가능성들을 한 차원 더 확장시켜 주었다.

구성요소들 선택

백플레이트(Backplate)

장비구조를 최적의 상태로 지속적으로 진화시키는 동시에 안전과 다이빙 목표를 충족 시킬 수 있는 장비들을 선택하여야 한다. 선택과정을 시작하는 가장 좋은 방법은 기초로부터 시작하는 것이다.

테크니컬 다이빙 장비구조 시스템의 기초는 마운트 형 플랫폼 (Mounting platform), 즉 백플레이트(Backplate)이다. 여기서 말하는 백플레이트는 소프트(soft)형일수도 있고 하드(hard)형 백플레이트일 수도 있다. 특정한 용도를 위해 어떤 것이 적절한지 알기 위해서는 이들의 장단점을 철저히 따져봐야 한다.

기존의 하드 백플레이트는 신뢰할 수 있는 ABS, 알루미늄, 혹은 스테인레스 철로 제작되었다. 플레이트는 부착 용도에 따라 쉽게 구성되며 제작될 수 있다. 하드형은 형태가 작아 드래그가 적고 신뢰도가 매우 높은 장비로 손꼽혀 왔다. 하드 백플레이트의 간편함과 튼튼함으로 인해 많은 다이버들에게 꾸준히 기본적으로 선호된 제품이었고 앞으로도 꾸준히 선호될 것이라 생각한다.

하드 백플레이트의 가장 큰 제한점은 다양한 용도로의 사용을 위해 융통성 있게 사용할 수 없다는 점이다. 싱글 탱크를 하드 백플레이트에 부착해 사용할 경우 아무리 부품구성을 잘해도 어색하다. 사용할 수 있는 상태로 구성하는 것 보다 한 스타일의 BC에서 다른 스타일로 바꾸는 것이 훨씬 용의하다. 또한, 하드 백플레이트 스타일은 사이드 마운트 다이빙에 효과적이지 못하고 소프트팩보다 땅에서 착용하고 있기 불편하다. 더불어, 하드 백플레이트는 한가지 사이즈만 있기 때문에 다양한 사이즈의 소프트 백플레이트보다 키가 비교적 작거나 큰 다이버들에게는 비교적 불편하다.

소프트 백팩인 트랜스팩은 다양한 다이빙 스타일을 위해 개조 가능하다.
사진: Tom Mount

수년 동안 다이버들은 소프트팩을 실험하였다. 일반적으로 초기 소프트형 견본들은 더블이나 스테이지 탱크들을 부착 유지할 수 있는 안정감을 주지 못했다. 이러한 이유로 테크니컬 커뮤니티에서 많은 호응을 받지 못했다. 1995년도에 Zeagle과 DiveRite은 극도로 발전된 기술로 제작된 소프트팩을 선보였다. Zeagle은 개정된 테크니컬 팩을 선보였으며 DiveRite은 TransPac을 선보였다. 이들 회사에서 출시한 초기 두 모델들은 고유의 문제들을 가지고 있었다. Zeagle 제품은 더블과 스테이지 사용시 안정감이 없었고, DiveRite 제품은 세팅하기가 너무 불편했다. 그러나 차후 개선된 두 제품 모두 사용하기 적절하였고 알맞은 시스템으로 평가 받았다. 결과적으로 현재는 몇 가지의 "테크니컬"한 소프트팩이 판매되고 있다.

하드나 소프트, 어떤 형을 선호하던 첫 번째로 해야 할 것은 개인의 편안함과 호환성을 위해 조절하고 수정해야 한다. 가장 효율적인 선까지 장비를 유선형으로 조절해야 한다. 느슨하거나 끌리는 부분이 없고, 적절히 맞게 조절하는 것은 필수 조건이다.

새로운 장비 시스템을 조립할 때 하드나 소프트형 상관없이 저자는 일반적으로 초기 2시간 정도를 개인용도에 맞게 팩을 분석하는데 사용한다. 추가 2시간에서 3시간 정도는 팩을 조립하고 완성된 행태를 재평가하는데 사용한다. 생명 유지 시스템이 최적이 되었을 때 필요한 것은 지속적인 유지관리와 더 적절한 방법이 있는지 관찰하고 적절한 방법을 창안해 내면 가끔 미세 조절하는 것뿐이 없다.

레귤레이터(Regulators)

만약 백팩(backpack)이 테크니컬 다이빙의 기초라면 레귤레이터는 시스템의 심장이다. 이 심장은 두 부분으로 구성되어 있다 - 주 호흡기와 보조 호흡기이다. 두 가지 모두 생명 유지 시스템에 있어 동일하게 중요한 역할을 한다.

깔끔한 구조를 위해 모든 호스들은 아래를 향하고 있다.
사진: Tom Mount

일부 테크니컬 다이버들이 실수하는 것이 낮은 성능의 보조 레귤레이터를 사용하는 것이다. 기억해야 할 것은 문제가 발생하면 보조 레귤레이터는 본인을 위해 사용되는데, 스트레스적인 상황에서 문제 발생 가능성이 높은 레귤레이터 사용은 좋은 선택이 아니라 생각한다.

또한 스트레스 상황에 처한 다이버에게 호흡하기 힘들고 용량이 낮은 레귤레이터를 권하고 싶진 않을 것이다. 불행하게도 많은 다이버들은 성능이 뛰어난 호흡기를 주 호흡기로 사용하고 낡고 성능이 가장 떨어지는 호흡기를 보조로

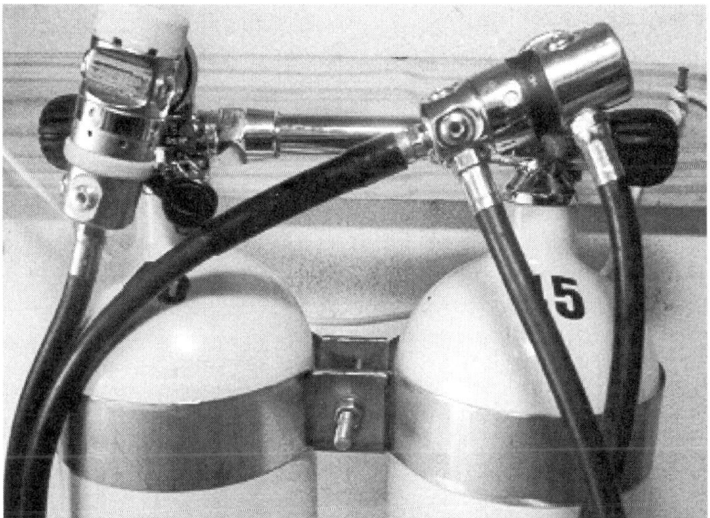
다른 디자인의 레귤레이터들을 사용할 경우에도 깔끔한 호스 구조를 유지할 수 있다. 사진: Tom Mount

사용한다. 이것은 재난을 부르는 행동이다. 스트레스와 함께 저성능 레귤레이터는 피할 수 있는 상황을 악화시킨다.

다이버는 긴 호스나 짧은 호스를 사용해 호흡할 수 있다. 두 기술 모두 현저한 안전 기록을 가지고 있으며 어떤 것을 사용하는가는 다이버의 선택에 달렸다. 긴 호스 보관방법은 다이버의 호흡기 사용여부에 달려있다.

여기서 또한 안전의 관점에서 보았을 때 응급상황 시 기체 공유를 할 경우, 두 방법 모두 매우 효과적이라고 증명되었다. 그러므로 어떠한 방법을 선택하느냐는 두 방법의 주요 장점들을 분석해 본 후 결정하는 것을 권장한다.

긴 호스 호흡의 주요 장점들

- 힘들어하는 다이버에게 쉽게 레귤레이터를 전달해 줄수 있다.
- 확실히 작동되는 레귤레이터를 공기 고갈된 다이버가 받을 수 있다.
- 곤경에 처한 다이버는 버디 입에 있는 레귤레이터를 잡으려 한다.

교육 시 다이버는 두 가지 방법을 다 연습해야 하며, 이와 함께 다양한 호스 보관방법도 같이 연습해야 한다. 일반적으로 긴 호스 보관 방법은 두 가지가 있다. 한가지 방법은 호스를 윙 뒤편으로 떨어트린 후 몸 좌측으로 돌려 목에 1/4 감는 것이다.

짧은 호스 호흡의 주요 장점들:

- 다른 다이버의 공기고갈 상황 시에도 항상 작동되는 레귤레이터를 사용할 수 있다.
- 짧은 호스 사용은 많은 다이버들이 입에 있는 레귤레이터를 잡을 수 있는 반사 능력이 떨어졌다는 가정을 기준으로 한다.
- 짧은 호스를 매니폴드 좌측 뒤에 연결시키면 다이버로 하여금 오버헤드 환경에서 충돌로 인해 밸브가 닫혔다는 것을 바로 알 수 있게 해준다. (밸브는 앞으로 전진 시 시계방향으로 돌려지면 닫힌다.)

두 번째 보관 방법은 백플레이트에 구멍을 내어 사용하는 것이다. 구멍은 오른쪽 상위 부분에, 하나는 4인치 아래에 만든다. 수술용 튜빙(특수 고무줄)을 두 구멍에 느슨하게 삽입한 후 두 번 감은 긴 호스에 느슨히 두른다. 두 방법 모두 꼬이거나 드래그가 없으며 전개하기 쉽다.

긴 호스를 보관하는 또 다른 방법은 수술용 튜빙을 실린더에 두른 후 호스를 끼어 다이버의 팔 아래로부터 올리는 것이다. 이 방법은 늘어진 호스 문제는 해결하지만 호스가 꼬이거나 썰릴 가능성을 높인다.

다이버의 목 뒤에 수술용 튜빙을 연결시켜 고리 형식으로 긴 호스를 보관하는 것도 일부 다이버들이 즐겨 하는 방식이다. 이 방법은 밸브 주위를 복잡하게 하여 밸브를 잠가야 할 경우 혼란을 줄 수 있다.

수중 라이트(Underwater Lighting)

라이트는 수심, 보관의 편안함과 성능을 고려해 선택해야 한다. 수면 빛이 없는 오버헤드 환경에서 다이버는 하나의 주 라이트와 두 개의 보조 라이트를 가지고 다이빙을 해야 한다. 수면 빛이 있는 수심이나 범위에서 다이빙을 할 경우, 하나의 주 라이트와 하나의 보조 라이트로도 충분하다.

주 전등의 위치는 다이버 마다 큰 차이가 있지만 3가지 가장 일반적인 방법은 허리 착용, 백플레이트 착용 혹은 히프 착용이다. 어떤 방법을 선택하던지 선택하는 시스템의 장점과 단점들을 인식하고 있어야 한다. 추가적으로 상황에 따라 적절한 방법이 다를 수 있기 때문에 별도의 방법도 인지하고 있는 것이 좋다. 안전 라이트는 드래그를 최소화 할 수 있으며, 빠르고 쉽게 사용할 수 있는 방법으로 착용되어야 한다.

부력조절기 (BC)

부력조절장비에 있어서 백마운트 부력 시스템 즉 윙은 거의 모든 테크니컬 다이버들의 선택이다. 윙 시스템은 더블 탱크 모양에 맞는 동시에 앞 부분에 라이트, 액세서리 및 스테이지 탱크 등을 부착할 수 있는 공간이 있다.

압력은 웻슈트나 네오프렌 드라이 슈트의 본질적인 부력을 감소시키기 때문에 부력조정 시스템을 선택할 때 수면뿐만 아니라 수중에서도 당신과 당신의 모든 장비를 들어 올릴 수 있는 적절한 수용력을 가지고 있는지 검토해 봐야 한다. 일반적으로 테크니컬 다이버들은 더블 탱크 및 테크니컬 다이빙 시 추가되는 장비들로 인해 음성부력 상태이다. 이러한 이유로 경험 있는 다이버들은 부력조절 시스템에 추가적인 부력 장치가 필요하다고 생각한다.

이는 웻슈트를 입을 경우 DiveRight과 OMS에서 홍보하는 제품 같이 하나의 외곽 내에 두 개의 주머니를 제공하는 추가 윙이나 시스템을 착용해야 한다는 뜻이다. 드라이 슈트를 입고 다이빙을 할 경우 슈트를 통해 추가 부력을 얻을 수 있다. 이럴 경우 한 세트의 윙만 필요하다.

대부분의 BC 문제는 다이버가 장비 유지를 잘 하지 못하였거나 하지 않았기 때문이다. 일반적으로 덤프 밸브를 너무 당겼거나 다이빙 시 에어 주머니를 주위 환경요소에 걸려 찢기고 닳게 하였거나 덤프 밸브 씰에 부스러기나 모래가 투입돼 막히게 하여 문제가 발생한 것이다. 관리를 잘 하였어도 BC에 문제가 발생해 부력을 잃을 수 있다. 제2의 윙 세트나 이중 주머니(Dual bladder) 시스템은 안전을 위한 작은 투자이다.

리프트백(Lift bag)은 정확히 BC 장비는 아니지만 오픈 워터 테크니컬 다이빙에 필요한 장비이다. 리프트백은 최소한 23kg(50lb)의 무게를 들어 올릴 수 있어야 하고 일반적인 다이버들은 46kg(100lb)을 리프트백을 사용하고 있다. 펴지지 않은 리프트백은 드래그를 최소화하고 꼬이지 않게 잘 보관해 놓아야 한다.

절단 장비(Cutting Tools)

테크니컬 다이버들은 절단 장비를 수중 유물이나 환경의 일부분을 떼어낼 때 사용할 뿐만 아니라 꼬이거나 걸리게 되면 탈출을 위해 휴대한다. 절단 장비는 다이빙 환경에 적절해야 한다. 예를 들어 동굴 다이빙 시 꼬이게 하는 것은 나일론 가이드라인뿐이니 가벼운 낙하산용 절단기가 적절하며, 난파선 다이빙 시 늘어져 있는 케이블, 전선, 그물 등을 제거하기 위해서는 더 강력한 전선 절단기가 필요하다. 수술용 가위는 줄이나 전선 모두 절단할 수 있기 때문에 일반적으로 다양한 환경에서 사용되고 있다.

릴(Reel)

릴은 기본적인 자기구조 장비이기 때문에 모든 테크니컬 다이빙 시 안전 릴은 항상 휴대해야 한다. 오버헤드 환경에서 길을 잃었거나 방향 감각을 상실하거나 가이드라인에서 떨어졌을 경우 안전 릴을 참조위치에 매달면 헤매지 않고 수색할 수 있다. 열린 바다에서는 안전 릴을 사용해 리프트백을 띄울 수 있다.

동굴이나 난파선에서 당신이나 당신 파트너는 휴대한 큰 주 릴을 사용해 열린 바다까지 지속적인 가이드라인이 될 수 있게 처음부터 끝까지 줄을 배치하거나 기존의 가이드라인에 묶어 둘 수 있다. 동굴 다이빙 시 한 가이드라인에서 다른 가이드라인으로 이동할 때에는 추가로 작은 릴이 요구되며 이를 갭 릴(Gap reel)이라고 한다. 다이빙 팀은 라인점프가 예상되는 각각의 위치를 대비해 갭 릴을 휴대해야 하지만 예상하는 것보다 더 많이 가져갈 필요는 없다.

압력 게이지(Pressure Gauges)

큰 게이지 콘솔은 오픈 워터 레크리에이션 다이빙 시 보편적으로 이용되지만 테크니컬 다이버들은 선호하지 않는다. 대신 일반적으로 최소한의 보호덮개로 덮여 있는 작은 형태를 선호하며 하네스 D-링(D-ring)에 부착해 사용하거나 꼬임 방지를 위해 다이버의 몸에 삽입 할 수 있는 압력 게이지를 사용한다. 높은 압력의 호스의 드래그와 난잡함을 방지하기 위해 많은 다이버들은 허리까지 오거나 더 짧은 호스를 따로 주문해 사용한다.

노출되는 슈트(Exposure Suits)

테그니컬 다이비들은 레크리에이션 다이버들 보다 수중에 너 오래 있기 때문에 열 손실은 레크리에이션 다이버들 보다 더 문제가 된다. 감소된 체온은 DCS로 이어지게 하기 때문에 몸을 노출로부터 보호하는 것은 편안함뿐만 아니라 안전의 문제이다.

다이버들은 따듯하거나 수온이 적절한 물에서 비교적 간단한 웻슈트를 선택하고 더 오랜 다이빙 시 후드나 후드조끼를 착용한다. 수중 시간이 증가되고 수온이 감소되면 대부분의 노련한 테크니컬 다이버들은 드라이 슈트를 선택한다. 드라이 슈트를 입기 전에 슈트의 사용과 관리에 대한 추가적인 특수교육을 받아야 한다.

부속품(Accessories)

마스크와 핀과 같은 장비들은 개인의 편안함, 적합함과 내구력을 고려해 선택한다. 본인의 수중 무게와 프로필은 테크니컬에 필요한 추가 장비들로 인해 증가 되므로 과도한 다리 피로를 일으키지 않는 한도 내에서 더 크고 딱딱한 핀을 사용해야 한다.

스테이지 탱크(Stage Tanks)

테크니컬 다이빙 시 탐험의 범위를 확장하거나 맞춤형 감압 믹스를 사용

스테이지 실린더를 조립하는 3가지 방법들
사진: Tom Mount

하기 위해서 추가적인 기체 공급이 필요하다. 필요한 기체 공급을 위해서 영구적, 반영구적 혹은 탈부착식 스테이지 탱크가 사용된다.

탈부착식 스테이지 탱크(Removable stage tanks)는 테크니컬 다이버들에게 가장 일반적으로 사용되고 있다. 하지만 탈부착식 스테이지 탱크에 대해 알아보기 전에 두 가지의 다른 형태들을 먼저 검토해 보자.

난파선 다이버들은 일반적으로 감압이나 보조를 위해 포니탱크(Pony bottles)를 사용한다. 포니는 일반적으로 볼륨이 작은 탱크들을 뜻하며, 크기는 대부분 850리터(30ft^2)나 그 이하이다. IANTD 레크리에이션 코스에서 포니는 혼합된 안전기체와 증가된 EANx 믹스(최고 EAN 50의 어드밴스 EANx)로 요구되는 감압정지 교육을 한다. 가끔 포니는 테크니컬 다이빙 시 필요한 감압기체를 넣기 위해 사용된다.

만약 포니 탱크가 안전용 탱크로 사용된다면 포니에는 원 기체량의 최소 1/3의 기체가 있어야 한다. 다시 말해 만약 기체량이 2831리터(100ft^2)라면 포니 탱크에는 최소한 934리터(33ft^2)의 기체가 들어 있어야 한다.

포니 탱크가 감압용 기체로 사용된다면 감압 정시 시 필요한 량과 적절한 안전 기체량을 위해 25%를 추가로 주입한다. 필요한 기체량에 1.2를 곱하여 안전 마진까지 탱크에 채운다.

3개, 혹은 4개의 탱크로 구성된 탱크 시스템은 영구적으로 부착된 구조에 예비 혹은 감압 기체를 휴대할 수 있도록 해준다. 초기에도 탐사 범위와 시간을 확장하기 위해서 흡사한 시스템이 사용되었는데, 그때는 주 탱크와 추가 탱크의 기체 믹스가 같게 다이빙을 하였었다.

몇 년 전서부터 새로운 형식의 3 혹은 4형 탱크 시스템들이 도입되면서 여러개의 기체 믹스 탱크를 휴대할 수 있게 되었다. 이러한 시스템들은 하나로 구성된 장비 시스템에 필요한 모든 기체를 휴대할 수 있도록 하였다. 단점은 여러 기체 믹스 레귤레이터들이 연결되어 있기 때문에 상황에 맞지 않은 기체 믹스를 혼돈해 사용할 가능성이 있으며, 부적절한 기체 사용을 위해 매우 조심해야 한다.

포니 탱크와 영구 부착형 탱크 시스템의 기능은 높지만 몇 가지 문제들이 존재한다. 이들은 수중 드래그를 증가시키고, 오버헤드 환경 다이빙 시 꼬일 수 있는 확률이 높일 뿐만 아니라 다양한 기체 믹스들로 인해 혼란을 줄 수 있다. 분리 가능한 스테이지 탱크를 사용할 경우 포니와 그 외 반영구 혹은 영구적으로 구성된 부착형 기체 공급체들의 단점들을 제거할 수 있다. 스테이지 탱크는 다이버가 기체 공급체를 탈부착 혹은 교체할 수 있게 한다. 이러한 특징은 많은 장점을 가지고 있다. 스테이지(Stage)는 특정한 다이빙 단계에서 이에 적합한 특정 기체 탱크를 사용한다는 뜻을 가지고 있다. 스테이지 탱크는 탈부착이 가능하므로, 스테이지 탱크가 필요 없는 다이빙 단계에는 휴대하지 않아도 된다.

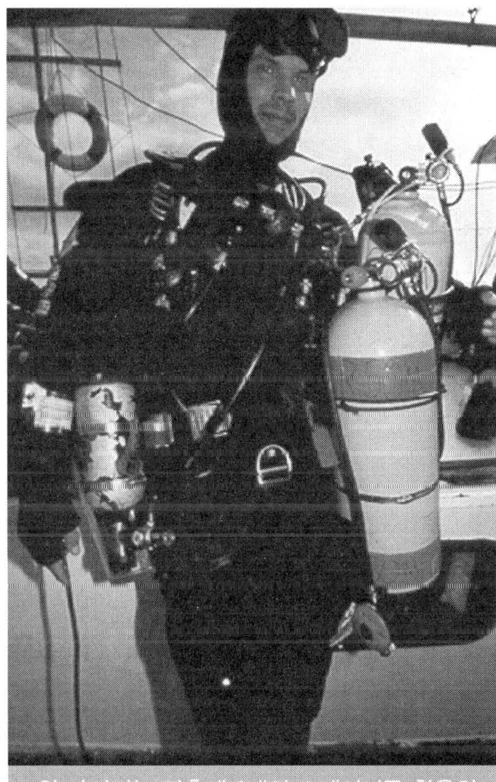
위 다이버는 좌측에 2개의 스테이지를 착용하였으며, 아래 다이버는 쉬운 탱크 확인을 위해 양측에 착용하였다. 사진: Kevin

탐험 다이빙에서 이러한 특징은 매우 중요하다. 동굴 탐험은 스테이지 다이빙(Stage diving) 개념이 진화되면서 새로운 차원으로 들어섰다. 새로운 동굴 다이빙 형태는 셱 엑스리(Sheck Exley)로 인해 시작되었고, 스테이지 다이빙이라는 명칭은 저자가 만들었다. 단계적 혹은 스테이지 스테이지 탱크 사용은 탐험가들로 하여금 다이빙 범위를 확장할 수 있도록 해준다. 스테이지 탱크를 미리 지정된 장소에 – 스테이지 실린터(탱크)를 바꾸는 장소 – 떨어트릴 경우, 다이버의 드래그를 감소시킬 수 있을 뿐만 아니라 전반적인 수영 효율성을 증가 시킬 수 있다.

난파선 침투 다이빙 시 오픈 워터 수면에서 스테이지 탱크를 떨어트릴 수 있으면 꼬임의 위험을 감소할 수 있다. 또한 이러한 방법은 다이버로 하여금 난파선의 좀 더 좁은 공간으로 들어 갈 수 있도록 해준다. 일반적으로 영구적 혹은 반영구적인 탈부착형 포니는 어드밴스 레크리에이션 프로그램에서는 교육용으로만 제한되어 있다.

스테이지 다이빙 시 스테이지의 크기와 숫자는 다이빙 목적, 다이버의 능력 및 지원 다이버들의 여부에 따라 다르다. 광대한 동굴 탐험을 할 경우, 선두 다이버

스테이지 탱크를 조립하고 사용할 때 고려해야 할 몇 가지 주요 사항들 :

- 스테이지 탱크는 쉽게 탈부착할 수 있어야 한다.
- 스테이지 탱크는 드래그를 최소화할 수 있도록 조립되고 착용되어야 한다.
- 좋은 다이빙 자세를 유지할 수 있도록 몸에 잘 위치되어야 한다.
- 스테이지 탱크 관리를 할 수 있도록 교육받아야 한다.

의 잠수 범위를 확장하고 탈출능력을 최적화 시키기 위해 말 그대로 수십 개의 스테이지 탱크가 사용될 수도 있다. 하지만 감압용으로 스테이지를 사용할 경우 최대 3개의 탱크가 필요하다.

적절한 스테이지 탱크 구성은 탱크의 편리한 사용과 탈부착이 열쇠이다. 일반적인 스테이지 탱크는 탱크의 목과 탱크를 부착했을 때 다이버의 허리선까지 올 수 있는 위치에 비너(Snap hook)가 있어야 한다.

스테이지 탱크를 조립하는 가장 단순하고 효과적인 방법은 나일론 선이나 낙하선 줄을 이용하는 것이다. 선/줄을 적절한 길이에서 미리 잘라 탱크의 목에 고정시킨다. 다음, 비너를 탱크 목 가까이 넣고 묶는다(낚시꾼용 매듭형 혹은 반 매듭형이면 적절하나). 선을 탱크 중간에서 아랫부분 사이의 호스-클램프 탱크 밴드(hose-clamp tank band) 밑으로 넣어 고정시킨 후 둘째 비너를 선 끝에 설치한다.

몇몇 장비 제작업체들은 목 링에 고정시킬 수 있는 큰 사이즈의 고정식 비너를 판매하고 있다. 또한 추가적인 안정을 위해 아래에 고정시킨 비너는 탱크 밴드나 호스 집게에 직접 부착시킨다. 육지에서 탱크를 편리하게 가방처럼 들고 다닐 수 있게 하기 위해서 비너에 끈을 연결 시키도록 한다.

만약 다이버가 글러브를 착용한다면 더 큰 비너를 사용해야 한다. 보트용 후크는 줄과 느슨한 선에 걸리기나 자동으로 탈착 될 수 있기 때문에 가능하면 사용을 피하도록 한다. 이러한 이유로 동쪽 해안선 부근에서는 보트용 후크를 자살용 클립이라 부른다. 큰 스냅 후크(비너)들은 일반적으로 탱크 탈부착을 쉽고 빠르게 할 수 있도록 해준다. 스테이지 탈부착 문제로 발버둥 치지 않아야 상, 하강을 제외한 수중시간 혹은 바닥시간(Bottom time)을 아낄 수 있다.

감압용 스테이지의 배열은 촉감과 시각으로 확인 될 수 있어야 한다. EAN 80과 산소와 같은 낮은 수심의 기체믹스 탱크는 수술용 튜브로 레귤레이터의 마우스피스를 봉하여 무의식적으로 사용할 수 없도록 한다. 레귤레이터 호스는 사용하지 않을 경우 수술용 튜브, 내부 튜브 링, 혹은 상업용 안전장치 등으로 움직이지 않게 고정해 놓는다.

또한 2단계 스테이지 는 탱크에 후크나 수술용 튜브로 고정해 놓아야 한다. 고정된 스테이지는 수영 중 쉽게 잡을 수 있어야 하고 탈부착이 쉬워야 한다. 스테이지 탱크 부착은 다이버의 수영 자세와 드래그에 현저한 영향을 줄 수 있다. 대부분의 다이버들은 스테이지 탱크를 D-링을 사용해 어깨 높이에 부착하고 하네스의 허리 D-링에 부착한다. 드래그 감소를 위해 스냅과 지지형 부착장치들은 탱크 및 다이버의 몸 가까이 위치되어 있어야 한다. 쉬운 탈부착 및 접근을 위해서는 사용자가 편안함과 유선형, 그리고 융통성에 있어서 균형을 찾아야 한다.

Bikini Atoll에서 트라이믹스 다이빙을 즐기고 있는 Patti Mount
사진: Devin Denlay

또한 추가된 스테이지 탱크로 인해 머리가 아래를 향한다면(Head-down) 아래쪽 스냅을 허리 밴드에서 탈착해 스테이지 탱크를 주 탱크의 D-링에 연결시킨다. 이러한 방법은 머리가 아래를 향하게 하는 문제를 해결해 준다. 수영 시 부착된 탱크들로 인해 발이 다이버의 몸 중앙으로 내려가지 않도록 조심해야 한다. 이렇게 머리가 올라가는(Head-up) 자세는 다이버로 하여금 바닥의 미사를 올라오게 한다. 대부분의 경우 스테이지 탱크를 주 탱크의 D-링에 부착시키면 탱크가 늘어지므로 허리 줄에 부착시키는 것 보다 드래그는 증가한다.

스테이지 탱크를 사용하기 전에 사용방법에 대한 정식 교육을 받도록 한다. 대부분의 신뢰할 수 있는 테크니컬 다이빙 교육 프로그램들은 스테이지 탱크 관리에 많은 시간을 활용한다. 다이버는 수영 속도의 변화 없이 탱크들을 탈부착할 수 있도록 연습해야 한다. 더 나아가 보지 않고 완벽하게 탱크를 탈착한 위치에 부착할 수 있어야 한다. 수중에서 이를 성공적으로 하려면 눈을 감고 연습해야 하는데 감각으로 보조 부착물의 구조나 레귤레이터 디자인의 구조를 확인해 차이점을 찾아야 한다.

어떤 면에서는 스테이지 탱크를 다루는 것은 비행기 조종과 같다; 미리 자신의 현 위치를 생각하고, 해야 할 행동들을 미리 예상하고 있어야 한다. 스테이지가 떨어질 위치에 가까이 다가서면 하네스에서 미리 탱크를 탈착하고 전개할 준비가 되어 있어야 한다.

스테이지 탱크는 탈착이 쉽게 조립되어야 하고 착용되어야 한다. 다이버가 수중에서 스테이지 탱크를 들어 몸에 부착할 때 부력변화에 빠르게 적응하여 수심변화 없이 스테이지 탈부착을 최대한 지체하지 말고 수행해야 한다. 효율적으로 스테이지를 탈부착 시킬 수 있는 능력은 난파선과 동굴에서 미사 생성으로 인한 바닥시간(Bottom time)을 감소해 위험 예방에 현저한 도움을 준다. 스테이지를 적절히 다루지 못해 침체물을 생성시켜 시야를 완전히 가리거나, 느린 스테이지 복구로 인해 감압시간을 현저히 증가시키는 상황은 너무 많이 발생한다.

의견의 차이(Difference of Opinion)

테크니컬 다이빙을 처음 입문하면 장비부품과 장비구조에 대해 격론 하는 것을 보게 될 것이다. 앞서 논의된 20가지 요점들을 기준으로 장비와 구조를 관찰 및 조사하여 본인에게 가장 편안하고 필요한 것들을 선택하고 결정해야 한다.

결정을 하면 선택한 구성 요소들을 설치할 수 있게 도움을 청한다. 앞장에서 테크니컬 다이빙 커뮤니티의 존경 받는 다이버들이 권하는 다양한 구조들을 검토해 보았을 것이다. 열린 마음으로 읽어 보기 바란다. 그리고 어떤 시스템 혹은 시스템의 일부분이 자신에게 이로운지 판단 해보자. 결과적으로는 당신의 안전, 당신의 다이빙 스타일과 당신이 선호하는 것이 최우선이다!

대체적 장비구성(The Alternative Configuration)

"대체적 장비구성"에 대한 공로는 어느 한 사람에게 있지 않다. 수도 없이 많은 테크니컬 다이버들의 생각과 섬세한 고안이 묻어나 있다. 이 시스템을 먼저 설명하는 이유는 이는 이미 증명되었고 광범위하게 사용되고 있으며 이를 바탕으로 추가 조정과 개선을 고려해 볼 수 있기 때문이다. 이 시스템을 평가한 후 적용하고 싶으면 열린 마음으로 시도해 본 후, 지속적으로 시스템을 개선하고 다이빙 환경 및 계획에 맞게 변화 시킬 수 있는 다양한 방법을 찾길 바란다.

호스구성(Hose Configuration)

- 분리 밸브가 있는 듀얼-밸드 매니폴드에 의해 연결된 더블탱크. 이 시스템을 사용할 경우 주 호흡기는 좌측 뒷편에 위치한다. 주 호흡기를 좌측 뒷편에 위치하는 것은 다이버에게 밸브를 우발적으로 닫는 것을 경고하기 위해서다.
- 두 레귤레이터의 배치는 모든 호스들이 1단계 스테이지 위치에서 수직으로 내려갈수 있도록 한다.
- 호스-티(hose tee)나 회전고리(swivel)는 추가적인 문제를 발생시킬 가능성이 있으므로 사용을 금한다.
- 긴 호스는 백팩의 고리(loop)나 소프트팩의 고리에 넣어 보관한다. 이러한 위치 구성은 긴 호스가 팔 밑이나 드래그가 발생할 위치 외에 있게 한다. 또한 일부 구조형태와 같지 않게 호스가 잘려지는 것을 예방한다.
- 다이버는 짧은 호스나 긴 호스를 통해 호흡할 수 있고 다이빙 전에 두 호스 모두 완벽한지 시험해 본다. 어떤 호스를 사용하던 호스구성은 사용 가능하다.
- 목에 리테이너(고정장치)를 달아 대체 레귤레이터의 2단계 스테이지를 고정시킨다. 공기를 공유해야 할 응급상황에는 입에 있던 레귤레이터를 주고 목에 있는 짧은 호스의 보조 레귤레이터를 사용한다. 짧은 호스로 호흡을 하고 있다면 목에 있는 2단계 스테이지를 잡고 비틀어 구조할 다이버에게 건네 준다.

백플레이트 구성(Backplate Configuration)

백플레이트(뒤판) 혹은 트랜스팩(TransPac)은 다음과 같이 배치한다.

- **백플레이트(Backplate)** – 팩 밑에 수술용 튜브가 있어 오픈 워터 및 난파선에서 사용될 수 있는 리트프백을 보관 할 수 있다. 설치하려면 플레이트의 어떤 면이던 상관없이 구멍을 뚫어 수술용 튜브를 통과시킨 후 리프트백이 넉넉히 들어갈 수 있도록 조절한다(일부 스테인레스 철 백플레이트에는 미리 뚫린 구멍이 있다). 수술용 튜브는 긴 호스를 고정할 수 있도록 백플레이트의 우측에 고정시킨다. 앞서 말했듯이, 이 구조는 백플레이트에 두 개의 구멍을 뚫어 구성할 수 있다; 첫 번째 구멍은 어깨 끈 높이, 플레이트 끝부분에서부터 3/4 인치 거리에 뚫고; 두 번째는 첫 번째에서 5 인치 아래 위치에 뚫는다. 수술용 튜브를 구멍에 넣어 긴 호스에 알맞게 둘러 고정시킨다. 반대편에도 같은 형태로 튜브를 부착해 작은 아르곤(Argon) 탱크를 보관할 수 있도록 한다.
- **트랜스팩(TransPac)** – 소프트팩의 우측에 부착된 두 개의 작은 링에 수술용 튜브가 연결 되었다. 이것을 이상적인 위치이며 추가적인 변경은 필요 없다. 트랜스팩에 리프트백을 보관하려면 백팩 바닥에 있는 밧줄 고리를 연결시키면 되는데, 이 고리에 수술용 튜브를 통과하게 한 후 리프트백을 튜브 넣어 보관하도록 한다. 좌측에 있는 두 개의 링들은 같은 형태로, 아르곤 탱크를 부착하는데 사용될 수 있다. 이러한 방법들을 사용한다면 모든 부속품들이 디이비 몸 가까이 있게 되며, 유신형 다이빙 스타일을 만들 수 있다. 트랜스팩이 본인의 웻슈트 혹은 드라이 슈드에 맞게 조징되면 늘어지는 끈과 불필요한 드래그 없이 깔끔해질 수 있다. 그러므로, 이러한 구성 방법들은 느슨하거나 늘어진 끈을 없애고 깔끔함을 유지할 수 있도록 해준다.

수중 압력 게이지(Submersible Pressure Gauge: SPG)

SPG는 특수 제작된 24인치(57.6cm) 길이 호스에 맞춰져 있으며 이는 팔 아래로 들어가 좌측 어깨 하네스의 D-링에 부착된다. 이러한 배치구성을 사용하게 되면 직접 만지지 않아도 간단히 고개를 내려 SPG를 쉽게 읽을 수 있게 된다. 이런 연결형태는 콘솔(계기판)을 사용한다면 불가능하다. 만약 콘솔을 사용한다면 가슴부착형(Chest-mounted) 게이지 사용이 더 적절할 것이다.

BC 인플레이션 호스(BC Inflation Hose)

BC 인플레이션 호스는 22인치(52.8cm) 길이로 특수 제작되었고 수술용 튜브 고리들을 통과해 인플레이션 호스 근처에 부착된다. 이러한 복합장치는 백플레이트 위 어깨에 있는 수술용 튜브 고리를 통과하게 하여 고정시켜 사용된다. 트랜스팩에서 호스는 어깨 하네스 좌측 위에 있는 탈부착 가능한 벨크로 리테이너를 통과하게 하여 사용한다. 웻슈트로 다이빙 할 경우, 보조 BC 인플레이션 호스는 드래그를 감소시키기 위해 윙 옆에 부착되거나 백플레이트/트랜스팩의 뒷부분에 부착된다. 드라이 슈트 다이빙 시 보조 윙은 필요 없다.

릴(Reels)

릴은 허리 스트랩(끈)에 연결되어 D-링에 의해 고정되어 있다. 오픈 워터에서 싱글 릴은 리프트백을 위해 필요하다. 만약 난파선 다이빙을 한다면 침투를 위해 두 번째 릴을 가져가도록 한다. 동굴 다이빙 시 길을 잃을 수 있기 때문에 안전 릴은 필수장비이다. 만약 주 릴이나 갭 릴(공백을 연결시키는 릴)을 직접 사용하지 않는 다이버라면 안전 릴만 필요하다.

조명(Lights)

오버헤드 환경의 동굴 혹은 난파선 다이빙을 위해 주 라이트 사용시간은 다이빙 시간의 최소 1.5배가 되어야 한다. 라이트는 엉덩이에 부착하여 드래그를 줄여 난파선과 동굴과 같이 더 밀폐된 공간에서 적합하도록 한다. 하지만 좀 더 열린 환경에서 다이빙을 한다면 허리나 백팩에 착용해도 무관하다.

안전 라이트는 3가지 형태로 착용되고 있다:

- **라이트 혹은 전등은 백플레이트를 사용할 경우 어깨 하네스의 낮은 부분에 착용한다. 하네스의 D-링에 고정시키면 수술용 튜브 고리에 걸어 안정시킨다. (양측에 하나씩 라이트를 부착한다.)**
- **트랜스팩이나 백플레이트의 허리 하네스 주머니(Pouch)를 착용해 넣고 다녀도 된다.**
- **트랜스팩에는 허리 아랫부분에 위치한 D-링에 수술용 튜브를 연결시켜 안전 라이트를 고정시킬 수 있다. 이러한 방법은 탱크와 허리 D-링 가까이 안전 라이트를 위치시킨다. 양측에 하나씩 라이트를 착용하도록 한다.**

절단 장비(Cutting Tools)

이러한 장비는 드라이 혹은 웻슈트 허리에 부착된 다용도 주머니 혹은 따로 제작된 주머니에 휴대할 수 있다. 작은 절단 장치는 다이버의 손목에 부착될 수도 있다.

스테이지 탱크(Stage Bottles)

스테이지는 목 링과 호스 집게에 연결된 두 번째 링에 고정되어 몸에 부착된다. 운반용 스트랩(끈)은 탱크의 목 링과 호스 집게에 연결되고, 탱크는 허리와 어깨 D-링에 볼트 스냅(bolt snaps)에 연결된다. 감압 스테이지 탱크의 부착 위치는 믹스 종류에 따라 지정되며, 가장 높은 EANx 믹스(대부분의 경우 EAN 80)가 우측에 부착되며 다른 기체들은 좌측에 부착된다. 가장 높은 EANx 믹스의 마우스 피스에는 보조 조절 장치나 2단계 스테이지 덮개가 있어야 한다. 이러한 위치 지정은 수중에서의 균형을 제공하며 감압 스테이지 탱크들간의 혼돈을 피할 수 있도록 해준다. 스테이지 탱크에는 짧은 6인치(14.4cm) 호스에 연결된 SPG(수중압력 게이지)가 있어야 하며, 레귤레이터는 수술용 튜브로 탱크에 고정되어야 한다. 동굴과 같은 오버헤드 시 사용되는 침투용 스테이지 탱크는 좌측에 휴대한다. 만약 다이빙 시 많은 스테이지가 사용된다면 이들은 반대편에 휴대하도록 한다; 만약 DPV를 사용한다면 스테이지는 좌측에 휴대한다.

톰 마운트(Tom Mount)의 장비구성

저자의 장비구성은 다양한 다이빙 환경을 맞추기 위해 특수 구성되었다. 이 장비구성은 전세계 여러 곳과 다양한 다이빙 임무들을 통해 효과적이라는 것이 증명되었다. 저자의 장비구성은 하드팩 혹은 소프트팩 잠수 상관없이 모두 사용 가능하다.

- 더블은 매니폴드로 연결된다. 가능하면 격리밸브(Isolator valve)를 사용한다.
- 레귤레이터들의 모든 호스들이 밸브에서 아래로 바로 뻗을 수 있도록 한다. 긴 호스는 우측 뒤편에 위치하며 주 호흡기에 사용된다. 이 호스는 윙 아래에 감겨져 있으며, 일반 허리 라이트를 아래 편에 배치할 경우 호스는 윙 뒤로 등을 가로질러 목에 1/4 감긴다. 라이트 없이 다이빙을 할 경우 여분 호스는 허리 스트랩 밑에 넣는다. 짧은 호스는 보조 레귤레이터 용이다. 고정된 수술용 튜브 고리는 보조 레귤레이터에 연결된다; 보조 레큘레이터는 다이버의 목에 위치하고, 두 번째 스테이지는 우측에서 턱 바로 아래 위치해 하도록 한다.

이 시스템을 사용할 경우, 정기적으로 좌측 뒤편을 확인해 밸브가 잠기지 않았는지 확인하는 것이 현명하다. 스테이지로 호흡할 경우, 2단계 스테이지의 긴 호스는 어깨에 있는 D-링에 걸려있도록 한다.

- SPG는 24인치(57.6cm) 길이로 제작되었으며, 이는 좌측 뒤편 레귤레이터에서 아래로 이어진다. SPG는 좌측 어깨 D-링에 부착된다.
- BC(윙)에서 나오는 BC 인프레이터 호스는 9인치(21.6cm) 길이로 제작되었다. 파워 인프레이터 호스의 길이는 15인치(36cm)이다. 짧게 제작된 이 호스는 호스

를 올리거나 윙의 아래쪽에 있는 풀덤프(pull-dump)를 사용하지 않고도 부력을 세밀히 조절할 수 있도록 구상된 아이디어이다. 파워 인프레이터 호스는 좌측에 부착한다.

Tom Mount의 장비구성
사진: Bill Dooley

- 웻 슈트로 다이빙을 할 경우 보조 BC를 사용한다. 드라이 슈트 다이빙 시 하나의 윙 세트만 사용해도 된다. 드라이 슈트가 보조 BC 역할을 한다.
- 동굴이나 난파선 다이빙 시 주 전등은 일반적으로 허리에 부착한다. 난파선의 일부 부분들이나 좁은 동굴과 같은 좁은 공간에서 다이빙을 할 경우, 히프에 부착해 사용하는 것이 논리적인 선택이다. 허리 부착은 좁지 않은 공간에서 다이빙을 하거나 긴 호스로 장비구성을 하여 다이빙을 할 때 더 이상적인 선택이 된다.
- 안전 라이트는 양측 어깨 스트랩 위에 부착하도록 한다. 이러한 방법은 복잡한 공간에서 다이버에게 방해를 주지 않으며, 드래그를 감소시키는 동시에 쉽게 라이트를 찾을 수 있게 한다.

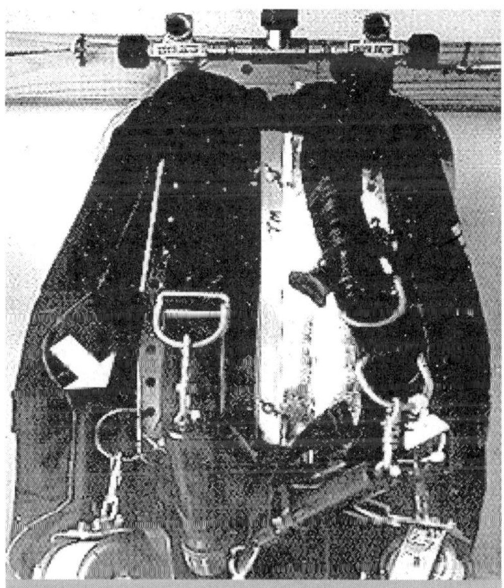

백플레이트에 부착된 릴 링(Reel ring)

- 릴은(필요한 만큼만 사용한다) 허리 D-링이나 백플레이트, 혹은 가랑이 스트랩에 부착된 링에 휴대한다. 리프트백은 백플레이트 바닥에 부착된 두 개의 수술용 튜브 고리를 사용해 휴대한다.

- 스테이지 탱크는 실린더 목에 라인을 연결하고 허리 D-링과 탱크의 아래 고리와 일직선을 이루는 위치에 연결한다. 이 선은 튜브로 보호되어 있다. 이러한 구성은 스테이지 스트랩으로도 가능하다.
- 백플레이트: 저자는 스테인레스 철 플레이트가 있는 백플레이트를 사용한다. 다친 허리로 인해 가끔 오는 통증 때문에 가끔은 허리에 더 편한 트랜스팩을 사용한다. 트랜스팩은 비교적 가볍고 싱글에서 더블로 쉽게 바꿀 수 있기 때문에 여행 시 트랜스팩을 사용한다. 백플레이트나 트랜스팩에는 가랑이 스트랩이 고정되어 있으며, 이에는 허리 스트랩을 거는 고리가 부착되어 있다. 가랑이 스트랩 앞쪽으로는 DPV 링이 있으며 뒤쪽에는 견인 링(Tow ring)이 있다. 백플레이트 혹은 트랜스팩 바닥 양측에는 수술용 튜브가 있어 오픈 워터 다이빙 시 리프트백을 보관할 수 있다.
- 전단용 도구들은 모든 다이빙 시 착용해야 한다. 수술용 가위는 허리 스트랩 주머니에 보관한다. 작은 칼은 전등 손잡이 뒤에 부착시켜 바로 사용할 수 있게 한다.
- 실린더(탱크)들은 일반적으로 동굴 다이빙 시 더블 112ft^3(17L)를 사용하고 딥 오픈 워터와 난파선 다이빙 시 더블 85ft^3(13L)를 사용한다. 큰 실린더가 필요 없는 다이빙 시 더블 45ft^3(7L) 혹은 듀얼 밸브 아웃렛이 있고 적절한 볼륨을 제공할 수 있는 싱글 실린더를 사용한다.

호가시안 구성을 보여주고 있는 Jarrod Jablonski

호가시안 장비구성 (The Hogarthian Gear Configuration)

제로드 자브론스키(Jarrod Jablonski)

동굴 다이빙은 지난 30년 동안 매우 큰 변화를 겪어왔다. 하지만 한가지 변하지 않은 것이 있다면 그것은 최고의 장비구조를 위한 지속적인 논쟁일 것이다. 지난 세월 동안 수많은 스타일들이 눈길을 끌었으며, 이들 모두 다 가장 효율적이고 안전하고 다루기 쉬울 뿐만 아니라 저렴하며 요즘 최근 들어서는 가장 "테크니컬"하다고 주장하였다.

일부 다이버들은 비교적 쉽게 다른 구조형태를 받아드리지만 단호하게 자신들만의 스타일을 고집하는 사람들도 있다. 이렇게 이 많은 주장들을 받아 드려야 하며 더 중요한 것은 어떻게 이 많은 주장들 속에서 합리적이자 올바른 선택을 할 수 있는지가 의문이다.

가장 상식적인 방법은 정보를 모은 후 어떠한 방법이 자신이 추구하는 것에 가장 적합한지를 분석하는 것이다. 거의 모든 장비구조 스타일은 일반 다이버의 테크니컬 다이빙을 가능케 한다 – 동굴, 난파서 및 딥 다이빙.

많은 오픈 워터 다이버들이 딥 다이빙, 난파선의 내부 혹은 깜깜한 동굴 시스템 다이빙을 한 후 손상 없이 돌아왔다. 이러한 행운만을 바랄 것이 아니라 이러한 오버헤드 환경을 침투할 때는 최소한의 장비들을 구비해 안전을 추구해야 한다는 것이다.

여기서 논쟁이 되는 것은 이러한 안전 다이빙을 위한 정확한 장비 조립방법과 장비종류이다.

긴 호스 스타일(Long Hose Styles)

테크니컬 장비구성에는 다양한 스타일들이 있으며 각 스타일들의 세심한 조정은 끝도 없이 다양하다. 하지만 거의 모든 장비구성 스타일에 적용되는 포인트는 긴 호스의 착용법이다. 다음 설명할 두 가지 형태는 많은 차이점이 있지만,

한가지 공통점(또한 다른 형태와 다른점)은 공기고갈 상태의 다이버에게 주는 레귤레이터가 입에 물고 있는 것인지 아니면 보조 레귤레이터인지에 대한 다이버의 마음에서 비롯되었다는 것이다.

번지 스타일(The Bungie Style) — 보조 레귤레이터를 줄 경우

가장 일반적인 긴 호스 착용법은 수술용 튜브나 밴드를 사용하는 것이다. 이러한 밴드는 탱크 옆, 매니폴드 근처, 백플레이트 위 혹은 사용자가 사용하기 편한 위치 가까이에 부착된다.

긴 호스 스타일을 선호하는 이들의 섬세한 장비조정과 노력은 다양하다. 하지만 이러한 스타일을 선호하는 다이버들은 최근 들어 호가시안 스타일의 최소화 개념을 선호하고 있는 추세이다.

호가시안 스타일(Hogarthian Style) — 자신의 레귤레이터를 줄 경우

호가시안 스타일에는 다른 스타일과는 다른 여러 가지 미세한 스타일 차이가 있지만, 일반적인 구조개념은 장비 최소화이다(Gear minimalism). 다시 말해, 필요 없는 것은 잠재적인 장애이다. 호가시안 스타일의 주 목적은 가장 유선형으로 구성하고, 불필요한 것을 제거하는 것이다. 이 스타일의 이름은 처음 스타일을 선보인 윌리엄 호가스 메인(William Hogarth Main)으로 부터 유래되었으며, 현재도 지속적인 조정과 개선을 거듭하고 있다. 메인(Main)은 25년 다이빙 경력에도 불구하고 가까운 다이빙 장소를 찾을 때는 변함없이 새로운 개선책을 가지고 온다. 그의 헌신적인 노력은 본받을 만하다. 호가시안 스타일은 호가시안 다이빙 커뮤니티 내에서도 작은 차이들을 보이지만 가장 엄격한 사용자들의 스타일들은 놀랄 만큼 동일하다.

다이버들이 긴 호스를 사용하고 있다가 에어 고갈 상태의 다이버에게 호흡하고 있는 호스를 주는 것이 호가시안의 특징인데, 이 스타일에는 그 외 주목받을만한 주요 포인트들이 있다. 어떤 호스를 주는 것이 편하던 간에, 최소화 개념에 집착하는 호가시안 장비구조스타일은 배울 점이 있다.

많은 다이버들은 일반 레크리에이션 다이빙에는 필요하지 않지만 일부 특수 다이빙에는 어느 정도의 장비 조정이 필요하다는 것을 알고 있다. 하지만 과도한 장비 조정은 불필요할 경우가 있다. 그렇다면, 어느 정도까지의 조정이 적절하며 중요한가?

조정의 정도는 다이빙의 강도에 비례 되어야 한다. 만약 주 라인 만이 요구되고, 고난도 투입이 아닌 다이빙을 할 경우에는 최소화를 위한 장비 조정과 유선형 유지는 그다지 엄격하지 않아도 된다. 하지만 스테이지 다이빙과 확장된 다이빙 시간과 수심이 요구되는 다이빙을 할 경우에는 장비의 세밀한 부분까지 매우 신중하게 다뤄져야 할 것이다.

일반적으로 장비는 항상 전체적인 하나의 구조로서의 기능을 가지고 평가되어야 한다. 장비는 하나로 결합된 안전한 다이빙을 지원하는 단일체로 보아야 하며, 필요한 장비들이 일관성 없이 부착되어 있는 계획성 없는 보관소가 되지 말아야 한다.

긴 호스로 호흡하기(Breathing the Long Hose)

자신의 주 호흡기를 주는 방법은 많이 선호되고 있는 추세이지만 많은 다이버들은 이를 꺼려한다. 다음 내용은 주 호흡기로 사용되는 긴 호스의 기부에 대한 가장 일반적인 반대 입장들을 다루고 있다.

1. "에어 고갈 상황에서 나의 주 호흡기를 절대 주고 싶지 않다."

이러한 주장은 이론적인 주장이 아닌 것 같다. 자신의 입에서 5에서 10초 정도 호흡기를 뺄 수 없는 다이버라면 오버헤드 환경에서 다이빙 할 수 있는 기술이나 교육이 되어 있지 않다.

주의사항 : 짧은 호스 호흡을 선호하는 많은 다이버들은 대단한 실력가들이다. 공기를 주는 다이버가 상황 제어를 완벽하게 할 수 있다는 자신감이 있기 때문에 짧은 호스를 사용한다. 짧은 호스를 전달 줄 경우, 공기고갈로 떨고 있는 다이버는 패닉 상태가 될 수 있다. 내가 알고 있는 매우 노련하고 실력 있는 다이버들은 짧은 호스로 호흡한다. 개인적으로 나는 긴 호스 호흡을 선호한다.

저자는 공기고갈 상태의 다이버에게 입에 있는 레귤레이터를 어떻게 건네줄까 걱정하는 다이버의 실력에 의문을 갖는다. 이런 걱정을 하는 다이버는 아마도 사고로 입에 있던 레귤레이터가 빠져 나갈 때 매우 난처할 것이다.

공기고갈 상황의 다이버에게 입에 있던 긴 호스 레귤레이터를 주게 되면 문제없는 레귤레이터를 줄 수 있는 확신이 있다. 공기 고갈 상태의 다이버에게 다른 레귤레이터를 주면, 레귤레이터에 있는 불순물로 인해 스트레스 상태 다이버의 상황 제어가 불가능 해 질 수도 있다. 그럴 경우, 문제가 이미 있는 다이버에게 또 다른 문제를 제공해 상황을 악화 시킬 수 있다.

긴 호스 제공의 가장 큰 장점은 이러한 문제가 발생할 수 있고 대처할 수 있다는 것이다. 항상 예상하고 있는 상황만을 기대하지 말고, 어떠한 상황에서도 항상 대처할 수 있도록 준비하고 있어야 한다. 응급상황 시 계획대로 상황이 해결되는 경우는 없으며, 호가시안 다이버들은 항상 다양한 공기고갈 상황에 대한 준비를 하고 있어야 한다.

2. "나는 긴 호스로 호흡하기 싫다. 난 최상급 레귤레이터를 입에 물고 싶고, 긴 호스는 능력을 저하시킨다."

긴 호스를 사용한, 말 그대로 수 천번의 성공적인 딥 다이빙 탐험들을 보았을 때 잠수 수행능력을 저하시킨다는 말은 논쟁될 내용이 아니다. 하지만 질이 떨어지는 장비 사용을 감당할 수 없다는 것은 좀 더 편안한 다이빙을 하기 위해서 질이 떨어지는 레귤레이터를 공기고갈 상태의 다이버에게 준다는 뜻이며, 이는 좋은 해결책이 아닌 듯 싶다.

당신의 최상급 레귤레이터는 꼭 긴 호스에 있어야 한다. 레귤레이터가 편안한 다이빙 시에도 불편한 상태인데 이를 스트레스 상태의 버디에게 전달해 준다는 것은 그가 정상 복구할 수 있는 시간만 감소시키는 것이다.

3. "내 목에 호스가 감겨 있는 게 싫다.

배울 가치가 있는 기술들은 대부분 적응이 필요하다. 긴 호스는 가끔 일부 사람들에게 불편할 수 있지만 어디에 위치하던 간에 적응해야 한다. 수술용 튜브에 넣어 보관한다면 긴 호스라는 것을 잊어 버릴 수 있다. 하지만 그 긴 호스를 풀거나 적절히 배치하지 않으면 어떻게 될까?

만약 다이빙 시 호스의 재 위치시키기 위해 당신 버디에게 부탁해야 한다면 조금은 불안할 것이다. 자급자족이 중요한 다이빙에서 장비구성을 남에게 의지해야 한다는 것은 논리적이지 않다.

4. "스테이지 다이빙을 하면서 긴 호스로 호흡할 수 없다."

난 사람들이 이런 생각을 하리라고는 상상조차 못했다. 하지만 일부 유능하다는 동굴 다이빙 강사들을 만나면서 이러한 걱정이 가능하다는 것을 느꼈다. 호가시안 스타일로 스테이지 다이빙을 하는 긴 비교적 어렵지 않다. 현재 소수이지만 여러 동굴 탐험가들이 긴 호스를 사용해 다이빙을 하고 있다.

시스템적 접근(The System Approach)

시스템 그 자체에 대해 논하지 않고는 호가시안 스타일을 다 검토했다고 할 수 없다. 호가시안 다이빙 방법을 강조하는 것은 유선형 장비배열과 긴 호스 사용뿐만 아니라, 장비들의 조화로운 구성 시스템 때문이다.

호가시안 스타일에서는 장비들이 결합력 있게 기능해야 하며, 다이버를 최대한 지원해야 한다. 장비들은 삶을 유지해 주는 도구들이기 때문이다.

예를 들어 당신이 긴 호스를 사용해 호흡을 하기로 결정하였다고 하자. 그 결정이 끝이 아니어야 한다. 단지 시작일 뿐이다. 어디에서 어떻게 긴 호스를 균형 있게 보관하고 얼마나 길어야 하는가는 이 호스를 주 호흡기로 사용할건지에 대한 결정만큼이나 중요하다.

호가시안 구조의 뒷면
(화살은 긴 호스를 가리킨다)

이 스타일을 선호하는 대부분의 다이버들은 7ft(2.1m) 길이를 선호하고, 잔여 호스는 엉덩이에 부착된 라이트 밑으로 넣고 가슴을 가로질러 목에 1.5회 정도 감은 후 입에 문다. 이 시스템은 5ft(1.5m)길이의 호스를 바로 사용할 수 있도록 해주며, 호스의 나머지는 손으로 빠르게 당기기만 하면 빠져 나와 바로 사용할 수 있기 때문에 이상적인 스타일로 확증되었다. 9ft(2.8m)는 너무 길뿐만 아니라 대부분의 경우 위험하며, 5ft(1.5m)는 제한된 통로에서는 좀 짧다. 호스를 목에 몇 번 감게 되면 풀기에도 시간이 많이 걸릴 뿐만 아니라 불편하고 위험하여 시도되지 말아야 한다.

왜 라이트 캐니스터(Light canister)를 엉덩이에 부착 혹은 히프 마운트(Hip-mount)하는가? 히프에 부착한 캐니스터가 꼬일 경우 쉽게 탈착 할 수 있으며, 수온에 식어 꺼지는 불량품인지 눈으로 확인할 수 있을 뿐만 아니라(개인적으로 투명한 하우징을 선호한다), 짧은 줄 문제도 동시에 해결하여 전반적인 안전감을 준다. 또한 탱크 아래에서 라이트가 불필요하게 돌아다니지 않는다면 릴이나 스쿠터를 부착시킬 공간이 생기며, 스쿠터 사용을 중단한 다이버를 견인할 수 있는 공간도 마련 된다. 마지막으로 히프에 부착된 캐니스터는 탈부착이 현저히 쉬우며, 캐니스터 위에 45kg(100lb) 이상 나가는 탱크가 올려질 위험을 현저히 감소시켜 준다.

감소, 감소 또 감소(Reduce!)

요즘에는 너무 많은 다이버들이 더 많은 것이 항상 더 좋다라는 생각을 가지고 있는 것 같다. 테크니컬 다이빙에서 필요한 것은 많은 장비가 아니라 더 좋은 장비이다. 필요 없는 장비는 장애물이다.

장비선택은 가격 대비 이익 분석을 통해 잠재적인 위험과 예상되는 이익들을 따져본 후 결정되어야 한다. 안전하고 효율적인 다이버를 평가하는 기준이자 가장 어려운 문제는 정확히 이익을 분석하는 동시에 삼낭할 수 있는 위험이 무엇인지를 솔직히 비교할 수 있는 능력이다.

라이트는 장비에 있어 필수조건이다; 하지만 이 또한 더 많다고 좋은 것은 아니다. 하나의 주 라이트와 두 개의 보조 라이트는 대부분의 상황에서 적절하다. 고의적으로 망가진 장비를 가지고 다이빙을 하거나 기본적으로 지켜야 할 것들을 무시하기 전에는 3개의 라이트 모두 한꺼번에 망가질 확률은 거의 없다.

만약 6개의 라이트를 가지고 다니는 이가 있다면 다른 불필요한 문제들을 경험하게 될 것이다. 장비관리를 게을리 하거나 많은 라이트로 인해 장비들이 꼬일 가능성이 높아져 다이빙에 방해가 될 것이다.

세 개의 좋은 라이트는 – 즉 하나의 튼튼하고 믿을 만한 주 라이트와 두 개의 작은 보조 라이트 – 대부분의 다이빙 환경에 매우 적합하다. 다이빙 시 라이트가 자주 망가진다면 장비를 재 검토하거나 관리 기술을 재검토 해보자.

앞서 주 라이트 캐니스터의 부착 위치와 히프 마운트의 장점들을 설명하였지만 보조 라이트에 대해서는 아직 설명하지 않았다. 보조 라이트를 부착할 수 있는 위치는 몇 군데 된다. 많은 사람들이 탱크에 보조 라이트를 부착한다. 이러한 구성 시스템은 사용자의 노력에 따라 비교적 깔끔하게 사용될 수 있지만, 작은 동굴이나 난파선의 통로에서는 라이트가 떨어져 나가거나 줄에 걸릴 수 있다.

하지만 팔 아래 있는 하네스에 부착한다면 방해되지 않고 걸릴 일이 거의 없다.

주 라이트는 모든 다이버들의 장비구성의 일부이다. 라이트의 밝기는 적절해야 하며, 신뢰할 수 있고 융통성 있게 사용될 수 있어야 한다. 시험관 스타일(Test tube style)의 라이트는 이러한 요구조건들을 다 충족시키는 동시에 많은 장점들을 가지고 있다. 라이트 빛 강도가 탁월하고, 사용하기 편할 뿐만 아니라 엄청난 융통성을 가지고 있으며, 캐니스터 스타일 라이트와 연결되면 튼튼하고 안정된 장비가 된다.

다이버의 손 위에 부착될 수 있는 굿맨 스타일(Goodman style) 손잡이는 더 많은 융통성을 제공하며, 양손을 자유롭게 사용할 수 있게 한다. 굿맨 스타일 손잡이는 헬맷에 부착된 조명만큼 융통성이 있지만 버디의 눈을 멀게 하지는 않는다. 또한 자유롭게 동굴이나 난파선 주위를 비출 수 있기 때문에 다이버의 시야를 넓혀 준다.

케이지(Cage)는 논쟁 대상이다. 난 밸브 케이지를 싫어한다. 나는 케이지의 목적을 반대하지는 않는다 – 충돌로부터 밸브와 매니폴드를 보호하는 목적 – 하지만 보호 목적으로서의 성공률에 대해서는 부정적이다.

첫 번째로, 가정된 문제를 살펴보자: 천장을 닿는 문제. 이는 반복적으로 천장을 부딪혀 케이지가 필요하다는 주장이다. 이러한 이론은 잘못되거나 문제가 있다고 생각한다. 만약 다이버가 천장을 반복적으로 부딪힌다면 도구가 필요한 것이 아니라 다이버의 기술 수련이 필요하다. 가끔은 모든 다이버들이 천장에 부딪힌다. 하지만 얼마나 강하게 부딪힐까? 수영을 하면서 부딪혀 망가진다는 걱정은 과민반응 같은데, 부딪히는 이들은 케이지의 필요성과 위험에 대해 더 많은 고민을 해봐야 할 것이다.

스쿠터를 사용한다면 심각히 고려해 볼만한 사항인 것 같다. 이럴 경우, 크고 단단한 보호 케이지를 선택하는 것이 좋을 듯 싶은데 이러한 케이지는 사용자를 작은 공간에서 불편하게 만든다. 개인적으로 나는 매니폴드의 고장 확률을 고려해 볼 때 케이지 없이 자유스럽고 작은 공간에도 편안히 움직이는 것을 선호한다.

레귤레이터 위에 굽은 철 보호대가 아닌 더 작고 유선형의 케이지를 부착해 사용하는 것은 불필요한 장치 설치라고 생각한다. 이러한 보호장치에도 불구하고 DIN 레귤레이터가 파손된 두 사람을 보았다. 디자인의 목적을 달성하지 못하면서 줄에 걸릴 수 있는 형태의 디자인은 보호보다는 위험을 준다.

매니폴드(Manifold)는 일반적으로 기체공급을 관리 해주는 가장 적절한 방법이다. 저자는 혼자 다이빙을 하거나 사이드 마운트 구조를 사용해 다이빙을 하는 것은 안전에 도움이 되지 않는다고 생각한다. 또한 이러한 두 가지 경우를 위해 장비를 조정하지 않는 것이 좋다고 생각한다. 그러므로, 독립 밸브를 사용하거나 독립 밸브를 사용하는 사람과의 다이빙을 하는 것은 권하고 싶지 않다.

분리형 혹은 독립 실린더들을 효과적으로 관리하기 위해서는 많은 정성과 뛰어난 기체관리 능력이 필요하다. 경험상 대부분의 사람들은 적절한 관리 능력이 없다. 매니폴드의 고장 가능성에도 불구하고 나는 거의 모든 다이빙 시 매니폴드 사용을 적극적으로 지지한다.

아이솔레이터(Isolator)는 매우 재치 있는 발명품이지만 그다지 중요한 장치는 아니라고 본다. 이론적으로 훌륭한 아이디어이고 현실적으로도 그다지 나쁘지 않다. 사용하는 사람이 본인의 단점과 장점을 인식하고 있다면 아이솔레이터는 효율적인 장비이다. 하지만 사람들이 생각하는 것 같이 목숨을 살리는데 큰 역할은 하지 않는다.

첫 번째로, 아이솔레이터는 실린더 분리를 하는 선택적 장비이지만 이 또한 추가 밸브이며, 다른 것과 같이 문제가 발생할 수 있다. 아이솔레이터 사용은 하나의 문제를 피하려다가 또 다른 문제를 만드는 것과 같다. 아이솔레이터의 구조를 보면 아이솔레이터 고장 시 하나의 실린더만이 분리될 수 있도록 구성되었으며, 기체의 반만을 보호할 수 있다. 기체 주입이나 안전 점검 시 우연히 밸브를 닫는 경우가 종종 있으니 조심해야 한다.

밸브 노브(Valve knobs)혹은 밸브 손잡이도 주목할 필요가 있다. 나는 개인적으로 고무 노브를 가장 좋아한다. 고무 노브는 튼튼하고 충격 흡수에 강하며 깨지지 않고 돌리기 쉽다. 오버헤드 환경에서 천장이나 벽에 좌측 뒷면이 닿으면 잠길 수도 있다는 것이 단점이다. 이러한 단점이 있는 매니폴드로 다이빙을 한다고 해도 저자는 조심스럽게라도 고무 노브를 사용할 것이다.

플라스틱 노브는 깨질 수 있으며 깨지게 되면 노브를 돌릴 방법이 없기 때문에 위험하다. 철 노브로 이러한 문제와 자동 잠금 문제를 해결하려 하였지만 철 노브가 부딪힐 경우 굽혀지기 때문에 사용이 불가능 해진다.

탱크(Tanks)는 다양한 선호도에 맞춰 제작된다. 개인적으로 선호하는 탱크는 부피가 크고 압력이 낮은 철 실린더(탱크)이다. 탱크 사이즈는 사용자의 사이즈, 필요 여부, 예산에 맞춰져야 한다. 당신 자신과 동굴을 위해 당신이 필요한 장비들을 분석하길 바란다. 무리해서 가장 크고 비싼 장비를 무턱대고 구입하지 말자. 철 95(15L) 크기가 전반적으로 적절한 선택인 것 같지만 본인이 어떤 것을 필요로 하는지 따져봐야 한다.

게이지(Gauge)는 필요한 장비이지만 사람들은 대부분 더 많은 것이 좋다라는 생각에 빠진다. 모든 사람들에게 2개 이상의 시간 측정 장비는 넉넉하다. 게이지는 부피가 큰 장비로부터 떨어져 있어야 하며, 깨끗한 위치에 부착되어야 한다. 벨트에 연결된 압력 게이지는 가슴 부위를 복잡하지 않게 해주며, 진흙에 끌리는 것을 방지해 준다. 호스없는 무선 게이지가 이러한 문제들을 해결 한다고는 하지만 기체 관리에 대한 신뢰는 가지 않으므로 긍정적으로 인내심을 갖고 적절한 해결책을 기다리고 있을 뿐이다.

신체(The body)는 효과적인 다이빙의 핵심부분인 것은 분명하며, 필히 다뤄야 할 주제이다. 체력의 중요성에 대한 많은 논쟁들이 있었으며, 앞으로도 계속 이러한 논쟁들은 지속될 것이다.

다이빙의 형태를 평가한 후 이에 따라 다이버의 체력을 맞추는 것이 이상적인 것 같다. 일반 다이버들은 유산소 운동으로 심장 혈관 체력을 가꾸며 이에는 일주일에 3번씩 최소 20분의 유산소 운동이 적절하다. 좋은 체력은 다이빙뿐만 아니라 질 좋은 삶을 유지할 수 있게 한다. 지속적인 체력단련 운동은 험한 다이빙 과정을 대비해 몸을 준비해 준다.

계단을 오르내리는데 숨이 찬 사람도 다이빙을 할 수 있지만, 스트레스 관리 및 공기문제가 발생하게 되면 분발력이 요구되기 때문에 체력의 한계를 느낄 것이다. 레져 다이빙 시 체력관리가 하찮아 보일 수 있지만 응급상황에서는 많은 차이를 보인다. 과도한 운동은 관절에 반흔 조직(Scar tissue) 축적으로 인해 혈액순환을 감소 시킬 수 있는 가능성을 증가 시키지만 거의 발생되지 않는 문제이다.

결론

다이빙의 미래는 틀림없이 흥미롭고 대단한 변화들이 있을 것이다. 당연히 장비 진화는 지속될 것이고, 흥미로운 발달들은 다이빙 세계를 즐겁게 할 것이다. 하지만 21세기의 변화와 상관없이 두 가지는 변하지 않을 것이다: 사람들이 애착할 수 있는 새로운 장비들이 지속적으로 선보이게 될 것이고 이들의 올바른 구성에 대한 논쟁은 지속될 것이다. 당신은 이러한 논쟁 속에서 현실적인 필요성과 다이빙 환경을 기반으로 반응해야 한다.

국제적인 스타일 장비구성(International Style)

라마 히레스(Lamar Hires)

난 주로 동굴 다이빙을 해왔다. 동굴과 난파선 다이빙 장비구성의 많은 부분들을 서로 변경해 가며 위험한 난파선 다이빙을 하였지만 변경된 장비구성은 쉽게 적응할 수 있다. "기본적인 구성은 같다"라고 할 수 있으며, 리프트백 위치는 동굴 다이빙 시에는 필요 없었기 때문에 전문가로서 조언을 해줄 수 없다.

교육을 하면서 많은 학생들이 나의 장비구성과 다이빙 스타일을 모방하였다. 학생들은 주변 친구들에게 나에게 배운 스타일을 알려주었고, 이들 중 일부는 나에게 와 교육을 받았다. 나는 새로운 교육생들에게 장비는 조절되고 변경되어야 한다고 교육시킨다(조절(adjust)과 변경(modify)은 테크니컬 다이빙에서 매우 자주 쓰이는 단어들이다). 그러면 새로운 학생들은 "라마, 8년 전에 당신 교육을 받은 친구가 이런 식으로 장비를 구성하라고 했는데요."라고 한다.

Lamar Hires, DiveRite 제작사의 사장
사진: Bill Dooley

기술진보와 자신과의 도전을 위해 더 힘든 환경을 찾기 때문에 장비구성은 진화된다. 현재 나의 장비를 어떻게 구성하는지에 대해 쓰면서도 나는 더 적절한 방법으로 환경을 지배하기 위해 더 좋은 방법을 꾸준히 구성하고 있다.

나는 싱글, 더블, 스테이지 및 사이드 마운트 다이빙을 위해 DiveRight 트랜스팩을 사용한다. 예전에는 한 리그(Rig-장비구성)로 싱글, 더블과 스테이지를 사용했고, 또 다른 리그로 사이드 마운트를 사용하였다. 여러 가지 이유로 난 하나의 장비구성으로 모든 형태의 다이빙을 하고 싶었다.

트랜스팩은 이런 요구조건을 충족시키기 위해 제작되었고 다음과 같은 장단점들을 가지고 있다.

1. **여행 – 한 리그만 가져가면 되기 때문에 짐이 적다. 즉 잊는 부품들이 적다는 것이다. 더 많이 가져 갈수록 잊는 것도 많다.**
2. **편안함과 적합함 – 다이빙 환경의 변화, 수온의 차이로 인해 슈트의 부피가 변하고 이에 맞춰 스트랩 교정이 필요했다. 전 장비구성들은 이러한 조절이 힘들었고, 몸에 맞게 조정하려면 두 세 번의 다이빙을 해야 했다.**
3. **지속성 – 어떠한 구성을 하던지 모든 장비들이 항상 같은 자리에 있길 원했다. 동일한 위치에 있게 되면 장비 다루는 것이 더욱더 자연스러워진다.**

더블을 위한 나의 장비 배치는 다음과 같다:

레귤레이터(Regulator)

포세이돈(Poseidon) 2단계 스테이지를 사용하며 유선형을 위해 모든 호스들은 직선으로 내려가게 하였다. 2단계 스테이지의 짧은 호스를 좌측 뒷편 머리 뒤에서 우측 어깨를 넘어 가져오기 위해서 직각의 낮은 압력 회전고리에 걸어 둔다. 회전고리로 인해 문제가 발생할 수 있다고도 한다. 장점과 단점을 비교해 보았을 때 추가된 3개의 오링(O-ring)으로 인한 난점들이 적절한 호스 위치의 편안함보다 더 큰 문제가 되지 않을 것 같았다(더블 구성에 추가된 회전 고리는 이들뿐이다).

2단계 스테이지인 긴 호스 레귤레이터는 클래식 디자인(셜우드스타일)이며 응급상황 시 사용되므로 관리가 쉽다. 긴 호스는 트랜스팩의 레귤레이터 바로 아래의 1인치 D-링에 부착된 완충 고무줄(shock cord)의 두 개의 작은 고리를 이용해 감춰졌다. 호스는 바로 옆에 보이지 않게 보관되었기 때문에 쉽게 뺄 수 있다. 2단계 스테이지의 긴 호스 레귤레이터는 가슴 스트랩에 부착된 고리(loop)에 보관한다.

조명(Light)

주 라이트는 히프에 부착하거나 작은 MLS 라이트를 사용할 경우 허리에 부착한다. 하네스 주변은 공간을 비워 놓고 유선형을 유지를 위해 라이트 부착은 피한다. 보조 라이트는 매우 작지만 오래 사용할 수 있다. 두 개의 프린스톤 텍(Princeton Tec) 40은 빠르게 꺼내기 위해 우측 주머니에 보관하고, UK Mini Q 40은 마스크에 부착한다. Q40은 스쿠터 사용시 게이지를 읽기 위해 사용되며 탐색을 할 때 읽기용으로 사용한다.

보조 마스크와 절단 장비(Backup Mask and Cutters)

빠르게 꺼낼 수 있게 좌측 주머니에 갖고 다닌다. 나는 두 개의 선 절단기를 사용한다. Z-나이프(면도칼)은 팔목에 부착된 다이빙 컴퓨터의 스트랩에 부착하고, 작은 나이프는 좌측 앞면 히프 패드에 부착해 오른손으로 쉽게 잡을 수 있게 한다. 슬레이트(Slate)와 다이빙 테이블은 좌측 지퍼가 달린 두 개의 주머니에 보관한다.

릴(Reels)

동굴 다이빙 시 난 항상 두 개의 릴을 가지고 다닌다. 안전 릴은 주 릴로 매듭 있는 250ft(76.5m)길이의 선이며, 실린더의 D-링에 부착한다. 또한, 줄을 다시 감아야 하거나 릴이 막혔을 때를 대비해 실패 공간을 남긴다. 대부분의 다이버들은 교육받을 때를 제외하고 안전 릴을 사용하지 않는다. 안전 릴의 사용용도를 기억해야 한다: 버디를 찾거나 로프를 찾고 수중 수리할 때 사용한다. 대부분 첫 번째 두 경우가 발생하면 시야가 거의 나오지 않을 때 사용될 것이다. 시야가 최악일 경우에도 피해자를 찾아야 할 경우가 있었는데 그럴 경우에는 주 릴은 더 문제가 된다 - 특히 시야가 없는 상황에서 꺼내거나 찾을 때 문제가 된다. 다른 릴은 다이빙 계획이 변경되어 새로운 통로를 찾았을 때 추가로 사용되는 작은 릴이다. 이 릴은 허리 하네스에 착용한다.

탱크 부착(Tank Mounting)

더블탱크에는 아이솔레이션 딘(Isolation DIN) 매니폴드를 사용한다. 실린더들은 백플레이트 고정 시 사용되는 나사(볼트) 구멍이 있는 스테인리스 철 밴드에 연결시킨다. 트랜스팩은 백플레이트과 같은 형식으로 조립된다. 윙을 볼트에 집어 넣은 후 하네스를 위에 들어가게 하고, 마지막으로 고정 플레이트를 위에 덮어 윙 나사로 단단히 연결시킨다.

싱글 탱크 맞춤(Single Tank Adaptation)

싱글 탱크에 추가하는 것은 실린더를 고정 시키기 위한 캠 스트랩(CAM strap)뿐이 없다. 라이트는 우측에 위치하도록 하고, 탱크의 위아래는 하네스 뒤에 있는 1인치 D-링에 연결한다. 모든 백팩 장비들은 같은 자리에 위치한다.

사이드 마운트 시스템(Side Mount System)

사이드 마운팅이란 주 다이빙 실린더를 다이버의 뒤가 아닌 옆에 위치해 놓는 것을 말한다. 기존의 백마운트(뒷부착) 스타일 보다 더 유선형을 이룰 것 같지만 그러지만은 않다. 더 많은 드래그를 일으키며 장비관리를 더 힘들게 한다.

라마의 사이드 마운트 구조
사진: Bill Dooley

이렇게 실린더를 위치시키는 스타일은 새로운 것이 아니라 전 세계적으로 동굴 다이빙 시 사용되고 있으며 진화되었다. 누가 먼저 시도했는지는 공로를 인정해주고 싶어도 다이버들, 특히 동굴 다이버들은 비밀이 많아 어느 누가 먼저 시도했는지 알기가 힘들다.

영국 동굴 다이버들과 일부 유럽 다이버들은 오래 전부터 사이드 마운트를 사용하고 있었다. 사이드 마운트의 필요 여부는 건조한 동굴 다이빙 탐험 시 물 웅덩이(Sump)를 만났을 때 부각되었다 – 건조한 동굴 다이빙 시 다른 건조한 동굴로 이어질 수 있는 지하 연못이다. 건조한 동굴의 이동거리와 지형은 더블 실린더 형태로 두 개의 탱크를 이동하는 것을 불가능하게 하였고, 그 이유로 싱글 탱크가 선호되었다. 싱글 형태를 독립된 백마운트 더블로 조립하기 위해서는 추가적인 소부품들이 필요하지만, 웅덩이 다이버들(Sump divers)은 부품들이 적을수록 건조한 동굴에서 이동할 수 있는 거리가 길어진다는 것을 깨달았다.

영국인들은 탱크 CAM 스트랩에 고정된 넓은 벨트를 사용해 실린더를 히프에 부착시킨다. 이러한 스타일은 기능적이지만 실린더의 압력이 떨어지면 양성부력이 생겨 탱크가 몸과 수직선으로 돌려지며 드래그가 증가된다.

이 스타일의 장비구성은 혼자만으로 할 수 없었다. 한 다이버가 벨트를 조립하고 누우면 다른 이가 허리 벨트를 조여줘야 한다. 다이버 혼자 실린더들을 탈착하거나 부착할 수 없었다. 수영하는 것이 우선이었기 때문에 시야가 매우 미비하거나 없는 환경에서는 정돈된 장비와 자세는 이차적인 문제였다. 가끔씩 다이버들은 이러한 상태로 웅덩이를 따라 걸어 이동하였다.

미국에서는 80년대 초에 이미 쉽게 접근할 수 있는 대부분의 동굴들이 탐험되었다. 더 깊고, 길고 작은 동굴들을 탐험하기 위해서는 새로운 기술이 필요했다. 지금은 더 높은 전력의 DPV, 볼륨 실린더, 혼합기체 등으로 인해 더 깊고 더 긴 동굴들의 탐험이 가능해졌다. 사이드 마운트는 작은 부피가 요구되는 동굴들의 탐험을 가능케 하였다.

사이드 마운트는 70년대 후반에 북 플로리다에서 인정을 받았다. 우디 자스퍼(Woody Jasper)는 기존의 장비를 가지고 접근할 수 없었던 작은 동굴들을 사이드 마운트를 이용해 탐험하기 시작하였다. 초기에는 사이드 마운트 사용 시 주위에서 쉽게 찾을 수 있는 장비 혹은 소모품들을 사용하였다. 하지만 적절하지 못한 장비사용은 확장된 탐험에 무익하다는 것이 곧 증명되었다. 이제 사이드 마운트는 단순히 스테이지 스타일로 백플레이트에 실리더를 몇 개 부착하고 더블을 없애는 차원이 아니다. 사이드 마운트 스타일 사용은 사고방식과 장비차원에서 매우 복잡하고 특수화된 과정이 요구된다.

사이드 마운트 사고방식(Side Mount Mindset)

사이드 마운트 구조를 사용하는 이유가 무엇이던 간에 잠재적인 위험은 인식하고 있어야 한다. 실린더를 뒤에서 탈부착한 경우 다이버는 위험에 더 많이 노출된다. DPV를 운행하면서 실린더가 완충장치라고 생각하면 안 된다(잘못된 생각이지만 실제 그렇게 사용하는 사람들이 있다). 천장이나 벽에 부딪히게 되면 다칠 수 있으며, 오버헤드 환경에서는 치명적일 수 있다.

폐쇄공포증이 있는 다이버는 실린더로 인해 등과 가슴에 압력을 느낄 수 있기 때문에 공포감이 악화될 수 있다. 작은 공간에서 낮은 시야는 피할 수 없는 현실이 될 수 있으며, 이러한 현실을 극복할 수 있어야 한다.

웅덩이 아래로 이동할 하거나 험한 지형을 넘어야 할 때, 하나의 무거운 탱크의 무게를 둘로 분산시켜야 할 경우, 편의를 위해 사이드 마운트를 고려한다. 이유야 어쨌던 간에 계획여부와 상관없이 작은 공간을 들어가야 할 확률은 존재한다.

두 개의 독립적 실린더를 관리해야 하며 실린더 배치방식의 차이로 인해 모든 호스들이 가슴방향으로 몰리기 때문에 난이도는 증가된다. 다이버의 제한된 자세로도 조명, 릴 및 모든 보조장비들은 바로 사용할 수 있어야 하므로 이들의 배치는 신중을 기해야 한다.

앞서 말했듯이 사이드 마운트 다이빙은 특수부야로 진화되었다. '내가 가진 장비는 이것뿐이고, 이것들로 어떻게 해봐야 한다'라는 생각은 더 이상 가능하지 않다.

사이드 마운트 장비(Side Mount Equipment)

실린더 연결(Cylinder Connection)

사이드 마운트 사용 시 핵심 포인트는 실린더를 하네스에 연결시키는 일이다. 일부 다이버들은 실린더 중앙에 짧은 줄을 부착한 후 볼트 고리를 연결해 사용한다. 또 다른 방법은 실린더에 D-링과 하네스에 클립을 부착해 사용하는 것이다. 또 다른 방법은 실린더에 있는 핀과 하네스에 리시버 튜브(receiver tube)를 연결해 사용하는 것이다. 이 세가지 방법 모두 실린더 목을 다이버의 가슴 부위에 연결시켜야 하는데, 이는 자전거 바퀴 속 튜브를 등을 가로지르게 하여 가슴 부위에 있는 D-링과 연결시켜 해결한다. 자전거 튜브는 에어셀(BC)이 몸에서 뜨지 않게도 한다.

에어셀(Air Cell)

하드 플레이트을 제거하고 허리 벨트에 실린더 연결선을 추가시키면 자켓형 BC를 개조해 사용할 수 있다. 윙 스타일 BC를 사용할 경우 다이버 등에서 움직이지 않게 고정시켜 놔야 하며, 탱크 등의 장비들을 위한 플랫폼을 제공하기 위해 윙은 하네스와 결합하여 사용된다.

보조장비(Backup Equipment)

실린더를 옆구리에 착용하는 것은 라이트, 릴, 다이브 테이블 등의 보관을 위한 주머니의 일반적인 착용 위치들을 방해한다. 사이드 마운트 다이버들은 보조 장비들을 일반적으로 부착할 수 있는 위치에 적당히 부착한다. 가슴 부위에 하네스에 착용한다면 접근이 제한적이고 힘들어 진다. 릴은 허리 부위에 있는 실린더 뒤에 부착하는 경우도 있다.

호스와 밸브(Hoses and Valves)

모든 레귤레이터는 최대한 유선형을 이뤄야 하며, 짧은 고압력 호스는 6인치(15.2cm)길이가 선호되고 보조 스테이지 호스는 28인치(71.1cm)가 선호되고 있다. 호스는 모두 가슴 부위에 있기 때문에 이 부위가 매우 복잡해 지며, 공기 관리는 더 힘들어 진다. 세 개의 호스가 한 방향에서 모두 나올 수 있도록 구성된 레귤레이터를 선택하게 되면 호스 관리는 쉬워진다. 좌측과 우측에 잠금/열림 노브가 있는 기본적인 'K' 밸브는 다루기 쉽다. 자전거 튜브는 밸브의 잠금/열림 노브 위로 지나가게 하고 몸 쪽으로 당길 수 있게 하며, 이차적인 고정장치로도 사용한다.

통합된 시스템 방법(A Unified System Approach)

나는 오랫동안 여러 사이드 마운트 구조를 사용해 보았다. 현재 사용하고 있는 장비의 가장 큰 장점은 사이드 마운트 스타일에서 더블이나 싱글로 변경시키는 능력이다 – 스타일의 순서는 상관없다. 대부분의 다이버들은 다이빙 상황에 맞춰 3가지 다른 형태의 리그들을 사용한다. 리그(장비구성)를 변환시키는 것은 대부분 복잡할 뿐만 나이라 원하는 다이빙의 주 목적으로부터 벗어나게 한다.

나는 이러한 개조작업에 지쳐 필요한 장비들을 결합시키기로 했다. 결과는 하나의 하네스와 교체 가능한 에어셀(윙)이였다. 이러한 구조 시스템은 필요한 모든 보조 장비들을 실린더 교체와 상관없이 같은 위치에 미물게 하였다. 개조된 하네스는 여섯 개의 실린더까지 편안히 들을 수 있게 해준다. 이 시스템의 가장 큰 장점들 중 하나는 여행이다. 어떤 장비가 필요한시 모르는 먼 장소로 이동할 때 다이버는 융통성이 있어야 할 뿐만 아니라 짐이 가벼워야 한다. 나의 새로운 시스템은 이러한 융통성을 허용하였고, 3개의 별도 시스템을 가지고 다니는 것보다 훨씬 간편하고 가벼워 졌다.

영국의 장비구성
한 사람의 장비 스타일

케빈 걸(Kevin Gurr)

장비 구성은 주어진 과제의 중복성, 유선형, 신뢰도 및 기능성의 원칙뿐만 아니라 다이빙을 하는 환경을 고려해 제작되어야 한다. 여기서 환경이란 난파선 혹은 동굴과 같은 물리적 특징뿐만 아니라 조수, 수온, 흐름과 해류와 같은 변수도 포함된다.

나는 북유럽 다이버들이 선호하는 장비구성을 설명할 것이다. 보편적인 기준을 반영하는 것은 아니며, 현재 나의 필요성에 맞춘 구성을 설명할 것이다.

나는 대부분의 다이빙을 난파선에서 하는데 난파선은 북유럽바다에 많이 존재한다. 현지 조건에는 강한 조수, 낮은 시야와 차가운 바다 등이 포함된다. 이러한 위험 요소들과 함께 해상의 많은 선적들과 작인 다이빙 보트들, 잦은 장거리 이동의 문제에 대비해야 했고 이는 나의 장비 구성을 맞춤형으로 진화시키게 하였다. 나의 장비구성 시스템을 설명하기 위해 위에서부터 시작해 각각 소모품들을 설명하고, 이들을 사용하는 이유를 기술할 것이다.

레귤레이터 보호대(Regulator Guard)

이름과 상관없이 이것의 주 기능은 레귤레이터가 부딪히는 것을 방지하려는 것이 아니다. 나는 다이버가 천장을 닿는걸 피할 수 없을 만큼 부력조절을 하지 못한다면 오버헤드 환경에 들어가서는 안 된다고 생각한다.

난 레귤레이터 보호대 혹은 가드(guard)는 물 밖에서 매니폴드를 보호하려고 사용된다. 기체 충전소나 보트 운영자들이 매니폴드를 잡고 장비를 다루는 것을 많이 목격했다. 매니폴드를 손잡이로 활용해 장비를 다룰 경우 오링이 빠져나갈 수 있다. 레귤레이터 보호대는 이러한 문제를 예방시키기 때문에 장비 이동시 주로 사용된다. 또한 작은 다이빙 보트와 같은 좁은 공간에서 8명의 믹스기체 다이버들이 옹기종기 모여있게 되면 장비들이 부딪히거나 위로 떨어질 수 있다. 이러한 상황에서도 보호대는 레귤레이터를 보호를 해준다.

가드의 또 다른 기능은 가스 탱크를 닫을 때 도움이 된다는 것이다. 겨울에 수온이 3C°도(37.4F°) 이상으로 내려가게 되면 다이버에게 있어 가장 중요한 것은 저체온증을 피하는 것이며, 이로 인해 더 많은 속옷을 입게 된다. 많은 속옷은 움직임을 불편하게 하고 이는 특히 머리위의 밸브를 닫을 때 문제가 된다. 평상시보다 더 많은 속옷을 입게 되면 난 하네스를 느슨히 하여 탱크를 좀더 편히 다룰 수 있게 한다. 이러한 문제를 극복하기 위해 밸브를 단을 때 난 가드를 잡고 탱크를 위치하거나 고정시킨다.

가끔은(특히 스쿠터를 이용할 때) 가드를 의도된 용도인 레귤레이터 보호 장비로 사용하곤 한다. 난파선 다이빙 시 장비위에 건조물이 떨어진 적이 있었는데 가드가 도움이 됐었다. 마지막으로 난 빠른 추진을 위해 내 장비를 변경시키거나 가드가 레귤레이터의 보호하길 바라지 않는다. 장비 구성을 변경하면 가스 잠그는 일이 좀 더 쉬워질 수 있지만 길고 불편한 호스 등으로 인해 결과적으로 더 불편해 질 수 있다.

아이소레이터 매니폴드(Isolator Manifold)

아이소레이터의 사용여부는 개인의 선택에 날렸다. 탱크의 오링이 떨어져 나가(기체 정수압 실험 후 많이 발생한다) 탱크 내 기체를 완전히 잃게 하는 경우가 있었다. 아이소레이터는 그 중 그래도 반만 잃게 한다.

또한 얼마 전까지만 해도 영국에서는 더블 세팅을 위해 철밴드 형식은 사용하지 않았다. 실린더는 더블 플라스틱 고정장치와 CAM 밴드로만 백플레이트에 고정시켰으며, 이러한 고정 방법은 매니폴드를 비틀어지게 하거나 아예 망가지게 하였다. 또한 아이솔레이터를 사용하지 않아도 최소 두 개의 오링을 사용해야 하는데, 이중 하나라도 문제가 발생하면 큰 문제가 되므로 아이소레이터를 사용해 기체를 보호를 하는 것이 좋다고 생각한다.

만약 아이솔레이터가 고장 난다면 양측 모두 고장 나지는 않을 것이며, 최소한 기체의 반은 남을 것이다. 어쨌던 간에 철 밴드를 사용해 적절히 세팅되었다면 매니폴드가 고장 날 가능성은 희박하다(특히 장비를 들어 이동할 때 이 부분을 잡고 들지만 않는다면 가능하다).

아이솔레이터에 대한 마지막 조언은 다음과 같다. 기체를 채울 때 아이솔레이터는 완전히 열려 있다. 다이빙을 하기 전에 난 밸브를 거의 닫는다. 이 방법은 아이솔레이터를 통해 두 실린더에 있는 기체의 균형만을 맞춰줄 수 있도록 해준다. 만약 닫아야 할 경우가 발생하면 한번만 손목을 돌리기만 해도 바로 탱크를 분리 시킬 수 있다. 많은 사람들이 아이솔레이터를 다 열고 다이빙을 한다.

레귤레이터(Regulators)

난 포세이돈을 사용한다. 이유는 아직도 고장이 나지 않았기 때문이다. 새로운 일단계 스테이지들은 사용하기 간편하며 젯스트림(Jetstream), 사이클론(Cyklon) 및 트리톤(Triton)의 부품들은 호환성을 가지고 있는데, 단 한가지 다른 점은 사이클론(Cyklon)의 내부 스테이지 압력이 약간 높다는 것이다. 난 주 호흡기와 보조 호흡기로 젯스트림을 사용한다. 사람들이 젯스트림을 반대하는 이유는 당황한 다이버에게 젯스트림을 주게 되면 스트레스 상황에서 불순물을 제거할 경황이 없다는 것이며(다이어프램 쪽으로 머리를 들어야 한다), 이러한 경우 상황이 더 악화될 수 있기 때문이다. 이러한 구성을 고집하는 이유는 응급 상황 시 나는 보조 레귤레이터를 사용해야 하기 때문에 주 호흡기만큼 성능이 좋아야 한다. 내 젯스트림을 절실히 필요로 하는 사람이 있다면 난 줄 것이다. 또한 주 호흡기나 보조 호흡기가 같기 때문에 호흡기가 입에서 빠져나가 둘 중 하나를 잡아도 모두 성능이 좋기 때문에 신뢰할 수 있다.

다음은 호흡기의 위치이다. 두 제트스트림 중 하나는 내 우측 어깨를 넘어(내가 호흡하는 긴 호스) 앞으로 오게 하며, 보조 호흡기는 좌측으로부터 온다. 내 철학은 "주가 되는 모든 것들은 우측에 있게 한다"이다. 만약 긴 호스에 문제가 생기면 나는 내 우측 어깨 넘어로 우측 주 밸브를 분리한다. 좌측에 있는 보조 호흡기도 마찬가지다. 좌측에 있는 2단계 스테이지의 위치를 파악하기 위해 수술용 튜브를 사용에 내 목에 항상 부착시킨다. 이 방법은 또한 가장 편하게 정기적으로 호흡기 확인도 할 수게 해준다.

긴 호스를 놓는 위치는 큰 화제거리이다. 나의 라이트와 스테이지들의 부착위치에 맞춰 호스를 윙의 보조 조절장치(번지/bungie) 밑에 보관한다. 호스는 레귤레이터에서 나와 머리 뒤에 있는 두세 개의 번지 밑을 지나 좌측 어깨 쪽으로 가 우측에 있는 번지들 밑으로 고리가 되어 정리된다. 그렇게 정리하면 호스는 자유스러우며 머리의 우측을 돌아 2단계 스테이지와 연결된다.

이러한 구성은 느래그를 증가 시키지 않으며, 한 손으로 호스를 쉽게 뺄 수 있게 한다. 또한 이러한 구성은 호스가 긁히거나 스테이지들을 방해할 확률을 현저히 감소한다. 만약 호스를 꺼냈다가 다시 넣고 싶으면 난 간편히 호가시안 고리를 사용한다. 윙에 부착된 번지들은 윙의 팽창에 방해되지 않는 것 같다.

주 호흡기는 작은 계기판에 고압 게이지와 보조 수심 게이지/타이머와 콤파스가 부착되어 있다. 이 호스는 내 우측 팔 밑으로 나와 하네스 고리에 고정되어 있다. 새로운 포세이돈(Poseidon)의 구성으로 인해 모든 호스들이 장비구조에서 아래로 내려와야 하기 때문에 HP는 직각 어댑터에서 나와야 한다. 회전고리가 부착되어 있지 않이 움직임을 방지 하기 위해서 난 다른 호스들과 묶어 놓는다.

난 같은 레귤레이터에서 윙 하나에 에어를 연결시킨다 다른 윙은 저압력선이 연결되지 않는다(또 하나의 문제점이다). 정 필요하다면 바꿔 연결한다(항상 드라이 슈트를 입기 때문에 이것이 3번째 부력기라는 것을 명심해야 한다). 보조 윙 인프레이터에는 수중에서 들리는 수면경보기가 있다. 이것 또한 필요하다면 수면에서 서로 교체하도록 한다.

2단계 레귤레이터는 일반적으로 하나의 슈트 인플레이터 호스만 가지고 있다. 가능하다면 모든 저압력 부속에 동일하거나 호환되는 커넥터를 사용하려 한다. 가끔은 호스없는 컴퓨터를 연결(Aladdin Nitrox)해 사용하는데 이 때문에 레귤레이터에 HP 센서나 다른 직각 어댑터를 부착하기도 한다. 난 컴퓨터를 주 타이머와 데이터 기록장치로 사용한다(일반적으로 믹스가스 다이빙 시 벤즈(bends)를 경보 해 준다). 이러한 특징은 유용하며, 로그북을 쓸 필요가 없어 편리하다.

윙(Wings)

앞서 말했듯이 난 현재 백마운트 윙을 선호하고 있다 – 특히 OMS 듀얼 블라더 세트(OMS dual bladder set)를 선호한다. 이는 적절히 맞고 드래그가 매우 적다. 주의해야 할 것: 번지를 너무 꽉 묶으면 윙이 완전히 팽창하지 못한다는 것이다(번지를 묶기 전에 미리 늘려 놔야 한다). 주 윙 인프레이터는 네오프랜 관이 있고 관에 저압 인프레이터 호스와 드라이 슈트 인프레이터를 부착한다. 둘 다 내 좌측 어깨 아래로 내려온다.

슈트 인프레이터가 연결된 후 윙에 연결되는 소음기 인프레이터는 우측 어깨 D-링에 있는 수술용 고무에 고리 식으로 부착된다. 이런 구성은 한 손으로 부력조절을 할 수 있게 해주며 슈트 인프레이터, 윙 인프레이터와 윙 덤프가 한 곳에 있어 어떤 손이던 사용 가능하도록 해준다. 당기는 덤프 줄은 부딪히는 것을 방지하기 위해 짧게 만들었다. 그 외에는 다른 특별한 변경은 하지 않았다.

하네스(Harness)

내 하네스는 가죽끈과 스테인레스 철 백플레이트로 구성되었다. 허리를 다쳤기 때문에 납은 피한다. 동계 다이빙을 위해 슈트를 착용하고 싱글 스테이지와 주 라이트를 사용하게 되면(대부분의 다이빙은 테크니컬 다이빙 교육을 위해서 한다) 납이 필요 없다는 것을 알았다.

하네스 우측 어깨에는 빠르게 탈부착 할 수 있게 하는 장치가 있는데, 이는 수중에서 장비를 벗고 아무 장비 없이 나와야 할 상황들이 벌어지기 때문이다. 이 탈부착 버클은 쉽고 안전하게 장비를 탈착 할 수 있게 해준다.

난 네오프렌 어깨 패드를 사용하는데 편하기 위해서는 아니다. 한 패드에 보조 라이트와 조명을, 다른 패드에는 좌석벨트 절단기를 부착 할 수 있기 때문이다. 두 장비 모두 짧은 길이의 수술용 고무로 묶어 분실되지 않게 하였다. 어깨 라이트는 시야가 낮은 상황에서 게이지를 읽어야 할 때 사용된다(완전히 깜깜할 경우 주 라이트는 너무 밝아 게이지가 보이지 않을 수도 있다).

우측 허리 밴드에는 또 다른 네오프렌 주머니가 있고, 그 안에는 거울이 있는데 이는 수면에서 신호를 보낼 때 사용된다. 혼자 다이빙을 할 때 보이지 않는 위치에서 기체가 새는지 확인하기 위해 사용한 적도 있다. 일 단계 스테이지를 혼자 점검할 수 있다는 것은 중요한 기술이다.

좌측 허리 밴드에는 EPIRB(Emergency Position Indicating Radio Beacon)와 다용도 주머니가 있다. 중앙 비클 밑에는 스쿠터 고리가 하나 있다. EPIRB는 작은(100×100×50mm) 도구로 케이스에 있을 경우 330ft(100m)까지 방수된다(케이스가 없을 경우 33ft(10m)까지 방수된다). 공중선은 간편하게 목에 두른다. 난 1년에 한번씩 싱글 9v 배터리를 바꿔준다. 난 배들의 노선을 피해 육지로부터 40마일(48km) 정도 떨어진 곳에서 자주 다이빙을 한다. 보트가 망가지는 바람에 바다에서 몇 번 길을 잃어봐서 EPIRB가 있어야 마음이 놓인다.

다용도 주머니는 두 개의 지퍼로 분리되어 있다. 각각의 지퍼에는 드라이 장갑을 착용하였거나 매우 추워진 손으로 쉽게 열고 닫을 수 있도록 작은 –30cm(12인치) 지름의 –그물망이 부착된 부이(연습용 골프 공 정도면 적절하다)가 연결되어 있다.

주머니의 앞 부분에는 자주 사용하는 물품들을 보관한다. 난 이 주머니에 대화를 위한 슬레이트, 누눈 볼트와 존 선(Jon Line)으로 사용될 작은 줄(보이 스카우트 때의 버릇이다)등을 넣고 다닌다. 존 선은 우리가 다이빙 하는 물에서는 그다지 필요 없지만 언제 필요할 지 모르기 때문에 가지고 다닌다.

뒤쪽에 있는 주머니에는 응급장비들, 보조 감압 테이블, 수술용 가위 그리고 빨간 소시지와 노란 소시지가 있다. 우리는 감압 스테이션(위치)을 자주 사용한다. 부이(Buoy)의 사용용도는 보트 선장과 대기 다이버들에게 절박한 문제를 알리기 위해서 사용된다. 다이버가 스테이션에서 떨어졌을 때 주황색 부이를 띄우면 "난 혼자 있지만 괜찮다"를 뜻하며 노란 부이를 띄우면 "도와줘"라는 뜻이다. 응급상황 대처에 대한 자세한 내용은 감압 스테이션에 대한 장을 읽기 바란다.

하네스의 가슴 스트랩에는 주로 사용되는 나이프가 있는데 이는 웨노카 레이져(Wenoka Laser)이다. 이 나이프는 교체 가능한 면도칼이 한쪽에 있으며 다른 한쪽에는 가위가 있다. 이것이 내가 찾은 가장 적절하게 작고 녹이 쓸지 않는 나이프다. 또한 이는 항상 날카롭다. 또 안장 스트랩을 사용하는데 이것은 다양한 속옷이나 스쿠터를 위해 비교적 느슨하게 묶어 놓는다. 여분의 가죽끈은 테이프로 고정시키거나 감춰져 있다.

백플레이트의 아래쪽에 수술용 튜브를 끼우고 리프트 백을 부착하기 위해 구멍을 뚫었다. 영국에서 리프트 백은 데코백으로 사용되지 않고 유물들을 찾는데 사용된다. 유럽에서는 오랫동안 특정한 데코 SMB를 사용해왔고 대부분의 선장들은 이들의 차이점을 알고 있다. 백(가방)은 드래그를 감소시킬 수 있도록 위치되었다.

나의 주 라이트는 우측 팔 아래 위치한다. 라이트의 기본 구성은 하우징 역할을 하며 배터리를 보호하는 스테인레스 철 튜브로 되어 있으며, 어깨위로 케이블을 연결시켜 손등에 부착한 후 사용한다. 영국에서는 35와트 전구를 사용한다. 주 라이트의 불빛은 비교적 집중되어 있고 시야가 낮을 때 후방 산란이 없는 편이다.

철 튜브에는 두 개의 스테인레스 주빌리 밴드(Jubilee band)가 있으며 이는 리테이너(Retainer)가 있는 두 개의 작은 D-링에 부착된다. 백플레이트 우측 아랫부분에 구멍을 뚫어 두 개의 걸쇠가 D-링과 연결되게 하였다. 라이트의 선은 아래에서 올라와 내 어깨를 넘어 팔을 돌아 내려간다. 나는 케이블이 나가는 마개를 보호하기 위해 배터리 하우징을 거꾸로 놓는다. 전기 연결의 보존을 개선하였고 돌려서 끼우는 알루미늄 핸드 마운트 대신 수술용 튜브를 사용하였다. 이는 나사 형태로 연결 부착되는 손잡이가 계속 느슨해 졌기 때문이다.

이러한 사이드 마운트형 조명은 불균형을 이룰 것 같지만 무게의 중심점 가까이 있으며 스테이지가 다른 쪽에 있어 완벽하게 안정적이며 드래그가 없다.

겨울에는 작은 아르곤(Ar) 실린더를 백플레이트에 위와 같은 연결 형태를 이용해 다른 쪽에 부착한다.

릴(Reel)

난 일반적으로 두 개의 릴을 가지고 다니다. 선 하나는 길이는 대략 250ft(75m)이며 다른 것은 약 115ft(35m)이다. 두 개중 큰 릴은 클러치 릴(Clutch reel)이며 줄은 형광 핑크색으로 시야가 낮아도 쉽게 구분할 수 있게 하였다. 소시지를 띄우거나 혼지 감압을 힐 경우 난 큰 릴을 사용한다. 안성되게 정지하게 되면 릴을 잠글 수 있다(마찰로 인해 잠기는 것이 아니다).

두 개를 휴대하는 이유는 혼자 감압을 할 경우 또는 하나가 고장 나면 다른 릴을 사용할 수 있기 때문이다. 만약 올리다가 중간에서 정지할 경우 두 번째 릴(작은 마찰 릴로 잠금 기능이 있는 릴)을 첫 번째 릴에 연결 시켜 올릴 수 있다. 릴들은 각 스테이지 실린더 아래 D-링에 부착하여 보관할 수 있다. 이 D-링들은 스테이지를 하네스에 연결시키는 링들이다(더블아이 볼트 사용). 여기서도 주 릴은 우측에 위치한다.

주 실린더(Primary Cylinders)

대부분의 경우 262ft(80m) 수심까지의 다이빙에서는 두 개의 80ft^3(12L) 실린더를 사용한다. 그 이상의 수심에서는 두 개의 95ft^3(15L) 실린더를 사용한다. 이러한 실린더들은 아이솔레이터와 철 밴드 및 볼트 부속품들로 백플레이트에 연결 구성된다. 낮은 위치의 밴드는 D-링을 부착해 스테이지 실린더와 연결시킨다.

난 하네스의 허리밴드에 D-링을 위치하는 것을 싫어한다. 가장 큰 이유는 두꺼운 속옷 때문에 발이 뜨기 때문이다. 이러한 경향을 없애기 위해 나는 뒤편 연결된 스테이지를 다시 주 탱크에 이동하였다. 극한 상황에서는 작은 발목 웨이트를 사용해 문제를 해결한다. 난 웨이트를 적게 차는 것 보다 슈트에 아르곤을 더 많이 넣는 것을 선호한다.

스테이지 실린더(Stage Cylinders)

난 두 개의 70ft^3(10L) 철 스테이지 실린더를 사용한다. 두 실린더는 각각 다른 특수 용도로 사용하는데 하나는 초기 데코/이동(deco/travel) 기체로 사용하고, 다른 하나는 고농도의 산소(일반적으로 80%)가 들어있어 감압기체로 사용한다. 둘은 절대 바꿔지 말아야 한다. 각 탱크 아래에는 철 밴드와 D-링 있으며 목 클립을 위한 가죽 끈에는 용수철 후크가 있는 놋 링이 있다. 용수철 후크는 선를 꼬이게 하므로 난 일반적으로 절대 사용하지 않는다. 이러한 규칙의 한 예는 스테이지 실린더 목에 후크를 사용하는 것이다. 이 후크는 눈에 보이기 때문이며(하네스의 어깨 D-링에 연결된다) 요동하는 바다에서 드라이나 두꺼운 네오플렌 장갑을 착용하고도 빠르게 분리할 수 있다. 난 아직도 뒤편 부착을 위해서는 더블아이(피스톤 클립)을 사용한다. 분리는 문제가 되지 않는다. 일반적으로 난 험한 수면에서 클립을 분리하지 않고 스테이션에서 정지한 후 분리하기 때문에 어렵지 않다. 분리하면 보트에 연결된 스테이지 복구선에 건 후 빠르게 어깨 스냅을 탈착시킨다.

스테이지 하나는 포세이돈 트리톤(Poseidon Triton〈고산소〉)을 사용하고 다른 스테이지에는 사이클론(Cyclone〈이동/데코 기체〉)을 사용한다. 이 두 호흡기는 입에 무는 느낌이 매우 다르다. 필러밸브(pillar valve)도 확인을 위해 다른 종류를 사용하였다. 두 개의 2단계 스테이지 실린더 모두 목에 고무고리와 마우스 보호대를 연결시킨 후 장비에 부착된다. 일 단계 고산소 스테이지는 쉽게 연결되는 오시아닉(Oceanic) 고압 게이지가 있다. 이 게이지는 정확한 압력을 표시하지 않고 1500psig(100bar) 증가율로만 보여주지만 이로도 충분하다. 망가지거나 꼬일 HP 호스가 없기 때문에 이 구성은 안전과 신뢰도를 향상시킨다.

분리형 기체/데코 레귤레이터에는 동일한 고압 게이지가 있으며, 트라이믹스 다이빙을 위한 슈트 인플레이터 줄이 있다. 이 레귤레이터의 이너스테이지 호스(Innerstage hose)에는 수술용 튜브 밴드가 고정되어 있다. 납작한 고무 튜브는 너무 납작하고 큰 글러브(장갑)를 끼고 쉽게 다룰 수 없어 가능한 사용을 하지 않는다.

스테이지 실린더 바닥에 위치한 D-링은 사이드 마운트에 있는 DIN 밸브 아웃렛과 수평을 이루게 하는데, 이는 실린더가 하네스에 연결되었을 때 레귤레이터의 앞면이 내 몸을 향하게 하기 위함이며 이러한 구조는 안전을 제공한다. 모든 호스는 실린더로부터 아래 방향으로 향한다.

드라이슈트(Drysuit)

내 생각에 대부분의 다이버들이 완벽한 드라이 슈트를 찾으려고 많이 고생하였을 것이다. 완벽한 슈트가 존재할까? 현재 판매되고 있지 않는 것은 확실하다.

수년간 네오프렌을 사용하였지만 다음과 같은 이유로 부틸 재질의 슈트로 돌아왔다:

- 깊은 수심에서도 부력 손실이 없다. 낮은 수심에서는 네오프렌이 팽창되어 열 보호를 해주는 장점이 있기 때문에 잘 고려해봐야 한다.
- 적절한 소재(무기운 삼겹-적층제가 아닌 것)는 움직임의 제한이 적다.
- 매우 튼튼하다.

나는 드라이 슈트를 다음과 같이 개조하였다:

- 테이블 보관을 위해 작은 팔목 주머니를 우측 팔에 부착하였다.
- 벨크로가 아닌 지퍼로 허벅지 주머니를 제작하였다. 사용하지 않을 때는 납작하게 있는다.
- 전반적인 움직임을 돕기 위해 팔 밑과 등에 천을 덧붙였다.
- 보온을 위한 연결된 후드(목으로 물이 빠진다)를 사용한다. 공기를 나누는 응급

상황에서 사고로 떨어져 나가는 것을 방지하지 위해 난 마스크 스트랩을 후드 안에 착용한다.

- 내부 보강줄(멜빵)

연결 부위들은 드라이 글러브 접점을 할 수 있는 강력한 라텍스로 봉합되었다. 체내 불순물은 슈트에 구멍을 뚫는 도뇨관 시스템이 아닌 기저귀로 해결한다. 기체 덤프(제거)는 조절 가능한 어깨 밸브(좌측 어깨)로 한다. 그 외 슈트는 깨끗하고 드래그가 적은 편이다.

속옷(Underwear)

기본적으로 난 150g 초경량 흡음재(Thinsulate)와 2oz "밀에어(Milair)" 기능성 나이론 외피와 함께 "K2 카리스마(K2 Karisma)"에서 나온 양털 내피를 사용한다. 이 속옷은 스칸디나비안에서 생산된 양모 90% 투피스 디자인이다. 초록색이기 때문에 그다지 섹시하지는 않지만 사용하기에는 나쁘지 않다. 특별히 더 추울 경우에는 초경량 흡음재(Thinsulate)을 하나 더 착용한다.

요약

앞서 말했듯이 여기서 설명된 장비구성을 "최고"가 아니다. 다만 나에게 가장 적절한 구성일 뿐이다. 장비에 대한 나의 윤리와 원칙은 다양한 레져 나이트록스와 트라이믹스 다이빙 강습(가끔은 동굴 다이빙도 한다)에서 비롯되었다. 특정한 작업에 정 필요 없다고 생각되는 부속품이나 장비들만 제외하고 난 내 구조를 바꾸지 않으려고 노력한다.

제3장
다이빙 계획 (Dive Planning) Tom Mount

Bikini Atoll에 있는 방어 잠수함을 탐험하고 있는 Patti Mount
사진: Don Townsend

다이빙 계획이란 다이빙을 하기 전 다이빙 목적을 결정하는 동시에 체계화하고, 구체적인 다이빙 계획을 연습하면서 제시된 다이빙 활동과 관련된 위험들을 제거하거나 최소화하도록 복습하는 과정을 뜻한다. 다이빙 계획의 목표를 성취하기 위해서는 따라야 할 과정들이 4가지 있다: 자기 자신이나 미지의 환경에 대비하기 위해서는 정보를 수집하고, 다이빙 팀으로서의 계획을 세우며, 개인의 계획과 우발 상황에 대한 계획을 정하고 따라야 한다. 다이빙 계획이 정해졌으면 이 장에 기술된 가이드라인에 따라 다이빙을 하도록 한다.

정보 수집은 계획 과정의 첫 단계이며, 안전한 활동을 계획할 수 있도록 필요한 모든 정보가 포함되어야 한다. 또한 수집된 정보를 통해 발생 가능한 다양한 변수들과 예상치 못한 우발 사건들을 인지하도록 한다. 테크니컬 다이빙에서 꼼꼼한 정보 수집은 다이버 혹은 다이빙 팀의 안전과 생존에 있어서 매우 중요한 조건이다.

정보 수집의 기본적인 요소들:

- **다이빙 환경에 적절한 정보를 수집한다.**
- **동참하는 다이버들의 경력과 자격 정도를 결정한다.**
- **필요한 장비들을 결정한다.**
- **다이빙 활동의 위험을 완화시키거나 악화시키는 요소들을 확인한다.**

특정한 장소에 대한 적절한 양의 정보를 수집하기 위해 모든 수단과 방법을 동원하며, 수집된 정보가 정확하고 유효한지 확인하도록 한다. 기본적인 참고 자료를 수집하려면 다이빙할 장소를 직접 찾아가 그곳에서 다이빙한 사람들과 대화 나누고, 동굴 지도나 배의 청사진과 같은 인쇄된 참고 자료를 획득하도록 한다.

이러한 예비 정보들이 수집하게 되면 기초적인 다이빙 계획을 체계적으로 구상할 수 있을 것이다. 차트나 지도 같은 자료가 있다면 다이빙 팀원 모두 장소의 세밀한 부분까지 친숙해 질 수 있도록 신중히 분석한다. 다이빙의 경로, 시간, 조심해야 할 활동들에 대한 계획을 세우면서 다이빙이 수중환경에 미칠 영향에 대해서도 논하도록 한다.

다음은 안전한 다이빙을 위해 준비해야 할 장비들을 결정해야 하며, 어떠한 추가 장비들이 다이빙의 효율성을 증가 시킬 수 있는지 분석하도록 한다. 그 다음에는 다이빙 및 감압 시 사용될 적절한 혼합 기체를 결정하도록 한다.

예를 들어, 비치 다이빙을 할 경우 해류 형태, 역조의 가능성, 수중 지형과 안전하게 입수하거나 출수할 수 있는 장소를 정해야 한다. 동굴 다이빙 시 팀원이 들어갈 입구와 수면의 위험요소들, 해류, 미사, 통로 크기 등을 포함한 다양한 수중상태 등을 고려해야 한다. 만약 조류가 진로방향의 반대 방향으로 친다면, 팀은 최적의 다이빙 창(Dive window)을 설정해야 한다. 보트 다이빙 시 배에서 입출수 위치들이 특징들을 분석해야 한다. 고정된 앵커 다이빙을 할 경우 눈으로 앵커(상승 줄)의 위치를 확인한다. 감압 스테이지를 사용한다면 앵커줄이 절단될 수 있기 때문에 줄에 연결시키지 말아야 한다.

만약 표류 혹은 드리프트 다이빙(Drift diving)을 하면서 정지를 해야 한다면, 이 장에 기술된 다이빙 내용들을 참조해야 한다. 표류 다이빙을 방지하거나 상승 줄을 고정시키는 방법은 다양하므로 항상 새로운 보트, 장소 혹은 환경에서 다이빙을 할 경우 사전에 기술된 방법들에 대한 설명을 받기 바란다. 표류 다이빙을 할 경우, 다이빙을 하려는 장소를 관리하는 다이빙 관리자나 숙련된 다이버로 부터 그 장소에서 사용되는 다이빙 방법을 배우도록 한다. 사전조사 없이 추측하지 말아야 한다. 항상 배우고 항상 안전에 신중을 기하도록 한다. 오픈 워터 환경에서 다이빙 팀의 모든 다이버는 각각 자신의 리프트백을 휴대하여 그룹과 떨어질 경우 안전선을 띄워 다이빙 배에 자신들의 위치를 알릴 수 있는 장비로 사용할 수 있도록 한다.

다이빙 팀원들은 안전한 팀 다이빙을 위한 적절한 종류의 장비와 중복장비를 소지하고 있는지 확인하도록 한다. 입수하기 전에는 안전훈련(S drill)을 한다. 안전훈련 시 모든 다이버는 버디 장비의 기능과 기체 누출 등을 확인한다. 이에는 긴 호스로의 호흡 가능 여부, 전등 점검, 탱크, 밸브 및 호흡기의 가스 누출에 대한 확인도 포함된다. 동굴과 해안가 근처 다이빙을 할 경우 안전훈련(S drill)은 수중에서 한다. 보트 다이빙에서도 가능한 상황이면 수중에서 누출 점검을 한다.

기체혼합(Gas mix) 계획은 테크니컬 다이버들에게 매우 큰 문제이다. 이 단계에서 고려해야 할 주요 사항에는 산소관리, 중독관리, 기체농도 관련사항 및 감압 기체 등이 포함된다. 일반적으로 다이빙 시간이 더 길어지거나 수심이 더 깊어지면 다이빙 계획은 더 세부적이어야 한다. 또한 반복 다이빙을 할 경우 체내 시스템의 잔여 산소를 추적 할 수 있도록 넉넉한 시간을 허용해야 한다.

테크니컬 다이빙의 가장 큰 문제 중 하나는 중추 신경계(CNS) 산소 중독의 위험이다. 이러한 위험을 피하기 위해 바닥믹스(Bottom mix) 기체와 감압 기체의 복합적인 위험을 조심스럽게 계산하도록 한다. 대부분의 텍 다이빙 상황에서는 산소 부분압(PO_2) 1.4ata가 목표활동수심(TOD-target operating depth)이다. 최대활동수심(MOD-maximum operating depth)는 1.5ata의 PO_2이다. 감압 시 최대 PO_2는 1.6ata이며 일반적으로 1.55ata를 권한다. 또한 장기간의 바닥시간과 긴 감압을 할 경우에는 감압정지 시 1.5ata PO_2로 바닥믹스를 1.4ata TOD 내로 줄인다. 환경적, 성능적 요소 또한 기체혼합 계획에 영향을 준다. 차가운 물이나 작업량이 많은 다이빙을 하게 되면 바닥믹스 PO_2는 각각의 변수에 따라 0.05ata씩 감소하고, 감압 PO_2는 각각의 변수에 따라 0.025ata씩 감소한다.

다이버는 CNS 노출과 함께 몸/폐 노출에 영향을 주는 산소내성단위(OTU-oxygen tolerance unit)의 축적을 기록해야 한다. OTU는 주로 포화 다이빙 시 문제가 되거나 치료가 필요할 때 문제가 된다. 경험적으로 CNS 노출이 지정된 농도의 100%를 초과하지 않으면 OTU 역시 안전범위에 있다고 볼 수 있다. 하루 다이빙 횟수가 6번 이상을 초과할 경우 OTU 한계가 산소관리를 요구하는 제한 요소가 될 수도 있다.

산소 노출과 관련된 계획을 작성할 때 첫 번째로 고려해야 할 사항은 PO_2이다. T 공식을 사용해 가장 적절한 믹스(혼합기체)를 계산한다. 예를 들어, 140ft(43m) 수심의 차가운 수온에서 힘는 육체 노동을 50분 동안 한다고 가정해 보자. 안전을 최대화 하기 위해서 바닥믹스에는 1.35ata의 PO_2를 사용할 것이다.

$$Pg = Fg \times P$$

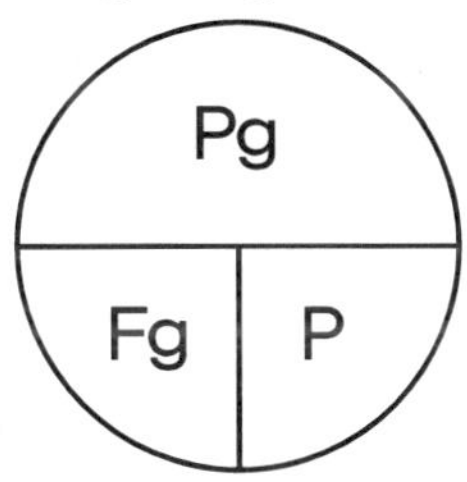

$$Fg = \frac{Pg}{P} \qquad P = \frac{Pg}{Fg}$$

$$\text{적절한 믹스 } FO_2 = \frac{PO_2}{P}$$

$$\text{피드 계산식} = \frac{1.35}{\left(\frac{140}{33}\right)+1} \times 100 = 25.7\% \text{ 혹은 } 26\%$$

$$\text{미터 계산식} = \frac{1.35}{\left(\frac{43}{10}\right)+1} \times 100 = 25.5\% \text{ 혹은 } 26\%$$

위 문제의 경우 기체를 혼합하게 되면 PO_2 계산법으로 140ft(43m) 수심의 PO_2는 EAN 28로 계산될 것이다.

$PO_2 = FO_2 \times P$
피트법: $PO_2 = 0.28 \times (140/33 + 1) = 1.46$
미터법: $PO_2 = 0.28 \times (42/10 + 1) = 1.456$

위와 같이 산소 부분압은 너무 높은 결과를 산출하게 되어, 믹스를 조절하거나 더 낮은 수심에서 다이빙을 해야 한다. 위의 믹스로 최대잠수가능 깊이와 원하는 PO_2를 계산하려면 MOD 공식을 사용해야 한다. 같은 공식을 사용해 목표활동수심(TOD)을 계산할 수도 있다. TOD는 실질적으로 계산된 수심인 반면, MOD는 잠수할 수 있는 최대 수심을 말한다. 다이빙 계획에는 주어진 믹스에 대한 MOD와 TOD가 모두 포함 되어야 한다.

목표활동수심(TOD: Target Operating Depth)

$$\text{TOD} = \frac{1.35}{.28} - 1 \times 33 = 126 \text{ ft}$$

(미터는 1×33 대신 1×10을 사용하며, 답은 38.2 m이다)

최대활동수심(MOD: Maximum Operating Depth)

$$\text{MOD} = \frac{1.5}{.28} - 1 \times 33 = 143.7 \text{ ft}$$

(미터는 1×33 대신 1×10을 사용하며, 답은 43.57 m이다)

EAN 28 테이블을 사용하면 20과 15피트(6과 4.5미터)에서 EAN 75를 사용한 가속된 기체 스케줄을 계산할 수 있다.

PO_2 계산 오류를 방지하기 위해 IANTD PO_2 테이블 1를 사용한다. 또한 EAD 테이블 8을 사용해 EAD, CNS, OTU, 및 MOD/TOD 값을 계산할 수 있다. 앞으로 나올 예제들은 기술된 이러한 테이블들을 사용해 계산할 것이다.

EANx 예제:

첫 번째 예제:

140피트(43미터) 수심 다이빙이 계획되었다. 난파선 다이빙이며 최대 수심은 170피트(52미터)이다. TOD는 PO_2가 1.40ata가 넘지 않게 계산되었다. MOD는 1.50ata나 낮게 유지되어야 한다. 테이블 1을 보면 이러한 경우 원하던 TOD는 1.4ata PO_2였어도 TOD와 MOD에 맞는 가장 적절한 믹스는 EAN 24로 나와있다. 바닥믹스로 빠져 나와야 하는 상황이 발생할 수도 있기 때문에 안전을 위해 170피트(52미터)에서의 MOD는 최대 1.5ata로 하며, TOD PO_2는 1.26ata로 제한한다. 만약 MOD 조건이 무시된다면 다이버는 EAN 26을 사용할 수 있다.

남플로리다 주에 있는 깊은 난파선에서 있는 Joe Citelli
사진: Tom Mount

두 번째 사례:

감압 시 최대 1.45ata PO_2의 기체믹스가 사용되며, 기체 변경은 20피트(6미터)에서 한다. 테이블 1이나 2를 보면 EAN 90은 20피트(6미터) 수심에서 1.45ata의 PO_2를 제공하도록 되어 있다.

정확한 CNS%를 확인하고 OTU 계산을 하기 위해서 기체 관리 계획에는 다음과 같은 변수들을 포함되어 있어야 한다. 테이블 3을 통해 안전한 산소 노출을 위해 정확한 CNS% 값이 계산되어야 하는데 이는 장시간의 다이빙 시 더 값어치 있게 사용된다. 다음 장에는 0.05ata씩의 증가되는 테이블이 제공되는데 이는 다이빙 계산을 조금 더 쉽게 해준다. 앞으로 설명될 사례와 함께 대부분의 테크니컬 다이빙에서는 테이블 5가 사용 될 것이다. 테이블 5의 추가적 장점은 테이블 3과 4의 내용이 결합되었다는 것이다. 상승 시 산소시간 보상을 위해 2 + 2 법칙을 사용한다. 이 법칙은 CNS clock(시간)에 2%와 OTU에 2를 더하는 것이다. 이 방법은 쉽고 보수적이며, 상승 시 추가되는 산소시간을 넉넉히 포함한다.

반복 CNS% 차트와 차트 1를 읽으려면 100%가 있는 테이블 상단 좌측 칸부터 시작해야 한다. 우측으로 읽으며 30분의 수면휴식(S.I.: Surface interval) 후 칸 아래 방향으로 이동해 아직도 83% CNS O_2 clock 잔여시간이 남았는지 확인하고, 6시간의 S.I. 후 7%만의 CNS O_2 시간이 남았는지 확인하도록 한다. 모든 다이빙 시 CNS 시간이 100%가 넘지 않도록 하며, 일일 OTU 단위 내에 있는지 확인한다.

이 책의 테이블을 포함한 모든 테이블들을 활용해 실제 다이빙에 적용해 보자. 이번 사례의 다이빙에서 원하는 TOD PO_2가 1.4ata라고 가정해 보자. 난파선 다이빙이며 모래사장까지의 최대 수심은 160피트(48미터)이고, 데크(deck)의 계획된 다이빙 수심은 140피트(42미터)이다. 다이버가 160피트(48미터) 수심까지 다이빙 할 계획은 없어도 MOD를 활동범위에 포함시켜야 한다. 그러므로, 160피트(48미터) 수심에서 PO_2가 1.5ata를 넘지 않도록 계산하도록 한다. 두 번째로 고려해야 할 사항은 TOD PO_2가 계획된 수치인 1.4ata를 초과하지 않는 것이다. PO_2 테이블 1이나 EAD 테이블 8을 보면 160피트(48미터)에서 EAN 26 믹스가 1.52ata PO_2 로 확인되는데, 이 수치는 약간의 산소 위험 수치를 초과하지만 사용하기로 한다.

다이버가 160피트(48미터) 수심까지 갈 계획이 없어도 MOD는 하나의 계산변수로 고려되어야 한다. 그러므로, 첫 번째로 160피트(48미터) 수심에서 PO_2가 1.5ata을 초과하지 않는 믹스를 선택하도록 한다. 두 번째로 고려해야 할 것은 계산된 TOD PO_2가 1.4ata을 초과하지 않도록 하는 것이다. PO_2 테이블 1을 보면 160피트(48미터) 수심에서 EAN 26 믹스는 PO_2 1.52ata를 반영하였고, 약간의 산소과잉 위험은 받아드리기로 했다.

다음 단계에서는, TOD에서 EAN 26이 PO_2 1.40ata를 초과하지 않는 다는 것을 확인해야 한다. EAN 26을 사용해 160피트(48미터) 수심으로 잠수하면 PO_2는 1.36ata가 된다. 계산된 TOD 값보다는 약간 낮지만 사용 가능하다. 여기서 주의해야 할 것은 약간의 MOD 과잉(0.02ata)이나 미세한 차이는 약간의 융통성이 허락되지만 TOD 값은 그렇지 않다는 것이다. 바닥시간은 50분이다. IANTD EAD 테이블의 테이블 8은 TOD와 MOD 값을 PO_2 1.3, 1.4, 1.5 및 1.6 그리고 같은 에어 수심에서 계산해 준다. 또한 이 테이블에는 분당 CNS%와 분당 OTU가 등록되어 있다.

많은 예를 제공하기 위해 이 책의 테이블을 사용해 3가지 방법으로 계산해 감압시간의 차이를 검토해 볼 것이다. 첫 다이빙은 감압 시 EAN 26를 사용해 지속적으로 가속된 감압의 경우를 테이블을 통해 보자. 두 번째는 같은 테이블을 사용하지만 20과 15피트(6과 4.5 미터)에서 EAN 75를 사용해 감압한 경우를 보자. 마지막으로 세 번째는 런타임 테이블을 사용해 EAN 78 감압한 경우를 보자. 런타임 테이블들은 EAN 26에 대한 내용은 제공하지 않는다; 그러므로 EAN 25 테이블이 사용될 것이다. 만약 적절한 믹스가 사용된다면 CNS%가 런타임 테이블에 있을 것이다. 하지만 우리의 믹스는 EAN 26이기 때문에 수동으로 CNS와 OTU 값을 계산해야 한다. 분석이 끝나면 감압 가스는 EAN 80일 것이다.

다이버가 0.6ft^3(17L)으로 바닥수심에서 수영하고 0.5ft^3(14L)로 감압을 할 경우 실제 사용되는 기체를 계산해 보자. 테이블 11을 사용해 바닥수심에서의 기체 사용량을 계산할 수 있다. 기체 계획서를 계산할 때 첫 번째 감압까지의 수심은 바닥믹스 계산의 일부분으로 계산된다. 예를 들어 기체 계획에서 정해진 바닥에서부터의 상승 시간이 3분이 예상된다면 이 상승 시간이 바닥에서 사용된 시간으로 예상하고 계산에 포함시킨다. 이러한 방법은 기체관리 계획에서 더 안전성을 추구하도록 한다. 필요한 기체가 결정되었으면, 휴대할 모든 기체들을 계획하고 결정한다. 기억해야 할 것은 바닥믹스는 1/3의 법칙을 지켜야 한다는 것이다. 필요한 모든 기체들을 총 CNS와 OTU와 함께 계획표나 테크니컬 다이빙 로그북에 기록한다.

필요한 바닥믹스를 계산하기 위해서는 필요한 기체량에 1.5를 곱한다. 계획된 감압에 필요한 기체량은 그다지 보수적이지 않아도 되기 때문에 1.2를 곱한다.

주의 : CNS와 OTU 노출을 계산할 때 계산된 값이 이 장의 예와 약간은 다를 수 있다. CNS%와 OTU가 분당 값을 사용했는지 혹은 계산된 바닥 시간이 더해졌는지에 따라 최소한의 차이가 있을 수 있다. 계산기 또한 소수 자리 사용여부에 따라 약간의 차이를 보일 수 있다.

첫 번째 다이빙 후 두 번째 다이빙 계획은 3 시간 후 110피트(33미터) 수심에서 40분 동안 EAN 29를 바닥 믹스로, EAN 80을 감압 믹스로 다이빙 하기로 한다. 이번 다이빙은 EAN 29 런타임 테이블들을 적용해 계산하기로 해보자. 다음 내용을 읽고 재 다이빙에 대한 계산을 계획표에 기록하면서 풀어보자. 다음 절차들을 이해하는 것이 매우 중요하다.

런타임 테이블들을 사용해 재 다이빙을 계획할 때 따라야 할 절차는 다음 과 같다:

1. 바로 아래 단계의 EANx 가속테이블(Accelerated tables)을 사용하고, 그 테이블에서 시작되는 SIT 그룹을 찾는다.
2. 다음 다이빙이 RNT를 기준으로 위의 테이블에서 바로 아래 단계의 EANx 테이블로 간다.

여기에 나와 있는 다이빙 예를 계산하면서 다음은 같이 한다:

- EAN 26 테이블들을 적용한 첫 다이빙인 최대 140피트(42미터) 수심의 50분 다이빙을 한다. 감압 스케줄, 산소 추적 및 사용된 기체에 대한 정보를 계획표를 통해 본다. 이 단계의 다이빙 계획에 대한 이해가 확실히 되게 검토하기 바란다.
- EAN 26 가속 테이블(Accelerated tables)들을 사용해 시작되는 SIT 그룹을 찾는다. 이 경우에는 “K”이다.
- EAN 29 런타임 테이블들로 계산하여 3 시간의 휴식 후 40분 동안 110피트(33미터) 다이빙을 한다.
- EAN 28 가속 테이블(Accelerated tables)들로 가서 SIT 그분의 끝으로 간다. 이 경우에는 “G”이다.
- RNT: 40분 + 40분 실제 BT = 80분 동일 질소시간/바닥시간

주의 : 런타임 테이블들을 적용한 반복 다이빙에서 스케줄이 80분 스케줄일 경우 실제 실행 시간 (런타임)으로 전환하려면 표시된 모든 런타임 정지에서 40분을 빼어 실제 바닥시간의 스케줄을 맞게 교정한다.

런타임 테이블 스케줄에 의해 다이빙을 할 경우, 기체를 변경해야 할 장소에 도착하자 마자 바로 사용했던 바닥 기체에서 감압 기체로 바로 바꿔야 한다. 하지만 감압 위치에 도착해 기체 교환을 하려고 하면 교체 시간이 일분 이상 걸릴 수 도 있다. 런타임 테이블에 의하면 그 시간에 감압 정지를 끝내거나 시작할 경우 정확히 그 시간을 준수해야 한다. 기체 변경할 시간이 따로 명시되어 있지 않다. 그러므로 예를 들어, 런타임 테이블로 50분 스케줄을 계산하였는데 바닥을 떠난 시간이 48분이라면 각 런타임 수심에서 2분을 빼도 안전하다. 다시 말해, 첫 예상 정지가 56분이라면 54분에 바닥을 떠난다. 이럴 경우 50분 스케줄에 맞춰 실질적인 정지 시간이 같아진다.

만약 바닥을 늦게 떠나게 된다면, 앞서 한 것 같이 다음 큰 스케줄로 가서 시간 차이를 뺀다. 만약 상승 속도가 스케줄 보다 빠르다면 처음 계획된 첫 정지 위치에서부터 10ft(3m) 아래에서 정지한다. 만약 상승이 느리지만 스케줄 2분 내라면 각 정지에서 각 런타임에 그 시간을 더한다. 만약 상승이 2분 이상 늦어 졌다면 다음 큰 스케줄로 바꾼다.

테이블 8을 참조하여 이 다이빙의 EAD를 찾는다.

EAN 26에서 실제 수심인 140피트(42미터)를 찾은 후 페이지 아래로 내려가 EAD 수심을 찾는다. 이 다이빙의 EAD는 129피트(38.7미터)이다.

같은 문제를 EAD 공식을 사용해 값을 구한다.

$$EAD = \left(\frac{FN_2\ (.74) \pm DEPTH(42+10)}{.79} \right) - 10 = 38.7 \text{ 미터}$$

(미터방식을 사용한다면 140피트 대신 42을, 10 대신 33을 사용하며, 결과에서 10이 아닌 33을 뺀다. 답은 129이다.)

나이트록스 다이빙을 계획할 경우 중요하게 고려해야 할 사항은 기체 믹스의 준비이다. 하지만 이 과정을 잘 이해하기 위해서는 앞으로 다룰 차트 5를 자세히 검토해봐야 한다. 이 장에서 나오는 내용은 혼합 기체에 대한 필요성을 이해시키기 위한 것이고, 정식 교육이 아니므로 혼합 기체에 대한 정규 교육을 꼭 받아야 한다.

EANx 믹스 제작 방법들을 설명하기 위해 차트 2를 사용해 4가지 사례들이 논할 것이다.

사례 1:

첫 번째 예는 빈 실린더부터 시작해 EANx 믹스를 받느는 과정에 대한 내용이다. 부분압 혼합과 함께 사용되는 모든 실린더들은 산소제공호환단계에 맞춰 준비되어야 한다. 이 사례에서는 3,000psig(23bar)의 압력에서 EAN 30이 혼합될 것이다.

- 차트 좌측 EAN 30으로 내려간 후 페이지를 가로질러 압력 3,000psig(200bar) 아래 점까지 이동한 후 숫자 342psig(23bar)를 기록한다. 이 숫자는 공기 산소량을 포함시키지 않았으며 특정 압력에서 EAN 30을 만들 수 있는 실린더에 첨가될 산소량이다.
- 그러므로 342psig(23bar)이 실린더에 주입된 후 에어를 주입해 원하는 목표 압을 달성한다.

사례 2:

두 번째 사례는 특정한 EANx 믹스의 부분적으로 채워진 실린더를 향상시켜 더 높은 EANx 믹스를 만드는 경우이다. 이 예에서는 일부 채워진 1,000psig(68bar)의 EAN 30 믹스를 3,000psig(200bar)의 EAN 34 믹스로 전환시킨다.

- 첫 번째로 차트 좌측의 EAN 30를 차트 위 1,000psig(68bar)와 맞춘다. 다음은 에어에 존재하는 산소량 보다 높은 실린더의 산소량의 값을 기록한다. 값은 114psig(8bar)이다.
- 다음 단계는 EAN 34와 3,000psig(200bar)를 위의 같은 방법을 통해 산소 값을 측정한다. 값은 394psig(33bar)이다.
- EAN 30을 EAN 34로 전환시켜야 할 경우 얼만큼의 산소가 필요한지 계산하려면 EAN 34를 만들기 위한 총 산소량에서 실린더의 산소량을 뺀다. 280psig(19bar)의 산소를 주입해야 한다.

사례 3:

세 번째 예는 일부 채워진 EANx 실린더에 산소 호환 에어를 주입할 경우 새로운 EANx를 계산하는 경우이다. 이 예에서는 1,000psig(68bar)의 EAN 34가 채워진 실린더로 시작한다. 실린더는 3,000psig(200bar)까지 채워질 것이다.

- 첫 번째로 차트에서 EAN 34와 1,000psig (68bar)이 교차되는 위치를 찾는다. 이 값은 에어보다 많은 실린더의 산소량을 반영한다. 값은 165 psig(12bar)이다.
- 차트를 가로질러 위에서 3,000psig(200bar)을 찾는다. 차트 아래로 내려와 A 단계의 실린더에 있는 대략의 과잉 산소량을 찾는다.
- 새로운 믹스를 찾기 위해서는 차트를 가로질러 명시된 EANx를 찾는다. 값이 중간 값이라면 0.5를 기준으로 낮으면 뒤 번호들을 삭제하고 높으면 반올림한다. 이 경우 25와 26 사이의 EAN을 선택하는데, 25와 더 근접하기 때문에 EAN 25로 사용하도록 한다.

사례 4:

세네 번째 사례에서는 에어가 꽉 차있는 EANx 믹스를 감소시켜 원하는 믹스로 만든다. 1,200psig(80bar)의 EAN 32가 실린더에 있는 상황에서 3,000psig(200bar)의 EAN 24로 전환시켜야 한다.

- 차트 위에서 1,200psig(80bar)가 있는 칸을 찾아 EAN 32가 있는 곳까지 내려와 에어에 있는 산소보다 큰 믹스의 수치를 찾는다. 값은 167psig(12bar)이다.
- 다음은 3,000psig(200bar)를 찾아 차트 아래로 내려가 EAN 24를 제작하기 위한 정확한 산소량을 찾는다. 만약 실린더에 있는 산소가 원하는 량보다 많으면 올바른 수치를 찾을 때까지 실린더를 열어 에어를 뺀다. 이 경우에는 실린더가 800psig(55bar)가 될 때까지 에어를 뺀다. EAN 24를 이루기 위한 두 번째 방법은 안전한 범위 내에서 주입 압력을 높이는 것이다. 만약 실린더의 산소량이 너무 적을 경우 가능한 최대압까지 압력을 가하여 EAN 24 믹스를 만든다.

다이빙 1. EAN 26 가속된 다이빙 테이블 – 피트단위

FSW MSW	MIX	ATA	END	TIME	PO_2	%CNS	OTU	필요량
200 60		7.06						
190 57		6.76						
180 54		6.45						
170 51		6.15						
160 48		5.85						
150 42		5.55						
140 42	26%	5.24	129	50	1.35	33.33	81.44	155.00 3.1 x 50
130 39		4.94						
120 36		4.64						
110 33		4.33						
100 33		4.03						
90 27		3.73						
80 24		3.42						
70 21		3.12						
60 18		2.82						
50 15	26%	2.52	45	2	.65	.32 .16 × 2	.74 .37 × 2	2.60 1.3 × 2
40 12	26%	2.21	35	6	.57	.83 .69 + .14	1.57 1.31 + .26	6.60 1.1 × 6
30 9	26%	1.91	26	11	.50	0	0	11.00 1.0 × 11
20 6	80%	1.61		5	1.28	2.78	7.39	4.00 0.8 × 5
15 4.5	80%	1.45		26	1.16	12.38 9.52 + 2.38 + .48	34.37 26.44 + 6.61 + 1.32	18.2 0.7 × 26
	26%			3		2	2	9.30 3.1 × 3

** 바닥시간에 첫 데코 정지까지의 이동시간을 더하며 2 + 2 법칙을 적용해 CNS와 OTU를 계산한다.

합계(잔여값 포함): CNS% 47.64 OTU 117.13 런타임 103

필요한 기체량: 바닥믹스 (155+2.6+6.6+11+9.3) × 1.5 = 276.75 데코 (4 + 18.2) × 1.2 = 26.64

다이빙 1. EAN 26 가속된 다이빙 테이블 – 미터단위

FSW MSW	MIX	ATA	END	TIME	PO_2	%CNS	OTU	필요량
200 60		7.0						
190 57		6.7						
180 54		6.4						
170 51		6.1						
160 48		5.8						
150 42		5.5						
140 42	26%	5.2	38.7	50	1.35	30.30	77.67	4400.0 88 x 50
130 39		4.9						
120 36		4.6						
110 33		4.3						
100 33		4.0						
90 27		3.7						
80 24		3.4						
70 21		3.1						
60 18		2.8						
50 15	26%	2.5	13.4	2	.65	.32 .16 × 2	.74 .37 × 2	70.0 35 × 2
40 12	26%	2.2	10.6	6	.57	.83 .69 + .14	1.57 1.31 + .14	186.0 31 × 6
30 9	26%	1.9	7.8	11	.49	0	0	297.0 27 × 11
20 6	80%	1.6		5	1.28	2.78	7.39	110.0 22 × 5
15 4.5	80%	1.45		26	1.16	12.38 9.52 + 2.38 + .48	34.37 26.44 + 6.61 + 1.32	527.8 20.3 × 26
	26%			3		2	2	264.0 88 × 3

** 바닥시간에 첫 데코 정지까지의 이동시간을 더하며 2 + 2 법칙을 적용해 CNS와 OTU를 계산한다.

합계(잔여 값 포함): CNS% 48.61 OTU 117.13 런타임 103
필요한 기체: 바닥믹스 5217.93 = 7825.5 데코 637.8 × 1.2 = 765.36

다이빙 1. EAN 25 런타임 가속된 다이빙 테이블 – 피트단위

FSW MSW	MIX	ATA	END	TIME	PO_2	%CNS	OTU	필요량
200 60		7.06						
190 57		6.76						
180 54		6.45						
170 51		6.15						
160 48		5.85						
150 42		5.55						
140 42	26%	5.24	129	50	1.36	33.33	81.44	155.00 3.1 x 50
130 39		4.94						
120 36		4.64						
110 33		4.34						
100 33		4.03						
90 27		3.73						
80 24		3.42						
70 21		3.12						
60 18		2.82						
50 15	26%	2.52	45	1	.65	.16	.37	1.30 1.3 × 2
40 12	26%	2.21	35	8	.58	1.11 .69 + (.14 x 3)	2.09 1.31 + (.26 × 3)	8.80 1.1 × 8
30 9	80%	1.91		6	1.53	6.67 5.56 + 1.11	11.11 9.26 + 1.85	6.00 1.0 × 6
20 6	80%	1.61		4	1.28	2.24 .56 x 4	5.92 1.48 × 4	3.20 0.8 × 4
15 4.5	80%	1.45		25	1.16	11.90 9.52 + 2.38	33.05 26.44 + 6.61	17.5 0.7 × 25
	26%			3		2	2	9.30 3.1 × 3

** 바닥시간에 첫 데코 정지까지의 이동시간을 더하며 2 + 2 법칙을 적용해 CNS와 OTU를 계산한다.

합계(잔여값 포함): CNS% 57.41 OTU 135.98 런타임 97

필요한 기체: 바닥믹스 (155+1.3+8.8+9.3) × 1.5 = 261.60 데코 (6.00+3.20+17.5) × 1.2 = 32.04

다이빙 1. EAN 25 런타임 가속된 다이빙 테이블 – 미터단위

FSW MSW	MIX	ATA	END	TIME	PO_2	%CNS	OTU	필요량
200 60		7.0						
190 57		6.7						
180 54		6.4						
170 51		6.1						
160 48		5.8						
150 42		5.5						
140 42	26%	5.2	38.7	50	1.36	30.30	77.67	4400.0 87.79 x 50
130 39		4.9						
120 36		4.6						
110 33		4.3						
100 33		4.0						
90 27		3.7						
80 24		3.4						
70 21		3.1						
60 18		2.8						
50 15	26%	2.5	13.4	1	.65	.16	.37	35.0 35 × 1
40 12	26%	2.2	10.6	8	.58	1.11 .69 + (.14 × 3)	2.09 1.31 + (.26 × 3)	248.0 31 × 8
30 9	80%	1.9		6	1.53	6.67 5.56 + 1.11	11.11 9.26 + 1.85	162.0 27 × 6
20 6	80%	1.6		4	1.28	2.24 .56 × 4	5.92 1.48 × 4	88.0 22 × 4
15 4.5	80%	1.45		25	1.16	11.90 9.52 + 2.38	33.05 26.44 + 6.61	507.5 20.3 × 25
	26%			3		2	2	9.30 88 × 3

** 바닥시간에 첫 데코 정지까지의 이동시간을 더하며 2 + 2 법칙을 적용해 CNS와 OTU를 계산한다.

합계(잔여값 포함): CNS% 54.38 OTU 132.21 런타임 97

필요한 기체: 바닥믹스 4947 × 1.5 = 7420.5 데코 757.5 × 1.2 = 909.0

다이빙 1. 데코를 위한 가속된 다이빙 테이블 EAN 26 – 피트단위

FSW MSW	MIX	ATA	END	TIME	PO_2	%CNS	OTU	필요량
200 60		7.06						
190 57		6.76						
180 54		6.45						
170 51		6.15						
160 48		5.85						
150 42		5.55						
140 42	26%	5.24	129	50	1.36	33.33	81.44	155.00 3.1 x 50
130 39		4.94						
120 36		4.64						
110 33		4.34						
100 33		4.03						
90 27		3.73						
80 24		3.42						
70 21		3.12						
60 18		2.82						
50 15	26%	2.52		2	.65	.32 .16 × 2	.74 .37 × 2	2.60 1.3 × 2
40 12	26%	2.21		6	.58	.83 .69 + .14	1.57 1.31 + .26	6.60 1.1 × 6
30 9	26%	1.91		11	.50	0	0	11.00 1.0 × 11
20 6	26%	1.61		7	.42	0	0	5.60 0.8 × 7
15 4.5	26%	1.45		57	.34	0	0	39.9 0.7 × 57
	26%			3		2	2	9.30 3.1 × 3

** 바닥시간에 첫 데코 정지까지의 이동시간을 더하며 2 + 2 법칙을 적용해 CNS와 OTU를 계산한다.

합계(잔여값 포함): CNS% 36.48 OTU 85.75 런타임 136

필요한 기체: 바닥믹스 (155+2.6+6.6+11+5.6+39.9−9.3)×1.5 = 345.0 필요한 데코기체 ________

다이빙 1. 데코를 위한 가속된 다이빙 테이블 EAN 26 – 미터단위

FSW MSW	MIX	ATA	END	TIME	PO2	%CNS	OTU	필요량
200 60		7.0						
190 57		6.7						
180 54		6.4						
170 51		6.1						
160 48		5.8						
150 42		5.5						
140 42	26%	5.2	38.7	50	1.35	30.30	77.67	4400.0 88 x 50
130 39		4.9						
120 36		4.6						
110 33		4.3						
100 33		4.0						
90 27		3.7						
80 24		3.4						
70 21		3.1						
60 18		2.8						
50 15	26%	2.5		2	.65	.32 .16 x 2	.74 .37 x 2	70.0 35 x 2
40 12	26%	2.2		6	.58	.83 .69 + .14	1.57 1.31 + .26	186.0 31 x 6
30 9	26%	1.9		11	.50	0	0	297.0 27 x 11
20 6	26%	1.61		7	.42	0	0	154.0 22 x 7
15 4.5	26%	1.45		57	.34	0	0	1157.1 20.3 x 57
	26%			3		2	2	264.0 88 x 3

* 바닥시간에 첫 데코 정지까지의 이동시간을 더하며 2 + 2 법칙을 적용해 CNS와 OTU를 계산한다.

합계(잔여값 포함): CNS% 33.45 OTU 81.98 런타임 136

필요한 기체: 바닥믹스 6528 × 1.5 = 9792.15 필요한 데코기체 ______

다이빙 1. EAN 29 런타임 가속된 다이빙 테이블 – 피트단위

FSW MSW	MIX	ATA	END	TIME	PO_2	%CNS	OTU	필요량
200 60		7.06						
190 57		6.76						
180 54		6.45						
170 51		6.15						
160 48		5.85						
150 42		5.55						
140 42		5.24						
130 39		4.94						
120 36		4.64						
110 33	29%	4.34	96	40 실제	1.26	22.22	59.09	104 2.6 x 40
100 33		4.03						
90 27		3.73						
80 24		3.42						
70 21		3.12						
60 18		2.82						
50 15		2.52						
40 12		2.21						
30 9	80%	1.91		7 (50)	1.53	7.78 5.56 + (1.11 × 2)	12.96 9.26 + (2 × 1.85)	7.00 1.0 × 7
20 6	80%	1.61		5 (55)	1.28	2.78	7.39	4.00 0.8 × 7
15 4.5	80%	1.45		27 (82)	1.16	12.86 9.52+2.38 +(.48□2)	35.69 26.44+6.61 +(1.32□2)	18.9 0.7 × 27
	29%			3		2	2	7.8 2.6 × 3

* 바닥시간에 첫 데코 정지까지의 이동시간을 더하며 2 + 2 법칙을 적용해 CNS와 OTU를 계산한다.

합계(잔여값 포함): CNS% 47.64 + 잔여 12 = 59.64 OTU 117.13 + 85.75=202.88 런타임 82
RNT 40(80분 스케줄) 필요한 기체: 바닥믹스 111.8 × 1.5 = 167.7 데코 29.9× 1.2 = 35.88

다이빙 1. EAN 29 런타임 가속된 다이빙 테이블 – 미터단위

FSW MSW	MIX	ATA	END	TIME	PO_2	%CNS	OTU	필요량
200 60		7.0						
190 57		6.7						
180 54		6.4						
170 51		6.1						
160 48		5.8						
150 42		5.5						
140 42		5.2						
130 39		4.9						
120 36		4.6						
110 33	29%	4.3	96	40 실제	1.25	20.51	56.00	104 2.6 x 40
100 33		4.0						
90 27		3.7						
80 24		3.4						
70 21		3.1						
60 18		2.8						
50 15		2.5						
40 12		2.2						
30 9	80%	1.9		7 (50)	1.53	7.78 5.56 + (1.11 × 2)	12.96 9.26 + (2 × 1.85)	189.0 27 × 7
20 6	80%	1.61		5 (55)	1.28	2.78	7.39	110.0 22 × 7
15 4.5	80%	1.45		27 (82)	1.16	12.86 9.52+2.38 +(.48□2)	35.69 26.44+6.61 +(1.32□2)	548.1 20.3 × 27
	29%			3		2	2	219.0 73 × 3

* 바닥시간에 첫 데코 정지까지의 이동시간을 더하며 2 + 2 법칙을 적용해 CNS와 OTU를 계산한다.

합계(잔여값 포함): CNS% 45.93 + 잔여 12 = 57.93 OTU 114.04+81.98=196.02 런타임 82
RNT 40(80분 스케줄) 필요한 기체: 바닥믹스 3139.0 × 1.5 = 4708.5 데코 847.1 × 1.2 = 1016.52

주의 : 트라이믹스를 사용 시 시작하는 PO_2가 수면 위에서는 저산소 믹스일 수 도 있다. 테이블 2를 사용해 믹스를 사용할 수 있는 안전한 수심을 정하고, 이 다이빙의 MOD와 TOD도 결정한다.

트라이믹스 예제

예제 1:

트라이믹스로 다이빙을 계획할 경우를 보자. TOD는 280피트(84미터)이며 가능한 최대 수심은 320피트(96미터)이며 1.5ata PO_2의 MOD는 320피트(96미터)이다. MOD가 1.5ata 초과되지 않는 선에서 TOD 1.35ata PO_2를 선택하였으며 테이블 2를 사용하여 계산하면 14%의 산소믹스는 TOD 1.33ata PO_2와 MOD 1.5ata PO_2로 계산된다. 이 테이블에서 바닥믹스 FO_2는 0.14로 14%로 계산 된다. 만약 차트 4를 참조하고 실제 PO_2인 1.4ata를 사용하게 되면 산소는 14.8%가 된다.

예제 2:

저산소 믹스를 피하기 위해서는 산소 부분압이 일반 값이 되기 까지 다이빙 기체 호흡은 금한다. 더 나은 감압 프로필을 위해 이동기체(travel gas)가 사용되는 경우가 많다. 위의 바닥믹스 FO_2를 사용한 이 예에서는 테이블 2를 참조하여 바닥기체로 바꾸기 위한 최소 안전 수심을 계산한다. 계산된 안전 수심은 20피트(6미터)이다- 실질적으로 15에서 20피트(4.5에서 6미터) 사이이다. 감압의 장점을 위해 EAN 40의 이동 기체는 1.37ata PO_2가 될 때까지 사용한다. 테이블 1을 참조하면 EAN 40을 바닥믹스로 바꾸는 기점은 수심 90피트(27미터이다).

트라이믹스로의 다이빙은 EANx 믹스를 사용할 때 보다 더 많은 변수를 가지고 있다. 믹스의 산소량 설정과 함께 원하는 마취(Narcosis) 값도 설정해야 한다. 믹스에 질소를 대신해 첨가되는 헬륨(He)이 마취를 적절히 원하는 정도로 감소시켜 준다. 만약 원하는 질소마취 량이 0%라면 믹스에 헬륨과 산소만 사용하면 된다. 이러한 형태의 믹스의 단점은 바닥시간이 2시간 이상이 아닐 경우에는 감압시간을 연장 된다는 것이다. 두 번째 단점은 HPNS(고압 신경 증후군)의 발병률을 증가시킨다는 것이다. 일반적으로 믹스는 80피트(24미터)에서 130피트(39미터)의 END(등가마취수심)을 얻기 위해 계산된다. 가장 일반적이며 추천하는 TOD 값을 위한 END는 130피트(39미터)이다. 최대 MOD는 160피트(48미터)가 넘지 말아야 한다.

예제 3:

FO_2 0.14(14%)의 트라이 믹스를 사용해보자. 아직 헬륨량은 결정되지 않았다. 안전을 위해서 TOD 수심에서 권장되는 END는 최대 115피트(34.5미터)를 넘지 않는 것이다. 안전 완충을 위해 사용될 MOD END는 160피트(48미터)를 넘지 말아야 한다.

END 차트 4를 적용하게 되면 FO_2는 1.4ata이다. 차트를 가로질러 끝으로 이동하여 TOD 280피트(84미터)를 찾은 후 차트 위로 이동해 원하는 END 115피트(34.5미터)를 찾는다; 다음 대각선을 따라 차트의 위로 이동한다. 결과는 .48 FHe일 것이다. 그런 후 MOD END가 계획된 값인 160피트(48미터) 내 인지 확인한다. 48% 헬륨에서 대각선으로 이동해 수심 320피트(85.6미터)와 교차되는 부분을 찾는다; 여기서 END 값을 기록한다.

여기서 MOD END는 대략 320피트(85.6미터)이며 이는 다이빙 계획에서 벗어나지 않는다. 마지막 바다믹스는 결과적으로 트라이믹스 14(산소%) 48(헬륨%)이다. 이 믹스를 사용해 280피트(84미터) 수심에서 20분 다이빙을 한다. 다이빙 계산은 테이블들을 적용한다.

주 의 : 만약 차트 3이 없다면 END 결과값은 END와 EAN 방정식을 적용해 계산한다.

피트법: END=(목표 END + 33)(0.79)/(D + 33) 〉 (115 + 33)(0.79)/(280 + 33)=0.3735 FN_2

미터법: (목표 END + 10)(0.79)/(D + 10) 〉 (34.5 + 10)(0.79)/(84 + 10) = 0.3739 FN_2

헬륨을 제외한 총 기체량 (37% N_2) + (14% O_2) = 51%. 나머지는 49% 헬륨(He)이다.

1%의 오차가 발생하는 이유는 실질적으로 사용되는 FO_2가 14% FO_2인데 반면 차트의 PO_2 1.40ata로 FO_2 14.8%를 제공하기 때문이다.

14 48 믹스의 MOD END 계산은 EAN 방정식을 사용한다.

FN_2 = 1.0 – (0.14 O_2) – (0.48 He) = 0.38% N_2

피터법: MOD END = [(FN_2)(D + 33)/0.79] – 33 〉

[(0.38)(320 + 33)/0.79] – 33 = 136.79 혹은 137 피트의 MOD END

미터법: MOD END = [(FN_2)(D + 10)/0.79] – 10 〉

[(0.38)(96 + 10)/0.79] – 10 = 40.98 미터의 MOD END

트라이믹스 다이빙. 런타임 트라이믹스 다이빙 테이블 – 피트단위

FSW MSW	MIX	ATA	END	TIME	PO_2	%CNS	OTU	필요량
280 84	14% 48%	9.48	118	20	1.33	12.12	31.07	114.00 5.7 x 20
200 60		7.06						
190 57		6.76						
180 54		6.45						
170 51		6.15						
160 48		5.85						
150 42		5.55						
140 42		5.24						
130 39	14% 48%	4.94	46	1 (24)	.69	.18 .18 x 1	.47 .47 x 1	2.50 2.5 x 1
120 36	14% 48%	4.64	41	1 (25)	.65	.16 .16 x 1	.37 .37 x 1	2.30 2.3 x 1
110 33	14% 48%	4.33	36	2 (27)	.61	.32 .16 x 2	.74 .37 x 2	4.40 2.2 x 2
100 33	36%	4.03	75	1 (28)	1.45	.27 .27 x 1	1.70 1.70 x 1	2.00 2.0 x 1
90 27	36%	3.73	67	2 (30)	1.34	1.22 .61 x 2	3.10 1.55 x 2	3.80 1.9 x 2
80 24	36%	3.42	59	2 (32)	1.23	1.02 .51 x 2	2.8 1.4 x 2	3.40 1.7 x 2
70 21	36%	3.12	51	4 (36)	1.12	1.76 .44 x 4	4.96 1.24 x 4	6.40 1.6 x 4
60 18	36%	2.82	43	4 (40)	1.01	1.48 .37 x 4	4.32 1.08 x 4	5.60 1.4 x 4
50 15	36%	2.52	35	6 (46)	.91	1.88 1.57 x .31	5.50 4.58 x .92	5.60 1.4 x 4
40 12	36%	2.21	27	8 (54)	.80	1.77 1.11 + (.22 x 3)	5.22 3.27 + (.65 x 3)	8.80 1.1 x 8
30 9	80%	1.91		11 (65)	1.53	12.22 1.11 + 1.11	20.36 18.51 + 1.85	11.00 1.0 x 11
20 6	80%	1.61		6 (71)	1.28	3.34 2.78 + .56	8.87 7.39 + 1.48	4.80 0.8 x 6
15 4.5	80%	1.45		45 (116)	1.18	21.43 19.05 + 2.38	59.50 52.89 + 6.61	31.50 .7 x 45
	14% 48%			3		2	2	17.18 5.7 x 3

** Bottom시간에 첫 데코 정지까지의 이동시간을 더하며 2+2 법칙을 적용해 CNS와 OTU를 계산한다.

합계(잔여 값 포함): CNS% 61.62 OTU 150.98 런타임 116
필요한 기체: 바닥믹스 (114+2.5+2.3+4.4+17.18) × 1.5 = 210.57
이동기체(2+38+3.4+6.4+5.6+7.8+8.8)×1.2 = 45.36 데코 (11+4.8+31.50) × 1.2 = 56.76

트라이믹스 다이빙. 런타임 트라이믹스 다이빙 테이블 – 미터단위

FSW MSW	MIX	ATA	END	TIME	PO_2	%CNS	OTU	필요량
280 84	14% 48%	9.5	35.7	20	1.32	12.12	31.07	3200.0 160 x 20
200 60		7.0						
190 57		6.7						
180 54		6.4						
170 51		6.1						
160 48		5.8						
150 42		5.5						
140 42		5.2						
130 39	14% 48%	4.9	46	1 (24)	.69	.18 .18 x 1	.47 .47 x 1	2.50 2.5 x 1
120 36	14% 48%	4.6	41	1 (25)	.65	.16 .16 x 1	.37 .37 x 1	2.30 2.3 x 1
110 33	14% 48%	4.3	36	2 (27)	.61	.32 .16 x 2	.74 .37 x 2	4.40 2.2 x 2
100 33	36%	4.0	75	1 (28)	1.45	.27 .27 x 1	1.70 1.70 x 1	2.00 2.0 x 1
90 27	36%	3.7	67	2 (30)	1.34	1.22 .61 x 2	3.10 1.55 x 2	3.80 1.9 x 2
80 24	36%	3.4	59	2 (32)	1.23	1.02 .51 x 2	2.8 1.4 x 2	3.40 1.7 x 2
70 21	36%	3.1	51	4 (36)	1.12	1.76 .44 x 4	4.96 1.24 x 4	6.40 1.6 x 4
60 18	36%	2.8	43	4 (40)	1.01	1.48 .37 x 4	4.32 1.08 x 4	5.60 1.4 x 4
50 15	36%	2.5	35	6 (46)	.91	1.48 1.57 + .31	5.50 4.58 x .92	5.60 1.4 x 4
40 12	36%	2.2	27	8 (54)	.80	1.77 1.11 + (.22 x 3)	5.22 3.27 + (.65 x 3)	8.80 1.1 x 8
30 9	80%	1.9		11 (65)	1.53	12.22 1.11 + 1.11	20.36 18.51 + 1.85	11.00 1.0 x 11
20 6	80%	1.6		6 (71)	1.28	3.34 2.78 + .56	8.87 7.39 + 1.48	4.80 0.8 x 6
15 4.5	80%	1.45		45 (116)	1.16	21.43 19.05 + 2.38	59.50 52.89 + 6.61	31.50 .7 x 45
	14% 48%			3		2	2	17.18 5.7 x 3

** Bottom시간에 첫 데코 정지까지의 이동시간을 더하며 2+2 법칙을 적용해 CNS와 OTU를 계산한다.

합계(잔여 값 포함): CNS% 61.37 OTU 450.24 런타임 116
필요한 기체: 바닥믹스 3933.0 × 1.5 = 5899.5
이동기체 1042.0 × 1.2 = 45.36 데코 1342.5 × 1.2 = 1611.0

Bikini Atoll에 있는 방어 잠수함을 탐험하고 있는 Patti Mount
사진: Tom Mount

200피트(60미터) 수심에서 END와 믹스를 계산하기 위해서는 PO_2 1.4를 기준으로 차트6을 사용한다. 이와 같은 계획의 다이빙 시 실제 180피트(54미터) 수심에서 100피트(30미터) END를 적용한다. 차트 대각선 END 100피트(54미터)로 이동하여 좌측 아래 있는 실제 수심으로 내려가면 트라이믹스 22 29(22% 산소 & 29% 헬륨) 찾을 수 있다.

200피트(60미터) 이하부터 300피트(91미터)까지의 수심에서 PO_2 1.4ata를 사용할 경우 앞서 사용되었던 차트 4를 사용한다. 만약 바닥믹스를 PO_2 1.3ata 기준으로 계산할 경우 차트 5를 사용한다. 차트 5 사용 예를 보기 위해서는 300피트(91미터) 수심 다이빙에서 END 130피트(39미터)를 계획한다. 첫 번째로 차트 위에서 130피트(39미터)의 END를 찾은 후 실제 수심 300피트(91미터)로 내려간다. 필요한 믹스는 트라이믹스 13 48이다.

정확한 믹스를 제작 하는 가장 간단하고 정확한 방법은 헬리에어(Heliair)를 만드는 것인데, 이는 헬륨과 에어(공기)의 혼합체이다. 이 믹스의 단점은 PO_2는 쉽게 제어할 수 있지만 END 수치가 대부분 매우 깊다는 것이다. 테이블 7을 보면 산소 노출 관점에서 봤을 때 다이버가 원하는 모든 수심의 믹스를 제작할 수 있다. 하지만 만약 PO_2가 1.4ata 수심에 유지된다면 END는 항상 187피트(57미터)일 것이다. 또한 테이블 7을 보게 되면 헬륨과 EAN 30 믹스가 있다. 이 믹스에서 다이버가 PO_2 1.4ata를 사용하게 되면 END는 항상 103피트(31미터)일 것이다.

헬륨과 EAN 26 믹스를 보자. 만약 수심 296피트(90미터)에서 PO_2 1.4ata로 다이빙을 할 경우 END는 133피트(40미터)가 될 것이며 산소량은 14%가 될 것이다. 헬륨과 EANx 혹은 에어와 혼합하는 다른 장점은 O_2 측정을 할 경우 언제나 비활성 기체를 측정할 수 있다. 차트 3은 이러한 믹스를 준비하는 좋은 도구이다. 예를 들어 14%에 기체 측정을 하였을 경우 내용이 EAN 28로 혼합되었다는 것을 알 수 있다. 차트의 FIO_2로 가서 대각선으로 이동하여 다른 쪽 페이지에서 EAN 28이 교차하는 선을 찾는다. 교차점에서 아래로 이동한 후 헬륨량을 찾으면 50%를 찾을 수 있다. 이 믹스는 트라이믹스 14 50이다.

개인의 계획 (Personal Planning)

개인의 계획은 다이빙 계획에서 가장 중요한 부분이다. 계획된 다이빙에 대한 다이버 자신의 인식 및 해석은 효율적인 다이빙을 결정 짓는다. 개인의 계획에 관련된 많은 관점들이 있으며, 성공적인 다이빙을 하려면 자신의 역할에 편안함을 가져야 한다. 본 장에서는 개인의 계획에 있어서 가장 중요한 요소들을 다룰 것이다.

- **위험 분석, 수락 및 관리**
- **개인의 편안함**
- **개인에게 닥칠 "만약에(what-ifs)" 상황들**
- **책임**
- **개인의 기체관리**

위험 분석, 수락 및 관리는 개인의 다이빙에 있어서 큰 부분을 차지한다. 이 부분은 자기 자신의 내면을 보면서 이 다이빙에 대해 솔직히 어떤 느낌을 가지고 있는지를 관찰해 보면서 시작된다. 이 단계에서 기본적인 질문을 하고 솔직히 대답해야 한다.

다이빙의 각 단계를 마음으로 재검토 한 후 다음 질문에 대답한다:

1. 이 다이빙에 관련된 상세한 위험들은 무엇인가?
2. 난 다이빙 계획을 이해하는가?
3. 다이빙 계획의 변수들과 이에 관련된 나의 책임들에 대해 편안하게 생각하는가?
4. 내가다른사람들을의지하는것이아니라내가의지될수있는가?
5. 모든 "만약에(what-ifs)"들을 검토 했으며 이러한 변수들에 대한 자가관리과정들을 확립하였는가?

위의 질문들에 대한 답을 하면서 개인적 다이빙 계획에서 사용될 모든 물품들을 재 검토한다. 위험분석과정의 일부분으로 다이버는 과거의 흡사했던 다이빙들을 분석해 본다. 흡사한 다이빙을 하게 되면 전에 어떤 위험한 상황들이 발생 하였고, 사고가 났는지에 대해 조사해 봐야 한다. 만약 위험이나 사고가 발생 하였을 경우 발생 이유를 분석한다.

발생 이유를 분석하였다면 흡사한 상황이 벌어지지 않도록 방법을 구상한다. 아래에 안전에 위험을 주는 요소들을 분석하고 이에 따른 대처 방법들을 적는다. 각 위험 요소들이 다이빙의 이익보다 값어치가 있는지 비교한다. 다이빙을 하기 전에 아래 평가서를 작성한다.

위 험	대처 방법 / 관리	이 익	가 치
1.			
2.			
3.			
4.			
5.			
6.			
7.			
8.			
9.			
10.			
Etc.			

이 테이블을 작성할 때 팀의 다른 팀원들과 평가서를 논의하는 것이 현명할 것이나. '가치' 아래에는 예 혹은 아니오 만이 적절하다. 아니오가 예보다 많을 경우 다이빙이 목적들을 교정할 필요가 있다. 예를 들어 만약 대다수의 답이 아니오라면 다이빙을 중지할 원인이 된다. 또한 자신의 직관력을 믿어라; 만약 느낌이 좋지 않다면 다이빙을 취소 혹은 미루며 이러한 다이빙 참여를 금하는 것이 좋다.

개인의 편안함은 필수적으로 고려해야 할 사항이다. 새로운 상황들을 접하게 되면 개인의 능력은 확장되지만, 안전을 위해서는 현재의 편안한 범위에서 벗어나도록 강요되지 말아야 한다. 편안한 범위에서 너무 벗어나 불안해지면 판단력이 흐려질 수도 있다. 만약 자신의 범위 밖에서의 활동을 강요 당한다면 불안은 스트레스를 악화시키며 전반적인 위험 가능성을 증가 시킨다.

> 당신만이 당신을 위해 수영하며, 당신을 위해 호흡하며 당신을 위해 생각한다.

만약 당신의 편안한 범위를 벗어나야 한다면 그 강도를 작고 받아 드릴 수 있는 범위만으로 점진적으로 증가 시키도록 한다. 다른 사람에게 자신의 안전을 의지 하거나 자신의 한계를 정해주길 바라지 말아야 한다. 당신의 뜻이 아무리 좋아도 다른 다이버들이 자신의 마음속까지 읽어 마음의 능력까지 알 수는 없다. 다이빙 버디들은 당신의 행동 및 말과 몸짓을 읽고 당신의 편안함을 알 수 있을 뿐이다. 기억해야 할 것은 결과적으로 당신의 생존과 편안함을 평가해 줄 수 있는 것들이며, 이를 위한 3가지의 기본적인 요소들은 다음과 같다:

당신의 생존과 편안함에 위험이 될 것이라는 약간의 의심이라도 있으면, 그 이상의 고난도 다이빙에 대한 시도는 늦춰질 필요가 있다. 예를 들어, 당신에게 수영문제가 있을 경우, 경험 있는 다이버가 도움을 줄 수는 있지만 잠시뿐이다. 아무도 당신을 대신해 생각하고 호흡할 수 없으므로, 만약 다이빙을 끝내지 못할 것 같은 상황이라면 피하는 것이 좋다.

개인의 편안한 범위를 정하는데 있어 추가적인 요소는 정신과 육체적 건강이다. 육지에서 장비를 다룰 수 있고 수영할 수 있을 만큼의 정도의 체력이 요구된다.

어쩌면 가장 중요한 요소 중 하나가 체력일 지도 모르지만, 다이버가 불리한 상황에 닥치기 전에는 체력의 문제는 명백히 나타나지 않는다. 이러한 상황에서는 수영능력과 체력이 생존에 있어 매우 중요한 역할을 한다. 최고의 체력을 자부하는 다이버도 자신감과 기강과 함께, 정신을 집중할 수 있는 능력을 개발해야 한다. 정신력은 체력과 함께 자신의 능력들을 개발 할 수 있는 요소이다. 항상 건강한 육체와 정신을 유지 하기 바란다.

개인의 "만약에" 상황은 팀 잠수계획에 포함되어야 하는 내용이지만, 다이빙 계획이 최종 결정되기 전에 다뤄져야 한다. 모든 "만약에" 상황들을 위험분석

테이블에 포함하여 각각의 상황들에 대한 가장 효율적인 대체 방법들을 결정하도록 한다. "만약에" 상황들에는 환경적 요소들과 장비 의존도에 대한 위험도 포함되어야 한다.

아래 내용들은 다이빙 시 닥칠 수 있는 "만약에" 예제들이다. 이 내용은 개인의 위험들을 분석해 확장 시킬 수 있다. 앞서 나온 위험 테이블에 "만약에" 상황들을 적는다.

1. 만약에... 길을 잃게 되면? 길을 찾을 수 있는 방법이나 수면 선원/배에게 발견 될 수 있는 방법을 연구해야 한다. 정확한 방법은 다이빙의 종류, 위치 및 조난된 다이버들을 찾는 지역기준에 따라 다르다.
2. 만약에... 감압 스테이지 실린더를 잃는다면? 이 경우, 일반 공기로 다이빙을 했을 경우 에어 테이블이나 에어 다이빙 컴퓨터의 감압 스케줄에 따라 출수한다. 감압 정지들(stops)을 기제한 보조 스케줄을 사용하는 것을 권한다. 테이블 없이 감압을 해야 한다면, 경험상 높은 EANx를 분실 하였을 경우 그 보다 낮은 EANx 믹스로 남은 감압 시간을 2배로 늘리는 방법을 권한다. 만약 다른 다이버들이 있다면 특정한 믹스를 사용한 그들의 정지가 끝난 후 높은 감압 믹스를 두고 가게 하여 나머지로 감압을 하도록 한다. 수면에서는 최소 30분 동안 산소로 호흡한다. 이상적인 환경에서는 이러한 상황에 적절히 반응해 도움을 줄 수 있는 '안전 다이버'가 있을 것이다. 또한 보조 다이버들이 감압 실린더를 다이버에게 가져다 줄 것이다. 또한 배에서 공급해 주는 기체를 사용할 수 있을 것이며, 연해 내 다이빙 시 입수 지점까지 돌아오는 길에 보조 감입기체를 위치해 놓아 응급 상황의 다이버들로 하여금 사용할 수 있도록 한 곳도 있다. 최악의 경우, 가스가 적절히 있을 경우 다이빙 버디와 함께 사용하도록 한다(마지막 방법은 버디가 감압을 끝내고 남긴 감압 가스로 감압을 하는 것이다).
3. 생각을 계속하면서 "만약에" 상황들을 10개 이상 구상해 보도록 한다.

자신의 "만약에"상황들을 다 적었을 경우, 각 상황에 대처할 수 있는 방법을 구상하고 시각화 해보자. 문제를 확인하였으면 해결책을 구상하고 성취를 시각화하여 연연하지 않도록 한다. 그러면 이 특정한 문제를 극복하려는 목표를 달성한 것이다. 문제에 연연하는 것에는 두 가지 부정적인 결과가 따른다. 첫 번째로, 걱정하게 된다. 걱정은 스트레스를 초래하고 우려로 이어져 예상외의 상황을 만들거나 즐거운 다이빙을 하지 못하게 한다. 두 번째로, 문제를 계속 생각하게 되면 문제에 너무 집중하게 되어 자신의 마음이 상황을 만들게 한다.

책임감(Responsibility): 당신의 육체적, 정신적 상태를 분석한다. 이 다이빙을 정말로 할 수 있는지 결정한다. 이 평가는 솔직해야 한다. 잘못된 허세로 다이빙을 해서는 안 된다. 100% 능력을 발휘 할 수 있다는 마음이 있어야 한다. 팀원들이 당신을 믿을 수 있어야 한다. 테크니컬 다이빙에서 정신적, 육체적 중요성은 아무리 강조해도 모자라다. 다이빙을 한다면 좋은 정신적, 육체적 상태를 유지할 수 있도록 노력해야 한다. 당신이 다른 팀원들에게 짐이 되지 않아야 한다는 것을 명심해라.

테크니컬 다이빙은 의존적 다이버들에게는 불리하다.

책임감 있는 다이빙 계획의 또 다른 중요한 면은 의식(Awareness)이다. 당신은 다이빙의 목적과 다이빙의 테크니컬한 요소들을 완전히 인식하고 있는가? 어느 정도의 믿음은 필요하지만 믿음과 "나를 믿어라"라는 태도는 다르다. "리더인 나를 믿어라"라고 하는 사람들은 당신 생명을 그들의 손에 달리게 하며 그를 어디든 따라가게 한다. 절대로 이러한 상황에 처하지 말자.

만약 다이빙의 모든 면, 혹은 일부 면이 탐험식이라면 이러한 사실은 처음부터 인식되어야 한다. 만약 팀원 중 한 명이 리더가 된다면 그의 역할이 정의되어야 한다. 어떠한 책임들이 주어지는지 결정되어야 하며, 다이빙을 종료하는 조건들을 명확히 정의되어야 한다. 또한, 한가지 간단한 규칙을 절대 잊어서는 안 된다.

항상 첫 번째로 자신을 믿으며 자신의 생존력 내에서 다이빙을 한다.

다이빙을 계획할 때 기술적인 면을 너무 생각해 왜 처음부터 다이빙을 하는지 잊는 경우가 있다. 즐거움을 기대하자. 다이빙 시 볼 것들을 시각화 시킨다. 그러한 아름다운 것들을 보는 팀원들을 상상해 보자. 연습과 같이 당신은 팀원인 동시에 솔로 다이버라는 것을 명심한다. 팀원들의 능력은 예상해도 항상 정신적으로는 다이빙을 혼자 하는 것 같이 준비하고 있어야 한다. 이 방법은 당신의 한계를 넘지 않고 위험에 노출되지 않도록 해준다. 또한 만약 혼자 분리되거나 목숨을 위협하는 상황을 맞서게 되었을 때 혼자서 상황을 대처해 줄 수 있게 해준다. 다시 말하지만 최악의 상황이라도 **당신 혼자만이 당신을 위해 생각하고, 호흡하고 수영할 수 있다.** 염두 해 둬야 할 것은 다이빙 계획은 자신의 한계와 자신을 구조할 수 있는 능력에 맞춰 작성해야 한다는 것이다. 다이빙 버디를 구조하거나 도움을 주는 능력의 한계 또한 다이빙 계획 작성 시 포함 시켜야 한다. 팀원으로서 당신은 팀의 다른 다이버들에 대한 책임도 있다. 다른 팀원들 또한 당신에게 도움을 줄 수 있어야 한다.

개인의 기체관리(Personal gas management): 다이버는 자신의 수면공기사용량(SAC: Surface Air Consumption)과 탱크를 바꿀 때 사용한 기체량을 psig/bar로 알고 있어야 한다. 첫 번째로 적당한 수영 속도의 SAC 속도를 알아야 한다. 이 수치는 일반 수영속도 SAC으로 사용할 수 있다. 측정하기 위해서는 미리 결정된 고정 수심에서 최소 20분 동안 수영한다. 이러한 측정은 탱크가 측정된 압에서 1/2에서 2/3 정도 있을 때 시도한다. 또한 다이빙을 한 후 약간의 시간이 지났거나 작업을 하여 약간 피로할 때 시도해 보면 더 현실적인 값을 찾을 수 있다.

힘이 많이 요구되는 상황에서의 높은 공기 사용량을 측정 하려면 위의 방법을 통해 최대 속도로 수영을 한다. 두 번째 훈련에서는 다음을 관찰한다. 다이버의 심장 혈관 상태가 좋을 경우, 기체 사용량은 약간 증가되면서 더 지속적인 수영 속도를 유지 할 수 있다. 심혈관 상태가 좋지 않다면 기체 사용량은 크게 증가되면 속도가 점점 감소하게 된다.

테이블 9를 사용해 SAC을 분당호흡량(RMV: Respiratory minute volume)

으로 바꿀 수 있다. 측정하기 위해서는 테이블에서 사용한 탱크 크기를 찾은 후 줄을 따라 아래로 내려가 싱글 탱크 사용량을 찾는다. 이 방법을 통해 기체 계획의 RMV 값을 찾을 수 있다. 다른 사이즈 탱크로 바꾸고 싶을 경우 간단하게 새로운 탱크 크기를 RMV 값에 맞춘 후 테이블 좌측으로 이동해 새로운 탱크의 분당 psig/bar 값을 찾는다. 더블 탱크를 사용할 경우 적절히 계산한다.

주의 : 만약 더블로 연습했는데 싱글 실린더 값을 바탕으로 계산하는 테이블을 사용하려면 분당 기 체사용량을 두 배로 늘린다.

사례:

분당 psig/bar을 모르는 실린더를 사용할 경우 기체에 대한 계산은 테이블 10을 통해 할 수 있다. 예를 들어 다이버의 SAC율이 10psig(0.6bar/min)하는 가정하에 300피트(91미터) 수심으로 다이빙을 할 경우 다이버는 분당 101psig(6.8bar)을 사용할 것이다. 이 뜻은 20분의 다이빙 동안 다이버는 2020psig(137.4bar)을 사용할 것이다.

테이블 11은 다이빙에 필요한 전체 기체량을 계산할 때 사용된다. 이 방법은 개인이나 그룹에게 적용할 수 있다. 분당 ft^3(프리리터)의 기체 사용량을 알면 사용될 전체 기체량을 계산할 수 있다. 예를 들어 계획된 수심이 130피트(39미터)라고 하자. 다이버는 수면에서 분당 0.60ft^3(16.99 혹은 17리터)의 기체를 사용한다. 테이블 아래로 내려가면 분당 3.0 ft^3(84.96리터)가 필요한 것을 볼 수 있을 것이다. 같은 방법으로 감압용으로는 사용되는 기체 사용량은 정지 수심에 따라 사용량이 계산될 수 있다. 이 테이블은 많은 기체 교환과 다양한 수중 시간을 계산할 수 있기 때문에 특별히 유익하다.

1/3의 법칙을 적용해 전체 기체 사용량에 안전량도 포함 시키도록 한다.

그룹 계획(Group Planning)

그룹 계획은 다이빙 팀 전체가 다이빙의 목적과 각 팀원들의 책임을 이해하고 받아드리는 과정이다. 다음은 다이빙 계획에 필요한 일부 요소들이나:

- **기체관리과정을 성립한다.**
- **다이빙의 한계를 결정한다.**
- **팀의 크기와 각 팀원들의 책임을 결정한다.**
- **팀원들의 능력을 평가한나.**
- **각 팀원들은 팀원 서로들에 대한 장비구성을 인식하고 있는지 확인한다.**
- **팀의 안전에 영향을 미치는 "만약에(what ifs)"들을 대비해 계획한다.**

계기체 관리는 모든 다이빙의 핵심적인 부분이다. 다이빙이 어렵고 목표가 광대해 질수록 기체관리는 더 중요해 진다. 성숙함과 판단력은 올바른 기체관리에 대한 개념을 강화 시킨다. 대부분의 테크니컬 다이버들과 모든 동굴 다이빙 커뮤니티는 기체관리의 1/3의 법칙(The Rule of Thirds)을 따른다. 동굴 다이빙 커뮤니티는 그들의 사고 기록들을 분석한 후 1/3의 법칙을 개발하였다. 1/3의 법칙은 보수적이다. 보수적이기 위해 개발되었다. 더 중요한 것은 경험을 통해 중요성을 깨달았다.

모든 기체관리 법칙은 사용사가 "정상적으로" 활동할 수 있는 상황을 바탕으로 제작되었다. 다이버는 **정상적으로 수영하고, 정상적으로 호흡하며 활동할 수 있어야 한다.** 이 법칙이 유효 하려면 예상치 못한 환경 변화나 디이비의 능력들이 발생해서는 안 된다. 예를 들어 예상치 못한 소류나 제한적인 상황을 해쳐나가야 하는 상황들은 다이버의 실력에 영향을 주지 않아야 한다.

만약 다이버가 자신의 수영 속도를 증가시켜야 한다면 기체 사용량도 또한 증가된다. 정신적, 육체적 스트레스에 대한 반응 같은 호흡 패턴에 변화를 주는 요인들 또한 기체 사용량을 증가시킨다. 다이버의 속도가 느려지면 기체 사용량은 감소된다. 하지만 돌아오는 속도는 가는 속도와 같아야 한다. 기체가 고갈되지 않기 위해서는 특정한 장소로 "가기 위해 소요된 시간"과 "돌아 오기 위해 소요된 시간"이 같아야 한다.

여기서 다시, 이러한 상황을 만들기 위해서는 정신적, 육체적 건강이 필요하다. 정신적 단련과 좋은 체력이 있다면 스트레스 상황에서도 "정상"을 더 쉽게 유지할 수 있다. 좋은 체력을 가진 사람은 작업량 증가된 상황에도 상태가 좋지 않은 사람보다 기체 사용량을 더 적게 증가시킬 수 있다.

좋은 심혈관 능력을 유지하지 않는 다이버는 작업량에 변화가 있을 때 기체 사용량에 큰 변화를 경험하게 된다. 심혈관 교육 프로그램을 지속적으로 하는 다이버는 지속적인 교육을 하지 않는 사람보다 RMV에 있어서 현저히 낮은 변화를 경험하게 된다. 주말에만 다이빙 하고 주중에는 전혀 움직임이 없는 다이버들의 지구력이 낮고 피로할 때 기체 사용량이 증가될 가능성이 높다.

부력의 변화 또한 기체 사용량에 영향을 준다. 미사나 조류의 흐름이나 방향의 변화 같은 환경적 변화는 수영 속도를 변경시킨다. 수영 자세의 변화는 드래그를 증가시킬 수 있다. 이러한 변화들을 대비해 추가 기체가 필요하다. 앞서 나온 내용들을 살펴보면 테크니컬 다이빙의 모든 단계들이 예상되어야 효과적인 팀 그리고 개인의 기체관리 법칙을 지킬 수 있다.

다이빙 팀은 당연히 팀원들로 구성되었기 때문에 "팀 기체관리" 법칙이 설정되어야 한다. 이 법칙은 개인에게 적용되는 모든 요소들을 다른 차원에서 적용시킨다. 모든 사람들이 함께 실행할 경우 이러한 차원을 만들 수 있다. 혼자 다이빙을 하면 다이빙 팀에서 버디로 다이빙 할 때와 다르게 다이빙을 한다. 댄싱을 생각하면 이 차이들을 이해할 수 있다. 다른 사람의 팔을 잡으면 다르게 춤을 추게 된다. 효과적인 팀 기체관리 법칙은 개발하는데 오랜 시간이 걸린다. 팀원이 되려면 악수만 해서 되는 것이 아니다. 각 팀원들은 다른 팀원들의 다이빙 스타일과 능력을 배우아야 한다. 팀원들은 또한 응급관리기술들을 연습해야 한다.

다이빙 팀의 크기는 효율적인 기체 관리를 좌우한다. 효율적인 면에서 당연히 두 명으로 구성된 팀이 가장 효율적이다. 이 형태는 많은 대화나 몸짓이 필요 없다. 두 다이버 모두 서로 어디 있는지 알고 있다. 수영 속도는 쉽게 제어된다. 작은 팀은 필요한 환경적 관리를 감소시킨다. 예를 들어 미사는 예상하기도 예방하기도 쉽다.

하지만 **3명의 팀원**으로 구성된 팀의 장점에 대한 강한 주장도 존재한다. 3명이 기체를 나눠 사용한다면 그룹 기체가 더 오래 사용될 수 있다는 주장이다. 대부분의 경우 한 명에게 문제가 발생하면 두 명이 구조하는 형태가 더 적절하다.

팀 기체관리 모델을 계산할 때 분당호흡량(RMV)과 다양한 탱크 크기의 변수에 대한 보상도 고려해야 한다. 추가로 다이빙 시 필요한 예상 기체량을 측정한다. 만약 다이빙 팀원이 3명이며 솔직한 1/3의 법칙을 사용한다면 자동으로 기체량이 맞춰진다. 만약 팀원이 2명 이고 더 적은 량의 기체를 사용하는 다이버에게 가장 작은 기체가 주어진다면 다이버들은 기체을 맞춰야 한다. 기체 맞춤(gas matching)은 돌아가야 할 장소로부터 가장 먼 거리에서 기체 문제가 발생하면 가장 작은 기체량으로 두 다이버 모두 안전하게 이동할 수 있도록 한다.

기체량을 알고 계획할 경우 테이블 2를 참조한다. 이 테이블은 사용할 수 있는 실제 기체량을 측정하게 한다. 예를 들어 2640psig(180bar)으로 측정된 더블 121s(디블 19리터)에 2,000psig(136bar)를 가지고 있다. 테이블들을 보면 다이버가 실질적으로 가지고 있는 기체량은 더블 91.7s(측정된 량의 13리터 탱크)라는 것을 알 수 있다.

이 과정은 RMV가 가장 높은 다이버가 가장 작은 탱크를 같이 나눠 사용한 후 출수할 수 있도록 하는 계획을 제공한다.

테이블들을 사용하려면 다이버들은 자신의 RMV(테이블 13 참조)를 미리 계산해 놔야 한다. 대부분의 다이버들은 특정한 수심에서 10분 동안 적당한 속도로 수영한 후 RMV를 측정한다. 이 값은 다시 수면사용량(Surface rate)로 환산한다. "휴식사용량(Resting rate)" 또한 계산될 수 있다. 휴식사용량을 계산하기 위해서는 쉬면서 스쿠버 장비로 10분 동안 호흡한다. 편차들은 변화하는 에너지 사용량에 따라 수면사용량을 조절해 계산한다. 예를 들어 기체 사용량은 잔잔한 물에서보다 조류에서 더 증가하기 마련이다.

사용하는 기체 계획은 수영을 통해 계산된 수면사용량(Surface rate)을 기반으로 계획되어야 한다. 예상하는 기체 사용량을 환경 변화에 맞춰 교정하여 계획에 적용하여만 한다. 경험상 이 방법은 수영 량이 적은 다이빙을 계획할 때 일관적으로 정확하였다. 정확한 계산을 위해서는 팀원들은 모두 자신들의 RMV를 알고 있어야 한다.

가상 다이빙 팀의 기체관리 프로필 작성:

#1 다이버 "잰"의 RMV는 낮다. 잰은 더블 80s(트윈 10s), 3,500psig(238 bar)으로 다이빙을 하면서 그녀의 호흡률을 계산하였다. 이 탱크들을 사용할 때 그녀의 호흡률은 분당 8psig(5bar)이였다. SAC 테이블 9에서psig(bar)/min로 계산된 값을 두 배로 곱하여 테이블에 표시된 싱글 탱크 값으로 계산한 결과 잰의 분당 기체 사용량은 0.37ft^3(9.9프리리터)로 계산되었다. 잰은 더블 100 ft^3(트윈 18리터) 철 탱크를 3,500psig(238bar)로 충전해 사용할 것이다. 참조로 더블 100ft^3(트윈 18리터)로 잰은 분당 6psig(0.4bar)를(같은 차트 6 사용) 사용할 것이다(싱글 탱크 값의 반).

#2 다이버 "빌"은 분당 1.13ft^3(32.6프리리터)를 사용한다. 그는 121ft^3(20리터) 철 탱크를 2640psig(180bar)로 충전해 사용하였다.

기체혼합 테이블인 테이블 13을 사용할 때 가능한 가장 보수적인 수가 나올 수 있도록 소수점을 사용한다. 정확하게 말하면 기체를 가장 적게 사용하는 다이버의 숫자는 소수점을 내리고 가장 많이 사용하는 다이버의 숫자는 소수점을 올린다. 예를 들어, 잰은 0.35(9.91)로 내리고 빌은 1.15(32.57)로 올린다.

기체관리 테이블 13 사용:

1. 좌측 끝을 따라 이동해 앞서 계산된 잰의 RMV, 0.35(9.91)를 찾는다.
2. 테이블 위를 가로질러 이동하여 줄 #1인 빌의 RMV인 1.15(32.57)를 찾는다. 이 시점에서 빌의 RMV 줄을 따라 잰의 숫자 옆으로 이동할 때까지 아래로 내려간다. 그 값은 0.81이다. 숫자 0.81은 81%의 전환율을 뜻한다. 이 것은 잰의 기체량이 66%(0.66)일 때 시작점으로 돌아가지 말고 81%(0.81)일 때 돌아가야 한다는 것이다. 이런 방법은 빌과 기체를 같이 사용해야 할 경우 잰에게 적절한 량의 안전 마진을 제공한다.

안전 마진을 사용 가능한 숫자로 전환시킨다; 기체관리 테이블 14 사용:

1. 시작 실린터 압력열(Starting Cylinder Pressure Column) 좌측 아래로 이동하여 3,500psig(238bar)를 찾는다.
2. SRF가 0.67부터 0.81까지 나열된 테이블의 위로 이동한다. 마지막 칸은 0.81이라 적혀 있다.
3. 이 칸 아래로 이동하면서 3,500psig (238bar)와 교차하는 지점까지 내려온다.

다이빙을 하기 전 마지막 점검을 하는 Miria Denlay 사진: Kevin Denlay

차트에 의하면 잰의 방향 전환 지점의 압력은 2,835psig(193bar)이다. 일반적인 상황이었다면 잰은 2,310psig(157bar)에서 전환할 수 있다. 차트에 의하면 잰은 빌의 RMV를 위해 추가 525psig(36bar)의 기체를 더 준비해야 한다.

올바른 기체맞춤(gas matching)에도 불구하고 이 방법이 적절히 적용 되려면 모든 다이빙 조건들은 정상범위에 있어야 한다. 새로운 버디들과 다이빙을 처음 시작할 때 일반적으로 사용하는 기체량의 몇 백 psig(여분 bar)를 더 추가해 다이빙을 한다. 이러한 연습은 스트레스 상황에도 정상적으로 기능할 수 있는 훈련이 될 때까지 계속한다. 많은 경험이 있는 다이버들은 스트레스 상황에서 RMV를 더 감소시키며 가장 힘든 상황에서 정상적인 수영 자세를 유지한다.

기체 사용 시간은 계획된 이동 거리와 기체 사용량을 통해 계산된다. 이 경우에는 일반적인 내흐름(outflow)형태의 동굴 다이빙을 계획하는 두 다이버들을 예로 계산해 보자. 이 예에서 동굴 다이빙을 사용한 이유는 일반적으로 동굴 다이빙은 오픈 워터 다이빙 보다 더 지속적인 수영이 필요하기 때문이다.

미터 사용자들을 위한 주의사항: 테이블 16은 미터와 피터법, 두 형태로 제작되었다. 편의를 위해 미터 테이블 16은 피트 테이블과 직접적으로 일치하지 않는 정수로 제작되었다. 이러한 이유로 미터로 계산된 답은 피트법과 차이가 날 수 있다. 예를 들어; 25피트는 실질적으로 7.65미터 이지만 미터 테이블 16 에서는 "10"이라 명시되었다.

Example:

1. 다이빙 시 수영 속도는 분당 50피트(15미터)를 이동한다.
2. 기체 계획을 통해 시작 압력은 3,600psig(240bar)이며 방향 전환해야 할 압력은 2,400psig(160bar)로 계산되었다.
3. 미리 계산된(앞서 단계별로 설명된 다이빙의 기체관리 참조) 다이버들의 분당 기체 사용량은 90피트(27미터) 수심에서 분당 30psig(2bar)이다.
4. 방향전환 압력 시간을 계산하기 위해서는,

   첫 번째로 기존의 기체를 계산한다:

   3,600psig – 2,400psig = 1,200psig(240bar – 160bar = 80bar)

   다음, 방향전환 압력까지의 시간을 계산한다.

피트법: (1,200psig)/(분당 30psig) = 40 분

미터법: (80bar)/ 분당 2bar) = 40 분

5. 테이블 16 "피트(미터)로의 이동 거리(Distance Traveled in Feet(Meters))"을 사용하게 되면 다이버들이 분당 50피트(미터 테이블 16에는 15미터로 표시)의 속도로 2,000피트(미터 테이블 16에는 600미터로 표시) 거리를 이동할 것이란 계산이 나온다.
6. 테이블 16에 의하면 다이버들의 속도가 분당 75피트(미터 데이블에는 20미터로 표시)일 경우 돌아오는데 27분(미터 테이블 16에는 30분으로 표시)뿐이 예상되지 않는다. 이러한 변화는 기체관리절차에 안전을 증가 시킬 것이다.
7. 하지민 민약 미사나 기체 사용 문제와 같은 응급 상황으로 인해 다이버들의 속도가 느려지게 되면 어떻게 될까? 이러한 경우 퇴진 속도가 분당 25피트(테이블 16에는 10미터)라고 가장해 보자. 테이블 16을 사용해 계산해 보면 돌아오는 시간은 80분(미터 테이블 16에는 60분)이다.
8. 늦게 나오는 경우에는 (80분)x30psig(2bar)/min = 2,400psig(160bar)가 사용된다.
9. 기체를 나누어 사용해야 할 응급 상황이 아닐 경우, 남은 량으로 출수할 수 있는 충분한 기체가 있다. 만약 최대 수심에서 기체를 같이 사용해야 할 상황이 벌어 진다면 2,400psig(160bar) x 2 = 4,800psig(320bar)가 필요하다. 두 다이버가 출수에 필요한 기체를 합하였다. 이는 수면으로 돌아올 때까지 사용할 수 있는 적절한 기체량이 아니나.

스트레스 상황에서 다이버들은 대부분 수영 속도를 늦춘다. 위의 예를 부게 되면 결과는 매우 완연하다. **기체 맞춤 및 1/3의 법칙을 지키려면 지속적으로 수영 속도를 유지해야 한다!**

기체고갈 상황들의 또 다른 일반적인 문제는 다이버의 호흡 속도가 증가 된다는 것이다. 다이버들이 자제를 하지만 스트레스로 인해 둘의 호흡률은 분당 30psig(2bar)에서 분당 60psig(4bar)로 증가되었다고 가정하자. 정상 수영 속도가 입수 속도와 같은 분당 50피트(15미터)라고 가정하자. 기체가 맞춰졌다면 다이버들은 40분 내에 출 수할 것이다. 한 다이버 당 60psig(4bar)/min × 40min = 2,400psig(160bar)를 사용할 것이고 두 다이버가 같이 사용할 경우 4,800psig(320bar)를 사용할 것이다. **이는 존재하는 기체량 보다 많다!**

스트레스 상황에서 대부분의 다이버들의 호흡률은 증가된다. 시행착오는 없다.
기체 맞춤과 1/3의 법칙을 지속적인 호흡률 지키는 것은 유지에 달려있다!

위의 예제들을 보면 다이버들은 응급 상황에서도 평상시 상태를 유지해야 한다는 것이 명백할 것이다. 테이블 15는 분당 기체 사용량과 다이버에게 주어진 기체량을 참조하여 방향 전환 시간을 계산할 수 있게 해준다. 감압에 필요한 기체 계획을 세우는 것도 안전한 다이빙 계획에 매우 중요하다. 총 감압 기체량은 필요한 기체량에 예비량 1/5를 추가 시키면 된다. 이 경우에는 필요한 기체량을 계산하고 이에다 1.2를 곱해 알맞은 기체량을 계산한다.

회피(Avoidance)는 테크니컬 다이빙의 핵심적인 원칙이다. 하지만 이 경우에 회피는 잠재적인 문제를 외면하라는 뜻은 아니다. 이는 작은 문제를 일으키는 원인들과 문제가 되지 않는 것들을 인식하라는 뜻이다. 다시말해 "작은" 원인들이 큰 문제가 될 수 있다는 것을 인식하라는 뜻이다. 예를 들면 기체공급장비에 작은 문제가 있다면 다른 장비를 대신 사용할 수 있는 상식을 가지고 있으라는 뜻이다. 예상하고 미리 생각하고 바로 문제들의 원인들을 제거할 수 있도록 자기 단련을 유지하여야 한다.

기체공급에 문제가 발생할 경우 문제들이 확장되기 전에 올바르게 조치를 취한다면 문제 다이버의 기체가 완전 고갈되기 전에 기체를 나누기 시작할 수 있다. 올바른 조치는 문제 다이버로 하여금 좁거나 위험한 지점에서 자신의 기체를 사용하고 길고 넓은 공간에서는 기체를 공급 받을 수 있도록 하기 때문에 좋은 스트레스 관리 방법이다.

> 팀원이 보조 호흡기를 사용할 경우 다이빙은 종료되어야 한다. 모든 다이버들은 미리 계획된 출수를 시작해야 한다.

3명으로 구성된 팀에서 "기체 고갈상태" 다이버는 기체가 있는 두 다이버 중간에 위치해야 한다. 몇 백의 psig(free liter/bar)을 사용할 때 마다 기체 제공자를 바꾼다. 이러한 방법은 기체가 있는 두 다이버들의 기체량을 고르게 사용할 수 있게 한다. 오버헤드 환경에서 출수할 때 사용되는 **문제관리기술**(Problem management techniques)들이 연구 개발되었다. 예를 들어 3명으로 구성된 다이빙 팀에서 '공급' 다이버가 좁은 공간과 같은 문제의 장소를 '수령' 다이버 먼저 통과한다. '공급' 다이버가 안전하게 열린 통로로 이동한 후 '수령' 다이버는 자신의 기체로 호흡하면서 통로를 빠져나가 첫 번째 다이버에게 이동한다. 다시 '공급' 다이버의 기체를 같이 사용하면서 3번째 다이버가 그 통로를 빠져 나오길 기다린다. 이러한 방법은 당연히 '수령' 다이버가 그의 탱크를 사용할 수 있을 경우에만 해당된다.

실제 기체고갈 상황에서는 버디 다이버가 좁은 공간을 통과하는 동안 '수령' 다이버는 기체를 같이 사용한다. 같은 시간, '수령' 다이버는 좁은 공간을 뒤에서 같이 빠져 나오다가 긴 호스가 떨어져도 계속해 좁은 공간을 빠져 나와 미리 통과한 첫 번째 다이버의 호흡기로 바로 호흡한다.

두 명의 다이버로 구성된 팀은 기체 공급 문제를 다르게 다뤄야 한다. 문제의 공간을 통과할 때 '수령' 다이버는 정지하여 3번을 호흡(천천히, 깊게 흡입한다) 하고 3번 과호흡을 한 후 '공급' 다이버가 좁은 공간을 통과해 안전한 위치에 도착하길 기다린다. '공급' 다이버가 "OK" 사인을 주면 수령자는 수영을 하여 공급자에게 가서 그의 기체로 호흡을 다시 한다. 여기서 공급자가 먼저 이동해야 하는 이유가 있다.

둘이 떨어질 때 수령자의 폐에는 앞서가는 공급자에게 이동할 수 있을 만큼의 공기가 있다. 또한 기체 공급 장소로부터 떨어지는 것보다 가까이 가는 것이 더 심리적으로 안정적일 수 있다.

기체관리규칙들은 환경에 따라 변경될 수 있다. 특별한 장비 사용시 방향 전환 지점이 변경될 수 있다. 예를 들어:

- **"사이펀(Siphons)"이 있는 동굴로 다이빙을 하거나 난파선에서 아래로 흐르는 조류를 만나거나 아니면 조류 반대방향으로 수영해야 출수할 수 있는 상황이라면 역으로 흐르는 물을 극복하기 위해 일반적으로 사용되는 잠수 규칙들이 변경되어야 한다. 이러한 경우, 더 보수적인 규칙이 사용되어야 한다. 기체의 방향전환 비율이나 분수를 교정하는 간단한 방법이다. 약하거 나 온전한 사이펀에 적용할 수 있는 좋은 시작점은 1/4의 법칙(the Rule of Fourths)이다. 다 이버 추진매체(DPV: Diver Propulsion Vehicle)을 사용할 때 적용할 수 있는 좋은 시작점이기도 하다.**
- **테크니컬 다이빙과 특정한 포인트에 경험이 있다면 기본적으로 사용되는 1/3의 법칙을 변경해 도 된다. 예를 들어 다이버가 강하게 밖으로 흐르는 물에서 안으로 들어가려고 40%를 사용할 수 있다. 나올 때 밖으로 흐르는 조류를 타게 되면 힘도 절약되고 기체 사용량도 감소된다. 그 러한 경우에는 다이버들이 1/3의 법칙을 유지할 수 있도록 "방향 전환점"을 조절할 수 있다.**

문제상황에서 기체 조절은 많은 경험을 통해 향상될 수 있다. 이러한 경험은 총 로그된 다이빙과 문제 발생된 장소에서 수행된 다이빙의 수에 의해 결정된다. 기체관리 조절능력 향상은 단계적인 증가로 수행되어야 하며 경험을 바탕으로 향상된 방법을 개발할 수 있다.

향상된 기체관리 기술을 통해 출수할 때 실질적으로 2/3의 예비(잔여) 기체량을 남겼는지 항상 조심스럽게 분석한다. 조류와 상관없이 입수 점 밖으로 이동할 때 **기체 사용량이 40% 이상 되지 않도록** 주의해야 한다.

기체관리법칙을 변경할 때 매우 보수적인 교정을 권한다. **최소 총 100번의 다이빙과 다이빙 할 장소에서 최소 25번을 다이빙**을 한 후 업그레이드를 고려해야 한다. 다시 말하지만 변경된 방향전환점이 출수 시 필요한 공기의 2/3를 실질적으로 제공하는지 확인해야 한다. 이러한 사용량은 시간, 거리와 사용가능 기체량과 밀접한 관계가 있다.

변경된 1/3의 법칙에 대한 예로 강한 조류가 있는 다이빙을 생각해 보자. 이 장소에서 수많은 다이빙을 한 후 출수 시 당신과 당신 버디의 산소 사용량은 절반이라는 것을 깨달았다. 이러한 경우 기체관리규칙이 조절될 수 있다. 만약 예를 들어 3,600psig(245bar)로 다이빙이 시작되었다면 출수 시 잔여 기체량은 1,800psig(122bar)일 것이다. 그러므로 가는데 1/3을 사용하였고 돌아오는데 1/6을 사용한 것이다. Psig(bar) 공식으로 보면 가는데 1,200psig(82bar)을 나오는데 600psig(41bar)을 사용하였다. 1/3의 법칙은 600psig(41bar)를 추가 사용할 수 있게 한다.

중요한 것은 수면에 출수하였을 때 탱크에 최소 1/3의 기체가 남아 있어야 한다.

특정한 장소에 익숙한 경험있는 다이버는 1/3의 법칙에 따른 안전역을 고려해 방향전환점을 조절하도록 한다. 익숙하다는 것은 그 장소에서 수많은 다이빙을 하였고, 깉거나 흡사한 환경을 경험했다는 것이다.

위의 예에서 다이버는 60%, 즉 2,160psig(147bar)에 방향전환을 하였고, 입수 및 이동까지의 사용량은 1,440psig(98bar)이다. 출수까지는 이 기체량의 1/2 혹은 720psig(49bar)이 필요하여 잔여 기체량은 1,440psig(98bar)가 된다. 이는 실질적인 "3번째 예비량"인 1,200psig(82bar)보다 많은 '1/3'의 잔여량이다.

만약 다이버가 추가 감압기체를 휴대하지 않는다면 적절한 기체량 계획을 세워야 한다. 이 경우에는 다이빙 계획 시 두 단계의 주 기체 공급이 구성된다. 적용시켜야 하며, 두 단계는 바닥기체(Bottom gas)와 감압기체(Decompression gas)이다.

감압기체의 필요성에 대한 계획은 미리 세워져야 한다. 필요한 기체를 계획할 때에는 감압정지 시 사용되는 기체량을 제외하여 기체가 존재하지 않는 것 같이 계획한다. 예를 들어 조심스런 계획을 통해 감압에 필요한 기체가 30 ft^3(850프리리터)라는 것을 계산 했다고 가정하자. 예비를 위해 이 기체량에 1.2를 곱한다. 마지막으로 주 기체에서 데코 기체를 뺀 후 이에 맞춰 계획한다.

가능하다면 감압 기체는 항상 50% 혹은 이상의 EANx(Enriched Air Nitrox)로 한다. 도플러(Doppler) 연구들에 의하면 EANx 믹스에 산소량이 증가될수록 버블 생성이 감소된다는 결과이다. 많은 전문가들이 바닥믹스를 사용한 감압은 DCS 관점에서 안전하지 못하다고 평가한다.

고려해야 할 또 다른 문제는 “솔로” 다이빙이다. 이 경우에는 1/3의 법칙 적용과 함께 스테이지 탱크 사용을 권장하는데(버디 실린더라고도 한다), 스테이지 탱크의 기체량은 백마운트된 탱크의 1/3의 기체량을 권장한다. 이 탱크는 응급상황 시에만 사용되며, 주 기체 시스템에 문제가 발생할 경우만 사용한다. 예를 들어 더블 100s(15리터)를 사용하는 다이버의 총 기체량이 200ft^3(38리터)라고 하자. 안전 기체량은 최소 66ft^3(12.5리터)여야 한다.

결론적으로 다이빙을 하기 전에 모든 목적들을 재검토해야 한다. 이 단계에서는 모든 다이버들이 자신들에게 부여된 각각의 책임들을 인식해야 한다. 만약 복잡한 기술이라면 팀으로서 육지에서 연습해 보고 수행 과정은 상상해 본다. 또한 다이빙을 종료시킬 최대 한계들을 논의한다. 기체관리에 있어서 산소 부분압, 마취량, 기체밀도, 그리고 감압 시간과 우발사고와 같은 요소들을 분석해 본다.

어떠한 경우라도 바닥믹스 PO_2(산소분압)는 1.4ata가 넘어선 안 되며, 다이빙이 길어지면 1.3ata로 조정하는 것이 현명하다. 감압에는 최대 1.6ata를 유지한다. 특별한 노출의 경우 육체적 안전 범위를 벗어나지 않게 다이빙 기체를 제작한다. 일부 프로젝트들은 실제 바닥믹스가 1.35ata, 감압 믹스가 1.5ata 내로 제안한다. 대부분의 경우 이러한 프로젝트들은 정지(stops) 시 다양한 기체 교정을 하며 모든 정지에 1.2에서 1.5ata 범위를 유지시켜준다. 기억해야 할 것은 산소의 MOD와 TOD, 질소(마취한계)와 기체농도의 한계를 정해야 한다는 것이다.

입수, 다이빙 시간, DPV, 조명과 다른 보조 장비들의 사용시간 등에 대한 한계들을 지정해줘야 한다. 모두 한자리에 앉아서 모든 상황들에 대해 자세히 적고 이들에 대한 최대와 최소 위험성들을 분석한다. 잠수종료 한계들은 개개인의 위험을 인정하는 상태에서 모든 팀원들이 동의해야 한다.

복잡한 다이빙을 계획할 때는 사람들의 자존심에 도전하지 말아야 한다. 이 경우에는 자신과 팀의 솔직함이 프로젝트의 안전에 가장 큰 요소가 된다. 모든 팀원들의 실력은 서로 비슷해야 한다. 테크니컬 다이빙에서는 팀의 능력에 대해 편안함을 가질 수 있어야 하며 서로를 믿고 존중할 뿐만 아니라 서로의 성격도 맞아야 한다. 모든 팀원들이 자급자족할 수 있는 능력이 되어야 하는 동시에 특별한 상황에서는 조화롭게 단합된 팀의 노력에 목숨이 달려있을 수 있다는 것을 명심해야 한다.

입수하기 전에 각 팀원들은 다른 이의 장비 구성과 사용용도를 잘 인식하고 있어야 한다. 시스템의 각 부분들은 다이빙 전에 버디에 의해 점검되고 확인되어야 한다. 가능하면 수중점검을 통해 모든 구성요소들이 올바르게 작동하며 모든 다이버들이 버디 시스템을 사용할 수 있는지 확인한다. 서로 보조 호흡기 작동 여부를 확인한다. 이 과정은 다이빙 전 점검 시 중요하다. 이 방법은 확인 리스트를 사용해 수행한다.

안전을 위협하는 모든 "만약에" 상황들을 목록하고 가능하면 올바르게 하는 방법들을 생각이나 몸으로 수행해 본다. 이 리스트는 모든 안전범위들과 발생 가능한 문제들을 다루어야 한다. 당신의 상상력을 총 동원해 리스트를 작성한다. 리스트가 작성되고 각 팀원들의 생각이 적용되었다면, 모든 해결방법들과 "만약에"에 대한 수행계획을 작성한다. 그 다음에 각 내용들을 최소 3번 크게 읽고 모든 팀원들이 "만약에" 상황들을 안전하게 조절시킬 수 있는 방법을 미리 상상하도록 한다. 이것이 완료되면 걱정하지 말고 안전하고 생산성있는 다이빙을 상상하도록 한다.

- 조류의 변화
- 시야의 변화
- 출수선 문제로 인한 변화
- 팀 반응으로 인한 변화

다이빙 계획의 마지막 단계는 **수중조절**(In-water updates)이다. 다이빙 환경에 따라서 다이빙 계획들을 변경해야 할 상황들이 종종 발생한다. 그러므로 다이빙을 시작할 때는 항상 열린 마음으로 시작하며 환경변화에 맞춰 다이빙 형태를 조절할 수 있도록 준비하고 있어야 한다.

다이빙이 시작되면 행동에 유연성을 갖는다. 자연은 변하기 쉽다. 예상치 못한 상황이 일어날 수 있기 때문에 적응하고 계획을 변경할 준비를 하고 있어야 한다. 시야가 감소되면 다이빙 계획도 변경해야 할 가능성이 있다; 그렇다면 미리 변경여부에 대해 사전에 동의한다. 조류의 종류 변화, 강도 변화 혹은 방향 변화는 출수 계획의 충분한 변경 조건이 된다. 만약 보트 앵커나 가이드라인이 끊어지거나 출수 혹은 상승하는데 문제되는 요인이 발생된다면 다이빙 계획을 변경하거나 취소시키는 충분한 이유가 될 수 있다.

인식(Awareness)은 다이빙 중 다이빙 계획을 변경시키는 결정을 하게 해주는 매우 중요한 요인이다. 탐험과 함께 발견을 하면서 정기적으로 팀원들을 관찰하는 것을 잊어서는 안 된다. 중간, 중간 서로 연락을 할 수 있도록 계획한다.

관찰(Observation)과 의사소통(Communication) 또한 중요한 역할을 한다. 관찰을 통해 팀원에게 문제가 발생하는지 여부를 알 수 있다. 의사소통은 문제에 대해 알리고 싶은 마음을 주저하게 하는 것을 방지한다.

죄책감(Guilt)은 실패와 관련되어 안전한 다이빙을 위협한다. 자신으로 인해 다이빙이 종료된 경우 다이버는 죄책감을 느끼는 경우가 많다. 죄책감과 "위협 받은 자"만으로 다이빙이 계속된다면 위험한 결과를 초래하게 된다. 다이빙 시 모든 변화는 명백하지 않다. **미세한 변화**들을 인식할 수 있어야 한다. 이에는 몸동작, 수영 스타일 혹은 리듬과 호흡 패턴 등이 포함된다.

성숙함(Maturity)와 **올바른 판단(Sound judgment)**는 개인의 성공과 다이빙 능력에 중요한 역할을 한다. 현명한 다이버는 다이빙을 종료하는 것이 마지막이 아니라는 것을 알고 있다. 현명한 다이버는 계획대로 다이빙을 끝내지 못할 상황이라면 현재 하고 있는 다이빙을 종료한다. 더불어 현명한 다이버는 실패한 다이빙에서 배우고 새로운 계획을 세워 적용시키며, 안전하지 못한 다이빙을 계속 한다는 것은 상황을 악화시키는 일이라는 것을 알고 있다. 안전하지 못한 다이빙을 계속한다는 것은 미련하며, 안전범위를 넘는 다이빙을 지속 한다는 것은 목숨을 위태롭게 하는 일이다.

안전한 다이빙 계획을 위해 다이빙 장소에 대한 모든 정보를 수집하여야 한다. 전체 다이빙 팀이 함께 자세히 다이빙에 대해 논의하고 팀 계획을 세워야 한다. 각 팀원들은 자신의 마음을 분석하고 개개인의 대처 방법을 연구 개발해야 한다. 개개인의 계획은 자급자족을 기반으로 구성되어야 한다. 자신을 구조할 수 있는 능력과 팀을 구조할 수 있는 능력을 갖고 있어야 한다. 기체관리규칙(Gas Management Rules)은 실제 경험을 바탕으로 신중하고 세밀히 구상되어야 한다.

제4장
다이빙 기술 (Dive Technique) Tom Mount

텍 다이버(tech diver)의 텍(tech)이 무엇인지 사람들에게 물어보면 '기술적인(technical)'이라고 대부분 말하지만 이는 또한 기술(technique)이라고도 할 수 있다. 적절한 수중자세와 수영기술은 일반적으로 가장 무시되는 부분이지만 다이빙을 가장 안전하게 즐길 수 있는 중요한 요소들이다.

너무 많은 텍 다이버들이 이 스포츠의 기술(장비)에 의존하고 있고 실질적인 기술을 무시하고 있다. 제대로 교육을 받지 못한 다이버가 무거운 더블탱크와 많은 스쿠버 장비들을 제어 못하면서 엉성한 킥으로 바다 밑 침체물, 약한 난파선 혹은 동굴을 다닌다면 본인은 물론 다른 동료들에게도 피해를 주게 된다.

적절히 교육을 받은 다이버는 본인의 장비에 안정감이 있고 본인 능력에 확신이 있어 작은 통로에도 천장에 탱크를 치지 않으면서 미끄러지듯 다니며 엉성한 킥으로 인한 침체물 발생을 피한다. 암벽타기 기술자와 같이 적절한 교육을 받은 다이버는 모든 행동을 인식하며 본인의 모든 움직임을 정확히 실수 없이 이행한다.

좋은 수중기술은 다양한 기술과 방법들을 결합시킨다. 이에는 올바른 킥, 수중환경을 최대한 잘 읽고 사용하여 노력을 최소한 시키면서 추진력에 도움을 주며, 최상의 몸(자세)을 만들고 유지하며 세밀한 부력 조절을 유지하는 방법과 기술들이 포함되어 있다. 유능한 다이버는 환경변화에 따라 어떠한 특정한 기술을 언제 사용하는지 직감적으로 알고 있으며 이러한 기술들의 달인이다.

안전, 적절한 기술적 다이빙은 교육, 연습과 수중환경을 읽을 수 있는 능력이 필요하다. 텍 다이빙에 필요한 특정한 기술들과 수영 스타일들은 정식 트레이닝을 통해 소개되며 연습된다. 또한 이러한 기술들을 지속적으로 배우고 발전시키는 방법은 연습 전후와 다이빙 전에 원하는 수영 스타일을 상상해 보는 것입니다.

당신의 다이빙 기술에 대한 지속적은 발전과 조절은 마음에서 시작되며 지속적으로 자가점검을 통해 수행되어야 한다. 모든 잠수는 최고의 악조건에서 이루어지는 것 같이하여 모든 행동(움직임)들이 신중하게 이루어 지며 모든 실수는 문제로 이어진다라는 마음으로 다이빙을 하여야 한다. 만약 이러한 마음으로 다이빙을 접하며 세밀한 부분들을 신중히 여긴다면 당신의 다이빙 능력이 매우 빨리 향상된다는 편해질 것을 느끼게 된다.

몸 자세(Body posture)는 수중 기술에서 매우 중요한 요소이다. 다이버가 바닥과 평행을 이루며 수영하는 것이 가장 이상적인 자세이다. 이러한 자세는 끌림(드래그)를 최소화하며 효율을 최대화 한다. 또한 이러한 자세는 바닥 가까이 움직일 때 침체물이 뜨게 하는 것을 피할 수 있게 한다.

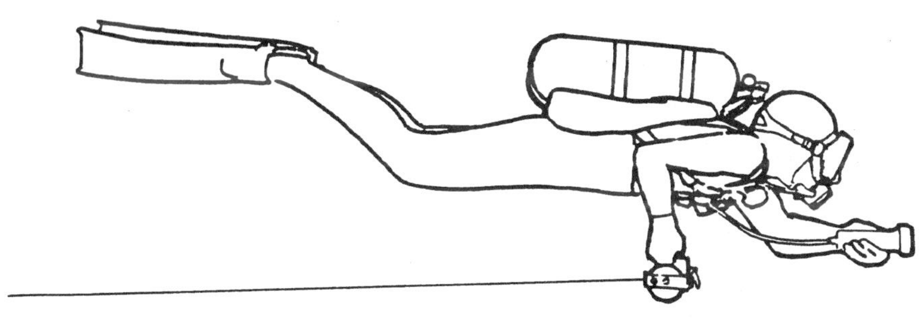

올바른 수영자세를 보이는 테크니컬 다이버 그림 . Jim Stillwell

이상적인 수영자세는 배를 바닥에 대고 누어 두발을 뻗은 자세와 같다. 이러한 자세에서 킥은 당신의 몸 중심선에서 10도 이상 아래로 내려 차지 않도록 한다. 자신이 가고자 하는 방향을 보기 위해서는 머리를 들고앞을 보며 올려야 하기 때문에 목과 등을 구부려야 한다(활모양). 처음 이러한 자세는 목과 허리 밑부분 근육에 약간의 통증을 동반하지만 금방 이러한 자세로 수영하는 것이 익숙해 지며 거북함이 사라진다.

부력조절(buoyancy control)은 좋은 다이빙 기술에 있어서 두 번째로 중요한 기술이다. 당신의 부력 요구량을 매우 정교하게 조절하여 고정된 자세에서는 완전한 휴식상태를 유지하도록 하며, 흡기(inhalation) 시 약간 상승하고 호기(exhalation) 시 천천히 가라앉아야 한다. 상황에 따라 양성 혹은 음성 부력상태를 유지해야 하지만 대부분의 경우 중성부력을 유지한다.

다이빙 시 각각의 '포인트 변경(point change)'에 따라 매 번의 부력조정은 필수이다. 포인트 변경은 스테이지(stage bottle)를 추가하거나 뺄 경우, 오버헤드(overhead) 환경으로 들어갈 경우, 릴(reel) 혹은 다른 장비(들)를 사용하거나 더 이상 사용하지 않을 경우, 사용 가능한 공기가 많이 고갈되었을 경우, 혹은 미사가 있는 표면을 만났을 경우 발생된다.

동굴과 난파선 다이버들은 자신의 위치를 설명할 때 천장(ceiling)이나 갑판(deck)에서의 상대적인 위치로 설명하기에 '배치(placement)'라 한다. 배치는 다이빙을 하고 있는 곳의 구조로 설명되어야 한다. 교육과정에서 올바른 위치 혹은 배치에 대해 인식하는 방법을 개발하게 될 것이다. 경험이 쌓이면서 천천히 당신의 '위치'는 직감에 의해 결정될 것이다. 당신의 강사는 이러한 중요한 기술을 배우게 하는데 도움을 줄 것이다.

EANx 예제:

텍 다이버들은 일반 레져 다이버들이 사용하지 않는 다양한 수영 킥을 사용한다. 이러한 모든 킥 기술들을 통합해 '추진력(propulsion) 기술'이라 한다. 텍 다이빙에서 배워야 할 킥에는 개구리차기 혹은 프로그킥(frog kick), 변형된 물장구질 혹은 플러터킥(flutter kick) 과 외다리킥(one-legged kick)과 같은 다양한 킥들이 포함되어 있다. 또한 '핀 젓기 혹은 핀 스컬링(fin sculling)'과 힐-토(heel-toe) 킥도 연습하게 될 것이다. 이 책에서 다루는 핀 사용 기술들은 당신의 강사가 보여줄 것이다.

킥 기술들(KICK Techniques)

텍 다이빙은 정교한 수영이 요구된다. 대부분의 오픈 워터 다이빙 시에도 더 많은 거리를 수영할 수 있어야 한다. 이러한 킥들은 필요한 정교함을 제공해 주며, 당신을 오랫동안 물에서 견디게 해준다:

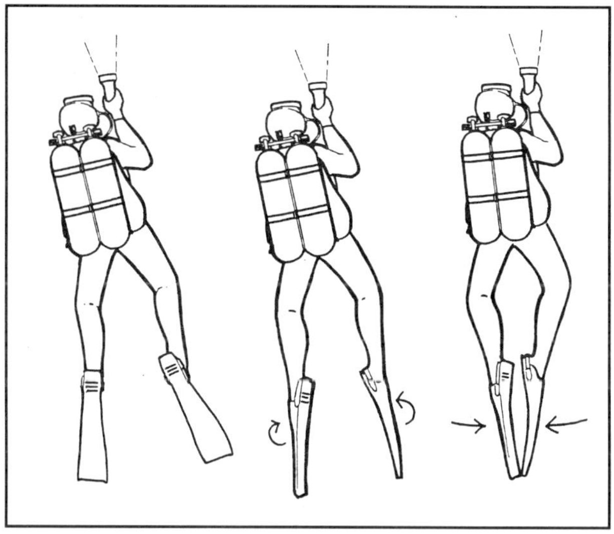

프로그킥 기술에는 동굴 프로그킥(cave frog kick)와 변형된 프로그킥(modified frog kick)가 있다. 가장 일반적으로 사용되는 기술은 동굴 프로그킥이다.

동굴 프로그킥(Cave frog kick)은 몸이 수평자세로 있을 때 수행한다. 첫 번째로 핀들을 미끄러지듯이 – 힘을 사용하지 않고 – 밖으로 완전히 신장한다. 대부분의 경우 다리는 약간 위로 상승하여 동굴 바닥에서부터 최대한 멀리 유지시켜 준다. 두 번째로 발목을 돌려 컵 모양으로 둥글게 만들면 파워 스트로크 시 핀들이 안으로 향하게 된다. 이러한 동작은 다리 근육에 힘이 들어가게 하며 강하고 지속적인 움직임로 킥을 할 수 있게 한다.

변형된 개구리차기는 동굴 프로그킥(cave frog kick)과 같으며 한가지 다른 것은 킥의 범위가 짧아진다는 것이다. 종종 이 킥은 발목만을 사용한 움직임의 범위만을 사용한다. 예를 들어, 평형, 수평 "플러터(물장구질)". 킥을 사용하는 다이버는 상황에 따라 1피트도 이동하지 못할 수도 있다.

파워 프로그킥(Power frog kick)은 기본적인 프로그킥의 또 다른 킥 종류이며, 다리 벌림과 모임은 힘을 동반해 수행된다.

변형된 플러터킥(Modified flutter kick)는 가장 일반적인 테크니컬한 추진력(propulsion) 기술이다. 이 킥들은 다리가 위-아래(수직가위형태)로 움직이는 동작을 통해 몸이 바닥과 평형을 이루며 수행된다. 이 킥을 사용할 때 명심할 것은 아래로 움직이는 다리동작 중 다리가 몸의 축 아래로 내려가지 말아야 한다는 것이다. 변형된 물장구질 혹은 플러터킥을 사용하기 위해서는 양 다리를 신장하여 '수직가위(vertical scissors)' 모션으로 자신의 몸을 앞으로 추진시킨다. 미사발생을 피하기 위해서는 다리를 아래로 내리는 동작에서 다리가 수평 축 이하로 떨어지지 않게 한다.

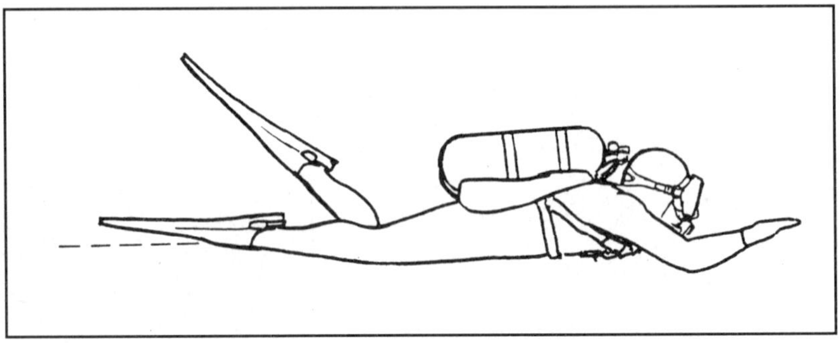

셔플킥(Shuffle kick)은 플러터킥의 또 다른 변형 킥이며 침체물 혹은 미사를 일으키지 않는 것이 가장 중요한 문제인 장소에서 가장 자주 사용되는 기술이다. 이 킥에는 조심스럽게 제어된 수직가위 모션이 사용된다. 킥은 다이버의 등에서부터 시작되며 다이버의 수평 축에서 1/4에서 1/2 거리 정도뿐이 이동되지 않는다.

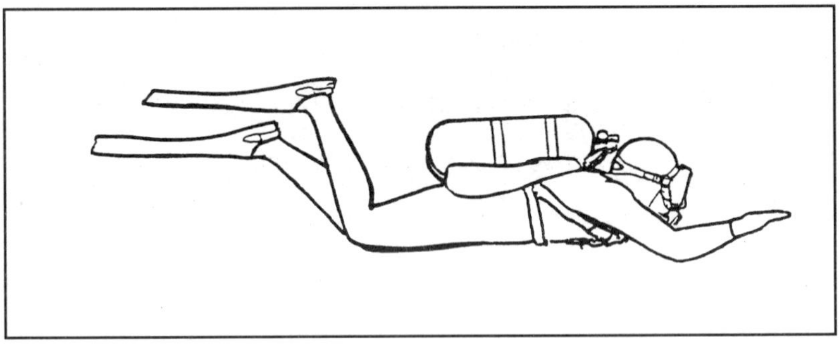

다리 하나만을 이용한 외다리 셔플킥(One-legged shuffle kick)은 다리에 쥐가 났을 때 사용된다. 차이점은 다리 하나는 킥을 하고 다른 다리는 쉬고 있다는 점이다. 킥을 하는 다리는 위에서 아래로 내려가면서 쉬는 다리를 만나게 되면 멈추며 쉬는 다리는 뻗어 있지만 움직이지 않는다. 뻗은 다리는 다른 다리

의 핀이 아래로 내려갈 때 발생할 수 있는 변화를 최소화 시킨다.

힐-토(heel toe) 혹은 **발목킥** (ankle kick)은 매우 제어된 플러터킥이다. 양 다리는 신장되어 있고 킥은 발목을 아래위로 굽히며 움직인다. 이 모션은 효율적으로 침체물 발생을 제어하며 다이버가 정확히 킥을 할 수 있도록 하고 수평 축 아래로 킥이 과하게 내려가지 않게 한다.

손 기술들(HAND Techniques)

핀으로 수영할 때 다이버의 손은 일반적으로 몸에 가까이 두고 다이빙을 한다. 테크니컬 다이버들은 '배치(placement)' 혹은 균형을 유지하기 위해서 손을 사용하는 것을 피해야 한다. 반응적인 움직임을 통해 발생되는 난류는 상당한 침체물을 상승시킨다. 하지만 부드럽고 유도적인 스컬(sculling)은 약간의 위치 전환을 하는데 유용하게 사용될 수 있는 기술이다.

당기고 이동(Pull & glide)은 동굴 다이버들에게 의해 개발되었으며 손과 팔의 모션을 통해 벽을 타고 이동해 가는 기술이다. 이 기술은 또한 적절하게 잡을 수 있는 구조물이 있을 경우 난파선과 오픈워터 조류다이빙 시 유용하게 사용된다.

이 기술은 말 그대로 손을 사용해 구조물을 잡고 당겨 몸을 앞으로 이동하는 것이다. 이동(glide) 기술은 대부분 조류가 적거나 없을 때 혹은 조류를 따라 이동할 때 주가된다. 당김(pull) 기술은 손가락의 끝을 사용하지 않고 손바닥과 손가락의 길이를 이용해 벽을 집게처럼 잡아(clamping) 당긴다. 만약 손가락을 이용해 이동해야 한다면 지문이 없어지는 것을 감안해야 한다!

'손가락 걷기(Finger walking)' 기술은 바닥, 지면, 혹은 갑판이 모래일 경우 사용된다. 이 "걷기"기술을 사용할 경우 발을 높게 올려 바닥을 차는 것을 피한다.

대화와 장비 '교정'을 할 때 이외 손가락을 사용할 상황은 오버헤드 환경에서 라인접촉(line contact)을 유지할 때 이외는 실질적으로 없다. 라인접촉은 시야 저하로 인해 라인을 만져야 할 경우를 뜻한다.

추가 기술들(Additional Techniques)

오버헤드 환경이나 오픈워터 나이트 다이빙 시, 다이빙 버디(buddy)의 위치를 지속적으로 파악하는 일은 쉽지 않다. 기억해야 할 것은 다이빙 중 존재하는 불빛은 팀원의 라이트로 인해 발생하는 라이트 불빛뿐이다. 다이버들 사이의 "불빛 거리"만 일정하다면 속도는 아마도 문제없을 것이다. 만약 버디의 라이트가 흐려지거나 어두워 진다면 대부분의 경우 당신의 속도가 늦춰줘야 할 것이다. 버디 주의를 끄는 방법은 일반적으로 오버헤드 환경에서는 바닥이나 벽에 불빛을 원형으로 돌리거나(버디의 눈은 피한다) 오픈 워터에서는 바닥 쪽으로 불빛을 돌리는 방법을 사용한다.

당신 뒤에서 수영하고 있는 다이빙 버디의 위치를 파악하는 가장 좋은 방법은 머리를 숙여 다리 사이로 보는 것이다.

나이트 다이빙 혹은 오버헤드 환경에서 다이빙을 할 경우 모든 다이빙 멤버들에게 버디 체크를 하여야 한다. OK 사인은 어떤 다이버가 하던 무관하지만, 맨 뒤에 있는 다이버부터 시작해 사인을 전달하는 방식으로 앞서가는 리드 다이버에게까지 전달되어야 한다. 문제가 발생되면 문제가 발생한 다이버는 그 즉시 리드 다이버에게 수직 모션으로 불빛을 비추고 다이빙 팀 전체의 이동을 중지시킨다.

스테이지 다이빙(stage diving) - 추가 탱크를 사용하면 수영시간 혹은 바닥시간을 증가시키며 이러한 다이빙을 하기 위해서는 많은 생각과 계획이 요구된다. 스테이지 다이빙은 안전한 탐험 거리를 연장시켜 주지만 제자리로 돌아오는 시간이 더 길어지므로 추가/연장 다이빙 시간에 대한 압박감이라는 스트레스가 추가된다. 트레이닝 조금씩 입수거리와 바닥시간을 증가시키게 되면 이러한 스트레스적인 문제를 상쇄시킬 수 있다.

또한 스테이지 다이빙은 비행기 조정과 흡사해 수행해야 하는 위치에 도착하기 전에 많이 생각하고 미리 준비해야 한다. 앞서 생각하고 스테이지 다이빙에 대해 익숙하다면 스테이지를 빼거나 더할 때 발생되는 지연시간을 피할 수 있으며, 갑작스런 부력 변화를 피할 수 있다. 강사는 감압 스테이지 관리 혹은 침투(penetration) 스테이지 다이빙에 적절한 스테이지 다이빙 기술을 소개할 것이다.

DPV 다이빙은 당신이 상상할 수 있는 우주여행에 가장 흡사할 것이다. DPV 다이버는 현재 위치에서 몇 분 전서부터 미리 다음 단계에 대해 생각하고 있어야 한다. DPV 코스에 등록하기 전에 테크니컬 다이빙과 관련된 기술들에 대해 숙련되어 있어야 하며 스테이지 다이빙, 장거리 수영, 위치파악 및 환경 읽기에 대해 완전한 편안함을 느껴야 한다.

DPV 다이빙이 일상생활이 되었다면 주기적으로 장거리 수영 다이빙을 하여 거리당 가스 사용량을 측정하여 DPV 다이빙과 비교한다. 최신 DPV들은 DPV 장비에 문제가 발생하여도 깊은 수심에서 돌아올 수 있는 것이 가능하도록 제작되었다. 지속적인 육체적 트레이닝과 장거리 다이빙는 당신의 수영한계에 대해 이해할 수 있도록 하며 DPV 응급상황 시 적절히 대처할 수 있는 능력을 키워 준다.

이 장에 나오는 모든 기술을 배우는 것은 매우 중요하다. 최소한의 노력으로 가장 좋은 결과를 얻으려면 연습과 경험을 통해 기술들을 복합적으로 사용할 줄 알아야 한다. 좋은 기술, 적절한 육체적 컨디션 유지, 마음 제어의 발달과 지속적인 연습은 낮은 가스 소비, 수중에서 드래그 최소화, 추진력 증가, 피로감소와 전체적으로 더 즐거운 다이빙을 할 수 있게 한다.

연습...연습...연습
그리고 더 많은 연습은 기술의 달인이 되게 해준다.

CHAPTER 5

제5장
호흡, 순환과 호흡제어 Tom Mount
(Respiration, Circulation and Breath Control)

간단히 말하면 우리는 숨을 쉬어야 산다. 호흡의 중요성은 서양철학보다 동양철학에서 더 정확히 설명되고 있다. 실질적으로 서양에서는 호흡이 건강과 치료에 중요한 부분이라 생각하지 않는다. 그러므로 호흡제어를 더 잘하기 위해 서양 생리학에 약간의 동양철학을 결합시켜야 한다.

동양철학에 의하면 적절한 호흡방법은 자신을 제어할 수 있게 해준다고 한다. 운동선수들은 자신들의 호흡 기술들을 향상시키므로 운동 수행능력을 증가시킬 수 있다. 지속적인 바이오 피드백과 명상은 스트레스 수치를 낮추고 전반적인 웰빙 느낌을 상승시켜준다.

호흡을 에너지와 비교할 수 있다. 호흡은 공기를 단순히 '들여 마시는 것'보다 더 복잡하다. 산소는 음식을 에너지로 변환시키는데 중요한 구성요소이다. 우리 몸은 흡입하는 산소 중 작은 일부분만 사용하기 때문에 우리 몸은 변경되거나 약간 효율적이지 못한 호흡 패턴에서도 기능을 할 수 있지만 최적의 체력 상태로 활동하지는 못한다.

단순한 호흡 연습과 바른 호흡 패턴을 배우게 되면 몸의 전반적인 호흡 작용의 효율성을 최대한의 수준으로 증가 시킬 수 있으며, 스트레스와 감정문제를 잘 해쳐나갈 수 있는 건 물론 더 완화시켜 주어 건강한 삶을 살 수 있게 해준다. 또한 적절한 호흡 조절은 더 나은 다이버가 될 수 있도록 해준다! 명상과 제어된 호흡은 추가적으로 몸과 마음을 다스리게 해준다.

적절한 호흡법과 좋은 다이빙 기술은 같이 이루어 진다라고 할 수 있다. 테크니컬 다이빙에서는 한계적이고 제한된 량의 공기를(혹은 다른 종류의 기체 믹스) 적절하게 관리해 줘야 한다. 텍 다이빙은 새로운 세상을 탐험하고 새로운 생물체를 찾고 일반인들이 감히 갈수 없는 곳을 가는 것이므로 지속적으로 공기량을 관리하여야 한다.

당신은 탐험 중 스트레스적이거나 위험한 상황에 부딪히게 될 것이다. 이러한 상황에서 얼마나 빨리 호흡을 제어하고 마음을 가다듬느냐에 따라 당신의 생존여부가 결정되는 경우가 많다. 부적절한 호흡법은 스트레스로 이어지고, 스트레스는 사고와 패닉으로 이어진다. 또한 부적절하거나 제어되지 않은 호흡법은 공기를 빨리 고갈시키고 폐로 적절한 양을 제공해주는 공기순환계로는 저하시켜 CO_2 수치를 증가시킨다. 호흡에 대한 이해를 증가시키기 위해서는 기본적인 신체생리구조를 검토해보고, 태어났을 때 호흡을 배웠듯이 다시 적절한 호흡법을 학습해야 한다.

순환계(Circulatory System)

순환 시스템은 폐쇄식 루프(closed-loop) 시스템으로 심장, 동맥, 정맥, 조직 모세관과 폐 모세관을 포함한다. 심장은 순환 시스템에서 돌아가는 혈액을 펌프 시킨다. 심장수축은 혈압을 생성시킨다. 혈압은 혈액과 기체들을 체내 전체로 이동시켜주게 하는 추진력이다. 혈압은 적절한 순환을 위해 일하는 심장에 의해 결정된다.

수행한 작업량, 혈관의 건강 등의 여러 요소들은 혈액 흐름의 저항과 몸 전체에서 필요로 하는 혈액량을 결정한다. 심장은 체내 필요량 따라 혈압을 조절해 혈액을 공급한다. 경동맥동(Carotid sinus)는 압력에 예민한 신경으로서, 자극을 통해 뇌에게 압력에 대한 정보를 전달하여 혈압을 조절하게 한다.

혈액은 산소를 히모글로빈에 결합시켜 체내 세포로 이동시킨다. 산화된 히모글로빈은 동맥과 모세관을 통해 체내 세포로 이동된다. 조직은 산소를 흡수하고 사용하며 CO_2를 배출한다. CO_2는 탈산소화된 히모글로빈과 함께 정맥을 통해 폐로 이동된다. 올바른 호흡법은 산소가 히모글로빈에 의해 이동되는 것을 최대화 시킨다. 짧고 부적절한 호흡법은 적혈구에 산소가 뭉치게 하고 원활한 산소배포를 방해한다.

혈장(Plasm)와 **혈청(Serum)**은 혈액의 중요한 요소들이며 전체적인 혈액량과 수화량을 결정한다. 탈수가 되면 일반적으로 혈액량이 감소되었다고 볼 수 있다. 이러한 이유로 적절한 체내 수분량 유지는 다이빙 시 적절한 가스교환에 필수 조건이다.

혈소판(Platelets)과 **섬유소원(Fibronogen)**은 혈액이 응고되는데 중요한 역할을 한다. 이것들은 상처를 아물게 하는데 매우 중요하다. 불행하게도 버블이 생성되면 버블 덩어리가 생성된다. 순환계 시스템은 하나의 시스템으로 두 개의 다른 서브 시스템을 포함한 시스템으로 기능하는데, 이에는 폐-호흡기(Pulmonary)와 조직(Systemic) 시스템이 있다. 폐(Pulmonary) 시스템은 폐의 순환과정을 지원하며 조직 시스템은 체내 조직들을 지원한다. 이러한 시스템들은 신체의 요구에 따라 신경자극(Impulse)에 의해 제어된다.

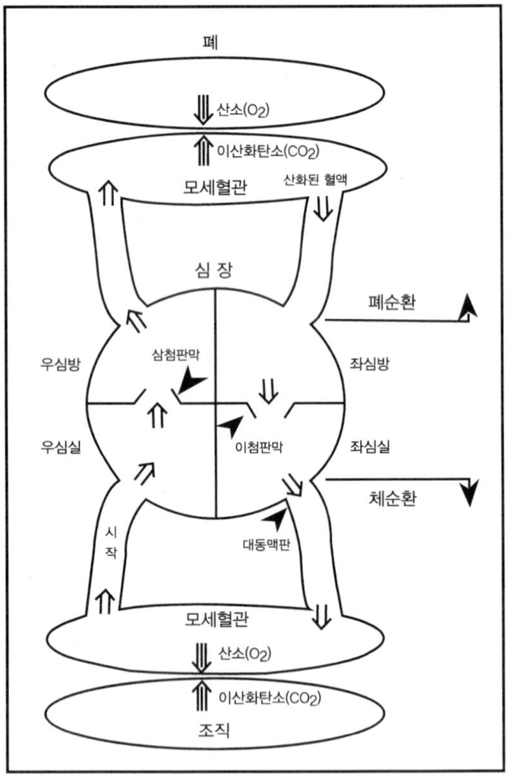

그림을 보면 순환계는 기체의 고속도로 혹은 이동 메커니즘으로 사용되어 조직들로 혹은 조직들로부터 기체를 이동시킨다. 인간의 전반적인 건강은 건강한 순환계에 의존한다. 순환 시스템의 변화는 가스 이동에 영향을 준다. 혈관의 상처, 지방량, 혈관질환 혹은 처방전이나 일반 약이 이러한 변화를 초래하게 된다.

산소의 이동은 신진대사에 매우 중요한 요소이며 순환계에서 가장 중요한 기능이다. 만약 순환계의 산소압과 농축도가 예측된 범위에서 벗어난다면 생명체에 역적인 결과로 이어질 수 있다. 체내 모든 세포들은 생존을 위해 산소, 영양분 공급 및 배설을 필요로 한다. 동맥의 응고와 같은 질병들은 각 세포로 가는 산소량과 영양분을 저하시키며 이러한 문제는 뇌에도 영향을 준다. 우리의 기억들, 학습한 기술들, 그리고 모든 뇌로 인한 기능들은 지속적인 산소공급과 영양분에 의존하고 있다.

식이요법과 운동을 통한 순환계의 건강유지

식이요법은 전반적인 건강에 매우 중요한 요소이다. 우리가 섭취하는 것들은 결과적으로 우리를 만든다. 음식의 중요성을 무시하는 건강 프로그램은 최소의 결과로 이어진다. 섭취하는 음식에는 다섯 가지의 필수 영양의 균형이 필요하다: 물, 곡식, 과일, 단백질과 채소. 이상적으로 이러한 영양소는 모든 음식에 포함되는 것이 적절하다. 적절한 량의 단백질, 탄수화물과 지방 섭취 유지는 장기적인 건강 유지에 매우 중요한 부분이다.

미국농무부(United States Department of Agriculture)에서는 일반적인 음식섭취에 있어서 14% 단백질, 25% 지방과 60% 탄수화물을 권장하고 있다. 흥미로운 것은 USDA에서 권장하는 것은 돼지를 비만하게 하는 권장량과 흡사하다는 것이다. 지방을 섭취할 때는 오메가 3(Omega 3) 그룹을 섭취하고 오메가 6 그룹을 최대한 피하는 것이 좋다. 지방은 일일 전체 칼로리 섭취량의 30%를 넘지 않는 것이 좋으며, 최소한 10% 이상의 섭취를 하는

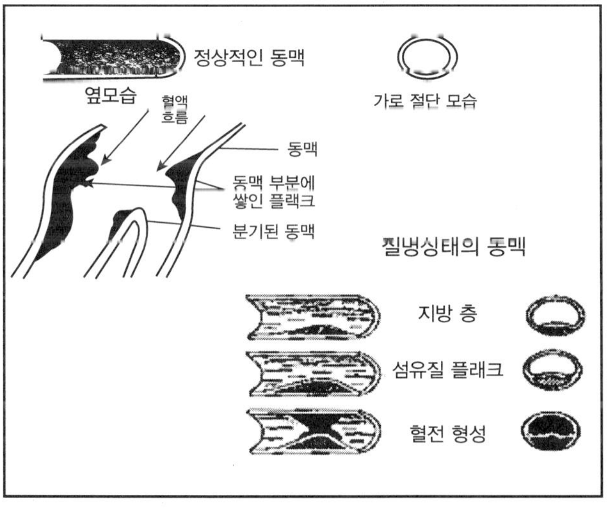

것이 좋다(개인적으로 20에서 25% 의 좋은 지방섭취를 권장한다). 단백질은 20에서 40%가 적절하며 지방과 단백질의 총 일일 섭취량은 60에서 70%가 적절하다. 탄수화물은 자연 상태의 당을 제공하고, 신체 에너지 공급에 중요한 역할을 한다. 탄수화물은 전체 칼로리의 15에서 45%가 적절하다. 정확한 칼로리 섭취량은 개인의 활동량과 생리적 조건에 따라 결정된다. 가공된 설탕은 최대한 피하도록 한다. 너무 많은 양의 설탕을 섭취하면 순환계에 역효과를 주며, 전체적인 신체 상태에도 부정적인 영향을 준다. 건강한 식이요법 관리는 적절한 음식섭취 절제에서부터 비롯된다.

대부분의 미국 성인들은 부적절한 음식섭취와 운동습관으로 비롯된 순환계 질병을 가지고 있다고 한다. 이러한 현상이 사실이긴 하지만 이러한 상태는 호전될 수 있는 상황이다. 호전되기 위해서는 좋은 음식섭취, 영양분과 비타민이 포함된 음식섭취, 그리고 심폐를 건강하게 하는 유산소 운동을 해야 한다.

순환계에 있어서 가장 발병률이 높은 질병은 동맥경화(Arteriosclerosis)이다. 이러한 질병은 혈관에 플라크가 쌓여 발생된다. 플래크가 쌓일 수로 혈관은 막히며, 적절한 순환에 필요한 효율적인 혈관 지름이 감소된다. 이러한 상태는 순환의 효율을 저하시키며, 심장을 더 힘들게 일하게 만든다. 감소된 순환은 적은 산소가 조직들로 이동하게 하는 결과로 이어진다. 감소된 PO_2로 인해 예민해 지는 곳은 심장, 다리, 그리고 뇌이다. 동맥경화(Arteriosclerosis)의 발병 원인에 대한 한 추측으로, 자유기로 인해 혈관에 작은 상처들이 생성되기 때문이라 한다.

자유기(Free radicals)는 불안정하고 생명이 짧은 화학물질로 대사, 음식섭취, 운동 과정 등을 통해 생성된다. 음식은 자유기 생성에 중요한 역할을 한다. 체내에서 자유기를 생성시키는 음식들은 다음과 같다: 튀긴 음식, 요리된 지방, 요리된 콜레스테롤, 알코올과 담배.

과산화기(superoxide radical)와 같은 자유기는 하나의 전자(electron)가 없으며, 단일 공유결합(single covalent bond)이 있다. 이러한 기(radical)는 시스템 내에서 지방산과 세포 내막에 있는 이중결합을 공격한다.

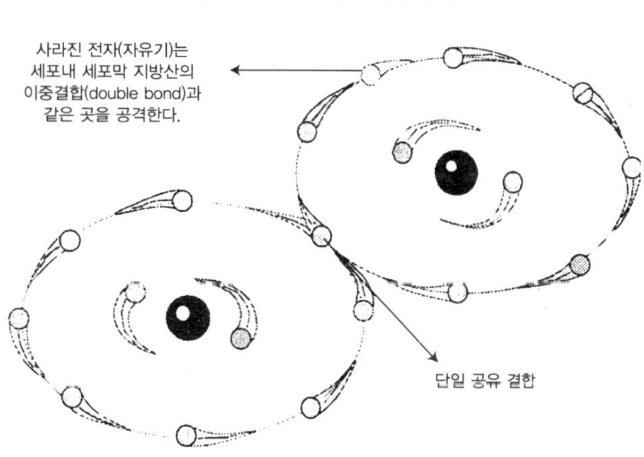

수퍼 산화기는 자유기의 구조적인 부분을 설명하기 위해 사용됐다. 이 경우에는 단일 공유결합(covalent bond)과 하나의 사라진 전자로 존재한다.

자유기로 인해 상처가 난 곳에는 플래크가 생성되며, 서서히 콜레스테롤이 붙어 순환계 질병을 유발시킨다. 높은 양의 지방을 섭취하는(40% 이상의 지방섭취: 미국식품기준) 다이버들은 자유기와 저밀도(LDL) 콜레스테롤 생성증가의 위험성에 노출되어 있다. 이러한 복합적인 요소들로 인해 순환기 질병이 발생될 수 있다.

지방(Fats)

지방과 콜레스테롤이 체내에 더해지면, 특히 붉은 색 육류를 요리할 때와 같이 열이 가해지면서 콜레스테롤이 공기에 노출되고 콜레스테롤 산화물이 생성되면, 지방과 콜레스테롤은 자유기와 같은 역할을 하여 혈관 벽을 손상시킨다. 고밀도(HDL) 콜레스테롤은 동맥에서 간으로 콜레스테롤을 이동시켜 대사하게 한다.

지방이 많은 음식은 순환기 시스템에 바로 변화를 준다. 일반적으로 혈관 내 혈액세포들은 자유롭게 흐르며 서로에게 부딪힌다. 적혈구는 산소와 영양분의 이동과 배설물 및 CO_2 제거를 위해 유연한 상태로 존재해야 한다. 지방이 많은 음식을 섭취한 후 한 시간 이내 혈액세포들은 서로 엉겨 붙으면서 덩어리를 생성시킨다.

이러한 과정이 지속되면서 혈액순환이 늦춰지고 응집형성(sludge)이라는 현상이 발생된다. 식사 약 6시간 후, 이러한 응집형성은 매우 심해져 가장 작은 혈관들의 혈액순환은 거의 정지상태까지 이른다. 이는 신체에 여러가지 변화를 주는데, 세포로 가는 산소의 감소와 순환기 내 CO_2 및 배설물 제거율 감소 등이 이의 변화에 포함된다. 다음 그림은 지방량이 높은 음식 섭취 후 시간 별 변화 상태와 응집형성 현상을 보여주고 있다.

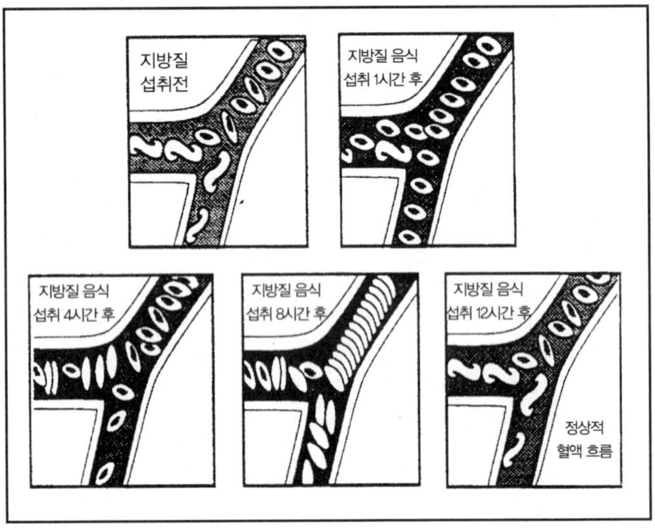

다이빙에서 비활성(Inert) 기체의 이동과 대사 기체들의 이동은 고려해야 할 중요한 요소들이다. 지방 섭취와 관련된 순환기 질병들, 순환기계의 비효율성과 육체적 변화는 다이빙 시 비활성(Inert) 기체 제거를 방해한다. 순환기계의 질병과 이로 인한 혈관지름의 감소는 기체 이동을 비효율적으로 하게할 것이라는 것을 쉽게 알 수 있게 한다. 생성된 버블은 혈관에 머무르며, 폐를 통해 걸러질 확률은 적어진다.

고지방식 식사 후 순환계의 변화에는 응집형성으로 인한 기체이동과 제거의 감소율 증가 등의 문제들이 발생한다. 또한 응집형성은 감압병(DCS)과 관련되어 있는 것으로 추정된다. 만약 응집형성이 존재한다면 DCS 발생률은 증가한다. 혈액내 기체 변화는 CO_2 정체와 산소중독 발생률, 비활성 기체로 인한 마취, 헬륨으로 인한 떨림과 pH 균형 변화 등의 증가로 이어지게 한다. 모든 형태의 지방이 나쁘지 않으며, 좋은 지방에 대해 논할 필요가 있다. 좋은 지방은 시스템의 윤활유가 되며, 적절한 양은 체내에 이롭다. 지방은 몸에 좋은 오메가 3와

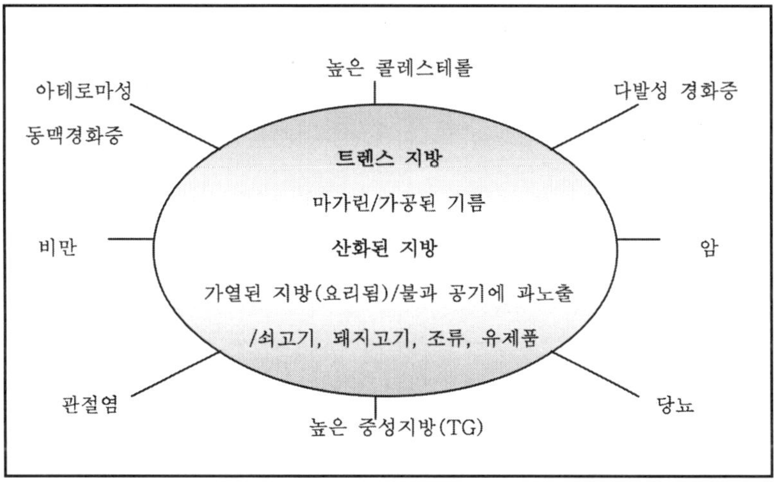

해로운 오메가 6로 나눌 수 있다. 일반적으로 오메가 6 지방을 피하며 오메가 3(Omega 3) 지방이 섭취하는 음식에 포함되도록 한다. "트랜스 지방과 산화지방" 차트는 지방 종류들을 보여주며, 이들이 미치는 영향들을 설명한다.

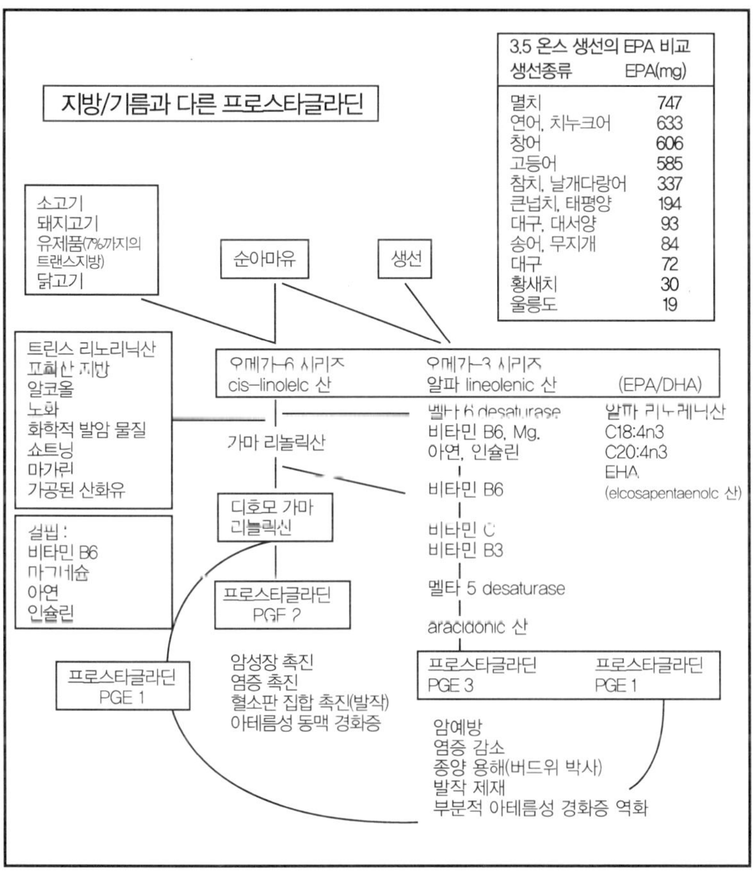

많은 종류의 질병들은 지방에서 비롯된다. 트랜스 지방은 중요한 요소로서 생물학적으로 비활성적이다. 트렌스 지방은 시스 지방(생물학 적으로 활싱적)과는 구분되며, 건강한 세포들의 생성을 막는 역할을 한다. 트랜스 지방은 자리만 차지할 뿐만 아니라 중요한 기능은 제공하

지 않는다. 트렌스 지방은 신체의 건강을 해하며, 바이러스 등 다른 질병의 원인들이 세포조직들을 투과할 수 있도록 한다.

섭취되는 대부분의 트랜스 지방은 가공된 식물성 기름에서 비롯된다. 그 외 출처는 적색 육류와 마가린 등이다. 만약 맛을 내고 싶다면 마가린보다 시스 지방(좋음)이 들어있는 버터를 사용하라. 트랜스 지방은 미토콘드리아와 대사가 진행되는 하위 단위들을 팽창시킨다; 그러므로 대사를 방해하는 동시에 혈액 콜레스테롤을 15% 이상 증가시키며 중성지방(Triglyceride)를 47%까지 증가 시킨다.

시스 지방은 몸에 좋으며 시력, 신경기능, 동작, 기억력과 삶에 필요한 중요한 기능들에 필수적이다. 시스 지방산은 트랜스 지방의 효과를 상쇄시키는 역할을 한다. 올리브유, 어유, 아마유, 옥수수유, 참기름 등은 시스 형태의 지방으로 존재하며 세포에 도움을 준다.

항산화제와 섬유(Antioxidants & Fiber)

비타민 E와 같은 항산화제는 체내 자유기 생성을 전환시키는데 많은 역할을 한다. 비타민 E는 HDL를 증가시키며, 건강에 많은 긍정적인 효과를 제공한다. 그 외 항산화제로는 비타민 C, B6(Beta-carotene), CQ10과 멜라토닌 등이 있다. 이러한 물질들이 여러 영양소와 비타민, 특히 비타민 B들이 결합되면 건강한 몸과 순환기 시스템을 유지시켜 준다. 섬유는 건강한 순환기 시스템을 유지하는데 필요하다.

섬유질(예., 곡식, 과일과 채소)은 체내를 깨끗이 하는데 매우 적절한 요소이며 모든 다이버들이 섭취해야 한다. 섬유질은 암을 예방하는데 효과적이라는 연구결과가 있으며 심장과 혈관에 매우 좋다. 섬유질은 또한 순환계 시스템의 건강을 유지하는데 필요하며 다이빙과 관련된 상처 발생률을 저하시켜 준다. 위 그림"지방/기름과 관련된 프로스타글라딘"은 섬유질이 혈액의 콜레스테롤 수치에 미치는 영향들을 보여주고 있다.

당(Sugar)

당은 바로 사용되는 에너지 발산과 장기간의 지구력에 필요한 요소이다. 따듯한 근육은 지방을 연소하며 섭취하는 탄수화물에서 얻은 당을 사용한다. 적절히 따듯해지지 않은 근육의 폭발적인 움직임은 당만 연소하게 한다. 그러므로, 근육에 힘이 들어가는 운동이나 다이빙을 하기 전에 몇 분 동안 근육의 온도를 증가시켜 주는 것이 좋다.

과한 양의 당 섭취, 특히 가공된 설탕은 몸에 해롭다. 당 과잉섭취는 췌장에서 생성되는 인슐린을 증가시키며, 몸 전체의 세포들에게 인슐린을 이동시킨다. 크롬(Chromium)은 이 생화학적 과정에서 매우 중요한 역할을 담당하고 있다. 크롬은 혈액에서 세포들로 당을 이동시킨다. 더 많은 당이 소화될수록 크롬 수치는 낮아지는데, 이는 당이 크롬 수치를 저하시키기 때문이다.

하워드 뉴맨(Howard A. Neuman) 박사는 대동맥 연구를 통해 당 섭취가 낮은 지역 거주자들의 크롬수치가 높았고 동맥경화(Arteriosclerosis) 발생률이 낮았다고 보고하였다. 당 수치가 과도한 미국의 경우, 동맥경화 발병률은 높고 크롬 수치는 낮다. 이것은 인슐린이 제대로 자신의 일을 수행하지 못하며 혈액 내 당과 지방이 순환계에서 효율적으로 제거되고 있지 않다는 뜻이다 (크롬은 비타민 B3와 같이 섭취하면 매우 훌륭한 보충식이 된다).

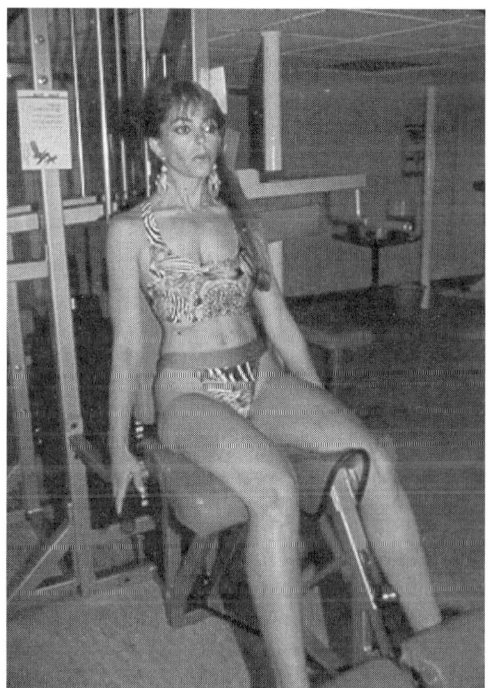

패티 마운트씨는 테크니컬 다이빙을 위해 체력훈련을 한다.
사진: Tom Mount

증가된 당 수치는 면역계를 약화시키는 역효과를 초래하여 박테리아를 제거하는 능력을 저하시킨다. 실험을 통해 자당

(sucrose)와 과당(fructose)을 섭취하게 한 결과, 대상자들에게서 5시간 동안의 백혈구 수치 감소가 확인되었다. 만약 당신이 병에 걸리면 모든 단음식들을 피하는 것을 권한다. 높은 수치의 당은 심장에 또한 좋지 않다. 앞의 내용을 읽고 당과 지방의 과잉섭취는 순환계에 손상을 입힌다는 것을 확실히 인지했으면 한다.

건강한 순환계에 가장 중요한 요소 중 두 번째는 심폐운동이다. 운동은 건강한 폐를 만들어 호흡계에 도움을 준다. 건강한 폐는 환기를 향상시켜 준다. 체력이 좋은 다이버는 체력이 떨어진 다이버보다 최대산소섭취량(VO_{2max})이 더 높은데, 여기서 VO_2는 산소를 효율적으로 사용하는 능력을 뜻한다. 더 증가된 최대 VO_2는 과도한 RMV의 증가없이 적절한 체력의 다이버로 하여금 더 많은 일 혹은 활동을 할 수 있도록 해준다. 목숨이 위험한 상황에서 이러한 호흡계의 효율성은 다이버의 생명을 좌우할 수 있다.

규칙적인 운동의 또 다른 장점은 모든 조직들을 튼튼하게 해준다는 것이다. 간은 운동에 반응하여 글리코겐(Glycogen)을 더 효율적으로 생성한다. 인슐린과 글루코스(Glucose)의 제어는 운동반응을 통해 췌장의 세밀한 제어에 의해 조절된다. 심장과 폐는 산소를 더 이동시키며 순환계는 모세관들을 더 많이 생성한다. LDL 콜레스테롤은 좋은 콜레스테롤인 HDL 수치가 증가되면 저하된다. 미토콘드리아(Mitochondria)가 커지며 ATP(체내 최소 에너지 단위)를 추가 생성하여 더 많은 에너지를 제공한다. 이에 더불어 신체는 더 많은 지방을 연소시키기 시작한다.

운동을 통해 증가된 최대산소섭취량 (VO_{2max})로 인해 증가된 체내 산소 사용량의 일부 장점들:

- 혈압저하
- 더 나은 심장관리
- 강해진 건과 인대
- 두꺼워진 연골
- 커진 근육
- 더 많은 혈액량
- 더 많아진 히모글로빈
- 체내지방 저하
- 고밀도 뼈
- 더 효율적인 폐
- 각 심장 박동마다 더 많이 펌프되는 혈액
- 혈액의 산소량 증가
- 더 많은 모세혈관
- 낮아진 심장박동

유산소운동 형태가 힘들수록 VO_2량은 더 많이 향상된다. 프랑스 사이클 시합(Tour-de-France) 참가자들은 운동선수들 중 가장 높은 최대 VO_2를 유지한다. 이러한 폐의 효율성으로 인해 선수들은 장기적으로 체력이 요구되는 운동을 할 수 있는 것이다. 장거리를 수영해야 하거나, 다른 다이버를 도와줘야 하거나, 불리한 상황에서 해쳐나가야 할 지구력이 필요한 다이버들에게 운동을 통한 체력 향상은 필수적이다.

운동과 적절한 식이요법을 생활화한다면 건강한 몸을 갖게 될 뿐만 아니라 순환계 문제가 있을 경우 호전시키고 대부분의 다이빙 관련 질환들도 예방할 수 있다. 단기간으로 할 수 있는 것은 지방이 많이 들어간 음식 섭취와 함께 좌식생활을 피하고 과도한 다이빙이나 활동을 피하는 것이다.

탐 마운트는 그가 가르치는 내용을 실행한다.
사진: Patti Mount

수많은 연구결과들은 지속적인 운동은 심장질환 발생률을 감소시킨다고 보고하고 있다. 혈액 콜레스테롤 수치를 저하시키고 심장 상태를 최대화 시키는데도 매우 효과적이다. 운동은 곁순환을 자극시킨다. 만약 심장으로 가는 혈관들이 막힌다면 곁혈관(Collateral vessel)들이 대신하여 심장 조직들에게 혈액을 공급한다. 운동은 곁순환을 증가시켜 심장마비로 인한 갑작스런 죽음의 가능성을 감소시킨다.

운동은 또한 좋은 콜레스테롤 HDL을 분비시키는 것으로 연구 조사되고 있다. 순환계의 건강을 위한 운동은 유산소(aerobic)운동이다. 효과적인 유산소 운동을 하려면 심박수를 안전하지만 적절히 높은 수치로 증가시켜 신체의 변화를 유도하는 운동을 선택해야 한다.

자신의 최대 안전 심박수를 알기 위해서는 220에서 당신의 나이를 뺀다. 유산소운동 중 당신이 목표하는 안전 심박수가 최대 심박수의 65%일 경우를 보자. 예를 들면 만약 당신의 나이가 60이라면 220에서 60일 뺀다. 220 - 60 = 160 × 0.65 = 104. 만약 당신이 30살이라면 220 - 30 = 190 × 0.65 = 143 이다. 나이에 따라 유산소 능력이 감소된다.

당신의 체력이 좋아지면 목표수치를 70에서 75%로 증가시키고 천천히 80%로 증가시킨다. 80%로 증가시키면 더 이상 에어로빅(산소)률을 증가시키지 않는다. 이 뜻은 60세 일 경우 심박수는 160 × 0.80=128를 넘지 않으며 30세 일경우 190 × 0.80=152까지 증가한다는 것이다.

유산소운동은 최소 주당 3회를 하는 것이 좋다. 최소 운동시간은 20분이며 적절한 최대시간은 1시간이다. 당신이 즐기는 운동을 선택하도록 한다. 상위와 하위를 모두 운동시키는 운동기구들이 많으며, 어떤 것들은 힘을 강화시키는 운동도 할 수 있게 해준다. 수영, 사이클, 조깅, 인라인 등은 심폐운동에 매운 좋은 운동이다.

추가적인 장점과 지루함 예방을 위해 여러 가지 운동을 복합적으로 하는 것도 좋다. 하루는 사이클링 다음날은 노젓기나 수영 등으로 변화를 준다. 이러한 운동법은 당신의 운동 가능성을 최대한 늘리며 지루함을 예방한다. 각 운동방법마다 번갈아 가며 하는 것이 좋다. 가장 적절한 것은 당신이 꾸준히 할 수 있는 운동 프로그램 선택하는 것이다. 일상생활에서 같이 병행하여 할 수 있는 프로그램이 좋다. 정해 놓은 운동시간에는 운동을 우선순위로 선택하여 한다. 운동은 일이 시작 되기 전인 아침에 하면 대부분의 사람들이 오랫동안 할 수 있다.

순환계는 전반적인 건강에 중요한 역할을 한다. 만약 이 장에서 권장하는 운동을 지속적으로 할 수 있다면 순환계 문제들을 예방할 수 있을뿐만 아니라 체내 기체 이동을 향상시킬 수 있다. 만약 다이빙을 충실히 할 것이라면 자신의 건강을 위해 운동과 식이요법을 충실히 이행해야 한다.

신경계(Nervous System)

우리 육체는 신경계가 모든 시스템들을 제어한다. 이는 두 개의 하부 시스템으로 이루어 졌다. 첫 번째는 CNS(중추 신경계)로 뇌와 척추 시스템으로 이루어 졌다. 두 번째는 말초 신경계로, 두개골(Parallel cranial)과 척추 신경으로 이루어졌다. 이 하부 시스템은 뇌의 12개의 두개골 신경들과 31 쌍의 척추신경들로 이루어졌다. 이러한 신경들은 몸 전체에 퍼져있고 신경 섬유질의 복잡한 네트워크를 이루고 있어 CNS에서 말초신경까지 전달된다. 도입 혹은 감각 신경 섬유질들은 팔과 다리에서 CNS로 정보를 전달한다.

자율신경계(ANS: Autonomic nervous system)는 불수의적(Involuntary) 기능들을 제어한다. 이에는 분비, 폐 제어, 심장박동, 그리고 "내부 환경"(감정, 체온제어 등)의 제어가 포함된다. ANS의 일부 기능들을 제어할 수 있다고 가정한다면 호흡이 제어될 수 있으며, 이는 체내 내부 환경도 제어할 수 있다는 것을 뜻한다.

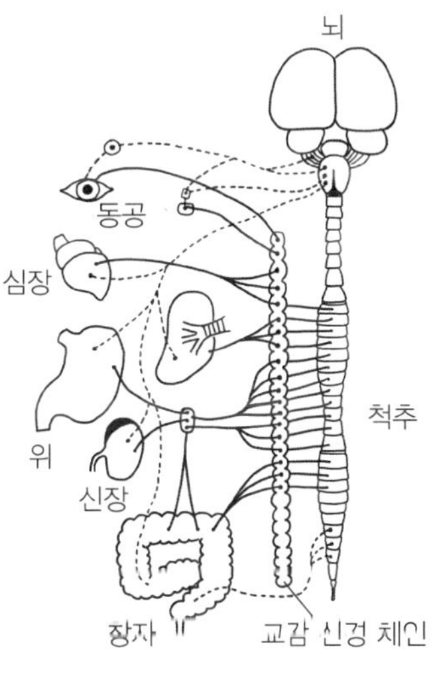

교감신경계

ANS는 **교감**(sympathetic)과 **부교감**(parasympathetic) 신경계로 나뉘어져 있다. 내분비계(Endocrine system)는 호르몬을 통해 부교감계를 제어한다. 이렇게 극적인 시스템은 몸/신경 기능과 자극에 대한 반응들이 이루어 지게 한다. 부교감계는 심장활동을 늦춘다. 교감계는 활동을 빠르게 한다. 이러한 활동들은 심장기능을 정상화 시킨다.

교감계는 양쪽 척추선에 있는 수직열의 신경세포 군집(Cluster)인 신경절(Ganglia)로 이루어져있다. 이러한 가지들은 흉곽(Thorax)과 복부에서 선

(Glands)과 내장(Viscera)으로 뻗어 있으며, 부교감계의 말초신경들과 함께 에너지 센터인 통합된 정맥총(Integrated plexuses)을 생성한다.

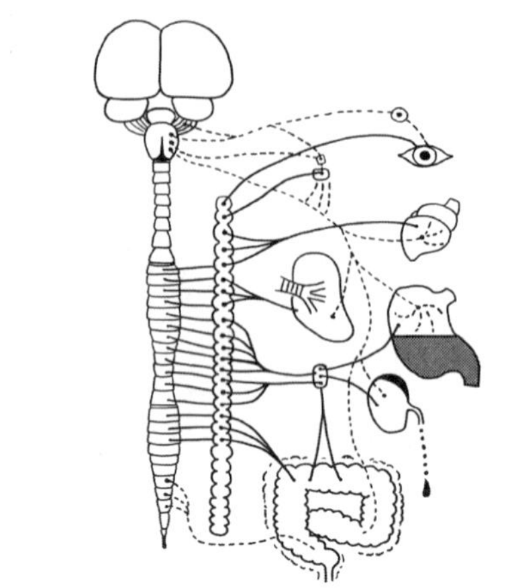

호르몬이 부교감계에 미치는 영향

미주신경(Vagus nerve)은 10번째 두골신경(Cranial nerve)이며 시스템의 중심점이다. 미주신경은 뇌의 소뇌(Cerebellum)와 연결되어 있으며, 척추를 통해 목, 가슴과 복부로 이어져 교감신경계에 여러 다양한 총(Plexus)을 구성한다. 이는 총(Plexus)으로 끝나고 또 복강 **태양 신경총**(Solar plexus)을 통해 돌아온다. 추가적으로 미세섬유를 통해 이들은 하위 총(Plexuse)들을 연결한다.

대부분의 종교와 철학들은 내부 에너지 원천을 인정한다.
명상은 집중을 통해 에너지 중심점들로 에너지를 모으게 한다.

일부 연구에 따르면 명상은 몸에 에너지를 충전시킨다고 한다. 명상 기술을 수행하는 이들 대부분은 몸의 깊은 이완을 느끼며 직감을 증가시키는 동시에 의식을 증가시킨다고 한다. 직감과 인식은 수중탐험에서 매우 중요한 요소들이다.

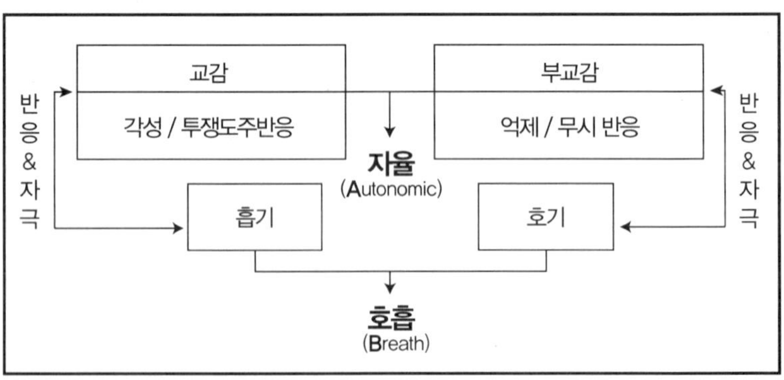

호흡법을 공부하고 개발하면 재생 능력을 증가시키며 병에 대한 면역도 높일 수 있다는 것을 느낄 수 있다. 어쩌면 더 큰 발견은 호흡제어를 통해 우뇌를 발달시키며 마음을 다스릴 수 있다는 것이다. 많은 질병의 원인은 에너지 불균형으로부터 발생된다고 주장하는 이들도 있다. 부적절한 호흡제어, 스트레스 및 부정적인 마음상태는 질병으로 이어진다.

한번 스트레스를 많이 받았을 때 당신의 저항력이 저하되었고 감기, 알레르기 및 다른 문제들이 발생했었는지 생각해 보자.

종교적인 믿음의 변화를 떠나 정기적으로 호흡법, 명상, 및 체력단련을 수행하는 것은 스트레스를 저하시킬 뿐만 아니라 당신의 다이빙 기술을 향상시킬 것이다. 이를 통해 당신의 정신피로를 감소시킬 뿐만 아니라 어쩌면 건강한 몸을 경험하게 될지도 모른다.

앞에서 논했듯이 자율신경계(ANS)를 제어하는 방법은 두 가지 있다. 첫 번째, 가장 쉬운 방법은 호흡을 통해 제어하는 것이다. 호흡제어 연습을 통해 할 수 있는 제어방법은 우리를 더 나은 다이버들로 만들어 줄뿐만 아니라 일상생활에 많은 도움을 준다.

호흡제어는 우측 **미주신경**(Vagus nerve)의 제어를 통해 심장기능을 관리한다. 이러한 행동은 의식적으로 자율신경계(ANS)를 제어할 수 있도록 해준다.

ANS를 제어할 수 있는 또 다른 방법은 강한 의지로 제어하는 것이다. 명상을 통해 정신적 에너지를 집중하여 마음을 관리하는 것이다. 자아제어를 최대화 하기 위해 올바른 호흡법과 명상을 이용할 필요가 있다.

호흡은 매우 중요한 체내 기능이다. 호흡은 생명을 유지시키는 에너지의 원천이다. 호흡은 감정안정, 건강과 행복을 관리한다. 스트레스 상태인 사람은 부적절한 호흡을 통해 더 많은 스트레스를 발생시킨다. 이러한 사람은 호흡을 짧고 빨리 한다. 이러한 악순환을 피하기 위해 느리고 깊은 호흡을 하고, 이를 통해 스트레스와 장력을 감소시켜야 한다.

호흡계(Respiratory System)

호흡계는 순환계와 같이 기능한다. 이는 기체교환을 위해 히모글로빈에게 적절한 환경을 마련해 준다. 몸의 휴식상태에서 호흡 사이클은 신경계가 혈액내 CO_2 증가(또한 이에 따른 산소 감소)를 감지하면서 시작된다. 스트레스와 운동량 증가 또한 호흡 리듬에 영향을 미친다. 이는 호흡을 위해 신경-화학 자극을 감소시킨다. 혈액 pH 수치를 변경하는 CO_2는 호흡을 시작시키는 초기 자극이다.

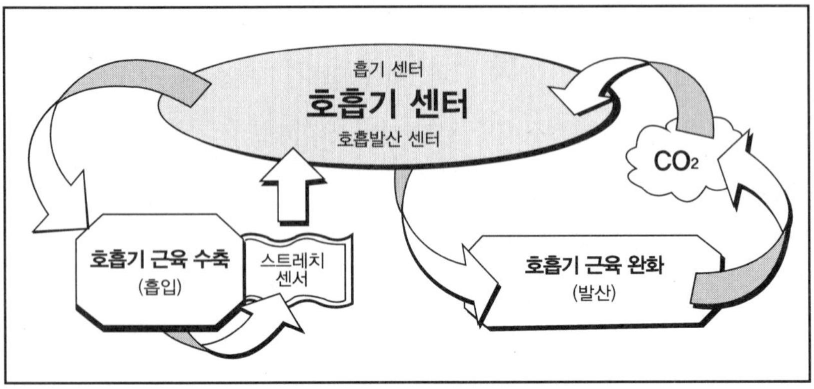

CO_2 수치가 증가되면 뇌의 연수(Medulla oblongata)에 위치해 있는 호흡기 콤플렉스 흡기 센터에 신호를 보낸다. 신호를 통해 호흡기 근육이 수축하도록 한다. 이러한 일이 일어나면 횡격막으로 인해 폐를 팽창시키게 한다. 폐는 몇 백 만개의 **폐포(Alveoli)**로 형성되어 있으며, 이들은 계면활성제-종류(surfactant-type)의 단백질 요소로 코팅되어 있다. 이러한 계면활성제는 표면장력을 증가시킨다. 표면장력은 폐의 모양은 물론 폐포의 모양을 유지시킨다.

흡입을 하기 위해서는 수축하는 호흡근육은 이러한 장력을 이겨야 한다. 근육들이 이완되면 계면장력은 폐를 "정상적인" 모양으로 되돌려 놓으며, 흉곽과 횡격막은 이러한 작용 혹은 움직임을 따른다. 이 두 작용, 호흡기 근육의 수축과 이완은 폐포의 계면장력과 함께 흡입을 발생시키며, 이완상태에서 내쉬기를 하도록 한다.

인간의 호흡계는 그룹단위 조직의 복합 시스템으로 이루어졌으며, 비강과 구강으로 시작해 횡격막(Diaphragm)으로 이어진다. 공기가 기관으로 흡입되어 들어오면 두 개의 폐로 이루어져 있는 **기관지(Bronchi)**로 나누어 지며, 끝인 **세기관지(Bronchioles)**로 들어가면서까지 작아진다. 마지막으로 공기는 연속적으로 연결되어 있는 작은 공기 주머니(Alveoli-폐포)로 들어가게 된다. 다음 장의 그림과 같이 흡연자와 비흡연자의 폐의 차이는 많다는 것을 볼 수 있다.

흡입이 시작이 되면 폐 내의 **수축 감지기(Stretch sensors)**들이 적절한 팽창을 감지할 때까지 계속된다. 원하는 수치의 팽창이 이루어지면 감지기(Sensor)들은 흡기센터(Expiratory center)에 반응한다. 센서들은 흡입중지의 필요성에 대한 메시지를 교환한다.

흡입 도중 호흡기로 이동하는 기체는 기관(Trachea) 벽의 마찰적 저항으로 인해 공기는 실질적으로 벽에 튀어 돌아다닌다. 이러한 기체분자들은 추가적으로 들어오는 기체들을 막는다. 결과적으로 격한 난류성 **기체흐름(Turbulent gas flow)**으로 이어진다. 난류성 기체흐름을 발생시키는 호흡은 비효율적이며 과호흡 증후군으로 이어질 수 있다. 부적절한 공기 순환은 기체 탈진의 느낌을 발생시킨다. 만약 자율신경계(ANS)가 이러한 느낌에 반응한다면 호흡량 증가를 자극하게 된다. 다이버들에게 이러한 공기 미름 "Gulping"(과한 호흡으로 인해 목이 메는 경우) 증상은 많이 볼 수 있다. 만약 이러한 패턴을 방치해 둔다면 부적절한 공기 순환, 스트레스 생성은 물론 대부분의 경우 공기 흡입 실패라 인식하여 패닉을 할 수 있다.

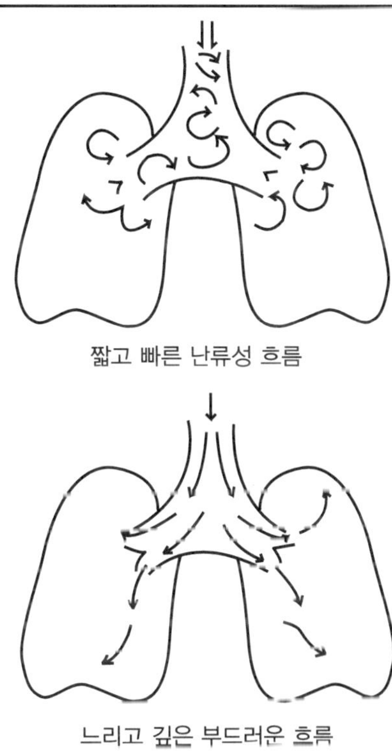

난류와 부드러운 기체 흐름의 차이

이러한 반응을 피하기 위해 느린내쉼과 들이쉼 방법을 교육 받아야 한다. 공기흡입은 깊은 호흡 간격을 평등하게 유지하여야 한다. 다시말해 호흡속도와 분당 호흡량(RMV)은 느리고 깊어야 한다는 것이다. 이러한 상태의 RMV는 난류를 예방하고 단계적인 흐름을 유지하며, 다이버에게 적절한량의 공기순환을 확실히 제공할 수 있게 해준다. 깊고 느린 호흡은 폐포에 더 많은 량의 공기가 공급되게 한다. 짧은 호흡은 작은 량의 공기가 폐포로 전달하게 한다.

기체교환은 흡입된 기체가 폐포에 전달될 때까지 발생되지 않는다. 폐포를 둘러쌓고 있는 모세관들은 복잡한 네트워크를 형성하고 있어 폐에서 순환계로 산소를 교환할 수 있도록 해준다. 같은 시간 발산을 통해 이산화탄소(CO_2)로 하여금 혈액에서 이동하게 한다.

혈액은 복잡하고 다양한 면으로 구성된 액체 조직이며, 순환계에 복잡한 요구를 하게 진화되어 있다. 혈액의 많은 기능에는 체내 산소 공급 및 영양소 공급, 배설물 및 배설 기체 배설과 몸의 면역 시스템 활성화 등이 포함되어 있다. 폐의 혈액량은 평등하게 배포되어 있지 않다. 더 나가서 이는 중력에 의존한다. 당신이 서 있을 때 더 많은 양의 혈액이 폐의 중간과 윗부분보다 아래 부분에 있다. 반대로 기체 흐름의 최대량은 폐의 윗부분에서 발생된다. 그러므로 기체이동은 생각보다 그다지 효율적이지 못하다.

혈액공급 검은 부분은 기체교환을 위해 혈액농도가 더 높다.	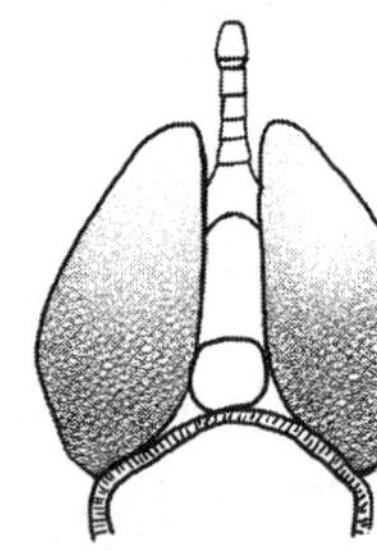
흉곽 호흡 (부적절함) 흉곽의 벽이 늘어나고 밖으로 끌어당겨져 부분 진공상태를 이룬다.	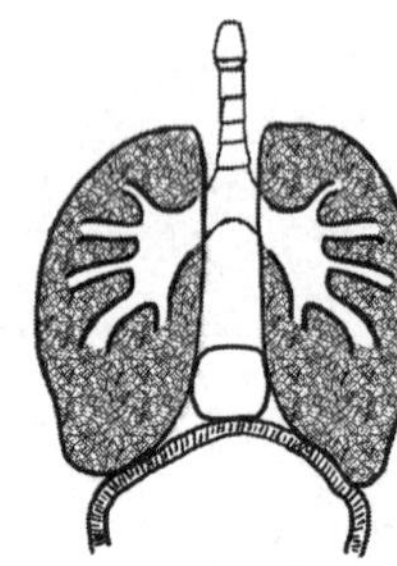
횡경막 호흡 (적절함) 횡경막이 수축되면서 아래로 당겨지고(평평히) 더 완전한 진공상태를 만들며 이는 아래 엽으로 공기를 내려가게 한다.	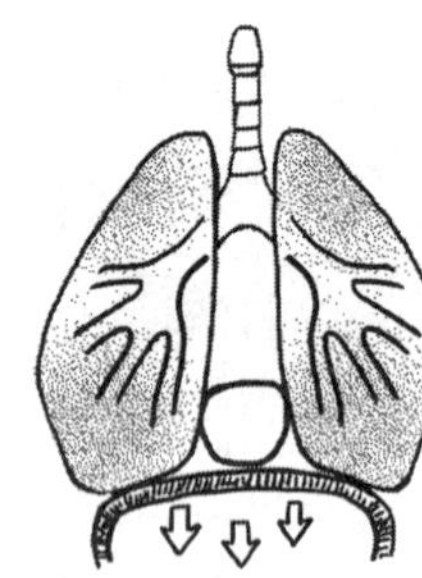
발산 횡경막 긴장이 풀리면서 돔 모양으로 다시 수축되어 폐에서 공기를 배출한다.	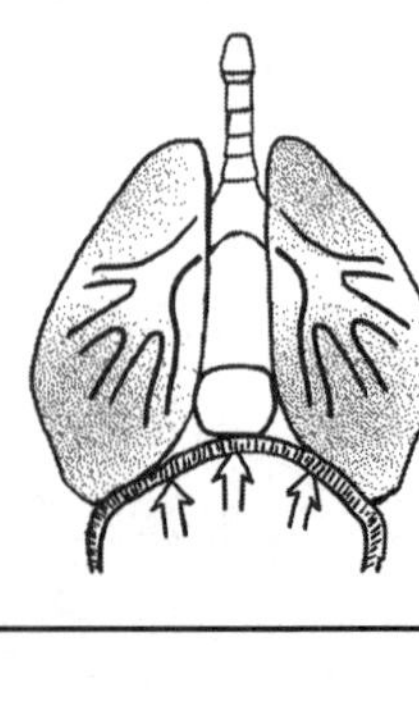

폐 아래 1/3부분과 혈관 네트워크에 기체를 공급하려면 **느리고(Slow) 깊은(Deep) 횡격막적 호흡법이 가장 중요**하다. 만약 폐포들이 신체의 손상으로 인해 부상을 당하였다면 비효율적인 기체교환으로 이어진다. 담배 흡연자들(다른 물질의 흡연자들 포함) 언젠가는 폐의 효율성을 상실한다. 이러한 상실을 **폐기종**

(Emphysema)이라 한다. 담배는 폐의 벽을 망가지게 하여 "육안으로 보이는 구멍"을 생성시킨다. 이러한 구멍은 산소가 폐포를 통해 혈액과 만나는 표면량을 감소시킨다. 이러한 감소는 폐포를 통해 교환되는 기체량을 저하시킨다.

폐포를 통한 기체 확산은 수압(Hydrostatic pressure)의 차이에 의해 이루어 진다. 공기 흡입 시 폐의 산소량은 폐포에 있는 혈액의 산소량보다 높아지며 압력의 차이는 기체 교환을 통해 평형을 이룬다.

폐포에 산소가 들어가면 산소는 폐의 모세관으로 확산된다. 이 상태에서 산소압은 높아진다. 호기 시 모세관들의 혈액은 감소된 량의 산소를 포함하고 있다. 히모글로빈에 합류된 이산화탄소(CO_2)량은 높다. 이러한 압력은 호기되는 곳에서 혈액에 포함되어 있는 이산화탄소(pCO_2)를 폐포로 이동시킨다.

적혈구(RBC)는 체내 조직에서 필요로 하는 대부분의 산소를 이동시킨다. 적혈구는 히모글로빈을 통해 산소를 이동시키는데 히모글로빈은 산소와 결합(Bonding)과 부결합(Unbinding)을 쉽게 할 수 있는 능력을 가진 단백질이다.

산소가 호흡기 시스템을 통해 확산(Diffuse)되면 두 개의 메커니즘을 통해 이동된다. 산소의 일부는 혈장에 단순한 용해상태로 존재하며, 대부분의 경우 히모글로빈에 결합되어 이동된다. 히모글로빈은 4개의 단백질 체인으로 구성되어 한 개의 철(Fe)에 연결되어 있다. 히모글로빈의 철(Fe)은 산소를 히모글로빈에 연결시킨다. 이는 순환계의 산소이동을 가능케 한다.

혈액의 히모글로빈이 산화되면 밝고 붉은 색상을 띤다. 낮은 수치의 히모글로빈은 빈혈(Anemic)과 관련된다. 심한 빈혈로 고생하는 사람들은 다이빙 시 매우 조심해야 한다. 이들은 특히 깊은 수심 다이빙(Deep diving)을 할 경우 매우 조심해야 한다. 딥 다이빙 시 증가된 산소와 이산화탄소 부분압은 빈혈을 악화시킬 수 있다. 히모글로빈은 또한 이산화탄소를 체내 세포들에서부터 이동시킨다. 히모글로빈에 농축된 이산화탄소로 인해 혈액은 푸른빛을 띤다.

적절한 기체 공급 시 히모글로빈에 결합될 기체는 산소와 이산화탄소뿐이 없다. 하지만 만약 체내기체에 일산화탄소(CO)가 포함되어 있다면, 이는 산소보다 **250배** 더 빨리 히모글로빈에 결합될 수 있다. 다이빙 시 일산화탄소(CO) 중독은 오염된 공기 사용으로 인해 발생된다. 일산화탄소는 색상이 없고, 냄새가 없으며 맛이 없다.

일산화탄소(CO)는 생명을 유지시켜 주지 않으며 매우 빨리 빈혈과 저산소증(Hypoxic)을 유발한다. 만약 일산화탄소 가능성을 점검하지 않는다면 의식불명으로 이어질 수 있으며 더 심한 경우 죽음으로 이어질 수 있다. 흡연자들의 히모글로빈에는 5에서 15%의 일산화탄소(CO)가 결합되어 있다. 수심이 깊어 질수록 호흡환경의 모든 기체들의 부분압은 증가된다. 이러한 증가는 일산화탄소의 문제점들도 더 복잡하게 만들 수 있다.

흡입된 기체가 폐포로 퍼지게 되면 폐의 모세관들로부터 폐동맥을 통해 심장으로 이동한다. 심장은 산소가 농축된 혈액을 동맥을 통해 펌프를 하여 모세관들로 이동시키며, 체내 모든 세포들에게 산소를 공급하게 한다. 몸은 수산화탄소를 폐로 이동하여 폐포를 통해 밖으로 배설시켜 체내에서 제거시킨다.

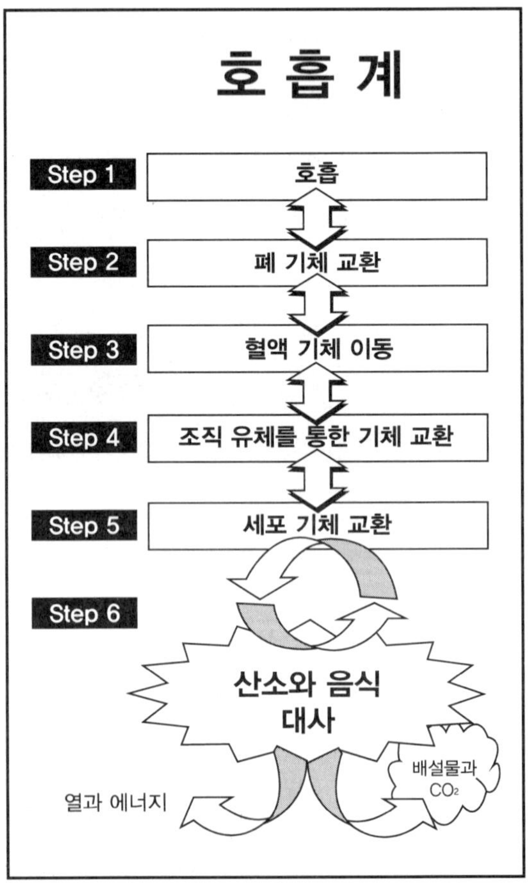

산소와 함께 혈액은 체내 소화계로부터 영양분을 흡수하여 세포로 이동시킨다. 체내 세포들이 산소와 영양분들을 공급받으면 화학반응이 일어난다. 산호는 이러한 연료들을 "연소"시켜 에너지를 생성한다. 연료는 섭취된 탄수화물과 지방에서 추출된다. 이러한 대사(반응)는 우리 세포 내 미토콘드리아에서 이루어진다. 미토콘드리아에는 특별한 단백질 분자들 혹은 효소들이 포함되어

있는데, 이러한 효소들을 시토크롬 옥시데이즈(Cytochrome oxidase)라 한다. 이들은 산화된 음식(연료)에서 발산된 에너지를 가지고 에너지 축적 분자인 아데노신삼인산 ATP로 이동시킨다. ATP는 세포 내 기본적인 에너지원이다.

에너지가 생성되면 노폐물들이 생성되고 이산화탄소(다른 노폐물)가 발생된다. 탄소는 산소가 농축된 환경에서 "연소"된 음식으로부터 발생된다. 결과는 이산화탄소이다. CO_2의 압은 산화로 인해 증가되며, 강제적으로 정맥 모세관으로 이동된다. CO_2는 점점 더 큰 정맥을 통해 이동되어 나중에는 심장으로 돌아와 다시 사이클이 시작된다. 만약 몸이 CO_2를 정체 하거나 제거될 능력이 감소된다면 체내 메커니즘에 역적인 결과를 초래하게 된다.

깊은 수심에서의 호흡

다이빙 수심이 깊어 질수록 다이버들은 호흡을 통해 기체밀도를 보완하여야 한다. ANS는 반응적으로 증가되는 기체 밀도를 빠른 호흡을 통해 안정시키려 한다 – 이러한 반응은 호흡기 내 난류 또는 터뷸런스를 증가시켜 호흡의 효율성을 저하시킨다. 수심 혹은 활동량이 증가되면 이에 따른 호흡도 느리고 깊게 지유지시킬 수 있도록 훈련하는 것이 중요하다.

수영 시 어느 정도의 활동량까지 느리고 깊은 호흡 패턴을 유지할 수 있는지 실험해 보고, 이에 따른 자신만의 활동–대비–호흡 균형을 깨닫도록 한다. 적절한 호흡 패턴을 깨는 수영 속도는 효율성을 저하시킨다. 과한 수영 속도는 호흡 패턴을 변화시키며, 호흡기 내의 터뷸런스를 증가시켜 폐포 내에 부적절한 기체 공급을 하게 한다.

많은 다이버들은 스트레스 시 이러한 적정속도를 넘는다. 과잉활동은 호흡 제어를 잃게 한다. 역으로 공기를 공유할 경우 다이버들은 수영 속도를 너무 늦춘다. 너무 속도를 저하시킬 경우 수면까지 사용해야 할 공기를 미리 고갈 시킬 수도 있다. 그러므로 공기를 공유할 경우 경험있는 다이버들은 의식적으로 정상적인 속도를 유지하는 동시에 안전한 호흡 패턴을 유지한다.

수면에서 호흡은 대부분의 경우 코로 한다. 코로 호흡을 할 경우 입으로 호흡하는 것보다 150% 더 많은 노력을 해야 한다. 코로 숨을 쉬는 이유는 건강한 호흡의 질에 있어서 입으로 쉬는 것 보다 30가지 이상의 장점을 제공하기 때문이다. 코로의 호흡은 노폐물 필터, 습기유지, 공기흐름방향 유지, 공기 온도유지, 공기의 질을 향상, 후각 기능 향상, 점액 생성, 사이너스(Sinus) 배출과 함께 신경계에 긍정적인 영향을 준다.

흡연과 호흡기 건강

폐포로 구성된 폐는 5개의 엽(Lobe)으로 나눠져 있다. 우측 폐는 3개의 엽을 좌측 폐는 2개의 엽을 가지고 있다. 만약 폐를 생성하는 폐포들을 다 땅에 배열해 놓는다면 테니스 코트 반을 덮을 것이다. 폐와 연결된 코 통로와 입은 섬모충된 원형 상피세포로 벽을 이룬다. 이러한 섬모(Cilia)들은 공해와 이물질들이 폐로 들어오는 것을 방지한다.

흡연은 신경과 순환계 그리고 호흡계에 바로 영향을 준다. 초기 영향은 섬모들의 활동을 마비시키는 것이다. 한 개의 담배는 20분 동안 섬모들의 활동을 중지시킨다. 흡연은 점액 생성을 즉시 증가시키며 산소 흡수 또한 방해한다. 흡연은 호흡 속도를 증가시킨다. 이러한 호흡 증가는 수심 밀도 증가와 함께 공기 흐름에 터뷸런스를 발생시킨다. 호흡에 필요한 작업량을 증가시키며 아래에 기술한 것 같이 일산화탄소가 혈액에 합류되게 한다. 일산화탄소(CO)는 히모글로빈으로부터 산소가 분리시킨다. 일산화탄소는 산소보다 히모글로빈에 250 배 더 빨리 결합된다.

흡연은 심장이 더 힘들게 일하게 하여 맥박율을 증가시키고 혈압을 증가시킨다. 또한 흡연은 혈관을 축소시켜 혈액 흐름을 감소시킨다. 이러한 상태는 심장질환에 노출될 확률을 서서히 증가시키고, 당장은 감압병(DCS) 발병율을 증가

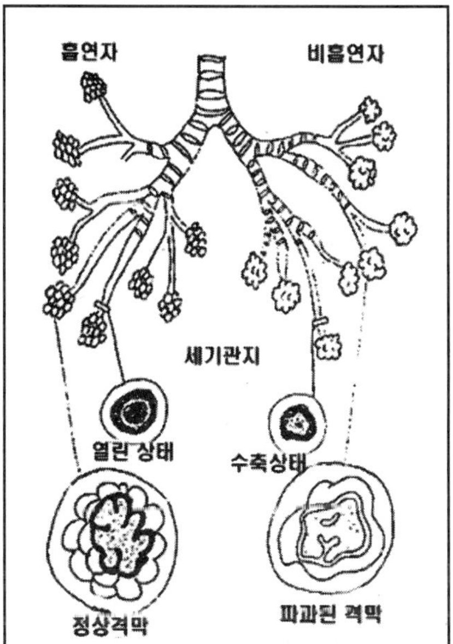

비흡연자와 흡연자의 세기관지 비교

와 함께 순환계 효율성을 감소시킨다. 흡연은 또한 체온을 저하시키는 반응을 유도 한다.

흡연의 추가적인 위험은 점맥전들로 하여금 기체 버블과 같은 역할을 하게 한다는 것이다. 또한 이러한 점맥전들은 버블들의 연결 기반이 되어 폐의 필터링을 방지한다. 흡연으로 인해 생성되는 것들로 인해 폐가 막히게 되고 이러한 상태가 망가진 폐포와 같은 문제로 이어진다면, 기체가 막힐 확률은 현저히 증가되고 폐의 기압장애 (Barotrauma(수압으로 인한 외상))로 이어질 확률은 매우 높아진다.

건강한 다이빙을 위한 처방

올바르게 호흡하는 방법을 습득하고 지속적으로 올바른 호흡법을 연습하는 것은 더 나은 다이버가 되게할 뿐만 아니라 건강을 향상시킬 수 있게 한다. 올바른 호흡으로 인해 당신이 전체적인 결과에 놀랄 것을 확신한다.

올바른 식이습관, 금연(담배 및 다른 물질), 하루 알코올 섭취량 제한(1에서 2 온스)과 함께 매일 규칙적인 운동을 한다면 안전한 다이빙과 전반적인 건강을 즐길 수 있을 것이다. 많은 질병들은 예방을 위해 기초적인 것들을 외면하기 때문에 발생한다.

건강여부는 우리의 선택이다. 체력건강을 유지할수록 더 안전한 다이빙을 할 수 있다. 흡연을 하거나 고칼로리, 고지방 음식과 과도한 음주는 언젠가는 몸에 병을 가져다 준다. 흡연을 피하고 주기적인 운동과 함께 알코올 섭취를 제한한다면 건강하게 살 뿐만 아니라 다이빙 관련 상해사고 예방율도 현저히 증가시켜 줄 것이다.

제6장
약물이 다이버에게 미치는 영향들 (The Effect of Drug on Diving)

브루스 보스 (Bruce V. Voss MD)

미리아 덴레이씨는 솔로몬섬에서 가라앉은 난파선 다이빙을 하고 있다. (사진: Kevin Denlay)

이 장에서는 약물이 다이버에게 미치는 영향에 대해 논할 것이다. 약물(drug)이란 "…식물이나 동물 조직으로부터 합성되거나 추출되어 의료 목적으로 사용되며, 질병을 예방하거나 치료하는 모든 물질을 약물이라 한다." 약물은 처방전 약물과 비처방전 약물로 구분된다; 처방전 약물은 더 나아가 불법 약물과 합법적 약물로 더 구분될 수 있다. 전문의에게 치료를 받을 경우 처방전 약물로 치료를 받게 된다.

처방전 약물에는 만성질환을 치료하기 위한 약물이 포함된다; 예)고혈압, 심장박동질환, 천식과 같은 호흡기 질환, 만성 폐색성 호흡기질환, 기관지염, 등. 비처방전 약물에는 합법적(단속되지 않는) 약물들이 포함된다; 예)..알코올, 감기약, 멀미약, 두통약, 통증약 등이다. 무허가 약물에는 환각제, 코카인과 암페타민(중추신경 자극 각성제)과 같은 흥분제, 대마와 같은 도취약 등이 포함되며 이들은 신경계에 자극을 준다.

여기서 중요한 차이를 알아야 한다. 자율신경계(autonomic nervous system) – 신경계의 일부로 환경에 자동으로 반응한다(외부 및 내부) – 는 두 성분으로 세분화 시킬 수 있다. 교감신경계(sympathetic nervous system)는 "(fight-or-flight : 도피반응) 시스템으로 부교감신경계(parasympathetic nervous system)를 대립한다. 이 두 가지는 몸의 기능들을 제어하며 무의식적으로 활동하며 의식적 입력을 필요로 하지 않는다. 교감신경계는 자극에 의해 발한, 심장박동, 혈당과 체온을 반응한다. 부교감 신경계는 반대 방향으로 활동하며, 교감신경계의 활동 및 제어(부교감 입력에 의해 반응하는 위장 내 분비만 제외)와 대립한다.

교감계는 부신 호르몬인 에피네피린(아드레날린)과 노르에피네피린(부아드레날린)을 통해 활성화 된다. 코케인과 암페타민과 같은 약물들은 화학구성이 에피네피린/부에피네피린과 비슷하므로 교감계를 활성화 시키거나 이 두 중재물질들을 분비시킨다.

활성화시키는 또 다른 메커니즘에는 부교감계를 차단시키는 방법(예., 항콜린제)과 교감적 활동을(에드레날린) 막지 않는 방법 등이 있다. 중요한 것은 부교감과 교감적 자극의 균형은 육체적 반응을 관리한다는 것이다. 예., 교감 혹은 부교감적 반응.

향정신제 (정신 안정제 및 환각제: Psychotropics)

많은 사람들이 자신들의 감정을 제어하고 기분을 좋게 하며 개인경험을 높이기 위해 약물을 사용한다. 정신분열증(schizophrenics)과 조울병(manic depressive)은 테크니컬 다이버에게 많이 확인되지 않지만, 일부 다이버들이 매일 신경안정제(상표: 발륨) 혹은 우울증 치료제(상표: 프로잭)을 복용할 것이라 생각한다 – 더 나아가 암페타민 복용까지도 가능한 일이다. 어렸을 때 과잉행동을 한 아이가 주변에 있었는가? 아마 그 아이는 ADD(주의력결핍장애)를 진단받았을지도 모른다. ADD가 있는 아이는 커서도 완치되지 못하고 암페타민 등을 복용하며 치료를 받고 있을 것이다.

다이빙 수심과 약물 복용으로 인한 증가된 감정과 지각변화와 같은 일반적으로 알려진 문제들 외 더 문제되는 것은 약물 중독된 신체에 수심이 미치는 확실치 않은 영향이다. 향신경제(psychotropic)로 알려진 약물인 다이아제팜(Diazepam) 혹은 발륨(valium)이 고압챔버(hyperbaric chamber) 사용 시 복용된 사례가 있다 – 챔버는 오픈워터와 달리 제어된 환경이며 깊은 수심에서도 처치가 가능하다.

주의 !

제퍼슨 데이비스 박사는 그의 책, '스포츠를 위한 의학검사들 '에서 향정신제(psychotropics) 복용 시 스쿠버 다이빙을 피하는 것을 권하고 있다.

알코올(Alcohol)

비처방 약물 중 합법적으로 감정을 변화, 혹은 향상을 시키는 약물 중 알코올은 아마도 가장 많이 사용되고 약물일 것이다. 알코올은 중독성이 있으며 능률을 저하시키는 것으로 알려져 있지만, 알코올이란 '약물'은 다른 작용들도 한다. 첫 번째로, 알코올은 혈관을 팽창(연다)시켜 피부로 더 많은 혈액을 이동시키고 열 발산을 촉진시킨다. 이는 구토의 위험성을 증가시므로 흡인(위 내용물 등이 폐로 흡입)을 유도시킨다. 알코올은 또한 차나 커피 같은 이뇨제로 소변을 촉진시키는데, 이는 순환되는 혈액량이 저하되는 것을 뜻한다(사용될 수 있는 자유수분량이 저하되어 혈액량 희석이 감소된다). 이러한 상태는 감압병(DCS)의 위험을 증가시킨다. 이러한 문제들이 질소마취와 같이 발생되면 추가적인 문제로 이어지는 것이 아니라 문제가 증폭되는 복합적인 문제로 이어진다.

카페인(Caffeine)

지난 몇 년 동안 카페인(커피, 차, 콜라 등)은 논쟁의 대상이 되어왔다. 커피가 혈압을 증가시킨다는 연구결과가 보고되었으며, 혈압증가는 깊은 수심에서 고혈압 반응을 촉진시킬 수 있다고 한다. 또한 이는 심장에 이소증(ectopy)을 유발시킬 수 있으며, 이는 치명적인 부정맥(유해하거나 불규칙한 맥박)으로 이어지게할 수 있다. 일부 사람들은 카페인 첨가물을 사용해 피로와 싸우려 한다. 카페인이 첨가된 약물 등을 섭취하고 상태가 이상해진 후 다이빙을 하면 주의력이 증가될 수도 있지만 이와 더불어 심장박동률, 대사률, 호흡률과 산소사용량 등이 증가하며, 이들은 모두 심각한 문제로 이어질 수 있다.

호흡기관 약물(Respiratory Tract Meds)

만성기관지염(chronic bronchitis)과 기종(emphysematous)이 있는 환자들을 보지 못하겠지만 다이빙 후 담배를 즐기거나 날씨나 계절이 변할 때마다 가슴의 통증을 호소하는 사람들은 종종 보았을 것이다. 기관지염을 종종 앓거나 금연을 하거나 10일 정도 항생제를 복용한 다이버는 어떻게 되는가? 압력외상의 위험성이 증가되는가? 많은 사람들이 그렇다고 할 것이다. 하지만 주기적인 변화와 불확실한 근거들로 인해 이들은 계속 다이빙을 할 것이다.

호흡기를 위해 처방되는 약물들은 다양하다. 대부분의 호흡기 약물들은 Ventolin나 Proventil과 같은 기관지 확장제나 Theodur과 같은 테오필린(근육이완제) 복합제를 사용하고 있다. 약물 자체는 깊은 수심에서 문제를 발생시키지 않는다고 보고되고 있지만, 이를 사용하게 하는 문제들은 문제가 될 것이다. 만약 폐질환이 기관지 확장제를 복용한 만큼 심각하다면 대부분의 사람들은 다이빙을 권하지 않을 것이다.

폐질환이 있는 일부 환자들은 항히스타민 처방전을 사용한다. 대부분의 경우 이 약품은 진정효과가 있는데 진정제와 다이빙의 혼합은 위험을 부른다. 에페드린(Ephedrine) 혹은 슈노에페드린(Pseudoephedrine(Sudafed, Actifed))과 같이 처방전이 필요없는 일부 '감기'약들은 심장박동과 혈압을 증가시키며 초초하거나 과민하게 만든다. 이는 복용된 약물들이 입으로 복용되어 체내 시스템에 퍼지기 때문이다. 만약 다이버가 항비색제(neosynephrine)와 같은 국부약물을 부분적으로 사용하게 되면 조직적인 영향은 적을 것이다. 항비색제는 혈관수축제로 혈관, 특히 점액막을 잠시동안 수축시킨다. 이러한 상태는 사이너스/코의 '막힘'을 완화시켜 준다.

위장과 비뇨생식계 약물 (Gastrointestinal & Genito-urinary System Meds)

위장(GI)과 비뇨생식계를 위해 사용되지만 결과적으로 다른 곳에서 그 효과가 보여지는 약물들이 몇 가지 있다. 경련성 대장염(Spastic colitis) 혹은 염증성 장염을 가지고 있는 환자들은 항콜린제(anticholinergic)를 사용할 가능성이 높다. 항콜린제는 자연스러운 '부교감신경계'의 활동을 늦출 수 있다. 이는 발한을 저하시키며 빛에 무감각하게 하며 시야를 흐리게 하는 등 여러 문제들을 발생시킬 수 있다. 더 심각하게는 심장박동 또한 저하시킬 수 있다. 발한의 감소는 더운 지방에서 열사병을 촉진시킨다.

일부 다이버들은 염증, 산환류나 열공탈장(Hiatal hernia)을 위해 약을 복용한다. 일반적으로 잘 알려진 약물에는 히스타민 종류 2형 차단제(H-2) 혹은 길항제 등이 있다. 타가메트(Tagamet: Cimetidien) 혹은 잔탁(Zantac: Ranitidien)이 시중에서 많이 알려진 약물들이다. 이러한 약물들은 진정/어지러움과 두통을 유발할 수 있으며, 잔탁(Zantac)은 타가메트(Tagamet)보다 부작용이 적다. 일부 환자들은 산환류를 위해 메토클로프라미드(metoclopramide: Reglan)을 복용한다. 이 약은 진정제 효과가 있으며 추가적인 각추반응을 일으킨다 – 경련과 수축과 같은 근육-골격 반응.

몬테수마(Montezuma)의 보복(멕시코 여행자들이 걸리는 설사병)으로 인해 로모틸(Lomotil)을 복용할 경우 주의해야 한다. 로모틸(Lomotil)은 아트로핀(동공확대와 경련제어)과 경련억제제(diphenoxylate)의 복합제로 메퍼리딘(Mperidine: Demerol-합성진통제)과 흡사한 약물이다. 데메롤(Demerol)은 마취제로 진정효과가 있으며 호흡기능을 저하시킨다. 약물의 이러한 특성은 질소 마취와 함께 악화되거나 시너지 효과로 이어질 수 있다. 항생제 자체로는 별문제가 없겠지만 장에서는 불편함이 유발될 수 있다. 제일 먼저 항생제는 멀미와 구토의 원인이 될 수 있다. 또한 이들 약물들은 '대장염'을 일으키며, 이는 심한 설사증세뿐만 아니라 혈액의 산, 염의 불균형을 유발할 수 있다.

당연히 "설사를 하는데 왜 다이빙을 하나요?"라는 질문을 하게 된다. 다이빙 여행을 위해 많은 돈과 장비를 구입하고 약국에서 약을 구입하게 되면, 현실적인 것 보다 어떤 것이 가능한지가 더 중요하게 된다. 사람 마음은 뭐든지 가능하게 한다.

멀미와 구도를 위해 사용되는 약물들은 매우 다양하며, 이에는 패치서부터 섭취하는 약까지 다양하게 존재한다. Atarax, Antivert, Benadryl, Compazine, Phenergan, Thorazine과 Tigan 등은 진정효과가 있으며, 질소마취나 DCS에는 어떠한 문제를 유발시킬지는 예측할 수 없다. 일부 약물들은 진정효과 외 신경학적인 문제를 일으킬 수 있으며, 신경학적인 문제는 근육경련과 발작에서 혼수상태 및 죽음으로 이어질 수 있게 한다. 이런 증상이 있는 다이버는 본인 뿐만 아니라 다른 다이버에게 위험이 되는건 당연하다.

항바이러스제는 항생제와 비슷하다. 대부분 주사로 주입되는데 알약도 있으며 다이버들 중 이를 복용하는 이들도 있다. 양성 HIV 환자가 항바이러스제를 사용하면서 다이빙을 하진 않겠지만 헤르페스(생기/구도 혹은 대상 포진) 병력이 있던 이들이 다이빙을 할 가능성은 있나. 어떠한 교수가 이런 말을 한적 있다. "헤르페스와 사랑의 차이점은 헤르페스는 영원하다는 것이다." 다이버가 장기간 복용할 만한 약품은 아시클로버(acyclovir:항바이러스성 약물. Zovirax 등), 이 약은 구토, 멀미와 두통을 동반하기도 한다. 이 약을 복용하는 다이버는 이러한 부작용을 사전에 인지하고 있어야 한다. 바이러스에 의한 증상(일반 감기)을 위해 복용되는 또 다른 약물은 아만타딘(amantidine:Symetrel: 항바이러스제)이다. 이 약 또한 구토, 멀미와 불면증을 동반한다.

비뇨기관에 가장 많이 사용되는 약은 진경제(antispasmotics: 항콜린성 종류)이며 구강건조, 흐린 시야, 심장박동증가와 빛에 대한 눈의 과민반응의 부작용들을 동반한다. 이 종류의 약물 중 가장 일반적으로 사용되는 것에는 cystospaz, Ditarpan, Luvsin, Urised 등이 있다. 이러한 약물들의 과다복용은 (혹은 DCS나 질소마취 등과의 결합) 과도한 콜린성(cholinergic) 문제로 이어질 수 있으며, 불안, 과민, 떨림, 경련 및 호흡기 등의 문제들이 발생될 가능성이 있다.

남성 비교기관 자극을 위해 사용되는 약물 중 성장애(부족하다는 느낌이 아닌 객관적인 장애)에 사용되는 약물들이 있다: 아드레날린 길항제 혹은 알파(alpha)와 같은 차단제 등. 요힘빈(Yohimbine: Daytohimbin–최음제/독성알칼로이드)은 이 종류들의 일종이며 콜린성 신경전달체계에 무저항적 자극을 유도한다. 이 약을 복용하면 소변량 감소, 초초/민감, 혈압/심장박동 증가, 떨림, 두통 및 현기증 등의 부작용들을 경험하게 된다. 당연히 이러한 증상들은 다이빙 시 그다지 좋은 현상들은 아니다. 의사들은 일부 환자들에게 혈액의 페니실린 수치와 다른 항생물질을 증가시키기 위해 프로베네시드(Probenecid–Benemid)을 처방해 준다. 현재까지의 연구결과를 보면 이러한 약은 혈액의 라제반(lorazepam–Valium), 구강 술포닐 요소(sulfonylureas:혈당 강화 작용이 있는 당뇨병의 구강약)와 타이레놀과 이브프로핀(Motrin, Advil)과 같이 항염증 수치를 증가시킨다고 보고되고 있다.

심혈관계 약물(Cardiovascular Meds)

대부분의 다이버들은 심혈관 건강에 대한 의료적 관리 방법을 정확하게 알고 있지 않다. 심혈관계와 관련된 분야는 고혈압과 심장박동제어서부터 협심증(angina:가슴통증)까지 매우 다양하다. 심혈관계 문제를 위해 사용되는 약물들은 매우 다양하며 가장 일반적으로 사용되는 약물들에는 베타(beta)와 칼슘 차단제, 알파 차단제, ACE(혈관장력 전환효소) 억제제, 이뇨제, 항부정맥제, 혈관

케빈과 미리아 덴레이씨는 솔로몬 섬에서 트라이믹스 촬영을 위해 준비하고 있다. (사진: ADS)

확장신경제와 승압제(혈관수축)등이 포함되어 있다. 모든 것을 고려해 볼 때 이러한 약물들을 복용하였을 경우 다이빙을 피하는 것을 권한다.

심혈관계 관련 약물들의 전반적인 부작용에는 저혈압과 빠른 심장박동, 기관지수축(호흡기 수축)과 심하거나 치명적으로 비이상적인 심징리듬 등이 포함되는 등 부작용은 매우 다양하다. 우리들은 가끔 비처방 약물을 사용하거나 불법 약물들을 복용하는 경우가 있다. 대마초, 코카인과 알코올은 많이 사용되는 약물들이며 다른 체내 시스템들은 물론 심혈관계에도 영향을 미친다. 행복감과 자극적인 본질 때문에 사용되는 약물들이지만 이들은 예측할 수 없는 매우 다양한 부작용들을 동반한다. 깊은 수심에서 이러한 부작용들은 본인은 물론 다른 다이버들에게까지 치명적인 결과를 초래할 수 있다. 최근 의학자료에 따르면 알코올과 코카인은 심장을 손상시키지만 이들의 복합적인 부작용은 한가지 약물이 미치는 영향보다 더 복잡해질 수 있다고 한다. 다이빙 시 이러한 약물을 복용하는 사람은 전문가의 조언을 받을 필요가 있다.

근육/골격계(Muscular/Skeletal Meds)

약물이 신체에 미치는 영향 중 많이 알려진 분야는 근육/골격이다. 제약회사들은 이러한 사실을 의학자들은 물론 대중에게도 인정 받으려 한다. 그래서 종종 신문에 제약회사들이 홍보하는 처방약을 본적이 있을 것이다. 이러한 약물들이 건강에 좋은가? 제약회사에서는 의사들이 인정하지 않은 약품들을 먼저 환자들에게 홍보하여 환자 인지도를 높인 후, 처방하는 의사들에게 처방 받도록 하는 광고전략을 사용한다. 사람들은 모든 사람들이 걸릴 수 있는 근육통과 통증 제거를 위해 많은 돈을 쓰고 있다. 하지만 약국에서도 쉽게 구매할 수 있는 이부프로펜와 같은 비스테로이드 항염증 약(NSAIDS)과 함께 이와 흡사한 진통제들이 출시되면서 사용자들로 하여금 선택할 수 있는 약물은 매우 다양해지고 많아졌다. 이와 같은 약물들은 일반적인 통증, 경련, 결림, 접림질 및 대부분의 근육문제들에 사용된다. 일반적으로 사용되는 약물에는 코데인(Codeine:진통, 수면제)과 함께 아스피린과 아세트아미노펜(해열,진통제, 타이레놀)등의 약품들도 포함된다; 전체적으로 NSAIDS에는 이브프로펜, 나프록센, 케톨롤락 등이 있으며; 마취제(합성제) 및 살리실산염(아스피린)을 포함한 마취제; 비 마취제와 불안완화제(anxiolytic) 예., 바르비트르산염 기반(Darvocet, Fiorinal) 약물들과 Parafon Forte 등이 있다.

이 리스트에는 Robaxin, Flexoril과 Soma와 같은 근육 이완제도 포함된다. 일반적으로 일부 환자들은 벤조디아제핀(Benzodiazepine (Anxiolytic:불안 완화제):정신 안정제)을 처방 받는데 이는 발륨과 흡사하며 근육 경련과 불안에 사용된다. 중요한 것은 스테로이드와 같은 강한 약물도 처방 된다는 것이다. 이들은 앞에 논의된 다른 약물과 같이 복용되거나 한가지만 복용될 수 있다. 다시 말하지만 이 리스트는 매우 광범위하며 혼합복용은 매우 다양한 부작용과 반응을 초래한다. 전문의나 약사에게 다이빙과 위에 검진된 약에 대해 상의하는 것이 권장한다. 특히 스테로이드는 매우 심한 부작용을 초래할 수 있다 – 과잉수분잔류, 전해질 손실 및 대퇴부 머리(히프와 소켓이 만나는 부분, 윗다리 머리 부분의 세포들의 죽음)의 골괴사(Avascular necrosis) 등. 일부 연구들은 골괴사(Dysparic Osteonecrosis)율이 2.7에서 80%까지 상승할 수 있다는 내용을 보고하고 있다. 이러한 문제는 포화잠수(Saturation diving), 500fsw(150msw) 이상의 딥헬륨 잠수 및 많은 DCS의 경험이 있는 다이버들에게 발생할 확률이 높다. 스테로이드는 고압산소중독과 감염의 발생률을 증가시킨다.

비뇨/대사계 약물(Endocrine/Metabolic System Meds)

다이버의 건강관리를 위해 알아두어야 할 분야는 비뇨/대사계이다. 이 분야는 당뇨부터 갑상선 장애까지 매우 다양한 부분들이 포함되어 있다. 번식제, 콜레스테롤 저하제, 호르몬 촉진제(예.,스테로이드 항생제), 구강 피임약 및 갑상선제 등들도 다양이 포함된다. 이 분야에 많은 증세들이 있지만 당뇨만큼 토론과 연구가 많이 되었던 증상도 없을 것이다.

인위적으로 혈당을 제어하는 사람이 다이빙을 해도 무관한지에 대한 질문은 매우 중요한 문제이다. 또한, 이러한 사람이 스포츠 다이빙만 할 수 있는지 테크니컬 다이빙을 할 수 있는지도 중요한 질문이며, 저혈당(hypoglycemia) 혹은 고혈당(hyperglycemia)으로 인해 발생하는 문제는 무엇인지도 알고 있어야 할 것이다. 스트레스 반응과 혈당에 미치는 결과는 다이버의 파트너/친구(주위 다이버들)에게 매우 중요한 문제가 아닐 수 없다.

첫 번째로 DAN(Divers Alert Network)은 당뇨병과 스포츠 다이버의 문제에 대한 연구를 수행하고 있다. UHMS(Alert Diver, Undersea and Hyperbaric Medicine Society)라는 의학회는 당뇨병이 있는 다이버들에게 필요한 자료를 지원하고 있을 뿐만 아니라 다이빙을 금해야 할 일부 다이버들에 대해 자세한 가이드라인도 제공한다.

UHMS는 다음 당뇨가 있는 다이버들에게 다이빙을 피하도록 권하고 있다:

1. 지난 12달간 심한 저혈당병력의 환자(무의식,기절 혹은 다른 이들의 도움 필요)
2. 진행된 이차적 합병증이 있는 환자(예., 눈병, 신경계 혹은 심장병 등)
3. 저혈당 상태에 대해 모르는 환자(스트레스 증후군이 없음)
4. 자신의 당뇨병관리를 적절히하지 못하거나 운동과 당뇨의 연관성에 대해 이해못하는환자

다이빙을 정기적으로 즐기는 당뇨가 있는 다이버들이 존재한다. 이들이 33-39msw(110-130fsw) 수심보다 더 깊게 다이빙을 해도 무관한가? 위험부담을 알면서도 꿈과 모험을 위해 다이빙을 하는 이들이 있기에 당뇨증세가 있어도 다이빙이 가능하다고 하는 이들이 있을 것이다. 하지만 이런 다이버가 그의 파트너에게까지 위험부담을 줄 권한이 있는가? 만약 파트너가 당뇨병이 있다는 것을 알고 있다면 그와 다이빙을 하는데 있어서 위험부담이 있다는 것을 인식하는 것이 좋다.

콜레스테롤 수치를 저하시키는 약물들의 부작용 중 하나는 신경학적인 문제이다. 이는 현기증이나 피로로 나타나며 말단 부분들에 마비를 일으킨다. 이러한 현상들은 갑상선 장애와 비슷하며 실질적으로 갑상선 대체제를 과하게 복용하면 환자가 과대사가 될 수 있다. 이러한 상태에서 60msw(200fsw) 이하 수심 다이빙을 즐길 수 없다. 과거 일부 의사들이 대사율과 체중조절을 위해 갑상선 대체 호르몬을 처방한 적이 있다. 그래서 만약 호르몬이 실질적인 호르몬 대체제로 사용되지 않는다면 약과 외인성(추가적) 호르몬 영향력을 받고 있지 않는 상태에서 다이빙을 권하였다. 만약 호르몬이 대체제로 사용된다면 다이버는 의사와 실질적인 약의 복용량(정기적으로 해야 함)과 고압 환경을 고려해 다이빙 여부를 상의하도록 한다. 증가된 갑상선 호르몬 사용은 산소중독 발생율을 증가시키며, 과대사 상태는 위험한 상황을 유발할 수 있다.

구강 피임약도 문제가 될 수 있다. 이론적으로 피임약은 정맥의 혈액 응고를 증가시킬 수 있으며 흡연이 동반되면 35살 이상의 여성들에게 심장병을 유발시킬 수도 있다고 한다. 제대로 수행된 임상실험으로 확인되지는 않았지만 과응고 능력은 감압병의 위험성을 증가시킨다고 한다.

위에 목록 된 에이전트나 약물들이 세상에 존재하는 모든 약품들을 포함시키진 않는 다는 것을 명심하기 바란다. 항발작에 쓰이는 약물들은 당연한 이유로 논하지 않았다. 이러한 약물들까지 포함하게 되면 내용이 너무 길어질 것 같아 다루지 않았으며 다이빙에 금기되는 질병에 사용되는, 예를 들어 녹내장에 사용되는 안구제는 특별히 논할 필요가 없어 포함시키지 않았다. 또한 건강보조식품가게에서 구입할 수 있는 약물들도 논하지 않았다. 특정 비타민, 예를 들어 비타민 A의 대량섭취는 일부 질병상태를 모방하며 특정한 아미노산의 대량섭취는 근육통과 취침장애 및 심한 대사장애와 산염 불균형을 일으킨다. 그래서 적절한 교육없이 건강보조식품을 섭취한다면 많은 문제를 발생시킬 수 있다.

중요한 것은 다이버로서 본인이 복용하는 약물의 작용에 대해 이해하고 수심에 따른 약의 작용, 위험부담 및 다른 이들에게 미치는 영향 등을 인지하고 있는 것이 중요하다. 당신은 당신이 복용하는 약에 대해 알아야 할 의무가 있고, 이와 관련된 지식은 처방해준 의사나 식견있는 약사를 통해 학습하도록 한다.

CHAPTER 7

제7장
산소와 산소가 다이버에 미치는 영향 (Oxygen And It's Effect On The Diver)

브루스 보스 (Bruce V. Voss MD)

라말 하이어씨가 플로리다 동굴에서 사이드마운트 다이빙을 하고 있다. (사진: Bill Dooley)

산소는 삶을 주고 생명을 살리는 중요한 요소이며, 1774년에 조셉 프리스트리(Joseph Priestley)에 의해 발견 되었다. 산소는 공기의 약 21%를 차지하며 가연성은 아니지만 점화를 위해 필요하다. 물질적인 상태로 논하자면 산소는 대부분의 경우 2원자성 분자로서 존재하며, 두 개의 산소 원자로 이루어져 있다. 현재 대기 산소량은 20%가 약간 넘지만 과거에는 (예., 공룡시대) 산소량이 훨씬 적었다는 추측도 있다. 만약에 그것이 사실이라면 인간이 진화된 산소환경에서 다이빙을 하는 것이 가장 적절하지 않을지도 모른다는 것이다. 더욱이, 이러한 산소량은 육지에서도 우리에게 가장 적절한 산소량은 아닐지도 모른다. NOAA의 모간 웰스(Morgan Wells) 박사는 "…스쿠버 다이빙 시 21%의 산소량은 가장 이상적인 산소량이 아닐지도 모른다…"라고 하였다.

산소가 체내에 미치는 영향 및 상호 작용에 대해 분석된 수많은 자료, 논문과 연구 결과들이 존재한다. 몇 가지 프로토콜을 살펴보면 산소는 백분율, 부분압 및 폐포공기, 혈액, 추가 혈관액과 세포의 농도를 바탕으로 분석되었다. 또한 산소의 영향력은 결핍 혹은 과잉상태에서도 연구되었다. 기압이 760mmHg라면 수증기의 압력은 760mmHg에서 제한 숫자로 계산되며, 이 차이는 산소 백분율에 의해 곱해져 공기의 산소압은 150mmHg으로 계산된다(달톤의 법칙 부

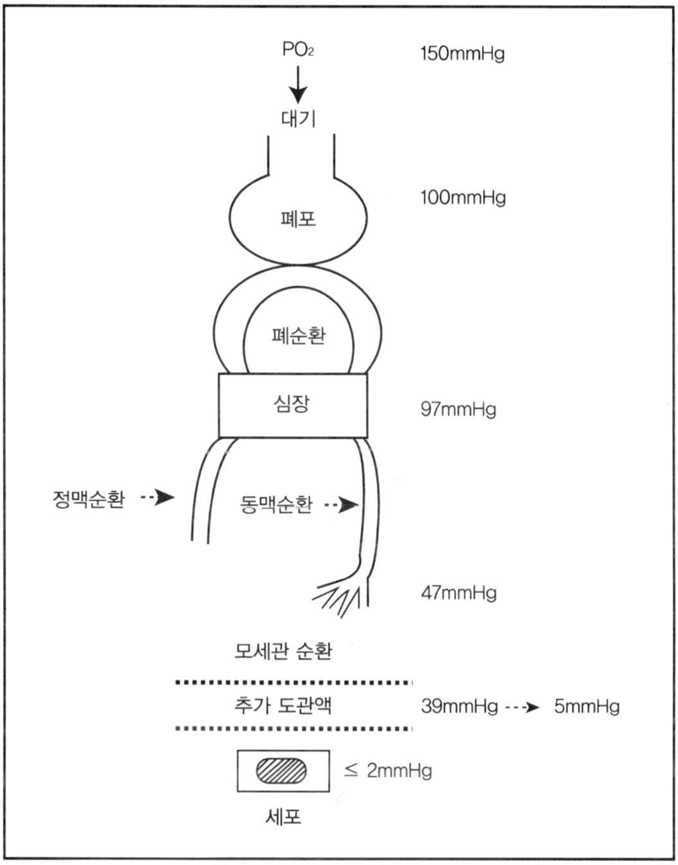

분압). 산소부분압(PO_2)은 우리가 호흡할 때 사용되는 압력이다. 산소의 부분압은 우리 세포에 도착할 때 같은 압력으로 존재하지 않는다.

산소가 폐로 이동되면서 CO_2와 수증기는 함께 혼합되는데, 이때 기포 안이나 호흡낭(breathing sacs)에서 산소부분압은 100mmHg가 된다. 산소는 혈액 흐름을 타고 심장으로 이동한다. 건강하고 흡연을 하지 않으며 폐질환이 없는 사람의 경우 동맥혈로 변환된 혈액의 PO_2는 심장을 지난 후 97mmHg 정도로 떨어진다. 동맥들이 산소를 모세관들로 이동시키면 PO_2는 47mmHg 정도로 떨어진다. 산소가 세포까지 이동되기 위해서는 추가 혈관액 구획을 지나야 한다. 여기서 PO_2는 39mmHg에서 5mmHg로 떨어진다. 세포에 들어가게 되면 PO_2는 약 2mmHg까지 감소된다.

우리가 알아야 할 개념은 백분율 대 부분압이다. 공기를 가지고 다이빙을 하게 되면 PO_2는 증가 되지만 O_2 는 21%로 계속 유지된다. 이러한 상태는 재순환이나 경로변경 혹은 션트(shunting) 없는 개방회로(open circuit)를 사용할 때 적용된다. 수학 계산과 수많은 두통을 통해 O_2 함류량을 측정하는 공식이 작성되었다.

- O_2 함류량 = (1.39 × 히모글로빈(Hgb) × 포화도),
- O_2 용량 = (1.39 × Hgb)
- O_2의 혈액용해량 = (.003 × P 동맥 O_2)
- O_2와 포화된 Hgb 백분율 = (100 × [O_2 함류량 − O_2 용해량]/1.39 × Hbg)
- 말초조직에전달된O_2 = (O_2 함류량 × 심박출량 × 10)
- O_2섭취량 = (동맥 − 정맥O_2 함류량 × 심박출량 × 10)

위의 계산과 다른 계산들은 몇 가지 조건들을 전제로 해야 올바르게 계산된다. Hgb가 O_2로 완전히 포화되었을 때 1 그램의 Hgb(혈색소)는 1.34에서 1.39ml의 산소를 운반할 수 있어야 한다. 하지만 그 전에 산소는 용해된 산소가 아니라 결합(bound) 산소야 만 하는데 이는 고압산소(hyperbaric oxygenation(HBO))를 논할 때 매우 흥미로운 부분이다. 만약 정상적인 혈액 Hgb가 15g(100cc)라면 15 × 1.34 = 20.1cc로 100cc의 혈액당 20.1cc의 산소가 결합성이며, 적혈구(RBCs)에 의해 이동된다. 완전하게 우리는 100cc의 혈액당 0.003cc의 산소를 이동시킬 수 있다. 그래서 이동되는(RBC에 결합되거나 되지 않음) 모든 O_2는 100cc의 혈액 당 20.4cc이다. 히모글로빈은 산소를 이동하는 단백질이며 4 폴리펩타이드(polypeptide:아미노산의 다중 결합체) 체인(2 알파와 2 베타)으로 구성 결합되어 생화학적 링을 만들고 있고 중앙에 철(Fe) 분자를 가지고 있다. (Heme은 "철을 가지고 있는"이라는 뜻이다.)

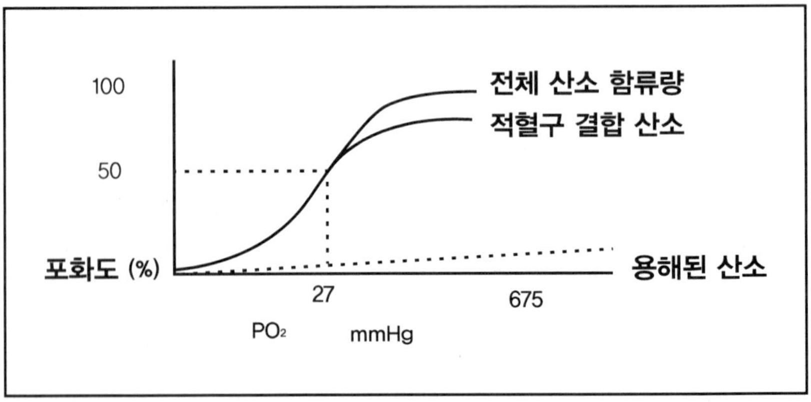

산소가 혈액에 100% 포화되어 있지만 산소부분압은 100% 포화상태에서도 지속적으로

증가하여 675mmHg보다 더 증가될 수 있다. 그림을 보면 50% 포화수치는 PO_2 27mmHg와 일치한다는 것을 볼 수 있다. 불행하게도 이러한 상태는 지속적이지 못하다. 상황에 따라 50% 포화점은 27mmHg에서 높아지거나 낮아질 수 있다.

시그모이드(S 혹은 C자형)형 포화곡선이 좌측으로 이동하면 히모글로빈-산소(Hgb-O_2) 친화력 수치가 증가되는데 같은 50% 포화상태에도 PO_2가 20mmHg로 낮은 PO_2 상태를 보인다. 다른 면에서 보면 27mmHg의 PO_2 상태에서 포화량이 높다라고 해석될 수 있다. 좌측 이동은 알카리 혈증 상태와(과호흡과 CO_2 발산을 할 때 pH가 증가된다) 체온이 감소될 때(저체온) 발생한다. 곡선의 우측이동은 수소 이온 농도가 증가되고(pH 감소, 예. 산증) 체온이 증가되고(고체온), CO_2 수치가 증가되면(호흡량 저하, 탄산과잉증(hypercapnea) 등이 발생한다. 이러한 현상을 "보어효과(Bohr effect (혈액 산소 해리 곡선에 나타나는 이산화탄소의 영향))"라 한다.

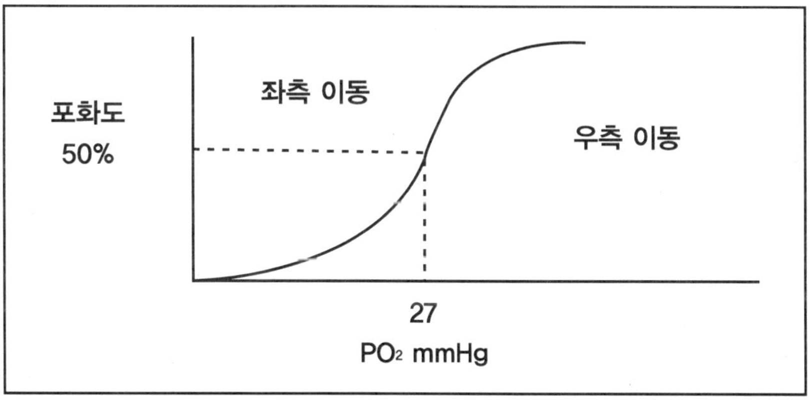

시그모이드 곡선 이동의 중요한 것은 곡선이 좌측으로 이동하면 Hgb이 가지고 있는 산소를 잘 배출하려 하지 않는다. 세포적 호흡이 저하되며 세포적 환경은 산화된다. 흥미로운 것은 각각의 RBC는 2억8천만(2.8×10^8)개의 히모글로빈 분자를 가지고 있다! 이것만으로도 복잡하지만 장기간 흡연을 하는 사람의 히모글로빈의 경우 변질되어 조직으로 이동되는 산소량이 감소되고 문제는 더 복잡해진다.

산소 곡선은 임의적으로 이동되어 산소 이동과 배출을 조절할 수 있을 뿐만 아니라 특정한 기관들(뇌, 신장 및 폐)의 산소량(자동제어) 또한 조절될 수 있

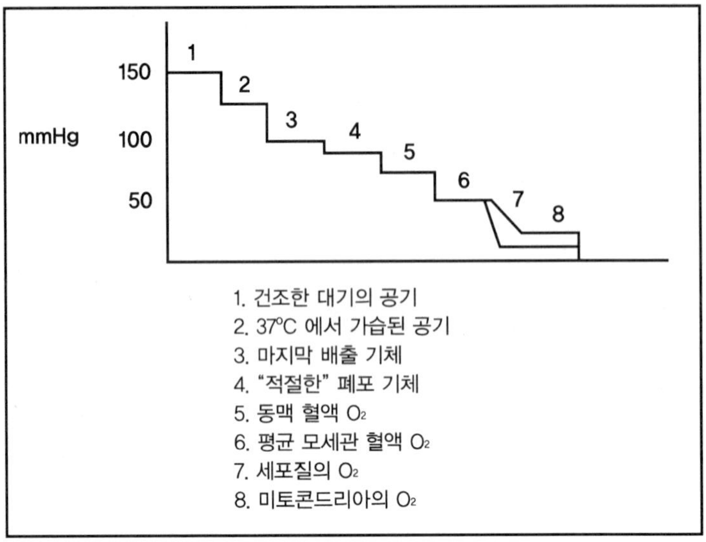

다. 이러한 조절은 혈압(예. 신장) 혹은 O_2와 CO_2(예. 뇌) 의 반응에 의해 가능하다. 자동제어는 최적화된 O_2 이동을 가능하게 하며 기관 등의 혈액순환과/O_2 배출 효율성을 강화시킨다. 이러한 메커니즘이 수심에 따라 변하는지에 대해서는 아직도 논쟁 중이다. 밝혀진 것은 압력이 가해지면 소변생성(배뇨과다)과 혈액량의 농도 및 부신의 비대적 성장이 증가된다는 것이다.

폐포(alveoli)의 PO_2와 실질적인 산소 사용자이자 세포 내 "세포 단위의 파워하우스"기관인 미토콘드리아의 PO_2에도 차이가 있다. 혈액이 산소를 폐포에서부터 마지막 기관인 미토콘드리아까지 이동시키면서 PO_2 수치는 지속적으로 감소된다. 이러한 감소의 원인에는 이차적인 많은 원인들이 포함한다. 예를 들어 폐포에서의 잘못된 산소이동, 폐포의 부적절한 혈액관류, 혈액이동(부적절히 산화된 혈액을 완전히 산화된 혈액에 추가)과 Hgb 농도 등의 이유로 PO_2가 감소될 수 있다. 만약 Hgb가 산소로 완전 포화되었고(100%) 산소 사용량이 지속적으로 안정된다면, 매우 흥미로운 현상이 발생된다. 초기에 논한 것 같이 O_2 부분압이

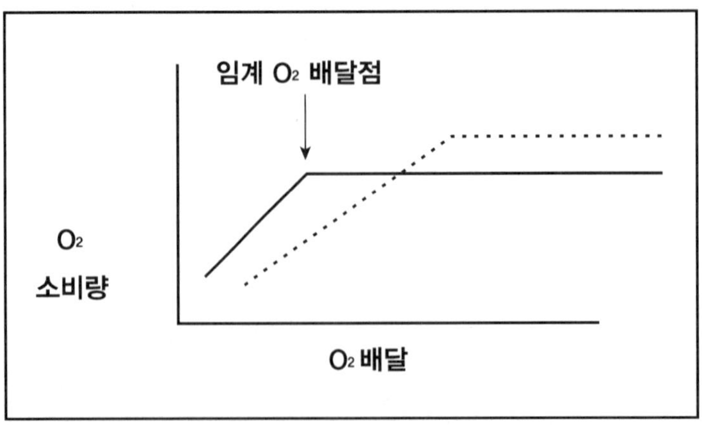

90mmHg에 혈액은 100% 포화상태를 이룬다. 하지만 만약 들여 마신 산소의 백분율이 증가한다면(예., 21%에서 100%, 일반 공기에서 순산소 흡입) 해수면 압(760mmHg)에서의 동맥 산소압은 150mmHg에서 680mmHg로 증가된다.

쉽게 말하면 이렇다: 만약 당신이 이자가 붙지 않는 통장을 가지고 있고 $100가 입금되어 있다고 치자. 이 통장에서는 매달 $100이 인출되며 한달이 지나면 통장잔여는 "0"이 된다. 만약 $100가 이 통장에 매달 입금되면 매달 평균은 "0"에서 $100로 다시 "0"에서 $100로 계속 변하게 된다(남아있는 잔액은 없다). 만약 매달 $1,000가 입금되며 $100가 인출된다고 하자. 지속적으로 증가되는 금액 때문에 매달 인출되는 $100는 시간이 지날수록 별로 중요하지 않게 된다. 그러면 $1,000,000가 매달 입금된다면 전체적으로 봤을 때 $100는 너무 사소한 금액이 되며 통장에서 $100가 인출되는지 조차도 모르게 된다.

동맥 PO_2	뇌의 변화
50 mmHg	신경전달물체 생산저하, 대뇌 혈액순환 증가
35 mmHg	뇌조직 산화가 현저해 지며 EEG 확연히 비정상
20mmHg	높은 에너지 인 결합 극도로 감소, 혼수상태 빠짐
<5 mmHg	미토콘드리아 기능마비, 죽음

이와 같은 현상은 산소 배달과 소비와 같은 개념이다. 체내에 "예금"되는 산소는 사용할 수 있는 산소량에 한계를 두지만 만약 소비량이 지속적이고 BMR(기초대사율) 상대라면 산소배달은 소비량을 압도할 수 있으며, 더 나아가 소비량은 산소이동에 문제가 되지 않는다. 하지만 만약 산소 사용량 증가로 소비량이 증가된다면 (예., 깊은 수심에서 활동 혹은 심한 감염 또는 낮은 Hgb로 인해 감소된 배달(빈혈, 출혈), 호흡하는 기체의 산소량 감소) 그래프에서 좌측으로 이동하고 소비량은 O_2 배달에 의존하게 된다(좌측의 "임계 O_2 배달점(critical O_2 delivery point)"). 예를 들어 폐혈증성(과도한 감염) 질환이 있는 환자 상태를 점선으로 표현하여 건강한 사람(굵은선)과 비교해 보면 같은 산소 소비량에도 건강한 사람은 높은 O_2 배달량을 가지고 있다는 것을

볼 수 있다. 다르게 표현 한다면 환자의 O_2 소비량이 O_2 배달량에 의해 제한되기 전에 임계 O_2 배달량은 비교적 높다는 것을 볼 수 있다.

멋진 멕시코 Akumel 동굴들을 즐기고 있는 다이버
사진: Steve Gerrard

이러한 입금/출금에 대한 결론은 이렇다: 통장에 입금되는 금액이 적을수록 지속적으로 인출되는 금액은 매우 중요하게 된다. 가장 중요한 것은 소비할 수 있는 산소량이 제한적일수록 산소(aerobic)에서 무산소(anaerobic) 상태로 더 빨리 변한다라는 것이다. 일부 의사들은 산소 결핍상태에 이르면 결핍상태를 최소화 시키기 위해 정상보다 매우 높은 수치의 산소를 필요로 하게 된다고 주장한다. 뇌조직에 대한 차트를 보면 산소 결핍의 중요성을 알게 될 것이다.

이러한 변화들은 뇌세포들이 O_2에 의존하고 있다는 것을 반영한다. 산소량이 결핍된 상태에서 다른 곳 보다 더 많은 산소량이 요구되는 조직이나 기관들이 있다. 산독증 발생 후 단계적으로 각 조직들에게서 세포 괴사와 사멸이 동시에 이루어 지며 폐 문제를 반영하는 여러 가지 신호들이 나타나는 동시에 심장작동문제가 증가되며 이로 인해 방관(신장)장애가 심각해져 무기력, 감각둔화(obtundation)와 혼수상태와 같은 뇌 문제들이 발생하며 극에는 죽음에 따른다. 이러한 전체적인 죽음이 발생되기 전에 다른 세포적/생화학적 사건들이 발생한다. 이들 중 하나는 산소의 자유기 생성이다. 분자는 모든 전자들이 쌍을 이루고 양전하의 수가 음전하의 수와 같아야 가장 "행복"하다. 자유기 분자는 쌍이 되지 않는 전자를 가지고 있으며, 이는 "반응적이거나 불안정"하다.

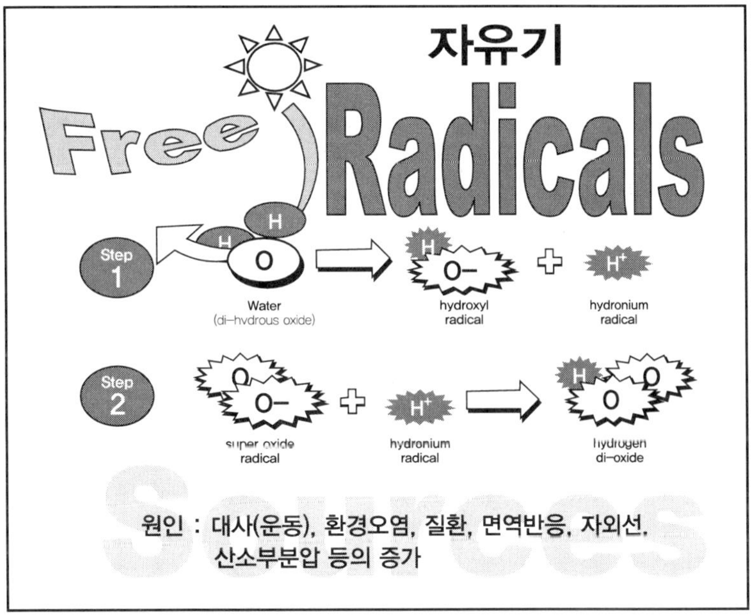

산소로 생성된 자유기에는 수퍼옥사이드 음이온(O_2^-), 하이드록실 음이온(OH^-), 과 피록시기(ROO^-)등이 포함된다. 생물학적 시스템 내 대부분의 중독성 O_2 대사물들은 수퍼옥시이드 음이온(O_2^-)이다. 이러한 반응이 일어나는 곳은 미토콘드리아이다. 결과는 매우 폭 넓고 심각하다. 세포막(예를 들어 RBC)은 더 굳어지며 신축성을 잃어버린다. 그래서 산소 이동과 비장 내 채널들을 교섭 등에 있어서 RBC의 능력이 현저히 감소된다. 이는 산소가 세포 내에서 산소로 존재할 수 있는 능력에 영향을 미치며 존재하는 자유기들은 지질(지방)에서 새로운 자유기를 생성할 뿐만 아니라 자유기 연쇄 반응을 일으킬 수 있다. 모든 자유기 생성이 해롭지는 않다. 중성구(WBC 혹은 백혈구 종류)가 자신의 일을 수행하려면 차아염소산(HOCL)이 수퍼옥시이드 음이온으로부터 생성되어야 한다.

이론적으로 다음과 같은 질문을 하고 싶을 것이다. 만약 자유기들이 그렇게 파괴적이라면 어떻게 이들을 예방하거나 위력을 약화 시킬 수 있을까? 그래야 하는 것인가? 우리 몸에는 자유기들을 "청소"하는 메커니즘이 있으며, 의식적으로나 무의식적으로 우리는 매일 자유기 청소 요소들을 섭취한다. 내인성 '청소' 요소들은 꽤 많다. 이들에는 과산화수소 분해효소(catalas), 요산염(urate), 초과산화물 디스뮤타아제(superoxide dismutase)와 글루타티온(glutathione) 등이 포함 된다. 이러한 합성물들은 많은 사람들에게는 알려져 있지 않지만 외인성 청소물질들의 종류들은 우리에게 친근하다. 예를 들어 비타민 E와 C, 베타케로틴(비타민 A) 과 에타놀(알코올) 등이 잘 알려진 외인성 요소들이다. 일부 고압체임버 의학 전문가들은 비타민 E의 사용을 권하고 있다. 추가적으로 많은 항산화제들은 근처 건강보조식품 판매소에서 구입할 수 있다. 주의: "합성"제가 아닌 "자연산" 베타케로틴만이 항산화 활동을 한다.

지금까지 다룬 모든 내용들은 대기압 상태의 세포로의 산소이동을 중심으로 구성되었다. 산소 이동 시 산소가 히모글로빈에 결합되어 일부는 혈액의 액체단계에서 용해된다는(적은량이긴 하지만) 것은 다루었지만 산소가 세포 단위에서 어떻게 된다라는 것은 논하지 않았다.

세포 수준에서는 세포적 호흡이 이루어진다. 산소는 사용되며 이를 산화성 인산화(oxidative phosphorylation)라 한다. 산화성 인산화는 산소를 통해 높은 에너지인 인산염 결합(phosphate bond)이 이루어진다는 것을 뜻한다. 사람이 단백질, 탄수화물 및 지방(지질)을 소화하면 이들의 부산물은 산소를 이용해 구연산 회로(Kreb Cycle)로 들어갈 수 있다. 이 회로에서(Kreb 혹은 Citric acid cycle) 이산화 탄소와 전자들은 중간 합성물로부터 생성 및 배출 된다. 이러한 전자들은 "전자수송사슬"로 이동된다 (시토크롬 수송 시스템:시토크롬은 동식물의 세포 속에 존재하는 몇 종의 산화 환원 효소). 이 시스템의 마지막 단계는 산소에서 물의 "환원(reduction)"이다(전자 추가).

세포의 에너지 원천인 아데노신 3인산 (Adenosine Tri-Phosphate (ATP))

산소의 계단식 분열의 결과는 높은 에너지 인산염 결합(phosphate bond)인 ATP(아데노신 3인산)이다.

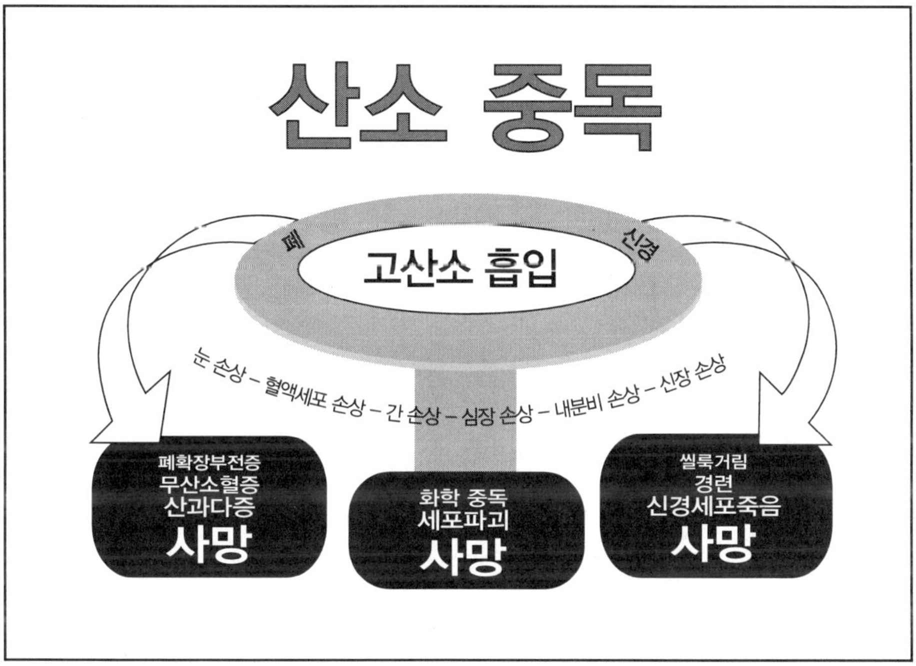

ADP(아데노신 2인산)에 인산염 결합을 더하면 ATP가 된다. 단계적 ATP 생산은 산소없이(무산소) 할 수 있지만 매우 효율적이지 못하고 세포 환경이 산화된다. ATP의 비율을 ADP × Pi(무기인산)로 본다면, ATP/ADP × Pi, 즉 이는 인산화 전위(phospharylation potential)이다. 이러한 관계는 산화적 인산화를 제어하여 산소의 세포 소비량을 제어한다. 만약 부분압이 증가되면 (ATP가 증가되거나 ADP ×Pi가 감소됨) 유산소적 대사는 감소된다. 그러므로 높은 량의 고에너지 합산물이 비교적 풍부하다면 세포들은 ATP 생산율을 늦춘다. 부분압이 저하되면 세포들은 ATP 생산을 증가시킨다. 운동 중 ATP 사용은 증가되고 인산화 전위(phospharylation potential)는 저하되며, ADP × Pi 수치는 증가된다(ADP

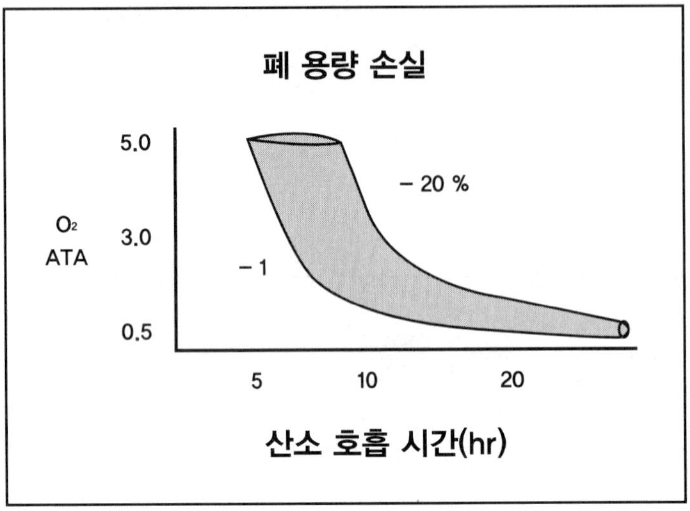

는 ATP에서 재생된다). 이러한 현상은 조직으로의 혈류와 산소의 증가로 인해 촉진된다. 저산소 상태에서는 ATP감소뿐만 아니라 제한적 산소량은 ATP 생성을 감소시킨다. 이 분야에 대해서는 대부분의 생화학 교과서에서 자세히 읽어볼 수 있다.

마지막으로, 산소와 관련된 중요한 분야는 부분압의 증가이다. 이전에 산소의 정상 수치와 저산소증에 대해 논한적이 있다. 다음 내용은 과산소에 대한 내용이다. 켄 맥도널드, C.J. 램버트센, A.R. 벅크(Behnke), J.C. 데이비스(Davis), R.G. 에컨호프(Eckenhoff), E.M. 캄포레시(Camporesi)와 E.H. 램피어(Lamphier) 등의 권위자들은 산소과잉으로 인한 중독성에 대한 문헌들을 출판하였다. 하지만 이러한 연구자들의 문헌들에도 불구하고 산소의 중독성뿐만 아니라 이의 치명적이 면까지 부인하는 이들이 있다. 사람들이 산소중독을 인정하지 않는 이유는 아마도 산소의 영향은 "..개인의 차이.."로 인해 다르기 때문일 것이다. 산소가 사용되고 이동되는 모든 부분들은:폐 조직, 망막 조직, RBC, 간, 심장근육, 중추신경계, 갑상선 조직과 부신 등 이다. 증가된 산소로 인한 폐 중독에 대한 내용들은 다이빙 관련 문헌들뿐만 아니라 응급의료, 중병관리, 내의학 및 고압관련 서적에서도 찾아 볼 수 있다. 산소 중독은 폐용량 손실에서부터 실질적인 폐포 손상 및 폐를 통한 산소 이동의 기능장애 등으로 매우 광범위하다. 폐에 미치는 임상적 영향은 산소 PO_2에 따라 나타날 수 있으며, 노출 시간의 길이에 따라도 역시 나타날 수 있다.

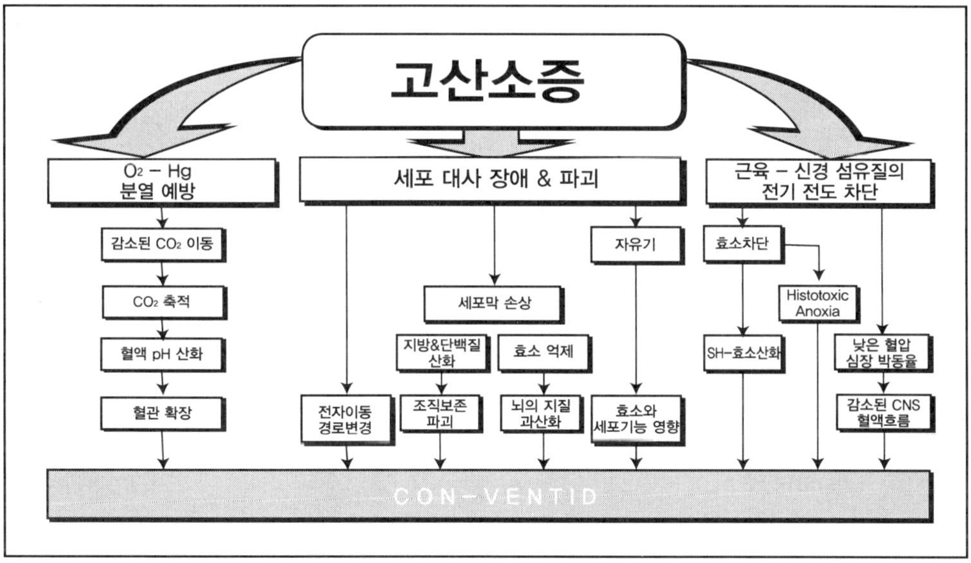

신생아에게 산소의 혈관협착이 망막조직들에게 미치는 영향은 매우 민감하다. 성인들도 장기간의 산소흡입은 시야범위를 좁힐 수 있다. 밴크(Behnke)는 1935년도 초에 벌써 고산소의 위험에 대한 설명을 하였다. 좁혀진 시야는 거의 영구적 시각 상실로 이어질 수 있다. 앤더슨(Anderson)은 눈의 수정체의 변화에 대해 설명하였지만 이러한 현상은 대부분의 경우 2ata의 고산소 상황에서 일시적으로 확인되었다. 산소 증가가 RBC(적세포)에 미치는 영향에는 산소 자유기로 인한 RBC 막의 변화와 함께 비장(spleen)의 좁은 채널을 순응하지 못하게 된경직된 RBC등이다. 막의 유연성 감소는 RBC의 노화현상이며 노화된 RBC는 비장에 의해 순환계에서 제거된다. 순환되는 적세포 덩어리(혈액의 RBC 성분)의 감소 또한 확인되었다. 내분비(부신과 갑상선), 간과 신장과 같은 다른 기관들도 증가된 산소량에 의해 다양한 반응을 보인다. 저산소 상태에서 부

산소중독의 7가지 증상들
CON – VENTID :

• CONvulsions	경기
• Visual Changes	시력 변화
• Euphoria	다행증
• Nausea	멀미/구역질
• Twitching	경련
• Irritability	예민
• Dizziness	현기증

신 호르몬(예., 코르티손(Cortisone))을 복용할 경우 신체 기관들의 손상이 증가된다는 기존 참고문헌에서 찾아 볼 수 있다.

위에 논한 조직과 기관들에 미치는 영향이 아무리 커도 이 한 기관에 미치는 영향에 비하면 큰 문제는 아닐 것이다. 산소가 CNS(중추신경계)에 미치는 영향은 매우 빠르고 극적이며, 산소의 위험성을 목격한 이들에게 두려움을 준다. 육지에서 CNS 중독반응(뇌졸중)을 목격하게 되면 절대 잊지 못할 것이다. 만약 수중에서 이런 일이 발생한다면 뇌졸중 환자는 아마도 살지 못할 것이다. 수중에서의 뇌졸중 발병은 극복되지 못할 사건이다.

일부 다이버들이 산소로 인한 발작을 겁내지 않는 이유는 아마도 결과를 두려워하지 않는 것이 아니라 발병 증상의 차이 때문일 것이다. 아마 한두번쯤은 주위에서 산소 한계 등의 기체 사용관련 한계를 초과하고도 문제가 없었던 경우를 구경했었을 것이다. 하지만 오늘의 안전한 다이빙이 다음날도 안전하리란 보장은 없다. 산소 한계점을 무시하는 다이버의 갑작스러운 뇌졸중 발병률은 매우 높을 것이다. 간질 발작이 발생되면 뇌에서 대량의 전자가 발산되며, 이는 EEG(뇌파전도기)를 통해 검사될 수 있다. 초기 O_2 검사 시 연구자들은 저산소증으로 인한 발작 전, EEG 활동이 지속적으로 변경되지 않았다고 발표하였다. 톨발리(Torbali)와 그의 연구진의 연구 논문에 따르면 개개인의 EEG 주파수대와 전체 주파수대의 에너지를 검토하였을 때, 발작 전 최대 60분까지 현저한 에너지 변화(전체 및 개인)가 있었다고 한다. 또한 1947년 캔 도날드(Ken Donald)가 20명의 다이버들의 O2 상태를 90일 동안 관찰하였을 때 분당으로 계산된 CNS O_2 증후

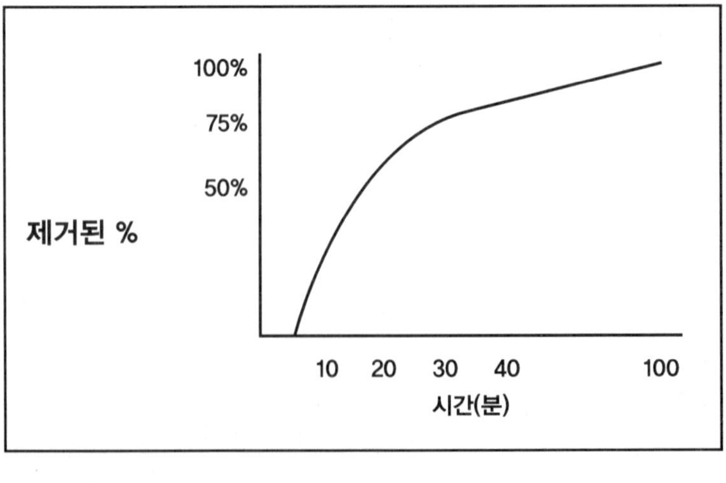

군의 발병 시간은 적게는 10분 이하에서 높게는 150분 정도까지였다고 한다! 증후군 증상에는 안색변화, 발한, 우울증/다행증, 불안감, 시야변화, 멀미, 구토, 입술/볼 경련, 현기증, 및 다른 체력적 변화 등이 포함된다.

켄 도날드는 1947년 연구결과를 통해 개개인의 산소중독 차에 대해 발표하였다. 36명의 다이버들에게 O_2를 3.5ata에서 6에서 96분 동안 노출시켰으며, CNS O_2 중독의 증후군이 나타나면(CON_VENTID, 등) 도날드는 개별적으로 시험을 중단시켰다. 중요한 것은 CNS O_2 중독 증후군 발병이 특정한 시간에 한꺼번에 나타나지 않았고, 대부분의 다이버들의 고산소 다이빙은 25분이 지나기 전에 중단시켰다. 도날드는 CNS 증후군의 개개인내부의 차이를 그래프로 표기하였다. 산소 중독에 대한 신체 반응을 연구한 연구자에 대한 경의의 표시로 이러한 산소 증가에 의한 CNS의 반응을 "폴 버트(Paul Bert)" 효과라 한다. 버트 박사는 이러한 연구결과를 1878년에 발표하였다!

저자가 앞서 언급하였지만 구체적으로 논하지 않은 것은 "왜 뇌졸중이 발생하는가?"이다. 쥐의 뇌 세포에서 산소증가에 따른 2가지 현상들이 연구되었다. 첫 번째 현상은 나트륨(Na)과 포타슘(P)을 세포막을 통해 운반하는 효소 활동의 저하이다. 또한, 동맥 이산화탄소(CO_2)가 증가될 경우 NA-K 이동 효소의 활동이 현저히 저하되면서 산소로 인한 뇌졸중 시작이 촉진된다. 일부는 칼륨(K)과 글루타민산염이 뉴런(신경단위)활동을 활성하시키기 때문에 이러한 뇌졸중 확대는 세포 외 K와 글루타민산염(glutamate)의 증가의 이차적인 현상이라 보고되고 있다. 산소증가로 인한 두 번째 현상은 GABA(감마아미노낙산)[1]의 감소이다. 쥐, 토끼 및 기니피그를 대상으로 한 연구결과를 보면 뇌 GABA 수치의 감소는 산소로 인한 뇌졸중 발병률의 증가와 연관되어 있다. 흥미로운 것은 발륨(Valium)[2]과 같은 벤조디아제핀은 GABA 수용체에 GABA와 같이(GABA 모방) 활동한다는 것이다. 역으로, 만약 GABA가 고갈되면 벤조디아제핀은 활동하지 못한다!

1 GABA : Gamma aminobutyric acid으로 포유류의 중추신경계에서 생성되는 아미노산이다.
2 발륨 : 벤조디아제핀인 일종으로 정신 안정제 혼합물의 일종이다.

벤조디아제핀이 GABA가 이의 수용체에 결합되는 것을 막는 특정한 뇌 단백질을 막거나 "길항작용"을 한다는 보고도 있다. 그러므로 만약 이 뇌 단백질이 차단되면 GABA는 GABA 수용체에 결합되며 뇌졸중 발병을 저지한다. 또한 흥미로운 것은 고압 체임버 관리자들에 의하면 산소노출 전에 발륨으로 미리 치료받은 환자들에겐 거의 혹은 아에 산소로 인한 뇌졸중이 발생되지 않았다고 한다. GABA 수치를 증가시키는 또 다른 약물은 리튬(Litium)이다(양극 질환에 사용됨). 이 약물 또한 증가된 산소 부분압으로 인한 뇌졸중 발생률을 감소시킨다. 고압의학분야에서는 GABA에 관심을 두고 증가된 산소량에 따른 뇌졸중 발병을 제어하는데 초점을 맞추고 있다. 발륨과 대부분의 다른 약물들은 다이빙 중 사용을 금하고 있고, 현재 고압 관련 연구에만 사용되고 있다.

마지막 분야는 고압 산소와 산소로부터 생성되는 자유기에 대한 고압 산소의 역할이다. 산소 부분압이 증가되면 산소 자유기의 생성 또한 증가된다는 많은 연구 결과들이 있다. 앞서 말했듯이, 일부 연구자들과 고압산소공급(HBO:hyperbaric oxygenation) 관리자들은 그들의 환자들에게 항산화제 복용을 권하고 있다. 당연한 질문은: 0.21ata 이상으로 PO_2가 증가될 경우 다이버들에게 산소 자유기는 더 많이 생성될까 이다. 이에 대한 답은 HBO 연구결과에서 일부 찾아볼 수 있다. 아직까지는 HBO 체임버에서 연구된 결과가 깊은 수심도 명백히 밝혀진 결과는 없다. 불행하게도 이론적으로 옳다고 생각되는 것들이 언제나 현실에 적용되지는 않는다. 하지만 몸에 이로운 항산화제를 주기적으로 섭취할 경우 고산소로 인한 걱정을 최소화할 수 있다. 또한, 지방이 많은 음식을 섭취하고 운동량이 적은 이들에게 건강 보충식은 많은 도움을 줄 것이다.

이 장에서는 산소에 대해 전반적으로 간략히 설명하였다. 주변 환경에서 세포까지의 이동경로와 저, 고, 정상 산소상태에 대한 다이빙 커뮤니티의 전반적인 토론 내용에 대해 다루어 보았다. 산소에 대한 내용 중 일부는 자세히, 일부는 간단히 일부는 전혀 거론되지 않았다(예., 혈소판 집합과 백혈구 부착). 이 장에서 거론된 모든 내용들은 최근 출판된 많은 문헌들을 통해 더 자세히 알 수 있을 것이며, 당신의 궁금증을 모두 풀어줄 수 있을 것이다. 딕 루코우스키(Dick Rutkowski)와 톰 마운트(Tom Mount)는 어떻게 다이빙이 의학이라는 테두리 안에 수행되고 있는지 보여주었다. 더 중요한 것은 이들은 어떻게 그 테두리가 안전하게 조절되고 확장될 수 있는지 보여주었다는 것이다.

제8장
불활성 기체 마취 (Inert Gas Narcosis)

데이빗 둘렛 (David J. Doolette, PhD)

소개

100fsw(30msw)[1] 이상의 깊은 수심에서 압축된 공기로 호흡할 때 느끼는 마취효과는 아마도 대부분의 다이버들이 잘 알고 있을 것이다. 높은 압력 환경에서 공기로 호흡할 때 발생되는 모든 신경학적인 문제들 중에는 중독, 저하되는 지적능력감소, 수동적 민첩성 감소 등이 있는데 이러한 문제들을 일반적으로 질소마취라 한다. 이러한 문제들은 질소를 비롯해 다른 여러 불화성 기체들로[2] 인해 발생되므로 이를 통틀어 불활성 기체 마취라 한다. 이 장에서는 불활성 기체 마취의 증후(sign)와 증상(symptom)들을 설명한 후, 이들이 일반상황에서 나타날 수 있는 의식불명 전 마취(anaesthesia)의 상태와 영향이 같다는 것을 설명할 것이다. 일반 마취(anaesthesia)와 기체 마취(narcosis)[3]의 기초적인 메커니즘은 정확이 알려지지 않았지만, 많은 이론과 임상적 사례들이 논의되어 왔으며 이에는 마취효과를 극대화시키는 불활성 기체 부분압도 포함된다.

질소마취의 설명

케이손(caisson:잠함) 직공들과 다이버들의 중독은 19세기 중반에 진보되는 엔지니어링을 위해 압력을 증가시켜야 했기에 연구되기 시작하였다. 딥에서 다이빙에 의한 마취는 1930년대부터 관찰되기 시작하였다. 마취는 영국해군의

1 미터해수계측기((mswg)meters sea water gauge)로 측정된 수심은 오픈워터 잠수의 결과로 발생된 정보를 뜻하며, 절대대기압((ata)atmospheres absolute)은 체임버 실험을 뜻한다. 피트해수계측기((fswg)feet sea water gauge)로 근접이 전환 계산된 결과도 포함되어 있다.
2 불활성 기체의 화학구조는 변하지 않으면서 생물학적 영향을 발휘한다. 호흡기체에 존재하는 불활성 기체에는 산소, 이산화 탄소 및 수증기 등이 포함되지 않는다.
3 일반적으로 사용되는 'Narcosis'는 마취약의 작용 또는 혼수상태를 뜻하며, '마취'의 정확한 단어는 'Anaesthesia'이다. 하지만 일반적으로 'Narcosis'를 마취로 사용되는 경우도 많으며 잠수 분야에서는 'Narcosis'로 기체로 인한 마취 상태를 설명한다.

첫 딥에어 다이빙 중 시도된 300fsw(91msw)수심의 다이빙 중에 우연히 관찰 되었고 "느린 대뇌작용" 혹은 "...마취된 상태"로 설명되었는데, 그 당시에는 딥 다이빙 대상들의 "정신적 불안상태"로 인해 발생된 현상이라 여겼다. 증가된 흡입질소 부분압이 마취에 미치는 영향은 1935년에 처음 의심되었고 마취를 제거시키는 대안으로 혼합기체가 제안되었다[4]. 그 후로, 다이버의 수행능력을 지속적으로 떨어뜨리는 수압은 에어 다이빙 시 4ata(100fsw(30msw))로 고려 되었다. 질소가 마취를 유발한다는 확신은 막스노르(Max Nohl)가 직접 디자인한 헬리옥스 리브리더(Heliox rebreather)를 사용해 시도된 410ffw(128mfw)수심의 민물 다이빙 후 생겼다.

불활성 기체 마취의 증후와 증상 그리고 행동적 변화
(Signs and Symptoms of Inert Gas Narcosis & Behavioral Modification)

증후와 증상의 종류

불활성 기체 마취는 행동변화를 일으키는 신경계 기능변화이며, 이는 다이버의 효과적인 활동을 약화시키거나 생존에 위협을 준다. 불활성 기체마취로 인해 약화될 수 있는 모든 활동을 인식하고 마취의 원인을 알기위해서는 다양한 문제들을 분리해 관찰하는 것이 도움이 된다. 벤크(Behnke)는 마취로 인한 문제들을 3 분야로 나누었다: 감정적 반응, 고등 정신과정과 신경근육제어의 감소이다. 여기서도 비슷한 분리 방법이 사용되었다: 자각감, 인지기능 감소, 지적능력 저하, 그리고 신경근육 협응력 감소.

자각감(Subjective sensations)

자각감은 불활성 기체 마취로 인해 다이버가 느낄 수 있는 감각들을 뜻한다. 이에는 행복감, 자신감 과잉, 도취감, 무모함과 함께 변화된 여러가지의 지적

4 헬륨은 감압을 촉진시키는 호흡 기체 희석제로 사용을 권장하지만 헬륨의 높은 가격으로 인해 일반적인 사용이 어렵다.

능력과 집중력이 포함된다. 불활성 기체 마취로 인한 자각감은 마취 정도를 전반적으로 평가하는 설문조사, 다양한 형용사들에 대한 반응, 작업 능력(예를 들어 활동 가능량, 주위력, 집중력) 및 몸/정신 감각상태(예를 들어 흥분감, 무모함, 몽롱함, 자유감)등에 대한 체크 리스트를 통해 평가될 수 있다.

인지 기능 감소 (Impaired Cognitive Function)

인지 기능의 고등 뇌 과정에는 지각, 생각, 이해와 기억 등이 포함된다.

인지 기능에 역할하는 불활성기체 마취:

- **현실 이해에 대한 어려움**
- **느려지고 정확하지 않은 생각과정**
- **기억력 상실**

실험실에서 실험을 통해 측정될 수 있는 불활성 기체 마취로 인해 저하되는 인지 기능:

- **추론적 개념**
- **문장 이해력**
- **지능적 계산능력**
- **단기 기억**

느려진 지적 활동(Slowed Mental Activity)

증가되는 지적기능장애와 함께 마취는 문제 해결 속도도 현저히 저하시킨다. 확실히 CNS에서의 정보처리능력은 늦춰지며 이러한 현상은 두 가지 방법으로 평가될 수 있다: 시험문제를 해결하는 속도, 혹은 시험 반응시간. 반응시간은 감각 신호를 받은 시간부터 적절한 답으로 반응하는 시간을 뜻하며, 이는 고등 정신 처리속도, 특히 결정 등으로 평가된다. 불활성 기체 마취는 반응시간을 늦춘다.

감소된 신경근육 협응력(Reduced Neuromuscular Coordination)

신경근육 협응력 (수동적 민첩성)[5]은 불활성 기체 마취로 인해 저하되지만 대부분의 경우 앞서 논의된 지적장애 발생 후 더 깊은 수심에서만 발생한다. 신경근육 협응력은 못(Peg)과 나사(Screw) 등을 사용한 보드시험들을 통해 평가되는 경우가 많다. 보드시험은 나사, 못, 볼트 등으로 이루어진 패턴을 조립하고 해체하는 수중협응력 평가시험이다.

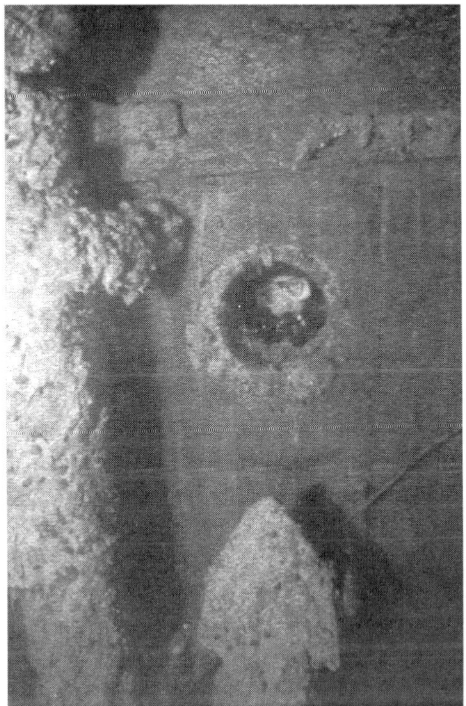

스웨덴의 발트해에서 난파선 닻을 탐험하고 있는 다이버
사진: Anders Jallai

매우 깊은 수심에서의 공기 다이빙 시 불활성 기체 마취(Extreme Depth on Air)

300fsw(91msw) 이상의 수심에서 공기 호흡은 광기나 우울증, 환각, 시간개념 상실과 의식 상실[6] 등의 변화된 의식 상태들을 일으킨다.

체온제어(Thermoregulation)

뇌 활동에 있어서 쉽게 확인 될 수 있는 마취의 반응들과 함께 변화로 인해 영향 받는 곳 중 하나는 신경계이다. 다이버들에게는 특히 더 중요하지만 많이 알려져 있지 않는 문제는 불활성 기체 마취로 인해 영향을 받는 심부온 체온조설이다. 마취는 떨림을 감소시켜 열생산을 감소시키는데(떨림으로 인한 열발생(shivering thermogenesis)) 이러한 열발생 기능은 체온저하로부터 몸을 보호한다.

5 신경근육 협응력은 또한 수동적 민첩함이라고도 하는데 이는 근수축뿐만아니라 근수축을 위한신경계 제어 및 CNS의 신경운동(neuromotor) 프로그램 제어로 인해 이루어진다.
6 다이버가 경험하는 의식상실은 실질적으로 기억력 상실일 가능성이 높다.

결과적으로 저온 다이빙 시 마취는 체내 심부온을 생각보다 더 빨리 저하시킨다. 또한 심부온이 떨어져도 마취의 영향으로 인해 저체온을 느끼지 못하고 현재 체온이 더 편하다고 인식하게 된다. 결과적으로 다이버는 체온 감소를 위한 어떠한 행위도 하지 않게 된다(행위적 체온제어). 체온의 변화는 신체의 생리적, 행동적 제어에 큰 영향을 미치므로 질소마취로 인한 반응감소는 치명적인 문제로 이어질 수 있다.

불활성 기체 마취의 메케니즘

마취(Anaesthesia)[7]

불활성 기체 마취의 징후와 증상은 신경계 기능 변화로 인해 발생되는 것이 확실하다. 300fsw(91msw) 이상 수심에서의 공기 흡입은 의식상실로 이어진다는 것은 앞서 논의 되었다. 더 깊은 수심에서 공기는 완전한 마취[8] 상태를 유발한다.

기체 마취(narcosis)는 마취의(anaesthesia) 초기증상과 같다.

더 나아가 여러 종류의 불활성 기체들은 일반 마취상태를 유발하며, 각각의 기체들은 마취를 시킬 수 있는 효력의 특성들을 가지고 있다. 예를 들어 마취를 유발하기 위해 호흡 된 질소(N)의 부분압은 33ata, 아르곤(Ar)은 15ata이며 아산화 질소(nitrous oxide:NO3)는 1.5 ata, 그리고 할로세인[9](halothane)는 0.008ata 정도이다. 일부 불활성 기체들, 특히 헬륨(He)과 네온(Ne)은 특별한 마취 특성이 없다. 일반 마취와 흡사한 불활성 기체의 마취는 초기 일반 마취(incipient anaesthesia)상태와 같이 취급된다. 흡입된 불활성 기체의 부분압이 증가되면서 마취의 강도도 증가된다.

7 마취(Anaesthesia)를 본 책에서는 편의상 일반마취라 할 것이다.
8 마취상태(anaesthesia)는 수술적 고통에 대한 반응을 제거하는 무의식 상태를 뜻한다.
9 할로세인(halothane)은 임상적 흡입 마취제로 사용된다.

불활성 기체들과 일반 마취제들은 같은 마취 상태를 일으킨다.

원숭이와 인간들을 대상으로 아르곤(Ar), 질소(N), 이산화질소(NO), 그리고 일반 마취제들의 마취현상을 확인한 한 연구를 통해 불활성 기체들도 일반 마취제들과 동일한 마취현상을 보인다라는 것을 확인하였다(부분압이 다른것이 제한점이 있음). 여러 실험연구들은 일반 마취제들과 흡사한 강한 마취력을 가지고 있는 이산화질소(NO)를 통해 질소마취를 광범위하게 연구하였다.

일반 마취의 메커니즘

불활성 기체들을 포함한 모든 마취제들의 마취 메커니즘은 모두 다 알려져 있지 않다. 하지만 마취가 일어나는 위치는 CNS[10]의 시냅스(신경세포의 연접부)라는 것은 널리 알려져 있다. 신경계에서 작용하는 대부분의 약물들은 화학적 시냅스 전달을 조작하여 활동한다(그림참조). 마취제들은 다양한 억제성 신경전달 물질들(특히 GABA)이 특정 포스트-시냅스 수용체(post-synaptic receptors[11])에서 활성화되도록 하여 활동전위(action potentials)의 빈도를 억제시킨다. 이러한 CNS 활동의 억제는 마취현상으로 나타난다. 누론(신경단위) 사이의 시냅스는 좌측 그림에시와 같나. 뇌의 신호들은 전기전위(electrical potential)의 상태로 이동되며 이를 활동전위(action potential)라 부른다.

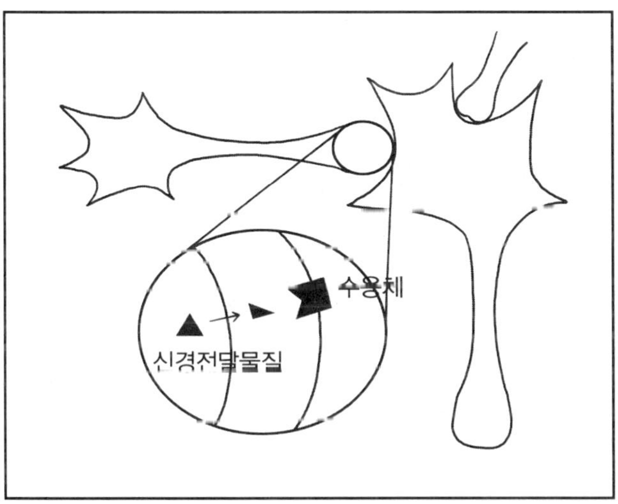

10 누론(neuron)은 신경계에서 전자신호를 이동하는 세포이며 시냅스(synapse)는 누론들 사이의 접합점이다.

11 특정한 신경전달체들과 화학적 구조가 흡사한 이유로 많은 약물들이 시냅스적인 정보전달을 한다; 하지만 마취제는 신경전달체와 흡사하지 않다. 마취제들이 얼마나 신경계에 흡사한 역할을 하느냐는 지속적인 연구를 통해 밝혀지고 있다. 일부 결과에서는 불활성 기체들의 마취 메커니즘이 일반 마취제들과 약간 다르다고 주장하고 있다.

신경 신호들은 시냅스를 통해 누론들 사이로 화학물들이 이동시키는데, 이러한 화학물들을 신경전달체(neurotransmitters)라 하며, 활동전위에 대한 반응으로 분비된다. 특정한 수용체(receptor) 단백질들과 함께 신경전달체는 포스트 시냅스(목표) 누론에서 결합된다.

일부 뉴론(neuron)들은 억제성 신경전달체들을 분비시켜 목표 뉴론들의 활동 전위 발사를 저하시키며, 일부 뉴론들은 자극성 신경전달체를 분비하여 목표 뉴론들의 활동전위 발사를 증가시킨다.

메이어-오버튼 상호작용과 임계량 가설

(Meyer-Overton Correlation and the Critical Volume Hypothesis)

마취의 메커니즘에 대한 초기 가설들은 화학적 시냅스 전달의 초기 발견일부터 논쟁되어 왔다. 이들중 가장 유명한 가설은 메이어-오버튼(Meyer-Overton) 상호작용으로 이십세기 초에 발표되었다. 이 가설은 메이어(Meyer)(1899)로부터 시작되었고, 이 후 오버튼(Overton)(1902)은 마취제의 효력이 올리브유에서의 용해성과 매우 밀접한 관계가 있다고 주장하였다. 메이어-오버튼 가설[12]에 의하면 마취는 세포의 지질(지방)에서 화합물의 특정한 몰의(그램 분자) 농축으로부터 생성된다고 한다. 이러한 가설에 대

Halcyon 리브리더로 다이빙을 준비하는 Errol Kalayci

12 헨리의 법칙(Henry's Law)에 의하면 몰의 농도 = 부분압 x 용해성 이다. Meyer-Overton 상호관계에 의하면 마취제의 효력은 지질의 용해성에 의해 결정된다.

한 상세한 설명은 뮬린스(Mullins)[13](1954)에 의해 발표되었는데 뮬린스에 의하며 마취가 어떠한 소수성 부위[14](아마도 지질)의 부피가 불활성 물질의 흡수로 인해 확장 된다고 한다. 이 두 가설들은 지질부위가 뉴론의 세포막이며, 마취제는 세포막을 용해해 뉴론의 전기신호를 전달하는 전압작동통로(voltage-gated ion channel)를 방해한다고 제시하였다.[15]

세포막의 전압작동통로들이 마취제들이 작용하는 곳이라는 가설은 더 이상 널리 받아지지 않는데 이는 뉴론막에 마취제들이 미치는 역할이 신체에 그다지 큰 역할을 하지 않는다고 밝혀졌기 때문이다. 마취제들은 신경전달물 수용체 단백질[16]들 내 소수성(hydrophobic) 포켓들에 위치해 활동할 수 있는데, 마취력과 수수성은 밀접한 관계가 있다는 것은 그다지 놀릴만한 현상은 아니다. 또한, 세포 내에 삽입된 수용체들과 친유성(lipophilic) 화합물들은 막으로 빠르게 확산되며, 수용체들 주변에 밀집되어 높은 농도를 이룬다. 또한, 지용성 화합물들은 혈액-뇌 관문을 바로 통과할 수 있다. 이러한 이유로 메이어-오버트(Meyer-Overton) 가설은 마취의 작용을 설명하기보다는 유익하고 부수적인 관계를 설명한다. 현실에서는 마취력이 없는 호흡기체 희석제로 낮은 지용성의 헬륨이 제시되었다.

---

13 밀러(1971)는 차후 뮬린스(Mullin)의 아이디어를 임계볼륨가설(critical volume)의 형태로 해석해 마취력과 고압신경증후군의 대립 활동을 설명하였나.

14 물과 지질의 용해성은 대부분의 경우 역비례적인 관계를 가지고 있다. 무극성(non-polar) 화합물들은 대부분의 경우 물에서 낮은 용해력(소수성)을 보이고, 지질에서는 높은 용해력(친유성)을 보인다.

15 뉴론 세포막 안팎의 전위는 다르며(내부는 음성) 이온이라는 작은 하전입자들이 불균형을 이루면서 분포되어 있어 전위차를 유지한다. 세포막에는 이온이 흐를 수 있는 채널들이 있지만 휴식기에는 이들이 닫혀있다. 채널들이 열리게 되면 짧은 시간동안 부분적으로 세포막 전위가 전환되는데, 이를 활동전위(action potential)라 한다. 채널은 작은 전압작동통로(voltage-gated ion channel)의 반응으로 열리고, 이는 세포막 인접 부위의 전자적 활동은 자극시켜 활동전위를 활성화시킨다. 신경전달물 수용체들은 다른 이온 채널(수용체로 개폐된 이온채널)을 열어 더 작고 감소되는 전자전위를 생성한다.

16 마취제와 단백질 부위와도 많은 상관성을 가지고 있는데 마취력과 루시페라제(발광효소: 반딧불의 발광 단백질)실험을 통해 활동이 10만 배 이상 감소되었다는 것을 확인하였다.

지적 능력 저하 (Slowed Mental Processing)

마취로 인한 많은 현상들은 CNS의 저하된 정보처리 능력으로 부터 비롯된다. 저하된 정보처리 능력에 대한 모델은 마취를 이해하고 연구하는데 중요한 도구가 된다. 불활성 기체의 마취적 특성으로 인해 저하된 정보처리 모델은 CNS의 정보처리 능력을 저하시키며, 불활성 기체 마취로 인해 일반적으로 일어나는 행동적 변화를 일으킨다. 이 모델을 이해하기 위해 정보처리 모델에 대한 근본적인 기초를 이해해야 한다.

정보처리 모델(Information Processing Model)

정보처리는 여러 단계의 과정으로 이루어 진다. 예를 들어 지각과 평가단계, 결정단계와 효과단계에서의 반응시간과 같은 간단한 정보처리 작업 등이 정보처리 과정에 포함된다. 반응시간(reaction time) 지연의 예로 운전 중 적색신호를 보고 브레이크를 밟는 시간의 차이를 뜻한다. 몇 천 가지의 자극들 중에 적색신호를 인식하고 반응하는 것은 지각과 평가 단계에서 이루어 진다. 브레이크를 적용 및 속도, 거리와 충돌할 가능성을 계산하고 결정하는 것은 결정(decision-making)단계에서 이루어 진다. 신경운동(neuromotor) 프로그램을 활성화시켜 다리근육을 움직이는 것은 효과기(effector)단계에서 이루어 진다. 이 시스템은 마취로 인해 3면이 영향 받을 수 있다. 첫 번째는 시스템의 **구조**(structure) 부분이다. 두 번째는 이 모델의 **기능적**(functional) 면으로 정보처리의 각 단계로 인한 전체적인 시스템 수행 능력이다. 모든 단계에서의 정보처리 능력저하는 수행능력을 마비시킨다. 세 번째는 정보처리를 위한 **전략**(strategy)부분으로 집중력 분포, 결정 기준, 시연 전략 및 속도 정확한 교환 등이 포함된다.

불활성 기체 마취는 기능 및 전략면에 영향을 주지만 정보처리의 구조적인 면에는 영향을 주지 않을 것이다.

기능적 요소(Functional Component)

정보처리과정이 불활성 기체 마취로 인해 느려진다는 사실은 인지 기능에 대한 실험연구들을 통해 확인되었으며, 문제해결능력이 현저히 감소되었고 반응시간이 증가되었다는 것이 밝혀졌다.[17] 많은 연구 결과들은 마취가 구조적 구성요소들을 변경시키기보다는 전반적인 기능 결핍상태를 유발시킨다고 보고하였다. 이러한 기능 결핍은 감소된 자극(감소된 전반적인 뇌 활동 수치)과 활동(저하된 모터 준비력)으로 인해 저하된 처리능력으로 이해될 수 있다. 마취는 여러 처리단계에서 영향을 미친다고 할 수 있다. 뇌 전자 활동을 기록한 반응시간 실험들은 마취로 인해 저하된 처리능력이 지적 평가단계의 저하와 차후 효과단계의 감소된 모터 준비력과 관련되어 있다는 것을 제시하였다. 저하된 정보처리력을 기반으로 한 마취의 개념은 자극을 증가시키고 마취효과를 저하시키는 암페타민(중추신경을 자극하는 각성제)의 효과와 자극을 저하시키고 마취상태를 증가시키는 알코올의 효과에 의해 강화될 수 있다.

전략적 요소(Strategic Component)

마취로 인한 인지기능 정확도 저하는 느려진 정보처리력에 대한 보상으로 정보의 전략적 변화의 결과일 가능성이 있다. 하나의 전략적 변화는 속도-정확도의 타협인데, 이러한 변화는 반응 속도유지를 위해 정확성을 포기하는 것이다. 이러한 빠른 타협기술은 일부 산업 다이버들이 수면 위에 있을 때에도 관찰된 적 있다.

17 자극의 농도가 제어된 상황과 마취된 상태에서 변화되는 추가적 요소 방법을 보면 자극 강도/반응 관계 기울기(slope)의 변화보다 평행적 이동은 구조적인 단계들이 방해 받기 보다 마취가 일반적인 기능성 결핍을 나타내는 것으로 보인다.

조정(Modification)

잠수 프로필(Dive Profile)

불활성 기체 마취는 마취성 기체의 부분압에 의존하고 있고 결과적으로는 수심에 의존한다. 앞서 논의 된 마취의 일부 영향들은 낮은 수심에 더 현저히 나타나며, 다른 영향들은 깊은 수심에 더 명확히 나타난다.

마취의 시작은 기체의 마취성 부분압 흡입으로 빠르게 일어나지만 바로 마취되는 것은 아니다. 뇌에 입력되어 나타나는 불활성 기체의 마취성 긴장은 뇌의 하프타임[18]과 다이빙 수심의 특성으로 인해 마취 시작시간을 반영하며 나타난다. 일반적인 하강속도에서 마취는 100fsw(30msw) 이상의 압축(compression) 중에 나타나거나 그 수심에 도착하자마자 시작 될 것이다. 빠른 가압은 일시적으로 폐포(alveolar)의 이산화탄소 수치를 증가시키는데, 이는 마취를 가중시켜 일시적으로 마취 수치를 증가시킨다.

산소(Oxygen)

이론적이자 경험적 증거에 따르면 산소 또한 마취성이 있으며, 불활성 기체들과 유사한 수행결핍을 유발한다. 신경계 산소중독 문제로 인해 적절히 높은 부분압에서의 순산소 흡입이 가능하지 않아 산소마취로 인한 주간적인 감각은 검사될 수 없지만, 산소는 산소만으로 나 다른 마취성 기체들과 함께 인지기능장애를 일으킬 수 있다. 지질 용해도는 산소가 질소보다 2배 더 강한 마취력을 가지고 있으며, 인지기능 실험들은 산소가 질소보다 3배에서 4배 이상의 마취력이 있다는 추측을 할 수 있게 해준다. 이러한 이유로 혼합기체 다이빙 계획(mixed gas dive planning)에서 마취 등과 수심(equinarcotic depth)을 계산할 때 산소도 포함시키는 것이 현명하다.

18 저자가 수행한 출판되지 않은 실험연구들에 의하면 뇌의 하프타임은 동맥의 질소부분압이 한단계 변화 후 대략 1분이었다.

이산화탄소 (CO_2)

이산화탄소는 불활성 기체 마취와 다른 종류의 마취를 유발할 뿐만 아니라 관련된 메커니즘도 다를것이다. 인지기능시험에서 불활성 기체 마취는 속도와 정확도 모두를 저하시키지만, 이산화탄소는 정확도에는 영향을 주지 않고 속도만 저하시킨다. 신경근육적 협응력을 제어하는데 이산화탄소는 불활성 기체보다 비교적 더 강력하다. 이산화탄소는 매우 적은 폐포 부분압에도 마취효과가 있을 뿐만 아니라 혼자만으로도 효력을 발휘하거나 불활성 기체의 역할에 추가적인 역할을 할 수 있다. 폐포의 이산화탄소 수치를 일반 수치인 5.5~6.1kPa에서 7~8kPa로 증가시켜도 현저한 마취효과를 확인할 수 있다. 폐포의 이산하탄소가 이같은 수치로 증가하는 것은 어려운 일이 아니나. 부적절한 장비로 인한 호흡저항, 깊은 수심에서의 고농도 호흡기체, 호흡장비의 사강 혹은 부적절한 폐환기 등으로 인해 수치는 증가될 수 있다. 예를 들어 분당 15리터 이하로 호흡하며 지속적이고 빠른 속도로 수영을 하는 다이버의 폐포 이산화탄소량은 부적절한 폐포환기로 인해 마취수치로 증가될 위험성이 존재한다.

불안(Anxiety)

일화적인 증거들에 의하면 불안이 마취효과를 강화시킬 수 있다고 한다. 일부 실험결과들에 의하면 열린바다에서 수행된 시험결과들의 점수는 체임버에서 수행된 점수들보다 현저히 낮았다. 마취현상을 확인하기 위해 100fsw(30msw)의 차가운 열린바다에서 수행된 실험결과에 의하면 참가한 피실험자들 중 인지능력과 민첩성 시험을 통해 마취효과가 가장 낮게 나온 피실험자들의 소변 아드레날린과 노르아드레날린 수치가 현저히 증가되었다는(스트레스의 신호) 결과가 보고되었다.

흥분: 피로, 약물과 알코올(Arousal: Fatigue, Drugs, Alcohol)

불활성 기체 마취의 느려진 처리모델에 따르면 흥분수치에 영향을 주는 모든 상태들은 마취정도에 영향을 준다. 피로는 마취상태를 증가시킨다. 앞서 설명했던 암페타민과 알코올과 같이 흥분을 증가시키거나 감소시키는 모든 약물들은 마취현상과 상호작용할 것이다.

내성 혹은 적응(Tolerance or Adaptation)

내성(Tolerance)

약물에 대한 내성은 반복되는 노출에 의해 감소된 약물의 효과이다. 마취에 대한 내성의 발달은 반복적인 다이빙 노출에 의해 불활성 기체의 마취효과가 감소되는것을 뜻하지만, 실제로 불활성 기체 마취의 객관적 행동수치를 감소시키지는 않는다. 5일 동안 7ata과 1.3ata에서의 수행된 체임버 에어다이빙에서의 지적능력, 반응시간, 민첩성 시험결과들을 비교해 보았을 때 두 수심의 다이빙에서 모두 같은 수치의 감소가 확인되었다. 5.5ata에서 12번의 지속적인 검사결과, 몸의 움직임(중독상태 측정)으로 평가된 마취상태는 1.3ata와 비교해 보았을 때 흡사하게 증가되었다. 불활성 기체들에 대한 마취현상에 대한 내성은 현저히 발생되지 않는다; 다시말해, 반복적인 다이빙 노출로 인해 불활성 기체의 일반적인 마취현상은 감소되지 않는다.

주관적인 적응(Subjective Adaptation)

적응은 생물이 환경에 맞춰지는 것을 뜻한다; 마취의 경우 적응은 성능향상을 위해 행동을 재구성하는 것을 뜻한다[19]. 반복적인 다이빙은 마취로 인한 행동적 객관적 요소들을 분리하게 한다. 이것이 진정한 내성[20]인지 적응인지는 확실치 않다. 5일 동안 연속적으로 수행된 6.46ata 수심의 공기 다이빙 시 반응시간은 1ata에 비해 향상되지 않았지만, 질소에 대한 객관적인 평가는 변하

19 적응은내성과흡사한뜻을갖고있지만이는지속되는자극에대한감소된신경계반응을뜻하며이러한뜻은 암시되지 않고 있다.

20 내성 생성이란 반복적인 다이빙에 의해 변경되지 않는 다른 행동적 영향들에 대한 다른 메커니즘과 이에 대한 주관적인 영향들에 영향을 주는 마취를 뜻한다.

였다. 실험 3일째 전반적인 마취강도와 중독에 대한 신체/정신적 감각은 대략 감소된 듯 하였다; 하지만 피실험자들은 활동에 대한 제한은 변하지 않았다고 호소하였다. 그러므로, 중독된 느낌의 강도를 수중 효율성의 지표로 삼는 것은 부적절하다.

특정한 적응과 개개인의 변이성
(Specific Adaptation & Individual Variability)

다이빙 커뮤니티에서는 일부 다이버들이 깊은 수심에서 더 효과적으로 활동할 수 있으며 다이빙 경험이 많을수록 딥 다이빙을 더 효과적으로 할 수 있다라고 믿고 있다. 다른 생물학적 현상에서와 미친가지로 개개인의 변이성에 따라 마취에 대한 감수성은 다를 수 있지만, 반복적인 다이빙으로 인해 마취에 대한 적응을 할 수 있는지는 추측일 뿐이다. 예를 들어 중독에 대한 주관적인 감각들의 감소는 주어진 과제에 더 집중하게 만들 수 있다. 또한 어떤 이들은 마취에 적응하기 위해 더 적절한 적응전략을 사용하고, 경험을 통해 이러한 방법들을 터득할 수 있을 수 있다. 예를 들어, 마취 실험 중 속도를 감소시키면서 정확도를 제어할 수도 있기 때문에 적응에 대한 전략은 적절한 속도-정확도 교환(speed-accuracy trade-off)을 선택하는 것일 수도 있다. 실제로 마취에 대한 초기 관찰 연구들 중 하나를 살펴보면 의도적으로 느리게 움직이는 것이 신경근육학적 장애를 감소시키는 방법이었다.

요약과 실용적인 전략들

일부 불활성 기체들은 마취(anaesthetic)적인 특성들을 지니고 있으며, 마취현상은 이러한 불활성 기체들을 마취 하(sub-anaesthetic)량 만큼 호흡할 때 발생하는데 이는 공기로 100fsw(30msw) 수심 이상에서 다이빙을 할 경우 피할 수 없는 현상이다. 행동에 영향을 주는 마취에 대한 가능성있는 설명은 불활성 기체들의 마취적 특성은 중추신경계(CNS)의 정보처리를 저하시키는 동시에 속도-정확도 교환을 변화시켜 다이버로 하여금 실수할 가능성을 증가시킨다는 것이다. 주관적으로 불활성 기체 마취는 중독성적인 느낌을 주며, 반복적인 다이빙을 통해 이러한 느낌을 감소시킬 수 있다. 마취에 대한 주관적인 실험결과들을 보면 마취는 인지기능을 감소시키는 동시에 정확성을 저하시키며, 반응시간과 함께 신경근육의 협응력을 감소시킨다. 불활성 기체의 역할 중 잘 알려지지 않은 역할은 체온조절(thermoregulation) 감소이며, 수중에서의 체온손실을 현저히 증가시킬 수 있다고 보고되고 있다. 마취는 이산화탄소 정체, 불안과 피로와 같은 요소들을 더욱 극대화시키기 때문에 수심의 증가없이도 마취의 정도는 악화될 수 있다.

마취현상이 존재해도 수행능력을 향상시킬 수 있는 전략들은 존재한다. 이러한 전략들의 효력의 원인은 알 수 없으나 이들은 충분히 고려해봐야 할 내용들이다. 첫 번째로 100fsw(30msw) 이상의 수심에서 마취는 전반적인 효율성을 감소시킨다라는 것을 인지하고 있어야 한다. 또한 주관적인 적응에 있어서 중독의 강도를 수중안전과 효율성의 지표로 사용하는 것은 적절하지 못하다. 두 번째로, 숙달된 수중기술들은 감소된 정보처리능력에 의해 영향을 받을 가능성이 낮다. 더 나아가 주관적인 적응은 특히 숙달된 기술들을 실행할 때 값어치가 있을 것이다. 반면 주관적인 적응은 새로운 상황이나 지적 정보처리나 기억이 요구되는 상황에서는 유용하지 않다(예를 들어 기체관리 혹은 감압계산). 세 번째로 수행능력의 저하가 부적절한 속도-정확성 교환으로 인해 발생되었다면 트레이닝을 통해 더 적합한 정보처리전략들을 단련시킬 수 있다. 마지막으로, 이러한 전략들이 적절량의 마취와 함께 수행능력을 향상시킬 수 있지만 극심한 마취의 영향들로부터는 보호해 줄 가능성은 낮다.

가장 적절한 방법은 가능한 마취유발 상황과 함께 안전에 위협이 되는 모든 상황들을 피하는 것이다. 마취 강화의 주된 원인은 호흡하는 질소와 산소의 부분압으로 다이빙의 수심과 호흡되는 기체믹스를 관리해야 한다. 호흡기체로 질소 대신 헬륨을 일부분 혹은 전부 사용하여 불활성 기체 마취를 감소 혹은 제거 시키고, 낮은 농도의 호흡기체를 사용해 일산화탄소 정체로 인한 마취정도를 감소시키도록 한다.

CHAPTER 9

제9장

이산화탄소 정체 (CO_2 Retention)

욜리 북스팬 (Jolie Bookspan, PhD)

미해군 실험기관에서 공기의 산소량인 21% 이상의 산소농도가 함류된 나이트록스 혼합기체를 사용해 새로운 감압스케줄 실험을 하였다. 해군연구원들은 처음에는 다양한 수압에서 100% O_2를 사용해 산소 자체에 대한 내성한계를 측정하였다. 비교적 신뢰있는 결과자료를 바탕으로 해군에서는 가설적 "한계커브(limit curve)" 를 제작하였다. 실제 실험에서는 한계커브에서보다 잠수를 25% 더 오래 수행하였다. 한계커브 내에서는 심각한 중독성이 관찰 되지 않아 한계커브의 데이터는 안전성이 인정되었다.

솔로몬 섬에서 USS 에트랜타를 타는 다이버
사진: Kevin Denaly

혼합체 한계를 유도하기 위해서 필요한 유일한 변수는 PO_2뿐이었다고 추측해도 합리적이라 생각했다. 산소의 부분압을 바탕으로 다른 나이트록스 혼합체의 커브를 간단히 100% O_2의 한계로 변형한다는 것은 다른 모든 혼합체들도 문제가 없다는 전제하에 이루어졌다. 하지만 첫 나이트록 스 실험에서 다이버들은 경련을 일으켰다.

그 후 초기 산소중독에 대한 문제들이 제시되었고 예상되지 못했던 다른 특이한 문제들이 발생되었다.

혼합기체의 문제는 무엇이었나?

1952년 미국 워싱턴 DC에 위치한 미해군 실험다이빙부대 EDU(U.S. Navy Experimental Diving Unit)는 항구에서의 지뢰제거와 같은 실용적 작업을 위해 "혼합기체"를 사용한 감압시간 감소시스템 제작에 대한 지시를 받았다. 프로젝트 장교 커맨 더 J.V. 드웨어(Dwyer) 부관과 부의학 부관인 E.H. 랜피어(Lanphier) 장교는 이 업무를 담당관리하였다.

이전에 사용한 산소 한계량과 비교해 보았을 때 나이트록스 혼합체를 사용한 나이버들에게서 예외적으로 많은 문제들이 발생되었다. 더 나아가 이러한 문제들은 헬륨-산소 혼합체와 같은 산소압을 적용해 사용해 보았을 때 발생되지 않았다. 유일하게 그럴 듯 할만한 이유로 발생되는 문제들은 이산화탄소(CO_2)와 관련되어 있다는 추측이 제시되었다. 혼합체에는 CO_2가 없었으며, 호흡기의 사강(dead space: 콧구멍에서 폐포까지의 호흡계 중 혈액이 기체대사를 하지 않는 부분)은 최소였다; 하지만 초기 연구자료들에 의하면 깊은 수심에서 일부 다이버들은 다른 다이버들에 비해 같은 노력에도 불구하고 호흡량이 적었다고 한다. 호흡량이 현저히 적은 다이버들은 CO_2 제거를 적절히하지 못했던 것으로 추측된다. 산소경련 발생에 대한 관점에서 이러한 현상은 특별한 관심사가 되었다. CO_2 과잉은 뇌로의 혈액순환을 증가시키며 뇌로 가는 산소 " 투여량(dose) " 을 증가시킨다. 랜피어(Lanphier)과 드웨어(Dwyer)는 실험을 통해 일부 EDU 다이버들이 같은 작업량에도 다른 다이버들보다 더 적은 호흡을 한다는 것을 밝혔다. 그들은 마지막으로 내쉬는 기체 혹은 호기말(end-tidal gas)기체를 통해 동맥 혈액 중 CO_2량을 검사하였다. 깊은 수심에서 마지막으로 내쉬는 CO_2 량이 일부 다이버들에게 더 높이 측정되었는데 이러한 현상은 특히 N_2O_2 혼합체를 사용하였을 때 더 현저히 나타났다. (주의: 마지막 호흡을 통한 CO_2 수치는 느리고 깊은 호흡법 등에 따라 동맥 CO_2 수치보다 과잉검출 될 가능성이 있다. 이러한 이유로 종기 호흡 내 CO_2 수치와 동맥 샘플의 CO_2 수치를 비교 분석할 필요가 있으며 이 연구에서도 적용하였다.)

1995년 한 독립적 연구팀은 EDU 조건들을 재생 및 재실험하여 연구결과를 재확인하였다. 연구자들은 EAN 40을 사용해 고압활동을 할 경우 발생되는 CO_2 정체량을 실험하였다. 그들의 연구결과에 따르면 CO_2 정체는 "나이트록스로 100fsw(30msw) 수심까지 다이빙하여도 모든 다이버들에게 나타나는 현상이 아니며 일부에게만 확인된다."

헬륨–산소(HeO_2) 혼합체의 놀라운 결과

지속적인 연구를 통해 깊은 수심에서 N_2O_2를 흡입할 경우 CO_2 정체문제가 발생된 것을 확인하였고, HeO_2를 사용할 경우 호흡에 거의 지장이 없었을 뿐만 아니라 CO_2 수치도 정상에 가까웠다는 것을 확인하였다.

1956과 1956년 동안 수행된 연구결과는 다음과 같다:

(1) 깊은 수심에서 활동적 다이빙을 할 경우 CO_2가 체내 정체되는 것은 확실하다.
(2) 호흡체가 HeO_2 혼합체일 경우 체내 CO_2 정체의 증가량이 적거나 없다.
(3) 증가된 호흡저항과 사강 모두 CO_2 정체를 촉진시키지만, 이러한 문제들을 최소화 시킨다하여도 문제는 제거 되지 않는다.
(4) 개개인에 따라 생성되는 CO_2 정체량은 다르지만 모든 사람들이 N_2O_2 혼합체를 사용할 경우 다이빙 시 문제들은 발생한다. "정체량이 많은 이들"과 "정상인들"의 차이를 나누는 정확한 선은 없다.
(5) CO_2 정체로 인해 발생되는 문제들의 가장 효과적인 해결책은 "혼합기체"를 HeO_2로 대체하여 사용하는 것이다.

연구보고서 7-58(Research Report 7-58)에서 권장하는 내용은 정확이 다음과 같다:

(1) 감압 요구량 감소를 위한 고산소 N_2O_2 혼합체 사용은 금해야 한다.
(2) 혼합기체 다이빙 시 사용될 HeO_2 혼합체 연구는 최대한 빨리 진행되어야 한다.

왜 CO_2 정체가 문제가 되는가?

미해군 실험다이빙 부대 – 질소–산소 혼합체에 대한 생리변화

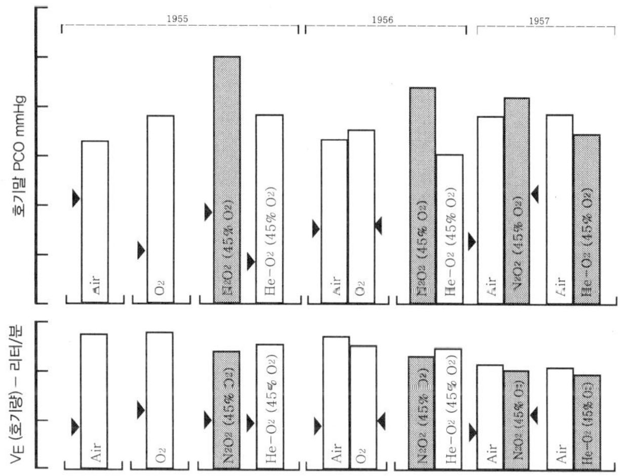

다양한 상황에서의 호기말 PCO2와 VE 평균값

▶휴식값

1878년도 부터 생리학자인 폴 버트(Paul Bert)는 과잉산소환경(super-oxygenated environment)에서 동물들이 자신들의 CO_2 수치에 의해 "자가중독(auto-intoxication)"되는 현상을 보여주었다. 그는 또한 CO_2와 O_2 중독 관련 가능성에 대해 인지하고 있었다. 한때는 CO_2 정체가 깊은 수심에서 질소마취의 유일한 이유라는 제안도 있었다. 다른 가설은 확실성이 떨어지지만 CO_2 정체를 더 많이 하는 사람들만의 산소중독이 더 빨리 발생된다라는 제안도 있었다. CO_2 정체는 산소중독 및 질소마취, 그리고 감압병의 원인일 뿐만 아니라 수중혼란 및 의식상실과도 관련되어 있다는 증거가 있다.

산소중독(O_2 Toxicity)

제2차 세계대전(WW II) 중 산소 리브리더를 사용하던 영국해군(Royal Navy) 다이버들은 어뢰로 인해 예고없이 정신을 잃었다. "저수심 기억상실증(shallow water blackout)"이라는 단어는 발로(Barlow)와 맥인토시(MacIntosh)에 의해 기억상실로 판단되는 현상으로 설명되었고, 너무 높은 수치의 CO_2(탄산과잉증:hypercapnia)로 인해 이러한 기억상실 상태가 발생한다고 추측하였으며 이는 차후 확인되었다. "저수심(shallow water)"이라고 칭한것은 산소 리브리더

가 산소량이 높아 고수심에서는 적용되지 않기 때문이다. 다이빙 시 산소중독을 고려하지 않은 이유는 대부분의 다이빙을 산소 중독에 노출될 수 있는 수심에서 하지 않았기 때문이다. 이러한 문제는 CO_2 흡수통을 개선하면서 해결됐다. "저수심 기억상실증"은 CO_2 정체로 인한 기억상실을 뜻하였지만 이 말은 차후 다이빙 시 호흡을 참아 저산소 상태로 인해 발생되는 무의식상태를 뜻하게 되었고, 이러한 상태는 특히 과호흡(hyperventilation) 후 발생되었다. 기체 혼합은 그 후 일반화되었다.

불활성 기체 마취(Inert Gas Narcosis)

마취를 일으키는 불활성 기체와 함께 CO_2 정체가 동시에 발생되면 마취상태는 더 촉진된다. 케이스(Case)와 할데인(Haldane)은 이러한 마취의 촉진현상을 "CO_2"와 "N_2"로 구분해 설명하였으며, 1941년 헤서(Hesser)등은 이러한 주장을 뒷바침하는 연구결과를 보고하였다. 그들은 높은 수치의 N_2와 CO_2 압력은 인간의 수행능력에 영향을 준다고 보고 하였다. 포더길(Fothergill), 헤지스(Hedges)와 모리스(Morrison)는 동일한 연구결과를 발표하였다.

스터바(Sterba)는 미해군(US Navy) 다이버들을 대상으로 압력 체임버에서 수중자전거 작업량을 측정하여 연구결과를 발표하였다. 피험자들은 190피트(57미터)에서의 공기 다이빙과 300과 1000피트(91과 305.8미터)에서 높은 호기말(end-tidal) CO_2수치를 보였다. 65mmHg 이상에서는 현기증과 두통을 호소하였으며, 70mmHg에서는 심한 혼란과 기억상실이 확인되었다. 일부 피험자들은 심한 CO_2 마취로 인해 구조되기까지 하였다.

베넷(Bennett)과 브렌칸(Blenkarn)는 6.7과 9.6atm에서 공기와 HeO_2를 번갈아 사용하여 4명의 휴면상태의 피험자들을 대상으로 실험을 수행하였다. 공기를 호흡하였을 때 지적능력은 현저히 떨어졌지만 실험환경에 대한 문제나 CO_2에 대한 증거는 없었다.

마취가 호흡을 저하시키나?

랜피어(Lanphier)는 만약 불활성 기체 마취가 다이버의 호흡량을 저하시키면 악순환이 발생할 가능성이 있다는 흥미로운 이론을 제시하였으며, 이로 인해 CO_2 수치가 증가되면 마취가 증가된다고 하였다. 랜피어의 자체실험에 의하면, 심한 마취는 호흡을 멈추게하거나 호흡곤란(dyspnea)을 일으키진 않지만, 마취로 인한 호흡저하의 가능성은 존재하지 않는다고 할 수는 없다고 하였다. 예를 들어, 농도와 마취효과는 따로 불리할 수 없다 – 만약 마취를 피하기 위해 질소 대신 헬륨이 사용된다면 농도 또한 현저히 감소된다. 수소(H) 마취는 호흡을 저하시킨다는 증거가 있다. 예., (기리(Giry) 등의 연구)

쉐퍼(Schaefer)은 마취가 기본적인 CO_2 반응을 변경시키지 않는다는 초기 자료를 재검토하였다. 젤판드(Gelfand) 등은 두 남성 피실험자들을 상대로 폭 넓은 압력과 기체농도에 대한 호흡기 반응을 분석하였다. CO_2에 의한 호흡기 반응의 감소는 증가된 기체 농도와 관련되어 있지만, 마취와는 관련되지 않는다고 한다. CNS에 미치는 증가된 질소 압력의 효과에서 증가된 기체 농도의 효과를 분리하는 연구는 린나손(Linnarsson)과 헤서(Hesser), 그리고 헤서(Hesser)와 린드(Lind)에 의해 수행되었다.

수소를 제외하고, 깊은 수심에서 마취가 CO_2 정체를 유발할 가능성은 매우 낮다. 수압 자체만이 이러한 역할을 한다는 것은 확실치 않다. 솔츠맨(Saltzman)과 그의 동료들은 휴식시 $PaCO_2$가 수압(ata) 증가마다 0.5mmHg 씩 증가된다는 연구결과를 발표하였다. 타라시욱(Tarasiuk)과 그루스맨(Grossman)은 호흡기에 직접적으로 미치는 압력에 대한 역할에 대한 이론을 지지하였다.

아산화질소(nitrous oxide) 관찰연구

미세한 농도변화와 함께 비교적 낮은 농도의 아산화질소(예., 1atm 절대압에서 30%)로 인해 발생되는 마취효과는 깊은 수심에서 발생하는 마취와 주관적인 차이를 비교할 수 없었다. 하지만 이것은 같은 현상인가? 브래드리(Bradley)와 딕슨(Dickson)에 의하면 아산화질소 흡입은 '호기된 총 환기량'(expired total ventilation)(VE)과 호흡률을 증가시키고, 휴식과 활동 중 배기량과 동맥 이산화탄소 수치 감소와 함께 증가된다고 한다. 이러한 변화들은 깊은 수심에서의 공기 다이빙 시 나타나는 증상들과 상극을 이루며, 아산화질소로 인해 민감해지는 폐 신장수용체를 반영한다고 본다. 웨버(Webber)는 또한 호흡 회수의 증가는 있었지만 계산상의 폐포 환기에 대한 차이는 없었다고 보고하였다. 분명한 것은 아산화질소 마취가 깊은 수심에서 불활성 기체 마취와 현저히 다르다는 것을 보여준다.

의식의 변화(Altered Consciousness)

와칸더(Warkander)와 그의 연구진들은 건식체임버 다이빙 중 실험적으로 높은 호흡저항에 노출된 2명의 실험대상들의 의식상태에 심한 장애를 관찰하였다고 보고하였다. 다이버들은 특별한 호흡장애(dyspnea)를 경험하지 않았다. 저자들은 "이러한 상황들을 볼 때 심한 탄산과잉증(hypercapnia)은 호흡장애(dyspnea)와 특별한 관계는 없으며, 다이빙 시 심한 호흡장애가 있을 경우 탄산과잉증으로 인해 심한 정신장애가 갑자기 발생할 수 있다."라 하였다. 이러한 실험을 바탕으로 와컨더(Warkander) 등은 지속적인 연구를 통해 호흡장비를 위한 "생리적으로 허용될 수 있는(physiologically acceptable)"기준들을 제안했다.

랜피어는 그의 학생과 함께 새롭게 제작된 자전거 에르고미터(ergometer)를 사용해 7.8atm 절대압 환경의 건식 체임버에서 수행한 실험결과를 설명하였다. 그는 제삼자 입장으로 다음과 같이 기록하였다. "그들은 기체 미터 기록기가 부착된 저수압 환경에서 문제없이 사용된 폐력식 호흡회로를 사용해 공기호흡을 하였다. 실험은 새 에르그미터에서 5분 동안 중강도로 진행되었다. 곧 호흡회로는 적절량의 공기를 제공하지 못한다는 것이 명백히 확인되었지만, 이 둘은 실험을 완료하기 위해 계속 운동을 수행하였다.

다이빙 시 변화되는 의식은 수중의학협회(Undersea Medical Society) 연구회의 주된 논의 주제였다. 참여자들은 CO_2 정체와 이에 관련된 이상증상들이 감손의 주원인이라고 생각하였다.

실험 대상자들은 곧 혼수상태에 빠졌다. 측정결과에 의하면 이들의 폐포호흡은 정상적인 체내 $PaCO_2$ 필요량의 반이었다고 한다. 호흡곤란은 의식을 잃기전에 매우 심했고, 활동이 정지된 후 다시 의식이 돌아올 때의 느낌은 매우 불쾌하였다고 한다. 램피어와 그의 학생은 CO_2 과잉성체자들은 아니었지만 CO_2 정체는 힘든 상황에서 의식을 잃게 하거나 의식장애로 이어지게하며, 위험가능한 상황이 발생하기전에 비교적 적은 증후상들이 보이는 것 같았다. 완전폐쇄 혹은 반폐쇄 공기회로 장비에서 CO_2 흡수가 되지 않거나 부적절히 흡수 될 경우 발생되는 상황들을 CO_2 정체자들은 경험을 하게 된다. 기존 연구자료들에서 발표되었듯이, 재호흡 스쿠버(rebreathing scuba) 사용 시 CO_2 흡수가 적절하지 못하면 혼수상태로 이어질 수 있는 위험성이 존재한다."

흡입된 CO_2(Inspired CO_2)

테크니컬 다이버들은 일반적으로 높은 수치의 CO_2를 흡입하지 않는다. 다시 말해, 혼합체 사용 시 일반수치보다 높은 CO_2를 흡입하지는 않는다는 것이다. 하지만 CO_2 흡입으로 발생되는 문제들은 논할 필요가 있다. 다음의 '다이빙 사례와 고압 관련사고들(Case Histories of Diving and Hyperbaric Accidents)'에 나온 흥미로운 이야기이다:

"1948년에 나는 의대생이었으며 시카고에 있는 일리노이대 의대에서 약리학 석사학위를 취득하는 중이었다. 난 약리학 조교로서 학생들에게 내가 기획한 기체약리학 실험과정을 가르치고 있었다.

그 당시 정신질환치료에 사용되는 전자충격요법(EST)을 홍보하던 메두나(Meduna) 박사는 그의 제품이 "CO_2 경련"에 비교적 쓸만한 대용품으로 사용 가능하며, 나름대로 부가적인 효과가 있다는 것에 많은 관심을 가졌었다. 내 연구는 항경련제와 관련되어 있어서 "CO_2 치료"는 나의 관심 대상이었다.

하루는 학과장님을 포함한 여러 동료들과 함께 메두나 박사의 신개념 치료방식을 적용해 환자를 치료 하던 한 젊은 박사의 치료방법을 보기 위해 정신병원을 방문하였다. 그는 산소에 30% CO_2를 혼합해 환자들에게 주었고, 환자들은 흡입 후 바로 의식을 잃었다. 이 믹스는 동물들에게 전자충격을 줄 때 나타나는 강직성-경련성 발작보다 대뇌제거 시 경직상태와 더 흡사한 근신경 현상을 유발하였다. 후유증은 거의 확인되지 않았다.

메두나 박사의 젊은 동료는 상냥하게 경험을 권했고, 나는 이를 받아드렸다. 높은 농도의 CO_2 흡입은 클럽소다를 흡입하는 것 같았지만, 이러한 느낌은 잠시뿐이었고 호흡을 하고 싶다는 엄청난 충동감이 들었다. 일부 정신적 변화는 여러 마취제들을 사용하였을때와 흡사하였지만 이러한 기억도 잠시뿐이었다. 정신을 차린 후 나는 예상된 근활동이 일어났고 이것이 발생되었을 때 마스크가 제거되었다라는 이야기를 들었다. 의식은 생각보다 빨리 돌아왔고, 후유증(sequelae)은 없었던것으로 기억된다." 랜피어 박사.

정상적인 CO_2 생성과 제거

"몇 년 전 어느 토요일 아침 버팔로에 있는 내 차고에서 캠핑용 차를 손질하고 있었을 때 나는 옆집 라디오에서 우연히 흘러나오는 친숙한 목소리를 들었다. 목소리의 주인공은 나의 오래된 친구이자 매우 저명한 캐나다인으로 잠수 전문의이자 수중탐험가 및 북극의 대가인 조 맥이니스(Joe MacInnis)이었다. 그는 조지언만(Georgian Bay)에 위치한 토버모리(Tobermory)에 위치한 수중서식지에 대해 인터뷰를 하고 있었다.

처음에 난 흥미로 듣기 시작했지만 곧 흥미가 놀라움으로 변해 넋을 잃고 듣게 되었다. 인터뷰는 진행될수록 더욱더 흥미로워졌다; 숨을 죽이고 들어야 할 만큼 놀라웠다. 질문과 답들은 점점더 짧아졌다. 맥이니스 박사가 CO_2와 수면으로의 상승에 관해 이야기를 할땐 거의 숨이 막히고, 단답형식의 대화가 오고 갔다. 나는 박사와 그의 동료들이 안전하게 수면으로 돌아왔을거라 생각한다."
1960년 에드 랜피어 박사.

일반적으로 거의 변함없이 동맥의 CO_2 부분압은 휴식과 운동 중 3mmHg 내로 매우 엄격한 범위를 유지하고 있다. 몸은 어떻게 이러한 수지를 유지하는가?

얼만큼, 얼마나 깊이 호흡을 하느냐는 동맥산소압, CO_2 장력, pH, 폐와 흉곽벽의 반사작용, 그리고 뇌에의해 제어된다.

호흡 혼합체의 부족한 산소량은 호흡욕구를 증가시킨다; 저산소 제어장치는 호흡을 유도하게한다. CO_2는 매우 강한 호흡자극제이다. 다양한 모든 제어장치 중 동맥 CO_2가 가장 강한 영향력을 가지고 있다. 그러므로 운동을 통해 증가된 CO_2 생성은 얼마나 호흡을 많이 증가시키고 자주 해야 하는지를 결정하며, 극한 운동 중에도 CO_2 수치를 조절을 통해 CO_2 생성증가를 억제한다.

일반적으로 안정 시 CO_2는 일정하며 자는 동안에만 약간 증가된다. 수면무호흡증 증세가 있을 경우 CO_2량은 현저히 증가될 수 있다. 수면무호흡증은 코를 고는 수면장애로 코를 골 때 상기도 차단으로 호흡이 멈춰져 뇌로 가는 산소가 반복적으로 결핍되는 상태를 뜻한다. 여러 기간동안의 호흡저하로 인해 CO_2 수치가 증가되며, 이러한 무호흡 상태는 하룻밤 몇 백번은 반복될 수 있다. 수면무호흡증은 대부분 과체중이며 목이 무거운 남성들에게 자주 나타난다. 장기적인 치료방법으로 체중감소는 매우 효과적인 치료법이다.

CO_2 정체의 메커니즘

일반적으로 휴식이나 운동 시 CO_2 수치는 많이 증가되지 않는다. 하지만 가끔 증가되기도 하는데 왜 증가될까?

수중 활동 중 몇 가지 변수들이 CO_2 반응에 문제를 유발한다. 랜피어는 크게 3가지 요소들이 관련되어 있다고 한다: 높은 산소 부분압 흡입(증가된 PIO_2), 활동 중 부적절한 호흡 반응, 그리고 호흡량 증가 등이다.

높은 PO_2는 일부 상황에서는 호흡을 감소시킨다. 랜피어에 의하면 마지막 흡기 CO_2의 25%는 증가된 흡기 산소압에 의해 발생된다고 한다. 램버트센(Lambertsen) 등은 운동 중 고압산소 흡입은 호흡을 현저히 감소시킨다고 하였다. 다른 저자들에 의하면 무산소역치(anaerobic threshold) 하 활동량(지속적인 운동상태)에서는 100% 산소 호흡과 공기호흡 차이가 그다지 다르지 않다고 한다. 체내 호흡센터는 약간의 변화만 허용할 뿐 외 휴식이나 활동상태에서 CO_2 수치를 지속적으로 유지시켜 준다. 대사적 산과도증(acidosis) 상태를 보상하기 위해 열심히 젖산생성을 하지만 높은 농도로 흡입된 산소는 젖산에 대한 화학수용기 반응을 중지시키는데, 이러한 현상은 활동량 증가로 인해 무산소역치에 가까워진 다이버들의 CO_2 정체를 설명해 준다.

대부분의 경우 체내 $PaCO_2$ 증가는 깊은 수심에서 호흡량 증가로 인해 유발된다. 호흡활동은 깊은 수심에서 기체농도 증가로 인해 더 힘들어 진다. 몸은 이러한 상태를 보충하기 위해 호흡율을 감소시킨다 – 좁은 튜브를 사용한 호흡은 이러한 현상을 설명해 줄수 있다. 1977년에 수행된 다양한 고농도 기체들에 대한 내성 연구에서 램버트센(Lambertsen) 등은 "전체적이자 폐포적 호흡의 현저한 감소"를 확인하였다. 반응은 기체들의 어떠한 마취적 요소와도 관련이 없으며, 환기억제는 마취의 억제작용으로 인해 발생되지 않았다는 것을 밝혔다. 기체의 밀도와 호흡활동이 폐의 기능을 제한하였다. EDU의 초기 연구들은 CO_2 문제의 결정적 요소는 헬륨 혼합체에 비해 높은 질소혼합체의 기체밀도라고 추측하였다.

CO_2 순응(acclimatization)의 이유는?

일반적으로 체내 CO_2 증가는 매우 불편한 정도의 호흡욕구를 유발한다. 하지만 이러한 반응의 범위는 광범위하다. 어떤 이들은 평범한 반응을 보이는 반면 어떤 이들은 현저히 높은 CO_2 정체 반응을 보인다 – 이들에게는 CO_2 반응을 거의 볼수 없다. 이산화탄소 정체에 대한 질문은, 왜 어떤 이들은 증가된 CO_2를 제어하기 위해 호흡율을 증가하지 않는가?

일부 보고에 의하면 CO_2 정체의 경향은 만성적으로 높은 CO_2 환경의 노출로 인해 증가되며, 이러한 환경은 특정한 다이빙 상황 중 접하게 된다. 환경변화를 위한 일반적인 자동제어 없이 몸은 높은 수치에 적응한다.

첫 EDU 연구에 참석한 대부분의 피실험자들은 수중작업 경험이 있는 다이버들이었다. 헬멧을 착용하고 적절한 호흡을 하기 위해 필요한 공기량은 매우 높으며, 이러한 공기요구량 증가 문제는 수심이 깊을수록 더 많이 나타난다. 헬멧을 통해 적절한 호흡을 할 수 있는 가능성은 매우 낮았기 때문에 CO_2 순응은 직업적으로 불가피하였을 지도 모른다.

대부분의 경우 다이버들의 반복되는 동맥 CO_2 증가에는 다른 이유들이 존재하는데, 잠수함 탈출을 위해 반복적으로 오랜시간 동안 호흡을 참고 수행되는 다이빙 연습도 CO_2 증가원인에 포함된다. 세퍼(Schaefer)는 잠수함 탈출시범 강사들은 평균적으로 교육받지 않은 이들보다 높은 수치의 CO_2를 체내 보유하고 있다고 보고하였다. 그는 적응의 가능성을 제시하였다. 케램(Kerem) 등은 휴식 시 다이버와 비다이버들의 동맥 CO_2수치는 비슷하였으나, 활동 시 다이버들의 동맥 CO_2수치는 높다는 것을 확인하였다. 그들은 이러한 현상을 나이트록스 호흡 시 CO_2 정체에 대한 연구를 통해 재확인 하였다. 맥도날드(MacDonald)와 필마니스(Pilmanis)는 10명의 다이버들를 대상으로 오픈워터 개방회로 스쿠버 다이빙을 수행하였고, 이를 통해 10명 모두에게서 적절하고 지속적으로 증가된 CO_2 수치와 저호흡 특징을 발견하였다.

무뎌진 화학수용체 혹은 다른 적응적 반응을 통해 높은 CO_2 수치에 대한 내성을 보이는 이들은 다이빙을 직업으로 유지해야 하는지를 선택해야 한다.

어쩌면 이산화탄소를 보유하는 많은 다이버들은 취침 시 반복적으로 높은 CO_2 수치를 경험하는 수면무호흡증(sleep-apneics)이 있을 수도 있다. 몸집이 크고 무게가 많이 나가는 체형의 많은 다이버들이 이러한 추측을 제시한다.

일부의 경우, CO_2 정체는 높은 CO_2 환경에 대한 노출은 없지만 다른 방법으로 노출되었을 가능성이 있는 이들에게 발생될 수 있다. 특히 평상시에도 내적 CO_2 수치를 증가시키는 호흡 패턴을 통해 체내 CO_2가 만성적으로 증가된 이들의 경우 이러한 CO_2 정체는 더 현저히 나타난다. 처음 스쿠버 다이빙이 대중화 되었을 때 "호흡 건너뛰기"는 일반적으로 교육되었으며, 오픈회로 다이빙 시 공기를 아끼기위해 널리 알려졌다. 교육을 통해 호흡을 건너뛰는 행위는 지금은 금지되었고 이러한 행위로 인해 CO_2에 대한 내성이 생긴 다이버들도 적어졌을 것이다.

일부 CO_2 정체자들은 순응 가능성이 없다. 일부 CO_2 정체자들(정확이 몇 명인지는 모름)은 정체 상태가 적응적 반응이 아닐 가능성을 제시하고 있다. 클락(Clark) 등은 1995년도 육지에서 2atm의 산소에 노출된 일반 피실자들을 대상으로 수행한 연구를 통해 증가된 활동과 함께 증가되는 동맥 CO_2 수치에 대해 보고하였다.

아직까지 CO_2 순응은 정확히 밝혀진 내용이 아니다. 호흡제어에 대한 한 문헌에서 다음과 같은 내용을 볼 수 있다: "… 현저히 지속된 CO_2 정체는 매우 희귀한 현상이며 극도의 강렬한 운동과 호흡 상태에서도 찾아보기 힘들다. " 저자들 중 한 명인 제롬 뎀시(Jerome Dempsey)는 이러한 현상이 CO_2에 적응되어 있는 모든 이들에게는 필히 적용되는 현상은 아니다라는 것을 강조하였다. Dempsey는 운동과 관련된 연구를 해오는 동안 "CO_2 정체자들"이라고 정의되는 이들을 만난 경험은 한두번뿐이 없었다고 한다.

CO_2 정체자 식별

그 동안 이산화탄소 정체자들을 식별하려는 많은 노력이 있었다. 이러한 사람들은 예상치 못하게 일시적인 CO_2 의식상실, 비정상적인 질소마취, 혹은 산소중독 위험에 노출될 가능성이 높다. 이러한 이유로 식별은 중요한 예방법이다.

원래 EDU가 바란 것은 현저히 눈에 띄는 CO_2 정체자를 선별해 위험한 노출을 막는 것이었다. 선별이 가능하다면 비정체 다이버들로 하여금 나이트록스 다이빙의 장점을 누리게할 수 있다고 생각하였다. 다양한 수치의 CO_2 흡입에 대한 호흡계 반응에 대한 연구는 육지실험을 통해 수행되었다. 결과는 크게 분산된 결과를 보였으며, 이러한 결과는 고수심에서 다이버들에게 즉흥적으로 발생된 CO_2 수치와 비교되었다. 60%는 고수심에서의 높은 CO_2와 흡입된 CO_2의 낮은 반응과 관련성이 보였다; 하지만 그외 다른 40%의 경우 이러한 관계는 관찰되지 않았다. 관련성은 공평하고 신뢰성이 있는 선택적 실험조건에서 확인되지 못했다.

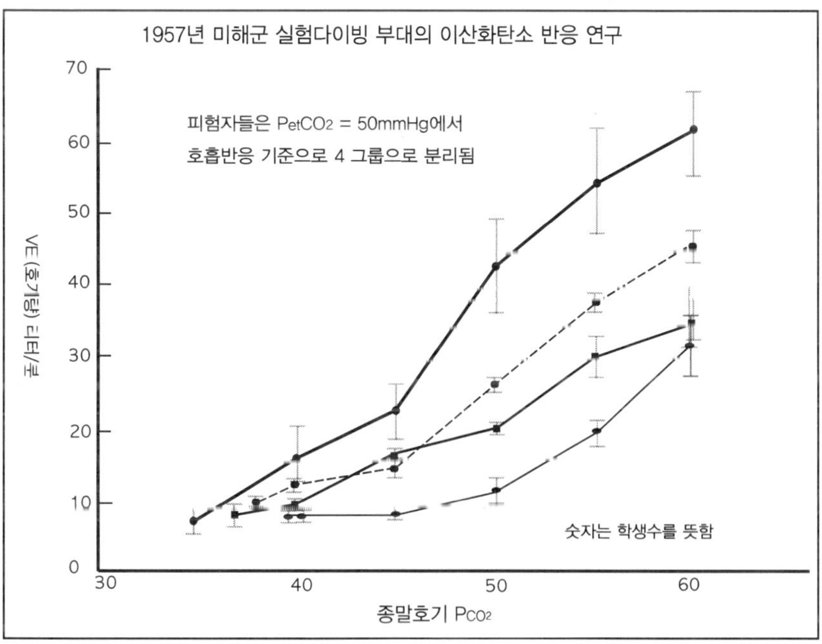

CO_2에 대한 환기 반응

최대하 운동량 내에서 수행된 한 수영 연구에서는 19명 중 11명의 피실험자들의 CO_2 수치가 증가되었다. CO_2 재호흡 실험에서는 사전에 이러한 사람들을 정확히 식별하지 못하였으나 이러한 수영 연구는 운동을 활용한 검사를 통해 CO_2 정체자들을 식별할 수 있다는 가능성을 제시하였다.

데이빗 엘리오트(David Elliot)는 120피트(36미터) 이상의 수심에서 압축공기를 사용해 높은 활동량의 작업을 하며 무의식상태로 빠진 위험성이 높은 다이버들을 대상으로 다이빙 전 수행할 수 있는 적격검사가 개발되야 한다고 주장하였다. 하지만 다이빙 전 쉽고 신뢰성있게 CO_2 정체자들을 선별할 수 있는 방법은 없는 것 같다. 하지만 비정상적으로 낮은 공기량을 사용하는 경우 의심은 해봐야 한다. 결과적으로 더 효과적이고 정확한 검사들이 필요하다.

남은 질문들

CO_2 정체는 기체밀도가 수심에서 증가될 때 발생되는 현상이라 설명되었지만, 이는 최적의 상태에서 활동하지만 CO_2 정체의 경향이 있는 이들에 대한 설명은 하지 못한다.

또한 이 장에서 설명된 미해군 실험다이빙부대의 실험결과와 결론에 대해 모든 연구자들이 동의하는 것은 아니다. 케네스 도널드(Kenneth Donald) 박사는 그의 책, 산소와 다이버(Oxygen and the Diver)를 통해 EDU 연구들에서 나온 대부분의 결과들과 결론들에 대한 반대입장을 밝혔다. 도널드 박사는 CO_2 정체에 대한 주장들은 연구결과들로 증명되지 않았다고 주장하였다. 그는 또한, 수심증가에 따른 산소노출제한의 필요성에 대해 의문을 표시하였다. 도널드 박사는 특히 호기종말 샘플링을 통해 체내 CO_2 수치를 기준화한 결과에 대한 신뢰를 갖지 못했다.

랜피어 박사는 도널드 박사의 연구에 대해 다음과 같이 논하였다. "도널드 박사의 일부 주장들은 인정될 것이고, 그의 많은 논쟁점들은 현재로서 반박하기에는 힘들거나 불가능하다. 하지만 전반적으로 그와 동의하는 것은 더 많은 연구결과가 있어야 한다는 것이다. 지속적인 연구가 가능할지 여부는 시간이 지나면 알 수 있을 것이다."

CO_2 정체예방

만약 체내 CO_2 보유 문제가 본인 스스로 해결할 수 없는 문제라면 이에 대처할 수 있는 다른 방법들이 있는가?

"호흡 건너뛰기"를 피하고 공기를 아끼며 노력을 하지 않는것은 당연한 방법이지만 말보다 행동은 어렵다. 다이버들에게 환기를 정상화시키는 호흡보조기를 권하는 것도 검토해볼 만한 방법이다.

다른 방법은 최소한 CO_2 정체가 확인되거나 가능자들에게 헬륨-산소와 트라이믹스(Trimix)를 호흡기체 다이빙을 권하는 것이다. HeO_2 혼합기체를 호흡매체로 사용할 경우 CO_2 정체는 최소화되거나 발생되지 않는다는 것은 실험을 통해 확인되었다. 다이빙 할 깊이와 시간범위의 감압 관점에서 볼 때 헬륨은 N_2O_2보다 나쁘진 않다. 헬리옥스(Heliox)가 사용될 경우 나이트록스의 일부 장점들이 사라질지도 모르지만, 일부 다이버들에게 CO_2 정체는 사용여부의 결정요소가 될 수 있나. 우선 나이트록스 혼합체를 사용하는 다이버들은, 특히 CO_2 정체가 예상될 경우, 깊이/시간 한계와 감소되는 PO_2 깊이/시간 한계를 주의해야 할 것이다.

CHAPTER 10

제10장

이산화 탄소 – 흑 기체 (CO – The Black Gas)

마틴 샤밀란 (Martin Shamilem. PhD)

서론

다이버들에게는 진정한 "흑기체(black gas)"가 존재하는데, 이 기체는 산소-운송 적혈구들의 생이 끝날 때까지 체내에 존재한다. 흡연은 가장 일반적으로 이러한 '혼합기체'를 유발하는 물질로서 예방이 가능하다. 당신이 일상적으로 불타는 건물 근처에 있거나 배출 파이프를 입으로 막아 차를 폭발 시키기 전에는 체내 일산화탄소 흡입은 예방할 수 있다. 시간이 지남에 따라 다이버들의 나이는 증가되고 새로운 다이버들이 입문하면서 평균나이가 증가되면서 젊었을 때 허용되었던 버릇들은 위험의 요인이 될 수 있다.

10년 전 미군의 특수작전-마스터다이버 트레이너였을 때 난 군임무 수행 시 발생될 수 있는 부작용을 우려해 흡연하는 다이버들의 다이빙 트레이닝을 금했었다. 한번은 남미로 향하는 한 화물선에서 코카인 화물이 적발된적이 있었다. 화물선 선장은 감옥에 가는 것보다 화물선을 폭발하는 것이 더 좋을 것이라는 판단을 하였다. 화물선은 바닥으로부터 62fsw(18msw)뿐이 떨어져있지 않았고, 스쿠버다이빙팀은 국가의 장래와 팀의 경험을 위해 출동되었다. 난파선의 철은 너무 비틀어져 있었을뿐만 아니라 코카인 가방이 터질 경우 웻슈트를 "녹아" 피부로 흡수될 수 있어 상황은 매우 위험했다. 하지만 또다른 위험인 "다이버의 일시적 기억상실(blackout)"은 내가 예상치 못했었다.

"잭"(Zak)은 30대 초반의 매우 심각한 흡연자였고 전술적 임무가 공수미션이던 관계로 그는 나의 첫번째 선택이었다. 난파로 인해 우리는 매우 격한 다이빙 상황에 처해지게 되었고 이동할 때마다 완전 무장한 우리의 난파 활동은 매우 힘들었다. 그런데 잭(Zak)의 호흡은 예고없이 가파졌고 혼절할 것같이 보였는데, 그의 더블탱크에는 1300PSI의 기체가 남아있었고 다음 목적지까지 이동하기 전에 1.6ata O_2 까지는 7분이나 남아있었다. 나는 지난 3달동안 30대 후반 3명을 심장마비로 잃었기 때문에 잭(Zak)에게 심장마비가 일어나는 줄 알고 매우 당황하였다.

부상자 구출용 헬리콥터로 이송된 후 병원 측은 익사직전과 저산소 시 검사되는 비정상적 Carbxy, oxy와 methemoglobin을 그의 혈당기체, 전해물 등을 통해 검사하였다. 잭(Zak)과 저자 모두 수년간의 흡연으로 폐와 혈액에 포화 된 물질로 인해 이러한 현상이 발생되었다는 것을 알고 있었다. 그후 잭(Zak)은 바로 금연을 하였으며, 나는 흡연자들에게 초기 단계 이상의 다이빙 교육을 하지 않게 되었다.

일반적인 폐의 메커니즘

흡기(Inspiration)

흡기는 공기나 다른 기체들의 호흡기와 폐포의 물리적 이동에 대한 활동적 과정이다. 흡입은 가슴벽과 횡격막의 골격근육의 불수의적(자동적) 혹은 수의적 수축 자극으로 인해 발생되는 현상이다. 일반적으로 외부 흉곽근(외부 늑간근)의 최소 움직임과 함께 횡격막(diaphragm)만 수축된다. 흡입된 공기나 기체의 부피가 가슴에서 증가되면서 기도와 폐의 폐포 공기주머니 내의 압력이 떨어지고, 늑막 내 압과 폐까지의 공기흐름도 저하된다.

평균적으로 압력은 2.5mmHg에서 6 mmHg 정도 떨어진다. 그러므로 흡입과 폐의 흡입된 공기유통은 물컵에 빨대를 넣은 것 같이 음성압력 환기상태가 된다. 대기압에 비해 음성인 빨대 내의 압력이 빨대 속 물을 위로 오르게 한다.

저산소혈증(불충분 혈액내 산소)과 탄산과잉증(증가된 혈액 CO_2)그리고, 감소된 pH는 일반적으로 흡입을 유도하거나 자극 시킨다. 이러한 현상은 대부분의 경우 불수의적으로 대동맥궁(aortic arch)의 수용체와 골수의 호흡센터에 의해 이루어진다. 예)짜증이 난 아이가 호흡을 참고 기절할 경우, 혹은 호흡을 참은 다이버에게 과호흡으로 인해 저수심 기억상실이 발생될 경우. 흡기의 끝은 폐 팽창의 자극으로 인해 기도의 신축수용체들이 자극되어 흡기근육이 이완되면서 흡입이 중지되는 것이다.

호기(Expiration)

스웨덴에 있는 한 난파선을 탐험하고 있는 다이버들.
사진: Anders Jallai

호기는 일반적으로 수동적인 과정이다. 가슴막과 흉곽은 가슴이 완전히 안으로 움직임이는 것을 예방하는 경향이 있으며 폐가 항상 확장상태로 있도록 유지시켜주는데, 이는 폐가 언제나 안으로 주저앉을 수 있는 신축적인 경향이 있기 때문이다. 능막공간(기흉, 공기색전증과 폐부종과 같은 수압충격에 있어 주위를 기울이는 부분)은 폐와 가슴 막 사이에서 강(cavity)이 될 가능성이 있기 때문에(가능성이 있다는 것은 일반적으로 적은량의 윤활성 능막유체가 이 공간에 존재하기 때문이다) 일반적으로 내부능막에 음압력이 존재하며(기압과 비교), 폐와 가슴벽을 서로 근접하게 위치하도록 한다.

이러한 음성적인 내부능막 압력은 폐들이 안으로 움직이게 하고 가슴벽의 확장(밖으로의 움직임)이 유지되게 한다.

흡기가 끝나 흉막내 압력이 거의 음성일 때 건강한 폐의 반동적 수축특성은 폐들로 하여금 안으로 들어가게 하고, 흉막내 압력은 다시 −2mmHg 정도로 돌아가 공기가 폐 밖으로 나가게 한다. 이 두 기능들의 제어가 모든 다이빙의 가장 중요한 요소이며, 정상적으로 건강한 폐의 필수 조건들이다. 테크니컬 다이빙과 딥 다이빙과/또는 혼합기체 다이빙에서 이러한 메커니즘들을 이해하고 상상할 수 있다면 다이버가 편안해 질 수 있고, 적절한 호흡기술을 적용할 수 있다.

증가된 호흡을 제어하는 메커니즘들

호흡관들(Breathing Passages)

기관(Trachea)과 큰 부분의 기관지관지분지를 포함하는 큰 기도들은 폐로 들어오는 기체들을 전도하고 적시는 기능을 한다. 이러한 기도들에는 평활근보다 더 많은 연골이 있으며, 흉부 내 압력의 넓은 변화를 불구하고 지속적으로 열려있다. 기관지들을 포함한 더 작은 기도들 또한 기체들을 전도하고 적시는 기능이 있지만 전체적인 지름이 작아질수록 연골보다 비교적 더 많은 평활근(smooth muscle)이 존재한다. 기체의 흐름과 속도는 기도들의 일반적인 지름과 반비례적인 관계를 가지고 있다; 예., 이와 비슷하게 전기코드나 송수관의 흐름도의 차이는 게이지 전선 혹은 송수관 지름 변화와 관계되어 있다. 흡연은 직경을 다양하게 수축해 위험한 기능장애로 이어지게 하며 염증을 유발하게 한다.

폐포(Alveoli)

폐포는 기관기관지분지의 모든 단계들에서 존재하는 I형 세포, 더 두꺼운 II형 세포와 이외 다른 세포들로 이루어진 근접 모세관 네트워크에 인접하게 존재하여 단일의 상피세포들로 이루어져있나. II형 세포들은 완전히 물로 포화된 폐포(정상적으로 건강한 비흡연자의 폐)의 표면장력을 감소하는 계면활성제를 분비한다. 이는 강제적 흡기의 마지막 단계, 호흡정지 다이빙, 비상시 수면상승 혹은 공기고갈과 같은 낮은 폐부피 상황에서도 폐포들이 지속적으로 열려있도록 한다. 적절량의 계면활성제가 없으면 폐는 주저앉을 수 있다.

기관기관지분지의 제어(control of the Tracheobroncial Tree)

폐포들을 제외하고 일반적으로 기도가 작을수록 공기 흐름의 분배의 제어를 위해 더 많은 평활근의 제어가 존재한다. 호흡기계 내에서 적절한 호흡과 호흡기체들의 분배제어는 매우 중요하여 저자의 혼합기체 다이빙 교육에서 첫번째로 가르치는 내용이다.

큰 부피의 공기나 혼합기체들을 빠르게 이동시켜 기도를 식힐 경우, 특히 기체에 헬륨이 포함될 경우, 기관지수축(bronchoconstriction)이 발생될 수 있다. 이러한 현상은 흡연자들에게 불리할 수 있는데 이는 특히 길고 깊은 헬륨 다이빙 시 전체적인 호흡기가 모두 사용되고(호흡기 크기와 비례) 혹사되고(사용량 대비) 있기 때문이다. 기관지 평활근 내 수축 정도는 이러한 작은 기도들의 내부지름을 제어한다. 하지만 호기 중 내부능막력이 양성이 되면 수축된 작은 기도들은 무너져 비흡연자들에게도 폐포 내 공기가 갇히게 된다. 이러한 현상은 기도들 내 세포적 분비와 함께 타르 혼합물이 존재할 경우 악화될 수 있다. 몇 가지 임상적 문제들에는 공기색전증(air embolism), 기흉(pneumothorax), 등이 포함되며 처해진 환경과 다이버 상태에 의해 발생될 가능성이 증가된다.

계면활성제(Surfactant)

폐포와 같은 구형의 모양들은 부피가 작으면 주저앉을 경향이 있다. 라폴라이스의 법칙(Laplace's Law)에 따르면 폐포를 팽창시키는 압력은 표면장력과 직접적으로 비례하며, 반지름과 역비례한다; P=2T/r. 그러므로 예를들어 호기충혈(expiration congestion) 중 만약 폐포 반지름이 감소되면서 표면장력이 저하되지 않으면 언젠간 팽창압력은 초과 되고 폐포는 주저앉게 된다.

일반적으로 건강한 H 형의 폐포 상피세포들에 의해 생성된 계면활성제는 폐포들이 작아지면 호기 시 폐포 내 팽창성을 저하시킨다. 소아들의 히일린(hyaline:유리질 물질) 막 질환과 성인들의 호흡기장애 증후군에서 찾아 볼 수 있는 활성제량의 감소는 폐포들이 망가질 가능성을 증가시킨다. 흡연은 이와 같은 현상들을 발생시켜 COPD(만성폐색성 폐질환)를 유발시키거나 더 악화시키며 다른 임상적 생리질환들을 유발시킨다.

"다이빙 전 금연"을 따르는 것을 따르지 않는것보다 좋을 가능성이 있지만 그다지 마음을 놓이게하는 규칙은 아니다. 장기간의 흡연은 II 형 상피조직들이 부적절한 량의 활성제를 생성하거나 생성능력을 떨어지게 한다. 표면장력은 유체가 혈액에서 폐포로 이동하도록 하는데, 흡연으로 인해 발생된 호흡장애는 모세관 누출증후군 혹은 비심장성 폐부종으로 분류된다. 담배에 불을 붙이기 전에 이러한 현상들을 다시 한번 생각해 보기 바란다.

시스템 내 기체압력은 직접적으로 존재하는 기체와 기체의 온도와 비례하며, 분산된 기체의 부피와 반비례한다. 기체 혼합물에서 각 기체들의 압력을 부분압(partial pressure)이라 한다:

$$P = [(\text{기체량} \times \text{온도}(T)) / \text{부피}(V)] \quad P_{\text{기체}} = \%_{\text{기체}} \times P_{\text{전체}}$$

해수면에서 건조공기의 전체압은 760mmHg 혹은 14.7psi 혹은 1대기압(atm)이다. 공기는 약 21% 산소이며 이는 사용 할 수 있는 기체이며 대략 79%의 불활성(생리적으로 불필요한 기체) 기체들로 이루어 졌는데, 이에는 헬륨(He), 수소(H), 아르곤(Ar), 네온(Ne) 등이 포함되어 있다. 만약 공기 혹은 다른 혼합기체가 건조하지 않거나 습기가 있다면 포함된 수분 또한 이 공식에 더해져야 된다. 호흡기관의 아래 부분에 도착할 때 수분이 포함된 공기의 수증기 부분압은 47mmHg이다. 그러므로 해수면에서의 산소 부분압은 다음과 같다;

$$PO_2 = 0.21 \times (760\text{mmHg} - 47\text{mmHg}) = 149\text{mmHg}$$

$$PO_2 \text{ 의 비화학적 모델} = 0.21 \times 760 \text{ mmHg} = 160\text{mmHg}$$

헤모글로빈과 미오글로빈

생산되는 에너지는 조직들로 공급되는 산소에 크게 의존한다. 앞서 논한 것 같이 일반적으로 조직 내 세포들에게 공급되는 산소(U O_2)는 이들 세포들에게 전달되는 산소(D O_2)에 의존하는데, 산소 전달량이 낮거나 고압환경일 경우에는 제외된다.

히모글로빈(Hemoglobin)

히모글로빈은 적색 색소단백질로 4개의 펩티드(아미노산 화합물) 단위로 구성되어 있으며 이는 헴(heme)분자와 결합되어있다. 간단하게 헴(헤마틴)은 철을 결합된 상태(제2의 철:ferrous state) 혹은 두개의 양성충전(charge) 상태의 유기 화학물을 뜻한다. 이러한 상태가 매우 중요한 이유는 만약 철이 산소와 결합(oxygenated)되지 않고 산화된다면(녹쓴 상태) 철은 3개의 양성충전(charge) 상태가 되고 산소와 결합되지 않게 된다. 현재는 이론상이지만 담배의 19개의 중독성물질들이 철을 제2의 철(ferrous) 상태에서 제3의 철(ferric) 상태로 산화시켜 메트모글로빈혈증(methemogloinemia-거무스름한 피부 퇴색, 청색증 모방)의 다양한 증상으로 나타난다. 담배의 일산화탄소는 헴을 차지하려는 가장 강한 경쟁상대이다. CO는 기체 경쟁력 과정에서 산소보다 더 높은 친화력을 가지고 있지만 높은 농도의 산소는 CO를 헴으로부터 분리시키는데 도움을 주어 헴에 산소가 결합되게 한다. 일부 유명한 군 테크니컬 다이버 및 스포츠 다이버들은 다이빙 전 흡연만 피한다면 문제 될게 없다고 한다. 만약 담배에 CO만 첨가되어 있어 고산소(HBO) 다이빙으로 문제를 해결할 수 있다면 이들이 주장도 틀리지 않을 것이다.

미오글로빈(Myoglobin)

미오글로빈은 히모글로빈과 같이 활동한다. 미오글로빈은 근세포 내에서 찾아 볼 수 있지만 히모글로빈과 같이 4개의 O_2에 결합되는게 아니라 1개의 산소분자만 결합시킨다. 그러므로 스트레스 받지 않은 몸(단정하게 정리된 장비들, 적절한 무게 및 속도 유지)과 정신상태는 최적의 스포츠 및 테크니컬 다이빙에 매우 중요한 요소이다.

CO는 무색, 무향, 무미의 기체이며 일반적으로 탄소가 합류된 물질이 연소되면서 발생된다. 이는 산소가 히모글로빈에 결합되는 부분에 연결되며 산소보다 250배 더 많은 결합력을 가지고 있다. 0.4% CO 농도의 기체흡입은 치명적일 수 있다. CO중독은 흡입하는 기체의 산소농도를 증가시켜 치료한다. 일반적으로 100% 산소가 제공된다. 높은 산소부분압은 흡기기체의 CO와 히모글로빈 분자에 대해 경쟁을 할 수 있다. 하지만 흡입되는 담배의 19가지 다른 독성물질들과 앞서 말한 영향들은 전반적인 호흡기에 대한 많은 연구와 이론들이 성립되어야 한다.

푸르프롤(Furfurol)은 담배에 포함된 하나의 향료합성물로 이의 영향력은 예를 들어 알코올보다 50배 강한 근육떨림과 발작을 유발시킨다. 니콘티니즘(Nicontinism)은 "니코틴에 의한 중독성으로 중추신경계(CNS)와 자율신경계(ANS)에 자극과 이에 따른 우울증의 특성을 가지고 있으며, 호흡기 마비로 인한 사망까지 이어진다." 돌랜드(Dorland)의 삽화의학사전.

요약을 한다면 호흡기계에 대해 우리가 알고 있는 것은 크게 두 가지이다. 하나는 히모글로빈으로 산소를 조직들로 이동시키는 효율적인 메커니즘을 제공한다는 것이고, 두 번째는 담배흡연과 다이빙에 대한 물리생화학적인 연구가 매우 필요하다는 것이다. 일산화탄소(CO)만이 다이빙의 흑기체인지, 담배에 축적된 여러 독성물질들이 흑기체인지 당신이 결정하기 바란다.

제11장

고압신경증후군 존 줌릭 (John Zumrick, MD) (High Pressure Nervous Syndrome)

HPNS의 역사와 딥 다이빙 연구

DPV를 이용해 플로리다의 Key West에 위치해 있는 Wilkes Barre로 이동 중인 Billy Dean (사진: Dan Burton)

60년 말과 70년 초 멕시코만과 다른 여러 지역들에서 더 깊은 수심에서의 원유 탐색 작업이 대대적으로 확산되었다. 이 탐색 사업에 참여한 기업들의 투자를 통해 연구자들은 딥 다이빙에 사용되는 헬륨 혼합기체(Heliox)에 대한 연구를 크게 확장시킬 수 있었다. 이들의 연구들은 고압신경증후군(HPNS)의 증상과 증후군들의 연구로 이어졌다.

1965년 베넷(Bennett)은 처음으로 영국해군의 생리학연구소(Royal Naval Physiologic Laboratory (RNPL))에서 600에서 800fsw(183.5에서 244.6msw)의 빠른 가압 실험을 통해 다이버들의 떨림(tremor)상태를 설명하였다. 다이버들은 떨림과 함께 현기증, 멀미 및 구토 등을 경험하였다. 1968년 1,189fsw(363.6msw)까지의 고수심 다이빙 실험 중에서 브라워(Brauer)는 마이크로 수면(깨어있을 때 순간적인 잠)이라는 기면(somnolence)상태의 기간과 뇌파도(EEG)를 통해 검사된 뇌의 전자적 활동의 변화를 주목하였다. EEG 변화를 떨림상태와 비교하였고, 이러한 현상을 동물들에게서 검사된 흡사한 현상과 비교 및 연결해 보았을 때 그는 발작이 1,200fsw(367msw) 수심 정도에서 나타된다는 것을 추측했다. 그 후, 떨림, 현기증, 멀미, 구토, 마이크로 수면 및 EEG 변화를 통틀어 HPNS라 일컸다.

1970년 위의 실험에서 보다 더 현저히 느린 가압속도로 코맥스(Comex)라는 프랑스 다이빙 회사에서는 앞서 제시된 1,200fsw(367msw) 벽을 허물고 더 깊은 수심에서의 다이빙을 성공하였다. 이 연구의 피실험 다이버들은 현저한 떨림과 EGG 변화와 함께 HPNS의 영향을 경험하였고, 활동의 효율성은 저하되었지만 깊은 수심에서 활동할 수 있었다.

1974년 듀크(Duke) 대학교와 태리다운(Tarreytown) 연구소에서는 트라이믹스(Trimix)를 사용한 첫 연구를 수행하였는데 – 산소, 헬륨과 질소의 혼합체 – 연구의 목적은 HPNS 영향감소와 더 빠른 가압속도를 위해서 수행되었다. 이곳에서 수행된 연구들은 다이버들이 성공적으로 2,250fsw(688.1msw)의 수심까지 다이빙 할 수 있도록 해주었다(1981; Duke 대학교). 헬리옥스(Heliox)를 사용하였을 때보다 빠른 가압속도로 기록적인 수심 다이빙을 하였지만 고농도의 기체는 숨가쁨과 제한적인 운동 내구력을 보였다.

HPNS의 증후들은 무엇인가?

HPNS과 같은 증후군들은 특정한 신호와 증상들의 발생을 통틀어 설명하는 것이며, 대부분의 경우 딥 다이빙과 같은 외부적인 요소와 관련되어 있다. HPNS에는 현기증, 멀미, 혹은 혼미를 등의 증상들이 포함된다. 외부적 신호들은 떨림, 구도, 강직성 경련성 근육 경련, 마이크로 수면, EEG 변화 및 활동 변화 등이 포함된다. 위의 내용을 바탕으로 HPNS는 딥 다이빙과 관련된 현기증, 현기, 멀미, 떨림, 마이크로 수면 증후군과 EEG변화로 설명될 수 있다. 연구자들은 이러한 다이버들에게서 이러한 신호들은 관찰하였고 그 정도를 평가하여 객관적인 다이버에게 특정한 다이빙이 미치는 영향을 평가하였다. EEG, 성능과 떨림 검사들은 일반적으로 HPNS를 평가하는데 사용된다.

EEG 변화

뇌파도(EEG)는 HPNS의 정도를 평가하기 위해 사용된 첫 번째 기구이다. EEG는 다이버의 머리에 전극봉을 설치해 뇌의 전자적 활동을 측정한다. 수중에서 측정된 기록들은 표면에서 측정된 자료와 수심변화에 따라 비교 분석된다.

다이빙 시 측정된 EEG 기록들을 분석해 보면 높은 수치의 세타파(theta wave)가 검사되었는데, 이는 EEG의 느린 파 부분이며(초당 4-7번) 저하된 수치의 알파파(alpha wave) 또한 검사되었는데 이는 EEG의 빠른 파 부분이다(초당 8-13번). 이러한 변화들은 대부분의 경우 EEG의 초점 스파이크(focal spike)와 관련되어 있다. 이러한 변화들은 증가된 수심과 가압속도의 변화 및 HPNS으로부터의 회복으로 인한 변화들에 대한 객관적 측정들을 제공한다.

느린 가압(slow compression)에서 EEG 변화들은 1,000fsw(305.8msw)에서 시작되었으며 가압률이 증가되면서 더 낮은 수심에서 EEG 변화들이 진행되었다. 그러므로 2시간 이상의 1189fsw(363.6msw) 가압은 심한 EEG 변화와 심한 HPNS 변화를 가져다 주었으며 다이빙은 중도 중지되어야 했다 - Comex에서 1968년도에 시도한 다이빙 실험들. 1969년 Duke 대학에서 수행한 미해군 실험다이빙팀과의 딥 다이빙에서는 이러한 변화들을 관찰하지 못했다. 이 다이빙에서는 기존의 속도보다 더 느린 속도로 1,000피트(305.8미터)의 거리를 77시간 동안 매우 느리게 가압하였다. 헬리옥스를 사용해 호흡하였을 경우 분당 100피트(30.58미터)의 빠른 가압(rapid compression) 시 600fsw(183.5msw)와 같은 낮은 수심에서도 심한 변화를 경험하게 된다. EEG 변화들은 최대 수심 도착 후 대략 6 시간 이후에도 지속되었으며 악화되는 경우도 있다. 빠르게 깊은 수심 잠수를 할 경우 이러한 변화들은 매우 극적으로 심각해진다.

마이크로 수면(Microsleep)

연구원들은 1,000fsw(305.8msw) 이하 수심에서 다이빙을 할 경우 다이버들은 비몽사몽(졸림)의 상태를 경험한다는 것을 자주 목격하였다. 다이버들에게 자극을 주지 않을 경우 그들은 바로 잠을 자는 것처럼 보였다. 하지만 자극을 주면 – 대부분의 경우 말 한마디 혹은 살짝 건드리기만 해도 바로 깨어난다. 수면상태와 깨어있는 상태의 변화는 거의 차이가 없었다.

저자도 1500fsw(458.7msw) 다이빙 시 마이크로 수면을 경험하였다. 1분 동안 여러 단어들과 두 단위의 숫자들을 연결시켜 기억하는 실험에 참여하게 되었을 때 일이다. 1분의 시간 동안 외우면서 난 나의 시각이 흐려졌고 내 자신이 계속 외울 수 있도록 자극을 주어야 했다. 이 상황은 1분 동안 3번 반복되었다. 저자가 경험한 것은 약한 형태의 마이크로 수면으로 분리될 수 있다.

이전 실험들에 의하면 더 낮은 수심에서도 빠른 가압을 하였을 경우 더 심각한 마이크로 수면을 경험할 수 있었는데, 다이버들은 그 수심에서 최소 50%의 시간동안 마이크로 수면을 경험하였다.

마이크로 수면은 일반 수면과 표면상 다른데 이는 EEG 변화를 보면 알 수 있다. 일반 수면에는 두 단계가 있다: REM 수면과 NREM 수면이 있다. HPNS와 관련된 마이크로 수면은 NREM 수면 패턴과 관련되어 있다. 마이크로 수면의 EEG 패턴은 일반 수면과 같이 REM 수면으로 진행되지 않았다.

수행력 검사(Performance Testing)

딥 다이빙 과정들이 다이버의 수행력에 미치는 영향은 안전한 다이빙에 있어서 가장 중요한 요소이다. 수면에서 집게를 사용해 못을 구멍에 넣거나 수학문제를 완벽하게 풀 수 있도록 연습한 후 깊은 수심에서 수행능력을 비교하는 실험을 한다. 일반적으로 HPNS 실험을 보면 수동적 능력과 집중력은 떨어지는 반면 정신적인 면에 있어서는 비교적 적은 영향을 받는 것으로 보였다. 하지만 차후 예를 보게 되면 알겠지만 트라이믹스를 사용할 경우 떨림은 감소되지만 정신적 기능은 저하되는 것을 볼 수 있을 것이다.

이러한 실험들을 통해 특정한 다이빙이 다이버의 수행능력에 영향을 준다는 것을 확인할 수 있지만 감소된 수행능력의 원인을 분석해 주지는 않는다. 그러므로 예를 들어 약물 복용으로 인해 HPNS의 현기증(nausea)을 감소시켜 수행능력을 개선시키는지, 뇌의 다른 부분의 기능을 변화시켜 수행능력을 감소시키는지, 혹은 둘 다 적용되는지는 알 수 없다. 더 나아가 이러한 실험들을 통해 다이버가 다이빙을 할 수 있는지에 대한 능력을 평가할 수 있는지에 대한 일반적인 기준은 없다.

떨림(Tremor)은 HPNS의 증상 중 가장 현저히 나타나는 증상이다. 만약 심할 경우 미세한 작업에 큰 영향을 준다. 떨림은 다양한 방법으로 측정되는데 한 방법은 족집게로 볼베어링을 들어 옮기는 방법이 있다. 하지만 더 정확하게 측정하려면 손가락에 가속도계(acceleromotor)를 달고 떨림의 진동수와 진폭을 파워분광분석기(power spectral analysis)로 측정해야 한다.

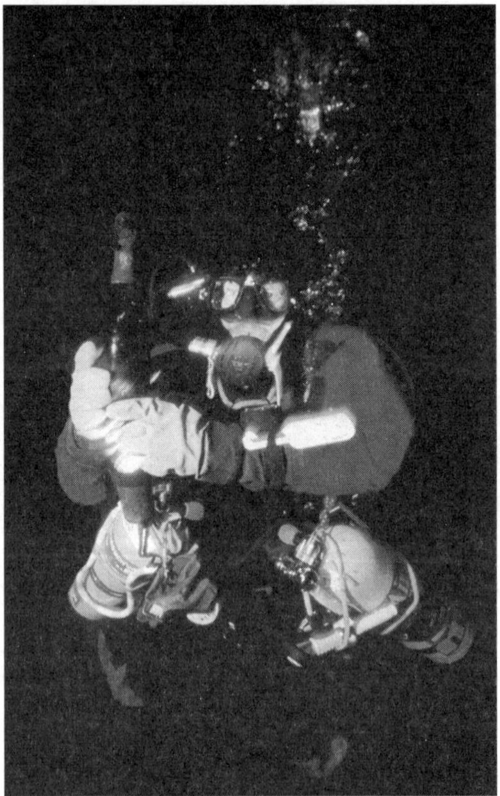
발트해의 샴페인난파선 위에 서 Johan Candert (사진: Anders)

떨림은 일반적으로 모든 사람들에게 나타나는 현상이다. 이는 휴식자세, 손가락을 뻗은 상태 혹은 작업중인 상태에서 측정이 이루어 졌는지에 따라 정상적인 안정시 떨림(normal rest tremor), 정상적인 정자세 떨림(normal postural tremor) 혹은 일반적인 고의적 떨림(normal intentional tremor)으로 분리될 수 있다. 안정시, 정자세 혹은 고의적 떨림은 분당 8-12 사이클의 현저한 진동 형태를 가지고 있어 분당 3 에서 8 사이클의 느린 비정상 떨림과 차별화된다.

HPNS와 관련된 떨림은 분당 5-8 사이클 범위의 진동을 하며 지속적이며 리듬감이 있는 편이고, 팔, 손, 윗몸통과 머리에 현저히 나타나는 편이다. 이러한 떨림은 크게 보면 파킨슨병의 떨림과 흡사하다. 떨림의 증상들은 빠른 가압으로의 429fsw(128.72msw)의 낮은 수심 다이빙에서도 보고되었다. HPNS 떨림의 진폭(amplitude) 정도는 빠른 가압을 하였을 경우 강도가 더 심해지기 때문에 가압속도와 관련되어 있다.

다른 증상들과 증후들

다이버들에게 일관적으로 나타나는 HPNS 관련 증후들에는 현기증, 메스꺼움, 왜곡된 시각과 변화된 수면 등이 있다. 이들의 정도를 측정하기는 힘들지만 다이버의 수행능력에 현저한 영향을 준다는 것은 확실하다. 앞서 말한 다른 증상들과 함께 이러한 증상들이 나타나면 다이버는 자신이 추구하는 특정한 활동들을 수행하지 못할 수도 있다. 연구원들이 해야 할 일은 최대한 빠른 하강 가압속도를 가능케 하면서 HPNS의 영향을 최소화시켜 줄 수 있는 다이빙 과정을 세분화시켜야 한다는 것이다.

HPNS의 원인들

HPNS는 주로 신경학적 장애이다.. HPNS의 광범위한 증후와 증상들은 이의 원인들이 매우 복잡하다는 것을 말해준다. 초기에는 헬륨떨림(tremor)이라고도 불리였지만, 지금은 HPNS의 원인이 헬륨이 아닌 수압(hydrostatic pressure)이라는 것이 확실히 밝혀진 상태이다.

HPNS의 원인에 대한 현재 이론들은 마취전문의들이 수행한 마취에 대한 역압력현상 연구로부터 비롯되었다. 이들은 압력이 증가될수록 마취의 효력이 감소된다는 것을 관찰하였다. 마취제와 기체들의 마취효력은 CNS 등에 존재하는 지질막(lipid-membrane)에서의 용해도와 밀접한 관계가 있다고 본다. 막 구조가 왜곡되면 칼슘과 나트륨 채널과 함께 정상적인 기능을 조절하는 신경전달물질들의 수용영역들의 역할이 방해될 수 있다. 압력은 지질(lipid)의 증가된 부피를 상쇄하여 감소시키는데 직접적인 역할을 한다고 한다. 다이빙에서 수압은 지질의 부피를 감소시킨다는 이론으로 이어진다. 헬륨은 지질에 잘 용해되지 않는 기체로서 증가된 압력을 상쇄시켜 지질의 부피를 증가시키기에는 부적절하다. 그러므로, 헬륨은 HPNS 예방에 도움을 주는 역할을 한다고 보고되고 있다.

세포막(membrane)에 미치는 영향은 세포내의 생화학적인 변화로 이어진다. HPNS로 인한 생화학적 변화들은 명확히 정의되지는 않았다. 사람과 동물연구들에 의하면 특정한 신경계에 자극을 감소시키는 신경전달물질(결과적으로 흥분을 감소시킴)인 감마아미노부티르산(GABA)의 감소는 HPNS에 영향을 준다고 한다. 또한 흥분성(excitatory) 신경전달물질들이 증가될 수 있으며, 이는 또한 HPNS 증상들을 유발할 수 있다.

하지만 이러한 요소들에 변화를 주기 위해 투여된 약물들은 예상한 결과를 낳지 못했다. GABA 효과를 증가시키는 4 종류의 약물들을 동물에 투여한 실험 결과 한가지 약물인 VPA(나트륨 밸프로에이트)만이 HPNS에 다양한 영향을 주었다. VPA는 아스파르트산(aspartic acid)의 수치를 감소시키는데 물질로 또 다른 흥분성 신경전달물질이다. 연구에 따르면 아스파르트산을 감소시키면 HPNS의 증상들이 감소된다고 한다. 그러므로, GABA만이 HPNS에 영향을 주는 주원인이 아니라는 것이다. HPNS 감소는 GABA 생산의 증대와 아스파르트산과 같은 흥분성 신경전달물질들의 감소와 관련되어 있다.

실질적으로 HPNS의 영향을 받는 조직들에 대한 연구는 동물실험을 통해 수행되었다. 전기생리학적 실험들을 통해 알 수 있는 것은 뇌 피질(brain cortex), 하부 뇌 중앙부분, 척추와 말초신경계 모두 HPNS의 증상과 증후들이 나타날 수 있게 작용한다는 것이다.

HPNS 연구의 한계점들

안전한 다이빙을 위해 발표된 HPNS에 대한 현재 문헌들은 여러가지 이유로 인해 문제가 제시되고 있다. 대부분의 다이빙 프로필들은 프로그램 개발을 시원 해주는 스폰서들을 위주로 제작되었다. 대부분의 경우 이러한 후원자들은 해군이나 상업용 다이빙 회사로, 경쟁력을 위해 다른 것을 감소시키기 원했다. 이로 인해 다이빙 연구는 경험에 의해 수행되었다 – 일단 해보고 결과를 봐서 교정하는 방법. 다이빙 프로필의 주원인이 이러하기 때문에 HPNS의 문제에 영향을 주는 중요한 요소들을 제계적으로 완전히 기술하는 것은 2차적인 문제가 되었다. 결과적으로 매우 깊은 수심에서의 다이빙을 계획하는데 필요한 중요한 요소들은 경험을 바탕으로 제작된다. 이렇게 한계적으로 HPNS를 이해하기 때문에 현재 사용되고 있는 프로필과 다르거나 새로운 다이빙을 할 경우, 안전을 위해 신중히 검토한 후 시도해 봐야 한다.

경험을 바탕으로 연구된 다이빙은 대부분의 경우 최상의 프로필을 찾기 위해 가압속도(compression rate)를 다양하게 바꿔 시도해보며 문제가 가장 적은 프로필을 선택하여 사용한다; 대부분의 경우 HPNS의 강도를 체계적으로 분석할 수 있는 중요한 요소들을 적용시키지 못한다. 또 다른 한계적 요소로서 실험대상 다이버들의 숫자가 제한적이어서(체임버의 크기의 한계) 적은량의 데이터만이 축적될 수 있다는 것이다. 대부분의 경우 HPNS 연구를 위한 실험에는 실험 수와 수치가 다양한 연구기관에 따라 크게 자이가 난다. 마지막으로 가압속도와 다이빙 프로필들이 크게 차이가 나기 때문에 정확한 수심, 가압속도와 HPNS에 대한 다이버의 변이성 등을 명확히 구분하여 이에 따른 각각의 영향들을 분리하고 측정하기가 매우 힘들다.

하지만 우리는 HPNS의 발병과 강도에 영향을 주는 요소들을 알게 되었다. 이러한 요소들을 알게 되면서 이를 바탕으로 전세계의 여러 해군 및 상업다이빙 회사들이 딥 다이빙을 할 수 있게 되었다. 불행하게도 이러한 요쇠들에 대한 이해도가 적절하지 못하여 조심스러운 검사를 하기전에는 새로운 다이빙 과정 프로필을 개발할 수 없는게 현실이다. 안전을 위해 엄격히 제어된 실험을 한 후 열린바다에서 적용되어야 한다.

HPNS 발병에 영향을 주는 요소들

HPNS 발병의 정도와 강도에 영향을 미치는 4가지 요소들은 다음과 같다:

1. **절대 수압(수심)**
2. **다이버의 인감성**
3. **가압의 속도**
4. **호흡기체의 성분**

각 연구소에서 진행된 연구들은 모두 다른 가압속도, 수압, 기체성분 및 다이버들을 사용하였고, 대부분의 경우 체계적이지 못한 방법으로 연구를 진행하였다. 그러므로 다양한 연구소에서 수행된 실험 결과들은 서로 상충될 수 있다.

개개인의 민감성 5부터 1 영향으로 분리된다

HPNS의 중요한 개념 중 하나는 개개인의 민감성에 따라 다르게 나타난다는 것이다. 이러한 개인간 민감성 차이는 매우 클 수 있다. 만약 EEG 변화 하나만으로 비교한다면 다이버 개인차는 1에서 5나 된다. 심한 HPNS의 영향들과 이들이 다이버들에게 미치는 다른 영향들은 미해군에서 수행한 헬리옥스를 사용한 1,800fsw(550.0msw) 수심 다이빙 실험자료를 통해 알 수 있다. 6명의 다이버들 중 두 명은 HPNS에 심한 영향을 받았고, 자신의 일을 수행하지 못했다. 그들은 실질적으로 증상이 악화되어 침대에 누어있게 되었다. 다른 2명의 다이버들은 매우 적은 기능만을 할 수 있었다 – 연장 전달 등의 행동도 단시간만 수행할 수 있었다. 나머지 2명의 다이버들은 HPNS에 가장 적게 영향 받은 것 같이 보였으며,

활동이 가능하였으나 수행 능력의 저하를 보였다. 예를 들어, 이 두 다이버들에게 호흡기체 히터를 교체하라는 지시를 하였다. 과제는 3개의 끼워진 호스, 두 개의 기체호스 및 온수공급호스들을 탈착하는 일이었다. 완료까지의 시간은 대략 30분이 소비되었는데 결과는 탈착한 온수호스를 무의식적으로 같은 위치에 재부착시켰다는 것이다. 모든 다이버들에게서 수면의 변화가 보였고 식욕을 잃었다. 1,800fsw(550.5msw)에서 4.5일째는 몸무게가 현저히 감소되었다는 것을 확인할 수 있었다.

Comex사에서는 깊은 수심 다이빙에 투입될 HPNS에 강한 저항력을 보이는 다이버들을 선별하기 위한 프로토콜을 설정하기 위한 지속적인 연구가 수행되었다. 이들은 10% 질소의 트라이믹스를 사용해 590fsw(180.4msw)와 1,500fsw(458.7msw)수심 실험을 지속적으로 하면서 EEG와 수행능력을 측정하였다. 가압속도는 590fsw(180.4msw)까지는 40ft/min(12.2m/min)를 사용하였고, 1,500fsw(458.7msw)까지는 스테이지로 총 38 시간이 사용되었다. 모든 다이버들은 EEG 변화의 강도와 수행능력 실험결과를 바탕으로 순위가 정해졌다. 팀으로인 연구 결과는 EEG 변화와 수행능력 실험결과가 수심증가에 따라 감소된 것으로 나타났다. 하지만 개개인간의 연관성은 확인되지 못했다. 낮은 수심에서 가장 많이 영향을 받은 다이버들이 깊은 수심에서도 가장 많은 영향을 받은 것을 보면 EEG 변화에는 연관성이 있는 것으로 보였지만, 수행능력 결과는 같은 결과를 보이지 않았다. 수심이 깊이 질수록 낮은 수심에서 수행능력 점수가 높은 다이버들보다 수행능력이 월등한 다이버들도 있었다.

그러므로, HPNS에 대한 민감성을 평가할 수 있는 간단하고 쉬운 실험은 없다는 결론이 내려진다. EEG 변화가 발작과 관련되어 있기 때문에 수행능력 실험 하나만으로 딥 다이빙 수행능력을 평가하려 하는 것은 위험하다. 같은 실험에서 연구원들은 증상의 발병하기 전까지 30에서 60분의 잠복시간이 있다는 것을 주목하게 되었다; 다이버에 따라 증상이 나타나는 시간이 달랐다.

가압속도(Rate of Compression)

HPNS가 발생하는 수심과 강도는 가압속도에 영향을 받는다. 헬리옥스 혼합체를 사용한 초기 HPNS 연구에서는 빠르게는 100fsw/min(30.6m/min)의 속도가 사용되었다. 이러한 실험에서는 공통적으로 1,000fsw(305.8msw)의 수심에 도착하기 전부터 심한 떨림과 함께 수행능력 저하 및 EEG 변화를 볼 수 있었다. 예를 들어, 베넷(Bennett)은 600fsw(183.5msw) 수심에서 계산과 민첩성이 대략 25% 정도 저하되었다고 기록하고 있다. 이러한 변화는 800fsw(244.6msw) 수심에서 두 배로 증가되었다. 또한 다이버들에게 심한 멀미 및 현기증이 나타났고 떨림이 증가되었다. Comex는 떨림이 1,000fsw(305.8msw) 수심 훨씬 전부터 나타났으며, 1,000fsw(305.8msw) 수심까지 빠른 가압으로 하강할 경우 다이버들이 완전히 무능력해져 바로 다이빙을 중단해야 했다고 한다. 이러한 연구결과들로 인해 헬리옥스 혼합체를 사용한 빠른 가압으로의 600fsw(183.5msw) 수심 이상의 다이빙은 대부분 피하고 있다.

절대압 – 헬리옥스 (Absolute Pressure – Heliox)

만약 다이버들이 1,000 fsw(305.8msw) 혹은 그 이상의 수심까지 성공적으로 다이빙을 하려면 더 느린 가압속도를 사용해야 한다. 연구들은 최적의 가압 프로필을 정의하려는데 초점을 두거나, 최소한 다이버들이 작업수심에 도착하였을 때 생산적인 활동을 할 수 있게 하는데 초점을 두고 있다.

Comex사의 연구 후 연구들은 1,000fsw(305.8msw) 혹은 그 이상의 수심 다이빙 시 더 느린 가압속도를 사용하고, 중간 수심에서 정지하는 방법에 초점을 두어 진행되고 있다. 수많은 실험연구들을 보면 1,000fsw(305.8msw) 수심까지 다이빙을 하면서 약간의 다이버 수행능력의 변화를 추구한다면 가압속도가 최대 3fsw/min(0.9msw/min)이 되어야 한다고 보고하고 있다. 대부분의 경우 낮은 수심에서는 빠르게 하강하고 수심이 증가될수록 속도를 늦추는 지수적 가압방법을 사용하지만 결과적으로 속도는 3fsw/min(0.9msw/min)을 넘지 않도록 한다.

만약 더 빠른 가압속도를 사용하게 되면 다이버의 수행능력은 장담할 수 없다. 다음 예들은 가압속도와 다이버들에게 다양하게 미치는 HPNS 영향을 보여주고 있다. Comex는 10fsw/min(3msw/min)의 가압속도는 다이버들에게 심한 떨림과 운동신경장애를 유발한다는 것을 확인하였다. 하지만 불맨(Buhlmann)에서는 3명의 다이버들이 1,000fsw(305.8msw)까지 16.7fsw/min(5msw/min)의 가압속도로 다이빙을 하면서도 정상적인 다이빙 작업을 수행하였다고 보고하였다. 해군해양기술본부의 생리학연구실(AMTE/PL)에서 수행한 직선의 가압속도인 3.3fsw/min(1msw/min)를 적용한 연구결과에서는 820fsw(250msw)에서 심한 멀미와 무의식 중 떨림상태를 보고하였다.

이러한 속도와 전반적으로 더 느린 가압속도로 1,000fsw(305.8msw) 수심까지 다이빙들이 시도되었다. 대부분의 경우 최대수심에 도착하기 전 중간수심에서 몇번 가압이 중지되었다. 이러한 하강 방법은 전반적인 가압속도를 감소시키는 전반적인 역할을 하였으며, HPNS 영향으로부터 다이버들이 회복될 수 있게 하였다. 1,000fsw(305.8msw) 이상의 수심에서 문제는 HPNS 노출여부가 아니라 노출정도가 문제였다. 일반적으로 수심이 증가되면 HPNS 증상들도 증가된다. 앞서 말했듯이 낮은 수심에서는 HPNS 발병까지 얼마정도의 시간이 소요되는데 잠복기가 있으며 4시간에서 6시간 동안에 걸쳐 서서히 증상들이 나타난다. 그 후 증상들은 감소되며 수행능력 또한 개선되지만 EEG 변화는 남아 있는다. 다이빙 수심이 1,600fsw(489.3msw)로 가까워 질수록 수행능력감소는 증가되며 시간이 지나도 개선되지 않는다.

확실한 것은 가압속도에 의한 증상들을 없애려고 가압속도를 매우 느리게 하여도, 1,600fsw(489.3msw) 이상의 수심에서는 높은 수압만으로도 거동할 수 없을 만큼의 심한 HPNS가 유발된다는 것이다. 헬리옥스 혼합체를 사용해 수행된 가장 깊이 잠수한 수심은 2,001fsw(610msw)로 Comex에서 1972년에 시도하였다. 심한 HPNS로 인해 바닥시간은 80분으로 제한되었다.

헬륨, 산소 및 질소(트라이믹스) 연구

플로리다주의 Eagles Nest에서 Tom Mount (우)와 Gilberto Mnenzes(좌) (사진: Anders)

헬리옥스 혼합체를 사용해 수행된 연구들을 보면 매우 느리고 실용적이지 못한 가압속도와 함께 다이버들이 활동할 수 있는 최대수심을 1,500fsw(458.7msw)로 제한하고 있다. 하지만 심한 HPNS 없이 더 빠른 가압속도와 더 깊은 수심에서 다이빙을 할 수 있도록 하기 위해서는 다른 뭔가가 연구되어야 한다고 생각되었다. 1973년 베넷(Bennett)은 질소를 사용해 HPNS의 영향을 차감하려는 초기연구를 수행하기 시작하였다. 그는 질소가 신경세포막을 이루는 인지질막 단층(phospolipid monolayer)에 상반된 역할을 하여 수압으로 인해 축소된 막의 부피를 확장시킨다는 것을 주목하였다. 그는 질소의 마취력이 압력으로 인한 변화를 차감하기에 충분할 것이라는 결론을 내렸다. 하지만 헬륨은 단층막에 큰 영향을 주지 못하는 것 같았다. 그의 이론은 압력이 신경세포막에 주는 영향을 상쇄하게 되면 HPNS로부터 막을 보호하며 더 깊은 수심과 더 빠른 가압속도를 허용할 수 있다는 것이었다.

베넷은 다이버들로 하여금 25% 질소 트라이믹스를 사용해 26fsw/min(7.95msw/min)의 속도로 720fsw(220.2msw) 수심 다이빙을 시도하게 하였다. 같은 다이버들은 트리이믹스와 헬리옥스 혼합체를 사용해 33fsw/min(10msw/min)의 속도로 1,000fsw(305.8msw) 다이빙을 하였으며,

200fsw(61.2msw) 에어다이빙을 하였다. 헬리옥스 다이빙을 제외하고 3 다이빙 모두 같은 질소부분압인 5.6ata에 노출되었거나 에어수심인 200fsw(61.2msw)와 등가한 질소부분압에서 다이빙을 하였다. 이러한 연구를 통해 트라이믹스가 HPNS의 증상들을 억제시키긴 했지만 지적 수행능력은 더 떨어지는 것도 관찰되었다. HPNS에 더 예민하게 반응하였던 두 다이버들은 트라이믹스를 더 선호하였고 예민하지 않았던 다른 두 다이버들은 도취감과 질소마취의 증상들은 감소시킨 헬리옥스 혼합체를 선호하였다. 연구결과는 헬륨이 아닌 질소와 다른 지용성 비활성 기체가 HPNS를 감소시키는데 유용하다는 것을 제시하였다.

이러한 연구들을 바탕으로 연구자들은 지질에 용해 가능한 비활성기체의 물리화학적 성분을 바탕으로한 모델을 개발하였다. 이 모델은 HPNS의 영향들을 상쇄하기 위해 마취기체의 최적의 농도를 10% 질소, 0.5% 아산화질소 혹은 16% 수소로 계산하였다. 33fsw/min(10 msw/min)에서 100fsw/min(30.6msw/min)의 다양한 가압속도로 1,000fsw(305.8msw)수심까지 연속적인 다이빙을 시도한 결과 이러한 기체들이 HPNS의 영향들을 차감한다는 것을 확인하였다. 질소가 떨림과 다른 증상들은 현저히 감소시켰지만 도취감과 숨가쁨의 증상들을 유발시켰다.

Comex는 4.5%와 9% 트라이믹스의 효율성을 비교하기 위해 연속적으로 1,000fsw(305.8msw) 다이빙을 하였고, 이 결과들을 흡사한 헬리옥스 다이빙과 비교하였다. 이 다이빙과 기존 다이빙과 다른 점은 이 다이빙에서 사용된 평균 가압속도는 더 느린 4fsw/min(1.2msw/min)였다는 것이다. 이들은 4.5% 질소를 사용해 기존의 속도로 다이빙을 하는것이 헬리옥스를 사용해 느린 가압속도로 1,300fsw(397.6msw)수심으로 다이빙 하는것이 나았으며, 9% 트라이믹스보다는 효율성이 현저히 떨어진다는 것을 확인할 수 있었다. 다이버들은 도취감과 행동장애 문제들을 호소하였으며 최대 수심에 도착한 후 최소한 4시간 동안 일을 할 수 없었다.

이러한 연구들은 트라이믹스의 두 가지 문제점들을 제시하였다. 첫 번째로 질소는 다이비의 수행능력에 반대적인 역할을 하는 마취효과가 있다는 것이다. 두 번째는 더 빠른 가압속도를 얻기 위해서는 질소농도가 더 높아야 한다는 것이다. 이런 방법으로 다이빙을 하게 되면 원하지 않던 마취현상 또한 피할 수 없게 된다. 중요한 요점은 최소의 마취현상과 함께 빠른 가압을 허용할 수 있는 최적의 헬륨농도를 정의하는 것이다.

영국에서 헬리옥스, 트라이믹스와 나이트록스 다이빙을 비교한 연속 다이빙을 수행하였는데, 트라이믹스 다이빙에서는 동일한 질소부분압과 가압속도를 적용하였다. 트라이믹스 다이빙 시 다이버들은 도취감, 집중력 저하, 건망증 및 복잡한 일을 수행할 수 없는 등의 마취증상들을 보고하였다. 헬리옥스나 나이트록스 다이빙에서는 이러한 현상들이 보고되지 않았다. 이러한 결과를 분석해 보면 다이버들은 질소 사용에도 불구하고 HPNS의 영향을 받았으며, 압력에도 불구하고 마취영향은 변하지 않았다. 이 둘의 조합된 문제는 질소 하나만의 문제보다 더 심각하다는 결론이었다. 이러한 결과는 다이버의 수행능력에 영향을 주는 요소가 질소마취 외 다른 요소들이 존재한다는 것을 증명하며, 동일한 에어수심을 바탕으로 적절한 질소량을 설정하기 어렵다라는 결론내리게 하였다. 영향을 주는 요소들에 대한 지식이 있기 전에는 개별적 검사 없이 최적의 가압속도와 질소농도를 계획할 수 없다.

1,000fsw(305.8msw) 수심에서의 다이빙을 위해서 현재 연구들이 제시하는 가압속도는 30fsw/min(9.2msw/min)로 10% 질소농도가 적절하지만, 다이버들에게 현저한 마취영향을 줄 것이다. 더 빠른 가압속도를 위한 최적의 트라이믹스는 아직 알지 못한다. 3-4fsw/min(0.9-1.2msw/min)로 가압을 느리게 하면 적은 마취현상을 유발하므로 5%질소를 사용할 수 있다. 1,500fsw(458.7msw) 수심까지 더 깊게 다이빙을 한다면 5%가 효율적이나 더 느린 가압속도를 적용해 1,500fsw(458.7msw)까지 38시간을 예상해야 한다. 더 빠른 가압이나 더 높은 질소농도를 사용할 경우 부작용이 많기 때문에 연구원들은 1,500fsw(458.7msw) 수심까지는 트라이믹스보다 헬리옥스를 사용해 더 느린 속도로 다이빙을 하길 권하고 있다.

수심이 1,500fsw(458.7msw)보다 더 깊을 경우 5% 질소는 HPNS의 영향들을 상쇄하기에는 부족하다. 연구를 통해 10% 질소 혼합체가 적절하다고 판단되었다. 듀크(Duke) 대에서는 2,250fsw(688.1msw) 수심까지 두 번의 다이빙을 수행한 결과 10% 질소와 대략 7일 동안의 가압을 통해 다이빙이 성공적으로 이루어 졌다고 한다. 이 다이빙에서 다이버들은 특별한 문제를 호소하지 않았고, 복잡한 업무를 수행할 수 있었다. 하지만 AMTE/PL에서 수행한 2,250fsw(688.1msw) 다이빙에서는 다이버들이 초기에는 문제없이 최대수심에 도착하였지만, 도착한 후 4시간 이내로 멀미, 구토, 피로, 가쁜 호흡을 호소하였고 반의식 상태가 되었다. 이 경우에 가압속도는 3일 6시간이었고 이는 듀크 대보다 대략 2배가 빠른 속도였다. 1,650fsw(504.6msw) 다이빙 시 다이버들이 트라이믹스보다 헬리옥스로 더 좋은 수행결과를 보인 흡사한 노르웨이 실험 결과와 함께 다른 결과들을 검토해 보면 더 많은 연구가 필요하다는 것을 알 수 있다. 노르웨이 다이빙 시 트라이믹스를 헬리옥스로 바꿨을 때 마취현상들은 빠르게 감소되었지만 떨림은 증가되었다고 한다.

하이드록스 : 수소-산소 혹은 수소-헬륨-산소(Hydrox)

Comex에서는 딥 다이빙을 위해 수소-산소 혼합체와 수소-헬륨-산소 혼합체(하이드록스)를 사용해 연속적인 실험을 수행하였다. 수소가 헬륨보다 지질막 용해도가 높기 때문에 적절한 량의 수소는 질소와 같이 기능하여 HPNS를 감소시킨다는 것이었다. 수소는 산소와 격렬히 반응해 물을 생산하지만 산소나 수소량이 적절히 낮을 경우 이 혼합체는 안전하다. 수소는 밀도가 가장 낮은 기체로서 호흡을 쉽게 할 수 있게 해주며, 매우 깊은 수심에서 트라이믹스로 나타나는 호흡곤란(dyspnea)을 제거해 줄 수 있을 가능성도 있다.

초기 실험에서는 다이버들이 1,000fsw(305.8msw) 수심까지 다양한 수심에서 수소-산소 혼합체를 사용해 호흡을 하였지만 700fsw(214.1msw) 수

11장에서 논의된 HPNS 연구내용 요약

연구원	다이빙 기체	수심 fsw(msw)	가압속도 fpm(mpm)	기록
Duke 대학	트라이믹스 18%	1,000(305.8)	37(11.3) 연속적	마취, 도취감, 떨림 감소
Tarrytown 연구소	트라이믹스 13%	1,000(305.8)	100(30.5) 연속적	약한 떨림, 호흡곤란, 15% 수행능력 감소
Duke 대학	트라이믹스 10%	1,000(305.8)	37(11.3) 기하급수적 속도감소	변화 없음
Comex Coraz 1	트라이믹스 9%	1,000(305.8)	4(1.2) 기하급수적 속도감속 및 멈춤	떨림없음, 도취감, EEG 변화, 15% 수행능력 감소
Comex Coraz 2	트라이믹스 4.5%	1,000(305.8)	4(1.2) Coraz 1과 동일	약간의 떨림, Coraz 1 보다 적은 도취감, EEG 변화, 5% 수행능력 감소
Comex Coraz 3	트라이믹스 4.5%	1,000(305.8)	4(1.2) Coraz 1과 동일	피로, 다른건 Coraz 2와 동일
Comex Coraz4	헬리옥스	1,000(305.8)	4(1.2) Coraz 1과 동일	EEG 변화, 현저한 떨림, 20% 수행능력 감소
Duke 대학 & AMTE/PL	트라이믹스 6%	1,312(462.3)	13.2(4.0) 기하급수적 속도 감속 및 짧은 멈춤	25% 이상의 수행능력 감소, 현저한 떨림, 현기증, 어지러움, 혼란, 중간도 HPNS
Duke 대학 & AMTE/PL	트라이믹스 5%	1,512(462.3)	8.6(2.6)에서 1312(401.2) 6.3(1.9)에서 1512(462.3)	건식 다이빙인 1,512(462.3)보다 1,312(401.2)에서 적은 영향을 받음 눈을 뜰수없음, 심한 HPNS, 다이빙 포기
AMTE/PL	헬리옥스	1,000(305.8)	2.8(0.86)	수행능력 시험점수 60% 감소, 현저한 떨림, 멀미, 현기증
Comex Janus 4A	트라이믹스 4%	1,312(401.2)	0.9(0.28)	기하급수적 수행력 감소 및 멈춤, 약한 떨림, 두드러진 EEG 변화
Comex Janus 4B	트라이믹스 4%	1,508(461.2)	0.8(0.24), 1,500 fsw(485.7 msw)에서 6일 멈춤	수중파이프 연결 완료, 선정된 다이버들 투입
AMTE/PL	헬리옥스	1,000(305.8)	3.3(1.0)	어지러움, 686.7(210)에서 불균형, 수행능력 시험 30–50% 감소

AMTE/PL	헬리옥스	1,377(421.1)	0.11(0.03)	멈춤과 함께 속도감소. 심각한 증상없음. 고의적 떨림. 감소된 식욕
AMTE/PL	헬리옥스	1,377(421.1)	0.14(0.04) 멈춤과 함께 속도 감소	현저한 고의적 떨림. 식욕 없음
Duke 대학 Atlantis 1	트라이믹스 5%	1,510(461.8)	2(0.61) 1시간 별 멈춤과 함께 속도 감소	헬리옥스 사용시 호흡곤란, 정자세 떨림 없음. 약한 고의적 떨림 수행능력 저하. 현기증
AMTE/PL	헬리옥스	1,770(541.3)	0.4(0.12) 멈춤과 함께 속도 감소	심한 떨림. 식욕 없음. 현기증
DRET	트라이믹스 4.8%	1,476(451.4)	0.65(0.2) 속도 감소	10% 수행능력 감소. 떨림 없음
Duke 대학 Atlantis 2	트라이믹스 10%(1,510) 트라이믹스 5%(2,132)	2,132(652)	A1.8(0.55)에서 1,510(461.8) 0.19(0.06)에서 2,132(652)	Atlantis 1보다 좋은 수행능력
AMTE/PL	트라이믹스 10%	2,164(661.8)	0.5(0.15) 기하급수적 속도 감소 및 멈춤	도착 시 HPNS 증후는 없었으며 차후 떨림. 호흡 곤란 및 반의식
Duke 대학 Atlantis 3	트라이믹스 10%	2,250(688.1)	0.21(0.06) 기하급수적 속도 감소 및 멈춤	대상들 상태양호. 15% 수행능력 감소
Duke 대학 Atlantis 4	트라이믹스 5%	2,132(652)	0.21(0.06) 기하급수적 속도 감소 및 멈춤	두 다이버들은 상태양호 & 다 다이버들은 과조병(hypermanic), 약한 떨림, 양호한 수행능력
GISMER	트라이믹스 4.8%	1,476(451.4)	0.65(0.2) 기하급수적 속도 감소 및 멈춤	나른함. 떨림 없음.10% 수행능력 감소
NUTEC DEEP EX80	트라이믹스 10% 헬리옥스	1,000(305.9)	3.5(1.1) 기하급수적 속도 감소	헬리옥스 다이버들은 심한 HPNS 호소, 20% 수행능력 감소. 트라이믹스 다이버들의 떨림은 적음. 15% 수행능력 감소, 도취감
NUTEC DEEP EX81	트라이믹스 10% 헬리옥스	1,640(501.5)	헬리옥스 1(0.31) 트라이믹스 0.7(0.21)	두 그룹 모두 병세. 트라이믹스 다이버들에게 지적 수행능력 감소 증세를 보였고 헬리옥스 사용으로 증세 사라짐
GISMER Entex 9	헬리옥스	2,000(611.6)	0.35(0.11) 기하급수적 속도 감소 및 멈춤	20% 수행능력 감소. 마이크로 수면. 떨림

심 이상에서 다이버들은 심한 마취현상을 호소하였다. 마취현상을 최소화 하기 위해 헬륨-산소믹스에서 수소량을 50%로 조절해 다시 시도해 보았다. 1,500fsw(458.7msw)의 수심까지 잠수를 수행한 결과 헬리옥스에서 보여준 EEG 변화와 흡사한 결과를 보였고, 질소와 관련된 수행능력 저하를 보였다. 또한 기이하게도 3명의 다이버들이 떨림증상을 보였고 트라이믹스로 매우 깊은 수심 다이빙을 하였을 때처럼 정신이상 에피소드도 보였다. 하이드록스를 사용한 열린바다 다이빙은 성공적으로 수행되었지만 대부분의 연구들은 정지되었다.

고압으로 인한 다른 생리적 현상들

앞서 논한 현상 외 이 장에서 다루고 싶은 두 가지의 다른 생리적 현상들이 있다: 고압 관절통(hyperbaric arthralgia)과 역설적으로 유발되는 다이버 호흡곤란(dyspnea) 증상들이다. 초기 HPNS를 묘사한 내용에는 다이버들이 관절에 뻐근함과 통증을 호소하였다는 내용이 있다. 가장 일반적으로 통증을 호소한 부위는 어깨, 무릎, 엉덩이 와 허리 순이었다. 다이버들은 이것을 "관절액이 없는 느낌(no joint juice)" 혹은 관절에 모래가 있는 느낌으로 설명하였다. 이러한 증상들은 낮게는 300fsw에서 시작하였고 수심이 증가되면서 강도도 증가되었다고 한다. 바닥수심에 도착하게 되면 시간이 지나면서 증상들이 감소된다. 대부분의 경우 이러한 증상들은 불편하지 만 무능력하게 하진 않는다.

저자가 다이버 호흡곤란을 역설적으로 유발되는 증상이라고 칭하는 이유는 베넷(Bennet)의 연구를 설명하기 위함이다. 그는 빠른 가압속도로의 트라이믹스 다이빙에서 다이버들이 최대수심에 도착하자마자 호흡곤란 증세를 호소한다는 것에 주목하였다. 역설적으로, 낮은 기체농도를 해소하기 위해 발생되는 이러한 증상들을 완화시켜주기 위해 헬리옥스로 교체하였을 때 호흡곤란은 더 악화되었다. 이 역설적인 호흡곤란 증세는 아마도 확인되지 않은 HPNS의 미묘한 영향일 것이다. 어쩌면 HPNS가 다이버의 호흡률을 제어하는 뇌의 호흡제어센터에 영향을 주는지도 모른다. 이러한 부작용으로 다이버의 기체 사용율이 증가될 가능성이 있다. 이러한 현상은 멕시코의 자카톤(Zacaton)에서 짐 보우덴(Jim Bowden)에 의해 수행된 900fsw(275.3msw) 이상 수심 다이빙에서 예상한 것보다 더 많이 사용된 기체에 대해 설명해 줄지 모른다.

HPNS는 어떻게 다이버의 안전에 영향을 미칠까?

이 장에 포함된 테이블은 베넷의 약물과 다이빙의 생리학, 제4편(The Physiology of Medicine and Diving, 4th Edition)을 기반으로 제작되었다. 테이블은 앞서 논한 이론들을 다이빙을 예로 가장 적절히 묘사하였다. 테이블에 반영된 대부분의 실험들과 논의된 내용들은 대부분의 경우 다이버들이 물에 잠수하지 않은 상태에서 건조한 고압체임버에서 수행되었다. 실험적 환경에서 수행된 다양한 다이버 수행능력평가들과 실질적인 수중환경에서의 다이빙은 어떻게 연관 지을 수 있을까? 건조한 환경에서의 실험들을 통해 확인된 수행능력이 얼마나 실질적인 다이빙 작업의 수행능력과 차이가 나야 가이드라인이 부적절하다고 정해질 수 있는지에 대한 답은 그다지 명확하지 않다.

하지만 예상데로 열린바다에서의 다이빙은 빛의 부족, 추위 및 조류와 같은 환경요소들로 인해 수행능력이 저하된다는 것은 염두에 두어야 한다. 또한 열오픈회로 스쿠버 장비와 같이 시간제한이 요구되는 장비를 사용할 경우 한정된 시간때문에 복삽한 테크니컬 다이빙을 할 경우 더 당황하게 된다.

열린바다 다이빙, 600fsw(183.5msw)수심

현재로는 헬리옥스를 사용해 100fsw/min(30.8msw/min)의 속도로 600fsw(183.5msw) 수심까지 다이빙을 할 경우 심한 HPNS없는 다이빙이 가능하다. 이 범위에서 HPNS가 큰 문제가 되지 않기 때문에 트라이믹스 사용의 장점은 비용감소와 짧은 바운스 다이빙 시 감압시간 단축 외에는 특별이 없다. 하지만 헬리옥스 사용은 트라이믹스 사용시 나타날 수 있는 마취문제들을 피할 수 있고 트라이믹스보다 농도가 낮기 때문에 호흡하기가 더 수월하다는 장점이 있다.

600fsw(183.5msw) 수심 다이빙은 상업 다이빙업계에서는 일반적으로 행해지고 있으며, 이들은 체임버와 연결형 다이빙 벨을 사용하여 작업을 수행한다. 수면압에 있는 다이버들과 함께 벨은 활동수심까지 내려진다. 다이버들이 준비되면 벨의 압력은 활동수심의 압력과 동일하게 증가되고, 출입구가 열려 다이버들이 자신들의 임무를 수행완료할 수 있도록 밖으로 나갈 수 있게 된다. 텐더는 대부분의 경우 벨에 남아 공급줄과 통신장비를 관리하고 온수슈트에 온수를 공급하는 선으로 연결되어 있는 다이버들을 보조한다. 업무가 완료되면 다이버들은 다시 벨에 들어오고, 출입구는 닫히며 벨은 바닥압력을 유지하면서 수면까지 상승해 수면 감압 체임버와 연결된다. 벨이 올려지고 감압체임버에 연결되는 동안 수면 다이빙 감독관은 다이버들의 감압을 시작하고 수면 감압체임버에서 감압이 마무리한다.

이러한 다이빙 작업에서는 다이빙에서 필요한 다양한 업무들을 몇 명의 팀원들이 나누어 진행한다. 다이버들은 본인들이 수행해야 할 수심에서의 업무만 신경 쓰면 된다. 다이버들은 바닥시간, 하강 혹은 상승속도, 또는 호흡하는 혼합기체 등에 신경 쓰지 않아도 되며, 이러한 것들은 수면에 있는 다른 팀원들이 관리한다. 기체는 수면에 부착된 저장소에서 미리 계획된 다이빙 코스에 맞춰서 충분히 준비해 놓고 거의 무제한으로 공급한다. 다이버에게 필요하다면 호흡기체를 데울 수 있는 온수도 풍족하게 공급된다. 이러한 상황을 오픈회로 다이빙의 딥 테크니컬 다이빙과 비교해 보자. 오픈회로 다이빙에는 모든 일을 다이버가 혼자서 관리해야 하며 비교적 도움도 거의 없다. 작업량이 더 많은 테크니컬 다이빙에서는 우리는 상업 다이빙보다 수행능력 감소를 더 많이 감안해야 하는가?

열린바다 다이빙, 600 – 1,000fsw(183.5 – 305.8msw) 수심

대부분의 600에서 1,000fsw(183.5–305.8msw) 수심범위의 열린바다 다이빙은 헬리옥스로 수면 체임버와 연결된 다이빙 벨을 사용해 포화다이빙 기술을 적용한다. 이 다이빙 방법에서 다이버들은 수면 체임버에서 바닥수심압력으로 가압된다. 압이 최대수심압까지 내려간 후 다이빙이 가능하다고 판단되면, 다이버들은 다이빙 벨로 이동되어 최대수심까지 내려지고 벨을 나가 임무를 수행한다. 대부분의 경우 다이버들은 6시간 간격으로 교대 다이빙을 하며 두 번째 다이빙 팀에 의해 교체된다. 이런 식의 다이빙 후 휴식, 휴식 후 다이빙 과정은 30일 동안 반복되며, 업무가 끝나면 수면으로의 감압이 수행된다. 이러한 방법은 수중 석유파이프설을 설치할 때 매우 효율적이다. 24시간의 바닥감압 후 100fsw(30.6msw) 수심마다 1일의 감압을 한 후 추가로 24시간을 감압한다. 다시 말해 1,000fsw(305.8msw) 수심 다이빙 시 바닥시간과 관계없이 감압은 대략 11일이 걸린다. 이러한 방식으로 다이빙을 할 경우, 바운스 다이빙 기술과 비교해 볼 때 느린 가압이 적합하다.

앞서 설명한 600fsw(183.5msw) 수심 다이빙과 같이 수면에서 바운스 기술들을 사용하는 벨 다이빙은 비교적 일반적으로 사용되는 방법은 아니다. 이러한 기술은 빠른 가압속도를 필요로 하기 때문에 특히 1,000fsw(305.8msw) 수심 가까이 내려 갈수록 거의 모든 다이버들에게서 심한 HPNS 증상들을 예상할 수 있다. 결과적으로 심한 HPNS 예방을 위해 트라이믹스를 사용해야 한다. 하지만 짧은 기간의 다이빙은 상업적 딥 다이빙에는 크게 사용되지 않는다. 이와 함께 증가되는 원격이동매체(remotely operated vehicles: ROV)와 1기압 다이빙 슈트(예., NEWT 슈트) 사용은 안전하고 빠른 가압 프로필과 최적의 질소량을 필요로 하지만 이에 적절한 실험연구는 수행되지 않고 있다. 그러므로 계획된 어떠한 프로필도 대부분의 다이빙에서 적절하게 기능할 수 있다고 장담은 할 수 없다.

최근 몇 다이버들이 열린회로(open-circuit) 스쿠버 장비로 1,000fsw(305.8msw) 수심 다이빙을 시작하였다. 이와 같은 다이빙에는 HPNS와 마취 문제뿐만 아니라 기체 계획, 레크리에이션으로 제작된 장비 사용 및 어두움 등과 같은 다른 문제들이 추가적으로 존재한다. 이러한 문제들이 큰 위험부담으로 존재하며, 현재 지식으로는 적절하고 안전하게 제어될 수 없다. 다음 내용은 실제로 ,계획된 1,000fsw(305.8msw) 다이빙 시나리오이다.

기체 계획(Gas planning): 분당 기체 사용량은 수심과 함께 비례적으로 증가한다. 1,000fsw(305.8msw)(31.3ata) 수심에서 다이버는 수면에서 보다 31.3 배의 기체를 사용하게 된다. 또한 각 실린더에 있는 기체량은 높은 주변압(ambient pressure)에 의해 비례적으로 감소된다. 1,000fsw(305.8msw)에서 주변수압은 460psig(31.3ata)이다. 그러므로, 탱크압력이 460psig(31.3ata) 이하로 떨어지면 기체가 고갈될 것이다. 레귤레이터들은 모델에 따라 중간압인 125psig(8.5ata)나 그 이상에 맞춰졌기 때문에 실린더는 효과적으로 600psig(40.8ata)에 고갈된다. 만약 다이버 분당 기체 사용량이 1ft^3(28.32프리리터)라면 1,000fsw(305.8msw)에서 80ft^3(28.32프리리터) 실린더는 2분 동안 사용할 수 있다.

다이빙 계획을 위해 전체 다이빙 시간 동안 다이버의 기체사용량은 분당 0.6ft^3(16.99프리리터)로 더블 120s(19L)와 두 개의 80ft^3(10L)를 사용한다고 가정하자. 다이버는 더블 522ft^3(14,783프리리터)의 트라이믹스를 3600psig(244.9bar)까지 채우거나 4,000psig(272.1bar)까지 채워진 599ft^3(15,830프리리터)를 사용해야 한다. 이것은 첫 번째 감압실린더가 있는 350fsw(107msw)수심에 맞는 475 혹은 513ft^3(13,452 혹은 14,528프리리터) 기체부피와 같다. 다음 테이블은 분당 기체 사용량이 0.6, 0.7과 0.8ft^3(16.99, 19.82와 22.66프리리터)일 경우 350fsw(107msw) 수심에 도착할 수 있는 계산된 필수 기체량이다. 테이블은 또한 350fsw(107msw)수심에서 1,000fsw(305.8msw)수심으로 하강 시 다양한 바닥시간에 맞춰 필요한 트라이믹스량을 제시하며, 이에 맞게 상승 시 첫 번째 감압 실린더까지의 감압정지를 계산하고 있다. 트라이믹스로 계획된 감압 시 10분의 바닥 시간에 맞는 적절한 기체가 계산되었지만, 14분의 스케줄로는 350fsw(107msw) 스테이지까지 도착하기에는 부족하다. 만약 기체 사용량이 0.7cfm(19.82flpm)으로 증가될 경우 그 기체량으로 350fsw(107msw)수심까지 이동하기 힘들것이다.

350fsw(107msw) 스테이지 실린더 도착에 필요한 기체량 ft3 (프리리터).

기체 사용량 CFM(FLPM) 단위	바닥시간(분)		
	10	12	14
0.6(16.99) 0.7(19.82) 0.8(22.66)	362(10,252) 423(11,979) 483(13,679)	446(12,631) 518(14,670) 592(16,765)	526(14,896) 613(17,360) 701(19,852)

차트는 BC에 기체를 사용하지 않았다는 전제하에 계산되었다. 하지만 하강 시 일부 바닥믹스는 부력조절을 위해 사용되었을 것이다. BC의 내부 부피는 최소 디블 $1ft^3$(28.32프리리터)이며 1,000fsw(305.8msw) 수심에서는 $31ft^3$(877.6프리리터)의 기체가 필요하다. 만약 20lbs의 양력이 필요하다면 $10ft^3$(283.2프리리터)의 기체가 필요하다.

이와 같이 하강 혹은 상승 시 약간의 지연은 다이빙 시 필요한 기체량을 증가시킨다. 이러한 문제는 다이빙 시 접할 수 있는 다른 작은 문제들과 복합적인 다른 문제들을 유발해 느린 수영 시 기체 사용량인 0.6cfm(16.99flpm)의 기체 사용량을 쉽게 초월할것이다. 또한 다이버들은 낮은 수심에서보다 깊은 수심에서 기체를 더 많이 사용을 한다고 한다. 이러한 다이빙에서 오차는 허용될 수 없다.

장비 기능: 테크니컬 다이버들이 사용하는 대부분의 다이빙 장비들은 이러한 수심에서 사용되기 위해 제작되지 않았다. 장비가 원하는 수심에서 적절한 기능을 하지 못하면 큰 문제가 될 수 있다. 아마도 레귤레이터가 가장 중요한 요소일 것이다.

딥 테크니컬 다이빙의 전문가인 섹 엑스리(Sheck Exley)는 맨테(Mante)에서 800fsw(244.6msw) 수심의 딥 다이빙 시 호흡하는데 힘이 들었다고 하였다. 이는 압력에 의한 추가적인 호흡곤란 현상이거나 매우 밀도가 높은 기체호흡으로 인한 레귤레이터 저항일 수 있다. 1,000fsw(305.8msw) 수심에서 바닥믹스의 기체농도(6%산소, 22%질소, 72%헬륨)는 15.5g/l이다. 200fsw(61.0msw)에서 공기농도는 9.1g/l 이다. 바닥믹스의 농도는 364fsw(111.3msw)수심에서의 공기농도와 같다. 이러한 기체농도는 기존 레귤레이터들의 디자인된 기능의 한계를 현저히 초과한 것이다. 레귤레이터로 인한 높은 호흡저항과 함께 증가된 기체농도에 의해 힘들어진 호흡강도는 쉽게 이산화탄소 체내 보유로 이어져 다이버의 수행능력을 제한하게 한다. 이러한 문제들을 인식하여 상업용 다이빙 업계에서 사용할 수 있는 특수한 2단계 스테이지 레귤레이터가 제작되었고, 이는 이러한 기체농도 증가에 호환될 수 있도록 제작되었다. 이러한 레귤레이터가 사용된다고 하여도 기존 스쿠버 장비의 탱크밸브 혹은 1단계 스테이지 레귤레이터의 흐름한계로 인해 다이버에게 공급되는 기체 흐름에 제한될 수 있다.

증가된 기체농도의 이차적인 문제로 흐름의 한계는 다이버의 부력조절 속도에 영향을 줄 수 있다. 다시 말해 다이버가 너무 무거워지거나 하강 시 계획된 수심에서 정지할 수 없을 수도 있다.

마지막으로 추위와 어두움과 같은 환경요소들에 의한 영향도 고려해봐야 한다. 다이버가 빠르게 1,000fsw(305.8msw) 수심까지 하강한다고 예상해 보자. HPNS로 인해 현기증과 멀미를 느끼며 눈으로 확인할 수 없는 줄 하나를 따라서 빠르게 하강한다고 상상해 보자. 위치를 유지시킬 수 있는 안정적인 참조점이 없으면 현기증과 멀미는 악화될 것이다. 남 아프리가의 부시맨갯(Bushmangat)에 있는 5,000ft(1,529.1미터) 캐번(cavern)에서 섹 엑슬리(Sheck Exley)는 860fsw(263msw) 수심을 기록하는 다이빙을 하였다. 빠른 하강속도인 분당 100fsw(30.1msw)로 700fsw(214.1msw) 수심까지 하강하였을 때 22% 질소 트라이믹스를 사용하였어도 HPNS 경험할 수 있었다고 한다. 그의 다이빙 로그에서 그는 "피부가 가렵고 따끔거렸다(슈트에 아르곤 사용)," "눈에는 정기적으로 번쩍

임이 보였고 약간 흐릿했다", 그리고 "깊이 갈수록 떨림이 제어되지 않았다"라고 하였다. 그래서 그는 그의 하강 속도를 대략 분당 30fsw(9.2msw)로 늦췄고, 12분에서 13분만에 860fsw(263msw)수심에 도착했다. 최대수심에서 그의 시각은 저하되었고, 제어할 수 없는 떨림은 지속적으로 악화되었다. 그가 경험한 증상들은 상승하면서 400fsw(122.3msw) 수심 정도에 도착하였을 때 사라졌다. 섹(Sheck)이 최대수심에서 조금 더 있었다면 증상들이 지속적으로 악화되었을 것이다.

기체사용으로 인한 시간압박감은 이론적으로 수심에 의존하지 않는 폐쇄회로(closed-circuit) 장비를 사용할 경우 감소될 것이다. 하지만 계속적으로 쌓이는 김입에 대한 입박감은 시간압박에서 자유롭게 하진 않는나. 또한 폐쇄회로 장비구성은 계획단계에서 나름대로 특별한 문제들이 존재하며 이에 대한 설명은 간단하게 설명될 수 없다. 이러한 다이빙은 다이빙 벨과 연결 다이빙 체임버, 다이버 지원 선 그리고 적절한 수면 지원 팀 없이는 권하고 싶지 않다.

결론

헬리옥스를 사용한 600fsw(183.5msw) 수심까지의 다이빙에서는 HPNS가 큰 문제가 되지 않는다. 트라이믹스 사용은 계산된 동일 에어수심보다 더 심한 질소마취현상으로 이어지기 때문에 헬리옥스보다 더 선호할 이유는 없다. 600fsw(183.5msw) 수심 이하에서 헬리옥스로 다이빙을 할 경우 HPNS는 심각한 문제가 된다. 이의 영향은 빠른 가압과 개개인의 독특한 민감성에 따라 매우 심각해 진다. 트라이믹스를 사용할 경우 HPNS의 영향은 감소시킬 수 있다. 트라이믹스는 떨림(tremor)과 다른 HPNS 영향들을 감소시키는 동시에 마취도 함께 유발한다. 트라이믹스는 1,000fsw(305.8msw)에서 1,500fsw(458.7msw) 수심에서 도움이 되며 1,500fsw(458.7msw) 이하 수심의 다이빙 시 필수적이다. 트라이믹스에서 최적의 질소농도는 일부 가압속도와 수심의 경험적 실험을 통해 구성되었다. 하지만 현재 우리의 지식으로는 다른 가압속도에서 필요한 질소농도는 정립하지 못한 상황이다.

열린바다 다이빙(open sea diving)에서 환경적 요소들은 다이버의 수행능력과 안전에 부정적인 역할을 하는 HPNS의 영향들을 증가시킨다. 상업다이빙 회사들은 다이빙 벨과 팀워크를 개발해 이러한 부정적인 영향들을 최소화 시키며, 열린바다 업무가 비교적 안전하게 진행될 수 있도록 한다. 하지만 광범위한 장비와 인원들의 도움없이 수행하는 딥 테크니컬 다이빙, 특히 600fsw(183.5msw) 수심 이하에서의 다이빙은 매우 위험하며, 테크니컬 스쿠버 다이버의 능력을 초월한다.

참조:

대부분의 내용들은 베넷(Bennett)과 엘리엇(Elliot)에 의해 쓰여진 다이빙의 생리와 약물, 그리고 압축공기, 제4편 (The Physiology and Medicine of Diving and Compressed Air Work, 4th Edition)에서 추출되었으며, 이는 베스트 출판사(Best Publishing Company)와 수중 & 고압의학협회(Undersea & Hyperbaric Medical Society)를 통해 구할 수 있다.

제12장
안전한 감압을 위해 결합된 이론들 (Combining Theories for Decompression Safety)

제이피 임버트 (JP Imbert)

모든 분야의 인간 활동에 있어서 독창적인 아이디어는 제한적이며 감압도 예외는 아니다. 할데인(Haldane)의 조직구획(tissue compartment)은 좋은 아이디어로부터 시작되었고, 밴크(Behnke) 박사는 영감을 얻어 산소창(oxygen window)을 발견하였으며, 프룩토스(Fructus) 박사는 헬리옥스 혼합체를 사용해 공기감압사고 환자들을 치료할 때 답을 얻었다고 한다. 이렇게 기존의 과학자들은 감압과 관련된 새로운 영감을 받아 획기적인 이론들을 제시하였는데, 이분들 후 새로운 발견을 할 사람은 나올 것인가? 문제는 대부분의 사람들은 이미 존재하는 것들에 적응하고 개선하고 변경하는 것은 잘하지만, 새로운 개념을 생각해 내는 것은 잘 못한다는 것이다. 예를 들어 조직구획(tissue compartment) 차원에서 보면 지수함수를 계산할 수 있는 사람은 감압계산을 할 수 있다. 하지만 더 많은 조직과 M-value로 계산해야 한다면 어떻게 할 것인가? 이와 같이 광범위한 모델은 경험을 통해 설명될 수 없다. 사람들은 오랫동안 조직의 반감기를 연구하였지만 임계적인 문제에 대해서는 그다지 많이 밝히지 못했다: 다음 다이빙의 위험은 얼마 정도인가?

딥 난파선 다이브를 위해 테이블을 작성하고 있는 Kevin Denlay.
사진: Miria Denlay

우리가 필요한 것은 감압안전에 대한 새로운 아이디어이다. 관련업계에서 일을 하거나 과학세계에 입문하였을 때 나는 4가지의 새로운 아이디어를 갖게 되었다. 나도 다른 다이버들과 같이 연속적인 경험들을 현실화시키고 체계화시키고 싶었다. 수수께끼와 같이 마지막 이미지가 어떻게 될지 모르지만, 과정은 매우 흥미로울 것 같았다. 나의 이 4가지 아이디어를 서로 잘 융합시켰고, 나는 이것을 "안전한 감압을 위한 다중모델 방법론"이라 하였다.

모든 것은 1980년 초부터 시작되었다. 나는 Comex사의 안전 및 다이빙을 관리하는 관리자였고 다양한 종류의 테이블들을 디자인하고 있었다; 내가 디자인한 테이블들은 딥 헬리옥스 포화잠수와 화려한 왕복 다이빙 과정들에 대한 다이빙 프로필들이었다. 직선이 아닌 이단계 미분방적식 같은 공식을 사용하는 것은 일반적인 일이었고, 한 시간짜리 감압에 필요한 시뮬레이션 프로그램을 밤새 돌릴 때도 많았다. 하지만 갑자기 프로그램들에게 해결할 수 없는 문제들이 지속적으로 발생했다.

그 당시에는 다이빙 업계에서는 북해(North Sea) 작업활동에 대한 대대적 변화가 있었다. 바다 전체가 프랫폼, 파이프, 화염신호와 선적부위 등으로 덮여 있었다. 북해는 난쟁이도 들어갈 수 없는 영국정원 같았다. 더 이상 큰 건축작업은 없었고, 남은 것은 기존의 설치물들을 유지하는 일만 남게 되었다. 하지만 더 이상 일이 없는 것은 아니었다. 바다에 설치된 모든 구조물들은 녹이 쓸고 깨지며 망가진다. 트롤 혹은 저인망 어선들이 수중 구조물에 아무렇게나 내리는 닻괴 오세비그(Oseberg) 플랫폼 버팀목에 부딪히는 독일 잠수함들은 지속적인 업무를 유지시켰다. 하지만 파도, 산화부식, 해양생물 및 공급용 보트들은 상업다이빙을 바닥작업에서 간접수면작업으로 변경시키기 시작하였다.

실질적인 작업형태 관점에서 보았을 때 이러한 변화는 포화 벨다이빙은 감소되고 공기공급식 다이빙이 증가되었다는 것을 뜻한다. 포화 다이빙 방법은 지난 10년 동안 향상되었고, 매우 안전하고 효율적으로 그 역할을 하였다. 이로 인해, 공기공급식 다이빙은 이차적인 방법으로만 여겨졌고, 그다지 많은 관심을 받지 못했었다. 이러한 이유로 IRM(조사/수선과 유지(inspection/repair &

maintenance) 작업들이 요구되었을 때 업계에서는 존재하는 테이블들을 집중적으로 사용하기 시작하였다 – 1950년대 당시에는 그러한 테이블들이 예술이라 여겨졌다 – 이로 인해 다이버들의 감압병(DCS) 치료는 급상승하였다.

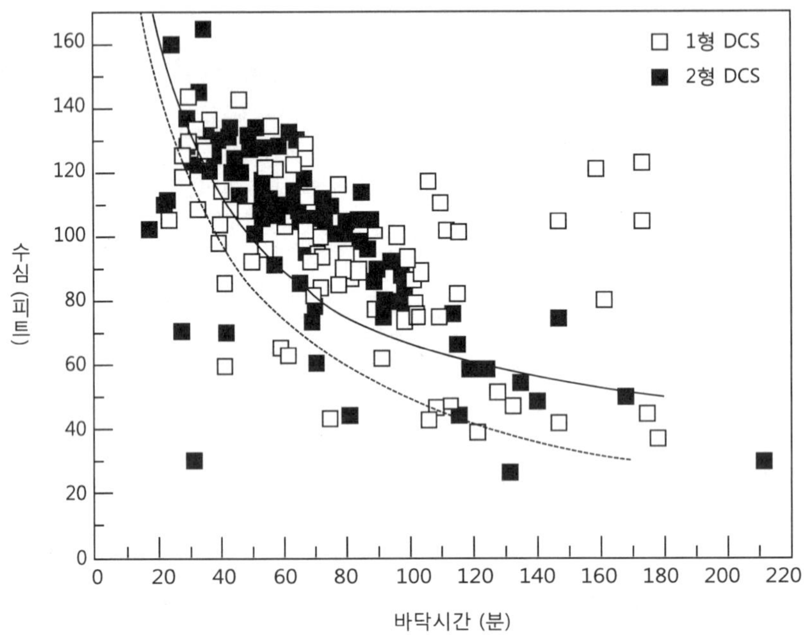

그림 1. 위의 자료는 영국 에너지부가 상업다이빙 잠수보고 자료들을 정리하여 작성한 자료이다.

업계에서는 적절한 정보를 수십하고 통계를 수정할 수 있는 능력이 없었고, 1983년 영국정부에서 이 상황을 관리하기로 하였다. 정부에서는 보고된 데이터를 수집하고 분석하는 시스템을 수행하였다: 영국에서 수행되는 모든 다이빙에 대한 자료들에 대한 사본과 사고관련 보고들은 영국 아버딘(Aberdeen)에 위치한 국립고압센터(National Hyperbaric Center)로 의무적으로 보내졌으며, 이들 자료들은 컴퓨터에 입력되었다. 이러한 데이터베이스 수집은 감압모델들의 새로운 시대를 열었다.

영국 데이터베이스에 대한 첫 보고는 1986년에 발표되었고 많은 실망을 주었다. 정보는 있었지만 DCS의 클러스터는 존재하는 모델들에 맞질 않았고, 데이터는 명백한 경향을 보였지만 알 수 없는 특성을 보였다(그림 1). 도표는 DCS 발생은 다이빙 노출의 심각성에 의존한다는 것을 보여주었다: 수심이 깊어지고 바닥시간(bottom time)이 길어 질수록 위험성은 높아진다. 이러한 현상을 오랫동안 알고 있었던 내용이었고, 이러한 한계들은 계산적 한계조절을 통해 해결될 수 있는 문제라 여겼다. 하지만 이러한 옛 모델들은 개개인의 다양하고 광범위한 민감성들을 설명하지 못했고, 증상들을 미미해 예측하지 못했을 뿐만 아니라 다이버의 체내조직(tissue)에 쌓인 소량의 기체들에 의한 저수심의 II형 DCS(shallow type II DCS)는 고려되지 못했다.

도표는 수심과 시간노출에 의한 감압병을 표기하고 있다. 검은 네모박스는 I형 DCS를 반영하며 흰 박스들은 II형 DCS를 반영한다. 이러한 패턴들은 레져다이빙 시 볼수 있는 수심과 시간에 의한 DCS 결과와 동일한 보편적인 데이터라고 할 수 있다.

통계자료가 높은 DCS 수치를 나타내 영국정부는 강한 입장을 밝혔고, 연속적인 안전규약을 발표하여 영국지역에서의 공기다이빙 노출에 대한 한계를 정해 발표했다. 수심/시간 한계만을 바탕으로 수행한 다이빙 프로토콜은 비교적 효율적으로 방법이었는데, 1992년 당시 통계결과는 전체 다이빙 중 0.01% DCS 발병률을 보고하게 되었고 이는 1986 결과에 비해 매우 향상된 결과였다. 하지만 허가된 한계에서도 심한 신경학상의 사고에 대한 보고는 존재하였기때문에 만족한 결과로만으로 볼 수 없었다; 이로 인해 대략 800명 정도의 상업 다이버은 감압병으로부터 벗어날 수 없었다. 또한 이러한 문제가 상업 다이버들에게만 국한된 것이 아니라 레져다이빙 기관들도 무감압 내 다이빙으로 잠수수심을 제한하여 위험노출에 대한 책임을 최소화하려 했었기 때문에 레져 다이빙도 안전하지 못했다. 결과적으로 안전에 대한 걱정, 연속적인 제한선 조절 등으로 인해 완벽하게 위험부담 없는 다이빙이란 다이빙을 하지 않는 것이다라는 결론을 내리게 한다. 현재 프로필들로는 부족함이 보였고 더 새롭고 적절한 아이디어가 필요했다.

감압안전으로 시작

앞서 말했듯이 감압테이블의 안전성은 모든 다이빙 시 발생될 수 있는 DCS의 위험에 의해 정의된다. DCS 증상들은 피부발진부터 관절통증과 신정적 증상들로 다양한데, 관리차원에서 감압병은 I형과 II형 DCS(type I & II DCS), 두 종류로 분리되어 있다.

I형 DCS는 피부발진이나 관절통증과 같은 간단한 증상들을 포함한다. 증상들이 명백하기 때문에 초기에 보고되며 망설임없이 초기 치료된다. 대부분의 경우 40ft(12m) 수심의 고압산소처치를 통해 신속히 치료가 가능하다. 안전성으로는 I형 DCS는 진단이 쉽고 빠르게 치료되며, 효율적으로 증상들이 치료되기 때문에 "좋은 DCS"라 일컫는다. 테크니컬 다이버들은 I형 DCS는 걱정하지 않아도 된다. 당시에는 고통이 있을지 모르지만 치료만 받으면 다이빙 직업에는 문제가 없다. I형 DCS는 일반적으로 상업 다이빙(오랜 바닥시간, 많은량의 작업/활동량) 문제로 다이빙 사고 보고의 2/3을 차지하지만, 레져 다이빙에는 흔하지 않은 문제이다.

II형 DCS는 호흡기나 신경계에 영향을 주기 때문에 언제나 심각하다. 증상들에는 피로, 두통 혹은 불편함 등이 포함되는데 증상들이 정확하지 않아 초기 진단이 어렵다. 치료는 복잡하며 고수심 재가압(recompression)과 장기간의 고압산소흡입, 수분 섭취와 가끔은 스테로이드 투약이 요구된다. 안전으로 따지면 II형 DCS는 "나쁜 감압병"으로 분리되는데, 이 형은 심각성은 상황에 따라 다르기 때문에 진단이 쉽지 않을 뿐만 아니라 치료가 늦어지는 경우가 대부분이다. II형 DCS의 결과들이 극적이기 때문에 테크니컬 다이버들은 심각한 위험으로 인식하고 있어야 한다.

중요한 것은 지금까지의 전형적인 DCS 모델들은 DCS를 일반적으로만 인식해 왔을 뿐만 아니라, DCS 증세들의 차이점을 분리해 놓지 않았다는 것이다(그림 2). 모든 DCS 문제들은 한 형으로만 보았으며, II형 DCS 증세들은 I형의 악화된 증세로만 여겨왔다.

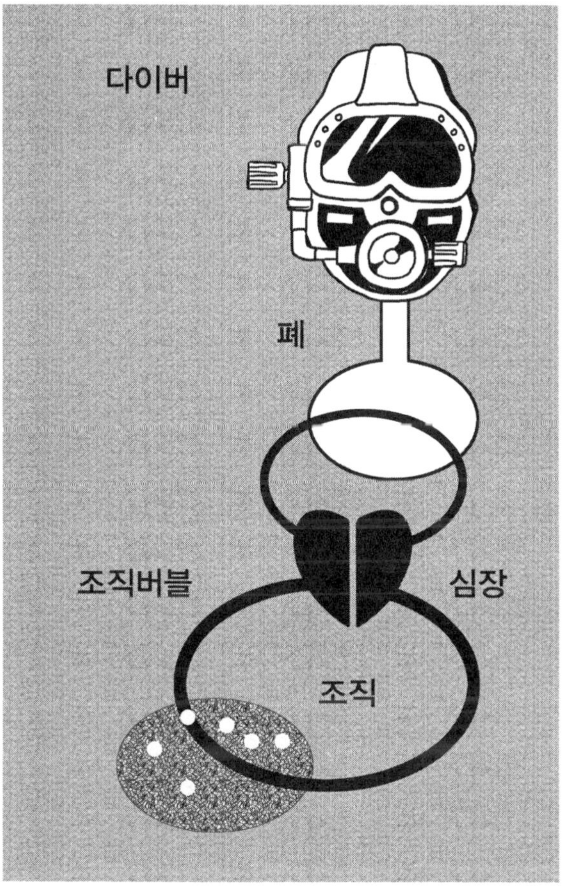

그림 2: 전형적인 방법. 전형적인 DCS 증세들에 대한 이해는 다음과 같은 추측들이 포함된다:

- 다이빙 시 호흡되는 압축공기로 인해 질소가 다이버의 신체조직에 용해된다. 여기서 중요한 것은 상승하기 전 인체조직 내 저장된 질소의 양(분량)이다.
- 근본적인 손상은 상승 시 형성되는 버블로 인해 발생된다. DCS는 분류되지 않고 하나의 형대로 존재한다. 필다리의 벤즈와 신경학적인 증상들은 일반적인 문제들의 강도의 차이루만 여겨왔다.
- 버블이 형성되는 곳은 조직이나 혈액이 순환되는 정맥 쪽이라고 추측하고 있지만 정확히 확인된 것은 없으며, 일렬의 "구획"(compartments)도 고려되고 있다. 감압계획에는 조직에 용해된 기체량을 관리하여 생성되는 버블들을 제어하고 상승 시 DCS를 피하는 것도 안전한 잠수전략에 포함된다.

워크맨(Workman) 혹은 불맨(Buhlmann) 같은 모델들은 다른 이론들을 바탕으로 제작되었고, 모두 DCS를 독특하지만 지속적인 현상으로 보고있다. 현재 상업다이빙 테이블들의 전반적인 안전기록은 총 다이빙 건수의 0.5% DCS 사건으로 기록되어 있기 때문에 이러한 모델들이 어느 정도 효력이 있다고는 부정할 수 없다. 하지만 수많은 "부당한 사고"들, 즉 올바르게 따라 했음에도 불구하고 벤즈(잠수병통증)가 발생하는 것을 보았을 때, 이들의 한계점은 쉽게 확인될 수 있다. 우리가 다이빙을 할 때 노출되는 위험이 I형 DCS인지 II형 DCS인지 알아야 할 필요가 있기 때문에 이러한 문제들을 가볍게 넘어갈 수 없다.

모델들은 단지 현실을 간단하게 표현하는 방법일뿐이며, 현실이 바뀌게 되면 변경해야 하는건 당연하다. 저자의 경험에 의하면 일반적으로 포화 다이버들은 집중적으로 관절통증을 호소하였으며, 공기 다이버들은 신경학상의 증상들에 높게 노출되었고, 짧은 바운스 감압의 딥 다이버들은 일반적으로 일시적인 전정(vestibular:형감을 뇌에 전달하는 청신경의 일부) 문제를 호소하는 정도였다. 만약 벤즈가 매우 특정한 부위에서 발생한다면 각 증후에 따른 DCS를 연구하는 방법이 있다: 각 문제마다 하나의 모델을 작성하거나 생성되는 각각의 버블마다 설명을 해야 한다. 이것은 하나의 좋은 구조적인 아이디어로 모든 증상들마다 각각의 시나리오를 작성하는 것이다. 다시 말해 삼키기 어려운 파이라면 작은 조각으로 잘라 먹는 것이다. 이것이 첫 번째 아이디어였다.

버블부피가 결정적일 경우

쉬운 것 먼저 다뤄보자: 통증만 있는 DCS. I형 DCS들은 전형적인 이론들로 다룰 수 있으며 특정적으로 CV(Critical Volume Assumption: 임계부피가설) 모델의 예측들에 완벽하게 맞는다. 이 이론은 할데인(Haldane)에 의해 오래전에 발표되었고, 차후 헤네세이(Hennessay)와 햄플맨(Hempleman)에 의해 수정되었다. 그들은 실험들을 통해 정보를 수집하였는데 이들은 실험대상들을 특정한 수심에서 포화시킨 후 벤즈가 발생하거나 거의 발생할 때까지(윤리적인 이유로) 감압을 하게 하였다. 이들은 초기 포화수심과 다이버들이 안전하게 상승할 수 있는 수심은 일직선적인 관계를 이룬다는 것을 알 수 있었다. 헤네세이(Hennessay)는 체내조직에서 생성되는 기체상태를 간단한 공식으로 표현하였다. 이들은 증상들을 기체상태의 임계부피(CV)와 관련시켰다. 이는 할데인(Haldane)의 임계비율(Critical ratio) 개념을 I형 증상들만을 위해 재연한 것과 같다.

하지만 중요한 것은 이 가설에는 단 하나의 조직만이 결정적다라는 것이다(그림 3). 이는 관절들을 덮고 있는 힘줄과 인대들에게 해당된다. 이러한 조직들은 매우 밀도가 높으며 강하다. 또한 이들은 신경분포가 매우 발달되어 있다

(팔꿈치를 벽에 칠 경우 매우 통증이 심하다는 것을 경험하였을 것이다). 이에 대한 설명은 이 조직에 버블이 생성될 경우 섬유질이 뒤틀리고 압력은 신경 끝부분에 전달되어 통증을 유발시킨다는 것이다.

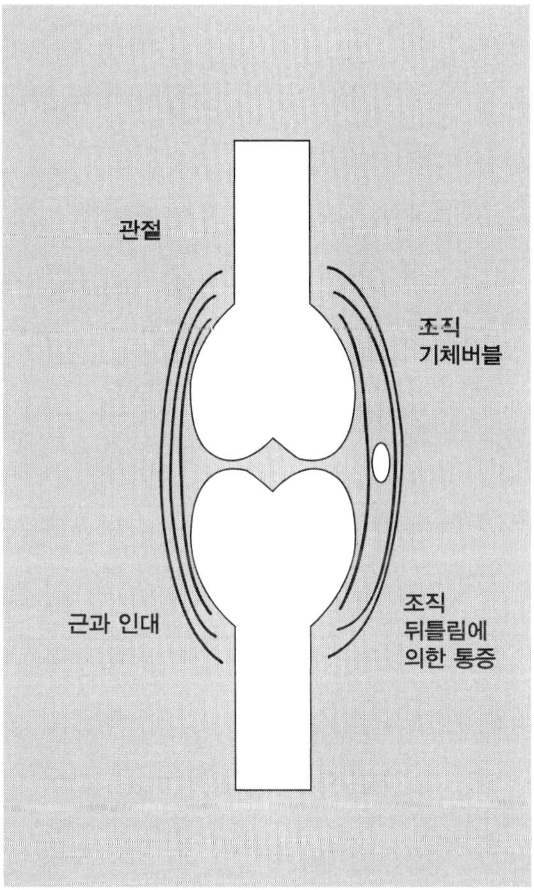

그림 3: CV 모델. 전형적인 모델들을 인용해 I형 DCS 발생의 특정한 사례를 적용시켰다: 다이빙 시 압축된 공기를 호흡하며 이는 질소가 다이버의 조직에 용해하게 한다. 여기서 또한 중요한 것은 상승하기 전 인체조직 내 저장된 질소의 량이다.

• 여기서도 근본적인 손상은 상승 시 생성되는 버블로 인해 이루어진다. 하지만 통증은 관절을 둘러싼 인막 혹은 힘줄에 중심 되어 있다. 이러한 조직들은 모두 매우 팽팽하며 무기력하다. 조직 섬유질에 유도된 변형은 바로 신경 끝으로 전달되며, 통증을 유발 한다.

• 통증은 변형에 비례하며 이는 기체상태의 크기와도 비례한다.

• 감압계획에는 특정한 조직에 용해된 기체량을 관리하여 생성되는 버블들의 크기를 제어하고 상승 시 DCS를 피하는 전략 등이 포함된다.

결합조직(Connective tissue)를 I형 DCS의 발생 부위라고 여기는 것은 특별한 것이 아니며, CV 모델을 정당화시키기 위해 많은 가설들을 적용시킬 수 있다. 예를 들어 Comex 딥 실험다이빙들 중 다이버들은 감압 시 마지막 몇 미터 전에 자주 무릎통증을 호소하였다. 한 실험에서 도플러 연구들을 지휘한 마주렐(Mazurel)이라는 프랑스 해군은 혈압을 측정할 때 사용되는 압박붕대(cuff)를 준비하였고, 다이버가 82fsw(24msw) 쯤 통증을 호소하기 시작할 때 체임버 속에서 압박붕대를 무릎에 착용하였다. 압박붕대의 압력을 200-300mbar 정도까지 증가시키자 다이버의 통증은 잠시 사라졌고, 여유있게 통증의 위치를 가르키며 기체볼륨이 무릎벤즈의 미치는 역할을 보여줄 수 있었다.

CV 모델의 한가지 흥미로운 것은 기체상태(gas phase)가 주위조직에 존재하는 용해된 기체로부터 생성된다고 추측된다는 것이다. 이는 I형 DCS의 위험이 기체량과 관련되어 있다는 것을 말해준다. 모든 조직모델들은 다양한 구획에 존재하는 기체들을 분석하고 대부분의 경우 이러한 이론이 실제로 적용될 수 있다라는 것을 우리는 알고 있다. 어느정도는 가능하다. 이들의 완벽하지 못한 부분들은 다이빙 관리자로 하여금 감압 테이블을 선택할 때 안전을 위한 여백을 남겨놓게 한다. 상업 다이빙업계에서는 미해군 테이블에 명시되어 있는데로만 사용하지 않을 경우를 전재하에 세계에서 가장 좋은 테이블로 인정하고 있다. 현재 상업 다이빙 안전기록을 보면 경험있는 다이빙 관리자는 수학의 천재라는 것을 보여준다.

CV 모델은 어렵지 않게 수학적으로 다룰 수 있으며 감압 테이블들을 계산하는데 사용되고 있다. 저자는 Comex에서 새로운 공기다이빙 프로토콜을 구성하는데 사용하였고, 이는 차후 1992년에 프랑스 공식 공기감압테이블로 사용되었다. 하지만 위험 가능성에 대한 추측들이 제시되면서 저자는 이러한 테이블들이 I형 DCS만을 예방하는데 한계가 있다는 것을 인정할 수 밖에 없다. 아직 쓸만한 테이블들에 대해 이러한 이야기를 하는 것이 어쩌면 도발적일 수도 있지만 이러한 테이블들의 한계들을 논할 필요가 있다. 조직들에 용해되는 기체만이 관절통증을 유발한다는 이론을 받아드린다면 다양한 구획들에 있는 기체량만을 다루는 감압 테이블들은 I형 DCS만을 예방할 수 있다. 저자는 이를 통해 II형 DCS도 예방한다고 믿지만 이는 기존의 과정 중에서 발생한 부산물적인 결과로 인해 예방되는 것으로 본다 – 첫 감압정지까지의 느린 상승 혹은 반복다이빙에 대한 제제 등.

복식구획들을 바탕으로 제작된 감압모델들에 대한 확신이 아직 없다면 조직기체의 적재량과 감압 시 최악의 조직이 뭔지 상상해 보자. 답은 배의 지방이다. 복부의 지방은 나이가 들거나 술을 마시면서 비대해지며 체내의 가장 큰 용해질소의 저장소로 역할한다. 배에 벤즈가 걸렸다는 말은 한번도 들어 보지 못했을 것이다. 저자도 그러한 경우는 접해보지 못했다. 많은량의 기체가 존재하고 감압 시 버블들이 커지는 것이 확실하지만 이 조직은 연하고 신경분포가 발달되지 않았기 때문에 살찐 배의 버블들은 해가 되지 않는다.

모델들은 모델들일 뿐이며 소문을 정의해볼 필요는 없지만 일부 사람들은 조직구획의 이론을 매우 심각하게 믿고 나름대로의 이론을 확고하게 주장한다. 한번은 에벌딘(Aberdeen)에 열린 회의에 참석한적이 있었는데 불맨(Buhlmann) 박사가 상업 다이빙 커뮤니티 앞에 나와 자신의 테이블은 한번도 벤즈를 발생시키지 않았다고 선언한적이 있었다. 관중들이 그의 갑작스러운 주장에서 성신을 차리고 있을 때 의장이 불맨(Buhlmann) 자신이 재가압(recompression) 치료에 관련된 서적을 출판하지 않았냐고 물었다. 불맨(Buhlmann)박사는 그 경우들은 10분 구획(compartment)으로 인해 일어난 현상들이었고 그 후 계수(coefficient)들을 변경하였기 때문에 문제가 없다고 하였다. 이러한 독단적인 접근방법은 DCS에 대한 걱정은 덜어주겠지만 직접적인 체험은 권하지 않는다. 요점은 현재 구획모델들은 문제의 일부만을 다룬다 – DCS로 인한 통증. 이들은 그렇게 나쁘진 않다; 다만 한계가 있을 뿐이다. 이것이 두 번째 아이디어였다.

버블의 지름이 결정적일 경우

그 해 여름, Comex는 비교적 저수심의 북해(North Sea) 남부에서 연속적인 자업을 진행하고 있었으며 표면 감압기술을 시용해 집중적인 공기다이빙을 하고 있었나. 한 나이버에게 눈제가 발생하면서 연속적으로 감압병이 발병하기 시작하였고, 나는 어떻게 대처해야 할지 몰랐다. 내가 알고 있는 모든 것들을 총동원하였지만 해결되지 않았다; 테이블들을 더 보수적인 계수로 재계산하였고, 산소호흡기간들을 연장하였다; 문제들은 해결되지 않았으며 고객은 문제들을 해결하라는 압력을 넣기 시작하였다.

그때 필립 제임스(Philip James)박사가 왔다. 필립은 얼마 전에 잠수전문의로 회사에 들어왔고 극소색전증(micro-embolism)을 집중적으로 연구하고 있었다. 나는 폐가 기체교환은 물론 혈액도 거르는 역할을 한다는 것을 알고 있었지만 사실상 그 기능은 잊고 있다. 그는 이러한 역할에 대해 특이한 방법으로 연구를 하고 있었다. 필립은 그의 사무실을 이전해야 했고, 어느날 아침 그는 새로운 곳에서 그의 짐들을 기다려야 했다. 그가 텅 빈 사무실에서 서있을 때 그는 전에 그 사무실을 사용하던 사람이 남기고 간 허름한 캐비닛 위에 놓인 뇌 견본을 발견하게 되었다. 의사들의 장식소품들에 대한 취향은 일반인들 같지는 않은 것 같다. 하여간 필립은 그 뇌가 DCS로 인해 사망한 사람의 뇌라고 생각했지만 알

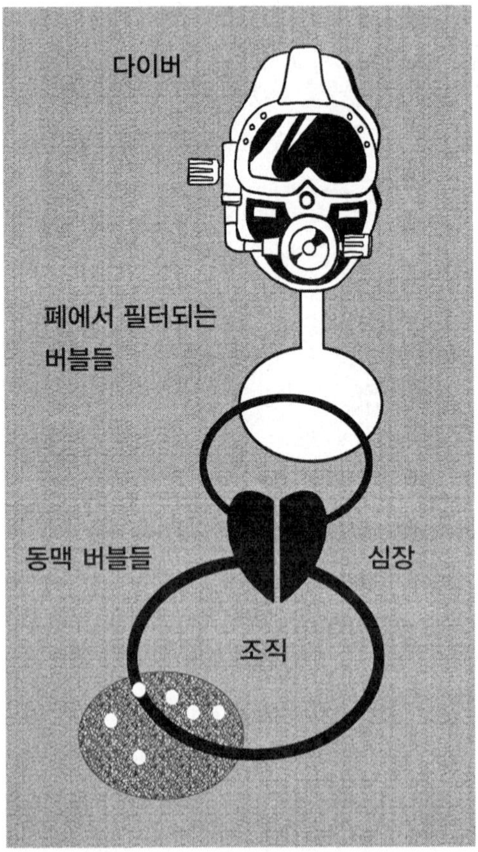

그림 4: 동맥버블모델. II형 증상들의 발생 시나리오.

• 다이빙 시 필요한 것은 압축된 공기로의 호흡이며 이는 다이버의 조직에 질소가 녹아들게 한다. 버블들은 일반적으로 혈관상에서 가압되면서 생성되며, 정맥계를 통해 이동되어 폐에서 필터된다. 임계적 문제는 폐 시스템의 필터능력이다.

• 버블이 폐를 통과해 동맥계로 주입될 경우 정맥교차선의 혈액분포 상황상 버블이 신경관련 조직 에 도착할 확률은 높으며, 신경관련 조직은 기체 저장소가 되어 버블이 성장하게 되어 혈액공급에 큰 변화를 주어 결과적으로는 허혈로 이어지게 된다.

• 주상해 원인은 이제 버블 성장이며 이러한 버블의 성장위치는 신경관련 조직으로 정의된다. 하지만 버블은 이곳에서 생성되지 않고, 다만 폐시스템을 통과하고 조직에 도달한 후 확장되는 것이다.

• 감압전략에는 상승 시 2형 DCS를 피하기 위해 동맥버블의 발생을 예방하는 것이 포함되어 있다. 이러한 이유로, 버블들이 폐를 통과하는 시나리오는 제시되어야 한다.

고 보니 그것은 차 사고로 사망한 사람의 뇌였다. 그의 뇌에 영향을 준 색전은 버블이 아니었고 골절에서의 지방과 연조직 손상이었다. 파괴된 조직의 지방 버블들은 순환계로 들어갔고, 폐에 갇히게 되었지만, 이들은 동맥혈액을 통해 뇌로 이동되었다. 그것들이 DCS의 버블들과 같은 역할을 한 것이다.

필립은 나에게 동맥버블모델 즉 AB 모델을 설명하였는데, 여기서 폐는 버블을 거르는 역할을 하였다. 사람들이 감압을 할 때 체내 버블과 생성된 버블들은 정맥 쪽으로 모여 폐로 이동된다(그림 4). 폐로 이동되면 크기에 따라 모세혈관에 갇히고 폐에서 증발하게 된다. 만약 우연히 버블이 폐필터를 지나 통과하게 되면 잘못된 곳으로 이동된다. 이는 대동맥이 교차되는 관은 혈액을 핵심적인 중심부인 신경계 혹은 심장과 같은 곳으로 이동하도록 설계되었기 때문이다. 만약 심한 상처를 입었을 경우 이러한 혈관의 구조는 생명을 구할 것이다. 만약 기체 버블이 중심부로 이동할 경우 이는 극한 드라마가 연출될 것이다. 이것이 세 번째 아이디어였다.

동맥버블 모델의 장점

AB모델의 역할은 II형 DCS의 발병을 분리해 설명하는데 초점이 있다. 동맥버블과 관련된 이론은 할데인(Haldane)의 이론에서 비롯되었다. 필립(Philip)은 1908년 할데인이 출판한 서적 중 352 페이지에 있는 내용을 슬라이드로 보여주었다.

"만약 작은 버블들이 폐의 모세혈관으로 이동하여 예를 들어 천천히 불포화되는 척추부분으로 통과하게되면 버블들은 그곳에서 크기가 증가되며, 순환계에 심각한 문제를 야기하는 차단물이 되거나 직접적인 기계적 손상을 유발하게 된다."

그 후 할데인의 이론은 이상히 여겨졌고, 조직과 임계비율(critical ratio)에 대한 이론만 기억되었다. 하지만 기본적인 아이디어는 존재하였다. 이는 80년대 동맥버블들이 확인되면서 도플러검사 연구를 수행하던 연구자들에 의해 논의되기 시작하였다. 동맥버블은 대부분 척추에 증상이 있는 다이버들의 뇌관류 결핍(cerebral perfusion deficit)과 II형 DCS에 더 민감한 PFO(난원공개존) 증상을 가진 다이버들에 대해 논할 때 거론되었다.

AB모델의 첫번째 장점은 폐 기능을 통해 다양성을 소개하는데 있다. 폐의 필터기능은 사람마다 다르다고 보는 것이 합리적이다. 어떤 필터는 비교적 성능이 좋을 수도 있고 어떤 것은 나쁠 수도 있는데, 필터의 기능으로 DCS를 이해한다면 나이, 체력, 흡연, 피로, 숙취 등이 DCS 발병에 미치는 영향 정도에 대해 어느정도 예측할 수 있을 것이다.

AB모델은 또한 CO_2가 신경적 증상들의 발병에 영향을 줄 수 있다는 가능성을 예측할 수 있게 한다. CO_2가 폐 필터의 효력을 저하시키며, 동맥혈류로 버블들이 통과할 수 있다는 것만 알면 된다. 현실에서 물리적인 반응은 그리 간단하지 않지만, CO_2 정체를 유발하는 상황을 본다면 좀 더 쉽게 알 수 있을 것이다: 스트레스, 불안, 과호흡, 과노동, 추위, 저공급 레귤레이터 등; 또한 오랫동안 인식하고 있었던 모든 DCS 발병원인들을 모두 고려해 본다.

마지막으로 AB모델의 가장 중요한 요점은 다이빙 중 압력의 변화들이 감압안전에 미치는 영향에 대한 설명이다. 폐 필터에 몇 개의 작은 버블들이 붙은 상태에서 감압을 한다고 가정해보자(아직까지는 별문제 없다). 하지만 갑자기 재잠수를 한다고 생각해 보자. 재압은 당연히 버블지름을 작게 만들어 폐 필터를 통과할 수 있게 하며, II형 증상들을 유발할 것이다.

일반적으로 다이버는 지속적인 수심을 유지해야 하며, 감압계획을 계산하고 인증된 가설을 따라야 한다. 현실에서는 다양한 수심에서 반복적인 상승과 하강을 하며, 늦은 수심에서는 반복적으로 수면으로 상승해야 할 가능성이 높다. 이러한 수심의 다양한 변화를 "요요 다이빙"이라 한다. 요요 다이빙은 당신을 사망으로까지 이어지게 한다. 작은 지름의 버블들은 폐의 모세혈관을 통과해 동맥그물에 버려진다. 동맥버블들이 생성되면 다음 단계는 잘 알고 있을 것이다. 여기서 중요한 것은, 요요 다이빙을 할 경우 이러한 현상으로 연결되기까지는 조직

내 많은 버블들이 필요없다는 것이다. 그러므로, 무감압 수심을 포함한 낮은 수심에서의 다이빙을 할 경우에도 심한 II형 DCS가 발생할 수 있다.

테크니컬 다이버들에게 AB모델이 충고하고 싶은 것은, 반복적인 압력의 변화를 피할 수 있 는 다이빙 계획을 해야 한다는 것이다. 다이버들은 다이빙 중 수면으로 상승하는 것은 금해야 하며 – 더 좋지 않은 것은 – 다이빙 보트를 찾거나 다이빙 파트너들을 만나기 위해 표류감압을 하면서 반복적인 요요 다이빙을 하는 것이다. 반복 다이빙 시 심한 다이빙은 피해야 한다: 하강하기 전부터 버블 잔여가 전 다이빙서부터 남아 있기 때문이다.

AB모델의 비극적인 응용이 한가지 있다. 한 다이버가 긴장된 다이빙을 하였거나, 컨디션이 좋지 않았거나 가파르게 심호흡을 하였다고 가정해 보자. 그가 힘겹게 배에 오르자마자 앵커가 걸렸다는 것을 알고, 앵커를 풀기 위해 빠르게 재다이빙을 하여 바닥에 있는 앵커로 갔다. 그가 재압을 할 경우, 폐의 모세혈관에 붙어있던 버블들이 폐 필터를 통과할 만큼 작아졌다. 15분 후 그는 무감각해지고 바늘로 찌르는듯한 느낌과 쥐가 난듯한 느낌 등을 호소한다. 앵커는 그다지 깊이 있을 필요는 없다...이러한 상황은 비교적 많이 발생한다.

열린바다 공기 다이버들은 10ft(3m)에서 정지하는 것을 피하고, 가능한 20ft(6m)에서 감압을 하는 것을 권한다. 10ft(3m) 정지는 하기도 힘들뿐만 아니라 이 수심에서의 작은 입력의 변화들은 보일(Boyle)의 법칙에 매우 민감하며 폐는 버블들을 필터해주는 과정 중 일 가능성이 높다. 또한, 10ft(3m) 정지는 바다의 상태가 좋지 않을 경우 다이버들에게 매우 불편하며, 발살바(Valsalva)를 해야 할 상황을 발생시킨다.

경고 : 감압 시 발살바(Valsalva)를 할 경우 매우 좋지 않다. 이는 폐에 현저한 과압력을 유발하며, "스폰지에서 물을 짜는듯한 현상"으로 동맥에 버블들이 생성된다.

그러나 AB모델의 실용성에 대한 가장 좋은 예는 산업다이빙과 수면 감압 시 증명되었다(그림 5). Sur-D는 북해(North Sea)에서 사용되는 기본적인 기술로 다이버들이 바닥잠수를 끝내면 바로 수면으로 상승하자마자 데크 체임버에서 40ft(12m)의 재압을 하는 방법을 말한다. 장점은 당연히 다이버들이 춥고 어려운 바다속에 있지 않고 안전하고 편안한 체임버에서 감압을 하게 한다는 것이다.

수중감압
다이버들은 수면으로 전개되며 수중에서 감압정지를 한다. 잠수바스켓으로 다이버를 수면으로 올릴 수도 있다. 다이버들은 20ft(6m)에서 산소호흡을 한다.

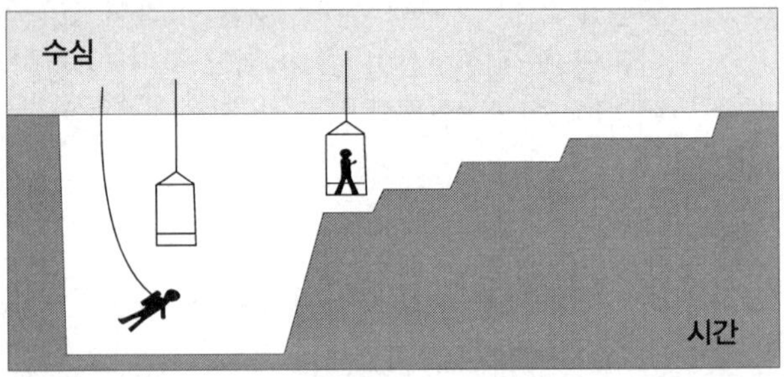

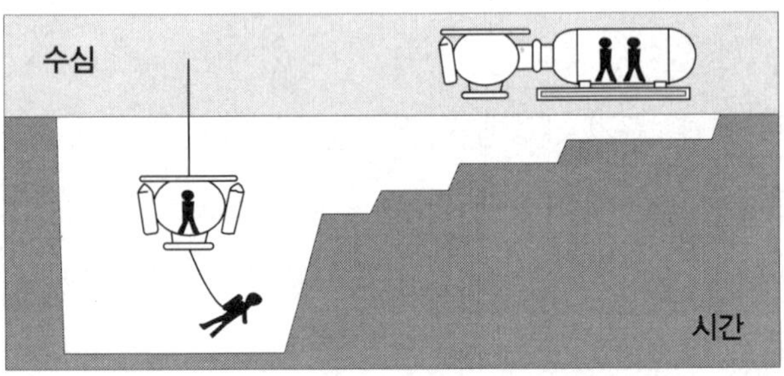

압력 하 이동(TUP)
다이버들은 다이빙 벨에서 전개된다. 바닥시간이 끝날 때 밸은 닫히고 수면으로 올려지며, 데크 체이버에 연결된다. 다이버들이 가압력 상태에서 이동되면 감압이 끝날 때가지 체임버에 머문다.

산소를 사용한 수면감압
다이버들은 수면에서 전개된다. 바닥시간이 끝날 때, 빠르게 수면으로 상승하여 40ft(12m)의 수심의 압력으로 재압하여 선박에 위치한 체임버에서 순산소를 사용해 호흡한다.

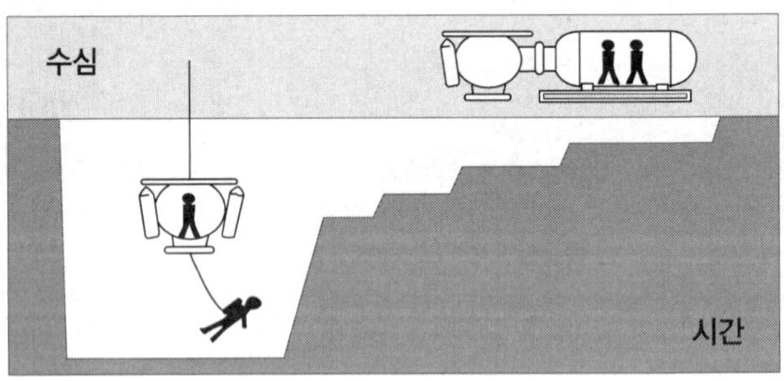

그림 5: 산업다이빙 시 사용되는 감압기술들

저자가 이 아이디어를 가지고 고찰하고 있을 때, Comex 데이터베이스와 HSE 데이터베이스를 모아 300,000가지 노출사례들을 종합해 본 결과 Sur-D 방법은 수중감압 시보다 10배의 II형 DCS 유발시켰다는 결과가 발표되었다. 이러한 이유로, 우리가 다른 방법을 개발해 적용해야 한다고 깨달을때까지 필립 제임스(Philip James)는 지속적으로 다이버들을 치료해야 했다. 필립은 지속적으로 북해에서 Sur-D 사용을 금지해야 한다고 주장하였기 때문에 결과적으로는 중요한 북해 다이빙 업자와의 거래를 놓치게 되었다(Comex는 아님).

이것이 실망스러운 부분이다. 폐가 필터가 된다는 개념은 질적분석에서 유용하지만 작업적인 면에서는 아니다. 이러한 개념은 수학적으로 평가하기 힘들며 당신의 폐의 효력을 어떻게 숫자로 평가할 수 있을까? 테이블 프로필 계산을 할 때 도움이 되지 않는다. 해결책은 경험의 법칙을 정하는 것이다. 이에는 해야 하거나 하지 말아야 할 것들, 다이빙 시 넘지 말아 선과 "반복 다이빙 금지"라는 법칙들이 포함된다. 아직은 정지시간이나 상승속도 등을 숫자로 표현할 수 없으며, 수번의 요요 다이빙을 해야 할 문제가 발생될지 모른다. 이러한 것들은 테이블에서가 아닌 과정에서 풀어야 할 문제들이다.

모델링 분석

CV와 AB 모델들의 장점이 무엇이든 간에 감압, 즉 첫 정지 수심과 이 정지 수심까지의 상승속도로 이루어진 감압 프로필은 초기단계에서는 적용되지 않는다. 이 단계에서는 조직 버블들이 아직 생성되지 않았고, 폐가 필터링 하기에는 너무 크기가 작다. 이 초기단계가 마이크로 버블(micro bubble)의 시기이다.

기존의 모델들은 조직이 과포화되기 전에는 상승속도에 대한 기준을 제시하지 못한다. 바닥에서 특정수심까지의 구간에 대한 감압을 제시하고 있지만 어떻게 감압을 수행해야 하는지 기준을 제공하지 않는 범위가 있다. 이러한 이유로 첫 정지까지의 상승속도는 경험상의 수치인 분당 60에서 50ft(20에서 15m)로 지정해 놓았다. 놀랍게도 이 속도는 언제나 매우 중요히 여겨왔고, 모든 다이빙 메뉴얼들은 이 특정값을 넘지 않도록 권하고 있다. 많은 경험을 통해 힘들게 깨달은 내용인 것 같다.

헬리옥스 테이블에도 같은 주의사항이 있다. 포화 다이빙으로 변경하기 전까지 1970년대 Comex는 헬리옥스 벨 바운스 다이빙을 집중적으로 하였다. 테이블과 관련된 연구와 분석 결과를 보면, 장기간의 바닥시간은 최종 몇 미터 남은 감압 중에 I형 DCS를 더 많이 유발한다고 한다(이것은 CV 모델을 통해 예측 가능하다). 하지만 짧은 바닥시간은 이상하게도 전정증세(vestibular symptoms)들을 더 많이 유발한다는 것이다. 전정문제는 전정시스템의 문제가 아니라, 뇌에 있는 센서에서 문제가 발생할 때 나타나는 증상이다. 초기 테이블들의 특징은 바닥과 첫 정지수심까지의 거리가 비교적 멀다는 것이다. 일반적으로 헬리옥스 18 82를 사용해 216ft(66m)에서 20분을 다이빙 할 경우, 첫 정지를 40ft(12m)로 지정해 놓았는데, 이에 따르면 3분 내에 170ft(51m)의 거리를 상승해야 한다. 이것은 무리이다. 이는 처음 테이블 계획을 할 때 비활성 기체(inert gas)를 제거하기 위해 증감을 고려했기 때문이며, 헬리옥스 계획과는 맞지 않다.

당연히 55ft(18m) 공기다이빙의 상승속도는 216ft(66m)에서의 헬리옥스 다이빙보다 관련성이 없다. 하지만 중요한 것은 이러한 상승속도는 신경학적 문제들의 발생만큼이나 심각한 문제라는 것이다. 처음 몇분의 상승이 몇 시간이 될 수 있는 나머지 감압에 큰 영향을 준다는 것을 설명하기 위해서는 "유령(ghost)" 요소를 설명해야 한다. 유령요소는 마이크로 버블이다. 이 버블들은 일반 버블들의 물리적 특성을 따르지 않으며, 이들의 작은 사이즈로 인해 자유롭게 폐를 통과할 수 있다. 적절하게 제어되지 않는다면, 감압하는 동안 큰 버블 생성의 씨앗 역할을 하게 될 것이다. 이것이 나의 가설 혹은 아이디어 4이다.

작은 버블에 대한 가설

마이크로 버블은 더 정확하게 미세안정 기체색전(micro-stabilized gas emboli)로 불리우며, 밴 류(Van Liew)에 의해 수학적으로 연구되었고, 감압 전부터 존재한다고 추정되었다. 크기와 상승속도에 따라 마이크로 버블들은 무너

질 수도 있고, 크게 증가되어 버블이 될 수 있다.

하지만 MB 모델이라 불리우며 마이크로 버블 모델의 공로는 톰 헤네시(Tom Hennessay)에 의해 제작된 BSAC '88 테이블이다. 헤네시는 인내심을 가지고 증거들을 모았고, 결과적으로 동맥 버블 시나리오의 모든 물질적인 면을 다룬 자료를 출판하였다. 아쉽게도 그의 자료는 트론헤임(Trondheim) 모임에서 소개되면서 기밀로 존재하게 되었으며, 아무도 노르웨이의 회의절타에 관심을 갖지 않았기 때문에 자세한 내용을 알 수 없게 되었다. 그는 마이크로 버블들이 심장판막의 끝에서 공동형성(cavitation)에 의해 생성된다고 정의하였다(다음 장 참조). 이러한 마이크로 버블들의 생존시간은 혈액 내 용해되어 있는 기체량에 의해 결정된다. 수면에서 이러한 마이크로 버블들은 몇 센티미터만 생존할 수 있다. 수중에서 마이크로 버블들은 기체를 더 많이 포함시키며 더 오래 생존한다. 만약 마이크로 버블들이 오래 생존하게 된다면, 조직을 통과해 동맥 그물에서 버블이 될 때까지 몇 회 순환할 수 있다는 것이다. 그리고, 그 후 진행되는 상황은 AB 모델과 같으며, 이는 II형 DCS 증상들을 유발할 수 있다.

그림 6

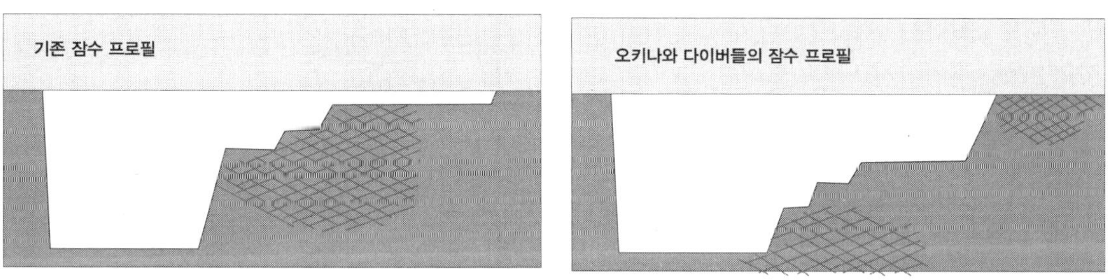

두 번째로 상승의 계획들은 정확히 정의 내리기 힘들다 미해군 테이블과 같은 기존의 테이블들은 첫 정지까지의 급속한 일직선 상승을 사용하여 수면까지 천천한 상승을 권장한다. 제대로 다이빙을 배운 사람들은 감히 다른 방법을 시도해볼 생각도 하지 않는다. 필요한 것은 사람들로 하여금 기존의 테이블 계획들과 다른 방법을 시도하게 할 수 있는 특별한 상황들이었다. 한 유명한 사례는

힐스(Hills)의 유명한 "열역학(thermodynamic)" 감압모델의 기초가 되게 하였던 오키나와 다이버들의 다이빙 과정이다. 간단하게 설명하자면, 그곳 원주민들은 굴껍질로 남방단추를 만드는데 특별한 재능이 있었다. 무호흡 다이빙에 익숙하였던 다이버들에게 갑자기 테이블없이 스쿠버 장비와 콤프레서를 사용할 수 있게 되었다. 연속적인 벤즈를 통해 그들은 다이빙 도표를 작성하였는데, 이는 언덕의 벽에 붙어 껍질을 수확하면서 천천히 33ft(10m)까지 상승한 후 바로 수면까지 상승하는 계획이었다. 마라톤을 뛸 때, 두 가지 방법이 있다. 한 방법은 초기에 빠르게 뛰고 끝에 고통스럽게 살아남는 것이다. 다른 방법은, 천천히 시작

1. 마이크로 버블들은 심장판막 끝의 공동형성에 의해 생성된다. 수면에서 생존거리는 몇 센티미터뿐이 되지 않는다.

2. 수심에서는 용화된 기체량이 증가되기 때문에 생존거리가 증가된다. 그러므로 임계점은 혈액이다. 결정적인 요인은 마이크로 버블들의 생존 시간이다.

3. 감압 시 마이크로 버블들은 다른 기체들을 타고 빠른 조직으로 이동한다. 기체는 버블들 내에 확산되며, 버블들의 크기는 증가된다.

4. 마이크로 버블들의 작은 사이즈로 인해 폐 필터를 통과할 수 있으며, 수 회 순환하면서 지속적으로 크기가 증가된다. 마지막 사이클에서 마이크로 버블들은 정상 사이즈의 버블로 성장한다. 그 다음에는 동맥 버블모델과 같은 현상이 발생한다. 근본적인 손상은 동맥버블들이 신경계 조직에 도착하여 발생한다.

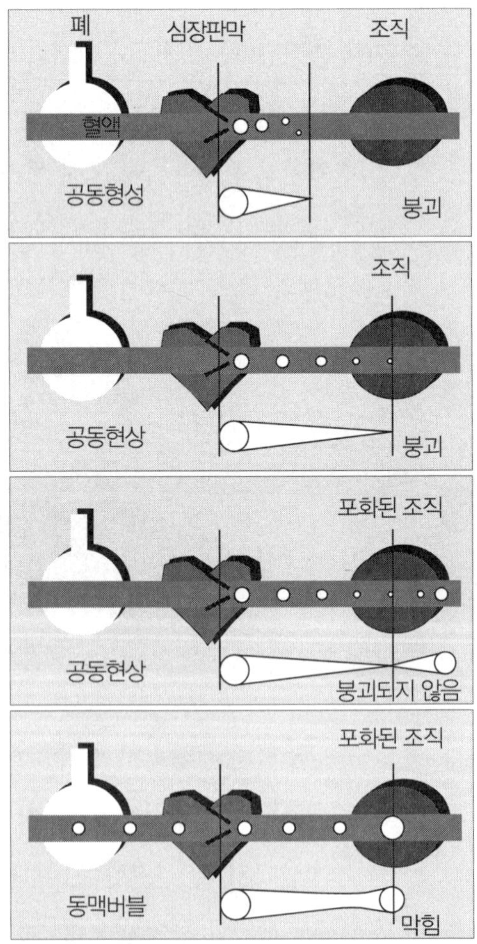

그림 7: 마이크로 버블 모델 시나리오 (헤네시에 의해 제안됨)

해 마지막에 전력질주하는 것이다. 감압 시 버블들에게도 같은 방법이 적용된다. 초기에 빠르게 상승하여 버블 사이즈를 크게 한 후 20ft(6m)와 10ft(3m)에서 치료하는 것이다. 혹은 천천히 상승한 후 나중에 버블들의 크기를 키우는 것이다. 당연히 감압 테이블을 작성하는 방법은 한가지만은 아닐 것이다. 선입견이 있는 사람들이나 과학적 지식을 가진 사람들이 많은 방법들을 통해 연구해 보았다.

적산호 다이버들의 비밀

적산호는 지중해에서 장식품을 선호도가 높으며, 전통적으로 남아들에게 산호 장신구로 선물된다. 산호 시장은 이태리의 나폴리에서 운영되고 있으며, 남프랑스와 코르시카에서는 소규모의 산호다이버 단체들이 존재한다. 산호채취를 위한 다이빙은 쉽지 않지만, 고수입의 직업이다. 그러므로 제철이 되면 산호 다이버들이 하루에 2회씩 20분 동안 공기 다이빙을 하는 것을 볼 수 있다. 산호 다이버들은 현대적 전문 다이빙 기술을 접할 기회가 없었기 때문에 일반적으로 자신들의 경험을 통해 터득하거나 자신이 개발한 다양한 감압방법을 사용하였다. 산호 다이버가 벤즈에 걸리면 일반적으로 매우 심각하지만, 그래도 그러한 감압은 많은 이들에 의해 지속적으로 수행되었다. 그들은 놀랍게도 기분에 따라 정지를 추가하거나 산소시간을 늘렸다. 버블들이 너무 많이 통과하다보니 느낌으로 알 수 있는 듯 보였다. 하지만 그들이 그렇게 빠른 감압을 반복적으로 할 수 있었던이유는 그들이 감압프로필을 변경할 수 있는 특별한 과정들을 선택하여 감압결과를 개선시켰기 때문이라고 본다(그림 6).

260ft(80m) 수심에서 20분의 바닥시간이 끝날 때, 다이버들은 빠르게 50ft(15m)까지 상승한다. 이러한 방법을 선택한 이유는 마취증상을 없애기 위해서이다. 그 후 다이버들은 천천히 130ft(39m)까지 상승하여 배를 기다린다. 배가 발견되면 수면으로 올리는 가방을 사용해 수확바구니를 올린 후 바구니의 안전을 확인한 후 빠르게 감압한다. 이러한 방법을 사용할 경우, 다음과 같이 다이

빙 프로필은 중간 수심에 머무는 시간이 10에서 15분 정도 길어진다.

중간수심 정지는 영국해군에 의해 오래전부터 딥 공기테이블들에서 사용되어 왔다. 또한, 두 명의 스폰지 다이버들이 중간수심에서 정지하여 찬송가를 몇 가지 부른 후 감압을 한다는 이야기도 들었다. 하지만 흥미로운 것은 이 "빠름/느림" 상승규약은 밴 리우(Van Liew)의 마이크로 버블 모델을 기반으로 작성된 프로토콜과 흡사하다는 것이다. MB 모델을 응용해 이러한 다이빙을 분석해 보았을 때, 산호 다이버들은 다음과 같은 프로토콜을 개발하였다는 것을 알 수 있다.

뇌와 같은 빠른 조직들에서 기체를 제거하기 위해서는 소량으로 빠르게 초기상승을 한다. 이러한 방법은 마이크로 버블들이 조직을 통과하여도 크기를 증가시키는 과포화 기체를 찾을 수 없게 한다. 이런 후, 130ft(40m)에서 느린 상승을 하여 마이크로 버블들의 생존거리를 감소시킨다. 이러한 방법은 마이크로 버블들이 체내 순환하는 것을 방지하고, 깨끗한 감압을 할 수 있게 준비해 준다.

"Log/P" plot의 이상한 특성들

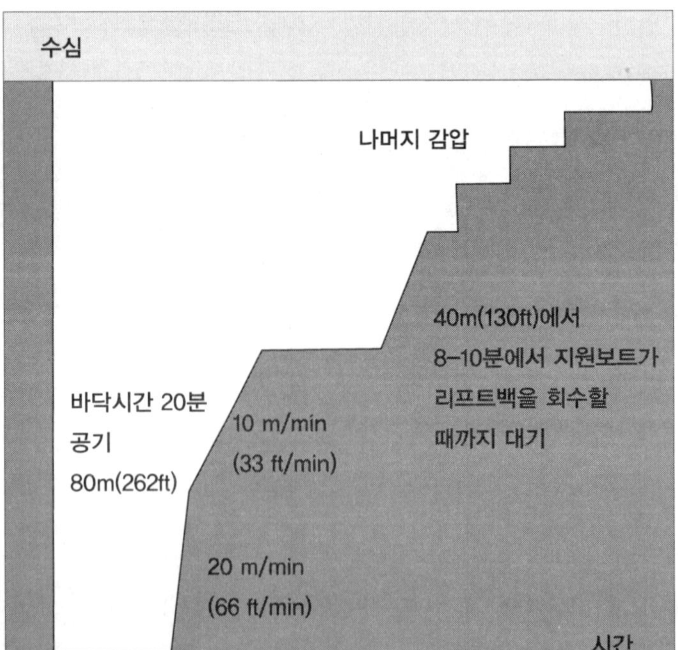

마지막 내용은 1970년대 마르세유(Marseille)에 위치한 Comex 고압산소센터에서 수행된 감압연구에 대한 내용이다. 그 당시 Comex에서는 긍정적으로 대규모 딥 다이빙 작업계획을 세웠으며, 딥 다이버들을 선발하고 있었다. 15분 내에 588ft(180m)의 압력을 가

한 후, 2시간 동안 고압신경증후군에 관련된 다양한 실험들을 진행하는 조건이었다. 다이버들은 갑작스러운 고압에 약간은 당황하였고, 수행된 실험들은 자극적이었다. 감압 관리자들은 고난위도의 다이빙을 위해 감압 프로필을 계산하려 노력했지만 진전이 없었고, 나중에는 수학적 방법을 포기하고 종이에 상승 프로필을 그리기 시작하였다. 감압은 예술 그 자체였다. 그들은 수심 대비 시간 도형을 데코 프로필로 그리는 것이 항상 실망스러운 결과를 주었다는 것을 깨달았고, 다른 감압 프로필들의 비교는 할 수 없다는 것을 알게 되었다. 수번의 반복 실험을 통해 그들은 상승속도를 대비 수심으로 잠수 프로필을 그린 결과, 감압상승은 대략 일직선을 이루면서 로그함수를 계산하였고 이에 감압을 디자인하게 되었다.

고의적인 경험에 의한 방법이었지만, 이는 다양한 상승속도와 매우 깊은 정지를 기반으로 스케줄을 작성할 수 있게 해주었다. 몇 가지를 수정한 후 Comex는 588ft(180m)에서의 120분 다이빙 테이블을 작성하였고, 테코는 48시간으로 설정하여 성공적인 결과를 얻었다. 47명의 다이버들 모두 문제없이 다이빙을 맞췄다.

몇 년 후, 동굴 다이버들과 작업하면서 지속적으로 깊은 수심에서의 트라이믹스 감압 디자인에 대한 어려움을 경험하게 되었고, 나는 느린 상승속도와 더 깊은 정지들과 반로그 플롯에 대해 깊은 관심을 가지게 되었다. 이 플롯은 외사법을 통해 상승속도를 정의 내리는 것을 가능하게 하였고, 기존의 모델들이 제어하지 못한 깊은 수심에서의 상승속도 제어를 할 수 있게 하였다. 그 후, 나는 기존의 트라이믹스 테이블들을 현재 동굴다이빙에서 사용할 수 있는 “Log/P” 플롯이라는 방법을 적용해 작성하게 되었다. 필요한 것을 반로그 모눈종이이다. “Log/P”플롯에서 X-축은 일직선이며, 미터로 수심을 반영하고 있다. Y-축은 대수이며, 상승속도를 미터/분으로 나타낸다. 나는 또한 이것의 변형된 것을 사용한다. 로그기능의 특성과 정지들은 상수로 증가하기 때문에 나는 정지시간들을 바로 로그로 수심을 대비해 그렸다이런 방법으로 감압 프로필을 그리는 것이 매우 유익하다는 것을 깨달았다. 이는 감압의 초기부분을 확장시키며, 바로 상승속도와 초기 정지수심을 평가할 수 있도록 해준다. 도한, 이는 잠수시간과 상관없이 같은 도표에서 다른 감압과 비교분석 할 수 있게 해준다. 예를 들어, 다른 수심 대비 같은 바닥시간, 혹은 다양한 바닥시간 대비 같은 수심 등을 분석할 수 있게 해준다. 수번의 반복 연습을 통해 우리는 다음과 같은 내용을 배우게 되었다:

- 감압 프로필들은 "Log/P" 플롯에서 대략적인 선을 그린다.
- 선의 기울기는 O_2의 %와 관련있다. 믹스에 O_2가 많을 경우 상승은 빠르다.
- 데코믹스 변경은 상승을 촉진시킨다. 몇 가지의 혼합기체의 데코는 톱니같은 모양을 묘사한다.
- 바닥시간이 길수록 상승은 느려진다. 수심과 혼합체는 같지만 바닥시간이 다른 두 다이버의 프리필들은 평행한 선을 보인다.
- 만약 바닥시간이 증가된다면 테코는 수면 가까이 동일한 정지 시간을 갖게 된다. 이는 상승을 제어하는 마지막 조직과 관련되어 있다. 즉 감압의 포화 마지막을 뜻한다.

딥 트라이믹스 감압의 비밀은 적절한 기존 테이블로 "Log/P"플롯을 그리면서 선을 깊은 수심가지 연결시켜 추가정지를 정의하며, 더 느린 상승속도로 더 안전한 감압을 하는 것이다. 나는 동굴 다이빙을 하는 친구들에게 트라이믹스 감압을 계산해 주었으며, 얼마전에는 파스칼 버나브(Pascal Bernabe)와 프래드 바디어(Fred Badier)는 프랑스의 폰테인 드 보클루스(Fontaine de Vaucluse)에서 20분 동안 560ft(170m) 수심을 다이빙 할 수 있도록 테이블을 설계해 주었다. 이들은 아직도 내 친구들이다. 다시 말해, 그들은 안전하게 어두운데서 살아 돌아왔다는 것이다.

마지막으로 감압에 대한 나의 철학은 간단하다: 나타나는 각 증상마다 설명을 한다는 것이다. 나의 기술을 요약한다면, 조직구획 모델을 I혈 DCS를 피하기 위해 사용하고, 깊고 빠른 감압 시 전정문제는 딥 정지를 적용해 피한다. 하지만 이렇게 간단한 문제는 아니라는 것을 알고 있다. 하지만 중요한 교훈은 어떤 아이디어도 너무 좋거나 오래되어 필요없는건 없다. 전문가들의 말을 전적으로 따르지 말고, 본인의 경험과 본인의 좋은 아이디어를 따르도록 한다. 하지만 데코사용은 매우 흥미롭다. Comex에서 시도한 588ft(180m)에서 120분 데코가 성공했다는 것은 차후 모델이 존재한다는 것을 뜻한다. 최소한 수면에서 588ft(180m)까지의 다이빙에서 안전하고 효율적인 디자인을 할 수 있도록 우리가 알아야 할 것들이 남아있다. 지금까지 멀티 모델은 내가 알고 있는 최고의 방법이었다.

제13장

텍 다이빙을 위한 심리 및 육체적 건강 Tom Mount

(Psychological and Physical Fitness for Technical Diving)

소개

Cis-Lunar MK5p 다이빙을 준비하고 있는 Andrew Driver, Nick Jewison과 Dough Howard
사진: Don Townsend

인간은 새로운 환경을 탐험할 때마다 육체적, 심리적 도전과 위험을 접하게 된다. 이러한 문제들에 대응하고 극복하려면 새로운 환경에 적응하는 방법과 행동들을 배워야 한다. 이 장에서는 몇 가지 예를 들어 새롭고 도전이 요구되는 테크니컬 다이빙 환경과 변화에 적응하며, 이에 맞춰 자신의 행동들을 변화시키는 방법들에 대해 논할 것이다.

발전된 스쿠버 기술과 다이빙 계획은 10년 전에는 상상도 못할 수심과 수중시간을 가능하게 하였다. 하지만 발전에는 이에 따른 대가도 치러야 한다. 다이버들이 전보다 더 깊은 수심과 먼 거리를 이동할때 마다 확장된 한계에 따른 위험과 도전에 대해서도 준비되어 있어야 한다.

오늘날의 탐험 다이빙은 매우 노련하고 경험있는 다이버들에게도 힘들고 긴장되는 다이빙이 되는 경우가 많다. 육체적, 심리적 도전들에 적응하고 극복하기 위해서는 행동변화가 있어야 한다 이는 마음, 몸과 마음이 하나로 되기 위해 필요한 과정이다.

다이버가 위험하고 힘든 환경에서 반응하는 방법에 영향을 주는 요소들은 많다. 이에는 사고방식, 인식, 체력, 훈련과 현실과 인식을 분리시키는 능력 등이 포함된다. 이러한 현상을 이해하기 위해서는 다이버의 사고방식과 실행능력에 영향을 주는 다양한 심리적, 육체적 자극들을 분석해 볼 필요가 있다.

테크니컬 다이빙과 스트레스

스트레스는 삶의 모든 면에 있어서 우리의 반응과 행동에 큰 역할을 한다. 수중에서는 스트레스에 대한 당신의 반응이 즐거운 다이빙과 사고를 쉽게 분리하는 요인이 된다. 스트레스를 그대로 방치해두면 당황하게 되며 결과적으로 사고로 이어진다. 테크니컬 다이버들은 심리학자들이 다루는 스트레스들 중 가장 알려져 있는 스트레스들에 노출되어 있다. 이 장에서는 다이버들이 경험할 수 있는 가장 큰 스트레스들을 인지하고 이에 대한 예를 볼 것이다.

난파선과 동굴들은 오버헤드 환경이 존재한다. 이러한 환경에서는 무감압 오픈워터 다이빙과 같이 바로 수면위로 상승할 수 없다. 난파선과 동굴들은 어둡다. 이러한 환경은 힘든 선택을 요구한다. 끝도 없이 보이는 미로 속에서 올바른 길을 선택해야 하는 것은 또 다른 스트레스 요인이 된다. 각 스트레스 원인들을 분석하면서 왜 이러한 환경적 위험들이 더 큰 스트레스가 되는지 명확히 인식할 필요가 있다.

시간-압박(time-pressure) 스트레스는 다양한 시나리오에서 존재한다. 시간-압박 형태에 있어서 가장 단순하게는 기체량에 맞게 시간을 맞춰야 하는 경우이다. 이러한 상황은 다이빙 시간이 계획보다 연장되고 기체량이 부족할 경우 큰 문제로 확장될 수 있다. 이 상황에서 교육받지 않았거나 기술이 부족한 다이버들은 자신들의 호흡량을 증가시켜 문제를 더 확장시킨다. 시간-압박 스트레스는 다이버가 자신의 감압 "시계"를 볼 때 증가될 수 있다. 거리는 큰 시간-압박 스트레스가 될 수 있다.

거리는 주요한 시간-압박 스트레스이다. 열린바다까지 거리가 멀수록 한정된 시간에 의한 스트레스는 더 증가된다. 거리관련 스트레스의 가장 큰 위험은 인식하고 있는 시간-압박 위험이다. 이 경우에는 대부분 실질적인 위험보다 인식하고 있는 위험이 더 크다. 다이버들이 너무 걱정을 하여 기본적이지만 중요한 안전 다이빙 수칙을 잊는 경우가 많다.

다이빙준비 또한 시간-압박 스트레스의 원인이 될 수 있다. 예를 들어 한 다이버가 벌써 슈트와 장비를 착용하고 입수를 한 상태에서 그의 버디가 장비문제로 장비를 벗고 수리를 한다고 가정해 보자. 시간에 의한 스트레스는 두 다이버 모두에게 존재한다 - 기다리는 다이버와 지연하는 다이버 모두가 스트레스를 경험한다.

만약 스트레스가 제어되지 않는다면 패닉으로 이어질 수 있다. 패닉은 생명을 위험하게 할 수 있다.

제한 혹은 구속(confinement)은 당연한 스트레스의 원인이다. 대부분의 경우 제한된 공간에 있다는 생각은 무의식적으로 인식하고 있다가 다른 스트레스들이 발생하면 스트레스로 나타난다. 구속은 시간-압박 스트레스를 거리요소와 연결시킨다. 수면으로 빠져 나가기 위한 무릎의 반사반응은 "전형적인 탈출방법"에 대한 생각을 단념시키는 오버헤드 교육을 통해 극복해야 한다. 이런 방법으로 제한에 대한 스트레스를 관리한다.

과제로 인한 스트레스(Task loading stress)는 다이버들이 자신들이 할 수 있는 과제범위 이상을 해야 할 경우 발생한다. 과제과잉은 다이버가 3가지의 단순한 일을 한꺼번에 하려고 할 때 발생한다 - 릴 관리, 2개의 스테이지 실린더 관리와 정상적이고 올바르며 편안한 형태로 수영을하려 할 때 발생될 가능성이 있다. 여기에 다이버 추진매체(DPV) 혹은 다른 특별한 것까지 다뤄야 한다면 다이버가 정상적으로 기능할 수 있는 능력은 현저히 떨어지게 된다. 경험을 통해 다이버들은 매우 쉽게 다양한 업무들을 할 수 있게 되지만, 추가적인 활동이나 의무가 주어진다면 스트레스는 증가된다.

부적절한 호흡패턴(incorrect breathing patterns)는 스트레스 원인/결과 사이클을 유발한다. 부적절한 호흡패턴은 스트레스를 유발하지만 스트레스 또한 부적절한 호흡을 유발시켜 다이버의 기존 스트레스 상황을 더 악화시킨다. 부적절한 호흡패턴이 시작되면 악순환이 이어진다. 이 패턴은 대부분 매우 미세하므로 다이버가 인식하지 못할 수도 있다. 긴장상태의 호흡에는 과호흡, 빠른 호흡(대부분 얕은 호흡)이 포함되며, 결과적으로 공기 고갈상태의 느낌을 받게 한다. 이러한 현상은 레귤레이터 고장으로 느껴질 수 있다. 호기는 하지 않고 폐가 찰 때까지 작게 들이키면서 흡기만 할 경우 대부분의 다이버들은 레귤레이터가 작동하지 않는다고 생각한다.

이러한 사이클을 깨기 위해서는 다이버 자신이 호흡을 인식하고 호흡제어를 해야 한다. 다이버들은 횡경막 호흡운동을 연습해야 하며, 다이빙을 할 경우 호흡을 느리고 깊게 하는 것을 반복 연습하여 이러한 호흡법이 반사적인 반응이 되게 하여야 한다.

과호흡은 대부분의 경우 호흡을 건너뛰기 위해 노력하면서 발생한다. 이는 일반적으로 CO_2를 과잉생산하게 하며 의식을 잃게 한다.

다이버가 스트레스나 불편함을 인식하게 되면 다이버의 모든 활동을 중단하고 느리고 완전하게 호흡을 내쉰 후 느리고 완전하게 들이쉬는 것이 중요하다. 이 호흡패턴은 다시 다이빙을 계속 진행하기 전에 최소 3번은 반복해야 한다. 그 후 다이버는 지속적으로 횡경막 근육들을 사용해 느리고 완전하게 호흡해야 한다. 이 방법으로 거의 모든 불편함은 완화될 수 있다.

호흡으로 인한 스트레스를 피할 수 있는 좋은 방법은 올바르고 편한 호흡 패턴을 유지하면서 적절한 추진력을 유지하는 수영속도를 개발하는 것이다. 자신의 수영속도를 증가시키게 되면 제어할 수 없는 호흡과 불편한 느낌을 유발할 수 있다.

좋은 체력을 유지하는 다이버들은 인체는 보트의 선체와 같다는 것을 느낄 것이다. 보트 선체의 속도로 달리게 되면 파워를 두 배 이상 증가시켜도 추진력은 거의 증가되지 않는다. 인체는 배의 선체와 같이 다양한 모양이다. 어떤 모양은 다른 모양보다 더 쉽고 빠르게 물을 통과한다. 우리의 "선체속도"를 초과하면 더 많은 일을 해야 하는 동시에 최소의 수행능력 증가를 보인다. 원하지 않는 스트레스로 인한 호흡 문제도 발생한다.

보트와 달리 다이버들의 외형 혹은 "선체(hull)"을 바꿀 수 있다. 잘빠진 장비 프로필은 일반적으로 적은 드래그를 만들며 수중에서 더 효율적이다. 다이버들이 운동과 적절한 식이요법으로 날씬한 프로필을 유지하는 것을 권하지만 이뿐만 아니라 다이버의 수영자세와 장비구조 또한 교정에 포함된다.

부적절한 수영자세는 스트레스로 이어지며, 이를 유지하기 위해서 더 많은 에너지가 필요하다. 필요한 에너지를 증가시키기 위해서는 호흡기의 작업량을 증가시켜야 한다.

격심한 활동과 온도 불균형(exertion & thermal imbalance)도 스트레스를 유발하는데, 이는 다이버가 너무 덥거나 춥기 때문에 발생한다. 인식있는 다이버는 자신의 편안함 수치를 관찰하고, 적절하고 충분한 체온 보호 장비를 사용하여 스트레스 요인들을 제어할 수 있어야 한다.

자존심 혹은 동료들로 인한 심리적 압박감(자존심 혹은 사회적 압박)은 스트레스의 간접적인 요소들이며, 이로인해 다이버의 능력 혹은 편안한 수준이 넘게 되면 중요한 스트레스 요소가 된다.

방향감각손실(disorientation)은 오버헤드 환경이나 깊은 수심을 탐험할 경우 항상 문제가 된다. 대부분의 오버헤드 환경은 여러 개의 통로가 있다. 깊은 수심에서 향해 실수를 회복할 수 있는 시간은 적다. 두 환경 모두에서 길을 잃을 수 있는 실질적인 가능성은 존재한다.

시각적 기준점, 콤파스 및 오버헤드 환경에서 사용되는 화살표와 가이드라인과 같은 항해 장비의 적절한 사용은 방향감각 손실로 인한 스트레스와 길을 잃을 수 있는 위험을 제거할 수 있다. 오버헤드 환경에서 발생하는 사망원인 중 주 원인은 지속적인 가이드라인을 따라가지 않기 때문이다.

어두움과 시야장애(darkness & loss of visibility)는 감각을 감소시키기 때문에 스트레스를 유발한다. 이러한 문제는 라이트 고장, 낮은 시야, 흐린 물 혹은 미사로 인한 혼탁함 등으로 인해 발생할 수 있다. 이러한 문제들은 자체적으로 큰 문제가 되지 않지만 다른 스트레스와 실행능력 장애 요소들과 함께 발생한다면 시각장애는 위험한 상황으로 이어질 수 있다.

스트레스의 가장 심각한 형태는 '복합적 스트레스'이다. 이러한 스트레스는 하나 이상의 스트레스 원인이 관련될 경우 발생한다. 복합적 스트레스는 각각의 스트레스보다 더 관리하기 힘들다. 하지만 현실적으로 이러한 스트레스는 매우 일반적이며 다이빙 중 스트레스의 원인 혹은 형태는 하나 이상이다.

부력문제, 과도한 자존감, 실질적 혹은 인지적 신체 위험 등은 또 다른 스트레스 원인들이다. 스트레스의 증후와 증상들을 통해 스트레스 반응의 증가를 감소시키거나 예방할 수 있다. 개인이 인식할 수 있는 스트레스는 대부분 불편함, 이상한 불안감, 긴장 혹은 예민함 등이 포함된다. 우리의 직감적 예감은 스트레스 존재 이유를 인식시켜 주려고 할 것이다. 우리 내면의 소리에 귀를 기울이는 것은 스트레스 없는 다이빙을 하는 중요한 단계이다. 이러한 인식력을 개발하기 위해서는 교육과 마음을 제어하는 기술들을 사용할 줄 알아야 한다.

시각으로 인식할 수 있는 일부 스트레스 상태들		
눈을 크게 뜬 상태 호흡 증가 의사소통 장애	게이지에 집착 및 고정 수영속도 변화 작업활동 불가	자세 고정 덜렁거림 긴장

스트레스는 자신에 대한 의식을 증가시면 제어가 가능하다. 종종 스트레스 상태의 다이버들은 자신의 호흡증가를 인식하지 못한다. 자신의 파트너의 호흡이 빠르거나 이상할 경우 버디는 호흡문제가 해결할 때까지 바로 잠시 휴식을 갖게 한다. 스트레스를 제어하기 위해서는 첫 번째, 이를 인식해야 하며, 그 후 올바른 행동을 취해야 한다. 스트레스를 관리할 때 실직적이고 인식적인 위험 모두 다 위험한 결과를 초래한다는 것을 기억해야 한다. 또한 스트레스는 대부분 호흡변화로 나타날 수 있다.

다이버로서 일반적인 행동교정을 통해 "정신집중(mind narrowing)" 혹은 더 적절하게 표현한다면 집중을 하지 않게 하여 문제를 해결할 수 있도록 하는 방법을 배워야 한다. 너무 집중을 하게되면 다이버는 정확히 상황을 분석할 능력을 잃으며, 새로 배운 기술이나 이미 잘 알고 있던 기술들 제대로 사용하지 못하게 된다. 정신집중은 작업량을 잘못 인식하기 때문에 문제를 더 복잡하게 할 수 있다. 이러한 행동변화가 교정되지 않는다면 패닉으로 이어질 수 있다.

스트레스의 심리적 충격에 대한 육체적 반응에는 호흡증가, 맥박증가, 비정상적인 아드레날린 분비 및 도망가려는 직관적 충동 등이 포함된다.

생존을 위해 필수적으로 행동적, 생리적 변화들을 보완해야 한다. 스트레스의 모든 증상들을 제어하기 위한 방법들 중에는 인식, 적절한 교육 및 새롭게 배운 기술들 등이 포함된다. 또한 새로운 사고방식을 개발해야 한다. 우리는 반듯이 지각이 아닌 실질적인 위험을 바로 인지 할 수 있어야 하며 불행을 피할 수 있도록 이에 적절하고 올바른 행동을 본능적으로 취해야 한다.

의식(awareness)은 자신과 그룹분석을 통해 개발된다. 의식은 자동적이어야 한다. 이를 가능케 하기 위한 가장 적절한 방법 중 하나는 실질적인 다이빙을 하기 전에 마음으로 다이빙을 상상해 보는 것이다. 다이빙 전 다이빙 과정을 시각화하게 되면 안전한 다이빙을 할 수 있게 된다. 의식은 자신이나 버디가 인지하지 못할 다이빙 수행력의 변화를 감지할 수 있는 마음을 열게 한다. 다이빙 시 자신에게 주기적으로 "난 편안한가? 정말 모든 것이 괜찮은가?"라는 질문을 한다. 버디가 편안한가 관찰하고 호흡율 변화를 주목한다.

모든 관련 기술들을 집중적이고 반복적으로 훈련하는 것은 중요한 상황에서는 필수적인 요소가 된다. 적절히 터득하지 못한 기술들은 응급상황에서 잊게 되며 거의 본능적으로 반복 연습된 기술들만 남게 된다.

스트레스 제어와 행동변화 프로그램의 첫 번째 단계는 자가훈련 프로그램이어야 한다. 자가훈련은 지속적으로 유지되어야 한다. 지속적인 훈련은 안전한 다이빙 유지에 가장 중요한 요소이다. 이것을 하기 위해서는 지속적으로 관련된 기술들을 반복 연습해야 한다. 이러한 훈련에는 효율적인 호흡방법 연습도 포함되어야 한다. 지속적으로 장비분석 및 배열을 하여 모든 요소들을 쉽고 빠르게 사용할 수 있도록 하며 성능을 믿을 수 있도록 한다. 정기적으로 자신의 기술들을 재검토하며 관심분야가 확장되면 관련된 다이빙 분야에 대한 추가교육을 받는다. 다이빙 버디로는 자신의 관심분야와 교육목표를 이해하고 나눌 수 있는 다이버를 선택하도록 한다.

위험관리(Risk Management)

위험관리는 좋은 테크니컬 다이버가 되기 위한 열쇠이다. 위험관리에 대한 개념을 도입하므로서 다이버들은 실질적인 목표를 성립할 수 있다. 그렇게 되면 어떤 종류의 다이버가 될 것인가 결정할 수 있다 – 레크리에이션 다이버, 테크니컬 다이버 혹은 탐험 다이버.

지속적으로 강조하지만 다이빙에는 많은 위험들이 존재한다. 대부분의 위험들에는 이에 따른 다양한 해결방법들이 존재한다. 어느 정도의 위험수준을 받아드릴 준비가 되었다면 어떠한 것들을 타협해야 하는지 알아야 한다. 예를 들어 효율성 대비 안전을 고려해야 한다. 위험들과 함께 이익을 인지해야 하며 장점과 함께 단점 또한 인지하고 있어야 한다.

이러한 타협에는 다양한 요소들이 존재하며, 이에는 다이빙 팀의 크기, 장비구성, 능력과 관련된 타협, 감압위험의 강도와 불쾌함의 허용범위 등이 포함된다. 테크니컬 다이버들은 이러한 요소들을 분석해야하며 자신의 제어범위의 한계를 측정해야 한다. 탐험이나 레크리에이션에서 많은 길들이 같은 목표로 이어진다. 가장 빠른 길은 가장 큰 위험을 낳지만 원점으로 더 빠르게 돌아올 수 있게 한다. 더 숙고된 길은 같은 목표점에 도착하려면 더 오랜 시간이 걸리지만 더 큰 안전을 제공한다. 결과적으로 중요한 것은 개인의 위험관리와 자신이 얼만큼의 위험에 노출될 준비가 되었는지 이다.

장비구성(equipment configuration)은 위험평가와 위험관리과정을 적절히 보여주는데, 이는 전반적인 다이빙 안전에 있어서 특정한 장비가 해가 될 것인지 득이 될 것인지 비교할 수 있게 한다.

예를 들어: 장비가 유선형일수록 수중 효율성은 더 크다. 유선형 장비는 우리의 기체 사용량은 낮추고 수영을 더 쉽고 효율적으로 할 수 있게 하며 체력을 향상시킨다. 왜 항상 최고의 효율성을 선택하는 것이 항상 현명하지는 않나? 위험(risk)은 다이버로 하여금 장비고장을 보완하기 위해 장비구조에 약간의 드래그를 추가하게 한다. 예를 들어 한 다이버가 편리함을 위해 싱글 BC 주머니로 다이빙을 할 경우 BC 고장 시 수면으로의 상승할 수 없게 된다. 또 다른 다이버가 안전한 상승을 위해 같은 다이빙 시 백업 BC를 착용할 경우 추가 BC 주머니는 드래그를 증가시키며 기체 사용량을 약간 증가한다.

선택을 해야 한다면 대부분의 다이버들은 드래그가 적은 구성을 선택하게 된다. 하지만 만약 싱글 BC에 문제가 발생한다면 목숨을 위협하는 상황으로 이어질 수 있다. 유선형을 희생한다고 하여도 추가장비를 착용하는 것이 현명하다. 만약 추가장비를 착용한다면 이에 따른 기체사용량 증가도 필히 고려되어야 한다.

당신은 자신에게 다음과 같은 질문해야 한다: “얼마나 자주 BC가 고장 나고 그에 따른 위험 정도는 얼만큼 큰가?” 지난 5년간 저자의 BC에 문제가 발생해 상승 시 전혀 도움이 되지 않는 적이 있었으며, 이와 흡사한 BC 주머니/인프레이터 고장 또한 몇 번 겪어봤다. 이러한 사건들은 나로 하여금 중복장비는 안전을 위해 작은 대가라는 것을 깨달게 하였다. 만약 백업 BC 사용을 결정한다면 중성부력의 적절한 리프트를 제공하는 동시에 최소한의 드래그를 주는 BC를 선택하는 것을 권한다.

장비구성에 대한 추가 고려사항들은 흡사한 방법으로 평가되어야 한다. 일부 다이버들은 주 기체공급기에 두 개의 SPG(수중진압계)를 사용한다. 다른 이들은 추가 SPG가 불필요한 드래그만 준다고 믿는다. 그들은 만약 주 기체공급 장비가 고장나면 다이빙을 중지해야 한다고 생각한다. 이러할 경우 하나의 게이지만으로 충분하다. 실질적으로 많은 이들이 추가 SPG는 고장 날 수 있는 장비일 뿐이라고 생각한다. 중복 SPG가 필요하다고 생각하는 이들은 안전이 너무 중요하다고 믿는 사람들이다. 가장 중요한 것은 개인의 선택과 편안함이다.

장비구성을 할 때 각각의 중복장비들을 고려해야 한다. 하나를 가져갈 때마다 이에 따른 드래그가 증가된다는 것을 명심해야 한다. 그러므로, 장비는 조심스럽게 선택해야 한다. 어떤 것이 현실적으로 자신의 안전에 도움이 되는지 어떤 것이 단순한 중복인지 결정해야 한다.

위험평가와 위험관리가 적용되어야 할 또 다른 주제들은 수없이 많으며 이러한 주제들을 다 설명하려면 또 다른 서적을 통해 설명해야 한다. 여기서 나열된 몇 가지 예를 통해 당신이 접할 수 있는 위험들을 생각하고, 인식하며 평가할 수 있길 바란다.

자신의 목숨을 위협하지 않을 정도의 위험만을 선택해야 한다. 이를 선택할 수 있는 가장 적절한 방법은 아마도 자신의 운명을 제어할 수 있는지를 판단하는 기준일 것이다 ? 다시 말하면 "당신만이 당신을 위해 호흡하며, 수영하며 생각한다"를 기준으로 선택해야 한다는 것이다. 생존을 고려해 다이빙을 기획하는 것은 자신의 선택이다.

첫 번째 다이빙이건 1,000번째 다이빙이건 상관없이 위험관리는 항상 같아야 한다. 첫 번째 단계로 다이빙 시 예상되는 모든 위험들을 목록 한다. 목록이 작성되면 각 위험들이 안전에 어떻게 영향을 줄 것인지 분석한다. 세 번째로, 당신이 어떠한 위험들을 받아드릴 수 있는지 결정한다. 네 번째로, 필요한 장비들을 나열한다(다이빙 성과와 자신의 안전에 필요하다고 느끼는 장비들 선정). 마지막으로 본인의 편안함 내에서 활동계획을 구성한다.

어떠한 결정을 하던지 다른 이들이 당신의 결정에 도전할 것이라는 것을 예상해야 한다. 위험관리 대비 효율성에 대한 논쟁은 끝없이 이어진다. 모든 이들이 동의해야 할 최소한의 내용들이 있는 반면 특정한 결정들은 본인에 의해 결정된다.

위험인식과 관리에 대해 심리학 박사인 길 밀너(Gil Milner MD)는 다음과 같이 적절한 설명을 하였다; "어떠한 활동에 따른 위험을 알고 있다면 시도해보려는 모든 이들에게 모두 설명해야 할 의무가 있다. 본인은 자신이 하려는 활동에 따른 모든 위험들을 알아야 할 의무가 있다. 모든 위험들을 완전히 이해한 후에는 목숨이 위태로울지라도 자신이 선택한 활동을 시도할 권리가 있다."

자아관리(Mind control)

행동적 실패(behavior failure): 이 장에서 우리는 다이버 능력의 실패점(failure point)들을 살펴보는 동시에 동굴 혹은 오픈워터 다이빙을 할 수 있는 능력이 되는지 살펴볼 것이다. 안전한 다이빙은 실패점들을 구성하는 많은 변수들에 의해 결정된다. 실패점은 정확히 무엇인가? 실패점은 사고로 이러질 수 있는 다이빙 시스템, 다이버 행동과 교육의 붕괴인가?

다이버의 능력(Diver capability)

안전한 다이버로 분리될 수 있는 결정적인 요인들은 다음과 같다. 안전한 다이버가 되는 요소들은 많으며 이들은 수행능력을 증가시킨다. 생명연장 시스템, 장비구성, 장비감소 실패점 모두 수행능력을 향상시키지만, 결과적으로는 다이버의 원천적인 능력이 안전의 기초를 결정한다.

다이버의 능력을 논하기 위해서는 이에 대한 정의를 내려야 한다. 능력(capability)이란 할 수 있게 하는 것이나 가능케 하는 것을 뜻한다. 이에는 사용하거나 개발할 수 있는 특성들이 포함되어 개인의 가능성이 판단될 수 있다. 능력을 갖거나 개발하려면 환경을 폭넓게 인식할 수 있어야 하며, 효율적인 수영을 위해 특정한 다이빙 기술에 숙련되어야 하는 동시에 특정한 환경을 위해 자세한 기술들을 개발하고, 태도와 연습을 통해 좋은체력을 유지해야 한다. 경험은 다이버 능력에 있어서 값진 요소이다. 경험은 지속적으로 올바른 기법과 기술을 사용하게 하므로 긍정적인 공헌자이다. 하지만 초기의 경험을 통해 기초적인 기법, 기술, 몸의 태도에 대한 인식을 견고히 쌓지 않았으면 부적합한 영향이 될 수 있다. 만약 부적절한 기술을 지속적으로 연습한다면 이러한 부적절한 기술은 "완벽"해지며 다이버로서 성장하는데 장애가 된다.

다이버의 능력은 첫 오픈워터 강습에서 시작되며 지속적인 교육과 다이빙 기술과 지식에 대한 현실적인 적용을 통해 진화된다. 초기교육은 기초적인 것에서 엄격해야 한다. 오늘날 불행하게도 강사 트레이너들과 코스 디렉터들을 포함한 많은 다이빙 강사들이 적절한 다이빙 기술을 가지고 있지 않다. 어드밴스 및 테크니컬 교육을 통해 "경험"이 많은 강사들의 킥은 교정되어야 하고 수중에서의 적절한 자세는 재교육 되어야 한다. 많은 경우 이들은 "완벽"해진 잘못된 기술을 사용하며 "내가 강사니까 잘못하고 있을 수 없다"라는 태도를 갖고 있다. 이러한 경우 기존의 잘못된 버릇을 깨고 새로운 기술이 개발되어야하는 동시에 태도도 변경되어야 한다. 대부분의 운동학습은 첫 번째로 기술을 숙달시켜 최적의 수행능력을 얻게한 후 "시도"에 집중하게 한다. 기술은 전부이다. 저자는 다이빙 외에도 무술을 가르치는데, 교육 중 가장 어려운 것은 사람들로 하여금 긴장을 풀고, 치거나 막을 때 호흡을 내쉬게 하면서 적절한 기술을 배우게 하는 것이다.

다이빙에서도 마찬가지다: 긴장을 풀고 올바르게 호흡하면서 적절한 형태와 고르고 계산된 움직임을 수행하면서 근육을 편하게 하면(긴장하지 않고) 수행능력은 개선하게 된다. 예를 들어 킥(kick)을 하면서 발가락을 편안한 방향으로 가리키게 되면 플러터 킥(flutter kick)에서 많은 발전을 느낄 수 있을 것이다. 프로그 킥(frog kick)에서 기술을 올바르게 사용하면 강하고 효율적인 도구가 되는 반면 적절하지 못하면 거의 불필요한 기술이 된다. 프로그 킥 중 다리를 벌리면서 긴장을 풀고 난 후 발가락들을 중앙으로 모으면서 안으로 같이 미는 것이 매우 중요하다. 적절한 유연성이 있으면 두 뒤꿈치들이 닫히기 전에 대부분의 전진 추진력을 제공할 수 있다. 다이버의 두 핀들을 모으지 않으면 이 기술을 효율적으로 사용하지 못하게 된다. 상승 기술들, 특히 드라이 슈트를 착용한 상태에서 배우게 되면 다이버의 능력향상에 도움이 될 것이다.

그러므로 모든 단계의 교육에 있어서 다이버가 교육받은 환경에서 다이버의 능력을 증가시켜 주는 것이 근본적인 목표이다. 이차적인 목표들에는 수행능력을 향상시키는 장비선택과 구성이 포함된다. 하지만 기억해야 할 것은 능력 있는 다이버가 이러한 것들을 사용하지 않는다면 소용없다는 것이다.

저자는 최근 테크니컬 코스에 있어서 가장 중요한 관점들에 대해 두 명의 테크니컬 강사들이 논하는 것을 들은 적 있다. 경험이 비교적 적은 강사는 장비구성이 가장 중요하다는 것을 설명하고 있었다. 20년 경험의 강사는 그냥 웃으며 다이버가 숙달시켜야 할 모든 구성요소들을 목록하기 시작하였으며, 이에는 스트레스 관리, 몸의 자세 및 진보된 기술들 등이 포함되었다. 그의 목록작성은 한 5분동안 계속되었다. 결국엔 신참강사는 능력(capability)이 가장 중요하며 그 다음으로 수행능력(performance)을 증가시키는 방법들이 중요하다는 것을 인정했다. 장비구성도 매우 중요하지만 훈련 프로그램의 최고목표에는 수행능력을 증가시키는 것이 중요하다는 것에 동의하였다.

유능한 다이버가 효율적인 기술을 습득하게 되면 스트레스 관리 또한 능숙해져야 한다. 다이빙은 우리의 자연적인 서식환경에서 벗어나게 하는 활동이다; 그러므로 언젠가는 스트레스 상황에 처하게 될 것이라는 예상해야 한다. 스트레스관리교육이 되어있는 다이버는 지각적인 스트레스에 멈추지 않고 적절한 행동요령들을 적용해 자동적으로 반응한다. 이러한 반응들이 무의식적으로 나오게 하기 위해서는 실 상황을 바탕으로 하는 시뮬레이션 상황에서 교육을 받아야 한다. 가장 심각한 문제는 기체관련 문제들이다. 다른 문제들에는 장비고장이 포함되며 가장 중요한 것은 행동부족이다.

유능한 다이버들은 좋은 다이빙 기술과 기능들의 기초가 탄탄하다. 이들은 정식프로그램이나 자아개발을 통해 지속적인 훈련을 한다. 유능한 다이버는 적절한 사고방식과 자신감을 가지고 있다. 이러한 다이버는 자신만의 안전한계를 규정하며 다이버로서 목표와 방향을 설정한다. 능력이되면 이러한 이들은 실행능력을 증가시킬 방법을 찾으므로 안전범위를 유지시키면서 성취범위를 확장시킨다.

수 년 전, 전 부통령인 댄 퀘일(Dan Quayle)은 연합흑인대학 기금마련을 위한 연설을 부탁 받은 적이 있다. 혼란스럽기로 유명한 그는 솔직하고 성실하게 "정신을 잃는 것은 끔찍한 일이다."라고 하였는데 그가 하려던 말은 "마음(정신)은 낭비하기에 끔찍한 것이다"였다.

정말로 우리의 마음은 우리가 가지고 있는 것 중 가장 강력한 도구이다. 과학자들은 마음의 힘은 한계가 없다고 믿고 있다. 대부분의 사람들은 뇌의 능력의 5% 이하를 사용하고 있다고 한다. 갑자기 자신의 뇌의 보는 가능성을 다 사용할 수 있다면 어떠할지 상상해 보자.

생각은 우리의 의식적 마음을 관리한다. 실질적으로 우리는 우리의 생각이다. 각각의 모든 사람들은 자신들의 생각의 산출물이다. 우리의 행복, 성공과 건강은 모두 우리의 생각에 의해 작용한다. 이러한 생각 패턴들은 생각을 시작하는 즉시 우리의 마음에 남게 된다. 우리의 생각은 유아기의 교육, 지난 경험 및 성장기 교육에 의해 만들어졌다. 만약 우리 자신들을 개선하기 위한다면 첫 번째 단계로 가능성을 개선하며 이와 함께 믿음과 생각도 개선해야 할지도 모른다.

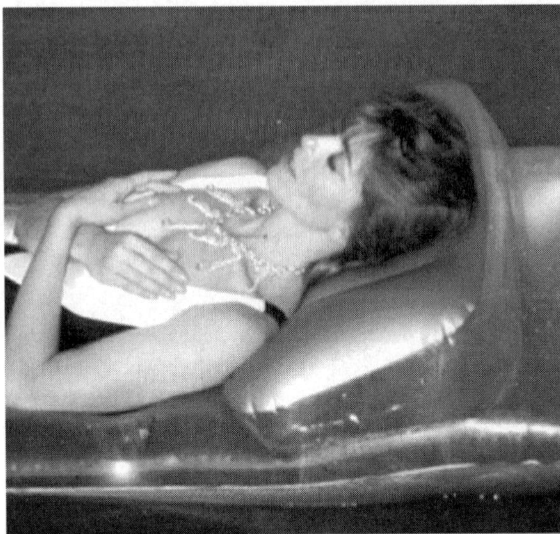

다이빙을 시각화시키고 있는 Patti Mount
사진: Tom Mount

우리의 마음을 제어하면 우리의 삶을 개선시킬 수 있는 가능성이 있다. 쉽다고 생각하는가? 쉽다. 하지만 대부분의 사람들이 전략적으로 생각하는 훈련을 개발하지 못하였다. 대부분의 사람들은 단순히 환경에 반응한다. 앞서가고 통찰력과 판단적 기획이 있는 사람들은 자신들의 인생을 만든다. 마음의 훈련을 개발하고 전략적으로 생각하는 능력을 갖는 것은 시간이 걸린다. 당신의 정신을 훈련시키는 것이 필요하다. 저자가 사용하는 정신훈련 기술들에는 명상, 확언, 목표설정, 호흡연습 및 집중이 포함된다.

나는 단련된 육체는 건강한 정신을 만드는데 필수적이라고 생각한다. 뛰어나게 건강한 몸을 경험하려면 정신의 건강이 유지되어야 한다. 전신, 육체와 영혼은 하나로 조화를 이룬다. 우리는 실제로 생각의 결과이다. 정신제어를 통해 계속 노력하다 보면 언젠간 우리가 원하는 삶을 얻게 될 것이다. 사람들은 이런 것을 "올바른 자질(right stuff)"이라고 한다. 아마 그럴 것이다. "올바른 자질"을 갖게 된다는 것은 자신감을 얻는 것과 같다. 다시 말해 이는 중요한 목표를 성공시킬 수 있다는 뜻이다. 또한 이는 정신적으로나 육체적으로 위험에 처있게 되었을 때 생존할 수 있는 능력을 뜻한다.

테크니컬 다이빙을 시작하기 전에 당신 마음을 준비해야 한다. 자신에게 "나는 들어간다. 모든 것을 잘 할 것이다. 그리고 돌아온다. 물속에서 내가 할 수 없는 것은 아무것도 없다. 난 신중히 준비했다." 라고 말할 수 있어야 한다. 물에 입수하게 되면 환경변화에 따라 정신을 집중시킬 수 있어야 하기 때문에 자신에게 이러한 말을 할 수 있다는 것은 매우 중요하다.

정신교육 시 고려해야 할 사항들은 수없이 많다. 깊이 배어든 부정적인 믿음들을 극복해야 한다. 자신감은 올바른 판단을 하는데 매우 중요한 요소이며 이는 특히 예측 못한 역경에서 중요한 역할을 한다. 긍정적인 자아상과 자신감은 같이 온다.

흔히 우린 사회에서는 사람들은 자신들이 할 수 있는 것 보다 할 수 없는 것에 더 "세뇌" 당한다. 대부분의 사람들은 두려움 속에 산다. 자신들이 알지 못하는 것을 두려워한다. 밤에 자신들의 집밖에 나가는 것을 두려워한다. 모든 것들이 부정적인 생각들이다. 당신이 어렸을 때 얼마나 자주 당신은 이것 저것들을 할 수 없다는 말을 들었고 당신이 나쁜 사람이라는 말을 들었나?

인격 형성기 시절에 우리에게 들려진 이러한 말들은 우리의 마음속에 뿌리를 내린다. 시간이 지나면 이러한 말들은 우리의 믿음이 되어 버린다. 긍정적인 믿음을 갖기 위해선 내부에 있는 믿음들을 재조절할 필요가 있다.

앞서 말했듯이 좋은 테크니컬 다이버가 되기 위해서는 "난 할 수 있다"라는 믿음시스템을 개발해야 한다. 우리들의 마음을 재 프로그램 해야한다. 우리는 시각화와 확언된 기술들을 통해 이러한 시스템 개발을 할 수 있다. 이러한 강한 메커니즘들은 우리의 믿음시스템을 변화 및 개선시킨다. 이들은 또한 우리가 원하는 다이빙 목표들을 가장 뚜렷하게 접근할 수 있게 해준다. 톰 포드(Tom Ford)는 "당신이 할 수 있다고 믿건 할 수 없다고 믿건 당신이 옳다."라고 말하였다. 성경에서는 "당신이 생각하는 자신이 당신이다."라고 하였다. 우리 자신은 우리가 생각하는 자신의 영상이다. 우리의 생각들이 우리의 현실인 것이다.

여러 잠수 사고들을 조사했던 저자의 경험들을 보면 사고가 나기 전 팀원 중 한 두 명은 그 다이빙에 대한 좋지 않은 느낌이나 예감이 있었다.

시각화(Visualization)은 마음제어와 믿음시스템 교정을 위한 훌륭한 도구이다. 방법은 매우 쉽다. 사용방법은 다음과 같다: 눈을 감고 호흡을 느리고 깊게 하는데 집중한다. 천천히 몸에 있는 모든 근육들의 긴장을 푼다. 긴장완화는 발부터 시작한다. 발 근육들의 긴장이 풀리면 종아리근육을 이동한다. 그리고 큰 발가락부터 머리까지의 모든 근육의 긴장을 풀면서 이 근육완화 기술을 계속한다. 몸 전체 긴장이 풀렸다고 생각하면 바로 마음에 이미지를 그린다. 마음속 이미지는 특정한 기술의 실행이나 목표완성이 될 수 있다. 자신을 지배하기 위한 첫 번째 단계이다.

대부분의 챔피언 운동선수들과 성공한 사업가들은 자신들의 삶을 관리하기 위해 시각화 기술을 사용한다. 이는 그들의 전체 교육프로그램의 일부일 뿐이다. 당신이 더 큰 성공을 원하고 마음조절 프로그램을 아직 시작하지 않았다면 저자는 당신에게 프로그램 사용을 강력하게 추천한다.

다가올 다이빙을 시각화하기 위해서는 긴장 완화와 시각화기술을 사용해야 한다. 당신 마음에 처음부터 끝까지 모든 다이빙 과정을 이미지로 그린다. 이에는 모든 다이빙 팀원들도 포함시켜야 한다. 수중에서 예상되는 모든 것과 위험들을 상상해 본다. 빈틈없어야 한다. 마음 속에서 다이빙의 각 단계들을 상상해 본다. 마음으로 다이빙을 시연하게 되면 몸이 이를 따르기 쉽다.

긴장 완화된 상태로 있게 되면 당신은 자신의 잠재의식과 통하기 쉽다. 만약 당신 마음이 수행할 다이빙에 대해 잘못될 것을 "당신에게 말한다면" 어떠한 문제인지 분석해 본다. 당신의 버디들과 대화를 한다. 당신의 걱정을 의논한다. 다시 처음부터 마음속으로 다이빙 과정을 상상해 본다. 만약 계속 "좋지 않은 예감"이 있다면 당신은 다이빙에서 빠진다." 당신이 팀리더라면 전체 다이빙을 중지 시킨다.

시각화기술을 자습할 수 있도록 교육시키는 동영상들이 수도 없이 많다. 이에는 예를 들어 자아상 개선, 올바른 호흡법, 목표설정, 및 집중력 강화 등의 내용들이 포함되어 있다. 테이프들은 시각화를 시작하기에는 매우 훌륭한 자료들이지만 필요에 따라 교육 내용을 자신에게 맞게 조절할 필요가 있다. 수행할 다이빙을 시각화하기 위해 도움을 줄 수 있는 동영상은 없다. 테이프들은 시각화의 방법을 보여주고 그 이후에 할 일은 자신이 개발해야 한다.

다이빙 전 시각화 시간은 3분이 될 수 있고 30분이 될 수 있다. 다이빙 프로필이 더 심각할수록 시각화 작업에 더 신중을 기울어야 한다. 난 내가 할 모든 다이빙들을 시각화한다. 가능하다면 하루에 한번씩은 명상을 한다. 나는 다이빙 전 시각화와 함께 주 평균 번씩 명상을 한다.

명상 프로그램을 일상생활의 일부로 결합시킨다면 더 편안한 자신을 발견할 것이고 스트레스를 더 빠르고 쉽게 다룰 수 있게 될 것이다. 또한 다이빙 능력 향상을 바로 얻을 수 있을 것이다. 다이빙 중에는 긴장을 풀 수 있고 더 큰 자신감을 누리게 될 것이다. 천천히 당신의 생활이 변경되는 것을 느끼는 동시에 믿음시스템 전체가 바뀌졌다는 것을 인식하게 될 것이다.

시각화 과정을 시작할 때 인내심을 가져야 한다. 오랫동안 당신과 함께해 온 부정적인 기분들 혹은 부적절한 느낌들은 하루아침에 변경될 수 없다. 차차 개선될 것이다. 이러한 생각을 웃어 넘기기 전에 기억해야 할 것은 이 방법이 효과가 있다는 것이다. 저자를 포함한 대부분의 친구들과 그의 버디들이 이 방법을 사용하고 있다.

시각화는 자신감을 갖게 한다. 이는 당신 자신의 실질적인 모습을 보게 한다. 자신에게 솔직해 지는 것은 다이빙뿐만 아니라 인생에 매우 중요하다. 자신의 의식을 확장시키고 더 직관적이게 하는데 매우 효과적이다. 이는 자신을 알게 해준다. 진정한 다이버에게 시각화는 다이빙 계획과정에서 필수적인 부분이다. 이는 자신의 내면을 들여다 볼 수 있게 하고 인생의 중요한 결정을 할 수 있게 해준다. 이러한 결정을 할 때 삶이 우리에게 뭔가를 느끼게 해준다. 이 에너지가 다이빙 계획에 적용된다면 더 향상된 제어능력과 우수함을 얻게 된다.

확언(affirmation)은 수행할 일을 이미 발생한 일같이 언명하는 것을 뜻한다. 이 방법은 잠재의식의 마음과 대화하는 또 다른 방법이다. 확언은 시각화 과정 중 말이나 글로 표현되거나 반복될 수 있다. 최근 몇 년 동안 확언의 효과적인 사용에 대한 연구가 진행되고 있다. 정신병 학자, 심리학자, 사회 사업가들 및 자습 테이프들은 이러한 연구 자료들을 사용하고 있다. 이들은 연구 결과들을 바탕으로 성공적으로 환자들에게 실질적인 목표와 믿음 시스템을 만들 수 있도록 해 주고 있다.

구두적 확언(oral affirmation)은 빠르고 유익하며 효율적이다. 말은 당신 마음을 재구성하는 열쇠의 역할을 한다. 저술적 확언(written affirmation)은 구두적 확언보다 더 효과적이다. 자신이 하고 싶은 것들을 글로 표현하는 것은 뇌의 잠재의식 범위를 자극하는데 가장 효과적인 방법일 것이다. 확언은 언제나 해도 좋지만 취침 30분 전이 가장 적절한 시간이라는 연구결과가 있다.

당신의 확언들을 기록할 수 있는 로그북을 사용하는 것이 좋다. 가장 좋은 방법은 당신의 기록을 3부분으로 나누어 사용하는 것이다. 첫 번째 부분에는 자신의 목표를 설정한다. 두 번째 부분에는 각각의 목표를 위해 실행한 단계들을 매일 적는다. 세 번째에는 각각의 목표에 대한 성과들을 반영하는 확언들을 적는다. 시각화하면서 확언하는 것은 아마도 정확한 목표 혹은 목적을 만드는 좋은 방법일 것이다.

> 마음가짐은 우리가 제어할 수 있다. 마음가짐은 삶에 대한 우리의 견 해와 우리 생각에 세상이 우리를 어떻게 보는지를 결정한다. 우리의 마음가짐을 통해 우리 인생을 질적으로 만든다. 우리 삶의 원인과 결과 관계 또한 우리의 마음가짐을 반영한다. 간단하게 말하면 주는 데로 돌려 받는다는 것이다. 우리의 환경은 우리를 반영한다. 긍정적인 마음가짐은 큰 결과를 낳는다. 부정적인 마음가짐은 부적절 함과 신념상실 외 아무런 결과도 낳지 않는다.

올바른 마음가짐은 책임감있고 믿을 수 있는 사람이 되게 한다. 우리는 우리의 행동들이 좋은 경험으로 이어지길 바란다. 우리의 마음가짐은 우리가 예상한 것들을 받게 한다. 마음가짐은 "내면"을 반영한다. 다이빙이나 사업의 성공은 우리의 마음가짐을 반영하는 것이다. 행운은 준비가 기회를 만날 때 일어난다. 성공적인 마음가짐은 그냥 생기는 것이 아니다. 연습을 통해 만든다. 건강하고 긍정적인 태도를 개발하고 유지할 수 있도록 매일 지속적으로 자신에게 상기시킨다.

우리의 마음가짐이 향상되면서 우리 자신에 대해서 더 많이 배우기 시작한다. 우리는 우리 자신에게 솔직해 지며 더 중요한 것은 우리 자신을 믿게 된다. 이 믿음이 강해질수록 자기 수양을 보이게 된다. 그러므로 우리의 마음가짐이 개발되면서 우리 자신을 알게 되는 능력은 자연스럽게 나타나며 자신에게 솔직해 지는 능력은 반사적이게 된다. 성공적인 마음가짐은 스트레스를 다룰 때 도움을 준다. 가장 중요한 것은 불가능을 정복할 수 있게 한다!

1. "위험한 일이 닥쳤을 때 우리의 마음가짐은 성공적인 결과를 좌우한다."
2."다른 사람들에 대한 우리의 마음가짐은 그들이 우리를 대하 는 태도로 반영된다. 우리의 성공여부는 얼마나 사람들을 이해하고 교감을 느끼냐에 달려있다."
3."모든 상황에서 우리는 자신이 바라는 이상형이라 믿고 이에 따라 행동하고 말하고 실천해야 한다.
4."주의할 것은 성공적인 사람일수록 마음가짐이 더 올바르며 이러한 마음가짐은 성공에서 비롯된 것이 아니라 마음가짐으로 인해 성공한 것이다."

성공적인 마음가짐은 삶의 에너지를 긍정적으로 흐르게 만든다. 다이버로서 더 많은 일을 할 수 있게 한다. 개인적으로 더 행복하고 만족하게 한다. 명성있는 파워스피커인 얼 나이팅게일(Earl Nightingale)은 다섯 개의 선언문으로 매우 적절히 마음가짐에 대해 요약하였다:

"결과적으로 모든 인생은 생각과 믿음이다. 우리는 단순히 우리의 생각을 행동으로 옮기는 것뿐이다. 마음은 상상하고 믿는 모든 것들을 이룰 수 있는 능력이 있다. 현실적인 믿음은 생각에서부터 만들어 지며 연습을 통해 개선된다. 과정을 통해 작은 목표들은 진화되어 중요한 목표들을 얻는 길을 제공한다. 결과적으로 장기목표들을 얻게된다."

세계의 유명한 철학과 교리들은 기본적으로 동일한 믿음들을 갖고 있다. 기독교의 성경은 "무엇을 구하던 믿음으로 구하면 얻게 될 것이다."라고 하였다. 믿음이 없거나 의심하면서 구한다면 당신의 기도는 응답 받지 못할 것이다. 공자는 반어적으로 "당신이 원치 않는 것을 다른 사람에게 하지 마라."라고 하였다.

도교에서는 만물의 이중성인 음-양을 가르친다. 2천년 전 중국 철학자인 노자는 "모든 긍정적인 행동에는 긍정적인 반응이 있다."라고 하였다. 그는 또한 "만약 바람에 의해 나무가 굽히지 않는다면 부러질 것이다."라고 가르쳤다. 우리가 해야 할 일은 우리 마음을 열고 새로운 아이디어들을 수용하며 더 나은 것을 위해 변화될 자세가 되어야 한다! 자동차를 개발한 토마스 포드(Thomas Ford)는 "믿음"에 대해 적절히 표현했다.

"할 수 있다고 믿거나 할 수 없다고 믿거나 당신은 옳다."

현실적으로 우리는 우리가 믿는 것을 얻는다. 생명이 위험한 상황에서 생존하거나 인생의 모험의 성공할 때도 이러한 믿음은 적용된다. 우리의 유일한 한계는 우리 믿음시스템의 깊이이다. 우리의 견해는 믿음에 영향을 주는 가장 큰 요소이다. 성공 가능성을 믿지 않는다면 태도를 바꾸기 전에는 성공할 수 없다.

이 장에서 논하는 자료들은 긍정적인 믿음시스템을 개발하는데 도움을 줄 것이다. 긍정적인 마음가짐을 갖음으로서 우리의 생각패턴들을 바꿀 수 있다. 생각패턴들을 바꾸게 되면 우리의 믿음시스템도 바꾸게 된다. 우리의 믿음시스템을 바꾸게 되면 우리의 인생을 바꿀 수 있게 된다. 우리가 할 수 있다고 믿으면 우리가 목표한 것을 이룰 수 있다. 성공, 생존, 행복, 자신과 다른 이들에게 정직함, 자기 수양과 좋은 대인관계는 긍정적인 마음가짐에 달려있다.

성공적인 테크니컬 다이빙 혹은 전반적인 인생에 있어 중요한 또 다른 요소는 목표설정이다. 이것은 우리가 이루고자 하는 목표를 정의하는 과정이다. 성공은 우리의 목표를 달성하는 것이다. 효율적으로 목표를 설정하고 실현하는 기술을 이용하기 위해서는 다음 세 단계 과정을 따라야 한다. 첫 번째, 우리가 정확히 무엇을 원하는지 정의해야 한다. 두 번째, 목표를 달성시키기 위해서는 단계들을 정의해야 한다. 세 번째, 목표를 달성할 수 있다는 믿음을 가져야 한다.

목표들은 한번에 한 단계씩 이루며 달성할 수 있다. 한 단계를 달성하면 다음 단계로 이동한다. 우리가 추구하는 단계에서 믿음시스템도 개발된다. 마음이 실질적인 목표를 믿게 되면 실행 가능하게 된다. 단계들이 규칙적으로 진행된다면 마음은 성공을 완전히 믿을 수 있게 된다.

당신의 목표들을 글로 써 놓는 것은 현명하다. 사업에 있어서 장기적 목표들을 세우는 것이 일반적이다. 장기적 목표는 단기적 목표들로 나뉘어 질 수 있는데 대부분의 경우 1년의 단기적 목표들이다. 중간 단계의 목표들을 이루는 것은 장기 목표에 더 가까이 다가서는 것이다.

다이빙에서도 같은 과정이 적용된다. 단순히 좋은 다이버가 되는 것이 목표이던 기록갱신 탐험가가 목표이던 방법은 같다. 글로 쓰게 되면 잠재의식이 이를 프로그램하게 된다. 확언을 하고 목표를 시각화시키면 목표는 더 빨리 이루어지게 된다. 원하는 목표가 달성되면 새로운 목표들로 개정되어야 한다.

명상을 통해 개발되는 집중력은 간단한 연습을 통해 개선될 수 있다. 가장 효율적인 연습 방법은 시계의 분 바늘을 보면서 움직임에 집중하는 것이다. 여기서 중요한 것은 이 과정에서 모든 생각을 잊어야 한다. 이런 형태의 제어는 위험한 상황에 닥쳤을 때 필수적이다. 비결은 집중을 하고 마음을 선택한 데로 집중하는 것이다.

생존을 위해서 부정적인 생각들을 떨쳐 버려야 한다. 집중할 수 있는 능력을 가진 다이버는 거의 대부분의 위험한 상황들을 극복할 수 있다. 긴급한 상황에서 단련되지 않은 마음에는 부정적인 감정들과 생각들이 들게 된다. 만약 이러한 부정적인 생각들이 마음에 들어가게 되면 걱정으로 이어지게 되며, 스트레스를 증대시켜 사망으로 이어지게 하는 반응을 초래하게 된다.

우리는 모두 생각해야 한다!
우리는 분석해야 한다!
우리는 집중해야 한다!

몇 년 전 나는 어떤 다이빙 서적에서 다이버의 죽음을 찬사하는 글을 읽은 적이 있다. 어떠한 출판물인지 다이버가 누구였는지는 중요하지 않다. 사망한 다이버를 발견하였을 때 그의 손에는 다이빙 슬레이트가 있었다고 한다. 거기에는 사랑하는 이들에게 남긴 장문의 글이 적혀져 있었다. 그가 사랑했던 사람들에 대한 사랑과 걱정이 담겨있었다. 비극적인 상황이라고 생각한 그는 극복할 생각을 중단하였던 것이다. 내 생각에는 이 다이버는 문제를 해결하려고 노력하지 않고 포기했던 것 같다. 이 경우 다이버가 수영하고 생각하는데 남은 시간을 보냈다면 현재도 생존해 있을 가능성이 높다고 생각한다!

이 책을 완료하면서 나는 실제로 일어난 흥미로운 이야기를 듣게 되었다. 매우 단련된 사람의 생존을 위한 싸움에 대한 이야기이다. 40년도 후반에 어떤 한 동굴 다이버가 유명한 북 플로리다 다이빙 장소에서 다이빙을 하고 있었다. 그의 체력상태는 매우 양호했고 매일 운동도 하고 있던 상태였다. 사건이 발행하던 날 그는 두 명의 버디들과 다이빙을 같이 하고 있었다. 3명의 다이버들은 흩어지게 되었다. 이어지는 상황 속에서 다이버는 다른 다이버들과 떨어지게 되었고 방향감각을 잃게 되었다.

자신이 어디 있는지 깨달았을 때 그는 동굴 2,000피트(610미터) 속으로 들어와 있다는 것을 깨달았고, 그의 공기는 400psig(27bar) 뿐이 남아있지 않았을 뿐만 아니라 그는 스테이지 실린더까지 200피트(61미터) 거리에 위치해 있었다. 그가 스테이지 실린더에서 100피트(30미터) 거리에 왔을 때 그의 공기는 고갈되었다. 그는 살겠다는 정신력 하나만으로 폐에 남아있는 공기로 마지막 100피트(30미터)를 수영해 스테이지에 도착하였다.

이 이야기에는 두 가지 중요한 요점들이 있다. 첫 번째, 다이빙 팀은 모든 규율들을 따랐다. 이러한 일은 누구에게나 발생할 수 있는 일이다. 두 번째, 공기가 고갈된 다이버가 생존한 이유는 스트레스와 패틱을 싸우면서 집중했기 때문이다. 그는 한번도 생각을 멈추지 않았다! 그는 상황을 분석하고 시련에도 집중력을 유지하였다. 그리고, 가장 중요한 것은 그는 글을 쓰기 위해 중지하지 않았다. 그는 포기하지 않았다는 것이다. 그는 핀을 차고 또 차서 생존하게 되었고, 오늘날까지도 그 이야기를 할 수 있게 되었다!

이 장에 설명된 모든 단계들과 과정들을 당신의 버릇이 되게 하고 이 과정들에 대한 긍정적이고 실질적인 믿음을 갖는다면 당신이 목표하는 모든 일들을 이루게 될 것이다. "난 하고 싶다"라고만 말하는 것은 아무것도 이루지 못한다. 제니스 요플린(Janis Joplin)의 노래 "하나님, 메르세데스 벤츠 하나 사주세요." 와 같다. 원하는 것과 믿는 것은 같은 것이 아니다.

원한다고 만들어 지는건 아니다. 믿음이 모든걸 이루게 한다. 당신 마음이 믿을 수 있게 프로그램해야 한다. 지속적으로 목표를 생각하고 마음속으로 상상해야 한다. 당신의 목표들을 실현시키기 위해 목표달성에 필요한 어떠한 훈련과 희생도 감안해야 한다!

생존교육(Survival training)

생존교육이 매우 중요하다고 말하는 것은 충분한 표현이 되지 못한다. 살기 위해서는 필수적인 것이다! 생존교육의 장점은 1973년 저자와 몇 명의 다른 작가들과 함께 저술한 '안전한 동굴 다이빙(Safe Cave Diving)'에 설명되어 있다. 책 저술에 기여한 작가인 밥 스미스(Bob Smith)는 스트레스 장에서 다음과 같이 말했다.

"죽음 혹은 불가능 앞에 서있을 때 어떤 이들은 삶을 선택한다."

생존교육은 다이버들로 하여금 밥 스미스의 매우 적절히 표현된 말을 실증할 수 있게 한다. 실제로 생존교육은 당신의 마음을 생존에 집중할 수 있게 해주는 동시에 멋진 발견을 할 수 있게 해준다. 그리고 중요한 것은 성공적인 태도를 통해 육체적인 강인함과 정신적인 훈련을 할 수 있게 해준다.

교육 프로그램은 레크리에이션과 탐험 다이버들을 위한 테크니컬 다이빙의 위험들을 교육시켜준다. 우리는 지식과 정보를 바탕으로 결정을 하는 것이 중요하다는 것을 알고 있다. 오픈워터 다이빙에서의 문제보다 2,000피터(610미터)의 오버헤드 환경에서의 문제가 더 다루기 힘들다. 지난 다이빙 사고들을 분석해 보면 테크니컬 다이빙이 위험한 것이 사실이다. 우리는 위험들을 인식할 수 있어야 하고 적절히 평가할 수 있어야 한다.

세크 엑스리(Sheck Exley)가 사망하기 몇 년 전에 그는 사고들을 단계별로 분류하고 사고 발생의 메커니즘을 분석하였다. 대부분의 사고들은 다이버들의 실수로 인해 발생되었다. 이 뜻은 당신의 삶은 빠르게 생각하고 첫 번에 맞는 길을 선택하는 능력에 달려있다. 만약 당신이 피곤하거나 부상을 당했을 경우 버디는 잠시 당신의 수영을 도울 수 있고 만약 필요하다면 잠시 동안 공기를 공유할 수 있다; 하지만 당신만이 당신의 호흡률을 조정할 수 있다. 당신만이 위험에 빠진 당신의 목숨을 살릴 수 있다!

당신이 위험에 처했을 때 적절한 반응을 하기 위해서는 당신 마음이 이미 여러 가지 위험 상황에 적응할 수 있도록 적응되어 있어야 한다. 좋은 예는 기체를 같이 사용해야 할 응급상황에서 적절히 대처할 수 있는 당신의 능력일 것이다. 실제 응급상황에서 당신의 버디는 팔 거리 이상의 거리에 떨어져 있을 것이고 다른 방향으로 수영하고 있을 것이다.

당신 마음으로 이러한 시나리오를 상상해보자: 당신은 60피트(18미터) 아래 있다. 당신 라이트가 닫지 않는 곳은 어둠으로 가득 차 있다. 불행하게도 당신은 상승줄에서 1,000피터(305미터)에 떨어져 있다. 당신의 기체는 완전히 고갈되었다. 어쩌면 레귤레이터가 고장 났을지도 모른다. 당황하지 않는 당신을 상상해 보자. 당신은 아랑곳하지 않고 당신 버디에게로 수영해 어깨를 두드리고 그의 주의를 끌면 된다. 버디는 "무슨 일 있어?"라고 사인을 보낼 것이고 당신은 자연스럽게 "공기가 고갈됐어. 내 얼굴 파랗게 질리지 않았어?"라고 대답한다. 버디는 그 상황을 인정할 것이다. 당신은 침착하게 "당신의 공기를 같이 사용해도 될까?"라고 묻는다. 그는 "당연하지"라고 답할 것이다.

기체공유는 위의 시나리오 같이 순조롭게 진행되지 않는다. 실질적으로 기체공유가 순조롭게 이루어지려면 정확한 팀워크가 필요하다. 공기가 고갈된 다이버의 목숨도 위험하지만 팀원들의 목숨도 위험에 처해질 수 있다. 공유되는 공기는 다른 팀원이 호흡하기 위해 사용해야 할 공기이기 때문이다.

기체공유 상황이 악몽이 되지 않게 하기 위해서는 실제 상황의 스트레스를 시뮬레이션 해 반복 연습하는 방법뿐이 없다. 기체공유 및 생존을 위한 호흡정지 연습을 실행하기 전에 수중에서 호흡하지 않고 특정한 거리를 수영하는 연습을 한다. 이것이 힘들다고 느낀다면 공기고갈 상태의 느낌에 적응해야 할 중요성을 상기해야만 한다.

실제 상황에서는 당신의 버디는 수영하고 있을 것이다. 공기를 얻기 위해서는 그를 주목할 수 있게 하던지 그를 따라잡아야 한다. 연습상황에서는 실질적인 호흡정지 상태는 35에서 45초뿐이 되지 않는다. 의식을 상실할 위험이나 실질적으로 공기가 부족할 위험은 없다. 정상적인 호흡을 하지 않게되면 심리적 공포를 느끼게 된다. 실질적인 공기고갈 상황에 닥칠 다이버에게는 미리 연습된 기술이 가장 적절하다. 실제 상황은 체력 시험이나 "강인함의 기술"에 대한 평가가 아니기 때문에 사전연습은 불가피하다.

기체공유 연습으로 공기없이 60에서 75피트(18에서 23미터) 거리를 수영하여 버디의 주의를 집중하게 한 후 기체를 공유한다. 두 다이버는 공기 고갈된 다이버이 호흡제어가 정상을 찾을 때까지 최소 3번 호흡한다. 그 후 두 다이버는 맞춤수영(timed swimming)을 실행한다. 맞춤수영은 속도를 위해서가 아니다. 다이버들은 정상적인 수영 속도를 유지해야 한다. 만약 다이버들이 너무 빨리 수영하게 되면 추가 스트레스가 발생되며 이에 따른 기체 사용량도 증가된다. 이러한 경우는 수면상승이 성공적으로 이루어지는 것을 방해한다. 하지만 만약 속도가 너무 느리면 수면으로까지의 공기가 부족할 수 있다. 맞춤수영은 정상적인 수영속도를 기본으로 해야 한다.

왜 이 기술이 다이버의 생존본능을 개발할 수 있도록 하는지 분석해 보자. 만약 "실제" 공기고갈 상황에 닥치게 되면 잠재의식은 상황을 극복할 수 있다는 것을 "안다." 마음은 이러한 응급상황을 극복할 수 있도록 이미 단련되어 있다. 다이버는 상황에 처하기도 전에 공기고갈 느낌이 어떤지 인식하고 있으며, 극한 상황에서도 억제를 하고 제어를 할 수 있는 능력을 발휘하게 된다.

추가 기술훈련에는 다른 생명유지기술과 장비사용법 등이 포함된다. 몇 가지 중요한 기술들은 다음과 같다: 공기차단(shutdown), 안전줄 사용, 실종된 다이버 찾기와 어두운 상황(눈을 감은 상태로 훈련)에서 줄잡고 이동하기 등이 포함된다. 교육과 인증서의 적절한 사용은 다이버를 수중 응급상황과 같은 스트레스를 극복할 수 있도록 준비해 준다.

체력의 중요성(Importance of fitness)

이상적인 테크니컬 다이버는 정신적으로나 체력적으로 적절히 단련된 다이버를 뜻한다. 좋은 체력은 다이버로 하여금 무거운 장비들을 다룰 때 비틀거리지 않게 한다. 이는 지치지 않고 먼 거리를 수영할 수 있게 한다. DPV를 사용하는 다이버들도 좋은 체력을 유지해야 한다. DPV 다이버에게 다이빙 중 DPV 문제가 발생하면 더 큰 위험에 빠질 수 있다.

CV운동을 하고 있는 Patti Mount.
사진: Tom Mount

체력이 좋지않은 다이버에게는 경련이 생길 수 있으며 호흡제어를 제대로 할 수 없을 뿐만 아니라 응급상황에서 도움을 줄 수 없다. 이들의 활동 RMV와 휴식 RMV는 현저히 다르다. 체력이 좋은 다이버들은 훈련을 통해 제어 능력을 발달시킨다. 이는 더 숙련된 다이빙 기술자들이 되게 한다. 정신건강은 자기 수양을 유지하는데 필수적인 조건이다. 테크니컬 프로그램 교육의 많은 부분들은 정신제어의 향상에 초점을 두고 있다.

체력이 뒷받침되지 않은 다이버는 테크니컬 다이빙을 피하는 것이 좋다. 생각없는 다이버는 테크니컬 다이빙을 할 자격이 없다. 정신적으로나 체력적으로 뒷받침되지 않는 다이버에게 다이빙 환경은 큰 위험이 될 것이다.

다이버가 부상을 당하지 않으려면 체력적으로 단련되어야 한다. 심장혈관운동은 스쿠버 장비를 착용하고 장거리 수영을 할 때 지구력을 주어 편안한 다이빙을 할 수 있게 해준다. 체력적으로 단련되지 않은 다이버는 단련된 다이버보다 50% 이상의 CO_2를 정체시킨다고 기록되어있다. 이것은 중요한 내용이다. CO_2는 초기 피로, 감압병, 비활성 기체마취 및 산소중독에 촉진제가 된다. 다시 말해서 과잉 CO_2는 당신에게 해가 될 수 있다. 증가된 CO_2는 또한 제어되지 않은 호흡으로 이어질 수 있다. 이는 의식을 잃어 익사하게 하는 주 원인이다.

생존 훈련(survival training)의 첫 번째 단계는 병원에서 건강검진을 받는 일이다. 두 번째 단계는 체력 단련 프로그램을 시작하는 것이다. 초기 훈련에는 근육강화 운동과 단계적인 심장혈관 단련운동이 포함되어야 한다. 근육강화 운동을 선택할 때 웨이트 트레이닝이 효율적이다. 이 훈련을 할 때 당신의 다이빙 스타일에 사용되는 근육들을 단련시켜야 한다(예를 들어 턱걸이나 당기는 운동은 탱크를 드는 행동을 시뮬레이션 한다).

저항훈련(resistance training)은 균형을 맞게 해야 한다. 근육 확장과 수축은 양측이 근육들을 운동시키기 때문에 불균형을 예방한다. 불균형 상태의 근육은 과도 발달된 부분을 과잉신장시켜 반대근육에 부상을 줄 수 있다. 복부와 등 아래 근육들에 특별히 더 주목을 해야 한다. 이 부위의 근육들은 테크니컬 다이빙 환경에서 더 많이 노력을 하게 된다. 근육들은 수중과 수면에서 장비를 다룰 때 더 많이 사용된다.

믿거나 말거나 체력단련을 위한 이 두 단계들은 생존훈련의 첫 번째 단계이다. 생존을 위해서는 체력단련 프로그램을 시작하고 유지해야 한다. 가장 유능한 운동선수들도 훈련이 필요하다.

단련을 피하고 싶어 다양한 핑계를 대는 날이 있다. 움직이기도 싫은 몸을 끌고 운동하러 가는 날도 있을 것이다. 운동을 하는 것은 좋은 생존본능을 발달시키는 것이다. 몸이 움직이고 싶지 않아도 운동하는 것은 당신의 편안함의 범위를 벗어나는 일이다. 움직이기 싫다고 포기하는 것은 생존할 수 있는 날을 감소시키는 것과 같다.

안전한 다이빙을 위해 기억해야 할 것들 ... "당신만이 당신을 위해 생각할 수 있다. 당신만이 당신을 위해 수영할 수 있다. 당신만이 당신을 위해 호흡할 수 있다." 간단히 말하면 당신의 생존은 당신만이 보존할 수 있다. 당신은 책임감있는 다이버가 되어야 한다.

처음 두 가지 기본적인 단계들이 시작되고 체력이 적절한 수준까지 단련되었다면 세 번째 단계를 시작한다. 철저한 생존교육을 하게 되면 정신적, 육체적 힘을 모두 집중해야 한다. 이것은 지속적이며 증가적으로 힘들며 많은 노력이 요구되는 속도(pace)이다. 이를 통해 당신의 역경을 극복하고 생존할 능력을 현저히 강화시킨다. 이 교육에서 우리는 특정한 운동과 3가지 목표들을 정한다. 첫 번째 목표는 시간요소이다. 두 번째는 거리 혹은 수행능력 평가이다. 세 번째는 다른 이들과 우리를 분리 혹은 차별화시키는 것이다. 어떠한 대가에도 우리는 이러한 목표들을 달성해야 한다! 이것은 점차적인 과정이라는 것을 명심해야 한다. 현재 목표들이 그다지 도전적이지 않으면 훈련은 습관이 된다. 정신적으로 이러한 훈련들이 생존을 위한 성취이다.

생존능력은 수중에서보다 육지에서 더 편리하고, 효율적으로 개발되고 향상되며 유지될 수 있다. 생존을 위한 체력을 유지하기 위한 프로그램은 심혈관 훈련 그 이상이어야 한다. 많은 체력단련 트레이너나 생리학자들은 심혈관 수준의 훈련은 상승된 맥박이 최소 20분 이상 유지되어야 한다고 한다. 체력이 단련된 사람은 운동속도에 방해를 받지 않고 대화를 유지할 수 있어야 한다.

하지만 생존훈련을 할 때 운동은 "대화 가능한 범위"를 넘어서야 한다. 이 경지에 도달하게 되면 당신이 들을 수 있는 목소리는 본인 내면에서 들리는 소리뿐일 것이다. "포기하지 말자. 계속 하자!" 생존훈련 프로그램은 편안하고 체력을 유지시키는 단계를 넘어 기능할 수 있도록 하는데 목표를 두고 있다. 고정적인 호흡률을 유지하면서 최고의 노력을 유지시켜 주는 것이 중요하다. 운동량을 증가시키지만 이에 따른 호흡량을 증가시키지 않게 하는 훈련을 통해 자신을 단련시킬 수 있게 한다. 당연히 몇 번의 훈련만으로 이루어 낼 수 있는 것은 아니다.

스트레스 상황에서 호흡률을 제어할 수 있게 하려면 자율신경계(ANS)에서 생성되는 방해 메시지를 극복할 수 있어야 한다. 효율적인 호흡은 스쿠버 장비 사용 시 적절한 훈련을 하는데 중요하다. 다이버로서 우리는 느린 호기와 흡기를 유지해야 할 많은 이유들을 접하게 된다. 이에는 레귤레이터의 호흡저항, 수영 중 드래그와 수심과 혼합기체로 증가된 밀도 등이 포함되어 있다. 호흡률을 제어하게 되면 정신제어의 첫 단계를 접할 수 있게 된다. 이 경우에는 제한된 ANS 제어가 가능하게 된다.

계단 오르기 혹은 걷기기계는 생존훈련을 위한 훌륭한 방법이다. 개인적으로 이 운동을 하며 추천한다. 나는 유지할 수 있는 가장 편안한 단계부터 시작한다. 다음은 천천히 단계를 높여 최소 40분동안 운동한다.

당신의 체력이 개선되면 인터벌 트레이닝을 결합시킬 수 있다. 계단 오르기 시작 2분 후 한 단계를 높인다. 이 단계를 2분 동안 유지한다. 그리고 전 단계로 다시 돌아가면서 2분씩 반복한다. 운동을 하면서 일정하게 느린 호흡률을 유지시킨다. 좋은 호기 호흡률은 대략 6초 동안 흡기하면서 달성할 수 있다. 3초 이상 멈추지 않는다. 마지막으로 호기를 6초 동안 하면서 호기멈춤은 3초 미만으로 한다.

인터벌 트레이닝의 초기단계를 숙달하였다면 최대 운동량을 20분 동안 유지할 수 있을 만큼 증가시킨다. 다음은 한 단계를 낮추고 이 단계에서 추가 5분을 완료한다. 인터벌 트레이닝의 강도를 증가시킨다. 3분 후 한 단계 올리고 이 단계에서 3분 동안 더 유지한다. 마지막으로 30분 동안 과정을 반복하고 "증가"시키는 간격을 5분으로 정한다.

최고치의 운동 개념은 운동하는 동안 계속 유지되어야 한다. 단계적으로 전체 운동시간을 20분에서 40분으로 연장시킨다. 윗 단계에서 상태를 유지할 수 있다면 생존훈련을 시작해도 된다.

생존훈련은 일반적인 인터벌 트레이닝의 한계를 넘는다. 당신의 운동시간은 처음부터 끝까지 최고의 노력이 요구되어야 한다. 저자는 다음과 같이 한다. 계단 오르기에서 나는 최고 12단계를 유지한다. 이것은 분당 평균 20.3 계단을 뜻한다. 이 단계에서 40분을 유지한다. 내 성과목표는 40분과 820 계단이나 평균 분당 20.5 계단이다. 만족스러운 범위는 770에서 820 계단이다.

이 수준을 유지하는 날들은 나의 생존능력이 최상이다. 770 계단 이하의 계단 오르기를 한 날들은 나의 생존능력이 감소 되었다고 점수를 준다. 나의 채점 시스템에 의하면 내가 725에서 750 계간을 유지하였을 경우 생존 가능성이 높다고 평가한다. 만약 725 이하이지만 675 이상을 유지했다면 생존 가능성은 보통이다. 오른 계단이 650에서 675 사이라면 생존 가능성이 낮다고 평가한다. 650 이하일 경우 가능성은 좋지 않다. 운동은 완료하지 못하면 나의 생존 가능성이 없다고 본다. 나의 훈련 철학에 의하면 그날들 난 "사망"했다고 본다.

다이빙 시 포기는 용서 받지 못할 죄다!
생명이 위험한 상황에서 포기한다면 선택은 하나뿐이 없다 – 죽음이다! 불가능한 상황에서 지속적이 노력은 생존의 선택을 제공한다!

이러한 연습을 하면서 모든 목표들을 완료하도록 한다. 가속된 속도를 유지할 수 없는 날이라도 최소한 시간을 지키자. 가끔은 정지하고(어려운 다이빙 상황같이) 호흡과 혹은 정신을 다시 제어하고 운동을 다시 시작해야 할 필요도 있을 것이다. 정해진 시간을 완료하는 건 중요하다. 두세 개의 목표만 달성한다면 생존 가능성은 낮아지게 된다. 하지만 목표한 것을 다 달성한다면 생존가능성을 향상시키며 자신을 단련시키는데 큰 힘이 된다. 너무 빨리 포기하게 되면 생존할 가능성이 희박해 진다. 노력을 포기한 다이버들에 대한 이야기들을 읽어봤을 것이다. 노력을 포기한 그들은 사망하였다!

생존훈련의 강도는 사람에 따라 다르다. 모든 사람들은 자신의 시스템과 평가범위를 알아야 한다. 훈련이 어려울수록 생존 가능성은 커진다. 예를 들어 짐 라크우드(Jim Lockwood)는 거의 불가능한 상황들에서도 생존하였다. 그는 계단 오르기 기계를 한 시간 반 이상 한다. 그는 전속력으로 계단을 오른다. 그는 또 자전거를 일주일에 2, 3번씩 70 에서 100 마일(112에서 161 km)을 탄다. 계절이 되면 같은 강도로 수영과 함께 카약(kayak)을 탄다.

정신적으로 육체적으로 더 단련될 수 있게 하는 운동수치를 실험한다. 이와 함께 정신적, 육체적 자제력은 당신의 생존에 매우 훌륭한 역할을 할 것이다. 훈련을 할 때 당신의 몸과 마음은 휴식을 원할 것이다. 이럴 경우에 당신이 최악의 상황에 닥쳤다고 상상해 보자. 생존할 수 있는 유일한 가능성은 계속 노력하는 것이다. 정지하고 쉬고 싶을 때 정신력으로 몸을 움직여 원하는 목표를 달성하게 한다. 정말 힘든 날에는 자신에게 생존 훈련을 완료하는 대가를 준다. 가장 힘들 때 훈련을 완료하는 것이 생존 가능성을 향상시키는 요소가 된다. 쉬운 날에는 당신의 능력들을 재확인시키고 유지한다.

크로스트레이닝(cross training)은 체력을 단련시키면서 지루함을 예방할 수 있는 매우 탁월한 도구이다. 핀을 사용한 수영은 특히 지구력에 뛰어난 운동이다. 크로스트레이닝을 할 경우 최대한 전투적인 프로그램을 유지한다. 너무 과격하다고 생각할지도 모른다. 과격하다. 하지만 이러한 방법은 생존 가능성을 위해 당신의 몸과 마음을 단련시킨다. 비행기 추락사고를 포함한 나의 수많은 경험들을 보면 이는 큰 도움이 된다.

나와 패티 마운트(Patti Mount)는 많은 부상과 함께 비행기 추락사고에서도 생존하였다. 우리는 3시간 반 동안 생존을 위해 물에서 투쟁을 하였다. 패티는 대부분의 시간 동안 반의식 상태와 무의식 상태를 유지하였다. 뗏목은 비행기보다 더 빨리 가라앉아 3시간 반 동안 계속 수영을 해야만 했다. 내가 생각해 낼 수 있는 유일한 부동물체는 청바지뿐이 없었고 나는 패티를 위해 특별한 부이(buoy)를 만들었다. 생존 훈련의 도움으로 우리는 오늘날까지 생존해 있다.

체력단련의 중요성이 명백해졌을 것이다. 하지만 이는 정신적, 육체적 수련과 관련이 있기 때문에 테크니컬 다이버들의 체력이 얼마나 중요한지 더 깊이 검토해볼 필요가 있다.

저자가 설명한 생존훈련을 결합시킨다면 긍정적인 믿음시스템이 전개될 것이다. 자신감은 만들어진다. 이를 통해 자신의 정신적, 육체적 능력뿐만 아니라 "직관적인 자신"과도 조화를 이룰 수 있게 된다. 우리의 믿음시스템이 지시하는 일을 우리는 성취하게 된다. 사람들은 목표없는 공상이 아닌 자신들의 믿음으로 모든일을 성취한다. 하지만 위에 나오는 연습내용들을 통해 공상을 믿음시스템으로 바꿀 수 있다.

진실되게 믿는다면 생각지도 못할 일을 이룰 수 있으며 불가능에서 생존할 수 있다.

생각하자! 명상하고 시각화하자!
집중하자! 확언하자! 훈련하자! 모든 것을 이루자! 이 순간부터 철학의 놀라운 재생을 경험하자. "생각하고 이에 행동하고 안전한 다이빙을 즐기자."

CHAPTER 14

제14장
운행적 안전 (Operational Safety) 케빈 걸 (Kevin Gurr)

안전은 모든 다이버들에게 주 관심사가 되어야 하지만 테크니컬이나 확장된 범위의 모험적 다이빙을 할 경우 안전은 더 중요해진다. 더 진보된 형태의 다이빙에서 증가된 시간과 다이빙 계획의 범위는 이에 따른 위험노출을 증가하게 한다. 이를 간단한 유추법으로 설명할 수 있다; "만약 차도에 오랫동안 서 있으면 차에 치일 확률이 높아진다."

수중에 더 오래 있을수록 장비 신뢰도, 다이버 실수, 환경변화들이 문제가 된다. 복잡한 다이빙에는 확장된 감압, 한계수심 확장, 증가된 기체량과 보조장비, 보트와 수중생태계와 같은 더 정교한 다이빙 플랫폼이 요구된다. 다음은 이러한 다이빙 시 알아야 할 일반적인 가이드라인이다.

안전한 운행과정을 정의하기 위해서 몇 가지 요점들을 검토해 봐야 한다:

- **다이빙의 종류와 관련된 위험요소들**
- **위험성**
- **안전한 계획**
- **다이빙 플랫폼**
- **대기 다이버들**
- **구조관리와 장비**

다이빙의 종류(Types of Dive)

레크리에이션 다이버들이 할 수 있는 다이빙 범위는 거의 한계가 없다. 최근 몇 년간 레크리에이션 다이빙의 개념과 범위는 테크니컬 다이빙이라는 범위로 확장되었다. 레크리에이션 다이빙과 테크니컬 다이빙의 차이는 무엇일까? 다이버들은 재미를 위해 레크리에이션 일반 범위인 130fsw(40msw)혹은 165fsw(50msw)를 넘나들기 때문에 꼭 수심을 이야기하는 것은 아니다. 세계 여러 곳에서는 다이빙 보트를 빌려 240fsw(70msw) 수심으로 “레크리에이션” 트라이믹스 다이빙을 즐기는 사람들을 종종 찾아볼 수 있다. 레크리에이션 다이빙은 어디까지일까? 수심과 잠수시간과 상관없이 즐기기 위해 다이빙을 한다면 레크리에이션 다이빙이라고 봐야 하는가? 무엇이 “테크니컬” 다이빙을 만드는가?

차이는 아마도 시간과 탐험에 대한 인식일 것이다. 탐험은 다른 사람들이 가보지 못한 곳을 가기 때문에 이에 따른 위험들이 발생한다. 마찬가지로 어떤 수심에서 다이빙을 하던 인정된 레크리에이션 시간범위를 넘는 바닥시간 다이빙을 한다면 이에 따른 위험도 증가할 것이다. 예를들어, 오픈워터 다이빙도 스포츠 다이빙 한계인 130fsw(40msw) 수심을 벗어 나거나 어떤 수심에서라도 감압을 해야 할 만큼 시간을 보냈다면 레크리에이션 다이빙 범위를 벗어난 것이다.

우리의 목적을 위해 테크니컬 다이빙을 설명한다면 다음과 같다:

“테크니컬 다이빙에는 확장된 범위의 지식, 기술 및 적절한 장비들이 필요하며, 올바르게 결합되면 레크리에이션 다이버가 더 안전하게 다이빙 할 수 있도록 해준다. 이 내용은 낮은 수심이나 깊은 수심에서 적용되면 안전하게 수중시간을 확장하여 감압이 필요한 범위까지 확장할 수 있도록 해준다. 또한 탐험의 도구로 사용될 수 있다.” 이 장에 설명되는 다이빙들은 다음과 같이 일반적으로 3개의 유형들로 나누어 질 수 있다:

1. 해안 다이빙
2. 보트 다이빙
3. 동굴 다이빙

다이빙 위험요소들 (Diving Hazards)

1번과 2번은 암초와 난파선으로 세분화 시킬 수 있다. 모든 다이빙은 당연히 담수나 해수일 수 있고, 고도나 야간 다이빙일 수 있다. 동굴다이빙은 매우 다양하다. 각각의 다이 빙 유형들을(순서대로 위험들을 검토한다) 살펴보면서 이에 따른 위험요소들을 검토해 보자.

다이빙 종류	시나리오	위험
해안 – 암초	입수/출수 지점 조류 해양생물 수면 보트교통 바다상태 날씨 기체공급문제 수중시야	육체적 부상 안전한 출입구에서 휩쓸려나감 육체적 부상 육체적 부상 육체적 부상, 불가능한 입출수 바다 상태의 변화, 감소된 시야 물에 빠짐 다이빙 파트너 실종
해안 – 난파선	위의 모든 내용 포함 갇힘	익사상황 혹은 다른 신체 부상
보트 – 암초	위의 모든 내용 포함 수중시야	상승줄 분실

위의 테이블 내용은 일반적으로 발생할 수 있는 일부 위험요소(육체적, 환경적)들이다. 구체적인 다이빙 계획 시 모두 다뤄져야하며, 필요하다면 위험한 시나리오에는 올바른 대비책을 마련해야 한다.

위험(Risk)

위의 모든 내용들을 검토해 볼 때 각 항목의 전반적인 위험은 사건발생 가능성과 생명위협의 강도의 조합이라고 정의될 수 있다. 모든 다이빙에는 위험이 동반되기 때문에 모든 다이빙에는 다양한 수준의 안전계획이 필요하다. 기체공급과 같은 경우는 장비가 고장 날 확률은 낮은 편이지만(레귤레이터들의 높은 신뢰성) 생명에 위협을 줄 가능성은 매우 높다; 조합된 위험성은 높기 때문에 이에 따른 자세한 안전계획이 성립되어야 한다. 다른 위험에는 해안 다이빙 시 궂은 날씨로 인해 안전한 출입구를 찾지 못할 가능성인데, 이러한 가능성은 높지만 구조될 가능성이 높기 때문에 생명이 위태로울 가능성은 낮아 전반적인 위험은 적다고 볼 수 있다.

일반적으로 위험 가능성이 낮은 다이빙들은 요구되는 안전조건들이 기본적인 다이빙 장비와 실습에 포함되어 있지만 위험 가능성이 높은 다이빙들은 위에 명시된 위험요소들에 대한 구체적인 비상계획들이 필요하다. 그럼 어떻게 위험을 평가하고 어떤 시나리오가 더 많은 계획이 필요한지 정의하는가?

위험평가를 위해 테이블을 작성한다.

생명위협 요소 평가:
0. 위험없음
1. 낮음
2. 중간
3. 높음

예를 들어, 아래 테이블에 있는 위험요소 1을 검토해보자. 다이버는 낮은 실패율의 매우 품질이 높은 레귤레이터 하나를 사용한다. 하지만 만약 이것이 고장나면 하나뿐이 없기 때문에 물에 빠져 사망할 수 있는 확률은 높아진다. 이 경우에 가장 적절한 안전계획은 보조 혹은 중복 레귤레이터를 착용하는 것이다('장비구성'장 참조). 다른 예와 안전계획에도 같은 형태의 평가 방법을 적용한다.

위험발생 가능성 평가:
1. 거의없음
2. 가능함
3. 높음

시나리오/위험요소	가능성	생명위협 요소	전반적인 위험
기체 고갈	1	3	4
보트 분실	1	1	2
버디 실종	1	0	1

모든 다이빙에는 위험이 따르기 때문에 실행의 필요성은 이에 따른 위험과 보상의 가능성을 비교해 선택되어야 한다. 가끔은 보상이 결정적인 위험을 감안할만 하다. 이 장의 요점은 다이버로 하여금 위험요소들에 대해 생각하게 하고 어떠한 것들이 전반적인 위험을 감소하기 위해 자세한 안전계획이 필요한지 정의내리는데 있다.

안전계획(Safety Planning)

자세한 안전계획(점수 3+)이 필요한 위험요소들에 대한 정의를 내리게 되면 안전계획이 성립된 후 위험요소에 미치는 환경적 영향들을 재검토하는 것이 중요하다. 전 세계의 다이빙 환경들은 포인트마다 다르기도 하지만 한 장소의 환경이 매일 혹은 매시간 다르기도 하다.

장소에 따라 각 형태의 다이빙에는 특정한 다이빙 환경이 존재한다. 특히 오픈워터 다이빙 시 감압의 추가 잠수시간 연장은 변화되는 다이빙 환경에 의해 영향 받을 수 있다. 다이빙 환경과 육체적인 위험요소들(위험범위 점수 3+)은 우리의 전반적인 안전에 영향을 주지만, 이들을 안전계획에 포함시켜 위험감소를 위해 이에 맞는 적절한 대처방법들을 고려해 보자. 이러한 접근 방법은 다양한 다이빙에 적용될 것이다.

적절한 계획, 훈련 및 장비는 위험을 감소한다.

해안 다이빙(Shore Diving)

시나리오/ 위험요소	위험 점수	안전 방법
입출수 어려움	3	스테이지에 장비 휴대/"운반인(Sherpas)"고용. 밧줄과 멜빵 사용
큰 바다물결/파도	3	수중위험 확인을 위해 빠르게 잠수. 출수줄과 비상부이 배치. 수면관리 요원들 사용
얼음	6	출수를 위해 항상 줄과 수면요원 사용. 두꺼운 얼음이 있을 경우 수면관리요원에게 절단도구가 있는지 확인
나쁜 수면시야	3	수면 신호장비 휴대. 대부분의 경우 음파 경보기 혹은 EPIRB가 적절
나쁜 수중시야	3	릴과 컴파스 사용
보트 이동지역	4	수면표시 부이 사용
그물과 줄들	5	절단도구 휴대
조류/해류	4	조수가 있는 지역에서 장시간의 다이빙을 계획할 경우 출수점을 미리 예상해 계획하는 것이 중요함. 최소한 수면요원과 상황에 따라 보트요원이 필요할 것임. 표류 다이버들은 항상 수면표시 부이를 사용하도록 함.

해안 다이빙은 일반적으로 좋은 네비게이션 기술이 필요하며, 이는 특정한 출입구점이 제한되어있어 절벽 다이빙을 할 경우 특히 더 요구되는 기술이다. 표류다이빙 시 장시간의 표류감압을 할 경우 보트에서 적절한 장비를 갖추고 있는지 확인한다. 휴대해야 할 자세한 안정장비를 알기 위해서는 장비구조 장을 참조한다. 특히 육지를 지나야 할 경우나 어떠 한 다이빙을 할 경우에도 다음을 명심해야 한다: 항상 환경과 지주들의 뜻을 존중해야 한다.

보트 다이빙(Boat Diving)

시나리오/ 위험요소	위험 점수	안전 방법
험한 바다	3	다이버 픽업과 장비를 배치한다. 부이에 하강줄을 맨다. 장비를 다 맨 상태에서 출수를 하지 않음.
조류/해류	3	휩쓸려 떨어져 나갈 것을 대비해 구조신호 장비, 플레어, EPRB, 음파경보기 등을 휴대함. 실종다이버 구조를 계획하고, 다이버가 실종된 시점부터 시간을 예산해 구조패턴을 구성함.
다른 배들	4	표시나 배와 연결된 줄 없이는 절대 출수하지 않음.
갇힘	4	침투는 피한다. 들어가기 전에 구조가 안전한지 점검함. 도움을 줄 수 있는 다이버와 함께 다이빙을 함.
그물과 줄들	3	절단장비 휴대
좋지않은 수중시야	5	안전한 복귀를 위해 하강줄에 스트로브와 릴을 착용함.

동굴 다이빙(Cave Diving)

시나리오/ 위험요소	위험 점수	안전 방법
소류/해류	4	심할 경우 들어가는 흐름을 역으로 다이빙 함. 입수하기 전에 해류와 조수의 영향을 시험함. 강한 줄을 사용함.
낮은 수중시야	3	항상 지속적으로 연결되는 출수선을 사용함. 응급상황에서는 가능한 접촉으로 교신함.
붕괴/갇힘	3	팀으로 다이빙을 함. 안전하지 않은 구조는 들어가지 않음.
줄 분실	4	계획된/연습된 수색패턴을 실행함.

요약(Summary)

본 장에서는 다양한 범위의 다이빙 형태들과 이에 따른 위험요소들을 검토해 보았으며, 위험요소들의 발생 가능성과 생명위협 정도를 분석해 보았다. 또한 이들 통해 전반적인 위험들을 검토해 보았다. 3점 이상인 위험요소들에 대해서는 자세한 안전계획을 체계적으로 작성해야 한다.

다이빙 지원 플랫폼(Dive Support Platforms)

다이빙 플랫폼은 다이빙 시 수면에 있는 것과 수중에 있는 것으로 나눌 수 있다. 가장 간단하게 나누자면 해안 안전요원과 보트 및 감압 스테이션, 그리고 서식지 등이 있다. 해안요원은 앞서 말했듯이 팀 기획을 충분히 인식하고 있어야 하고, 산소와 밧줄과 같은 안전장비들을 포함한 통신장비(전화/라디오)를 구비하고 있어야한다.

보트(Boats)

테크니컬 다이빙 활동에 있어서 보트의 역할을 살펴보자. 간단하게 설명한다면 다음과 같다.

- 다이빙 포인트까지와 육지까지의 안전한 이동
- 위험요소들로부터의 보호
- 편의
- 다이빙 지원 플랫폼
- 구조 플랫폼

하나씩 살펴보자. 위 목록 중 3가지 종류들은 거의 대부분 실질적인 보트 크기에 의해 결정된다. 다이빙 플랫폼으로 사용되는 보트는 크게 네 가지 크기 관련 카테고리들로 구분된다. 이러한 카테고리들은 배의 사용범위와 특정한 사용 용도로 정의된다.

종류	제작/제질	크기	사용 용도
평저어선	GRP 혹은 알루미늄	최대 10피트(3m)	연안 작업 작은 팀의 테크니컬 작업 가능
공기주입식	공기 주입식 경식 혹은 부드러운 선체	스포츠 보트로 최대 30피트(9m)	연안 및 근해 작업. 모든 단계의 테크니컬 작업가능
주야보트	GRP, 목재 혹은 철	대략 최대 50피트(15m)	위와 같음
주거용	위와 같음	일반적으로 50피트(15m) 이상	위와 같으며 원정도 가능함

위의 모든 형태의 배들이 테크니컬 작업에 적절하지만 각각 나름대로의 문제가 있다. 소형배 다이빙 시 날씨가 다이빙 범위와 종류를 결정하지만 내형배도 역시 날씨가 험할 경우 다이버의 출수에 큰 문제가 된다. 험한 날씨에 큰 배는 다이빙 위치까지 더 편안하게 이동할 수 있지만, 입출수시 다이버에게 위험이 된다. 결론적으로, 보퍼트 풍력계급이 5력 이상일 경우 다이빙은 힘들다. 대비책을 마련하기 전에는 험한 바다에서 연장된 감압은 힘들 수가 있다(감압 스테이션과 서식지 부분 참조).

편의시설은 일반적으로 큰 주거용 크기의 배에서 찾아볼 수 있다. 배를 임대하기 전에 배에 대해 가능한 많이 알아보는 것이 현명하다. 여행을 가장 힘들게 하는 3가지 원인에는 부적절한 음식, 쉬기 불편한 자리, 부적절한 위생시설이 포함된다. 이 모든 것들이 팀 안전에도 영향을 준다.

다이빙 지원 플랫폼으로의 보트(Boats as Dive Support Platforms)

보트는 다이버들을 다이빙 장소로 이동시키고 수중상비 회수를 가능케하며 장비탈착을 할 수 있는 공간을 제공할 뿐만 아니라, 입수시 다이버들을 보호해주는 동시에 다이빙에 맞는 장비들을 원하는 장소로 이동시켜 준다. 다음 내용에는 이와 관련된 문제들을 극복하기 위한 실용적인 방법들에 대한 목록이 포함되어 있다.

입수와 출수(Entry and Exit)

작은 배에서는 다이버들이 간단히 뒤로 입수한 후 추가장비와 실린더들을 부착할 수 있다(보트에 자리가 없을 경우). 출수 시 다이버가 보트로 올라오기 전에 장비를 탈착해야할 가능성이 있으며, 이는 매우 힘든 상황이 될 수 있다. 큰 배들의 입수방법은 흡사하지만 요즘에는 안전과 복식실린더 사용으로 인한 부상을 막기 위해 강한 입수 게이트 사용이 인기를 얻고 있다. 큰 배를 다시 타려면 계단을 사용해야 할 가능성이 높다. 일부 지역에서는 측면 사다리가 광범위하게 사용되지만 삼각선체가 아닌 배(배의 상하 요동이 심함)일 경우에는 이러한 방법은 위험할 수 있다. 일반적으로 선미 플랫폼은 배로 올라오는데 안정된 장소로 사용되고 있다. 어떠한 경우라도 배로 올라오기 전에 과잉장비를 탈착하는 것이 가장 안전하다. 배로 입출수하기 위한 두 가지 방법들은 다음과 같다:

방법 1 : 작은 지원 배(공기주입식)를 사용해 무거운 장비들을 회수한다(사이드 마운트 등).

방법 2 : 장비회수 줄을 배치한다. 이것은 일반적으로 중간에 고리가 있고 끝에는 부표가 있는 긴 줄(16.4-32.7피트(5-10미터) 이다. 다른 끝부분은 배의 뒷부분, 프로펠러가 닫지 않는 높은 위치에 묶는다. 만약 수면상황이 심하지 않다면 줄로 돌아가 사이드 마운트 클립을 하나씩 풀러 줄에다 묶는다(이는 사고로 실린더를 떨어트리거나 분실하는 것을 예방한다).

만약 상황이 심각하다면 수면의 파도를 피해 물 밑에 있으면서 사이드 마운트 클립 뒷부분을 푼다. 여기서도 클립을 하나씩 연결해 분실을 예방한다. 그리고 줄을 사용해 보트로 올라 오고 실린더들은 배에 있는 선장/지원 요원이 올리도록 한다. 만약 더블 실린더를 탈착해야 한다면 견고하게 고정시켜 올릴 때 떨어지지 않게 조심한다(매니폴드에는 묶지 않는다).

장비조립과 해체(Kiting and De-kiting)

작은 배에서 카이팅(장비조립)을 할 수 있는 공간은 제한되어 있지만 큰 배에서는 공간이 너무 많아 혼란스러울 수 있다. 배 선적은 응급상황에서 특히 더 중요한 역할을 한다.

요약:

- 팀 개인의 장비는 사용하고자하는 순서에 따라 접근 가능하도록 한다. 다시 말해, 처음으로 도착한 팀은 출수점 가장 가까이에 장비조립 공간을 마련해야 한다.
- 모든 안전장비들과 부상자들의 치료공간은 쉽게 접근 가능하도록 한다.
- 가능하면 이동하는 곳에서 떨어진 장비조작 공간을 따로 마련한다. 험한 바다에서 장비는 사방으로 움직일 수 있으며, 장비손상을 예방하기 위해 적재장소에 견고히 고정시킨다. 상하 요동하는 배에서 조립하고 시험하는 것보다 가능하면 배에 오르기 전에 사용할 장비들을 완전히 준비하여 배에 안전하게 고정시키는 것이 좋다. 이는 또한 연장가방의 수를 줄인다(따라서 필 요한 공간도 마련한다). 배에 있는 벤치나 중앙 테이블은 좋은 조작공간이 될 수 있으며 아래 부분은 장비를 넣는 공간으로 사용할 수 있다.
- 지원 다이버들을 활용할 수 있으면(대기 다이버들 부분참조) 장비조작 팀원들로 사용한다. 만약 지원 다이버가 없다면 보트 선장을 교육시킨다!
- 보트로 다시 돌아오게 되면 바로 탈착하고 장비를 넣어 놓는다(기초과정 및 장비 부분 참조).

잠수 시 보호(Protection while Submerged)

다이빙 시 보트의 임무는 다이빙 팀을 보호하는 것이다. 배는 레이더와 통신장비를 사용해 바다 주변에 있는 다른 이들로부터 물리적으로 다이버들을 보호할 수 있다. 팀전체를 보호할 수 있게 하려면 다이버들 단일체로 행동해야 한다. 조수지역에서 개별적으로 연장된 감압을 하게되면 팀으로서 흩어질 가능성이 높기 때문에 개별행동은 피해야 한다.

팀 분리는 다음과 같은 이유들로 위험하다:

- 보트는 다른 배들로부터 모든 팀원들을 보호할 수 없다.
- 날씨와 바다 사정이 변하기 되면 다이버들이 행방불명 될 수 있다.
- 만약 한 사람이나 2인조 그룹에게 문제가 발생되면(감압 스테이션과 수중 거주실 시스템 2 참조) 보트는 적절한 장소와 시간에 맞춰 있을 수 없다.
- 만약 분리된 2인조 그룹이나 한 사람에게 문제가 발생되면 보트는 두 장소에 한꺼번에 있을 수 없다.

이러한 문제의 유일한 답은 감압 스테이션이나 서식지(아래 참조)를 사용하는 것이다.

어떠한 보트 플랫폼을 사용하던 상관없이 필히 지켜야 할 몇 가지 필수규칙들이 있다:

- 보트를 절대 관리자없이 방치해 두지 않는다.
- 100% 산소공급 시스템을 휴대한다(산소배달 장비 부분 참조).
- 응급치료 장비를 휴대한다(최소 응급치료 장비 부분 참조).
- 통신장비를 휴대한다(라디오, 전화, 플레어 등).
- 최소한 콤파스나 다른 적절한 전자네비게이션 장비를 휴대한다.

감압 스테이션과 수중 거주실
(Decompression Station and Habitats)

감압 스테이션 혹은 수중 거주실의 기능은 안정적인 플랫폼에서 혹은 실내에서 감압을 완료하게 하는 것이다. 이러한 시스템의 장점과 단점들은 다음과 같다:

장점들:

- 응급장비를 보관할 수 있는 장소로 사용.
- 조수 시 팀원들이 함께 모여있을 수 있게 한다.
- 시각적인 참조점을 제공하여 부력관리에 도움을 준다(스테이션들).
- 팀원들이 출수할 수 있게 해준다(수중 거주실).
- 산소문제가 발생될 경우 추가적인 안전을 제공한다. 건조한 부상자가 휴식할 수 있는 수중 거주실로 사용한다. 다른 다이버들이 부상자를 도울 수 있거나 대기 다이버들을 구조할 수 있는 장소로 사용할 수 있다.

다양한 환경조건에 따라 다른 사용방법들을 적용해 감압스테이션을 사용할 수 있나. 다음은 4가지의 기본적인 감압스테이션 레이아웃들과 함께 간단하고 복잡한 수중 거주실들을 검토해 볼 것이다.

감압스테이션 레이아웃 (시스템 1)

사용 범위: 낮은 조수흐름, 좋은 수중상태 및 전반적으로 좋은 수면시야. 작거나 큰 다이빙 팀. 배 교통량이 많을 경우.

방 법: 이 시스템은 일반적으로 지원보트가 사용되는데 보트는 난파선/암초에 뱃머리를 연결시킨 후 정박시켜 놓는다. 보트가 고정되었으면 선미 밑으로 고정선을 배치시킨 후, 20피트(6미터) 수심에서 뱃머리와 연결시킨 줄과 수평선 혹은 막대기를 연결시켜 놓는다. 시야가 좋아 상승줄까지의 이동이 간단할 경우 20피트(6미터) 수심선이나 뱃머리 연결 줄에 감압 실리더들을 고정시켜 놓아 바로 사용할 수 있게 한다. 보트는 또한 수면공급 산소나 필요한 감압기체를 제공한다. 약한 조류 시 다이버들은 존(Jon)선을 이용해 주선으로 불필요한 장비를 탈착시키도록 한다.

안전 시스템: 이러한 줄들을 찾지 못할 경우를 대비해 모두 다이버들은 공기주입식 수면마커를 휴대하도록 한다. 뱃머리 연결선으로 복귀하는 것이 확실하기 전에는 다이버들은 자신들이 사용할 기체를 모두 휴대하도록 하며, 수면신호장비(플래어/EPIRB)는 필히 휴대하도록 한다.

감압 스테이션 레이아웃 (시스템 2)

사용 범위:

빠른 조수흐름, 낮은 수면시야. 수면상태가 좋지않을 경우. 작거나 큰 다이빙 팀. 배 교통량이 많을 경우.

방 법:

큰 수면부이가 부착된 주 부이줄(갈고리 닻)이 다이빙 장소에 내려진다. 보트는 이 줄에 고정되어 있지 않고 안전보트로 계속 사용된다. 다이빙 이 끝날때쯤 닻이 올려지면서 이에 연결된 수 미터의 부이줄은 시각적 참조점으로 사용하던 다이버들과 함께 자유로이 표류하게 한다. 트라이믹스 다이빙 안전감압기 체는 첫 번째 기체교환 포인트에 부착 될 수 있다.

안전 시스템:

다이버들은 항상 자신들의 기체를 모두 휴대하도록 한다. 보트에는 레이더와 라디오가 장착되어 있어야 한다. 다이버들은 수면신호장비(플래어/EPIRB)를 필히 휴대한다.

배에서 내려진 줄들을 찾지 못할 경우를 대비해 모든 다이버들은 공기주입식 수면마커를 휴대한다. 수면에 있는 배는 수심길이의 부이줄(다이빙 계획에 따라 다르다)에 배치시킬 수 있는 응급기체를 갖고 있어야 한다. 이는 노란부이가 띄워져 응급상황을 알리게 되면 사용된다. 오렌지부이는 "다이버가 혼자 있지만 잘있다"라는 뜻인 반면 노란부이는 응급상황을 알린다. 연필이 연결된 슬레이트를 부이에 부착해 추가정보를 알릴 수 있다.

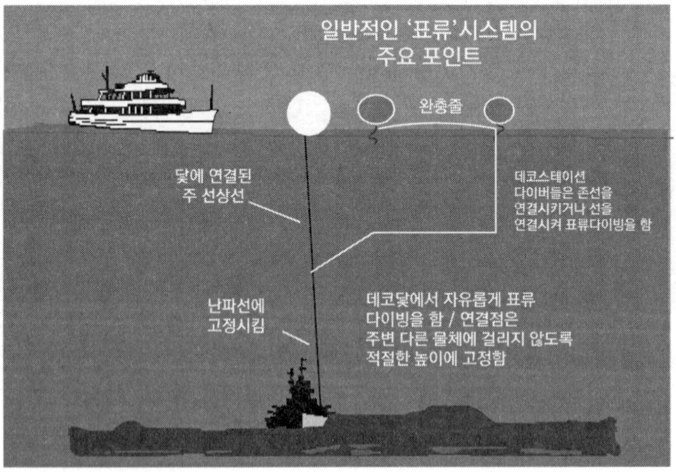

감압스테이션 레이아웃 (시스템 3)

사용 범위:

높은 조수흐름, 낮은 수면시야. 수면상태 좋지 않을 가능성 높음. 작거나 큰 다이빙 팀. 배 교통량이 많을 경우.

방　　법:

큰 수면부이가 부착된 주 부이줄(갈고리 닻)이 다이빙 장소에 내려진다. 윗부분에는 부이가 부착되고 아랫부분에는 무게(2-4kg)가 부착된 두 개의 30피트(9미터) 줄을 사용한다. 각 줄에는 10피트(3미터)마다 고리가 있을 것이다. 줄들은 공중 그네와 같이 6-10피트(2-3미터) 수심에서 이동성 막대기로 연결된다. 이 스테이션은 점프 혹은 이동줄로 주 부이줄에 연결된다. 조류에 따라 가장 깊은 감압정지점보다 20피트(6미터) 혹은 더 길게 줄을 사용하여 조류에 의해 만들어지는 각도도 고려하게 한다. 트라이믹스 다이빙 시 안전감압 기체는 첫 번째 기체교환점에 부착해 놓는다. 더 큰 다이빙 그룹 다이빙 시 이 시스템에 추가되는 것은 몇 가지 하강선과 삼각형 막대기 등이다.

안전 시스템:

다이버들은 항상 자신들의 기체를 모두 휴대하도록 한다. 보트에는 레이더와 라디오가 장착되어 있어야 한다. 다이버들은 수면신호장비(플래어/EPIRB)를 필히 휴대한다.

배에서 내리진 줄들을 찾지 못할 경우를 대비해 모든 다이버들은 공기주입식 수면마커를 휴대한다.

수면에 있는 배는 수심 길이의 부이줄(다이빙 계획에 따라 다르다)에 배치시킬 수 있는 응급기체를 갖고 있어야 한다. 이는 노란부이가 띄워져 응급상황을 알리게 되면 사용된다. 오렌지부이는 "다이버가 혼자 있지만 잘있다"라는 뜻인 반면 노란부이는 응급상황을 알린다. 연필이 연결된 슬레이트를 부이에 부착해 추가정보를 알릴 수 있다.

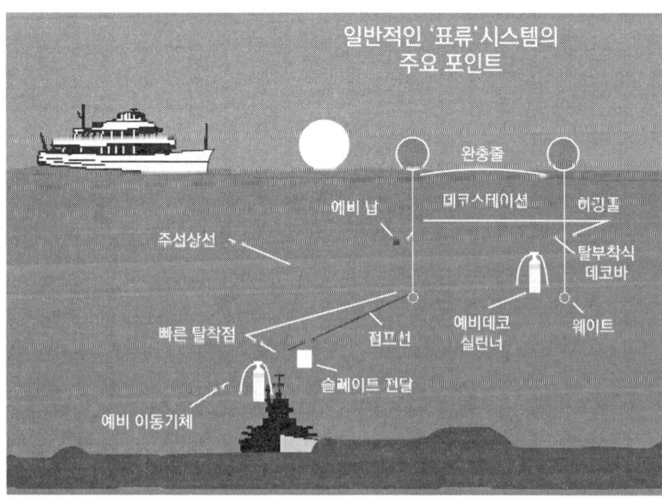

팀 관리(Team Management)

Bikini Atoll에서 사용된 감압스테이지 시스템에 매달려 있는 다이버들. 사진: Devin Denlay

이런 시스템 2와 조수가 심한 지역에서의 팀관리는 매우 중요하다. 만약 팀원들이 늦게 스테이션으로 돌아올 경우 조수로 인해 수면부이들이 아래로 끌려 내려와 스테이션을 가라앉게 할 수 있다. 이러한 일이 발생될 경우 각각 자신의 수면마커(오렌지)를 띄워 솔로감압을 시작하는 방법밖에 없다. 조수로부터 안전할 때 팀원들이 스테이션으로 돌아올 수 있게 하기 위해서는 조수상황을 분석하고 이에 따라 팀계획을 작성하는 것이 중요하다. 중요한 열쇠는 "절단시간"이 언제인가를 판단하는 일이다. 다시 말해 절단시간이란 런타임 스케줄 중 점프선을 주 선에서 절단시키는 시간점을 말하는데 이는 스테이션으로 하여금 자유롭게 표류하게 한다. 이 시간은 팀계획에 있어서 정해진 시간이 될 수도 있고 런타임 스케줄에서 마지막 다이버가 입수한 후 계산되는 시간(예, 입수시간에서 30분 후)이 될 수도 있다. 각 팀원은 점프선이 주 선과 만나는 위치에 있는 슬레이트에 시간을 입력한다. 대부분의 다이버들이 시간 내에 돌아온 후 남은 다이버들이 돌아오지 않는다면 '스테이션에 있는' 다이버들은 점프선을 절단할 선택권이 있다(다시 하강하지 않기 위해 선택한다).

지정된 시간 내에 돌아올 수 없었던 다이버들은 이 상황을 파악하고 자신들의 마커들을 띄워 스테이션으로 돌아오기위해 에너지나 기체를 낭비하지 않도록 한다. 이 시스템의 개조방법은 몇 가지가 있다. 어떠한 방법을 사용하던 그 시스템을 사용하기 전에 모든 팀원들은 예측못할 모든 상황들에 대비하고 연습해야 한다. 위의 시스템들은 오픈워터 다이빙에 맞춰 계획되었다. 동굴 혹은 탐험 다이빙에는 이에 따른 고유의 문제들이 있지만 일반적으로 기체 스테이징과 응급장비고정 문제들이 존재한다. 고정된 위치로 돌아와야하는 시스템을 사용해야 한다면 스트로보(섬광전구), 릴 혹은 라이트 등을 이용해 시각점을 만들어 안전한 복귀를 할 수 있도록 한다.

수중 거주실(Habitats)

수온이 매우 낮거나 산소중독의 위험이 존재할 경우 연장된 감압을 해야 한다면 기상상태에 따라 수중거주실을 사용해 다이버들로 하여금 감압을 물 밖에서 하게 할 수 있다. 수중거주실은 간단한 형태로는 다이버의 몸 일부를 젖지 않게 하거나(뒤집어진 물통과 흡사한 모양) 더 복잡하게는 팀원들이 완전히 물을 벗어나게 하는 형태가 있다. 수중거주실은 저체온증의 가능성이나 산소경련이 발생할 경우 물에 빠질 위험을 감소한다.

수중거주실 제작은 신중한 과학적 요소들이 요구되며 이는 오픈워터 사용 시 더 필요하다. 만약 다이버들로 하여금 완전히 물을 벗어나게하는 거주실을 제작하려면 상당한 기술력과 자원이 필요하다. 다음은 수중거주실 디자이너들이 다뤄야 할 문제들을 목록 하였다:

- **필요한 총 내부공간.** 제작 시 경험할 부력을 말한다(아르키메데스의 원리). 부력은 몇 킬로그램에서 몇 톤이 될 수 있다. 예를 들어, 6명의 사람을 수용할 수 있는 수중거주실은 6톤 정도의 밀어 올리는 힘을 경험하게되므로(제작물과 사람들의 무게는 제외) 최소한 6톤의 내리는 힘이 요구된다. 만약 거주실이 고정될 수 있다면 적절한 균형을 사용해 가라앉게 하도록 한다.
- **제작물의 강건함과 강도.** 제작물에 공기가 채워지게되면 각 제곱미터마다 미치는 압력에 저항할 수 있는 재질이 사용되어야 한다. 또한 거주실이 오랫동안 배치되어야 할 경우 험한 환경에 장기간 견딜 수 있어야 한다.

- **배치.** 제작물이 더 크고 더 복잡할수록 배치 및 복구 시 손상되거나 분실될 가능성이 높다.
- **장비고정 및 기체공급.** 시스템에는 주와 응급기체 공급장비들과 다른 장비들을 다룰 수 있는 정교한 부착시스템이 필요할 수 있다.
- **환기.** 화재와 다른 기체관련 문제들을 감소하기 위해 거주실에는 항상 신선한 공기가 환기되어야 한다. 환기를 가능케하는 컴프레서의 위치와 작동은 오픈워터 환경에서 특히 더 힘들다.

대기 다이버들(Standby Divers)

어떠한 테크니컬 다이빙에서도 다이빙 팀의 안전과 편안함은 가장 중요하다. 다이빙 팀의 안전과 편안함은 다이빙이 시작되기 전에 시작되어야 하고 모든 다이버들이 출수한 후 끝나야 한다. 이들의 안전과 편안함은 많은 부분은 대기 다이버들의 책임이다. 언제 대기 다이버들이 사용되면 그들의 책임들은 무엇인가? 다이빙의 어떤 단계에서 대기 다이버들이 사용되는가? 이 결정에 영향을 주는 몇 가지 요소들이 있다.

- 다이빙 장소 상태
- 다이빙의 위험 정도–특히 감압 단계 시
- 복잡함의 강도와 추가되는 장비

  일반적으로 다이버가 자신의 주 업무(예, 다이빙)에 집중할 수 없고 다이빙 계획을 수행하지 못하여 과도한 추가작업을 해야한다면 대기 다이버들을 사용해야 한다. 대기 다이버들의 주업무는 "도우미" 역할이다. 보조의 정확한 역할들은 다음과 같다:

- **계획단계 시.** 대기 다이버의 역할은 세부업무를 관리하는 것이다. 이는 간단한 다이빙을 위한 음료수 확인부터 적절한 기체를 탱크에 채우거나 확장된 다이빙 시간 관리와 같이 광범위하다.

- 준비 시. 모든 장비들이 올바른 위치에 있는지 확인하고 플랫폼에 적절히 배치되어 졌는지 확인한다. 모든 응급장비들을 조립하고 이들의 기능을 확인한다.
- 다이빙 전. 다이버들의 장비착용을 돕는다. 감압 스테이션과 필요한 수중 응급장비들을 배치시킨다. 다이버들이 안전하게 입수할 수 있도록 확인하고 낮은 수심에서 수행할 모든 확인작업들을 성공적으로 하였는지 확인한다.
- 다이빙 시. 최소한 한명의 대기 다이버가 첫 번째 기체교환점까지 하강하며 응급기체가 부착되어 있고 작동하는지 확인한다. 가능하다면 모든 다이버들이 이 위치로 안전하게 돌아올 수 있을때까지 기다린다. 대기 다이버는 스테이션을 풀기전에 모든 다이버들이 안전하게 감압 스테이션에 돌아왔는지 확인한다(필요할 경우).
- 다이빙 후. 기체를 주입한다. 다이빙 기록을 한다. 다이버들의 출수와 장비탈착을 돕는다. 다이버들에게 음료나 수면기체를 제공한다. 장비를 적절한 장소에 보관한다. 다이빙의 전반적인 평가를 돕고 다음 다이빙을 위해 필요한 정보를 제공한다.

간단하게 말하면 대기 다이버들은 다이빙 팀의 필수적인 구성원이며 팀원들이 대기 다이버의 역할을 돌아가며 하는 것이 가장 이상적이다. 대기 다이버들이 경련하는 팀원을 구조한 경우가 있다. 오해하지 말아야 할 것은 대기 다이버들의 역할이 쉬워 보여도 이들은 숙련된 다이버들이며 다른 팀원들보다 더 많은 기술을 필요로 한다. 필요한 기술에 다음 기술들을 포함된다:

- 응급처치교육
- 고압교육
- 기체혼합
- 장비정비

당연히 이러한 기술들을 팀원들이 많이 알수록 도움이되며, 다이빙 작업의 복잡성에 따라 더 많은 기술과 더 기술이 많은 팀원들이 요구될 수 있다.

구조 과정과 장비(Rescue Procedures and Equipment)

모든 다이빙 응급상황은 감압병(DCI)이 주 원인이라는 가정하에 다이버를 다루는 것이 현명하다. 이 가정은 모든 정보들을 분석하여 정확한 진단 후 외상의 원인이 판단될 때까지 유지한다. 이 장은 DCI를 포함한 다양한 다이빙 응급상황과 이에 따른 응급처치 과정들을 다룰 것이다.

DCI 피하기(DCI Avoidance)

다음은 과학적, 상업적 지식들과 함께 노련한 다이버들의 다양한 개인적 관찰들을 통해 수집된 내용이다. 많은 경우, 여기 나온 상황들과 DCI는 특히 심각하고 무서운 경험담 들이며, 많은 경험들을 통해 이들을 피할 수 있는 방법들을 제시하였다.

대부분의 다이버들이 인식하고 있는 것 같이 대부분의 레크리에션에 사용되는 감압 테이블들은 홀데인(Haldane)의 감압이론을 기준으로 제작되었으며, 이는 유사한 조직구획들로 신체가 구성되어 있다고 보고있다. 각 이론적인 구획들은 기체를 다른 속도로 배출시키거나 흡수시킬 수 있으며, 이들은 과잉압력에 대해 각기 다른 내성을 가지고 있다고 한다. 다시 말해, 압력을 허용할 수 있는 포화량은 광범위하게 특정 다이빙의 감압프로필을 정의한다.

현재 감압모델들은 혈액에 생성되는 마이크로 버블들과 다른 DCI 문제들과 같은 현상들을 고려해 다양하게 교정되어 사용되고 있다. 대부분의 다이버들, 특히 공기만을 사용하고 있지않는 다이버들은 홀데인(Haldane)모델의 파생된 모델들을 사용하고 있으며, 많은 이들이 스위스 추리히(Zurich)주의 불맨(A. A Buhlmann) 교수에 의해 개발된 모델을 사용하고 있다; 불맨(Buhlmann) 테이블들을 사용한 잠수 스케줄 사용을 논할 것이다.

나이트록스(Nitrox)

나이트록스는 두 기체, 질소와 산소의 혼합체이다. 다이빙 시 혹은 후 체내에 생성되는 질소버블들은 일반적인 상식이지만, 산소버블도 일시적으로 생성된다는 것을 잘 알지 못할 것이다. 높은 PO_2에서 장기간 수영을 할 경우 생성된다는 사실은 전세계 해군들에 의해 밝혀졌다. 이러한 현상은 스포츠 다이빙 범위에서 벗어나기 때문에 이 장에서는 논하지 않을 것이다.

모든 형태의 다이빙을 다루는 일반적인 가이드라인

- 다이빙 전 모든 기체들을 분석한다.
- 다이빙 전 모든 기체들이 적절히 보이게 표시되어 있는지 확인한다.
- 테크니컬 수준의 노출은 바닥(bottom)에서는 1.4 PO_2를 사용하고 최대 감압믹스 PO_2는 1.6을 사용한다.
- 장기간의 수면 활동 후(장비조작) 입수하기 전에는 호흡률과 맥박이 정상수치가 될 때까지 잠시 휴식을 취한다. 숙달된 다이버들은 시각화 기술이나 서맥호흡을 통해 정상수치를 찾는다. 간단하게 말하면 하고있는 모든 일을 중단하고 잠시 깊게 숨쉰다.
- 하강 시 20피트(6msw)에 정지한다. 누출과 전반적인 장비점검을 실행한다. 추가 1분 혹은 이상동안 기다리면서 새로운 환경에 몸이 더 적응할 수 있게 한다. 수온과 빛 감소에 대한 적응은 몇 분 정도 걸리지만(빛 강도의 큰 변화는 25분까지 걸릴 수 있다), 짧은 정지는 심혈관 시스템으로 하여금 거의 정상적인 속도로 돌아가게 한다.
- 과도한 운동량 없이 느린 하강을 한다. 소수가 있는 지역에서는 줄을 잡고 자유하강을 하거나 손 아래 손을 잡는 기술을 사용한다. 핀을 움직이며 줄을 내려가는 일은 많은 에너지가 요구되며, CO_2를 생성시켜 마취와 여러가지 다른 문제들이 발생할 확률을 증가시킨다.
- 바닥에 도착하면 잠시 장비를 교정하고 적절한 부력을 유지시킨다. 안정을 찾기 위한 시간들은 최대한 몸을 수면기능상태로 돌려놓아 최상의 효율로 활동할 수 있게 하기 함이다.
- 다이빙 시 가능할 때마다 힘든 핀질보다는 “당기고 이동하기(pull & glide)” 기술(환경을 고려해 실행한다)을 사용한다. 팔 사용은 호흡 스트레스를 감소한다.

- 다이빙 시 스트레스 상황이 발생하면 정지 후 3번 깊은 호흡을 한다(호기에 집중한다). 호흡 후 생각하고 대응한다. 문제들의 중요성에 따라 우선순위를 정한 후 대응한다. 계획의 마지막 시간에 문제가 발생하였지만 비상탈출을 할 수 있는 상황이라면 급하게 상승할 필요가 없다.
- 만약 다이빙 수심을 알 수 없다면 다이빙 시간에 5분을 더해 다이빙 스케줄을 이행한다. 만약 수심과 시간이 확실치 않다면 수심과 시간스케줄에 최소한 10피트(3미터)와 시간을 추가한다. 바닥믹스에서의 가장 긴 시간과 가장 깊은 수심에 따라 감압을 계산해 추가 스케줄을 이행한다(트라이믹스 스케줄 참조).
- 바운스 다이빙이라도 항상 가장 깊은 수심 다이빙에 맞춰 계획을 작성한다. 예를 들어 난파선 바닥이 229fsw(70msw)이지만 대부분의 다이빙이 223fsw(68msw)에서 수행된다고 해도 229fsw(70msw) 수심을 위한 계획을 작성한다. 상승속도는 깊은 수심이라도 33ft/min(10m/min)이나 이하를 유지한다.
- 바로 수면으로 상승하는(이것은 계산된 수압창(pressure ceiling)이다) 것이 좋지 않은 것 같이 무감압 다이빙이라도 첫 감압정지까지 바로 상승하는 것은 현명하지 않다. 첫 감압정지 10fsw(3msw) 수심에서 1-2분 기다리는 것은 조직 대비 수압에 이로우며 남은 감압에 주목할 만한 영향을 주지 않을 것이다.
- 바닥믹스를 사용한 깊은 수심에서 불필요한 지연은 피하며, 문제가 있다면 계획된 바닥시간에 맞춰 상승한 후 시간을 두고 정지한 후 살펴보는 것이 현명하다.
- 독단적으로 정지시간을 줄이지 않는다. 기체로 인한 영향을 분석하지 않고 내용이 정확히 계산하지 않은 기체를 사용하면서 다이빙을 할 경우 정지시간을 감소하지 말아야 한다. 팀 계획 작성 시 기체사용의 가장 최악의 상황을 기준으로 스케줄을 작성한다(대부분 데코).
- 첫 감압 정지에 도착하면서 분까지 계산하여 1분이 다 지난 후 감압정지 시간을 계산한다.
- 감압정지 시 기체교환을 한다면 변경된 기체를 사용해 최소 3-4번 호흡한 후 정지시간을 계산한다.
- 감압정지의 정확한 수심을 ±1fsw(0.5msw)로 유지한다.
- 마지막 감압정지를 완료한 후 수면으로 반정도 상승하여 2-5분 더 정지한 후 상승한다.
- 보트가 오길 기다릴 때 가능한 가장 높은 FO_2를 사용한다.
- 감압을 한 후 보트에 올랐을 때 최소 5분 동안 수면에서 가장 높은 FO_2로 호흡한다.
- 연장된 감압 다이빙 전, 최소 12시간 전에 산성이 아닌 음료로 수분섭취한다. 다이빙 바로 전과 후에도 충분히 수분을 섭취한다.
- 다이빙 전 알코올, 카페인 및 소염제는 피한다.
- 흡연은 특히 다이빙 바로 전과 후에는 금해야하며 평상시에도 피해야 한다.

트라이믹스 다이빙

트라이믹스는 산소, 헬륨, 질소의 혼합체이다. 트라이믹스 다이빙은 감압 테이블 혹은 소프트웨어 및 복식 감압기체 사용에 대한 특수 교육이 요구된다.

- 위의 일반적인 규칙들을 적용한다.
- 바닥믹스 FO_2가 16% 이하일 경우 수면에서나 근처에서의 사용을 피한다.
- 이동기체(travel gas)가 필요한 다이빙을 할 경우(이상적으로 바닥믹스 FO_2가 16% 이하일 경우)이동기체 PO_2로 1.4ata를 사용한다. 이동기체는 감압 프로필의 일부분으로 감압 프로그램에 적용하거나 실질적으로는 이동믹스(나이트록스)가 사용되지만 바닥믹스가 사용된다는 가정하(테이블 관점 상) 계획하도록 한다. 이러한 방법은 감압에 추가적인 안전을 제공한다.
- 상승 시 가능한 빨리 헬륨에서 다른 기체로 교체한다. 가능하면 계획된 첫 정지수심에 도착하기 약간 전에 교체한다.
- 만약 계획된 첫 정지가 기체교환점(1.6)이라면, 바닥과 첫 정지 사이에 바닥믹스를 사용해 1분 정지를 한다. 연구결과에 따르면 이러한 깊은 수심 정지들이 마이크로 버블 생성을 제한한다고 한다.
- CNS 시간이 80%를 초과하면 에어 브레이크(Air break)를 적용한다.
- 위와 같은 수심과 시간 시나리오를 위한 잠수 다이빙 계획을 세우며 깊은 수심(deep-water) 감압(이동)기체를 분실하였을 때를 가정하여 추가 스케줄을 작성한다. 일반적으로 추가 스케줄은 깊은 수심 정지에서 바닥믹스를 사용해 감압하는 계획이 포함된다.
- 가능하면 항상 팀으로 다이빙을 하여 예비기체가 항상 사용 가능하도록 한다. 가능하면 항상 첫 감압 수심에, 특히 시야가 좋지 않을 경우, 깊은 수심용 예비 감압기체를 스테지에 위치해 놓는다.
- 깊은 수심에서 상승 시 첫 감압 정지까지의 시간이 계획된 시간보다 10% 이상 늦춰졌다면 다음 보수적인 스케줄을 사용해 감압을 완료한다(계획된 바닥시간 혹은 수심이 깊을수록). 이러한 문제를 피하기 위해 가능하면 바닥을 일찍 떠난다.
- 가능하면 항상 **팀 윤리**를 적용한다. 상황이 허용하면 낮은 수심은 물론 깊은 감압 정지를 위해 감압 스테이션과 등급 감압기체 스테이징을 사용한다.

DCI 응급치료 & 장비

동맥기체 색전증(AGE:Arterial Gas Embolism)과 감압병(DCS)은 가장 일반적인 다이빙 관련 재해이다. 증상들은 수면이나 36시간 내에 나타날 수 있다. 다른 일반적인 상태들은 다음 목록에 기술 되어 있다. 추가정보는 다양한 참조문언들에서 찾아볼 수 있다.

다음은 DCI를 위한 자세한 응급장비 및 과정들과 다양한 다이빙 관련 부상들에 대한 목록이다.

필수(DO):

항상 휴대할 것들...

- 산소와 100% 공급시스템
- 인공 호흡기/소생기
- 해양 라디오 & 휴대폰(가능하면)
- 응급 연락처
- 음료수(파우더 형태)
- 물
- 기초응급치료 세트
- 펜과 종이

고려해야 할 휴대품들…

- 장거리를 위한 특수 수중재가압 장비. 다음 장비들이 포함되어야 한다.
- 전면 마스크
- 보트나 감압 스테이션과 연결될 수 있는 부착선이 있는 하네스 시스템
- "에어 브레이크" 시스템(에어 실린더와 별도의 레귤레이터)

어떠한 사건이던 다른 정확한 진단이 나오기 전에는 DCI로 가정한다.
DCI의 응급 치료는 다음과 같다.

- 바로 O_2를 투여한다(첫 15분이 결정적이다).

- 따듯하고 건조하게 한다.
- 부상자를 평평하게 눕힌다.
- 차분하게 안정을 취한다.
- 적은 량의 수분을 제공한다.
- 배뇨를 확인하고 성공적일 경우 지속적으로 분비하게 한다.
- 변화를 주목한다.
- 응급센터에 연락한다.

금기(DO NOT):

- 진통제를 투약하지 않는다.
- 부상자가 배뇨를 정기적으로(25분 간격) 할 수 없다면 음료수를 주지 않는다.
- 산소제공을 늦추지 않는다.
- 진통이 악화되면 O_2 제공을 정지하지 않는다(일시적인 악화를 허용한다)
- 부상자를 방치하지 않는다.
- 더 높은 고지로 이동하지 않는다.

신경학적 검사(Neurological Test)

이 시험의 목적은 DCI의 어떠한 가능성도 확실히 조사하기 위함이다. 기록된 정보를 체임버 관리자에게 도착하자마자 제공한다면 부상자의 전 상태를 파악하고 개선여부를 확인할 수 있다. DCI의 응급치료절차는 다음과 같다.

- 질문 : 어디가 아픈가?
  : 증상들이 어디에 생겼는가?
  : 언제 증상들이 가장 나빴는가?

- 인식 : 다이버는 자신의 이름, 나이, 날과 날짜를 알고 있는가?
  : 다이버는 현재 위치를 알고 있는가?
  : 다이버가 깨어 있는 듯 보이는가?

- 눈 : 양 눈을 따로 확인하고 손가락의 수를 세어보라고 한다.
  : 손가락으로 다이버의 눈이 0.5m(18인치) 거리를 따라오는지 확인한다.
  : 처음에는 위 아래를 하고 다음은 좌우를 한다.
  : 움식님이 무드럽고 동공이 같은 크기인가?

- 얼굴 : 웃어보라고 한다.
  : 양측 얼굴의 근육 수축이 같은가?

- 혀 : 혀를 내밀어 보게 한다. 옆으로 이탈하지 않고 똑바로 나와야 한다.

- 근육의 힘 : 다이버가 어깨를 으쓱하면 근육을 누른다. 압력이 같고 강한가?
  : 다이버를 바로 눕히고 양발을 들어 보게 하고 양팔을 뻗어 눌러본다.
  : 양측이 같고 강한가?
  : 같은 방법으로 팔을 검사해 본다.

- 감각 : 다이버의 눈을 감기고 몸 양측을 가볍게 눌러본다.

- 몸의 공동작용 : 서있는 상태로 발을 모으고 팔을 뻗고 눈을 감게 한다.
: 쓰러질 경우 받을 준비가 되어있어야 한다.
: 비틀거리거나 쓰러지는가? 팔 하나가 떨어지는지 주의해 본다.
: 빠르게 몇 번 반복해 자신의 코와 당신의 손가락(18인치(0.5미터) 거리)을 닿을 수 있는지 시도해 본다.

- 발 : (바빈스키 반사). 양말을 제거한 후 뾰족한 물건으로 발바닥을 가볍게 문지른다.
: 만약 발가락이 안으로 굽어진다면 정상이다. 만약 아무런 반응이 없다면 이에 따른 결론은 하지 않는다.

DCI 평가 시 불필요한 감정적 스트레스를 주지않으면서 변화들을 관찰하고 기록하는 것이 중요하다. 예를 들어 "통증이 있나?"라는 질문을 할 때 1에서 10의 등급을 주어 답을 요구한다. 짧은 시간이 지난 후(15분 정도) 같은 질문을 하고 변화를 관찰한다. 모든 결과들을 기록하고 부상자와 함께 기록을 보낸다. 이러한 기록들이 의사에게 전달될 수 있도록 한다.

I형(위험하지 않은 신경학적 문제)과 II형(위험한 신경학적 문제) DCI는 하나가 다른 유형으로 이어질 수 있기 때문에 세분화되지 않았다. 일반적으로 I형은 관절통증이나 피부발진으로 시작한다.

만약 의심이 되면 DCI라고 가정하며 치료방법이 없을 경우 최소한 100% 산소를 제공한다. 어떠한 상황이던 상관없이 가능한 빨리 응급치료센터와 연락한다. 부상 다이버와 함께 버디도 관찰하고 구조 시 항상 같이 있게 한다.

가능한 빠르게 100% 산소를 제공하는 것이 극히 중요하다. 증상들의 발병한 지 10에서 15분 후 영구적인 손상으로 이어질 가능성이 있다. DCI 발병을 부인하는 것은 매우 위험하다. 약간의 통증, 두통, 현기증에서부터 근육의 피로와 같은 증상들을 느끼게 되면 주저하지 말고 – **산소를 흡입하게 한다.**

산소제공 장비(Oxygen Delivery Equipment)

실질적으로 100% 산소가 다이버에게 공급되는 것이 중요하다. 대부분의 경우 다이버가 호흡하고 있기 때문에 프리플로(free flow) 마스크는 권하지 않는다. 권하고 싶은 이상적인 시스템은 두 개의 레귤레이터(산소공급 다이빙 형이면 사용 가능함)와 최소 8리터(60cuft)의 산소통이다. 프리플로는 산소를 낭비하게 하며 희석된 산소를 공급하기 때문에 실용적이지 못하다.

호흡이 힘들 경우 산소공급기가 부착된 암부백(Ambubag)형 인공호흡기를 권한다.

다이빙 관련 사건들 – 다이빙 사고관리

이 장에 제공된 정보는 모든 부상자를 위한 응급처치일 뿐이며 완전한 치료는 아니다. 모든 다이빙 관련 사건들은 교육된 의사/고압의료진에게 가능한 빨리 보고하도록 한다.

모든 다이빙 사건 발생시:
규칙 1. 위험에서 부상자를 이동한다.
규칙 2. 구조자로서 불필요한 위험에 자신을 치하게 하지 않는다.

규칙 1은 일반적으로 부상자를 물에서 꺼내는 일인데 심각한 상황에서는 밧줄과 다른 도구들를 사용하는 복잡한 작업이 될 수 있다. 어떠한 상황이던 모든 사고 시나리오는 연습되고 계획되어야 한다.

다음 상황들을 위한 초기 응급처치 방법들

충격(Shock)

증상들

- 출혈, 창백하고 습한 피부.
- 맥박이 빠르고 약하거나 호흡이 얕음, 현기증.

치료	필히 해야 함	절대 하지 말아야 함
	환자를 눕히고 조용히 함 호흡과 혈액순환이 좋은지 확인함 출혈 제어 산소 제공 및 체온손실 방지 환자를 안심시킴(대화)	입으로 뭔가를 줌 일어서게 함

이산화탄소 중독(CO_2 Poisoning)

증상들

- 빠른 호흡
- 두통, 현기증 및 허약함

치료	필히 해야 함	절대 하지 말아야 함
	산소 제공 및 필요할 경우 CPR	

일산화탄소 중독(CO Poisoning)

증상들

- 노력을 해도 호흡이 없음
- 멀미
- 현기증
- 혼란

치료	필히 해야 함	절대 하지 말아야 함
	산소 제공 및 필요할 경우 CPR 체임버가 가까이 있을 경우 100% 산소로 30ft(9m)수심으로 재가압	

익사(Drowning)

증상들

- 청색병
- 생명징후 없음
- 무의식상태

치료	필히 해야 함	절대 하지 말아야 함
	ECM(CPR)/EAR 시도 산소 제공 지속적인 관찰 이차적 익사가능 예방	혼자 있게 함

저체온증(Hypothermia)

증상들

- 떨림
- 추위를 호소함, 창백한 피부
- 똑똑치 않은 발음
- 심폐기능 정지 가능성

치료	필히 해야함	절대 하지 말아야 함
	더 이상의 체온손실 방지-담요, 옷, (알루미늄 호일 담요는 피한다), 다른이의 체온, 등. 머리, 목 및 상체를 덮음	빠른 체온상승
	젖은 옷은 마른 옷으로 교체함. 맥박과 호흡을 관찰함. 따듯한 음료는 허용함.	뜨거운 음료 제공 알코올 제공

CNS 산소중독(Oxygen Toxicity)

증상들

- 경련
- 무의식
- 혼란

치료	필히 해야 함	절대 하지 말아야 함
	경련이 정지하도록 함. 위험에서 꺼냄. 가능한 배위로. 만약 환자가 수중에서 회복되고 감압 정지를 다 할 수 있다면 가능한 낮은 PPO_2로 감압을 수행함.	경련 억제

심폐 소생술(Cardio–Pulmonary Resuscitation)

어떠한 구조에 있어서든 중요한 것은 기도, 호흡과 순환(A,B,C)이다. 다음은 CPR에 대한 자세한 설명이다:

- 기도(Airway). 장해물을 찾아 제거한다.
- 호흡(Breathing). 호흡을 하는지 살펴본다.
  호흡/공기소리를 들어보고 가슴이 움직이는지 살펴본다.
  만약 없다면 EAR(구조호흡)을 시행한다.
- 순환(Circulation). 경동맥 맥박을 확인하고 출혈을 제어한다.
  맥박이 없다면 ECM(CPR)을 시행한다.

EAR(구조호흡)과 ECM(CPR) 순서

1. 의식이 있는지 확인한다. 괜찮아요?라고 물어본다. 부상자를 안심시킨다. 의식이 있다면 회복자세로 부상자를 위치하고, 증상들을 확인한 후 필요한 응급처치를 한다.
2. 만약 무의식 상태라면(통증시험을 한다 – 귓불을 꼬집어 본다). A, B, C를 확인한다(위 내용).
3. 만약 EAR(구조호흡)이 요구된다면 기도를 확장시키고 코를 잡은 후 호흡을 2번 한다. 맥박과 호흡을 확인한다.
4. 만약 ECM(CPR)이 요구된다면 흉골의 끝부분을 찾아 손가락 두 개 위로 이동한다. 손바닥을 펴서 이 부분에 위치시킨 후(손바닥 축이 중앙에 위치하게 한다) 다른 손을 위에 놓는다. 팔꿈치를 고정시킨다. 짧고 안정적인 움직임으로 2인치(5cm) 누른다. 15번의 누른 후 2번의 호흡을 한다. 만약 두 명에게 하고 있다면 5대 1을 권한다. 이 과정을 연속적으로 4번 반복하고 맥박을 관찰한다. 환자가 회복될 때까지 반복한다.
5. 맥박과 호흡이 돌아오면 회복자세로 환자를 위치하고 산소를 투여한다.

> 자신보다 더 전문지식이 있는 사람에게 인수인계할 수 있을 때까지 절대 포기하지 않는다.

필수 응급처치장비

- 100% 호흡등급 산소와 듀얼공급 시스템
- 해상 라디오
- 다양한 크기의 표준규격 상처붕대
- 다양한 크레이프 붕대
- 다양한 위생 반창고
- 족집게 1개
- 세안 컵 1개 와 연고 1개
- 아스피린 1통
- 소독제 1통
- 인공호흡 마스크
- 연필 1개와 노트북 1개
- 마실 물
- 식초 1통(해파리에 쏘일 경우, 등)

헬리콥터 구조

기억해야 할 중요한 요점들:

- 태우는 위치에서 미리 모든 장해물(기도, 등)을 제거한다.
- 항상 조정사의 지시를 따른다.
- 접지선이 보트나 바다에 닿을 때까지 절대 윈치선 혹은 들것을 잡지 않는다. 전기충격의 위험이 있다.
- 헬리콥디에서 연결되는 줄을 배에 연결시키지 않는다.
- 윈치선을 잡아당기지 않는다.
- 부상자에게 사건에 대한 자세한 정보가 담긴 내용을 부착한다.
- 뱃머리가 바람방향에서 30도 벗어나게 배를 위치한다. 배를 천천히 움직이라고(5노트) 지시 받을 수 있다.

다이버가 행방불명 되었을 경우 그 위치를 벗어나기 전에
마지막 확인된 위치로 알고 있는 장소를 표시한다.

보험(Insurance)

다이빙 사고를 위한 의료보험은 국내외 어디나 존재하며 DAN(다이버 경계 네트워크) 보험은 어떠한 치료도 보상해 준다. DAN은 또한 체임버 위치와 구조시설들에 대한 정보를 제공해주기도 한다.

결론

어떠한 다이빙을 하던 안전한 계획은 간단할 수도 있고 매우 복잡할 수도 있다. 기억 해야 할 것은 위험요소들을 정의하고 위험요소들을 평가하며, 구체적인 시나리오에 맞춰 계획하고 이에따라 지속적인 연습을 해야 한다는 것이다.

> "당신이 준비되어 있고 교육된 논리적인 생각을 가진 다이버라면 당신은 당신의 병기고 중 가장 훌륭한 무기일 것이다."

약어와 용어집

Glossary of Abbreviations and Selected Terms

영어	한글	설명
A		
Air Cell	에어셀	부력 조절기(BC)의 또 다른 용어. BC 참조.
AB model	AB 모델	II형DCS 증상들을 설명하는 동맥버블모델.
ABS	ABS	강도 높은 플라스틱의 일종. Abs. 복부근육의 속어 혹은 "absolute(절대적)"을 뜻하기도 함.
ACE	안지오텐신 전환효소	Angiotensin converting enzyme으로 혈압 상승을 촉진하는 효소로 작용하는 등 심혈관계 질환의 발병기전에 중요한 인자임. 폐 등의 여러 장기에 존재하면서 엔지오텐신을 엔지오텐신 II로 변환시킴.
Adenosine Triphosphate	아데노신 3 인산	생물체가 사용할 수 있는 에너지를 저장한 유생분자 물질임. ATP는 하나의 아데노신 분자와 3개의 고에너지 인 분자들이 연결되어 구성되어 있음. 아데노신 2인자(ADP)에는 인 분자가 두 개 연결되어 있고 아데노신 1인자(AMP)에는 인 분자가 한 개 연결되어 있음. 인 분자가 많을수록 더 많은 에너지를 저장할 수 있음.
ADP	아데노신 2 인자	아데노신 2인자(Adenosine Diphosphate). Adenosine Triphosphate 참조.
AMP	아데노신 1 인자	아데노신 1인자(Adenosine monophosphate). Adenosine Triphosphate 참조.
AMTE/PL	AMTE/PL	해군본부 기술원, 생리학 연구소. (Admiralty Marine technology Establishment / Physiological Laboratory)
ANS	자율신경계	자율신경계(Autonomic Nervous System)
ASAP	ASAP	가능한 빠르게. As soon as possible.
ATP	ATP	아데노신 3인자(Adenosine Triphosphate). 상위내용 참조.
Antioxidants	항산화제	자유기 생성을 제지하거나 자유기에 의한 손상을 회복시키는 필수적인 화학물질(비타민).
Arteriosclerosis	동맥경화	플라크(대부분의 경우 지방 침전물)가 혈관 혹은 혈관 접합점에 축적되어 발생하는 혈관 질환.
ATA	절대압	절대 대기압 (Atmosphere absolute) 부분압을 뜻할 때 'Bar'을 대신 사용할 수 있음.
ATM	대기압	대기압(Atmospheres) 압력의 미국표준은 14.7psi임.
Alveoli	폐포	폐로 들어가 잘게 갈라진 기관지의 맨 끝에 붙은 포도송이 모양의 주머니. 공기와 혈액 사이의 기체교환이 일어나는 곳임.

B

Bar	바	미터법으로 압력은 대략 1atm 혹은 14.7psi임. 부분압을 뜻할 때 'ATA'를 사용할 수 있음.
BC	부력 조절기	Bouyancy Compensating Device로 다이버의 부력을 조절하거나 수면 부동기로 사용됨.
BCD	부력 조절기	Bouyancy Compensating Device로 다이버의 부력을 조절하거나 수면 부동기로 사용됨.
BT	바닥 시간	Bottom Time : 계획된 다이빙의 최대 수심.

C

C	C	백분도/섭씨(Centigrade/Celsius) 참조
Capillaries	모세혈관	가장 작은 혈관
Carbon Dioxide	이산화탄소	CO_2 참조
Carbon Monoxide	일산화탄소	CO 참조
Cardiac	Cardiac	심장과 관련된 내용
cc	cc	세제곱 센티미터(Cubic Centimeter)
Centigrade / Celcius	백분도/섭씨	온도를 측정하는 미터법. 백분도/섭씨를 화씨(Fahrenheit)로 전화시키려면 9/5 (1.8)을 곱하고 32를 더함.
CFM	CFM	Cubic Feet/Minute. 분당 세제곱 피트이며 미국 표준 부피 흐름 단위임.
Cis	시스 지방	구조화학적으로 대상 화학 그룹이 탄소와 탄소의 이중 결합과 같은 면에 있는 것을 뜻함. 이 책에서는 특정한 지방 분자의 구성을 설명할 때 사용되었음. 'Cis-fats(시스-지방)'은 좋은 지방임. 또한 Trans 참조.
cm	cm	센티미터(centimeter)는 미터 길이 측정 단위임. 1인치는 2.54 센티미터임.
CNS	CNS	중추 신경계(Central Nervous Sytem).
CNS% / %CNS	CNS% / %CNS	중추 신경계에 노출되는 산소 백분율
CO	CO	일산화 탄소로 매우 중독성이 강하며 색, 향 및 맛이 없는 기체로 탄화수소의 연소로 인해 생성됨. (엔진에 사용되는 석유 연료와 담배 혹은 대마초).
CO_2	CO_2	이산화 탄소. 일반적인 호흡의 부산물로 축적되면 몸에 해로움. 고탄산혈증(Hypercapnia) 참조.
CO_2 Retention	CO_2 정체	체내 조직에 축적되는 이산화탄소. 일반인들보다 평균적으로 이산화탄소를 더 축적하는 사람들을 이산화탄소 정체자(CO2 retainer)라고 함.
CON-VENTID	CON-VENTID	산소중독의 증상들을 기억하는 방법.
CPR	CPR	심폐소생술.

Cubic Feet	**큐빅 피트**	부피를 표시하는 피트 측정단위. 다른 표현 방법은 feet cubed(Ft_3) 혹은 세제곱 피트임.
Cu. Ft	**Cu. Ft**	세제곱 피트(Cubic Feet). 큐빅 피트 참조.
CV Model	**CV 모델**	1 형 DCS(감압병) 증상들을 설명하는 임계 부피 모델 (Critical Volume Model)

D

DAN	DAN	다이버스 얼럿 네트워크(Divers Alert Network)
D-ring	D-링	D 모양의 링으로 장비 부착에 사용됨.
DCI	DCI	감압병/상해. 체내 조직에 있는 과잉 혹은 축적된 기체를 안전하게 제거하지 않았기 때문에 발생하는 직접적인 결과. DCS(Decompression sickness)라고도 한다. DC illness, injury 혹은 sickness와 같이 의학 용어들이 약간은 다르지만 결과는 같음. - 치료는 매우 고가의 재가압 체임버임.
DCS	DCS	감압병. DCI 참조.
Deco	**데코**	감압'이란 단어의 속어. 예., 데코 탱크 혹은 데코 스톱
DIN	DIN	유럽 레귤레이터 협회(Deutsches Institut fur Normung)
DM	DM	당뇨병(Diabetes mellitus)
Doppler Effect/Studies	**도플러 효과/연구**	과학자들이 사용하는 음향적 측정기 혹은 방법으로 다이버의 동맥 혹은 정맥으로 이동하는 버블들을 측정함. 다이버들을 위한 도플러 측정기는 결과적으로 버블 계수기임.
Doubles	**더블**	매니폴드로 연결된 두 개의 스쿠버 실린더로 하나의 기체공급을 제공함(결과적으로 사용 가능한 기체 공급을 배증시킴). 어떤 이들은 더블(doubles)과 트윈(twins)을 같은 뜻으로 사용하는데, 두 개념은 생명을 좌우하는 결정적인 차이가 있음. 트윈을 참조하여 이의 차이와 위험의 개념을 검토하기 바람. 사이드 마운트(side mount) 참조.
DPV	DPV	다이버 운송 매체(Diver Propulsion Vehicle), 일명 스쿠터, 썰매, 토피도(어뢰) 등; 다이버를 이동시키는 모터 장치임.

E

EAD	EAD	등가공기수심(Equivalent Air Depth)
EAR	EAR	구조 호흡(Rescue Breathing)을 표현하는 유럽식 용어.
EAN	EAN	농축된 에어 나이트록스(Enriched Air Nitrox).
EANx	EANx	특정한 나이트록스 블랜드를 설명하는 약어. 예) 36% 산소 나이트록스 블랜드(혼합량)는 EAN 36임.
ECM	ECM	CPR을 표현하는 유럽식 용어(External Cardiac Massage)
EDU	EDU	미해군 실험다이빙부대(US Navy Experimental Diving Unit)
EEG	EEG	뇌파전위 기록장치(Electroencephalograph). 뇌파 활동 측정기.

END	END	등가 질소수심(Equivalent Nitrogen Depth)
Enzyme	효소	매우 특수한 생물학적으로 활동적인 단백질. 효소는 체내에서 대사(metabolism)을 제어하는 도구이다.
EPIRB	EPIRB	응급위치표기 라디오 신호기 (Emergency Positioning Indicator Radio Beacon)
EST	EST	전기쇼크 치료(Electroshock Therapy)

F

Fahrenheit	화씨	미표준 온도단위. 화씨를 섭씨로 전환시키려면 32를 뺀 후 5/9 (0.556)를 곱함.
Feet	피트	길이 혹은 수심 단위. 1 피트는 0.305 미터임.
Feet cubed	피트 3제곱	부피 단위. 1 큐빅 피트는 28.32 프리 리터임.
FFW	FFW	담수피트(Feet Fresh Water). 담수수심을 피트로 측정하는 단위. 거의 사용되지 않음.
Fg	Fg	믹스에 있는 기체의 분수(백분율%)
FLPM	FLPM	분당 프리리터(Free Liter Per Minute).
Free Radical	자유기	매우 파괴적이고 '강렬'한 분자로 대부분의 자유기는 산소 합성물임. 자유기는 강력하고 활동적이기 때문에 생명이 짧음(높은 결합 혹은 연결력). 다른 어떠한 분자에도 결합될 수 있으며 결합되며 그 분자를 파괴하거나 기능을 마비시킴.
FSW	FSW	해수피트(Feet Salt Water). 해수수심을 피트로 측정하는 단위.
Ft	Ft	피트(Feet)
Ft^3	Ft^3	큐빅피트 혹은 3제곱 피트

G

GABA	GABA	감마아미노부티르산(gamma-aminobutyric acid). GABA는 뇌 기능을 제어하는 신경전달물체임.
GI	GI	위장관(gastrointestinal tract)
g/l	g/l	리터 당 그램(grams per liter)

H

HBO	HBO	고압산소 (Hyperbaric Oxygen)
HDL	HDL	고밀도 지질 단백질. LDL 참조
He	He	헬륨. Helium 참조
Heliair	헬리에어	공기와 헬륨 혼합체
Heliox	헬리옥스	산소와 헬륨 혼합체

Hemoglobin	헤모글로빈	혈색소는 복잡한 단백질과 철분자로 RBC에서 찾아볼 수 있으며, 산소와 이산화 탄소를 이동시킴. 헤모글로빈은 말 그대로 철을 감싸는 덩어리임. 단백질에 박힌 철 원자가 실질적으로 산소 혹은 이산화 탄소 분자에 결합됨. 만약 일산화 탄소가 먼저 철에 결합되면 헤모글로빈 분자는 산소나 이산화 탄소를 운반할 수 없음. 이러한 이유로 일산화 탄소는 다이버에게 치명적이며, 일산화탄소는 조직으로 흐르면서 산소를 감소시키고 조직에서의 이산화탄소 제거를 감소시킴.
Hgb	Hgb	헤모글로빈의 약자
HIV	HIV	사람면역결핍바이러스. AIDS(후천성 면역 결핍증)의 발병 원인임.
Hogarth / Hogarthian Style	호가시안 스타일	특정한 장비구성 방법. 어떤 이들은 장비구성의 철학이라고도 하며 William Hogarth Main을 기념하기 위해 그의 장비구성 스타일에 붙여진 이름임.
HPG	HPG	고압 게이지(High Pressure Gauge)
HPNS	HPNS	고압신경 증후군(High pressure nervous syndrome)
HSE	HSE	영국 건강과 안전 행정부(Health & Safety Executive)
Hydrox	하이드록스	수소와 산소 혹은 수소, 헬륨과 산소 혼합기체
Hypercarbia	고탄소혈증	혈액 내 이산화탄소 증가
Hypercapnia	고탄산혈증	다이버에게 거의 치명적인 상태이며 체내 조직이나 호흡된 공기에 이산화탄소가 과잉 측정될 경우 발생함.
Hyperoxemia	과산소혈증	혈액으로의 과도한 산소공급.

I

IANTD	IANTD	국제 나이트록스 및 테크니컬 다이버들의 협회

J, K

K	K	칼륨의 화학기호
Kit	장비	다이빙에 필요한 다이빙 장비 혹은 도구를 뜻하는 유럽식 용어. 미국식 용어인 'rig(리그)'혹은 'gear(기어)'와 유사함.
Kiting / Kiting up	카이팅	다이빙에 필요한 의장을 착용하는 행동을 뜻하는 유럽식 용어. 미국 용어인 'suiting up(슈트착용)' 혹은 'gearing up(장비 착용)'과 유사함.
KPa	kPa	킬로파스켈. 압력 측정 단위. mmHg 참조.

L

L	L	리터. Liter 참조.
LDL	LDL	저밀도 지질 단백질(저밀도 지방). HDL 참조
LED	LED	발광 다이오드(Light Emitting Diode)의 약자이며 빛을 발하는 반도체 소자를 말함.

Liter	Liter	부피 측정 단위. 1 리터는 0.035 큐빅 피트임. 미표준 단위는 기체를 표현하는 리터와 액체를 표현하는 리터가 다름. 기체를 표현하는 리터는 공식적으로 프리리터(free liter)라 불린다. 저자는 개인적으로 화학자가 아닌 이상 기체부피를 표현할 때 리터와 프리 리터와는 근본적으로 같다고 봄. 많은 외국 과학자들, 특히 영국 과학자들은 기체의 부피를 표현할 때 프리리터로 '적절히' 표현 하길 바라고 있음.

M

M	m	미터. Meter 참조.
MBModel	MB 모델	마이크로 버블 모델. 12장 참조.
mbar	mbar	밀리바(millibar)
Meds	Meds	약물(Medication)
Metabolic	대사적	Metabolism, 대사 참조
Metabolism	대사	생명의 생화학 사이클. 복잡한 화학 반응 시스템으로 유기체의 생명을 유지시켜 주는 생화학 분자를 생성한다. 메타볼릭(메타볼리즘)은 말 그대로 "공과 함께' 혹은 "사이클과 함께"라는 뜻인데, 이는 대사가 순회적인 과정이기 때문이다.
Meter	미터	길이 혹은 수심 단위. 1미터는 3.28피트이다.
Mitochonria	미토콘드리아	결정적으로 중요한 세포조직. 미토콘드리아(모든 생물에 있는 작은 콩 모양의 구조)는 세포가 에너지(연료) ATP를 만드는 공장임. 미토콘드리아 기능을 억제하게 되면 다이버에게 광범위게 해로운 영향을 주는데, 이로 인해 정신 집중력 저하, 운동신경 기능 저하, 근력 저하, 의식 상실, 경련 및 죽음으로 이어질 수 있음.
MFW	MFW	담수 미터(Meter Fresh Water). 미터 표준 담수 수심 측정단위.
Ml	ml	밀리리터(milliliter). 미터 표준 부피 측정단위.
mm	mm	밀리미터(millimeter). 미터 표준 길이 측정단위.
mmHg	mmHg	밀리미터의 수은. 미국표준 압력 측정단위.
MOD	MOD	최내 활농 수심(Maximum Operating Depth)
Mr. Murphy	머피	가상의 인물을 뜻하는 미국 속어. 머피의 법치 찬조(Murphy's Law).
MSW	MSW	해수 미터. 미터 표준 해수 수심 측정 단위. (Meter Sea Water)
Murphy's Law	머피의 법칙	잘못될 일들은 항상 잘못된다는 뜻. 운명의 법칙.

N

Na	Na	나트륨을 뜻하는 화학 기호.
NOAA	NOAA	국립 해양 대기청(미국) (National Oceanic and Atmospheric Administration).

Narcosis	마취	높은 수치의 호흡된 질소(질소마취) 혹은 수소나 네온과 같은 비활성 기체(비활성 기체 마취)로 인해 발생하는 해로운 신체적, 정신적 상태.
Ne	Ne	네온. 생물학적으로 반응 없는 비활성 기체.
Nitrogen	질소	"비활성" 2원자 기체. 공기는 대략 78%의 2원자 질소로 이루어졌다. 실질적으로 2원자 질소는 단단히 결합되어 있기 때문에 고등생물에는 화학적으로 반응이 없음(비활성 아님). 질소-고착 박테리아와 같은 하등생물들은 2원자 질소를 사용할 수 있음(대사물질로 전환).
Nitrogen narcosis	질소마취	마취(narcosis) 참조.
Nitrox	나이트록스	공기(공기는 대략 21% 산소임)가 아닌 산소와 질소의 혼합기체.
NREM	NREM	급속안구운동이 없는 취침상태(Non-Rapid Eye Movement) REM 참조.
NSAIDS	NSAIDS	비스테로이트 항염증 약물.

O

O_2	O_2	2원자 산소의 화학적 표현. 산소(Oxygen) 참조.
OMS	OMS	해양 관리 시스템(Ocean Management Systems). 테크니컬 다이빙 장비 제조사. 그 외 테크니컬 다이빙 장비를 생산하는 회사는 DiveRite, Zeagle, 등이 있음.
OTC	OTC	일반의약품(over-the-counter)
OTU	OTU	산소 독성 단위(Oxygen Toxicity Unit).
Oxygen	산소	생명을 유지시키기 위해 필요함 (예., 대사 활성화). 산소는 자연의 가장 흔한 산화제이고 연소/호흡에 필요한 인자임.

P

P	P	대부분의 경우 압력(pressure)이라고 함.
$PoCO_2$	$PoCO_2$	이산화 탄소의 압력.
Pg	Pg	기체의 부분압.
pH	pH	용액 내(예를 들어 혈액) 수소농도 측정 단위.
Pi	Pi	이 책에서는 인산염 분자를 표현하기 위해 사용됨. 실질적으로 과학적으로 Pi 라고 쓰여진다. 아데노신 3인산 참조.
PO_2	PO_2	산소의 부분압.
PPO_2	PPO_2	PO_2와 동일함.
PSI	PSI	제곱 인치 당 파운드(Pounds per Square Inch). 미국 표준 압력 측정 단위.
PSIG	PSIG	제곱 인치 게이지 당 파운드(Pounds per Square Inch Gauge). 미국 표준 게이지 압력 측정 단위(절대압으로 계산하기 위해서는 PSIG에 14.7 제곱 인치 당 파운드를 더함).
Pulmonary	폐-	폐와 관련된 것들.

Q, R

RBC	RBC	적혈구(Red Blood Cell).
REM	REM	급속안구운동(Rapid Eye Movement). 대부분 꿈을 꿀 때하는 움직임.
Renal	신장의	신장과 관련된 내용들.
Respiration	호흡	기체를 교환하는 대사적 과정. 공기를 호흡하는 포유 동물(다이버들)은 산소를 흡입하고(산화) 이산화탄소로 바꿔 내쉼(대사의 부산물 배출).
RMV	RMV	분당 호흡량(Respiratory Minute Volume).
RNT	RNT	잔여질소시간(Residual Nitrogen Time).
RNPL	RNPL	해군 생리학 연구소(Royal Naval Physiologic Laboratory).
Rule of Thirds	3 분의 법칙	간단한 기체관리 기술로 다이버들은 '투입'(혹은 하강) 시 가지고 있는 기체의 1/3만 사용함. 하강하면서 총 공기의 첫 1/3을 사용하면 다이버는 두 번째 1/3을 사용해 출수(상승)함. 출수점에 도착하면 마지막 1/3이 모두 남아있어야 함.

S

S-Drill	S-훈련	모든 테크니컬 다이빙 전에 실행해야 할 '안전(safety)' 훈련.
SAC	SAC	수면 공기 사용량(Surface Air Consumption).
SCUBA	SCUBA	잠수용 수중호흡장치(Self-Contained Underwater Breathing Apparatus).
SDO	SDO	산소를 사용한 수면 감압(Surface Decompression using Oxygen).
Side Mount	사이드 마운트	두 개의 스쿠버 실린더를 착용할 수 있도록 하는 장비장치를 설명하는 용어임. 각각의 실린더가 다이버의 양 옆에 위치함. 트윈(Twins)과는 다르게 사이드 마운트(측면 부착형)형 실린더는 다이버가 직접 두 개의 독립적 시스템을 직접 점검하고 관리할 수 있음. 주의: 스테이지를 사이드 마운트라고 하는 이들도 있음.
SIT	SIT	수면 휴식 시간(Surface Interval Time).
SPG	SPG	수중 압력 게이지(Submersible Pressure Gauge).
SRF	SRF	수면 비율 인수(Surface Ratio Factor).
Sur-D	Sur-D	수면 감압(Surface Decompression).

T

TOD	TOD	목표활동수심(Target Operating Depth).
Trans	트랜스 지방	구조화학적으로 대상 화학그룹이 탄소와 탄소의 이중결합과 다른 면에 있는 것을 뜻함. 이 책에서는 특정한 지방 분자의 구성을 설명할 때 사용되었음. '트랜스 지방(Trans-fats)'은 나쁜 지방임. 또한 Cis 참조.

TUP	TUP	압력 하 이동(Transfer Under Pressure).
Twins	트윈	등 뒤에 두 개의 개별적인 스쿠버 실린더를 착용하는 '쌍'(더블형) 형태의 개별적 공기 공급체를 설명하는 용어임. (영국에서는 트윈을 더블(doubles)(더블 참조)이라함.) 백마운트(등부착형) 된 두 개의 개별적 기체 공급체(미국 다이버들은 이를 트윈이라 한다) 형식은 다이빙 사고의 주요한 원인이 되었음.

U

UHMS	UHMS	해저 및 고압의료협회(The Undersea and Hyperbaric Medicine Society).

V

V_E	V_E	분시한기량으로 호기된 전체 공기를 뜻함.
VO_2	VO_2	다이버의 산소사용능력을 측정함.
VPA	VPA	발프로산 나트륨(Sodium Valproate), GABA를 강화시킴. 11장 참조.

W

WBC	WBC	백혈구(White Blood Cell).

감압 테이블과 차트

주의 : 수중에서 압축된 공기와 다른 혼합기체 사용이 포함된 스쿠버 다이빙은 본질적인 위험이 존재하는 활동이다. 장애나 사망으로 이어실 수 있는 부상을 경험할 수 있을 수 있다. 본 책은 교육 프로그램이 아니며 대처방법으로 사용될 수 없다. 사고를 예방하고 안전한 다이빙을 하기 위해서는 특정한 상황이나 환경에 맞는 교육을 받도록 한다.

제작자 : Tom Mount, Mark Owens, Clayton Bohm, Don Townsend,
Kevin Gurr, Pettennude, Denlay, Taylor, Blunt, and/or Bill Hamilton

테이블과 차트
목 차

다이빙 계획 테이블 및 차트 – 피트 단위

기체 관리 테이블 – 피트 단위

다이빙 계획 테이블과 차트 – 미터 단위

기체 관리 테이블 – 미터 단위

피트와 미터법 결합

IANTD 다이빙과 감압 테이블

Table 1

PO_2 테이블

	산소 함유량(Oxygen content)																														
FSW	0.21	0.22	0.23	0.24	0.25	0.26	0.27	0.28	0.29	0.30	0.31	0.32	0.33	0.34	0.35	0.36	0.37	0.38	0.39	0.40	0.45	0.50	0.55	0.60	0.65	0.70	0.75	0.80	0.85	0.90	0.95	1.00
10	0.27	0.29	0.30	0.31	0.33	0.34	0.35	0.36	0.38	0.39	0.40	0.42	0.43	0.44	0.46	0.47	0.48	0.50	0.51	0.52	0.59	0.65	0.72	0.78	0.85	0.91	0.98	1.04	1.11	1.17	1.24	1.30
15	0.31	0.32	0.33	0.35	0.36	0.38	0.39	0.41	0.42	0.44	0.45	0.47	0.48	0.49	0.51	0.52	0.54	0.55	0.57	0.58	0.65	0.73	0.80	0.87	0.95	1.02	1.09	1.16	1.24	1.31	1.38	1.45
20	0.34	0.35	0.37	0.39	0.40	0.42	0.43	0.45	0.47	0.48	0.50	0.51	0.53	0.55	0.56	0.58	0.59	0.61	0.63	0.64	0.72	0.80	0.88	0.96	1.04	1.12	1.20	1.28	1.37	1.45	1.53	1.61
30	0.40	0.42	0.44	0.46	0.48	0.50	0.52	0.53	0.55	0.57	0.59	0.61	0.63	0.65	0.67	0.69	0.71	0.73	0.74	0.76	0.86	0.95	1.05	1.15	1.24	1.34	1.43	1.53	1.62			
40	0.46	0.49	0.51	0.53	0.55	0.58	0.60	0.62	0.64	0.66	0.69	0.71	0.73	0.75	0.77	0.80	0.82	0.84	0.86	0.88	1.00	1.11	1.22	1.33	1.44	1.55	1.66					
50	0.53	0.55	0.58	0.60	0.63	0.65	0.68	0.70	0.73	0.75	0.78	0.80	0.83	0.86	0.88	0.91	0.93	0.96	0.98	1.01	1.13	1.26	1.38	1.51	1.63							
60	0.59	0.62	0.65	0.68	0.70	0.73	0.76	0.79	0.82	0.85	0.87	0.90	0.93	0.96	0.99	1.01	1.04	1.07	1.10	1.13	1.27	1.41	1.55	1.69								
70	0.66	0.69	0.72	0.75	0.78	0.81	0.84	0.87	0.91	0.94	0.97	1.00	1.03	1.06	1.09	1.12	1.15	1.19	1.22	1.25	1.40	1.56										
80	0.72	0.75	0.79	0.82	0.86	0.89	0.92	0.96	0.99	1.03	1.06	1.10	1.13	1.16	1.20	1.23	1.27	1.30	1.34	1.37	1.54											
90	0.78	0.82	0.86	0.89	0.93	0.97	1.01	1.04	1.08	1.12	1.16	1.19	1.23	1.27	1.30	1.34	1.38	1.42	1.45	1.49	1.68											
100	0.85	0.89	0.93	0.97	1.01	1.05	1.09	1.13	1.17	1.21	1.25	1.29	1.33	1.37	1.41	1.45	1.49	1.53	1.57	1.61												
110	0.91	0.95	1.00	1.04	1.08	1.13	1.17	1.21	1.26	1.30	1.34	1.39	1.43	1.47	1.52	1.56	1.60	1.65	1.69													
120	0.97	1.02	1.07	1.11	1.16	1.21	1.25	1.30	1.34	1.39	1.44	1.48	1.53	1.58	1.62	1.67																
130	1.04	1.09	1.14	1.19	1.23	1.28	1.33	1.38	1.43	1.48	1.53	1.58	1.63	1.68																		
140	1.10	1.15	1.21	1.26	1.31	1.36	1.42	1.47	1.52	1.57	1.63	1.68																				
150	1.16	1.22	1.28	1.33	1.39	1.44	1.50	1.55	1.61	1.66																						
160	1.23	1.29	1.35	1.40	1.46	1.52	1.58	1.64																								
170	1.29	1.35	1.41	1.48	1.54	1.60	1.66																									
180	1.36	1.42	1.48	1.55	1.61	1.68																										
190	1.42	1.49	1.55	1.62																												
200	1.48	1.55	1.62																													
210	1.55	1.62																														

1. 테이블 좌측에서 수심을 찾는다.
2. 사용하고 있는 믹스 세로칸을 만날때 까지 수평으로 가로질러 이동한다.
3. 표시된 PO_2를 읽는다.

   예: EAN 28을 사용한 110 FSW = 1.21 PO_2

Table 2

저산소성 PO_2 테이블

산소 백분율 (Oxygen percent)													
FSW	0.20	0.19	0.18	0.17	0.16	0.15	0.14	0.13	0.12	0.11	0.10	0.09	0.08
10	0.26	0.25	0.23	0.22	0.21	0.20	0.18	0.17	0.16	0.14	0.13	0.12	0.10
15	0.29	0.28	0.26	0.25	0.23	0.22	0.20	0.19	0.17	0.16	0.15	0.13	0.12
20	0.32	0.31	0.29	0.27	0.26	0.24	0.22	0.21	0.19	0.18	0.16	0.14	0.13
30	0.38	0.36	0.34	0.32	0.31	0.29	0.27	0.25	0.23	0.21	0.19	0.17	0.15
40	0.44	0.42	0.40	0.38	0.35	0.33	0.31	0.29	0.27	0.24	0.22	0.20	0.18
50	0.50	0.48	0.45	0.43	0.40	0.38	0.35	0.33	0.30	0.28	0.25	0.23	0.20
60	0.56	0.54	0.51	0.48	0.45	0.42	0.39	0.37	0.34	0.31	0.28	0.25	0.23
70	0.62	0.59	0.56	0.53	0.50	0.47	0.44	0.41	0.37	0.34	0.31	0.28	0.25
80	0.68	0.65	0.62	0.58	0.55	0.51	0.48	0.45	0.41	0.38	0.34	0.31	0.27
90	0.75	0.71	0.67	0.63	0.60	0.56	0.52	0.48	0.45	0.41	0.37	0.34	0.30
100	0.81	0.77	0.73	0.69	0.64	0.60	0.56	0.52	0.48	0.44	0.40	0.36	0.32
110	0.87	0.82	0.78	0.74	0.69	0.65	0.61	0.56	0.52	0.48	0.43	0.39	0.35
120	0.93	0.88	0.83	0.79	0.74	0.70	0.65	0.60	0.56	0.51	0.46	0.42	0.37
130	0.99	0.94	0.89	0.84	0.79	0.74	0.69	0.64	0.59	0.54	0.49	0.44	0.40
140	1.05	1.00	0.94	0.89	0.84	0.79	0.73	0.68	0.63	0.58	0.52	0.47	0.42
150	1.11	1.05	1.00	0.94	0.89	0.83	0.78	0.72	0.67	0.61	0.55	0.50	0.44
160	1.17	1.11	1.05	0.99	0.94	0.88	0.82	0.76	0.70	0.64	0.58	0.53	0.47
170	1.23	1.17	1.11	1.05	0.98	0.92	0.86	0.80	0.74	0.68	0.62	0.55	0.49
180	1.29	1.23	1.16	1.10	1.03	0.97	0.90	0.84	0.77	0.71	0.65	0.58	0.52
190	1.35	1.28	1.22	1.15	1.08	1.01	0.95	0.88	0.81	0.74	0.68	0.61	0.54
200	1.41	1.34	1.27	1.20	1.13	1.06	0.99	0.92	0.85	0.78	0.71	0.64	0.56
210	1.47	1.40	1.33	1.25	1.18	1.10	1.03	0.96	0.88	0.81	0.74	0.66	0.59
220	1.53	1.46	1.38	1.30	1.23	1.15	1.07	1.00	0.92	0.84	0.77	0.69	0.61
230	1.59	1.51	1.43	1.35	1.28	1.20	1.12	1.04	0.96	0.88	0.80	0.72	0.64
240	1.65	1.57	1.49	1.41	1.32	1.24	1.16	1.08	0.99	0.91	0.83	0.74	0.66
250		1.63	1.54	1.46	1.37	1.29	1.20	1.11	1.03	0.94	0.86	0.77	0.69
260			1.60	1.51	1.42	1.33	1.24	1.15	1.07	0.98	0.89	0.80	0.71
270			1.65	1.56	1.47	1.38	1.29	1.19	1.10	1.01	0.92	0.83	0.73
280				1.61	1.52	1.42	1.33	1.23	1.14	1.04	0.95	0.85	0.76
290					1.57	1.47	1.37	1.27	1.17	1.08	0.98	0.88	0.78
300					1.61	1.51	1.41	1.31	1.21	1.11	1.01	0.91	0.81
310						1.56	1.46	1.35	1.25	1.14	1.04	0.94	0.83
320						1.60	1.50	1.39	1.28	1.18	1.07	0.96	0.86
330							1.54	1.43	1.32	1.21	1.10	0.99	0.88
340							1.58	1.47	1.36	1.24	1.13	1.02	0.90
350							1.62	1.51	1.39	1.28	1.16	1.04	0.93
360								1.55	1.43	1.31	1.19	1.07	0.95
370								1.59	1.47	1.34	1.22	1.10	0.98
380								1.63	1.50	1.38	1.25	1.13	1.00
390									1.54	1.41	1.28	1.15	1.03
400									1.57	1.44	1.31	1.18	1.05
410									1.61	1.48	1.34	1.21	1.07
420										1.51	1.37	1.24	1.10
430										1.54	1.40	1.26	1.12
440										1.58	1.43	1.29	1.15
450										1.61	1.46	1.32	1.17
460											1.49	1.34	1.20
470											1.52	1.37	1.22
480											1.55	1.40	1.24
490											1.58	1.43	1.27
500											1.62	1.45	1.29

PO_2 차트에 따른 분당 CNS%

Table 3

PO_2	CNS% MIN.	PO_2	CNS% MIN.	PO_2	CNS% MIN.
0.60	0.14	1.02	0.35	1.42	0.68
0.62	0.14	1.04	0.36	1.44	0.71
0.64	0.15	1.06	0.38	1.46	0.74
0.66	0.16	1.08	0.40	1.48	0.78
0.68	0.17	1.10	0.42	1.50	0.83
0.70	0.18	1.12	0.43	1.52	0.93
0.72	0.18	1.14	0.43	1.54	1.04
0.74	0.19	1.16	0.44	1.56	1.19
0.76	0.20	1.18	0.46	1.58	1.47
0.78	0.21	1.20	0.47	1.60	2.22
0.80	0.22	1.22	0.48	1.62	5.00
0.82	0.23	1.24	0.51	1.65	6.25
0.84	0.24	1.26	0.52	1.67	7.69
0.86	0.25	1.28	0.54	1.70	10.00
0.88	0.26	1.30	0.56	1.72	12.50
0.90	0.28	1.32	0.57	1.74	20.00
0.92	0.29	1.34	0.60	1.77	25.00
0.94	0.30	1.36	0.62	1.78	31.25
0.96	0.31	1.38	0.63	1.80	50.00
0.98	0.32	1.40	0.65	1.82	100.00
1.00	0.33				

위 테이블 3은 정확하게 안전한 노출을 지키기 위해 정확한 CNS% 값이 계산되어야 하는 연장된 다이빙을 할 때 가치가 있다. 다음 장에는 0.05 ata 증가로 계산된 테이블이 있으며, 이는 다이빙 계산을 할 때 더 쉽다. 대부분의 테크니컬 다이빙과 이 책에 남아있는 모든 샘플에는 테이블 5가 사용될 것이다. 테이블 5의 또 다른 장점은 테이블 3과 4의 정보를 결합시켰다는 것이다.

Table 4

해밀톤 OTU 테이블

일회 잠수	
PO_2 (ATA)	분당 OTU
0.50	00
0.55	0.15
0.60	0.27
0.65	0.37
0.70	0.47
0.75	0.56
0.80	0.65
0.85	0.74
0.90	0.83
0.95	0.92
1.00	1.00
1.05	1.08
1.10	1.16
1.15	1.24
1.20	1.32
1.25	1.40
1.30	1.48
1.35	1.55
1.40	1.63
1.45	1.70
1.50	1.78
1.55	1.85
1.60	1.92
1.65	2.00
1.70	2.07
1.75	2.14
1.80	2.21
1.85	2.28
1.90	2.35
1.95	2.42
2.00	2.49

복식일 잠수시 OTU 할당량		
노출 일(day)	평균량(dose)	총량(dose)
1	850	850
2	700	1400
3	620	1860
4	420	2100
5	380	2300
6	350	2520
7	330	3660
8	310	2800
9	300	2970
10	300	3100
11	300	3300
12	300	3600
13	300	3900
14	300	4200
15 - 30	300	**필요한 만큼**

주의! Repex 테이블의 중점은 테이블이 복식일(multi-day)의 총 체내 산소노출한계를 추적한다는 것이다.

추가 안전을 위해 산소위험노출을 추적할 수 있게 테이블을 작성하였다. 테이블 값을 직선으로 표현하기 위해 테이블 수치들이 조절되었기 때문에 테이블 3의 원수치보다 약간 더 보수적이다.

주어진 다이빙의 CNS%와 OTU 축적에 대한 계산을 위해 테이블 6를 참조한다.

OTU와 CNS% 트래킹(추적)과 계획의 보기를 위해 테이블 5를 참조한다. OTU는 단위로 추적된다. CNS O_2는 시간의 백분율로 추적된다.

만약 PO_2가 정확하지 않다면 차트에서 다음으로 높은 PO_2 수치를 사용한다. 약간 차이가 나는 수치는 차트의 세로칸 숫자를 반올림하여 생긴 차이이다.

보기: 1.3 PO_2에서 전체 다이빙 시간은 80분이다.

60분 세로칸 사용됨	3.33% CNS O_2	88.63 OTUs	
20분 세로칸 사용됨	11.11% CNS O_2	29.54 OTUs	
다이빙 전체:	44.44% CNS O_2	118.17 OTUs	혹 만약
1분 열이 사용될 경우:	**44.80% CNS O_2**	**118.40 OTUs**	

OTU / CNS 추적 테이블

Table 5

PO_2	1 In OTU - CNS O_2	5 Min OTU - CNS O_2	10 Min OTU - CNS O_2	20 Min OTU - CNS O_2	30 Min OTU - CNS O_2	40 Min OTU - CNS O_2	50 Min OTU - CNS O_2	60 Min OTU - CNS O_2
0.60	0.26 - 0.14	1.31 - 0.69	2.63 - 1.39	5.26 - 2.78	7.89 - 4.17	10.52 - 5.56	13.15 - 6.94	15.78 - 8.33
0.65	0.37 - 0.16	1.84 - 0.78	3.68 - 1.55	7.36 - 3.10	11.04 - 4.65	14.73 - 6.20	18.41 - 7.75	22.09 - 9.30
0.70	0.47 - 0.18	2.34 - 0.88	4.67 - 1.75	9.35 - 3.51	14.02 - 5.26	18.70 - 7.02	23.37 - 8.77	28:05 - 10.53
0.75	0.56 - 0.20	2.81 - 0.98	5.63 - 1.96	11.25 - 3.92	16.88 - 5.88	22.50 - 7.84	28.13 - 9.80	33.75 - 11.76
0.80	0.65 - 0.22	3.27 - 1.11	6.54 - 2.22	13.09 - 4.44	19.63 - 6.67	26.18 - 8.89	32.72 - 11.11	39.27 - 13.33
0.85	0.74 - 0.25	3.72 - 1.23	7.44 - 2.47	14.88 - 4.94	22.31 - 7.41	29.75 - 9.87	37.19 - 12.34	44.63 - 14.81
0.90	0.83 - 0.28	4.15 - 1.39	8.31 - 2.78	16.62 - 5.56	24.63 - 8.33	33.24 - 11.11	41.55 - 13.89	49.86 - 16.67
0.95	0.92 - 0.31	4.58 - 1.57	9.16 - 3.14	18.33 - 6.27	27.49 - 9.41	36.65 - 12.54	45.81 - 15.68	54.98 - 18.81
1.00	1.00 - 0.33	5.00 - 1.67	10.00 - 3.33	20.00 - 6.67	30.00 - 10.00	40.00 - 13.33	50.00 - 16.67	60.00 - 20.00
1.05	1.08 - 0.37	5.41 - 1.85	10.82 - 3.70	21.65 - 7.41	32.47 - 11.11	43.29 - 14.81	54.12 - 18.52	64.94 - 22.22
1.10	1.16 - 0.42	5.82 - 2.08	11.63 - 4.17	23.27 - 8.33	34.90 - 12.50	46.54 - 16.67	58.17 - 20.83	69.80 - 25.00
1.15	1.24 - 0.44	6.22 - 2.19	12.43 - 4.39	24.87 - 8.77	37.30 - 13.16	49.73 - 17.55	62.16 - 21.93	74.60 - 26.32
1.20	1.32 - 0.48	6.61 - 2.38	13.22 - 4.76	26.44 - 9.52	39.67 - 14.29	52.89 - 19.05	66.11 - 23.81	79.33 - 28.57
1.25	1.40 - 0.51	7.00 - 2.56	14.00 - 5.13	28.00 - 10.26	42.00 - 15.39	56.00 - 20.51	70.00 - 25.64	84.01 - 30.77
1.30	1.48 - 0.56	7.39 - 2.78	14.77 - 5.56	29.54 - 11.11	44.31 - 16.67	59.09 - 22.22	73.86 - 27.78	88.63 - 33.33
1.35	1.55 - 0.61	7.77 - 3.03	15.53 - 6.06	31.07 - 12.12	46.60 - 18.18	62.13 - 24.24	77.67 - 30.30	93.20 - 36.36
1.40	1.63 - 0.65	8.14 - 3.33	16.29 - 6.67	32.58 - 13.33	48.86 - 20.00	65.15 - 26.67	81.44 - 33.33	97.73 - 40.00
1.45	1.70 - 0.72	8.52 - 3.62	17.04 - 7.25	34.07 - 14.49	51.11 - 21.74	68.14 - 28.99	85.18 - 36.23	102.2 - 43.48
1.50	1.78 - 0.83	8.89 - 4.17	17.78 - 8.33	35.55 - 16.67	53.33 - 25.00	71.11 - 33.33	88.88 - 41.67	106.7 - 50.00
1.55	1.85 - 1.11	9.26 - 5.56	18.51 - 11.11	37.02 - 22.22	55.53 - 33.34	74.05 - 44.45	92.56 - 55.56	111.1 - 66.67
1.60	1.92 - 2.22	9.62 - 11.11	19.24 - 22.22	38.48 - 44.44	57.72 - 66.67	76.96 - 88.89	96.20 - 111.1	115.4 - 133.3

트라이믹스를 위한 등가 질소 수심

Table 6

%산소 →	16%	14%	12%	15%	13%	12%
%헬륨 →	24%	33%	40%	45%	50%	63%
FSW	FSW	FSW	FSW	FSW	FSW	FSW
180	129	110	96	75	67	34
190	136	117	102	80	71	38
200	144	123	109	85	76	41
210	152	130	115	90	81	44
220	159	137	121	95	85	47
230	167	143	128	100	90	50
240	174	150	133	105	95	53
250	184	157	139	110	100	57
260	190	164	145	115	104	60
270	197	170	151	120	109	63
280	205	177	157	125	114	66
290	212	184	163	131	118	69
300	220	190	169	136	123	72
310	228	197	175	141	128	76
320	235	204	181	146	132	79
330	243	211	188	151	137	82
340	250	217	194	156	142	85
350	258	224	200	161	146	88
360	265	231	206	166	151	91
370	273	237	212	171	156	95
380	281	244	218	176	160	98
390	288	251	224	181	165	101
400	296	257	230	186	170	104

테이블 6은 믹스의 성분을 알고 있을 경우 END 값을 신속하게 찾을 때 사용된다. 만약 270 피트에서 트라이믹스 14/45가 사용되었다면 테이블에서 믹스를 찾아 270 피트까지 내려가면 120 피트 END를 찾을 수 있다.

주의: 특정수심에서 일부 믹스의 PO2가 1.6 ATA를 초과한다는 것을 경고함.
이 차트는 동등한 마취수심만 보여주도록 제작되었음.

간단한 믹스를 위한 계획 정보
(PO_2 = 1.4 ATA)

트라이믹스를 위한 최대활동수심(MD)

Table 7

	21%		26%		30%		32%		34%		36%	
END (FSW)	187		133		103		91		81		71	
	믹스		믹스		믹스		믹스		믹스		믹스	
He %	O_2%	MOD	O_2%	MOD	O_2%	MOD	O_2%	MOD	O_2%	MOD	O_2%	MOD
2	21	191	25	148	29	124	31	114	33	106	35	98
4	20	196	25	152	29	127	31	117	33	109	35	101
6	20	201	24	156	28	131	30	121	32	112	34	104
8	19	206	24	160	28	134	29	124	31	115	33	106
10	19	211	23	164	27	138	29	127	31	118	32	110
12	18	217	23	169	26	142	28	131	30	121	32	113
14	18	223	22	174	26	146	28	135	29	125	31	116
16	18	229	22	179	25	150	27	139	29	129	30	120
18	17	235	21	184	25	155	26	143	28	133	30	124
20	17	242	21	189	24	160	26	147	27	137	29	127
22	16	249	20	195	23	164	25	152	27	141	28	132
24	16	256	20	201	23	170	24	157	26	146	27	136
26	16	264	19	207	22	175	24	162	25	151	27	140
28	15	273	19	214	22	181	23	168	24	156	26	145
30	15	281	18	221	21	187	22	173	24	161	25	150
32	14	291	18	228	20	193	22	179	23	167	24	156
34	14	300	17	236	20	200	21	186	22	173	24	161
36	13	311	17	245	19	208	20	193	22	179	23	168
38	13	322	16	254	19	215	20	200	21	186	22	174
40	13	334	16	263	18	224	19	208	20	193	22	181
42	12	346	15	273	17	233	19	216	20	201	21	188
44	12	360	15	284	17	242	18	225	19	210	20	196
46	11	374	14	296	16	252	17	234	18	219	19	205
48	11	390	14	309	16	263	17	245	18	228	19	214
50	11	407	13	322	15	275	16	256	17	239	18	224
52	10	425	12	337	14	288	15	268	16	250	17	234
54	10	445	12	353	14	302	15	281	16	262	17	246
56	9	467	11	371	13	317	14	295	15	276	16	259
58	9	491	11	390	13	334	13	311	14	291	15	273
60	8	517	10	411	12	352	13	328	14	307	14	288

EAD/MOD 테이블

Table 8

30% O_2

	실제수심 (FSW)										
	40	50	60	70	80	90	100	110	120	130	140
EAD	32	41	49	53	67	76	85	94	103	111	120
PO_2	0.66	0.75	0.85	0.94	1.03	1.12	1.21	1.30	1.39	1.48	1.57
OUT MIN	0.40	0.57	0.74	0.89	1.05	1.19	1.34	1.48	1.62	1.75	1.88
% CNS O_2	0.16	0.20	0.24	0.29	0.35	0.42	0.48	0.56	0.65	0.79	1.30

PO_2	MOD/FSW
1.30	110
1.35	116
1.40	121
1.45	127
1.50	132
1.55	138
1.60	143

32% O_2

	실제수심 (FSW)									
	40	50	60	70	80	90	100	110	120	130
EAD	30	38	47	56	64	73	81	90	00	107
PO_2	0.71	0.80	0.90	1.00	1.10	1.19	1.29	1.39	1.48	1.58
OUT MIN	0.48	0.66	0.83	1.00	1.16	1.31	1.46	1.61	1.75	1.90
% CNS O_2	0.18	0.22	0.28	0.33	0.41	0.47	0.54	0.64	0.79	1.47

PO_2	MOD/FSW
1.30	101
1.35	106
1.40	111
1.45	117
1.50	122
1.55	127
1.60	132

28% O_2

	실제수심 (FSW)											
	40	50	60	70	80	90	100	110	120	130	140	150
EAD	34	43	52	61	70	79	88	97	106	116	125	134
PO_2	0.62	0.70	0.79	0.87	0.96	1.04	1.13	1.21	1.30	1.38	1.47	1.55
OUT MIN	0.30	0.48	0.63	0.79	0.93	1.07	1.21	1.34	1.47	1.60	1.73	1.86
% CNS O_2	0.14	0.18	0.21	0.25	0.30	0.36	0.43	0.48	0.55	0.34	0.76	1.11

PO_2	MOD/FSW
1.30	120
1.35	126
1.40	132
1.45	138
1.50	144
1.55	150
1.60	156

34% O_2

	실제수심 (FSW)								
	50	50	60	70	80	90	100	110	120
EAD	28	36	45	53	61	70	78	86	95
PO_2	0.75	0.86	0.96	1.06	1.16	1.27	1.37	1.47	1.58
OUT MIN	0.57	0.75	0.93	1.10	1.27	1.43	1.58	1.74	1.89
% CNS O_2	0.20	0.25	0.30	0.38	0.45	0.52	0.63	0.78	1.30

PO_2	MOD/FSW
1.30	93
1.35	98
1.40	103
1.45	108
1.50	113
1.55	117
1.60	122

26% O_2

	실제수심 (FSW)													
	40	50	60	70	80	90	100	110	120	130	140	150	160	170
EAD	35	45	54	63	73	82	92	101	110	120	129	138	148	157
PO_2	0.58	0.65	0.73	0.81	0.89	0.97	1.05	1.13	1.21	1.28	1.36	1.44	1.52	1.60
OUT MIN	0.21	0.38	0.53	0.68	0.8[illegible]	0.95	1.08	1.21	1.33	1.45	1.57	1.69	1.81	1.92
% CNS O_2	0.00	0.16	0.18	0.23	0.27	0.31	0.36	0.43	0.43	0.54	0.62	0.72	0.93	1.72

PO_2	MOD/FSW
1.30	132
1.35	138
1.40	145
1.45	151
1.50	157
1.55	164
1.60	170

36% O_2

	실제수심 (FSW)							
	40	50	60	70	80	90	100	110
EAD	26	34	42	50	59	67	75	83
PO_2	0.80	0.91	1.01	1.12	1.23	1.34	1.45	1.56
OUT MIN	0.65	0.84	1.02	1.20	1.37	1.54	1.70	1.87
% CNS O_2	0.22	0.28	0.34	0.43	0.50	0.60	0.74	1.19

PO_2	MOD/FSW
1.30	85
1.35	91
1.40	95
1.45	100
1.50	105
1.55	109
1.60	114

24% O_2

	실제수심 (FSW)														
	40	50	60	70	80	90	100	110	120	130	140	150	160	170	180
EAD	37	47	56	66	76	85	95	105	114	124	133	143	153	162	172
PO_2	0.53	0.60	0.68	0.75	0.82	0.89	0.97	1.04	1.11	1.19	1.26	1.33	1.40	1.48	1.55
OUT MIN	0.10	0.27	0.42	0.56	0.69	0.82	0.95	1.07	1.18	1.30	1.41	1.52	1.63	1.74	1.85
% CNS O_2	0.00	0.14	0.16	0.19	0.23	0.27	0.31	0.36	0.42	0.46	0.51	0.58	0.67	0.78	1.04

PO_2	MOD/FSW
1.30	146
1.35	153
1.40	160
1.45	166
1.50	173
1.55	180
1.60	187

38% O_2

	실제수심 (FSW)						
	40	50	60	70	80	90	100
EAD	24	32	40	48	56	64	71
PO_2	0.84	0.96	1.07	1.19	1.30	1.42	1.53
OUT MIN	0.73	0.93	1.12	1.30	1.48	1.65	1.82
% CNS O_2	0.24	0.30	0.39	0.46	0.56	0.68	0.98

PO_2	MOD/FSW
1.30	80
1.35	84
1.40	89
1.45	93
1.50	97
1.55	102
1.60	106

Table 8B

EAD/MOD 테이블

40% O_2

실제수심 (FSW)	40	50	60	70	80	90	100
EAD	22	30	38	45	53	60	68
PO_2	0.88	1.01	1.13	1.25	1.37	1.49	1.61
OUT MIN	0.80	1.01	1.21	1.40	1.58	1.76	1.94
% CNS O_2	0.26	0.33	0.43	0.51	0.62	0.81	2.50

PO_2	MOD/FSW
1.30	74
1.35	78
1.40	82
1.45	87
1.50	91
1.55	95
1.60	99

60% O_2

실제수심 (FSW)	10	20	30	40	50
EAD	0	0	0	4	9
PO_2	0.78	0.96	1.15	1.33	1.51
OUT MIN	0.62	0.94	1.24	1.52	1.79
% CNS O_2	0.21	0.31	0.44	0.57	0.83

PO_2	MOD/FSW
1.30	39
1.35	41
1.40	44
1.45	47
1.50	50
1.55	52
1.60	55

80% O_2

실제수심 (FSW)	10	20	30
EAD	0	0	0
PO_2	1.04	1.28	1.53
OUT MIN	1.07	1.45	1.82
% CNS O_2	0.36	0.54	0.93

PO_2	MOD/FSW
1.30	21
1.35	23
1.40	25
1.45	27
1.50	29
1.55	31
1.60	33

45% O_2

실제수심 (FSW)	10	20	30	40	50	60	80
EAD	0	4	11	18	25	32	46
PO_2	0.59	0.72	0.86	1.00	1.13	1.27	1.54
OUT MIN	0.23	0.51	0.76	0.99	1.21	1.43	1.84
% CNS O_2	0.00	0.18	0.25	0.33	0.43	0.52	1.04

PO_2	MOD/FSW
1.30	62
1.35	66
1.40	70
1.45	73
1.50	77
1.55	81
1.60	84

65% O_2

실제수심 (FSW)	10	20	30	40
EAD	0	0	0	0
PO_2	0.85	1.04	1.24	1.44
OUT MIN	0.74	1.07	1.39	1.69
% CNS O_2	0.24	0.36	0.51	0.71

PO_2	MOD/FSW
1.30	33
1.35	36
1.40	38
1.45	41
1.50	43
1.55	46
1.60	48

85% O_2

FSW	10	20
EAD	0	0
PO_2	1.11	1.37
OUT MIN	1.18	1.58
% CNS O_2	0.42	0.62

PO_2	MOD/FSW
1.30	17
1.35	19
1.40	21
1.45	23
1.50	25
1.55	27
1.60	29

90% O_2

FSW	10	20
EAD	0	0
PO_2	1.17	1.45
OUT MIN	1.28	1.70
% CNS O_2	0.46	0.72

PO_2	MOD/FSW
1.30	15
1.35	17
1.40	18
1.45	20
1.50	22
1.55	24
1.60	26

50% O_2

실제수심 (FSW)	10	20	30	40	50	60
EAD	0	1	7	13	20	26
PO_2	0.65	0.80	0.95	1.11	1.26	1.41
OUT MIN	0.37	0.66	0.92	1.17	1.41	1.64
% CNS O_2	0.16	0.22	0.30	0.42	0.51	0.67

PO_2	MOD/FSW
1.30	53
1.35	56
1.40	59
1.45	63
1.50	66
1.55	69
1.60	73

70% O_2

실제수심 (FSW)	10	20	30	40
EAD	0	0	0	0
PO_2	0.91	1.12	1.34	1.55
OUT MIN	0.85	1.20	1.53	1.85
% CNS O_2	0.28	0.43	0.58	1.04

PO_2	MOD/FSW
1.30	28
1.35	31
1.40	33
1.45	35
1.50	38
1.55	40
1.60	42

55% O_2

실제수심 (FSW)	10	20	30	40	50	60
EAD	0	0	3	9	14	20
PO_2	0.72	0.88	1.05	1.22	1.38	1.55
OUT MIN	0.50	0.80	1.08	1.35	1.60	1.85
% CNS O_2	0.18	0.26	0.37	0.48	0.64	1.11

PO_2	MOD/FSW
1.30	45
1.35	48
1.40	51
1.45	54
1.50	57
1.55	60
1.60	63

75% O_2

실제수심 (FSW)	10	20	30
EAD	0	0	0
PO_2	0.98	1.20	1.43
OUT MIN	0.96	1.33	1.68
% CNS O_2	0.31	0.48	0.71

PO_2	MOD/FSW
1.30	24
1.35	26
1.40	29
1.45	31
1.50	33
1.55	35
1.60	37

95% O_2

FSW	10	20
EAD	0	0
PO_2	1.24	1.53
OUT MIN	1.38	1.82
% CNS O_2	0.50	0.93

PO_2	MOD/FSW
1.30	12
1.35	14
1.40	16
1.45	17
1.50	19
1.55	21
1.60	23

100% O_2

FSW	10	20
EAD	0	0
PO_2	1.30	1.61
OUT MIN	1.48	1.93
% CNS O_2	0.56	2.22

PO_2	MOD/FSW
1.30	10
1.35	12
1.40	13
1.45	15
1.50	17
1.55	18
1.60	20

기체 관리 차트 – 피트 단위

SAC까지의 PSIG/Min(Cu.Ft/Min)

Table 9

탱크 압력과 크기																
PSIG →	2475	2640	2640	2640	2640	2640	3000	3000	3190	3190	3190	3500	3500	3500	3500	4400
Cu.Ft. →	70	45	95	104	108	121	70	80	95	120	140	65	80	100	120	190
PSI / min																
6	0.17	0.10	0.22	0.24	0.25	0.28	0.14	0.16	0.18	0.23	0.26	0.11	0.14	0.17	0.21	0.26
7	0.20	0.12	0.25	0.28	0.29	0.32	0.16	0.19	0.21	0.26	0.31	0.13	0.16	0.20	0.24	0.30
8	0.23	0.14	0.29	0.32	0.33	0.37	0.19	0.21	0.24	0.30	0.35	0.15	0.18	0.23	0.27	0.35
9	0.25	0.15	0.32	0.35	0.37	0.41	0.21	0.24	0.27	0.34	0.39	0.17	0.21	0.26	0.31	0.39
10	0.28	0.17	0.36	0.39	0.41	0.46	0.23	0.27	0.30	0.38	0.44	0.19	0.23	0.29	0.34	0.43
11	0.31	0.19	0.40	0.43	0.45	0.50	0.26	0.29	0.33	0.41	0.48	0.20	0.25	0.31	0.38	0.48
12	0.34	0.20	0.43	0.47	0.49	0.55	0.28	0.32	0.36	0.45	0.53	0.22	0.27	0.34	0.41	0.52
13	0.37	0.22	0.47	0.51	0.53	0.60	0.30	0.35	0.39	0.49	0.57	0.24	0.30	0.37	0.45	0.56
14	0.40	0.24	0.50	0.55	0.57	0.64	0.33	0.37	0.42	0.53	0.61	0.26	0.32	0.40	0.48	0.60
15	0.42	0.26	0.54	0.59	0.61	0.69	0.35	0.40	0.45	0.56	0.66	0.28	0.34	0.43	0.51	0.65
16	0.45	0.27	0.58	0.63	0.65	0.73	0.37	0.43	0.48	0.60	0.70	0.30	0.37	0.46	0.55	0.69
17	0.48	0.29	0.61	0.67	0.70	0.78	0.40	0.45	0.51	0.64	0.75	0.32	0.39	0.49	0.58	0.73
18	0.51	0.31	0.65	0.71	0.74	0.83	0.42	0.48	0.54	0.68	0.79	0.33	0.41	0.51	0.62	0.78
19	0.54	0.32	0.68	0.75	0.78	0.87	0.44	0.51	0.57	0.71	0.83	0.35	0.43	0.54	0.65	0.82
20	0.57	0.34	0.72	0.79	0.82	0.92	0.47	0.53	0.60	0.75	0.88	0.37	0.46	0.57	0.69	0.86
21	0.59	0.36	0.76	0.83	0.86	0.96	0.49	0.56	0.63	0.79	0.92	0.39	0.48	0.60	0.72	0.91
22	0.62	0.38	0.79	0.87	0.90	1.01	0.51	0.59	0.66	0.83	0.97	0.41	0.50	0.63	0.75	0.95
23	0.65	0.39	0.83	0.91	0.94	1.05	0.54	0.61	0.68	0.87	1.01	0.43	0.53	0.66	0.79	0.99
24	0.68	0.41	0.86	0.95	0.98	1.10	0.56	0.64	0.71	0.90	1.05	0.45	0.55	0.69	0.82	1.04
25	0.71	0.43	0.90	0.98	1.02	1.15	0.58	0.67	0.74	0.94	1.10	0.46	0.57	0.71	0.86	1.08
26	0.74	0.44	0.94	1.02	1.06	1.19	0.61	0.69	0.77	0.98	1.14	0.48	0.59	0.74	0.89	1.12
27	0.76	0.46	0.97	1.06	1.10	1.24	0.63	0.72	0.80	1.02	1.18	0.50	0.62	0.77	0.93	1.17
28	0.79	0.48	1.01	1.10	1.15	1.28	0.65	0.75	0.83	1.05	1.23	0.52	0.64	0.80	0.96	1.21
29	0.82	0.49	1.04	1.14	1.19	1.33	0.68	0.77	0.86	1.09	1.27	0.54	0.66	0.83	0.99	1.25
30	0.85	0.51	1.08	1.18	1.23	1.38	0.70	0.80	0.89	1.13	1.32	0.56	0.69	0.86	1.03	1.30
31	0.88	0.53	1.12	1.22	1.27	1.42	0.72	0.83	0.92	1.17	1.36	0.58	0.71	0.89	1.06	1.34
32	0.91	0.55	1.15	1.26	1.31	1.47	0.75	0.85	0.95	1.20	1.40	0.59	0.73	0.91	1.10	1.38
33	0.93	0.56	1.19	1.30	1.35	1.51	0.77	0.88	0.98	1.24	1.45	0.61	0.75	0.94	1.13	1.43
34	0.96	0.58	1.22	1.34	1.39	1.56	0.79	0.91	1.01	1.28	1.49	0.63	0.78	0.97	1.17	1.47
35	0.99	0.60	1.26	1.38	1.43	1.60	0.82	0.93	1.04	1.32	1.54	0.65	0.80	1.00	1.20	1.51
36	1.02	0.61	1.30	1.42	1.47	1.65	0.84	0.96	1.07	1.35	1.58	0.67	0.82	1.03	1.23	1.55
37	1.05	0.63	1.33	1.46	1.51	1.70	0.86	0.99	1.10	1.39	1.62	0.69	0.85	1.06	1.27	1.60
38	1.07	0.65	1.37	1.50	1.55	1.74	0.89	1.01	1.13	1.43	1.67	0.71	0.87	1.09	1.30	1.64
39	1.10	0.66	1.40	1.54	1.60	1.79	0.91	1.04	1.16	1.47	1.71	0.72	0.89	1.11	1.34	1.68
40	1.13	0.68	1.44	1.58	1.64	1.83	0.93	1.07	1.19	1.50	1.76	0.74	0.91	1.14	1.37	1.73

당신의 SAC을 분당 큐빅 피트로 계산하려면 먼저 테이블 위에서 정확한 탱크 사이즈를 찾아야 한다.

보기: 탱크는 3000 PSIG에서 80 Ft^3이다.

그리고 좌측 세로 칸에서 PSI/Min의 기체 사용률을 찾는다. 보기: 20 PSI/Min

세로와 가로 칸이 교차하는 숫자가 당신의 Ft^3/Min 단위 SAC이다.

Table 10

기체 관리 차트 – 피트 단위

분당 기체 사용량 (PSIG)

	분당 기체 사용량(PSIG)																	
SAC →	6	8	10	12	14	16	18	20	22	24	26	28	30	32	34	36	38	40
FSW ↓																		
10	8	10	13	16	18	21	23	26	29	31	34	36	39	42	44	47	50	52
20	10	13	16	19	22	26	29	32	35	39	42	45	48	51	55	58	61	64
30	11	15	19	23	27	31	34	38	42	46	50	53	57	61	65	69	73	76
40	13	18	22	27	31	35	40	44	49	53	58	62	66	71	75	80	84	88
50	15	20	25	30	35	40	45	50	55	60	65	70	75	80	86	91	96	101
60	17	23	28	34	39	45	51	56	62	68	73	79	85	90	96	101	107	113
70	19	25	31	37	44	50	56	62	69	75	81	87	94	100	106	112	119	125
80	21	27	34	41	48	55	62	68	75	82	89	96	103	110	116	123	130	137
90	22	30	37	45	52	60	67	75	82	89	97	104	112	119	127	134	142	149
100	24	32	40	48	56	64	73	81	89	97	105	113	121	129	137	145	153	161
110	26	35	43	52	61	69	78	87	95	104	113	121	130	139	147	156	165	173
120	28	37	46	56	65	74	83	93	102	111	121	130	139	148	158	167	176	185
130	30	40	49	59	69	79	89	99	109	119	128	138	148	158	168	178	188	198
140	31	42	52	63	73	84	94	105	115	126	136	147	157	168	178	189	199	210
150	33	44	55	67	78	89	100	111	122	133	144	155	166	177	189	200	211	222
160	35	47	58	70	82	94	105	117	129	140	152	164	175	187	199	211	222	234
170	37	49	62	74	86	98	111	123	135	148	160	172	185	197	209	221	234	246
180	39	52	65	77	90	103	116	129	142	155	168	181	194	207	219	232	245	258
190	41	54	68	81	95	108	122	135	149	162	176	189	203	216	230	243	257	270
200	42	56	71	85	99	113	127	141	155	169	184	198	212	226	240	254	268	282
210	44	59	74	88	103	118	133	147	162	177	191	206	221	236	250	265	280	295
220	46	61	77	92	107	123	138	153	169	184	199	215	230	245	261	276	291	307
230	48	64	80	96	112	128	143	159	175	191	207	223	239	255	271	287	303	319
240	50	66	83	99	116	132	149	165	182	199	215	232	248	265	281	298	314	331
250	51	69	86	103	120	137	154	172	189	206	223	240	257	274	292	309	326	343
260	53	71	89	107	124	142	160	178	195	213	231	249	266	284	302	320	337	355
270	55	73	92	110	129	147	165	184	202	220	239	257	275	294	312	331	349	367
280	57	76	95	114	133	152	171	190	209	228	247	266	285	304	322	341	360	379
290	59	78	98	117	137	157	176	196	215	235	254	274	294	313	333	352	372	392
300	61	81	101	121	141	161	182	202	222	242	262	283	303	323	343	363	383	404

만약 분당 psig/bar을 알고 탱크를 사용하고 있다면 테이블 10을 사용해 기체 계산을 할 수 있다. 예를 들어 다이버의 SAC율이 분당 10 psig(0.66 bar)라고 가정하자. 만약 다이빙이 300피트(91미터) 수심으로 계획되었다면 다이버는 분당 101psig(6.1bar)를 사용할 것이다. 이 다이버는 20분 다이빙 시 2020psig(122bar)의 기체를 사용할 것이다.

Table 11

기체 관리 차트 – 피트 단위

SAC / FSW 테이블

	SURFACE AIR CONSUMPTION IN CUBIC FEET PER MINUTE																
FSW	0.35	0.40	0.45	0.50	0.55	0.60	0.65	0.70	0.75	0.80	0.85	0.90	0.95	1.00	1.05	1.10	1.15
10	0.5	0.5	0.6	0.7	0.7	0.8	0.8	0.9	1.0	1.0	1.1	1.2	1.2	1.3	1.4	1.4	1.5
15	0.5	0.6	0.7	0.7	0.8	0.9	0.9	1.0	1.1	1.2	1.2	1.3	1.4	1.5	1.5	1.6	1.7
20	0.6	0.6	0.7	0.8	0.9	1.0	1.0	1.1	1.2	1.3	1.4	1.4	1.5	1.6	1.7	1.8	1.8
30	0.7	0.8	0.9	1.0	1.1	1.1	1.2	1.3	1.4	1.5	1.6	1.7	1.8	1.9	2.0	2.1	2.2
40	0.8	0.9	1.0	1.1	1.2	1.3	1.4	1.5	1.7	1.8	1.9	2.0	2.1	2.2	2.3	2.4	2.5
50	0.9	1.0	1.1	1.3	1.4	1.5	1.6	1.8	1.9	2.0	2.1	2.3	2.4	2.5	2.6	2.8	2.9
60	1.0	1.1	1.3	1.4	1.6	1.7	1.8	2.0	2.1	2.3	2.4	2.5	2.7	2.8	3.0	3.1	3.2
70	1.1	1.2	1.4	1.6	1.7	1.9	2.0	2.2	2.3	2.5	2.7	2.8	3.0	3.1	3.3	3.4	3.6
80	1.2	1.4	1.5	1.7	1.9	2.1	2.2	2.4	2.6	2.7	2.9	3.4	3.3	3.4	3.6	3.8	3.9
90	1.3	1.5	1.7	1.9	2.1	2.2	2.4	2.6	2.8	3.0	3.2	3.4	3.5	3.7	3.9	4.1	4.3
100	1.4	1.6	1.8	2.0	2.2	2.4	2.6	2.8	3.0	3.2	3.4	3.6	3.8	4.0	4.2	4.4	4.6
110	1.5	1.7	2.0	2.2	2.4	2.6	2.8	3.0	3.3	3.5	3.7	3.9	4.1	4.3	4.6	4.8	5.0
120	1.6	1.9	2.1	2.3	2.6	2.8	3.0	3.2	3.5	3.7	3.9	4.2	4.4	4.6	4.9	5.1	5.3
130	1.7	2.0	2.2	2.5	2.7	3.0	3.2	3.5	3.7	4.0	4.2	4.4	4.7	4.9	5.2	5.4	5.7
140	1.8	2.1	2.4	2.6	2.9	3.1	3.4	3.7	3.9	4.2	4.5	4.7	5.0	5.2	5.5	5.8	6.0
150	1.9	2.2	2.5	2.8	3.1	3.3	3.6	3.9	4.2	4.4	4.7	5.0	5.3	5.5	5.8	6.1	6.4
160	2.0	2.3	2.6	2.9	3.2	3.5	3.8	4.1	4.4	4.7	5.0	5.3	5.6	5.8	6.1	6.4	6.7
170	2.2	2.5	2.8	3.1	3.4	3.7	4.0	4.3	4.6	4.9	5.2	5.5	5.8	6.2	6.5	6.8	7.1
180	2.3	2.6	2.9	3.2	3.6	3.9	4.2	4.5	4.8	5.2	5.5	5.8	6.1	6.5	6.8	7.1	7.4
190	2.4	2.7	3.0	3.4	3.7	4.1	4.4	4.7	5.1	5.4	5.7	6.1	6.4	6.8	7.1	7.4	7.8
200	2.5	2.8	3.2	3.5	3.9	4.2	4.6	4.9	5.3	5.6	6.0	6.4	6.7	7.1	7.4	7.8	8.1
210	2.6	2.9	3.3	3.7	4.1	4.4	4.8	5.2	5.5	5.9	6.3	6.6	7.0	7.4	7.7	8.1	8.5
220	2.7	3.1	3.5	3.8	4.2	4.6	5.0	5.4	5.8	6.1	6.5	6.9	7.3	7.7	8.1	8.4	8.8
230	2.8	3.2	3.6	4.0	4.4	4.8	5.2	5.6	6.0	6.4	6.8	7.2	7.6	8.0	8.4	8.8	9.2
240	2.9	3.3	3.7	4.1	4.6	5.0	5.4	5.8	6.2	6.6	7.0	7.4	7.9	8.3	8.7	9.1	9.5
250	3.0	3.4	3.9	4.3	4.7	5.1	5.6	6.0	6.4	6.9	7.3	7.7	8.1	8.6	9.0	9.4	9.9
260	3.1	3.6	4.0	4.4	4.9	5.3	5.8	6.2	6.7	7.1	7.5	8.0	8.4	8.9	9.3	9.8	10.2
270	3.2	3.7	4.1	4.6	5.1	5.5	6.0	6.4	6.9	1.0	0.9	8.3	8.7	9.2	9.6	10.1	10.6
280	3.3	3.8	4.3	4.7	5.2	5.7	6.2	6.6	7.1	7.6	8.1	8.5	9.0	9.5	10.0	10.4	10.9
290	3.4	3.9	4.4	4.9	5.4	5.9	6.4	6.9	7.3	7.8	8.3	8.8	9.3	9.8	10.3	10.8	11.3
300	3.5	4.0	4.5	5.0	5.6	6.1	6.6	7.1	7.6	8.1	8.6	9.1	9.6	10.1	10.6	11.1	11.6
310	3.6	4.2	4.7	5.2	5.7	6.2	6.8	7.3	7.8	8.3	8.8	9.4	9.9	10.4	10.9	11.4	12.0
320	3.7	4.3	4.8	5.3	5.9	6.4	7.0	7.5	8.0	8.6	9.1	9.6	10.2	10.7	11.2	11.8	12.3
330	3.9	4.4	5.0	5.5	6.1	6.6	7.2	7.7	0.8	8.8	9.4	9.9	10.5	11.0	11.6	12.1	12.7
340	4.0	4.5	5.1	5.7	6.2	6.8	7.3	7.9	8.5	9.0	9.6	10.2	10.7	11.3	11.9	12.4	13.0
350	4.1	4.6	5.2	5.8	6.4	7.0	7.5	8.1	8.7	9.3	9.9	10.4	11.0	11.6	12.2	12.8	13.3

수면 공기 사용률(SAC)을 테이블의 상위 가로칸에서 찾는다.

보기: 0.65Ft^3/min

좌측 세로 칸의 수심이 교차하는 위치를 만날 때 까지 0.65를 따라 세로칸을 내려간다.

보기: 200FSW

위 수치는 이 수심에서 일분 동안의 호흡할 수 있는 SAC이다.

보기: 4.6F^3/min/min

기체 관리 – 피트 단위

PSIG/Ft^3 전환 테이블

Table 12

실린더 크기	PSIG	100	500	1000	1500	2000	2500	3000	3500	4000
	2475/70	2.80	14.10	28.30	42.40	56.60	70.70	84.80	99.00	113.10
	2640/46	1.70	8.70	17.40	26.10	34.80	43.60	52.30	61.00	69.70
	2640/66	2.50	12.50	25.00	37.50	50.00	62.50	75.00	87.50	100.00
	2640/85	3.20	16.10	32.20	48.30	64.40	80.50	96.60	112.70	128.80
	2640/98	3.70	18.60	37.10	55.70	74.20	92.80	111.40	129.90	148.50
	2640/104	3.90	19.70	39.40	59.10	78.80	98.50	118.20	137.90	157.60
	2640/112	4.20	21.20	42.40	63.60	84.80	106.10	127.30	148.50	169.70
	2640/125	4.60	22.90	45.80	68.80	91.70	114.60	137.50	160.40	183.30
	2640/131	5.00	24.80	49.60	74.40	99.20	124.00	148.90	173.70	198.50
	3000/70	2.30	11.70	23.30	35.00	46.70	58.30	70.00	81.70	93.30
	3000/80	2.70	13.30	26.70	40.00	53.30	66.70	80.00	93.30	106.70
	3190/95	3.00	14.90	29.80	44.70	59.60	74.50	89.30	104.20	119.10
	3190/120	3.80	18.80	37.60	56.40	75.20	94.00	112.90	131.70	150.50
	3190/140	4.40	21.90	43.90	65.80	87.80	109.70	131.70	153.60	175.50
	3500/65	1.90	9.30	18.60	27.90	37.10	46.40	55.70	65.00	74.30
	3500/80	2.30	11.40	22.90	34.30	45.70	57.10	68.60	80.00	91.40
	3500/100	2.90	14.30	28.60	42.90	57.10	71.40	85.70	100.00	114.30
	3500/120	3.40	17.10	34.30	51.40	68.60	85.70	102.90	120.00	137.10

좌측 세로칸에는 다양한 크기의 실린더들을 PSIG 단위로 보여준다. 실린더의 기체량을 알기 위해서 첫 번째로 좌측 세로칸에서 실린더 크기를 찾는다. 보기: 3500 PSIG/100 Ft^3. 다음은 게이지 압력을 읽는다:

보기: 2700PSIG. "2500PSIG"을 찾아 세로 칸으로 내려와 "3500/100"을 만나는 가로 칸을 찾는다. 이 숫자는 기체량을 Ft3으로 표시한다. 보기: 71.4. 찾은 후 "100PSIG"라고 쓰여진 세로칸을 찾아 기체량과 만나는 가로 칸을 찾는다. 결과는 2.9Ft^3일 것이다. 그 숫자에 2를 곱한다.

보기: (2700−2500) = 200 (200/100 = 2), 2.9 x 2 = 5.8

이 두 숫자를 더하면 실린더에 있는 전체 기체량을 Ft^3으로 계산할 수 있다.

주의: 이것은 싱글 실린더의 기체량이다. 만약 더블을 사용한다면 Ft^3을 두 배로 계산한다.

보기: 71.4 + 5.8 = 77.2 Ft^3

위의 보기가 더블로 계산된다면 154.4 Ft^3이다.

기체 관리 차트 – 피트 단위

SAC 비율 요소 (SRF)

Table 13

Ft³

		<<<<<<<<<<<<<큐빅피트>>>>>>>>>>>>> Ft³																
		1.15	1.10	1.05	1.00	0.95	0.90	0.85	0.80	0.75	0.70	0.65	0.60	0.55	0.50	0.45	0.40	0.35
→	1.15	0.67																
	0.10	0.67	0.67															
→	1.05	0.68	0.67	0.67														
	1.00	0.68	0.68	0.67	0.67													
	0.95	0.69	0.68	0.68	0.67	0.67												
→	0.90	0.69	0.69	0.68	0.68	0.67	0.67											
	0.85	0.70	0.70	0.69	0.69	0.68	0.67	0.67										
	0.80	0.71	0.70	0.70	0.69	0.69	0.68	0.67	0.67									
큐빅피트	0.75	0.72	0.71	0.71	0.70	0.69	0.69	0.68	0.67	0.67								
	0.70	0.73	0.72	0.71	0.71	0.70	0.70	0.69	0.68	0.67	0.67							
	0.65	0.73	0.73	0.72	0.72	0.71	0.70	0.70	0.69	0.68	0.67	0.67						
←	0.60	0.74	0.74	0.73	0.73	0.72	0.71	0.71	0.70	0.69	0.68	0.68	0.68					
	0.55	0.76	0.75	0.74	0.74	0.73	0.73	0.72	0.71	0.70	0.69	0.69	0.68	0.67				
←	0.50	0.77	0.76	0.76	0.75	0.74	0.74	0.73	0.72	0.71	0.71	0.70	0.69	0.68	0.67			
	0.45	0.78	0.78	0.77	0.76	0.76	0.75	0.74	0.74	0.73	0.72	0.71	0.70	0.69	0.68	0.67		
←	0.40	0.79	0.79	0.78	0.78	0.77	0.76	0.76	0.75	0.74	0.73	0.72	0.71	0.70	0.69	0.68	0.67	
	0.35	0.81	0.81	0.80	0.79	0.79	0.78	0.77	0.77	0.76	0.75	0.74	0.73	0.72	0.71	0.70	0.68	0.67

SRF 테이블은 제3의 법칙을 교정하여 다른 SAC율을 가지고 있는 다이버들의 실질적인 전환압(turn pressure)을 계산해 준다. 만약 버디보다 SAC율이 높다면 제3의 법칙을 사용해도 무관하다. 당신이 기체의 33%를 사용하였다면 다이빙을 상승을 위해 방향을 전환해야 한다. 하지만 만약 버디의 SAC율이 당신보다 높다면 기체량이 적절하지 못하다. 이럴 경우 적절한 전환 압력을 찾아야 하는데 첫 번째로 좌측 세로칸에서 당신의 SAC율을 찾는다.

보기: 당신의 SAC인 0.43을 반올림 하여 0.4로 바꾼 후 적절하게 맞는 수치를 찾는다.

위의 가로칸에서 당신 버디의 SAC을 찾는다.

보기: 0.81를 더 높은 SAC율로 반올림하여 0.85이 되게한 후 사용한다.

두 숫자가 교차하는 수치가 SRF이다. 보기: 0.76

다음은 이 SRF 숫자를 당신의 실린더 압력에 곱하여 전환 압력을 계산한다. 전환 압력은 전환 압력 테이블(Turn Pressure Table)에서 찾는다.

보기: 당신의 실린더에 2700PSIG가 있다. 2700 x 0.76 = 2052PSIG

제3의 법칙을 엄격히 따르면 당신의 전환 압력은 1800PSIG이며 이는 출수하기 적절하지 못하는 기체량이다. 2052PSIG 혹은 반올림하여 2100PSIG에서 전환해야 한다.

Table 14

기체 관리 차트 – 피트 단위

전환 압력

SRF → PSIG ↓	0.67	0.68	0.69	0.70	0.71	0.72	0.73	0.74	0.75	0.76	0.77	0.78	0.79	0.8	0.81
2000	1340	1360	1380	1400	1420	1440	1460	1480	1500	1520	1540	1560	1580	1600	1620
2100	1407	1428	1449	1470	1491	1512	1533	1554	1575	1596	1617	1638	1659	1680	1701
2200	1474	1496	1518	1540	1562	1584	1606	1628	1650	1672	1694	1716	1738	1760	1782
2300	1541	1564	1587	1610	1633	1656	1679	1702	1725	1748	1771	1794	1817	1840	1863
2400	1608	1632	1656	1680	1704	1728	1752	1776	1800	1824	1848	1872	1896	1920	1944
2500	1675	1700	1725	1750	1775	1800	1825	1850	1875	1900	1925	1950	1975	2000	2025
2600	1742	1768	1794	1820	1846	1872	1898	1924	1950	1976	2002	2028	2054	2080	2106
2700	1809	1836	1863	1890	1917	1944	1971	1998	2025	2052	2079	2106	2133	2160	2187
2800	1876	1904	1932	1960	1988	2016	2044	2072	2100	2128	2156	2184	2212	2240	2268
2900	1943	1972	2001	2030	2059	2088	2117	2146	2175	2204	2233	2262	2291	2320	2349
3000	2010	2040	2070	2100	2130	2160	2190	2220	2250	2280	2310	2340	2370	2400	2430
3100	2077	2108	2139	2170	2201	2232	2263	2294	2325	2356	2387	2418	2449	2480	2511
3200	2144	2176	2208	2240	2272	2304	2336	2368	2400	2432	2464	2496	2528	2560	2592
3300	2211	2244	2277	2310	2343	2376	2409	2442	2475	2508	2541	2574	2607	2640	2673
3400	2278	2312	2346	2380	2414	2448	2482	2516	2550	2584	2618	2652	2686	2720	2754
3500	2345	2380	2415	2450	2485	2520	2555	2590	2625	2660	2695	2730	2765	2800	2835
3600	2412	2448	2484	2520	2556	2592	2628	2664	2700	2736	2772	2808	2844	2880	2916
3700	2479	2516	2553	2590	2627	2664	2701	2738	2775	2812	2849	2886	2923	2960	2997
3800	2546	2584	2622	2660	2698	2736	2774	2812	2850	2888	2926	2964	3002	3040	3078
3900	2613	2652	2691	2730	2769	2808	2847	2886	2925	2964	3003	3042	3081	3120	3159
4000	2680	2720	2760	2800	2840	2880	2920	2960	3000	3040	3080	3120	3160	3200	3240

당신의 전환압력을 찾기 위해서는 맨 먼저 SRF 테이블 13에서 당신의 SRF를 찾아야 한다.

보기: 0.76

이 세로칸을 따라 내려가 좌측 세로칸의 당신의 탱크 압력과 만나는 점을 찾는다.

보기: 2700PSIG

이 교차점은 지정한 다이빙에서 사용될 할 전환압력이다.

보기: 2052PSIG

기체 관리 차트 – 피트 단위

Table 15

전환까지 허용되는 시간(분)

PSIG USED ↓	전환전까지 기체량 (PSIG)												
	400	500	600	700	800	900	1000	1100	1200	1300	1400	1500	1600
15	27	33	40	47	53	60	67	73	80	87	93	100	107
30	13	17	20	23	27	30	33	37	40	43	47	50	53
45	99	11	13	16	18	20	22	24	27	29	31	33	36
60	7	8	10	12	13	15	17	18	20	22	23	25	27
75	5	7	8	9	11	12	13	15	16	17	19	20	21
90	4	6	7	8	9	10	11	12	13	14	16	17	18
105	4	5	6	7	8	9	10	10	11	12	13	14	15
120	3	4	5	6	7	8	8	9	10	11	12	13	13
135	3	4	4	5	6	7	7	8	9	10	10	11	12
150	3	3	4	5	5	6	7	7	8	9	9	10	11
165	2	3	4	4	5	5	6	7	7	8	8	9	10
180	2	3	3	4	4	5	6	6	7	7	8	8	9
195	2	3	3	4	4	5	5	6	6	7	7	8	8
210	2	2	3	3	4	4	5	5	6	6	7	7	8
225	2	2	3	3	4	4	4	5	5	6	6	7	7
240	2	2	3	3	3	4	4	5	5	5	6	6	7
255	2	2	2	3	3	4	4	4	5	5	5	6	6
270	1	2	2	3	3	3	4	4	4	5	5	6	6
285	1	2	2	2	3	3	4	4	4	5	5	5	6
300	1	2	2	2	3	3	3	4	4	4	5	5	5
315	1	2	2	2	3	3	3	3	4	4	4	5	5
330	1	2	2	2	2	3	3	3	4	4	4	5	5
345	1	1	2	2	2	3	3	3	3	4	4	4	5
360	1	1	2	2	2	3	3	3	3	4	4	4	4
375	1	1	2	2	2	2	3	3	3	3	4	4	4
390	1	1	2	2	2	2	3	3	3	3	4	4	4
400	1	1	2	2	2	2	3	3	3	3	4	4	4

"사용한 PSIG(PSIG USED)"는 다이빙 중 소모되는 분당 PSIG이다.

기체 관리 차트 – 피트 단위

Table 16

이동거리 (피트)

전환까지 시간(분) ↓	이동거리 (피트)							
1	25	50	75	100	125	150	175	200
2	50	100	150	200	250	300	360	400
3	75	150	225	300	375	450	525	600
4	100	200	300	400	500	600	700	800
5	125	250	375	500	625	750	875	1000
6	150	300	450	600	750	900	1050	1200
7	175	350	525	7000	875	1050	1225	1400
8	200	400	600	800	1000	1200	1400	1600
9	225	450	675	900	1125	1350	1575	1800
10	250	500	750	1000	1250	1500	1750	2000
11	275	560	625	1100	1375	1650	1925	2200
12	300	600	900	1200	1500	1800	2100	2400
13	325	660	975	1300	1625	1950	2275	2600
14	350	700	1050	1400	1750	2100	2450	2900
15	375	750	1125	1500	1875	2250	2625	3000
16	400	800	1200	1600	2000	2400	2800	3200
17	425	850	1275	1700	2125	2550	2975	3400
18	450	900	1350	1800	2250	2700	3150	3600
19	475	950	1425	1900	2375	2850	3325	3800
20	500	1000	1500	2000	2500	3000	3500	4000
23	575	1150	1725	2300	2875	3450	4025	4600
24	600	1200	1900	2400	3000	3600	4200	4800
25	625	1250	1975	2500	3125	3750	4375	5000
27	675	1350	2025	2700	3375	4050	4725	5400
29	725	1450	2175	2900	3625	4350	5075	5800
30	750	1500	2250	3000	3750	4500	5250	6000
31	775	1550	2325	3100	3875	4650	5425	6200
33	825	1650	2475	3300	4125	4950	5775	6600
36	900	1800	2700	3600	1500	5400	6300	7200
37	925	1850	2775	3700	4625	5550	6475	7400
40	1000	2000	3000	4000	5000	6000	7000	8000
43	1075	2150	3225	4300	5375	6450	7525	8800
47	1175	2350	3525	4700	5875	7050	8225	9400
50	1250	2500	3750	5000	6250	7500	8750	10000
53	1325	2650	3975	5300	6625	7950	9275	10600
60	1500	3000	4500	6000	7500	9000	10500	12000
67	1675	3350	5025	6700	8375	10050	11725	13400
73	1825	3650	5475	7300	9125	10950	12775	14600
80	2000	4000	6000	8000	10000	12000	14000	16000
87	2175	4350	6525	8700	10875	13050	15225	17400
93	2325	4650	6975	9300	11625	13950	16275	18600
107	2675	5350	8025	10700	13375	16050	18725	21400

Table 17

기체 농도 테이블

(근사치로 계산되었음)

믹스에 있는 기체의 백분율								
산소(O_2)	0%	0%	100%	34%	15%	14%	16%	21%
질소(N_2)	0%	100%	0%	66%	40%	53%	60%	0%
헬륨(He)	100%	0%	0%	0%	45%	33%	24%	79%
공기								
fsw	fsw	fsw	fsw	fsw	fsw	fsw	fsw	fsw
10	1	10	11	10	6	7	8	3
20	3	19	22	20	12	14	16	7
30	4	29	33	30	18	21	24	10
40	6	39	44	41	25	29	32	14
50	7	48	55	51	31	36	40	17
60	8	58	66	61	37	43	47	20
70	10	68	77	71	43	50	55	24
80	11	77	88	81	49	57	63	27
90	12	87	99	91	55	64	71	31
100	14	97	111	101	61	71	79	34
110	15	106	122	112	68	78	87	38
120	17	116	133	122	74	86	95	41
130	18	126	144	132	80	93	103	44
140	19	135	155	142	86	100	111	48
150	21	145	166	152	92	107	119	51
160	22	155	177	162	98	114	126	55
170	23	164	188	172	104	121	134	58
180	25	174	199	183	111	128	142	61
190	26	184	210	193	117	135	150	65
200	28	193	221	203	123	143	158	68
210	29	203	232	213	129	150	166	72
220	30	213	243	223	135	157	174	75
230	32	222	254	233	141	164	182	78
240	33	232	265	243	148	171	190	82
250	35	242	276	253	154	178	198	85
260	36	251	287	264	160	185	205	89
270	37	261	298	274	166	192	213	92
280	39	271	309	284	172	200	221	95
290	40	280	320	294	178	207	229	99
300	41	290	332	304	184	214	237	102

- 주의: 근사값의 동등한 공기수심농도(EAD 농도)는 위에 목록 된 모든 기체를 위해 제공되지만 적절한 최대활동수심(MOD) 외의 기체 믹스는 사용하지 말아야 한다. 농도는 참조를 위해서만 제공되고 있다.

- 이 테이블은 일부 바닥수심에서의 기체 믹스에 대한 대략의 동등한 공기수심농도(EAD 농도)를 제공한다.
  보기: 270 fsw에서 호흡하는 16-24 트라이믹스는 대략 213fsw 공기와 같은 농도를 가지고 있다.

Chart 1

반복 CNS 차트

시작 (%)	수면휴식시간 (S.I.)							
	30 MINS	60 MINS	90 MINS	2 HRS	3 HRS	4 HRS	5 HRS	6 HRS
100	83	66	49	41	24	16	11	7
95	79	63	46	38	22	15	10	7
90	75	59	44	37	22	15	10	7
85	71	56	42	35	21	14	9	6
80	66	53	39	32	19	13	9	6
75	62	49	37	31	18	12	8	5
70	58	46	34	28	17	11	7	5
65	54	43	32	27	16	11	7	5
60	50	40	29	24	14	9	6	4
55	46	36	27	22	13	9	6	4
50	41	33	24	20	12	8	5	3
45	37	30	22	18	11	7	5	3
40	33	26	20	17	10	7	5	3
35	29	23	17	14	8	5	3	2
30	25	20	15	12	7	5	3	2
25	21	16	12	10	6	4	3	2
20	17	13	10	8	5	3	2	1
15	12	10	7	6	3	2	1	1
10	8	7	5	4	2	1	1	1

잔여 퍼센트 CNS O_2 시간

반복 CNS의 CNS% 차트를 읽으려면 좌측 세로 칸에 있는 100%에서 시작한다. 테이블은 우측으로 방향으로 읽는데 수면휴식(S.I.) 30분 후 다이버는 83%의 CNS O_2 시간이 남아 있으며 S.I. 6시간 후에는 7%의 CNS O_2 시간이 남아 있다는 것을 볼 수 있다.

Chart 2

나이트록스 충전 – 피트 단위

Oxygen	충전 압력 (PSIG)																				
%	400	600	800	1000	1200	1400	1600	1800	2000	2200	2400	2600	2800	3000	3200	3400	3600	3800	4000	4200	4400
21%	0	0	0	0	0	0	0	0	0	0	0	0	0	0	0	0	0	0	0	0	0
22%	5	8	10	13	15	18	20	23	25	28	30	33	35	38	41	43	46	48	51	53	53
23%	10	15	20	25	30	35	41	46	51	56	61	66	71	76	81	86	91	96	101	106	111
24%	20	23	30	38	46	53	61	68	76	84	91	99	106	114	122	129	137	144	152	159	167
25%	20	30	41	51	61	71	81	91	101	111	122	132	142	152	162	172	182	192	203	213	223
26%	25	38	51	63	76	89	101	114	127	139	152	165	177	190	203	215	228	241	253	266	278
27%	30	46	61	76	91	106	122	137	152	167	182	197	213	228	243	258	273	289	304	319	334
28%	35	53	71	89	106	124	142	159	177	195	213	230	248	266	284	301	319	337	354	372	390
29%	41	61	81	101	122	142	162	182	203	223	243	263	284	304	324	344	365	385	405	425	446
30%	46	68	91	114	137	159	182	205	228	251	273	296	319	342	365	387	410	433	456	478	501
31%	51	76	101	127	152	177	203	228	253	278	304	329	354	380	405	430	456	481	506	532	557
32%	56	84	111	139	167	195	223	251	278	306	334	362	390	418	446	473	501	529	557	585	613
33%	61	91	122	152	182	213	243	273	304	334	365	395	425	456	486	516	547	577	608	638	668
34%	66	99	132	165	197	230	263	296	329	362	395	428	461	494	527	559	592	625	658	691	724
35%	71	106	142	177	213	248	284	319	354	390	425	461	496	532	567	603	638	673	709	744	780
36%	76	114	152	190	228	266	304	342	380	418	456	494	532	570	608	646	684	722	759	797	835
37%	81	122	162	203	243	284	324	365	405	446	486	527	567	608	648	689	729	770	810	851	891
38%	86	129	172	215	258	301	344	387	430	473	516	559	603	646	689	732	775	818	861	904	947
39%	91	137	182	228	273	319	365	410	456	501	547	5920	638	684	729	775	820	886	911	957	1003
40%	96	144	192	241	289	337	385	433	481	529	577	625	673	722	770	818	866	914	962	1010	1058

규칙:

1. 다이빙 후 실린더의 게이지 압력을 확인한다(다이빙 전에 믹스를 확인한다). 테이블을 사용해 현재 게이지 압력을 찾은 후 세로 칸에서 내려가 믹스와 교차하는 숫자를 찾는다.
2. 서로 필요로 하는 믹스와 주입 압력을 다시 찾는다. 교차점을 찾아 또 다른 숫자를 찾는다.
3. 두 번째에서 첫 번째 번호를 사용한다. 이 숫자는 순수 O2로 사용된 실린더의 일부로 더해진다. 위 2단계에서 사용한 압력까지 공기를 주입시킨다.
4. 만약 답이 마이너스라면 첫 번째 주입 탱크에서 기체를 더 제거하여 값이 0이나 플러스가 되게 한다. 그리고 공기나 공기와 산소를 주입시킨다.
5. 첫 번째 탱크에서 얼마큼의 기체를 제거해야 하는지를 알기 위해서는 같은 가로줄에서 두 번째 믹스보다 적거나 같은 숫자를 찾아 기체를 채운다. 주입 압력으로 이동한다. 이 숫자가 실린더를 채우기 전의 압력일 것이다.

Chart 3 EANx/HE 믹스 가이드

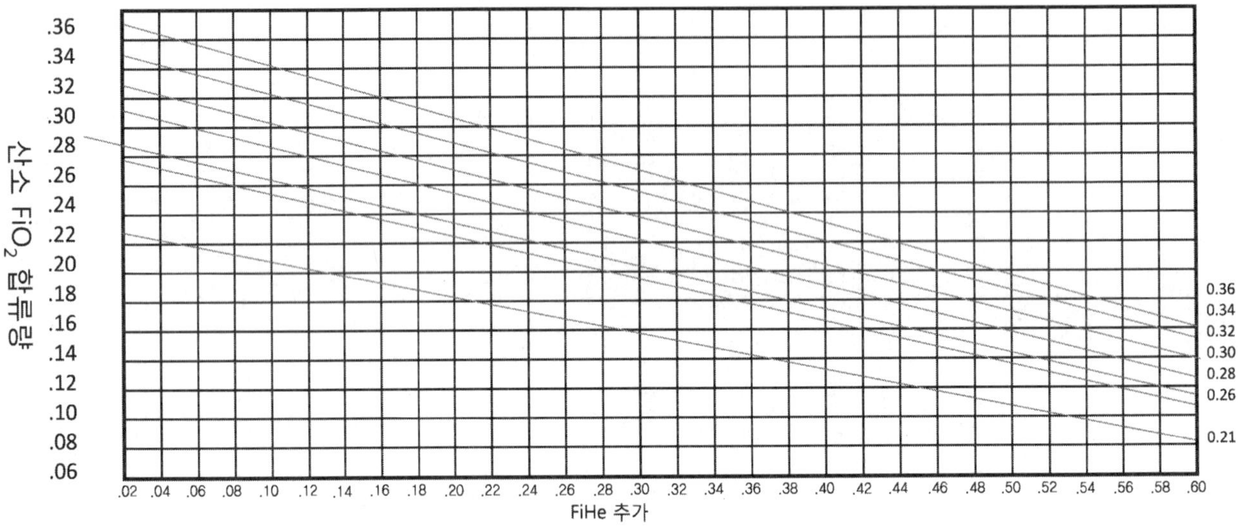

Chart 4 END 최적 믹스 가이드

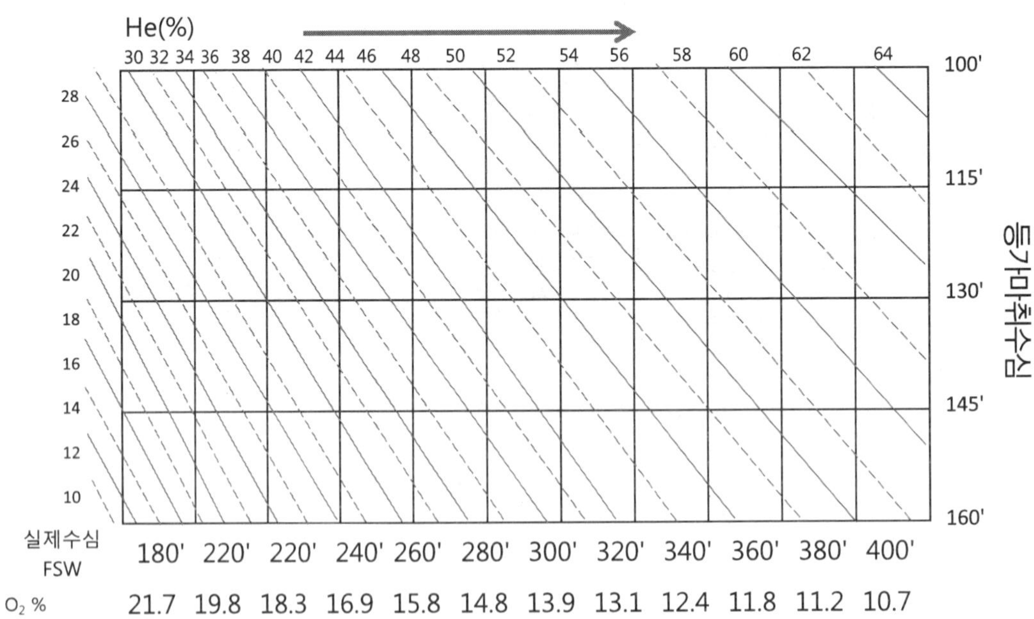

Table 1M

PO_2 테이블 – 미터 단위

	산소 함유량																														
MSW	0.21	0.22	0.23	0.24	0.25	0.26	0.27	0.28	0.29	0.30	0.31	0.32	0.33	0.34	0.35	0.36	0.37	0.38	0.39	0.40	0.45	0.50	0.55	0.60	0.65	0.70	0.75	0.80	0.85	0.90	0.95	1.00
3	0.27	0.29	0.30	0.31	0.33	0.34	0.35	0.36	0.38	0.39	0.40	0.42	0.43	0.44	0.46	0.47	0.48	0.49	0.51	0.52	0.59	0.65	0.72	0.78	0.85	0.91	0.98	1.04	1.11	1.17	1.24	1.30
4.5	0.30	0.32	0.33	0.35	0.36	0.38	0.39	0.41	0.42	0.44	0.45	0.46	0.48	0.49	0.51	0.52	0.54	0.55	0.57	0.58	0.65	0.73	0.80	0.87	0.94	1.02	1.09	1.16	1.23	1.31	1.38	1.45
6	0.33	0.35	0.37	0.38	0.40	0.42	0.43	0.45	0.46	0.48	0.50	0.51	0.53	0.54	0.56	0.58	0.59	0.61	0.62	0.64	0.72	0.80	0.88	0.96	1.04	1.12	1.20	1.28	1.36	1.44	1.52	1.60
9	0.40	0.42	0.44	0.46	0.48	0.49	0.51	0.53	0.55	0.57	0.59	0.61	0.63	0.65	0.67	0.68	0.70	0.72	0.74	0.76	0.86	0.95	1.05	1.14	1.24	1.33	1.43	1.52	1.62			
12	0.46	0.48	0.51	0.53	0.55	0.57	0.59	0.62	0.64	0.56	0.68	0.70	0.73	0.75	0.77	0.79	0.81	0.84	0.86	0.88	0.99	1.10	1.21	1.32	1.43	1.54	1.65					
15	0.53	0.55	0.58	0.60	0.63	0.65	0.68	0.70	0.73	0.75	0.78	0.80	0.83	0.85	0.88	0.90	0.93	0.95	0.98	1.00	1.13	1.25	1.38	1.50	1.63							
18	0.59	0.62	0.64	0.67	0.70	0.73	0.76	0.78	0.81	0.84	0.87	0.90	0.92	0.95	0.98	1.01	1.04	1.06	1.09	1.12	1.26	1.40	1.54	1.68								
21	0.65	0.68	0.71	0.74	0.78	0.81	0.84	0.87	0.90	0.93	0.96	0.99	1.02	1.05	1.09	1.12	1.15	1.18	1.21	1.24	1.40	1.55										
24	0.71	0.75	0.78	0.82	0.85	0.88	0.92	0.95	0.99	1.02	1.05	1.09	1.12	1.16	1.19	1.22	1.26	1.29	1.33	1.36	1.53											
27	0.78	0.81	0.85	0.89	0.93	0.96	1.00	1.04	1.07	1.11	1.15	1.18	1.22	1.26	1.30	1.33	1.37	1.41	1.44	1.48	1.57											
30	0.84	0.88	0.92	0.96	1.00	1.04	1.08	1.12	1.16	1.20	1.24	1.28	1.32	1.36	1.40	1.44	1.48	1.52	1.56	1.60												
33	0.90	0.95	0.99	1.03	1.08	1.12	1.16	1.20	1.25	1.29	1.33	1.38	1.42	1.46	1.51	1.55	1.59	1.63	1.68													
36	0.97	1.01	1.06	1.10	1.15	1.20	1.24	1.29	1.33	1.38	1.43	1.47	1.52	1.56	1.61	1.66																
39	1.03	1.08	1.13	1.18	1.23	1.27	1.32	1.37	1.42	1.47	1.52	1.57	1.62	1.67																		
42	1.09	1.14	1.20	1.25	1.30	1.35	1.40	1.49	1.51	1.56	1.61	1.66																				
45	1.16	1.21	1.27	1.32	1.38	1.43	1.49	1.54	1.60	1.65																						
48	1.22	1.28	1.33	1.39	1.45	1.51	1.57	1.62																								
51	1.28	1.34	1.40	1.46	1.53	1.59	1.55																									
54	1.34	1.41	1.47	1.54	1.60	1.65																										
57	1.41	1.47	1.54	1.61																												
60	1.47	1.54	1.61																													
63	1.53	1.61																														

1. 테이블 좌측에서 수심을 찾는다.
2. 세로칸에서 당신이 사용하는 믹스를 찾을 때까지 수평으로 이동한다.
3. 표시된 PO_2를 읽는다.

   보기: EAN 28을 사용한 33 MSW = 1.20 PO_2

주의: 이 테이블은 TOD와 MOD 값을 계산하기 위해 사용하지 않는 것이 좋다.
이 테이블을 IANTD OTU/CNS O_2 주적 테이블과 함께 사용하려면 0.5와 가장 근접한 숫자로 반올림 한다.
항상 다음 가장높은 PO_2 값으로 반올림해야 한다.

Table 2M

저산소성 PO_2 테이블 – 미터 단위

	산소 퍼센트(Oxygen percent)												
MSW	0.2	0.19	0.18	0.17	0.16	0.15	0.14	0.13	0.12	0.11	0.1	0.09	0.08
3	0.26	0.25	0.23	0.22	0.21	0.20	0.18	0.17	0.16	0.14	0.13	0.12	0.10
4.5	0.29	0.28	0.26	0.25	0.23	0.22	0.20	0.19	0.17	0.16	0.15	0.13	0.12
6	0.32	0.30	0.29	0.27	0.26	0.24	0.22	0.21	0.19	0.18	0.16	0.14	0.13
9	0.38	0.36	0.34	0.32	0.30	0.29	0.27	0.25	0.23	0.21	0.19	0.17	0.15
12	0.44	0.42	0.40	0.37	0.35	0.33	0.31	0.29	0.26	0.24	0.22	0.20	0.18
15	0.50	0.48	0.45	0.43	0.40	0.38	0.35	0.33	0.30	0.28	0.25	0.23	0.20
18	0.56	0.53	0.50	0.48	0.45	0.42	0.39	0.36	0.34	0.31	0.28	0.25	0.22
21	0.62	0.59	0.56	0.53	0.50	0.47	0.43	0.40	0.37	0.34	0.31	0.28	0.25
24	0.68	0.65	0.61	0.58	0.54	0.51	0.48	0.44	0.41	0.37	0.34	0.31	0.27
27	0.74	0.70	0.67	0.63	0.59	0.56	0.52	0.48	0.44	0.41	0.37	0.33	0.30
30	0.80	0.76	0.72	0.68	0.64	0.60	0.56	0.52	0.48	0.44	0.40	0.36	0.32
33	0.86	0.82	0.77	0.73	0.69	0.65	0.60	0.56	0.52	0.47	0.43	0.39	0.34
36	0.92	0.87	0.83	0.78	0.74	0.69	0.64	0.60	0.55	0.51	0.46	0.41	0.37
39	0.98	0.93	0.88	0.83	0.78	0.74	0.69	0.64	0.59	0.54	0.49	0.44	0.39
42	1.04	0.99	0.94	0.88	0.83	0.78	0.73	0.68	0.62	0.57	0.52	0.47	0.42
45	1.10	1.05	0.99	0.94	0.88	0.83	0.77	0.72	0.66	0.61	0.55	0.50	0.44
48	1.16	1.10	1.04	0.99	0.93	0.87	0.81	0.75	0.70	0.64	0.58	0.52	0.46
51	1.22	1.16	1.09	1.04	0.98	0.92	0.85	0.79	0.73	0.67	0.61	0.55	0.49
54	1.28	1.22	1.14	1.09	1.02	0.96	0.90	0.83	0.77	0.70	0.64	0.58	0.51
57	1.34	1.27	1.19	1.14	1.07	1.01	0.94	0.87	0.80	0.74	0.67	0.60	0.54
60	1.40	1.33	1.24	1.19	1.12	1.05	0.98	0.91	0.84	0.77	0.70	0.63	0.56
63	1.46	1.39	1.29	1.24	1.17	1.10	1.02	0.95	0.88	0.80	0.73	0.66	0.58
66	1.52	1.44	1.34	1.29	1.22	1.14	1.06	0.99	0.91	0.84	0.76	0.68	0.61
69	1.58	1.50	1.39	1.34	1.26	1.19	1.11	1.03	0.95	0.87	0.79	0.71	0.63
72	1.64	1.56	1.45	1.39	1.31	1.23	1.15	1.07	0.98	0.90	0.82	0.74	0.66
75		1.62	1.50	1.45	1.36	1.28	1.19	1.11	1.02	0.94	0.85	0.77	0.68
78			1.55	1.50	1.41	1.32	1.23	1.14	1.06	0.97	0.88	0.79	0.70
81			1.60	1.55	1.46	1.37	1.27	1.18	1.09	1.00	0.91	0.82	0.73
84				1.60	1.50	1.41	1.32	1.22	1.13	1.03	0.94	0.85	0.75
87					1.55	1.46	1.36	1.26	1.16	1.07	0.97	0.87	0.78
90					1.60	1.50	1.40	1.30	1.20	1.10	1.00	0.90	0.80
93						1.55	1.44	1.34	1.24	1.13	1.03	0.93	0.82
96						1.59	1.48	1.38	1.27	1.17	1.06	0.95	0.85
99							1.53	1.42	1.31	1.20	1.09	0.98	0.87
102							1.57	1.46	1.34	1.23	1.12	1.01	0.90
105							1.61	1.50	1.38	1.27	1.15	1.04	0.92
108								1.53	1.42	1.30	1.18	1.06	0.94
111								1.57	1.45	1.33	1.21	1.09	0.97
114								1.61	1.49	1.36	1.24	1.12	0.99
117									1.52	1.40	1.27	1.14	1.02
120									1.56	1.43	1.30	1.17	1.04
123									1.60	1.46	1.33	1.20	1.06
126										1.50	1.36	1.22	1.09
129										1.53	1.39	1.25	1.11
132										1.56	1.42	1.28	1.14
135										1.60	1.45	1.31	1.16
138											1.48	1.33	1.18
141											1.51	1.36	1.21
144											1.54	1.39	1.23
147											1.57	1.41	1.26
150											1.60	1.44	1.28

Table 3M

PO_2에 따른 분당 CNS%

PO_2	CNS% MIN.	PO_2	CNS% MIN.	PO_2	CNS% MIN.
0.60	0.14	1.02	0.35	1.42	0.68
0.62	0.14	1.04	0.36	1.44	0.71
0.64	0.15	1.06	0.38	1.46	0.74
0.66	0.16	1.08	0.40	1.48	0.78
0.68	0.17	1.10	0.42	1.50	0.83
0.70	0.18	1.12	0.43	1.52	0.93
0.72	0.18	1.14	0.43	1.54	1.04
0.74	0.19	1.16	0.44	1.56	1.19
0.76	0.20	1.18	0.46	1.58	1.47
0.78	0.21	1.20	0.47	1.60	2.22
0.80	0.22	1.22	0.48	1.62	5.00
0.82	0.23	1.24	0.51	1.65	6.25
0.84	0.24	1.26	0.52	1.67	7.69
0.86	0.25	1.28	0.54	1.70	10.00
0.88	0.26	1.30	0.56	1.72	12.50
0.90	0.28	1.32	0.57	1.74	20.00
0.92	0.29	1.34	0.60	1.77	25.00
0.94	0.30	1.36	0.62	1.78	31.25
0.96	0.31	1.38	0.63	1.80	50.00
0.98	0.32	1.40	0.65	1.82	100.00
1.00	0.33				

상위 테이블 3은 정확한 안전한 노출을 지키기 위해 정확한 CNS% 값을 계산되어야 하는 연장된 다이빙을 할 때 가치가 있다. 다음 장에는 0.05ata 증가로 표현된 테이블이 있으며, 이 더 쉽게 다이빙 계산을 할 수 있게 해준다. 대부분의 테크니컬 다이빙과 이 책에 남아있는 모든 샘플에는 테이블 5가 사용될 것이다. 테이블 5의 또 다른 장점은 테이블 3과 4의 정보를 결합시켰다는 것이다.

Table 4M

해밀톤 OUT

일회잠수	
PO2 (ATA)	분당 OUT
0.50	00
0.55	0.15
0.30	0.27
0.60	0.37
0.70	0.47
0.75	0.56
0.80	0.65
0.85	0.74
0.90	0.83
0.95	0.92
1.00	1.00
1.05	1.08
1.10	1.16
1.15	1.24
1.20	1.32
1.25	1.40
1.30	1.48
1.35	1.55
1.40	1.63
1.45	1.70
1.50	1.78
1.55	1.85
1.60	1.92
1.65	2.00
1.70	2.07
1.75	2.14
1.80	2.21
1.85	2.28
1.90	2.35
1.95	2.42
2.00	2.49

MULTIPLE DAY ALLOTMENT OF OTUs		
노출일 (days)	평균량 (dose)	총량 (dose)
1	850	850
2	700	1400
3	620	1860
4	420	2100
5	380	2300
6	350	2520
7	330	3660
8	310	2800
9	300	2970
10	300	3100
11	300	3300
12	300	3600
13	300	3900
14	300	4200
15 - 30	300	**필요한 만큼**

주의! Repex 테이블의 중요 점은 테이블이 복식일(multi-day)의 전체 체내 산소노출한계를 추적한다는 것이다.

추가 안전을 위해 산소위험노출을 추적할 수 있게 테이블을 작성하였다. 테이블의 값을 직선으로 표현하기 위해 테이블 수치들이 교정되었기 때문에 테이블 3에 반영된 원 수치보다 약간 더 보수적이다.
OTU와 CNS% 트래킹(추적)과 계획의 보기를 위해 테이블 5를 참조한다. OTU는 단위로 추적된다. CNS O_2는 시간의 백분율로 추적된다.
만약 PO_2가 정확하지 않다면 차트에서 다음으로 높은 PO_2 수치를 사용한다. 약간 차이가 나는 수치는 차트의 세로칸 숫자를 반올림하여 생긴 차이이다.

보기: 1.3 PO_2에서 전체 다이빙 시간은 80분이다.

60분 세로칸 사용됨	3.33% CNS O_2	88.63 OTUs	
20분 세로칸 사용됨	11.11% CNS O_2	29.54 OTUs	
다이빙 전체:	44.44% CNS O_2	118.17 OTUs	혹 만약
1분 열이 사용될 경우:	44.80% CNS O_2	118.40 OTUs	

OTU/CNS 추적 테이블

Table 5M

PO_2	1 In OTU - CNS O_2	5 Min OTU - CNS O_2	10 Min OTU - CNS O_2	20 Min OTU - CNS O_2	30 Min OTU - CNS O_2	40 Min OTU - CNS O_2	50 Min OTU - CNS O_2	60 Min OTU - CNS O_2
0.60	0.26 - 0.14	1.13 - 0.69	2.63 - 1.39	5.26 - 2.78	7.89 - 4.17	10.52 - 5.56	13.15 - 6.94	15.78 - 8.33
0.65	0.37 - 0.16	1.84 - 0.78	3.68 - 1.55	7.36 - 3.10	11.04 - 4.65	14.73 - 6.20	18.41 - 7.75	22.09 - 9.30
0.70	0.47 - 0.18	2.34 - 0.88	4.67 - 1.75	9.35 - 3.51	14.02 - 5.26	18.70 - 7.02	23.37 - 8.77	28.05 - 10.53
0.75	0.56 - 0.20	2.81 - 0.98	5.63 - 1.96	11.25 - 3.92	16.88 - 5.88	22.50 - 7.84	28.13 - 9.80	33.75 - 11.76
0.80	0.65 - 0.22	3.27 - 1.11	6.54 - 2.22	13.09 - 4.44	19.63 - 6.67	26.18 - 8.89	32.72 - 11.11	39.27 - 13.33
0.85	0.74 - 0.25	3.72 - 1.23	7.44 - 2.47	14.88 - 4.94	22.31 - 7.41	29.75 - 9.87	37.19 - 12.34	44.63 - 14.81
0.90	0.83 - 0.28	4.15 - 1.39	8.31 - 2.78	16.62 - 5.56	24.93 - 8.33	33.24 - 11.11	41.55 - 13.89	49.86 - 16.67
0.95	0.92 - 0.31	4.58 - 1.57	9.16 - 3.14	18.33 - 6.27	27.49 - 9.41	36.65 - 12.54	45.81 - 15.68	54.98 - 18.81
1.00	1.00 - 0.33	5.00 - 1.67	10.00 - 3.33	20.00 - 6.67	30.00 - 10.00	40.00 - 13.33	50.00 - 16.67	60.00 - 20.00
1.05	1.08 - 0.37	5.41 - 1.85	10.82 - 3.70	21.65 - 7.41	32.47 - 11.11	43.29 - 14.81	54.12 - 18.52	64.94 - 22.22
1.10	1.16 - 0.42	5.82 - 2.08	11.63 - 4.17	23.27 - 8.33	34.90 - 12.50	46.54 - 16.67	58.17 - 20.83	69.80 - 25.00
1.15	1.24 - 0.44	6.22 - 2.19	12.43 - 4.39	24.87 - 8.77	37.30 - 13.16	49.73 - 17.55	62.16 - 21.93	74.60 - 26.32
1.20	1.32 - 0.48	6.61 - 2.38	13.22 - 4.76	26.44 - 9.52	39.67 - 14.29	52.89 - 19.05	66.11 - 23.81	79.33 - 28.57
1.25	1.40 - 0.51	7.00 - 2.56	14.00 - 5.13	28.00 - 10.26	42.00 - 15.39	56.00 - 20.51	70.00 - 25.64	84.01 - 30.77
1.30	1.48 - 0.56	7.39 - 2.78	14.77 - 5.56	29.54 - 11.11	44.31 - 16.67	59.09 - 22.22	73.86 - 27.78	88.63 - 33.33
1.35	1.55 - 0.61	7.77 - 3.03	15.53 - 6.06	31.07 - 12.12	46.60 - 18.18	62.13 - 24.24	77.67 - 30.30	93.20 - 36.36
1.40	1.63 - 0.65	8.14 - 3.33	16.29 - 6.67	32.58 - 13.33	48.86 - 20.00	65.15 - 26.67	81.44 - 33.33	97.73 - 40.00
1.45	1.70 - 0.72	8.52 - 3.62	17.04 - 7.25	34.07 - 14.49	51.11 - 21.74	68.14 - 28.99	85.18 - 36.23	102.2 - 43.48
1.50	1.78 - 0.83	8.89 - 4.17	17.78 - 8.33	35.55 - 16.67	53.33 - 25.00	71.11 - 33.33	88.88 - 41.67	106.7 - 50.00
1.55	1.85 - 1.11	9.26 - 5.56	18.51 - 11.11	37.02 - 22.22	55.53 - 33.34	74.05 - 44.45	92.56 - 55.56	111.1 - 66.67
1.60	1.92 - 2.22	9.62 - 11.11	19.24 - 22.22	38.48 - 44.44	57.72 - 66.67	76.96 - 88.89	96.20 - 111.1	115.4 - 133.3

테이블 6은 믹스의 성분을 알고 있을 경우 END 값을 신속하게 찾을 때 사용된다.
만약 82미터에서 트라이믹스 14/45가 사용되었다면 테이블에서 믹스를 찾아
82미터까지 내려가면 32피트 END를 찾을 수 있다.

Table 6M

트라이믹스의 등가 질소 수심

% Oxygen→	16%	14%	12%	15%	13%	12%
%Helium→	24%	33%	40%	45%	50%	63%
MSW	MSW	MSW	MSW	MSW	MSW	MSW
55	39	33	29	23	20	10
58	41	35	31	24	21	11
61	44	37	33	26	23	12
64	46	39	35	27	24	13
67	48	42	37	29	26	14
70	51	43	39	30	27	15
73	53	46	40	32	29	16
76	55	48	42	33	30	17
79	60	50	44	35	32	18
82	60	52	46	36	33	19
85	62	54	48	38	35	20
88	65	56	50	40	36	21
91	67	58	51	41	37	22
94	69	60	53	43	39	23
97	71	62	55	44	40	24
100	74	64	57	46	42	25
103	76	66	59	47	43	26
107	79	68	61	49	44	27
110	81	70	63	51	46	28
113	83	72	65	52	47	29
116	86	74	66	54	49	30
119	88	76	68	55	50	31
122	90	78	70	57	52	32

주의: 특정 수심에서 일부 믹스의 PO_2가 1.6ATA를 초과한다는 것을 경고한다.
이 차트는 동가한 마취수심만 보여주도록 제작되었다.

트라이믹스의 최대활동수심(MOD) – 미터 단위

(PO_2 = 1.4 ATA)

Table 7M

초기 O_2% →	21%		26%		30%		32%		34%		36%	
END (MSW) →	57		40		31		28		24		21	
	믹스		믹스		믹스		믹스		믹스		믹스	
He %	O2%	MOD	O2%	MOD	O2%	MOD	O2%	MOD	O2%	MOD	O2%	MOD
2	21	58	25	45	29	38	31	35	33	32	35	30
4	20	60	25	46	29	39	31	35	33	33	35	31
6	20	61	24	47	28	40	30	37	32	34	34	32
8	19	63	24	49	28	41	29	38	31	35	33	32
10	19	64	23	50	27	42	29	39	31	36	32	33
12	18	66	23	51	26	43	28	40	30	37	32	34
14	18	68	22	53	26	44	28	41	29	38	31	35
16	18	70	22	54	25	46	27	42	29	39	30	36
18	17	71	21	56	25	47	26	43	28	40	30	38
20	17	74	21	57	24	49	26	45	27	42	29	39
22	16	76	20	59	23	50	25	46	27	43	28	40
24	16	78	20	61	23	52	24	48	26	44	27	41
26	16	80	19	63	22	53	24	49	25	46	27	42
28	15	83	19	65	22	58	23	51	24	47	26	44
30	15	85	18	67	21	57	22	53	24	49	25	46
32	14	89	18	69	20	59	22	54	23	51	24	47
34	14	91	17	72	20	61	21	57	22	53	24	49
36	13	95	17	74	19	63	20	59	22	54	23	51
38	13	98	16	77	19	65	20	61	21	57	22	53
40	13	102	16	80	18	68	19	63	20	59	22	55
42	12	105	15	83	17	71	19	66	20	61	21	57
44	12	110	15	86	17	74	18	68	19	64	20	60
46	11	114	14	90	16	77	17	71	18	67	19	62
48	11	119	14	94	16	80	17	75	18	69	19	65
50	11	124	13	98	15	83	16	78	17	73	18	68
52	10	129	12	103	14	88	15	82	16	76	17	71
54	10	136	12	108	14	92	15	86	16	80	17	75
56	9	142	11	113	13	97	14	90	15	84	16	79
58	9	150	11	119	13	102	13	94	14	89	15	83
60	8	158	10	125	12	107	13	100	14	93	14	88

Table 8M

EAD / MOD 테이블 – 미터 단위

40% O$_2$	실제수심 (FSW)						
	12	15	18	21	24	27	30
EAD	6.7	9.0	11.3	13.5	15.8	18.1	20.4
PO$_2$	0.88	1.00	1.12	1.24	1.36	1.48	1.60
OUT MIN	0.80	1.00	1.20	1.38	1.57	1.75	1.92
% CNS O$_2$	0.26	0.33	0.42	0.50	0.62	0.79	2.22

PO$_2$	MOD/FSW
1.30	22.5
1.35	23.8
1.40	25.0
1.45	26.3
1.50	27.5
1.55	28.8
1.60	30.0

60% O$_2$	실제수심 (FSW)				
	3	6	9	12	15
EAD	0	0	0	1.1	2.7
PO$_2$	0.78	0.96	1.14	1.32	1.50
OUT MIN	0.62	0.93	1.23	1.51	1.78
% CNS O$_2$	0.21	0.30	0.43	0.57	0.83

PO$_2$	MOD/FSW
1.30	11.7
1.35	12.5
1.40	13.3
1.45	14.2
1.50	15.0
1.55	15.8
1.60	16.7

80% O$_2$	실제수심 (FSW)		
	3	6	9
EAD	0	0	0
PO$_2$	1.04	1.28	1.52
OUT MIN	1.07	1.45	1.81
% CNS O$_2$	0.36	0.54	0.93

PO$_2$	MOD/FSW
1.30	6.3
1.35	6.9
1.40	7.5
1.45	8.1
1.50	8.8
1.55	9.4
1.60	10.0

40% O$_2$	실제수심 (FSW)							
	3	6	9	12	15	18	21	24
EAD	0	1.1	3.2	5.3	7.4	9.5	11.6	13.7
PO$_2$	0.59	0.72	0.86	1.99	1.13	1.26	1.40	1.53
OUT MIN	0.23	0.51	0.75	0.98	1.20	1.42	1.62	1.82
% CNS O$_2$	0.00	0.18	0.25	0.32	0.43	0.51	0.67	0.99

PO$_2$	MOD/FSW
1.30	18.9
1.35	20.0
1.40	21.1
1.45	22.2
1.50	23.3
1.55	24.4
1.60	25.6

65% O$_2$	실제수심 (FSW)			
	3	6	9	12
EAD	0	0	0	0
PO$_2$	0.85	1.04	1.24	1.43
OUT MIN	0.73	1.07	1.39	1.67
% CNS O$_2$	0.24	0.36	0.50	0.71

PO$_2$	MOD/FSW
1.30	10.0
1.35	10.8
1.40	11.5
1.45	12.3
1.50	13.1
1.55	13.8
1.60	14.5

85% O$_2$	FSW	
	3	6
EAD	0	0
PO$_2$	1.11	1.36
OUT MIN	1.17	1.57
% CNS O$_2$	0.42	0.62

PO$_2$	MOD/FSW
1.30	5.3
1.35	5.9
1.40	6.5
1.45	7.1
1.50	7.6
1.55	8.2
1.60	8.8

90% O$_2$	FSW	
	3	6
EAD	0	0
PO$_2$	1.17	1.44
OUT MIN	1.27	1.69
% CNS O$_2$	0.45	0.72

PO$_2$	MOD/FSW
1.30	4.4
1.35	5.0
1.40	5.6
1.45	6.1
1.50	6.7
1.55	7.2
1.60	7.8

40% O$_2$	실제수심 (FSW)						
	3	6	9	12	15	18	21
EAD	0	0.1	2.0	3.9	5.8	7.7	9.6
PO$_2$	0.65	0.80	0.95	1.10	1.25	1.40	1.55
OUT MIN	0.37	0.65	0.92	1.16	1.40	1.63	1.85
% CNS O$_2$	0.16	0.22	0.30	0.42	0.51	0.67	1.11

PO$_2$	MOD/FSW
1.30	16
1.35	17
1.40	18
1.45	19
1.50	20
1.55	21
1.60	22

70% O$_2$	실제수심 (FSW)			
	3	6	9	12
EAD	0	0	0	0
PO$_2$	0.91	1.12	1.33	1.54
OUT MIN	0.85	1.20	1.52	1.84
% CNS O$_2$	0.28	0.42	0.58	1.04

PO$_2$	MOD/FSW
1.30	8.6
1.35	9.3
1.40	10.0
1.45	10.7
1.50	11.4
1.55	12.1
1.60	12.9

95% O$_2$	FSW	
	3	6
EAD	0	0
PO$_2$	1.24	1.52
OUT MIN	1.38	1.81
% CNS O$_2$	0.50	0.93

PO$_2$	MOD/FSW
1.30	3.7
1.35	4.2
1.40	4.7
1.45	5.3
1.50	5.8
1.55	6.3
1.60	6.8

100% O$_2$	FSW	
	3	6
EAD	0	0
PO$_2$	1.30	1.60
OUT MIN	1.48	1.92
% CNS O$_2$	0.56	2.22

PO$_2$	MOD/FSW
1.30	3.0
1.35	3.5
1.40	4.0
1.45	4.5
1.50	5.0
1.55	5.5
1.60	6.0

55% O$_2$	실제수심 (FSW)					
	3	6	9	12	15	18
EAD	0	0	0.8	2.5	4.2	5.9
PO$_2$	0.72	0.88	1.05	1.21	1.38	1.54
OUT MIN	0.50	0.80	1.07	1.34	1.59	1.84
% CNS O$_2$	0.18	0.26	0.36	0.48	0.64	1.04

PO$_2$	MOD/FSW
1.30	13.6
1.35	14.5
1.40	15.5
1.45	16.4
1.50	17.3
1.55	18.2
1.60	19.1

75% O$_2$	실제수심 (FSW)		
	3	6	9
EAD	0	0	0
PO$_2$	0.98	1.20	1.43
OUT MIN	0.96	1.32	1.67
% CNS O$_2$	0.31	0.48	0.71

PO$_2$	MOD/FSW
1.30	7.3
1.35	8.0
1.40	8.7
1.45	9.3
1.50	10.0
1.55	10.7
1.60	11.3

Table 8MB

EAD / MOD 테이블 – 미터 단위

24% O_2

24% O_2	실제수심 (FSW)														
	12	15	18	21	24	27	30	33	36	39	42	45	48	51	64
EAD	11.2	14.1	16.9	19.8	22.7	25.6	28.5	31.4	34.3	37.1	40.0	42.9	45.8	48.7	51.6
PO_2	0.53	0.60	0.67	0.74	0.82	0.89	0.96	1.03	1.10	1.18	1.25	1.32	1.39	1.46	1.54
OUT MIN	0.09	0.26	0.41	0.55	0.68	0.81	0.93	1.05	1.17	1.28	1.40	1.51	1.62	1.72	1.83
% CNS O_2	0.00	0.14	0.16	0.20	0.23	0.27	0.30	0.35	0.42	0.46	0.51	0.57	0.65	0.75	1.04

PO_2	MOD/FSW
1.30	44.2
1.35	46.3
1.40	48.3
1.45	50.4
1.50	52.5
1.55	54.6
1.60	56.7

26% O_2

26% O_2	실제수심 (FSW)													
	12	15	18	21	24	27	30	33	36	39	42	45	48	51
EAD	10.6	13.4	16.2	19.0	21.8	24.7	27.5	30.3	33.1	35.9	38.7	41.5	44.3	47.1
PO_2	0.57	0.65	0.73	0.81	0.88	0.96	1.04	1.12	1.20	1.27	1.35	1.43	1.51	1.59
OUT MIN	0.20	0.37	0.52	0.67	0.80	0.94	1.07	1.19	1.32	1.44	1.56	1.67	1.79	1.90
% CNS O_2	0.00	0.16	0.19	0.23	0.25	0.30	0.36	0.42	0.48	0.52	0.60	0.71	0.92	2.00

PO_2	MOD/FSW
1.30	40.0
1.35	41.9
1.40	43.8
1.45	45.8
1.50	47.7
1.55	49.6
1.60	51.5

28% O_2

28% O_2	실제수심 (FSW)											
	12	15	18	21	24	27	30	33	36	39	42	45
EAD	10.1	12.8	15.5	18.3	21.0	23.7	26.5	29.2	31.9	34.7	37.4	40.1
PO_2	0.62	0.70	0.78	0.87	0.95	1.04	1.12	1.20	1.29	1.37	1.46	1.54
OUT MIN	0.30	0.47	0.63	0.78	0.92	1.06	1.20	1.33	1.46	1.59	1.71	1.84
% CNS O_2	0.14	0.18	0.21	0.26	0.30	0.36	0.42	0.48	0.55	0.62	0.75	1.04

PO_2	MOD/FSW
1.30	36.4
1.35	38.2
1.40	40.0
1.45	41.8
1.50	43.6
1.55	45.4
1.60	47.1

30% O_2

30% O_2	실제수심 (FSW)										
	12	15	18	21	24	27	30	33	36	39	42
EAD	9.5	12.2	14.8	17.5	20.1	22.8	25.4	28.1	30.8	33.4	36.1
PO_2	0.66	0.75	0.84	0.93	1.02	1.11	1.20	1.29	1.38	1.47	1.56
OUT MIN	0.39	0.56	0.73	0.88	1.03	1.18	1.32	1.46	1.60	1.73	1.87
% CNS O_2	0.16	0.20	0.24	0.29	0.34	0.42	0.48	0.55	0.64	0.75	1.20

PO_2	MOD/FSW
1.30	33.3
1.35	35.0
1.40	35.7
1.45	38.3
1.50	40.0
1.55	41.7
1.60	43.3

38% O_2

38% O_2	실제수심 (FSW)						
	12	15	18	21	24	27	30
EAD	7.3	9.6	12.0	14.3	16.7	19.0	21.4
PO_2	0.84	0.95	1.06	1.18	1.29	1.41	1.52
OUT MIN	0.73	0.92	1.11	1.29	1.46	1.64	1.81
% CNS O_2	0.24	0.30	0.37	0.46	0.55	0.67	0.93

PO_2	MOD/FSW
1.30	24.2
1.35	25.5
1.40	26.8
1.45	28.2
1.50	29.5
1.55	30.8
1.60	32.1

36% O_2

36% O_2	실제수심 (FSW)							
	12	15	18	21	24	27	30	33
EAD	7.8	10.3	12.7	15.1	17.5	20.0	22.4	24.8
PO_2	0.79	0.90	1.01	1.12	1.22	1.33	1.44	1.55
OUT MIN	0.64	0.83	1.01	1.19	1.36	1.53	1.69	1.85
% CNS O_2	0.21	0.28	0.33	0.42	0.48	0.58	0.72	1.11

PO_2	MOD/FSW
1.30	26.1
1.35	27.5
1.40	28.9
1.45	30.3
1.50	31.7
1.55	33.1
1.60	34.4

34% O_2

34% O_2	실제수심 (FSW)								
	12	15	18	21	24	27	30	33	36
EAD	8.4	10.9	13.4	15.9	18.4	20.9	23.4	25.9	28.4
PO_2	0.75	0.85	0.95	1.05	1.16	1.26	1.36	1.46	1.56
OUT MIN	0.56	0.74	0.92	1.09	1.25	1.41	1.57	1.72	1.87
% CNS O_2	0.20	0.24	0.30	0.36	0.44	0.51	0.62	0.75	1.20

PO_2	MOD/FSW
1.30	29.2
1.35	29.7
1.40	31.2
1.45	32.6
1.50	34.1
1.55	35.6
1.60	37.1

32% O_2

32% O_2	실제수심 (FSW)									
	12	15	18	21	24	27	30	33	36	39
EAD	8.9	11.5	14.1	16.7	19.3	21.8	24.4	27.0	29.6	32.2
PO_2	0.70	0.80	0.90	0.99	1.09	1.18	1.28	1.38	1.47	1.57
OUT MIN	0.48	0.65	0.82	0.99	1.14	1.30	1.45	1.59	1.74	1.88
% CNS O_2	0.16	0.22	0.28	0.32	0.41	0.46	0.54	0.64	0.76	1.30

PO_2	MOD/FSW
1.30	30.6
1.35	32.2
1.40	33.8
1.45	35.3
1.50	36.9
1.55	38.4
1.60	40.0

Table 9M

기체 관리 차트 – 미터 단위

SAC까지 BAR/Min(프리리터/분)

TANK PRESSURE AND SIZE																
BAR →	168	180	180	180	180	180	204	204	220	220	220	240	240	240	240	300
LITER →	70*	7	15	16	17	19	70*	10	12	15	18	65*	10	13	15	18
BAR/MIN																
0.41	4.81	2.83	6.23	6.80	7.08	7.93	3.96	4.53	5.10	6.51	7.36	3.12	3.96	4.81	5.95	7.36
0.48	5.66	3.4	7.08	7.93	8.21	9.06	4.53	5.38	5.95	7.36	8.78	3.68	4.53	5.66	6.80	8.50
0.54	6.51	3.96	8.21	9.06	9.35	10.48	5.38	5.95	6.80	8.50	9.91	4.25	5.10	6.51	7.65	9.91
0.61	7.08	4.25	9.06	9.91	10.48	11.61	5.95	6.80	7.65	9.63	11.04	4.81	5.95	7.36	8.78	11.04
0.68	7.93	4.81	10.20	11.04	11.61	13.03	6.51	7.65	8.50	10.76	12.46	5.38	6.51	8.21	9.63	12.18
0.75	8.79	5.38	11.33	12.18	12.74	14.16	7.36	8.21	9.35	11.61	13.59	5.66	7.08	8.78	10.76	13.59
0.82	9.63	5.66	12.18	13.31	13.88	15.58	7.93	9.06	10.20	12.74	15.01	6.23	7.65	9.63	11.61	14.73
0.88	10.48	6.23	13.31	14.44	15.01	16.99	8.50	9.91	11.05	13.88	16.14	6.80	8.50	10.48	12.74	15.86
0.95	11.33	6.80	14.16	15.58	16.14	18.12	9.35	10.48	11.89	15.01	17.28	7.36	9.06	11.33	13.59	16.99
1.02	11.89	7.36	15.29	16.71	17.28	19.54	9.91	11.33	12.74	15.86	18.69	7.93	9.63	12.80	14.44	18.41
1.09	12.74	7.65	16.45	17.84	18.41	20.67	10.48	12.18	13.59	16.99	19.82	8.50	10.48	13.03	15.58	19.54
1.16	13.59	8.21	17.28	18.97	19.82	22.09	11.33	12.74	14.44	18.12	21.24	9.06	11.04	13.88	16.43	20.67
1.22	14.44	8.78	18.41	20.11	20.00	23.51	11.89	13.59	15.29	19.26	22.37	9.35	11.61	14.44	17.56	22.09
1.29	15.29	9.06	19.26	21.24	22.09	24.64	12.46	14.44	16.14	20.11	23.51	9.91	12.18	15.29	18.41	23.22
1.36	16.14	9.63	20.39	22.38	23.22	26.05	13.31	15.01	16.99	21.24	24.92	10.48	13.03	16.14	19.54	24.36
1.43	16.71	10.20	21.52	23.51	24.36	27.19	13.88	15.86	17.84	22.37	26.05	11.04	13.59	16.99	20.39	25.77
1.50	17.56	10.76	22.37	24.64	25.49	28.60	14.44	16.71	18.69	23.51	27.47	11.61	14.16	17.84	21.24	26.90
1.56	18.41	11.04	23.51	25.77	26.62	29.74	15.29	17.28	19.26	24.64	28.60	12.18	15.01	18.69	22.38	28.04
1.63	19.26	11.61	24.36	26.90	27.75	31.15	15.86	18.12	20.11	25.49	29.74	12.74	15.58	19.54	23.22	29.45
1.70	20.11	12.18	25.49	27.75	28.89	32.56	16.43	18.97	20.96	26.62	31.15	13.03	16.14	20.11	24.36	30.59
1.77	20.96	12.46	26.62	28.89	30.02	33.70	17.28	19.54	21.81	27.75	32.28	13.59	16.71	20.96	25.20	31.72
1.84	21.52	13.03	27.47	30.02	31.15	35.12	17.84	20.39	22.66	28.89	33.42	14.16	17.56	21.81	26.34	33.13
1.90	22.37	13.59	28.60	31.15	32.57	36.25	18.41	21.24	23.51	29.74	34.83	14.73	18.12	22.66	27.19	34.27
1.97	23.22	13.88	29.45	32.28	33.70	37.67	19.26	21.81	24.36	30.87	35.97	15.29	18.69	23.51	28.04	35.40
2.04	24.07	14.44	30.59	33.42	34.83	39.08	19.82	22.66	25.20	32.00	37.38	15.86	19.54	24.36	29.17	36.82
2.11	24.92	15.01	31.72	34.55	35.97	40.21	20.39	23.51	26.05	33.13	38.52	16.43	20.11	25.20	30.02	37.95
2.18	25.77	15.58	32.57	35.68	37.10	41.63	21.24	24.07	26.90	33.98	39.65	16.71	20.67	25.77	31.15	39.08
2.24	26.34	15.86	33.70	36.82	38.23	42.76	21.80	24.92	27.75	35.12	41.06	17.28	21.24	26.62	32.00	40.50
2.31	27.19	16.43	34.55	37.95	39.36	44.18	22.37	25.77	28.60	36.25	42.20	17.84	22.09	27.47	33.13	41.63
2.38	28.04	16.99	35.68	39.08	40.50	45.31	23.22	26.34	29.45	37.38	43.61	18.41	22.66	28.32	33.98	42.76
2.45	28.89	17.28	36.82	40.21	41.63	46.73	23.79	27.19	30.30	38.23	44.75	18.97	23.22	29.17	34.84	43.90
2.52	29.74	17.84	37.67	41.35	42.76	48.14	24.36	28.04	31.15	39.36	45.88	19.54	24.07	30.02	35.97	45.31
2.50	30.30	18.41	38.80	42.48	43.90	49.28	25.20	28.60	32.00	40.50	47.29	20.11	24.63	30.87	36.82	46.44
2.65	31.15	18.69	39.65	43.61	45.31	50.69	25.77	29.45	32.85	41.63	48.43	20.39	25.20	31.44	37.95	47.58
2.72	32.00	19.26	40.78	44.75	46.44	51.83	26.34	30.30	33.70	42.48	49.84	20.96	25.77	32.28	38.80	48.99

당신의 SAC을 분당 드리 리터로 계산하려면 먼저 테이블 위에서 올바른 탱크 사이즈를 찾아야 한다.

보기: 탱크는 7리터에서 180바이다.

그리고 좌측 세로칸에서 BAR/min의 기체 사용률을 찾는다. 보기: 2.72BAR/min

세로오 가로칸이 교차하는 숫자가 당신의 분당 프리리터 단위의 SAC이다.

보기: 19.26

기체 관리 차트 – 미터 단위

Table 10M

	분당 기체 사용량 (BAR/min)																	
SAC→	0.4	0.5	0.6	0.7	0.8	0.9	1.0	1.1	1.2	1.3	1.4	1.5	1.6	1.7	1.8	1.9	2.0	2.1
MSW↓																		
3	0.5	0.7	0.8	0.9	1.0	1.2	1.3	1.4	1.6	1.7	1.8	2.0	2.1	2.2	2.3	2.5	2.6	2.7
6	0.6	0.8	1.0	1.1	1.3	1.4	1.6	1.8	1.9	2.1	2.2	2.4	2.6	2.7	2.9	3.1	3.2	3.4
9	0.8	1.0	1.1	1.3	1.5	1.7	1.9	2.1	2.3	2.5	2.7	2.9	3.1	3.2	3.4	3.6	3.8	4.0
12	0.9	1.1	1.3	1.5	1.8	2.0	2.2	2.4	2.7	2.9	3.1	3.3	3.5	3.8	4.0	4.2	4.4	4.6
15	1.0	1.3	1.5	2.0	2.0	2.3	2.5	2.8	3.0	3.3	3.5	3.8	4.0	4.3	4.5	4.8	5.0	5.3
18	1.1	1.4	1.7	1.8	2.3	2.5	2.8	3.1	3.4	3.7	3.9	4.2	4.5	4.8	5.1	5.4	5.6	5.9
21	1.2	1.6	1.9	2.2	2.5	2.8	3.1	3.4	3.7	4.1	4.4	4.7	5.0	5.3	5.6	5.9	6.2	6.6
24	1.4	1.7	2.1	2.4	2.7	3.1	3.4	3.8	4.1	4.5	4.8	5.1	5.5	5.8	6.2	6.5	6.8	7.2
27	1.5	1.9	2.2	2.6	3.0	3.4	3.7	4.1	4.5	4.8	5.2	5.6	6.0	6.3	6.7	7.1	7.5	7.8
30	1.6	2.0	2.4	2.8	3.2	3.6	4.0	4.4	4.8	5.2	5.6	6.0	6.4	6.9	7.3	7.7	8.1	8.5
34	1.7	2.2	2.6	3.0	3.5	3.9	4.3	4.8	5.2	5.6	6.1	6.5	6.9	7.4	7.8	8.2	8.7	9.1
37	1.9	2.3	2.8	3.2	3.7	4.2	4.6	5.1	5.6	6.0	6.5	7.0	7.4	7.9	8.3	8.8	9.3	9.7
40	2.0	2.5	3.0	3.5	4.0	4.4	4.9	5.4	5.9	6.4	6.9	7.4	7.9	8.4	8.9	9.4	9.9	10.4
43	2.1	2.6	3.1	3.7	4.2	4.7	5.2	5.8	6.3	6.8	7.3	7.9	8.4	8.9	9.4	10.0	10.5	11.0
46	2.2	2.8	3.3	3.9	4.4	5.0	5.5	6.1	6.7	7.2	7.8	8.3	8.9	9.4	10.0	10.5	11.1	11.6
49	2.3	2.9	3.5	4.1	4.7	5.3	5.8	6.4	7.0	7.6	8.2	8.8	9.4	9.9	10.5	11.1	11.7	12.3
52	2.5	3.1	3.7	4.3	4.9	5.5	6.2	6.8	7.4	8.0	8.6	9.2	9.8	10.5	11.1	11.7	12.3	12.9
55	2.6	3.2	3.9	4.5	5.2	5.8	6.5	7.1	7.7	8.4	9.0	9.7	10.3	11.0	11.6	12.3	12.9	13.6
58	2.7	3.4	4.1	4.7	5.4	6.1	6.8	7.4	8.1	8.8	9.5	10.1	10.8	11.5	12.2	12.8	13.5	14.2
61	2.8	3.5	4.2	4.9	5.6	6.4	7.1	7.8	8.5	9.2	9.9	10.6	11.3	12.0	12.7	13.4	14.1	14.8
64	2.9	3.7	4.4	5.2	5.9	6.6	7.4	8.1	8.8	9.6	10.3	11.0	11.8	12.5	13.3	14.0	14.7	15.5
67	3.1	3.8	4.6	5.4	6.1	6.9	7.7	8.4	9.2	10.0	10.7	11.5	12.3	13.0	13.8	14.6	15.3	16.1
70	3.2	4.0	4.8	5.6	6.4	7.2	8.0	8.8	9.6	10.4	11.2	12.0	12.8	13.5	14.3	15.1	15.9	16.7
73	3.3	4.1	5.0	5.8	6.6	7.4	8.3	9.1	9.9	10.8	11.6	12.4	13.2	14.1	14.9	15.7	16.5	17.4
76	3.4	4.3	5.1	6.0	6.9	7.7	8.6	9.4	10.3	11.1	12.0	12.9	13.7	14.6	15.4	16.3	17.2	
79	3.6	4.4	5.3	6.2	7.1	8.0	8.9	9.8	10.7	11.5	12.4	13.3	14.2	15.1	16.0	16.9	17.8	18.6
82	3.7	4.6	5.5	6.4	7.3	8.3	9.2	10.1	11.0	11.9	12.9	13.8	14.7	15.6	16.5	17.4	18.4	19.3
85	3.8	4.7	5.7	6.6	7.6	8.5	9.5	10.4	11.4	12.3	13.3	14.2	15.2	16.1	17.1	18.0	19.0	19.9
88	3.9	4.9	5.9	6.9	7.8	8.8	9.8	10.8	11.7	12.7	13.7	14.7	15.7	16.6	17.6	18.6	19.6	20.6
91	4.0	5.0	6.1	7.1	8.1	9.1	10.1	11.1	12.1	13.1	14.1	15.1	16.1	17.2	18.2	19.2	20.2	21.2

테이블 10은 다이빙에 필요한 기체 부피를 계획하기 위해 사용될 수 있다. 이는 한 개인이나 그룹의 기체 사용량을 계산할 때 사용된다. 만약 당신의 분당 프리리터를 알고 탱크를 사용하고 있다면, 전체 기체 사용량을 계산할 수 있다. 예를 들어 다이버가 40미터 수심 다이빙을 계획하고 있다고 가정해 보자. 다이버는 수면에서 분당 16.77(17)프리 리터를 사용한다. 테이블을 따라 내려가면 분당 84.96프리리터의 노출이 필요하다는 것을 알 수 있다. 감압에 필요한 각 기체와 정지수심 기체량을 같은 방법으로 계산할 수 있다. 기억해야 할 것은 전체 기체량 더 제3의 법칙을 사용해야 한다는 것이다. 이 테이블은 몇 번의 기체교환을 해야하고 다이빙 시간이 확장되는 다이빙을 할 경우 더욱 더 유익하다.

기체 관리 차트 – 미터 단위

Table 11M

SAC / MSW 테이블

SURFACE AIR CONSUMPTION IN FREE LITERS PER MINUTE																			
MSW	10	11	12	13	14	15	16	17	18	19	20	21	22	23	24	25	26	27	28
3	13	14	16	17	18	20	21	22	23	25	26	27	29	30	31	33	34	35	36
4.5	14.5	16	17.4	18.9	20.3	21.8	23.2	24.7	26.1	27.6	29	30.5	31.9	33.4	34.8	36.3	37.7	39.2	40.6
6	16	18	19	27	22	24	26	27	29	30	32	34	35	37	38	40	42	43	45
9	19	21	23	25	27	29	30	32	34	36	38	40	42	44	46	48	49	51	53
12	22	24	26	29	31	33	35	37	40	42	44	46	48	51	53	55	57	59	62
15	25	28	30	33	35	38	40	43	45	48	50	53	55	58	60	63	65	68	70
18	28	31	34	36	39	42	45	48	50	53	56	59	62	64	67	70	73	76	78
21	31	34	37	40	43	47	50	53	56	59	62	65	68	71	74	78	81	84	87
24	34	37	41	44	48	51	54	58	61	65	68	71	75	78	82	85	88	92	95
27	37	41	44	48	52	56	59	63	67	70	74	78	81	85	89	93	96	100	104
30	40	44	48	52	56	60	64	68	72	76	80	84	88	92	96	100	104	108	112
33	43	47	52	56	60	65	69	73	77	82	86	90	95	99	103	108	112	116	120
36	46	51	55	60	64	69	74	78	83	87	92	97	101	106	110	115	120	124	129
39	49	54	59	64	69	74	78	83	88	93	98	103	108	113	118	123	127	132	137
42	52	57	62	68	73	78	83	88	94	99	104	109	114	120	125	130	135	140	146
45	55	61	66	72	77	83	88	94	99	105	110	116	121	127	132	138	143	149	154
48	58	64	70	75	81	87	93	99	104	110	116	122	128	133	139	145	151	157	162
51	61	67	73	79	85	92	98	104	110	116	122	128	134	140	146	153	159	165	171
54	64	70	77	83	90	96	102	109	115	122	128	134	141	147	154	160	166	173	179
57	67	74	80	87	94	101	107	114	121	127	134	141	147	154	161	168	174	181	188
60	70	77	84	91	98	105	112	119	126	133	140	147	154	161	168	175	182	189	196
63	73	80	88	95	102	110	117	124	131	139	146	153	161	168	175	183	190	197	204
66	76	84	91	99	106	114	122	129	137	144	152	160	167	175	182	190	198	205	213
69	79	87	95	103	111	119	126	134	142	150	158	166	174	182	190	198	205	213	221
72	82	90	98	107	115	123	131	16	148	156	164	172	180	189	197	205	213	221	230
75	85	94	102	111	119	128	136	145	153	162	170	179	187	196	204	213	221	230	238
78	88	97	106	114	123	132	141	150	158	167	176	185	194	202	211	220	229	238	246
81	91	100	109	118	127	137	146	155	164	173	182	191	200	209	218	228	237	246	255
84	94	103	113	122	132	141	150	160	169	179	188	197	207	216	226	235	244	254	263
87	97	107	116	126	136	146	155	165	175	184	194	204	213	223	233	243	252	262	272
90	100	110	120	130	140	150	160	170	180	190	200	210	220	230	240	250	260	270	280
93	103	113	124	134	144	155	165	175	185	196	206	216	227	237	247	258	268	278	288
96	106	117	127	138	148	159	170	288	191	201	212	223	233	244	254	265	276	286	297
99	109	120	131	142	153	164	174	185	196	207	218	229	240	251	262	273	283	294	305
102	112	123	134	146	157	168	179	190	202	213	224	235	246	258	269	280	291	302	314
105	115	127	138	150	161	173	184	196	207	219	230	242	253	265	276	288	299	311	322

기체 관리 차트 – 미터 단위

Table 12M

BAR/프리리터 전환 테이블

BAR & 탱크 크기	7 BAR	34 BAR	68 BAR	102 BAR	136 BAR	170 BAR	204 BAR	238 BAR	272 BAR
170 / 70 ft³*	82	396	793	1189	1586	1982	2379	2775	3172
180 / 7 LITERS	49	238	476	714	952	1190	1428	1666	1904
180 / 15 LITERS	105	510	1020	1530	2040	2550	3060	3570	4080
180 / 16 LITERS	112	544	1088	1632	2176	2720	3264	3808	4352
180 / 17 LITERS	119	578	1156	1734	2312	2890	3468	4046	4624
180 / 19 LITERS	133	646	1292	1938	2584	3230	3876	4522	5168
204 / 70 FT³*	68	330	661	991	1322	1652	1983	2313	2644
204 / 10 LITERS	70	340	680	1020	1360	1700	2040	2380	2720
220 / 12 LITERS	84	408	816	1224	1632	2040	2448	2856	3264
220 / 15 LITERS	105	510	1020	1530	2040	2550	3060	3570	4080
220 / 18 LITERS	126	612	1224	1836	2448	3060	3672	4284	4896
240 / 65 FT³*	54	261	522	782	1043	1304	1565	1825	2086
240 / 10 LITERS	70	340	680	1020	1360	1700	2040	2380	2720
240 / 13 LITERS	91	442	884	1362	1768	2210	2652	3094	3536
240 / 15 LITERS	105	510	1020	1530	2040	2550	3060	3570	4080
300 / 18 LITERS	126	612	1224	1836	2448	3060	3672	4284	4896

*** 위의 탱크 사이즈는 ft³이다. 미터 사이즈는 현재 없음.**

좌측 첫 번째 세로칸은 다양한 실린더의 압력이다. 우측 첫 번째 세로칸에는 다양한 크기의 실린더들이 기술되어 있다.

당신의 실린더의 기체량을 측정하기 위해서 사용하고 있는 실린더 크기를 찾는다. 예를 들어, "220/18"은 220bar 용량의 18리터 탱크를 뜻한다.

나머지 세로칸들은 당신 탱크에 있는 정해진 Bar에 따른 프리리터 기체량이다. 예를 들어 18리터 탱크를 "7bar"까지 따라간다면 탱크에 126프리리터의 기체가 있다는 것을 알 수 있을 것이다.

압력을 모르는 기체량을 찾기 위해서는 세로 칸들을 더하면 된다. 예를 들어 108bar의 압력의 18리터 탱크는 1962프리리터의 기체가 있다. 이 결과는 7Bar 아래 세로칸에 있는 126프리리터와 102Bar 세로칸에 있는 1836프리리터를 더한 결과이다.

트윈 탱크 구성에는 프리리터를 두 배로 곱한다.

기체 관리 차트 – 미터 단위

SAC 비율 요소 (SRF)

Table 13M

		<<<<<<<<<<<<<프리리터>>>>>>>>>>>>>																
↑		32.5 7	31.1 5	29.7 4	28.3 2	26.9 0	25.4 9	24 7	22.6 6	21.2 4	19.8 2	18.4 0	16.99	15.58	14.16	12.74	11.33	9.91
↑	32.57	0.67																
F	31.15	0.67	0.67															
R	29.74	0.68	0.67	0.67														
E	28.32	0.68	0.68	0.67	0.67													
E	26.90	0.69	0.68	0.68	0.67	0.67												
	25.46	0.69	0.69	0.68	0.68	0.67	0.67											
L	24.07	0.70	0.70	0.69	0.69	0.68	0.67	0.67										
I	22.66	0.71	0.70	0.70	0.69	0.69	0.68	0.67	0.67									
T	21.24	0.72	0.71	0.71	0.70	0.69	0.69	0.68	0.67	0.67								
E	19.82	0.73	0.72	0.71	0.71	0.70	0.70	0.69	0.68	0.67	0.67							
R	18.40	0.73	0.73	0.72	0.72	0.71	0.70	0.70	0.69	0.68	0.67	0.67						
S	16.99	0.74	0.74	0.73	0.73	0.72	0.71	0.71	0.70	0.69	0.68	0.68	0.68					
↓	15.58	0.76	0.75	0.74	0.74	0.73	0.73	0.72	0.71	0.70	0.69	0.69	0.68	0.67				
↓	14.16	0.77	0.76	0.76	0.75	0.74	0.74	0.73	0.72	0.71	0.71	0.70	0.69	0.68	0.67			
↓	12.74	0.78	0.78	0.77	0.76	0.76	0.75	0.74	0.74	0.73	0.72	0.71	0.70	0.69	0.68	0.67		
↓	11.33	0.79	0.79	0.78	0.78	0.77	0.76	0.76	0.75	0.74	0.73	0.72	0.71	0.70	0.69	0.68	0.67	
↓	9.91	0.81	0.81	0.80	0.79	0.79	0.78	0.77	0.77	0.76	0.75	0.74	0.73	0.72	0.71	0.70	0.68	0.67

SRF 테이블은 제3의 법칙을 교정하여 다른 SAC율을 가지고 있는 다이버들의 실질적인 전환 압력(turn pressure)을 계산해 준다. 만약 당신이 당신 버디보다 SAC율이 높다면 제3의 법칙을 사용해도 무관하다. 당신이 기체의 33%를 사용하였다면 다이빙을 상승을 위해 방향을 전환해야 한다. 하지만 만약 버디의 SAC율이 당신보다 높다면 기체량이 적절하지 못하다. 이럴 경우 적절한 전환압력을 찾아야 하는데, 첫 번째로 좌측 세로칸에서 당신의 SAC율을 찾는다. 보기: 9.91

위의 가로 칸에서 당신 버디의 SAC을 찾는다. 보기: 11.33
두 숫자가 교차하는 숫자가 SRF이다. 보기: 0.68

다음은 이 SRF 숫자를 당신의 실린더 압력에 곱하여 전환 압력을 계산한다. 전환 압력은 전환압력 테이블(Turn Pressure Table)에서 찾는다. 보기: 당신의 실린더에 184Bar가 있다. 184 x 0.68 = 125Bar

제3의 법칙을 엄격히 따르면 당신의 전환압력은 1800PSIG이며 이는 출수하기 적절하지 못하는 기체량이다. 당신은 125Bar에서 전환해야 한다.

기체 관리 차트 – 미터 단위

전환 압력

Table 14M

SAC→	0.67	0.68	0.69	0.7	0.71	0.72	0.73	0.74	0.75	0.76	0.77	0.78	0.79	0.8	0.81
BAR ↓															
136	91	92	94	95	96	98	99	101	102	103	105	106	107	109	110
143	96	97	99	100	101	103	104	106	107	109	110	111	113	114	116
150	100	102	103	105	106	108	109	111	112	114	115	117	118	120	121
156	105	106	108	110	111	113	114	116	117	119	120	122	124	125	127
163	109	111	113	114	116	118	119	121	122	124	126	127	129	131	132
170	114	116	117	119	121	122	124	126	128	129	131	133	134	136	138
177	119	120	122	124	126	127	129	131	133	134	136	138	140	141	143
184	123	125	127	129	130	132	134	136	138	140	141	143	145	147	149
190	128	130	131	133	135	137	139	141	143	145	147	149	150	152	154
197	132	134	136	138	140	142	144	146	148	150	152	154	156	158	160
204	137	139	141	143	145	147	149	151	153	155	157	159	161	163	165
211	141	143	146	148	150	152	154	156	158	160	162	164	167	169	171
218	146	148	150	152	155	157	159	161	163	165	168	170	172	174	176
224	150	153	155	157	159	162	164	166	168	171	173	175	177	180	182
231	155	157	160	162	164	167	169	171	173	176	178	180	183	185	187
238	160	162	164	167	169	171	174	176	179	181	183	186	188	190	193
245	164	167	169	171	174	176	179	181	184	186	189	191	193	196	198
252	169	171	174	176	179	181	184	186	189	191	194	196	199	201	204
259	173	176	178	181	184	186	189	191	194	196	199	202	204	207	209
265	178	180	183	186	188	191	194	196	199	202	204	207	210	212	215
272	182	185	188	190	193	196	199	201	204	207	210	212	215	218	220

당신의 전환압력을 찾기 위해서는 맨 먼저 SRF 테이블 13에서 당신의 SRF를 찾아야 한다.

보기: 0.74

이 세로 칸을 따라 내려가 좌측 세로칸의 당신의 탱크 압력과 만나는 점을 찾는다.

보기: 184Bar

교차점은 이 다이빙에서 사용할 전환압력이다.

보기: 136Bar

기체 관리 차트 – 미터 단위

전환까지의 시간(분)

Table 15M

BAR USED ↓	전환까지 담아있는 기체 (BAR)															
	25	30	35	40	45	50	55	60	65	70	75	80	85	90	95	100
1	25	30	35	40	45	50	55	60	65	70	75	80	85	90	95	100
2	13	15	18	20	23	25	28	30	33	35	38	40	43	45	48	50
3	8	10	12	13	15	17	18	20	22	23	25	27	28	30	32	33
4	6	8	9	10	11	13	14	15	16	18	19	20	21	23	24	25
5	5	6	7	8	9	10	11	12	13	14	15	16	17	18	19	20
6	4	5	6	7	8	8	9	10	11	12	13	13	14	15	16	17
7	4	4	5	6	6	7	8	9	9	10	11	11	12	13	14	14
8	3	4	4	5	6	6	7	8	8	9	9	10	11	11	12	13
9	3	3	4	4	5	6	6	7	7	8	8	9	9	10	11	11
10	3	3	4	4	5	5	6	6	7	7	8	8	9	9	10	10
11	2	3	3	4	4	5	5	5	6	6	7	7	8	8	9	9
12	2	3	3	3	4	4	5	5	5	6	6	7	7	8	8	8
13	2	2	3	3	3	4	4	5	5	5	6	6	7	7	7	8
14	2	2	3	3	3	4	4	4	5	5	5	6	6	6	7	7
15	2	2	2	3	3	3	4	4	4	5	5	5	6	6	6	7
16	2	2	2	3	3	3	3	4	4	4	5	5	5	6	6	6
17	1	2	2	2	3	3	3	4	4	4	4	5	5	5	6	6
18	1	2	2	2	3	3	3	3	4	4	4	4	5	5	5	6
19	1	2	2	2	2	3	3	3	3	4	4	4	4	5	5	5
20	1	2	2	2	2	3	3	3	3	4	4	4	4	5	5	5
21	1	1	2	2	2	2	3	3	3	3	4	4	4	4	5	5
22	1	1	2	2	2	2	3	3	3	3	3	4	4	4	4	5
23	1	1	2	2	2	2	2	3	3	3	3	3	4	4	4	4
24	1	1	1	2	2	2	2	3	3	3	3	3	4	4	4	4
25	1	1	1	2	2	2	2	2	3	3	3	3	3	4	4	4

기체관리 차트(미터)

Table 16M

이동거리 (미터)

전환까지 (분) ↓	DISTANCED TRAVELED IN METERS							
	10	15	20	25	30	35	40	45
1	10	15	20	25	30	35	40	45
2	20	30	40	50	60	70	80	90
3	30	45	60	75	90	105	120	135
4	40	60	80	100	120	140	160	180
5	50	75	100	125	150	175	200	225
6	60	90	120	150	180	210	240	270
7	70	105	140	175	210	245	280	315
8	80	120	160	200	240	280	320	360
9	90	135	180	225	270	315	360	405
10	100	150	200	250	300	350	400	450
11	110	165	220	275	330	385	440	495
12	120	180	240	300	360	420	480	540
13	130	195	260	325	390	455	520	585
14	140	210	280	350	420	490	560	630
15	150	225	300	375	450	525	600	675
16	160	240	320	400	480	560	640	720
17	170	255	340	425	510	595	680	765
18	180	270	360	450	540	630	720	810
19	190	285	380	475	570	665	760	855
20	200	300	400	500	600	700	800	900
21	210	315	420	525	630	735	840	945
23	230	345	460	575	690	805	920	1035
24	240	360	480	600	720	840	960	1080
25	250	375	500	625	750	875	1000	1125
27	270	405	540	675	810	945	1080	1215
28	280	420	560	700	840	980	1120	1260
30	300	450	600	750	900	1050	1200	1350
32	320	480	640	800	960	1120	1280	1440
33	330	495	660	825	990	1155	1320	1485
35	350	525	700	875	1050	1225	1400	1575
38	380	570	760	900	1140	1330	1520	1710
40	400	600	800	1000	1200	1400	1600	1800
43	430	645	860	1075	1290	1505	1720	1935
45	450	675	900	1125	1350	1575	1800	2025
48	480	720	960	1200	1440	1680	1920	2160
50	500	750	1000	1250	1500	1750	2000	2250
55	550	825	1100	1375	1650	1925	2200	2475
60	600	900	1200	1500	1800	2100	2400	2700
65	650	975	1300	1625	1950	2275	2600	2925
70	700	1050	1400	1750	2100	2450	2800	3150

▌Table 17M

기체 농도 테이블

(대략적인 값임)

	믹스기체(%)							
산소(O_2)	0%	0%	100%	34%	15%	14%	16%	21%
질소(N_2)	0%	100%	0%	66%	40%	53%	60%	0%
헬륨(H_2)	100%	0%	0%	0%	45%	33%	24%	79%
공기(Air)								
msw	msw	msw	msw	msw	msw	msw	msw	msw
3	0.3	3	3	3	2	2	2	1
6	1	6	6	6	3	4	5	2
9	1	9	9	9	5	6	7	3
12	2	12	12	12	7	9	10	4
15	2	14	15	15	9	11	12	5
19	2	17	18	18	11	13	14	6
21	3	21	21	21	13	15	17	7
24	3	23	24	24	15	17	19	8
27	4	26	28	28	17	19	21	9
30	4	29	31	31	18	21	24	10
33	4	32	34	34	21	24	26	11
36	5	35	37	37	22	26	29	12
39	5	38	40	40	24	28	31	13
42	6	41	43	43	26	30	34	14
46	6	44	46	46	28	32	36	15
49	7	47	49	49	30	35	38	17
52	7	50	52	52	32	37	41	17
55	7	53	56	56	34	39	43	18
58	8	56	59	59	35	41	46	20
61	8	59	62	62	37	43	48	21
64	9	62	65	65	39	46	50	22
67	9	65	68	68	41	48	53	23
70	10	67	71	71	43	50	55	24
73	10	71	74	74	45	52	58	25
76	11	74	77	77	47	54	60	26
79	11	76	80	80	49	56	62	27
82	11	79	83	83	50	58	65	28
85	12	82	86	86	52	61	67	29
88	12	85	89	89	54	63	70	30
91	12	88	92	92	56	65	72	31

● 주의: 근사값의 동가한 공기수심농도(EAD 농도)는 위에 목록 된 모든 기체를 위해 제공되지만, 적절한 최대활농수심(MOD) 외의 기체믹스는 사용하지 말아야 한다. 농도는 참조를 위해서만 제공되고 있다.

● 이 테이블은 일부 바닥수심에서의 기체믹스에 대한 동등한 공기수심농도(EAD 농도)를 제공한다.

보기: 82msw에서 호흡하는 16-24 트라이믹스는 대략 65msw 공기와 같은 농도를 가지고 있다.

Chart 1

반복 CNS 차트

시작 백분율	수면휴식시간 (S.I.)							
	30 MINS	60 MINS	90 MINS	2 HRS	3 HRS	4 HRS	5 HRS	6 HRS
100	83	66	49	41	24	16	11	7
95	79	63	46	38	22	15	10	7
90	75	59	44	37	22	15	10	7
85	71	56	42	35	21	14	9	6
80	66	53	39	32	19	13	9	6
75	62	49	37	31	18	12	8	5
70	58	46	34	28	17	11	7	5
65	54	43	32	27	16	11	7	5
60	50	40	29	24	14	9	6	4
55	46	36	27	22	13	9	6	4
50	41	33	24	20	12	8	5	3
45	37	30	22	18	11	7	5	3
40	33	26	20	17	10	7	5	3
35	29	23	17	14	8	5	3	2
30	25	20	15	12	7	5	3	2
25	21	16	12	10	6	4	3	2
20	17	13	10	8	5	3	2	1
15	12	10	7	6	3	2	1	1
10	8	7	5	4	2	1	1	1
RESIDUAL PERCENT CNS O2 CLOCK								

반복 CNS의 CNS% 차트를 읽으려면 좌측 세로 칸에 있는 100%에서 시작한다. 테이블은 우측으로 방향으로 읽는데 수면후식(S.I.) 30분 후 다이버는 83%의 CNS O2 시간이 남아 있으며 S.I. 6시간 후에는 7%의 CNS O_2 시간이 남아 있는 것을 볼 수 있다.

Chart 2M

질소 재충전 차트

(미터 단위)

Oxygen %	Pressure of full (bars) 30	40	50	60	70	80	90	100	110	120	130	140	150	160	170	180	190	200	210	220	230	240	250
21%	0	0	0	0	0	0	0	0	0	0	0	0	0	0	0	0	0	0	0	0	0	0	0
22%	0	1	1	1	1	1	1	1	2	2	2	2	2	2	2	2	2	3	3	3	3	3	3
23%	1	1	1	2	2	2	2	3	3	3	3	4	4	4	4	5	5	5	5	6	6	6	6
24%	1	2	2	2	3	3	3	4	4	5	5	5	6	6	6	7	7	8	8	8	9	9	9
25%	2	2	3	3	4	4	5	5	6	6	7	7	8	8	9	9	10	10	11	11	12	12	13
26%	2	3	3	4	4	5	6	6	7	8	8	9	9	10	11	11	12	13	13	14	15	15	16
27%	2	3	4	5	5	6	7	8	8	9	10	11	11	12	13	14	14	15	16	17	17	18	19
28%	3	4	4	5	6	7	8	9	10	11	12	12	13	14	15	16	17	18	19	19	20	21	22
29%	3	4	5	6	7	8	9	10	11	12	13	14	15	16	17	18	19	20	21	22	23	24	25
30%	3	5	6	7	8	9	10	11	13	14	15	16	17	18	19	21	22	23	24	25	26	27	28
31%	4	5	6	8	9	10	11	13	14	15	16	18	19	20	22	23	24	25	27	28	29	30	32
32%	4	6	7	8	10	11	13	14	15	17	18	19	21	22	24	25	26	28	29	31	32	33	35
33%	5	6	8	9	11	12	14	15	17	18	20	21	23	24	26	27	29	30	32	33	35	36	38
34%	5	7	8	10	12	13	15	16	18	20	21	23	25	26	28	30	31	33	35	36	38	39	41
35%	5	7	9	11	12	14	16	18	19	21	23	25	27	28	30	32	34	35	37	39	41	43	44
36%	6	8	9	11	13	15	17	19	21	23	25	27	28	30	32	34	36	38	40	42	44	46	47
37%	6	8	10	12	14	16	18	20	22	24	26	28	30	32	34	36	38	41	43	45	47	49	51
38%	6	9	11	13	15	17	19	22	24	26	28	30	32	34	37	39	41	43	45	47	49	52	54
39%	7	9	11	14	16	18	21	23	25	27	30	32	34	36	39	41	43	46	48	50	52	55	57
40%	7	10	12	14	17	19	22	24	26	29	31	34	36	38	41	43	46	48	51	53	55	58	60

규칙:

1. 다이빙 후 실린더의 게이지 압력을 확인한다(다이빙 전에 믹스를 확인한다). 테이블을 사용해 현재 게이지 압력을 찾은 후 세로 칸에서 내려가 믹스와 교차하는 숫자를 찾는다.
2. 새로 필요로 하는 믹스와 주입 압력을 다시 찾는다. 교차점을 찾아 또 다른 숫자를 찾는다.
3. 두 번째에서 첫 번째 번호를 사용한다. 이 숫자는 순수 O_2로 사용된 실린더의 일부로 더해진다. 위 2단계에서 사용한 압력까지 공기를 주입시킨다.
4. 만약 답이 마이너스라면 첫 번째 주입 탱크에서 기체를 더 제거하여 값이 '0'이나 플러스가 되게 한다. 그리고 공기나 공기와 산소를 주입시킨다.
5. 첫 번째 탱크에서 얼만큼의 기체를 제거해야 하는지를 알기 위해서는 같은 가로줄에서 두 번째 믹스보다 적거나 같은 숫자를 찾아 기체를 채운다. 주입압력으로 이동한다. 이 숫자가 실린더를 채우기 전의 압력일 것이다.

Chart 3M EANx/HE 믹스 가이드

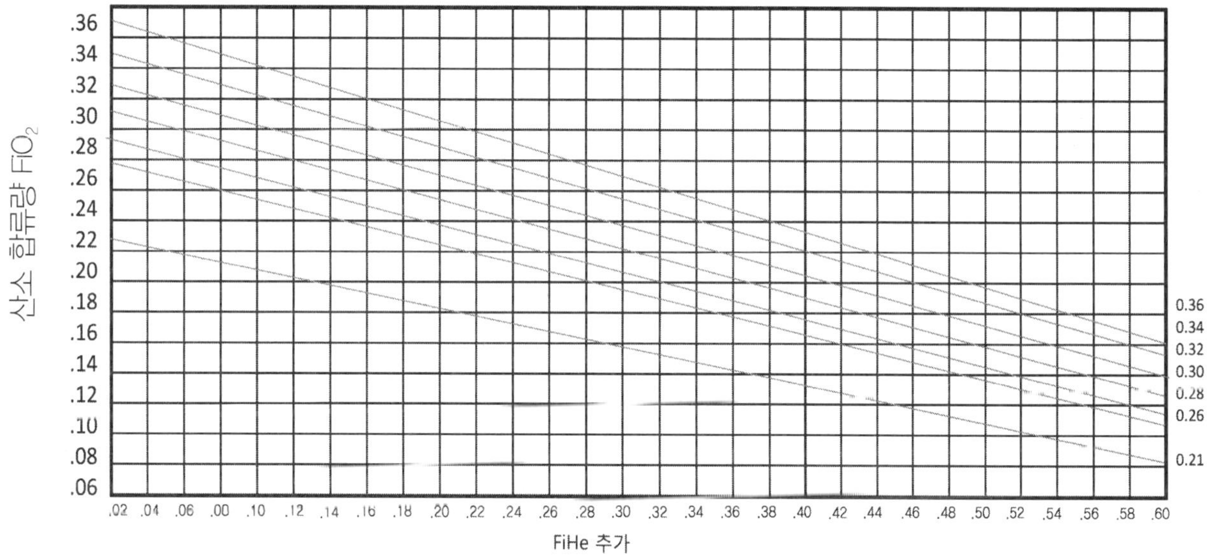

Chart 4M END 최적 믹스 가이드

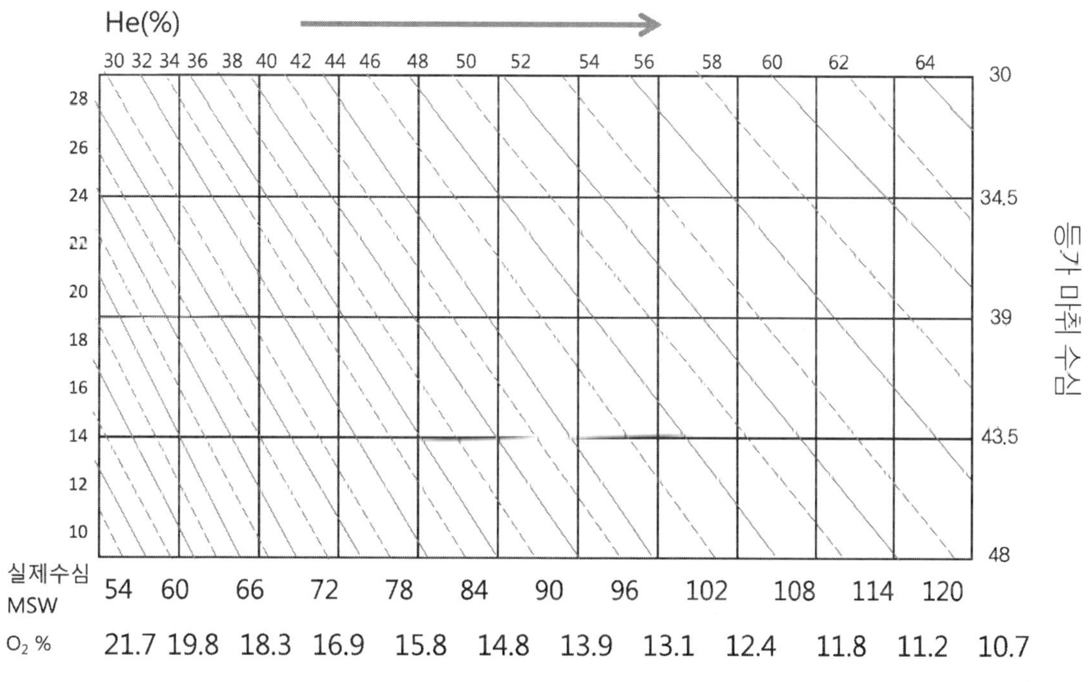

트라이믹스 다이빙을 위한 등가 마취 수심 테이블

FSW/MSW	FiO_2	1.3 PO_2 에 대한 등가마취수심																	
		END 80 FSW 24 MSW		END 90 FSW 27 MSW		END 100 FSW 30 MSW		END 110 FSW 33 MSW		END 120 FSW 36 MSW		END 130 FSW 39 MSW		END 140 FSW 42 MSW		END 150 FSW 45 MSW		END 160 FSW 48 MSW	
		FiHE	FiN_2	FiHE	FiN_2	FiHE	FiN_2	FiHE	FiN_2	FiHE	FiN_2	FiHE	FiN_2	FiHE	FiN_2	FiHE	FiN_2	FiHE	FiN_2
210 / 63	0.18	0.46	0.37	0.42	0.40	0.39	0.43	0.36	0.46	0.33	0.50	0.29	0.53	0.26	0.56	0.23	0.59	0.20	0.63
220 / 66	0.17	0.48	0.35	0.45	0.38	0.42	0.42	0.38	0.45	0.35	0.48	0.32	0.51	0.29	0.54	0.26	0.57	0.23	0.60
230 / 69	0.16	0.50	0.34	0.47	0.37	0.44	0.40	0.41	0.43	0.38	0.46	0.35	0.49	0.32	0.52	0.29	0.55	0.26	0.58
240 / 72	0.16	0.52	0.33	0.49	0.36	0.46	0.38	0.43	0.41	0.40	0.44	0.37	0.47	0.34	0.50	0.31	0.53	0.28	0.56
250 / 75	0.15	0.53	0.32	0.51	0.34	0.48	0.37	0.45	0.40	0.42	0.43	0.39	0.46	0.37	0.48	0.34	0.51	0.31	0.54
260 / 78	0.15	0.55	0.30	0.52	0.33	0.49	0.36	0.47	0.39	0.44	0.41	0.41	0.44	0.39	0.47	0.36	0.49	0.33	0.52
270 / 81	0.14	0.56	0.29	0.54	0.32	0.51	0.35	0.49	0.37	0.46	0.40	0.43	0.42	0.41	0.45	0.38	0.48	0.36	0.50
280 / 84	0.14	0.58	0.28	0.55	0.31	0.53	0.34	0.50	0.36	0.48	0.39	0.45	0.41	0.43	0.44	0.40	0.46	0.38	0.49
290 / 87	0.13	0.59	0.29	0.57	0.30	0.54	0.33	0.52	0.35	0.49	0.37	0.47	0.40	0.44	0.42	0.42	0.45	0.40	0.47
300 / 91	0.13	0.60	0.27	0.58	0.29	0.56	0.32	0.53	0.34	0.51	0.36	0.48	0.39	0.46	0.41	0.44	0.43	0.41	0.46

트라이믹스 다이빙을 위한 등가 마취 수심 테이블

실제수심		1.4 PO_2를 위한 등가마취수심											
		END 70 FSW 21 MSW		END 80 FSW 24 MSW		END 90 FSW 27 MSW		END 100 FSW 30 MSW		END 110 FSW 33 MSW		END 120 FSW 36 MSW	
FSW/MSW	FiO_2	FiHE	FiN_2	FiHE	FiN_2	FiHE	FiN_2	FiHE	FiN_2	FiHE	FiN_2	FiHE	FiN_2
150 / 45	0.25	0.30	0.44	0.26	0.49	0.22	0.53	0.17	0.57	0.13	0.62	0.09	0.66
160 / 48	0.24	0.34	0.42	0.30	0.46	0.26	0.50	0.22	0.54	0.18	0.59	0.13	0.63
170 / 51	0.23	0.37	0.40	0.33	0.44	0.29	0.48	0.25	0.52	0.22	0.56	0.18	0.60
180 / 54	0.22	0.40	0.38	0.36	0.42	0.33	0.46	0.29	0.49	0.25	0.53	0.22	0.57
190 / 57	0.21	0.43	0.36	0.39	0.40	0.36	0.44	0.32	0.47	0.29	0.51	0.25	0.54
200 / 60	0.20	0.45	0.35	0.42	0.38	0.38	0.42	0.35	0.45	0.32	0.48	0.28	0.52
210 / 63	0.19	0.48	0.33	0.44	0.37	0.41	0.40	0.38	0.43	0.34	0.46	0.31	0.50

실제수심		1.3 PO_2를 위한 등가마취수심											
		END 70 FSW 21 MSW		END 80 FSW 24 MSW		END 90 FSW 27 MSW		END 100 FSW 30 MSW		END 110 FSW 33 MSW		END 120 FSW 36 MSW	
FSW/MSW	FiO_2	FiHE	FiN_2	FiHE	FiN_2	FiHE	FiN_2	FiHE	FiN_2	FiHE	FiN_2	FiHE	FiN_2
150 / 45	0.23	0.32	0.44	0.28	0.49	0.23	0.53	0.19	0.57	0.15	0.62	0.11	0.66
160 / 48	0.22	0.36	0.42	0.32	0.46	0.27	0.50	0.23	0.54	0.19	0.59	0.15	0.63
170 / 51	0.21	0.39	0.40	0.35	0.44	0.31	0.48	0.27	0.52	0.23	0.56	0.19	0.60
180 / 54	0.20	0.42	0.38	0.38	0.42	0.34	0.46	0.31	0.49	0.27	0.53	0.23	0.57
190 / 57	0.19	0.44	0.36	0.41	0.40	0.37	0.44	0.34	0.47	0.30	0.51	0.27	0.54
200 / 60	0.18	0.47	0.35	0.43	0.38	0.40	0.42	0.36	0.45	0.33	0.48	0.30	0.52
210 / 63	0.18	0.49	0.33	0.46	0.37	0.42	0.40	0.39	0.43	0.36	0.46	0.33	0.50

공기 다이빙과 감압 테이블

(A)	40	50	60	70	80	90	100	110	120	130	140	수심(피트)			반복그룹		
	12	15	18	21	24	27	30	33	36	39	42	수심(미터)					
	125	75	51	35	25	20	17	14	12	10	9	**무감압한계(분)**					
(B) 바닥시간	19	16	14	12	11	10	9	8	7	7	6					A	00:00 01:59	2:00
	25	20	17	15	13	12	11	10	9	8	7				B	00:00 00:19	00:20 01:59	2:00
	37	29	25	22	20	18	16	11	10	9	8			C	00:00 00:09	00:10 00:24	00:25 02:59	3:00
	57	41	33	28	24	19	17	14	12	10	9		D	00:00 00:09	00:10 00:14	00:15 00:29	00:30 02:59	3:00
	82	59	44	35	25	20						E	00:00 00:09	00:10 00:14	00:15 00:24	00:25 00:44	00:45 03:59	4:00
	111	65	51								F	00:00 00:19	00:20 00:29	00:30 00:44	00:45 01:14	01:15 01:29	01:30 07:59	8:00
	125	75								G	00:00 00:24	00:25 00:44	00:45 00:59	01:00 01:14	01:15 01:39	01:40 02:09	02:10 11:59	12:00
										H	00:50 01:04	01:05 01:34	01:35 02:09	02:10 02:59	03:00 03:59	04:00 05:39	05:04 23:59	24:00
										K	03:00 03:59	04:00 04:59	05:00 05:59	06:00 06:59	07:00 07:59	08:00 09:19	09:20 38:59	39:00
										L	06:00 06:59	07:00 08:29	08:30 09:59	10:00 11:59	12:00 13:59	14:00 16:29	16:30 47:59	48:00
	(D) 수면휴식(S.I.) 후 반복그룹										G	F	E	D	C	B	A	

수면휴식시간(S.I.) (C)

(E) 반복잠수 테이블

G	F	E	D	C	B	A		수 심 (F)	(M)
137	111	82	57	37	25	19	RNT	40	12
115	88	59	41	29	20	16	RNT	50	15
91	68	44	33	25	17	14	RNT	60	18
72	53	37	28	22	15	12	RNT	70	21
57	42	30	24	20	13	11	RNT	80	24
47	35	26	21	18	12	10	RNT	90	27
40	30	23	19	16	11	9	RNT	100	30
35	27	21	17	14	10	8	RNT	110	33
31	24	19	15	12	9	7	RNT	120	36
27	21	17	14	11	8	7	RNT	130	39
25	19	16	13	10	7	6	RNT	140	42
23	17	14	11	9	7	6	RNT	150	45
21	16	13	10	8	6	6	RNT	160	48
20	15	12	9	7	5	5	RNT	170	51
19	14	11	9	7	5	5	RNT	180	54
18	13	10	8	6	5	5	RNT	190	57
잔류질소시간 (RNT)									

이 테이블들은 공기 데코 혹은 EAN 75% 산소 혹은 그 이상의 가속 데코를 사용해 20과 15피트 정지에서 사용하기 위한 공기 감압 테이블들이다. 이 테이블들은 불맨 (Buehlmann)의 ZHL-16 알로리즘을 기반으로 해수면 0에서 1,000 피트 구간에서 사용될 수 있도록 계산되었다. 계산은 Cybortronix DPA 소프트웨어로 수행되었다. 반복 그룹은 다른 테이블에 적용해 사용될 수 없다. 3분 안전 정지지는 모든 잠수에서 적용되어야 한다. 이 테이블들은 다이버의 신체상태, 잠수의 난이도, 수온 등을 고려하지 않고 작성되었다.

(A) 계획된 수심

(B) 수심열의 바닥시간

(C) 수면휴식시간 (S.I)은 좌측에서 찾음

(D) S.I. 이후 RNT를 찾음

(E) 아래로 이동하면서 계획된 반복잠수시간에 해당되는 RNT를 찾음

EAN 75% 가속 데코를 사용한 공기 감압 테이블

수심 m ft	분 (min)	미터/피트 9 30	6 20	4.5 15	≥75% O_2 6 20	4.5 15	R G
12 40	150			1		1	G
15 50	90			5		3	G
	120			19		9	H
18 60	60			6		4	F
	70			11		6	G
	80			16		9	G
	90			24		12	H
	100			31		15	H
	110			37		18	H
	120			45		21	K
21 70	50			10		6	F
	60			17		9	G
	70			24		13	H
	80			35		17	H
	90			43		22	H
	100		1	52		24	H
	110		3	71		26	K
	120		5	87		33	K
24 80	40			11		6	F
	50			19		10	G
	60		1	28		14	G
	70		3	38		19	G
	80		5	46		22	H
	90	1	7	64		26	K
	100	3	9	84		31	K
	110	6	9	101		39	K
	120	8	12	114		45	L
27 90	30			9		6	F
	40			17		10	G
	50		3	26	2	14	G
	60	2	4	38	3	18	H
	70	4	6	47	4	23	H

수심 m ft	분 (min)	미터/피트 15 50	12 40	9 30	6 20	4.5 15	≥75% O_2 6 20	4.5 15	R G
27 90	80			7	3	69	5	26	H
	90			10	9	92	6	34	K
	100			14	11	108	6	43	K
	110			17	14	129	8	49	K
	120		1	21	14	151	8	55	L
30 100	25					9		6	E
	30				[illegible]	12	1	7	F
	40			1	3	22	2	11	G
	50			4	4	35	3	16	H
	60			7	6	46	4	22	H
	70			11	8	68	5	26	H
	80		2	13	10	94	6	36	K
	90		4	16	13	112	8	44	K
	100		6	20	14	140	8	52	K
	110		9	24	14	171	8	60	L
33 110	25				1	11	1	7	F
	30			[illegible]	2	16	2	9	G
	40			[illegible]	4	27	3	14	G
	50			8	6	41	4	20	H
	60		3	10	8	61	5	26	K
	70		6	13	9	92	6	34	L
	80		9	15	13	113	8	44	L
	90		12	21	14	143	8	53	L
	100	2	14	23	14	181	8	63	L
36 120	20				1	9	1	6	E
	25			1	2	14	2	7	F
	30			3	3	18	2	11	G
	40		1	7	4	34	3	16	G
	50		4	10	6	48	4	24	H
	60		7	13	9	83	6	39	H
	70	2	10	16	12	110	7	43	L
	80	4	12	21	14	142	9	52	L
	90	7	15	25	15	184	9	63	L
	100	9	17	29	19	229	10	74	L

수심 m ft	분 (min)	미터/피트 18 60	15 50	12 40	9 30	6 20	4.5 15	≥75% O_2 6 20	4.5 15	R G
39 130	15					1	6	1	4	F
	20				1	2	11	1	7	F
	25				3	2	17	2	9	G
	30			1	4	4	23	3	12	G
	40			4	7	6	41	4	19	H
	50		1	7	11	8	66	5	26	H
	60		4	9	16	10	102	6	39	K
	70		7	11	20	15	133	9	50	K
	80	1	9	15	25	15	178	9	62	L
42 140	15					2	7	1	5	E
	20				2	2	12	2	7	F
	25			1	4	3	18	2	11	G
	30			3	6	4	26	3	14	G
	40		2	6	9	6	46	4	23	G
	50		5	8	13	9	85	6	31	H
	60	1	7	11	17	14	116	8	46	K
	70	3	9	15	24	14	163	8	58	L
45 150	10						4		3	E
	15				1	2	8	1	5	E
	20			1	3	2	15	2	8	F
	25			3	4	4	22	3	11	G
	30		1	4	7	4	33	3	16	H
	40		4	7	10	7	55	5	25	H
	50	2	6	10	15	11	101	6	39	K
	60	5	8	13	22	14	142	8	53	K
48 160	10						5		4	E
	15				2	2	10	1	6	F
	20			2	4	2	17	2	9	F
	25		1	3	6	4	26	3	13	G
	30		3	4	8	5	39	3	19	H
	35		4	7	10	6	48	4	24	H
	40	2	5	7	12	9	73	6	27	H
	50	5	7	11	17	14	113	8	45	K

수심 m ft	분 (min)	미터/피트 24 80	21 70	18 60	15 50	12 40	9 30	6 20	4.5 15	≥75% O_2 6 20	4.5 15	R G
51 170	10							1	5	1	3	E
	15					1	3	1	12	1	7	F
	20				1	2	4	3	19	2	11	G
	25				2	4	7	4	30	3	15	G
	30			1	3	6	8	6	43	4	21	H
	35			2	5	7	11	8	59	5	26	H
	40			4	6	9	14	9	89	6	33	K
	50		3	5	9	12	21	14	136	8	51	K
	60		5	8	11	17	28	14	201	8	69	L
54 180	10						1	1	6	1	4	E
	15					2	2	3	12	2	7	F
	20				2	3	4	4	22	3	11	G
	25			1	3	4	8	4	36	3	17	H
	30			2	4	7	9	6	48	4	24	H
	35		1	3	6	8	12	9	76	6	27	K
	40		2	5	6	10	16	11	102	6	40	K
	50		6	5	10	15	24	14	156	8	57	K
57 190	10						2	1	6	1	4	E
						3	3	2	14	2	8	F
	20				3	3	6	4	25	3	12	G
	25			2	4	5	7	6	40	4	19	H
	30		1	3	5	7	11	7	56	4	26	H
	35		2	5	6	9	14	9	90	6	33	K
60 200	10						2	2	7	1	5	E
	15				1	3	3	3	16	2	9	F
	20			1	3	4	6	4	28	3	14	G
	25		1	2	4	6	9	6	44	4	21	H
	30		2	4	6	7	12	9	70	5	27	K

EAN 26% 다이빙과 감압 테이블

(A)

수심(피트)	40	50	60	70	80	90	100	110	120	130	140	반복그룹
수심(미터)	12	15	18	21	24	27	30	33	36	39	42	
무감압한계(분)	125	75	51	35	25	20	17	14	14	10	9	⇩
	19	16	14	12	11	10	9	8	8	7	7	A
	25	20	17	15	13	12	11	10	10	9	8	B
	37	29	25	22	20	18	16	11	11	10	9	C
	57	41	33	28	24	19	17	14	14	12	10	D
	82	59	44	35	25	20						E
	111	65	51									F
	125	75										G
												H
												K
												L

수면휴식시간(S.I.) (C)

반복그룹	G	F	E	D	C	B	A	
A							00:00 01:59	2:00
B						00:00 00:19	00:20 01:59	2:00
C					00:00 00:09	00:10 00:24	00:25 02:59	3:00
D				00:00 00:09	00:10 00:14	00:15 00:29	00:30 02:59	3:00
E			00:00 00:09	00:10 00:14	00:15 00:24	00:25 00:44	00:45 03:59	4:00
F		00:00 00:19	00:20 00:29	00:30 00:44	00:45 01:14	01:15 01:29	01:30 07:59	8:00
G	00:00 00:24	00:25 00:44	00:45 00:59	01:00 01:14	01:15 01:39	01:40 02:09	02:10 11:59	12:00
H	00:50 01:04	01:05 01:34	01:35 02:09	02:10 02:59	03:00 03:59	04:00 05:39	05:04 23:59	24:00
K	03:00 03:59	04:00 04:59	05:00 05:59	06:00 06:59	07:00 07:59	08:00 09:19	09:20 38:59	39:00
L	06:00 06:59	07:00 08:29	08:30 09:59	10:00 11:59	12:00 13:59	14:00 16:29	16:30 47:59	48:00

(D) 수면휴식(S.I.) 후 반복그룹

(E) 반복잠수테이블

G	F	E	D	C	B	A		수심 (F)	수심 (M)
137	111	82	57	37	25	19	RNT	40	12
115	88	59	41	29	20	16	RNT	50	15
91	68	44	33	25	17	14	RNT	60	18
72	53	37	28	22	15	12	RNT	70	21
57	42	30	24	20	13	11	RNT	80	24
47	35	26	21	18	12	10	RNT	90	27
40	30	23	19	16	11	9	RNT	100	30
35	27	21	17	14	10	8	RNT	110	33
35	27	21	17	14	10	8	RNT	120	36
31	24	19	15	12	9	7	RNT	130	39
27	21	17	14	11	8	7	RNT	140	42
25	19	16	13	10	7	6	RNT	150	45
23	17	14	11	9	7	6	RNT	160	48

잔류질소시간(RNT)

이 테이블들은 EAN 26% 데코 혹은 EAN 75% 산소 혹은 그 이상의 가속 데코를 사용해 20과 15피트 정지에서 사용하기 위한 EAN 26% 감압 테이블들이다. 이 테이블들은 불맨 (Buehlmann)의 ZHL-16 알로리즘을 기반으로 해수면 0에서 1,000 피트 구간에서 사용될 수 있도록 계산되었다. 계산은 Cybortronix DPA 소프트웨어로 수행되었다. 반복 그룹은 다른 테이블에 적용해 사용될 수 없다. 3분 안전 정지지는 모든 잠수에서 적용되어야 한다. 이 테이블들은 다이버의 신체상태, 잠수의 난이도, 수온 등을 고려하지 않고 작성되었다.

(A) 계획된 수심

(B) 수심열의 바닥시간

(C) 수면휴식시간 (S.I)은 좌측에서 찾음

(D) S.I. 이후 RNT를 찾음

(E) 아래로 이동하면서 계획된 반복잠수시간에 해당되는 RNT를 찾음

EAN 75% 감압 데코를 사용한 EAN 26% 감압 테

수심 m ft	분	미터/피트 9 / 30	6 / 20	4.5 / 15	≥75% O₂ 6 / 20	4.5 / 15	R G
15 50	100			1		1	H
	120			7		4	H
	150			18		3	H
18 60	60			2		1	F
	70			5		3	G
	80			9		5	G
	90			13		7	H
	100			19		10	H
	110			25		13	K
	120			29		16	K
21 70	40			2		1	E
	50			6		4	F
	60			10		5	G
	70			16		9	H
	80			23		12	H
	90			31		17	H
	100			37		20	K
	110			44		23	K
	120			60		27	K
24 80	30			2		2	E
	40			7		5	F
	50			13		8	G
	60			20		12	G
	70			29		16	H
	80		1	38	1	20	K
	90		3	43	2	24	K
	100		5	58	3	27	K
	110		7	74	5	32	L
	120	1	9	87	6	38	L
27 90	20			1		1	E
	30			6		4	F
	40			13		8	G
	50		1	20	1	11	G
	60		3	29	2	16	H

수심 m ft	분	미터/피트 15 / 50	12 / 40	9 / 30	6 / 20	4.5 / 15	≥75% O₂ 6 / 20	4.5 / 15	R G
27 90	70			1	5	38	4	20	H
	80			2	6	45	4	25	K
	90			4	8	65	5	27	K
	100			7	8	83	6	36	K
	110			10	10	96	6	43	L
	120			12	13	109	8	48	L
30 100									
	20					3		2	E
	30					10		7	F
	40				1	17	1	11	G
	50			1	4	25	3	14	H
	60			3	5	37	4	19	H
	70			5	6	45	4	25	K
	80			9	8	67	5	28	K
	90			12	9	86	6	38	K
	100		1	15	12	100	8	45	L
	110		3	18	13	119	8	52	L
	120		5	21	13	139	8	59	L
33 110	15					2		2	D
	20					5		4	E
	30				1	13	1	8	G
	40			1	4	21	3	12	G
	50			5	4	33	3	17	H
	60			3	6	43	4	24	K
	70		2	10	8	64	5	28	K
	80		4	13	9	87	6	38	L
	90		6	16	12	102	8	46	L
	100		8	20	13	125	8	54	L
	110		12	23	13	150	8	63	L
36 120	15					3		3	D
	20					7		5	E
	30			1	2	16	2	9	G
	40			5	4	25	3	14	G
	50		1	3	5	40	4	21	H

수심 m ft	분	미터/피트 18 / 60	15 / 50	12 / 40	9 / 30	6 / 20	4.5 / 15	≥75% O₂ 6 / 20	4.5 / 15	R G
36 120	60			4	10	7	56	5	26	K
	70			7	13	9	83	6	36	K
	80			9	16	13	100	8		L
	90		2	11	21	13	126	8	54	L
	100		3	14	24	13	155	8	64	L
39 130	15						5		4	D
	20					1	9	1	6	E
	30				3	3	18	2	11	G
	40			2	6	4	32	3	17	G
	50			5	9	6	45	4	24	H
	60		1	7	12	9	73	6	31	K
	70		3	9	16	11	97	7	44	L
	80		5	12	20	13	123	8	53	L
	90		7	14	24	14	153	9	63	L
	100		10	17	26	18	184	10	74	L
42 140	15					1	6	1	4	E
	20				1	2	10	1	7	F
	30			1	5	3	22	2	12	G
	40			4	7	6	37	4	20	H
	50		2	6	11	7	57	5	26	K
	60		4	9	14	10	88	6	39	L
	70		7	11	19	13	113	8	50	L
	80	1	9	14	24	13	146	8	61	L
	90	3	11	16	27	17	182	10	73	L
45 150	10						3		2	D
	20				2	2	12	2	7	F
	30			3	5	4	25	3	14	G
	40		2	5	9	6	42	4	23	H
	50		5	7	12	9	72	6	30	L
	60	2	6	10	17	12	100	8	45	L
	70	3	9	13	22	14	133	9	56	L

수심 m ft	분	미터/피트 18 / 60	15 / 50	12 / 40	9 / 30	6 / 20	4.5 / 15	≥75% O₂ 6 / 20	4.5 / 15	R G
51 160	10						4		3	E
	20			1	3	2	14	2	6	F
	30		1	4	6	4	29	3	16	H
	40		4	6	10	7	46	4	26	L
	50	2	6	9	14	9	86	6	38	L
	60	5	8	11	20	13	117	8	51	L

75% 혹은 그 이상의 산소를 사용해
가속 감압을 해야 함

EAN 28% 다이빙과 감압 테이블

(A)

반복그룹	40	50	60	70	80	90	100	110	120	130	140
수심(피트)	40	50	60	70	80	90	100	110	120	130	140
수심(미터)	12	15	18	21	24	27	30	33	36	39	42
무감압한계(분)	125	75	51	35	35	24	19	17	14	12	9
A	19	16	14	12	12	11	10	9	8	7	7
B	25	20	17	15	15	13	12	11	10	9	8
C	37	29	25	22	22	20	18	16	14	12	9
D	57	41	33	28	28	24	19	17			
E	82	59	44	35	35						
F	111	75	51								
G	125										
H											
K											
L											

(B) 바닥시간

수면휴식시간(S.I.) (C)

반복그룹	G	F	E	D	C	B	A	
A							00:00 01:59	2:00
B						00:00 00:19	00:20 01:59	2:00
C					00:00 00:09	00:10 00:24	00:25 02:59	3:00
D				00:00 00:09	00:10 00:14	00:15 00:29	00:30 02:59	3:00
E			00:00 00:09	00:10 00:14	00:15 00:24	00:25 00:44	00:45 03:59	4:00
F		00:00 00:19	00:20 00:29	00:30 00:44	00:45 01:45	00:45 01:14	01:15 01:29	8:00
G	00:00 00:24	00:25 00:44	00:45 00:59	01:00 01:14	01:15 01:29	01:15 01:39	02:10 11:59	12:00
H	00:50 01:04	01:05 01:34	01:35 02:09	02:10 02:59	03:00 03:59	04:00 05:39	05:04 23:59	24:00
K	00:00 03:00	03:01 04:00	04:01 05:00	05:01 06:00	06:01 07:00	07:01 08:00	08:01 38:59	39:00
L	00:00 06:00	06:01 07:00	07:01 08:30	08:31 10:00	10:01 12:00	12:01 14:00	14:01 47:59	48:00

(D) 수면휴식(S.I.) 후 반복그룹

(E) 반복잠수테이블

G	F	E	D	C	B	A		수심 (F)	수심 (M)
137	111	82	57	37	25	19	RNT	40	12
115	88	59	41	29	20	16	RNT	50	15
91	68	44	33	25	17	14	RNT	60	18
72	53	37	28	22	15	12	RNT	70	21
72	53	37	28	22	15	11	RNT	80	24
57	42	30	24	20	13	10	RNT	90	27
47	35	26	21	18	12	9	RNT	100	30
40	30	23	19	16	11	8	RNT	110	33
35	27	21	17	14	10	8	RNT	120	36
31	24	19	15	12	9	7	RNT	130	39
27	21	17	14	11	8	7	RNT	140	42

잔류질소시간

이 테이블들은 EAN 28% 데코 혹은 EAN 75% 산소 혹은 그 이상의 가속 데코를 사용해 20과 15피트 정지에서 사용하기 위한 EAN 28% 감압 테이블들이다. 이 테이블들은 불맨 (Buehlmann)의 ZHL-16 알로리즘을 기반으로 해수면 0에서 1,000 피트 구간에서 사용될 수 있도록 계산되었다. 계산은 Cybortronix DPA 소프트웨어로 수행되었다. 반복 그룹은 다른 테이블에 적용해 사용될 수 없다. 3분 안전 정지지는 모든 잠수에서 적용되어야 한다. 이 테이블들은 다이버의 신체상태, 잠수의 난이도, 수온 등을 고려하지 않고 작성되었다.

(A) 계획된 수심

(B) 수심열의 바닥시간

(C) 수면휴식시간 (S.I)은 좌측에서 찾음

(D) S.I. 이후 RNT를 찾음

(E) 아래로 이동하면서 계획된 반복잠수시간에 해당되는 RNT를 찾음

EAN 75% 가속 데코를 사용한 EAN 28% 감압 테이블

수심 m ft	분	미터/피트 9 30	6 20	4.5 15	≥75% O_2 6 20	4.5 15	RG
15 50	120			3		2	H
	150			13		7	H
18 60	70			3		2	G
	80			6		4	G
	90			10		6	H
	100			15		8	H
21 70	40			1		1	E
	50			4		3	F
	60			8		5	G
	70			13		8	H
	80			19		11	H
	90			26		15	H
				33		18	K
24 80							
	40			6		4	F
	50			11		7	G
	60			18		10	G
	70			25		14	H
	80			34		19	H
	90		1	40	1	23	K
	100		3	49	2	36	K
	110		5	65	3	30	K
27 90	30						
	30			5		3	F
	40			11		7	F
	50			18		11	G
	60		2	25	1	15	G
	70		4	35	3	19	H
	80		6	42	4	23	H
	90	3	6	56	4	27	K
	100	4	8	73	6	32	K
	110	7	9	86	6	40	L
	120	9	11	97	7	46	L
	130	11	13	112	9	51	L

수심 m ft	분	미터/피트 15 50	12 40	9 30	6 20	4.5 15	≥75% O_2 6 20	4.5 15	RG
30 100	20					2		2	E
	30					9		6	F
	40				1	16	1	10	G
	50				3	24	3	13	G
	60			2	4	34	3	19	H
	70			4	6	42	4	24	H
	80			7	7	58	5	27	K
	90			10	8	77	6	35	K
	100			13	11	90	7	43	K
	110		1	15	13	104	8	49	L
	120		2	19	13	123	9	54	L
	130		4	22	13	142	6	63	L
	140		6	24	13	165	8	71	L
33 110									
	20					4		3	E
	30				1	11	1	7	F
	40			1	3	19	2	11	G
	50			4	3	31	2	17	H
	60			6	6	40	4	22	H
	70			10	7	55	5	26	K
	80		2	12	9	76	6	35	K
	90		4	15	11	92	7	44	K
	100		6	18	13	110	8	51	L
	110		9	21	13	130	8	58	L
	120		11	24	13	155	8	68	L
36 120	15					3		2	D
	20					6		5	E
	30			1	2	14	1	9	G
	40			4	3	24	2	14	G
	50			7	5	36	4	19	H
	60		3	9	6	47	4	26	K
	70		5	12	8	73	6	32	K
	80		8	14	11	92	7	43	L
	90		10	18	13	111	9	51	L

수심 m ft	분	미터/피트 18 60	15 50	12 40	9 30	6 20	4.5 15	≥75% O_2 6 20	4.5 15	RG
36 120	100		1	13	22	13	133	8	60	L
	110		3	14	25	13	162	8	70	L
39 130										
	20					1	8	1	5	E
	30				3	2	17	2	10	G
	40			1	6	4	28	3	16	G
	50			4	8	6	41	4	23	H
	60			6	11	8	63	6	27	K
	70		1	9	14	10	87	7	40	K
	80		3	10	18	13	107	9	49	L
	90		5	13	22	13	132	9	59	L
42 140	10						2		1	D
	20				1	1	10	1	7	F
	30				4	4	19	3	11	G
	40			3	7	5	34	4	18	H
	50		1	6	10	6	48	4	26	H
	60		3	8	13	9	78	6	36	K
	70		5	10	16	13	99	9	47	L
	80		8	13	21	13	127	9	56	L
45 150	10						3		2	D
	20				2	2	11	1	8	F
	30			2	5	4	22	3	13	G
	40		1	5	8	5	39	4	21	H

75% 혹은 그 이상의 산소를 사용해 가속 감압을 함.

EAN 30% 다이빙과 감압 테이블

	40	50	60	70	80	90	100	110	120	130	140	수심(피트)			반복그룹			
(A)	12	15	18	21	24	27	30	33	36	39	42	수심(미터)						
	125	75	75	51	35	25	20	17	14	12	12	**무감압한계(분)**				⇩		
(B) 바닥시간	19	16	16	14	12	11	10	9	8	7	7					A	00:00 01:59	2:00
	25	20	20	17	15	13	12	11	10	9	9				B	00:00 00:19	00:20 01:59	2:00
	37	29	29	25	22	20	18	16	11	10	10			C	00:00 00:09	00:10 00:24	00:25 02:59	3:00
	57	41	41	33	28	24	19	17	14	12	12		D	00:00 00:09	00:10 00:14	00:15 00:29	00:30 02:59	3:00
	82	59	59	44	35	25	20					E	00:00 00:09	00:10 00:14	00:15 00:24	00:25 00:44	00:45 03:59	4:00
	111	65	65	51							F	00:00 00:19	00:20 00:29	00:30 00:44	00:45 01:45	00:45 01:14	01:15 01:29	8:00
	125	75	75							G	00:00 00:24	00:25 00:44	00:45 00:59	01:00 01:14	01:15 01:29	01:15 01:39	02:10 11:59	12:00
										H	00:50 01:04	01:05 01:34	01:35 02:09	02:10 02:59	03:00 03:59	04:00 05:39	05:04 23:59	24:00
										K	03:00 03:59	04:00 04:59	05:00 05:59	06:00 06:59	07:00 07:59	08:00 09:19	09:20 38:59	39:00
										L	06:00 06:59	07:00 08:29	08:30 09:59	10:00 11:59	12:00 13:59	14:00 16:29	16:30 47:59	48:00
	(D) 수면휴식(S.I.) 후 반복그룹										G	F	E	D	C	B	A	

수면휴식시간(S.I.) (C)

(E) 반복잠수테이블	G	F	E	D	C	B	A		수심 (F)	(M)
	137	111	82	57	37	25	19	RNT	40	12
	115	88	59	41	29	20	16	RNT	50	15
	115	88	59	41	29	20	16	RNT	60	18
	91	68	44	33	25	17	14	RNT	70	21
	72	53	37	28	22	15	12	RNT	80	24
	57	42	30	24	20	13	11	RNT	90	27
	47	35	26	21	18	12	10	RNT	100	30
	40	30	23	19	16	11	9	RNT	110	33
	35	27	21	17	14	10	8	RNT	120	36
	31	24	19	15	12	9	7	RNT	130	39
	31	24	19	15	12	9	7	RNT	140	42
		잔류질소시간 (RNT)								

이 테이블들은 EAN 30% 데코 혹은 EAN 75% 산소 혹은 그 이상의 가속 데코를 사용해 20과 15피트 정지에서 사용하기 위한 EAN 30% 감압 테이블들이다. 이 테이블들은 불맨 (Buehlmann)의 ZHL-16 알로리즘을 기반으로 해수면 0에서 1,000 피트 구간에서 사용될 수 있도록 계산되었다. 계산은 Cybortronix DPA 소프트웨어로 수행되었다. 반복 그룹은 다른 테이블에 적용해 사용될 수 없다. 3분 안전 정지지는 모든 잠수에서 적용되어야 한다. 이 테이블들은 다이버의 신체상태, 잠수의 난이도, 수온 등을 고려하지 않고 작성되었다.

(A) 계획된 수심

(B) 수심열의 바닥시간

(C) 수면휴식시간 (S.I)은 좌측에서 찾음

(D) S.I. 이후 RNT를 찾음

(E) 아래로 이동하면서 계획된 반복잠수시간에 해당되는 RNT를 찾음

EAN 75% 가속 데코를 사용한 EAN 30% 감압 테이블

수심 m ft	분	미터 피트 6 20	4.5 15	O_2 ≥75% 6 20	4.5 15	RG
15 50	130		2		2	H
	150		8		5	H
18 60	80		4		3	G
	90		7		4	G
	100		10		6	H
	110		16		9	H
21 70						
	60		7		4	F
	70		11		6	G
	80		15		9	G
	90		22		13	H
	100		28		16	H
	110		33		19	K
	120		39		22	K
24 80						
	40		5		3	E
	50		9		6	F
	60		15		9	G
	70		21		13	H
	80		30		17	H
	90		37		22	H
	100	1	42	1	24	K
	110	3	56	2	27	K
	120	5	68	3	33	K
27 90	25		2		1	E
	30		4		3	F
	40		9		6	F
	50		16		10	G
	60	1	23	1	14	G

수심 m ft	분	미터 피트 9 30	6 20	4.5 15	O_2 ≥75% 6 20	4.5 15	RG
27 90	70		2	32	2	18	H
	80		4	39	3	22	K
	90	1	5	48	4	26	K
	100	2	8	63	5	30	K
	110	4	8	78	6	37	L
	120	6	10	88	7	43	L
30 100	20			2		1	E
	30			8		5	F
	40			15		10	G
	50		2	22	2	13	G
	60	1	4	31	3	17	H
	70	5	6	39	4	22	H
	80	5	6	49	4	26	K
	90	7	8	68	6	32	K
	100	10	9	83	6	41	K
	110	13	12	93	8	46	L
	120	17	12	109	8	52	L
33 110							
	20			4		3	E
	30			11		8	F
	40		3	17	2	11	G
	50	3	3	27	2	16	H
	60	5	5	37	3	17	H
	70	8	6	46	4	26	K
	80	11	8	67	6	31	K

수심 m ft	분	미터 피트 12 40	9 30	6 20	4.5 15	O_2 ≥75% 6 20	4.5 15	RG
33 110	90	2	14	9	84	6	41	K
	100	4	15	13	96	8	49	L
	110	6	19	13	115	8	55	L
	120	8	22	13	134	8	63	L
36 120	15				2		2	D
	20				6		4	E
	30			2	13	2	8	G
	40		3	3	22	2	13	G
	50		6	5	33	3	19	H
	60	1	9	5	43	4	25	K
	70	3	11	8	63	6	29	K
	80	6	13	10	83	7	40	L
	90	8	16	13	96	8	49	L
	100	11	20	13	118	8	56	L
39 130	15				4		3	D
	20			1	7	1	5	E
	30		2	2	16	2	10	G
	40		6	3	26	2	16	G
	50	3	7	6	38	4	22	H
	60	5	10	7	55	5	27	K
	70	8	13	9	78	6	38	L
42 140	15				5		4	D
	20			2	9	1	6	E
	30		4	3	17	2	11	G
	40	2	7	4	31	3	17	G

75% 혹은 그 이상의 산소를 사용해 가속 감압을 해야 함

EAN 32% 다이빙과 감압 테이블

(A)										
수심(피트)	40	50	60	70	80	90	100	110	120	반복그룹
수심(미터)	12	15	18	21	24	27	30	33	36	
무감압한계(분)	154	125	75	51	35	25	20	20	17	
(B) 바닥시간	25	19	16	14	12	11	10	10	9	A
	37	25	20	17	15	13	12	12	11	B
	55	37	29	25	22	20	18	18	16	C
	81	57	41	33	28	24	19	19	17	D
	105	82	59	44	35	25	20	20		E
	130	111	65	51						
	154	125	75							

수면휴식시간(S.I.) (C)

반복그룹	G	F	E	D	C	B	A	
A							00:00 01:59	2:00
B						00:00 00:19	00:20 01:59	2:00
C					00:00 00:09	00:10 00:24	00:25 02:59	3:00
D				00:00 00:09	00:10 00:14	00:15 00:29	00:30 02:59	3:00
E			00:00 00:09	00:10 00:14	00:15 00:24	00:25 00:44	00:45 03:59	4:00
		00:00 00:19	00:20 00:29	00:30 00:44	00:45 01:45	00:45 01:14	01:15 01:29	8:00
		00:25 00:44	00:45 00:59	01:00 01:14	01:15 01:29	01:15 01:39	02:10 11:59	12:00
H	00:50 01:04	01:05 01:34	01:35 02:09	02:10 02:59	03:00 03:59	04:00 05:39	05:04 23:59	24:00
K	03:00 03:59	04:00 04:59	05:00 05:59	06:00 06:59	07:00 07:59	08:00 09:19	09:20 38:59	39:00
L	06:00 06:59	07:00 08:29	08:30 09:59	10:00 11:59	12:00 13:59	14:00 16:29	16:30 47:59	48:00

(D) 수면휴식(S.I.) 후 반복그룹

(E) 반복잠수테이블

G	F	E	D	C	B	A		수심 (F)	수심 (M)
154	130	105	81	55	37	25	RNT	40	12
137	111	82	57	37	25	19	RNT	50	15
115	88	59	41	29	20	16	RNT	60	18
91	68	44	33	25	17	14	RNT	70	21
72	53	37	28	22	15	12	RNT	80	24
57	42	30	24	20	13	11	RNT	90	27
47	35	26	21	18	12	10	RNT	100	30
47	35	26	21	18	12	10	RNT	110	33
40	30	23	19	16	11	9	RNT	120	36

잔류질소시간(RNT)

이 테이블들은 EAN 32% 데코 혹은 EAN 75% 산소 혹은 그 이상의 가속 데코를 사용해 20과 15피트 정지에서 사용하기 위한 EAN 32% 감압 테이블들이다. 이 테이블들은 불맨 (Buehlmann)의 ZHL-16 알로리즘을 기반으로 해수면 0에서 1,000 피트 구간에서 사용될 수 있도록 계산되었다. 계산은 Cybortronix DPA 소프트웨어로 수행되었다. 반복 그룹은 다른 테이블에 적용해 사용될 수 없다. 3분 안전 정지지는 모든 잠수에서 적용되어야 한다. 이 테이블들은 다이버의 신체상태, 잠수의 난이도, 수온 등을 고려하지 않고 작성되었다.

(A) 계획된 수심

(B) 수심열의 바닥시간

(C) 수면휴식시간 (S.I.)은 좌측에서 찾음

(D) S.I. 이후 RNT를 찾음

(E) 아래로 이동하면서 계획된 반복잠수시간에 해당되는 RNT를 찾음

EAN 75% 가속 데코를 사용한 EAN 32% 감압 테이블

수심 m ft	분	미터/피트 6/20	4.5/15	6/20	4.5/15	RG
		≥ 75% O_2				
15 50	150		4		2	G
18 60	80		2		1	G
	100		7		5	H
21 70						
	60		5		3	F
	70		8		5	G
	80		13		8	G
	90		18		10	H
	100		24		14	H
	110		29		17	K
	120		33		20	K
24 80	40		3		2	E
	50		7		5	F
	60		12		8	G
	70		18		11	H
	80		25		15	H
	90		32		20	H
	100		38		23	K
	110	1	47	1	25	K
	120	2	61	2	30	K
27 90	30		3		2	E
	40		8		5	F
	50		13		9	G
	60		21		13	G
	70	1	29	1	17	H
	80	3	35	2	21	H
	90	4	41	3	25	K
	100	7	55	5	27	K

수심 m ft	분	미터/피트 9/30	6/20	4.5/15	6/20	4.5/15	RG
				≥ 75% O_2			
27 90	110	2	8	68	5	35	K
	120	4	8	80	6	41	K
	130	5	11	89	7	47	K
30 100	20			1		1	E
	25			3		3	F
	30			6		5	F
	40			13		9	G
	50		1	20	1	12	G
	60		3	28	3	16	H
	70	1	5	36	4	21	H
	80	3	6	42	4	25	H
	90	5	8	59	5	29	K
	100	8	8	74	6	37	K
	110	10	11	85	7	44	K
	120	13	12	96	8	50	L
33 110							
	20			3		2	E
	30			10		7	F
	40		2	16	1	11	G
	50	1	4	23	3	15	G
	60	4	4	34	3	20	H
	70	6	6	41	4	25	H
	80	9	8	58	5	29	K
	90	13	8	76	5	39	K

수심 m ft	분	미터/피트 12/40	9/30	6/20	4.5/15	6/20	4.5/15	RG
					≥ 75% O_2			
33 110	100	2	14	11	88	8	45	K
	110	3	17	13	102	9	51	L
36 120								
	20				5		4	E
	30			1	12	1	8	F
	40		2	3	20	2	12	G
	50		5	4	30	3	17	H
	60		8	5	40	4	23	H
	70	2	10	7	55	5	27	K
	80	4	12	8	75	6	38	K
	90	6	15	11	88	8	46	K
	100	8	18	13	105	9	53	L
39 130	15				3		3	D
	20				7		5	E
	30		1	2	15	2	9	F
	40		5	3	23	2	15	G

75% 혹은 그 이상의 산소를 사용해 가속 감압을 해야 함

EAN 34% 다이빙과 감압 테이블

(A)									
수심(피트)	40	50	60	70	80	90	100	110	반복그룹
수심(미터)	12	15	18	21	27	27	30	33	
무감압한계(분)	154	125	75	51	35	35	25	20	
(B) 바닥시간	25	19	16	14	12	12	11	10	A
	37	25	20	17	15	15	13	12	B
	55	37	29	25	22	22	20	18	C
	81	57	41	33	28	28	24	19	D
	105	82	59	44	35	35	25	20	E
	130	111	65	51					
	154	125	75						

반복그룹	G	F	E	D	C	B	A	수면휴식시간(S.I.) (C)
A							00:00 01:59	2:00
B						00:00 00:19	00:20 01:59	2:00
C					00:00 00:09	00:10 00:24	00:25 02:59	3:00
D				00:00 00:09	00:10 00:14	00:15 00:29	00:30 02:59	3:00
E			00:00 00:09	00:10 00:14	00:15 00:24	00:25 00:44	00:45 03:59	4:00
		00:00 00:19	00:20 00:29	00:30 00:44	00:45 01:14	01:15 01:29	01:30 07:59	8:00
		00:25 00:44	00:45 00:59	01:00 01:14	01:15 01:39	01:40 02:09	02:10 11:59	12:00
H	00:50 01:04	01:05 01:34	01:35 02:09	02:10 02:59	03:00 03:59	04:00 05:39	05:04 23:59	24:00
K	03:00 03:59	04:00 04:59	05:00 05:59	06:00 06:59	07:00 07:59	08:00 09:19	09:20 38:59	39:00
L	06:00 06:59	07:00 08:29	08:30 09:59	10:00 11:59	12:00 13:59	14:00 16:29	16:30 47:59	48:00
(D) 수면휴식(S.I.) 후 반복그룹	G	F	E	D	C	B	A	

(E) 반복잠수테이블	G	F	E	D	C	B	A		수심 (F)	수심 (M)
	154	130	105	81	55	37	25	RNT	40	12
	137	111	82	57	37	25	19	RNT	50	15
	115	88	59	41	29	20	16	RNT	60	18
	91	68	44	33	25	17	14	RNT	70	21
	72	53	37	28	22	15	12	RNT	80	24
	72	53	37	28	22	15	12	RNT	90	27
	57	42	30	24	20	13	11	RNT	100	30
	47	35	26	21	18	12	10	RNT	110	33
	잔류질소시간 (RNT)									

이 테이블들은 EAN 34% 데코 혹은 EAN 75% 산소 혹은 그 이상의 가속 데코를 사용해 20과 15피트 정지에서 사용하기 위한 EAN 34% 감압 테이블들이다. 이 테이블들은 불맨 (Buehlmann)의 ZHL-16 알로리즘을 기반으로 해수면 0에서 1,000 피트 구간에서 사용될 수 있도록 계산되었다. 계산은 Cybortronix DPA 소프트웨어로 수행되었다. 반복그룹은 다른 테이블에 적용해 사용될 수 없다. 3분 안전 정지지는 모든 잠수에서 적용되어야 한다. 이 테이블들은 다이버의 신체상태, 잠수의 난이도, 수온 등을 고려하지 않고 작성되었다.

(A) 계획된 수심 / (B) 수심열의 바닥시간

(C) 수면휴식시간 (S.I)은 좌측에서 찾음

(D) S.I. 이후 RNT를 찾음

(E) 아래로 이동하면서 계획된 반복잠수시간에 해당되는 RNT를 찾음

EAN 75% 가속 데코를 사용한 EAN 34% 감압 테이블

수심 m	수심 ft	분	미터/피트 6 / 20	미터/피트 4.5 / 15	≥ 75% O_2 6 / 20	≥ 75% O_2 4.5 / 15	RG
15	50	170		4		2	H
18	60	100		5		3	G
		110		7		5	H
		120		11		7	H
21	70	60		3		2	F
		70		6		4	G
		80		10		6	G
		90		14		9	H
		100		19		12	H
		110		24		15	H
		120		28		17	K
24	80	40		2		2	E
		50		6		4	F
		60		10		7	G
		70		15		10	H
		80		21		15	H
		90		28		17	H
		100		34		21	K
		110		39		24	K
		120		52		28	K
27	90						
		40		6		6	E
		50		12		8	F
		60		18		12	G
		70		26	1	16	H
		80	1	33	1	20	H

수심 m	수심 ft	분	미터/피트 9 / 30	미터/피트 6 / 20	미터/피트 4.5 / 15	≥ 75% O_2 6 / 20	≥ 75% O_2 4.5 / 15	RG
27	90	90		3	38	2	24	H
		100		4	48	3	26	K
		110		7	60	5	31	K
		120	1	8	72	6	38	K
30	100							
		30			5		4	F
		40			11		8	F
		50			18		12	G
		60		2	25	2	15	G
		70		4	33	3	20	H
		80	2	5	39	4	24	K
		90	3	7	51	5	27	K
		100	5	8	66	6	34	K
		110	8	9	77	6	42	L
		120	10	11	87	8	47	L
33	110							
		30			8		6	F
		40		1	15	1	10	G
		50		4	21	3	14	G
		60	2	5	31	3	19	H
		70	5	5	38	4	23	H
		80	7	7	51	5	27	H
		90	10	8	67	6	35	K
		100	13	10	80	7	43	K

75% 혹은 그 이상의 산소를 사용해 가속 감압을 해야 함

EANx 78% 가속 데코를 사용한 공기 다이빙의 런타임 테이블

수심 m ft	분	미터 피트 12 40	9 30	≥ 78% O₂ 6 20	4.5 15	% CNS
27 90	50			55	67	18
	60		63	66	82	24
	70		74	78	99	30
	80		85	90	115	34
	90		96	102	131	40
	100		108	115	151	48
	110		120	128	170	54
	120		131	140	188	61
	130		144	153	205	68
	140	144	157	166	225	72
	150	156	170	179	245	78
	160	167	182	192	263	84
	170	180	195	210	286	90
	180	193	208	225	308	97
	190	205	223	241	328	103
30 100	50		55	57	72	22
	60		66	70	90	27
	70		78	82	107	34
	80		90	95	123	41
	90	95	104	110	147	46
	100	106	117	124	168	53
	110	119	131	139	190	59
	120	131	145	153	210	67
	130	143	159	167	232	74
	140	157	173	183	254	80
	150	170	186	201	278	87
	160	183	200	218	301	95
	170	196	217	234	325	103

수심 m ft	분	미터 피트 15 50	12 40	9 30	≥ 78% O₂ 6 20	4.5 15	% CNS
33 110	40			45	48	60	22
	50			57	60	78	30
	60		65	71	74	98	34
	70		77	84	89	116	39
	80		90	99	104	142	49
	90		102	112	120	165	58
	100		116	128	136	188	65
	110	114	129	143	151	212	73
	120	125	143	158	166	236	80
	130	137	159	174	188	254	89
	140	149	173	189	207	290	98
	150	161	187	208	225	316	108
36 120	30			35	37	47	19
	40			47	51	65	27
	50		56	61	66	87	32
	60		69	76	82	107	39
	70	74	83	91	98	134	49
	80	85	96	106	115	160	60
	90	98	111	124	133	185	68
	100	110	125	140	149	211	77
	110	122	142	157	168	239	86
	120	135	158	173	190	269	95
	130	148	172	192	210	295	106
39 130	30			37	39	50	21
	40		46	52	55	71	26
	50		60	67	71	95	34
	60	66	74	83	89	119	44
	70	78	88	99	107	149	55

수심 m ft	분	미터 피트 21 70	18 60	15 50	12 40	9 30	≥ 78% O₂ 6 20	4.5 15	% CNS
39 130	80			91	105	118	126	178	64
	90		94	104	120	136	144	206	74
	100		106	118	138	156	165	237	83
	110		117	131	155	171	189	269	94
	120		129	146	171	194	211	301	108
42 140	30				36	40	42	54	23
	40			44	50	55	59	78	31
	50			57	65	72	77	103	41
	60			70	80	90	96	134	54
	70		75	83	97	109	117	166	65
	80		87	97	114	128	136	196	76
	90		99	112	133	148	159	230	88
	95		105	119	142	157	172	247	94
	100		111	126	151	167	184	265	101
45 150	20				25	27	29	37	16
	30				38	42	46	60	26
	40			47	53	59	64	86	35
	50		54	61	70	78	84	114	48
	60		67	75	87	97	106	151	63
	70		79	90	105	119	128	183	74
	75		86	97	114	129	138	201	82
	80	84	92	105	125	140	150	220	87
	85	90	99	113	135	150	164	238	93
48 160	20				26	29	31	39	16
	30			36	40	46	48	64	26
	40		45	50	57	65	69	94	38
	50		58	64	75	85	91	128	52
	60	64	71	80	94	107	115	165	67

EAN 78% 가속 데코를 사용한 공기 다이빙의 런타임 테이블

수심 m ft	분	미터 ≥ 78% 피트 O_2								% CNS
		24 80	21 70	18 60	15 50	12 40	9 30	6 20	4.5 15	
48 160	60		64	71	80	94	107	115	165	67
	65		70	78	88	104	119	127	183	73
	70		76	85	96	113	129	137	202	80
	75		82	92	105	125	141	151	222	87
	80		88	98	113	136	152	167	243	94
51 170	15					21	23	24	30	14
	20					28	31	32	42	19
	25				31	36	40	42	56	25
	30				38	44	49	52	70	31
	35			41	45	53	59	63	86	37
	40			47	53	62	69	74	101	43
	45			54	60	71	80	85	120	52
	50		55	61	69	81	91	99	141	62
	55		62	68	77	92	104	112	162	69
	60		68	75	85	102	116	124	180	75
	65		74	83	94	113	128	136	201	83
	70	74	81	90	103	125	140	151	223	91
	75	80	88	97	112	137	152	168	246	100
54 180	15					21	23	25	31	16
	20				26	29	32	35	45	21
	25				33	37	42	45	60	28
	30			36	40	47	52	57	77	35
	35			42	49	55	62	68	93	43
	40		45	50	57	66	74	81	111	53
	45		51	57	65	76	86	94	134	62
	50		58	64	74	87	99	108	156	70
	55	60	65	72	83	98	112	121	176	80
	60	64	71	80	92	110	125	134	199	88

EAN 78% 가속 데코를 사용한 공기 다이빙의 런타임 테이블

수심 m ft	분	미터 ≥ 78% 피트 O_2									
		27 90	24 80	21 70	18 60	15 50	12 40	9 30	6 20	4.5 15	% CNS
54 180	65		72	78	87	102	123	138	150	222	95
	70		78	85	95	111	135	150	168	246	106
57 190	15						22	25	27	34	16
	20					27	30	34	37	48	23
	25				31	35	39	45	48	64	31
	30				38	43	49	56	60	82	37
	35			41	45	51	59	67	73	99	45
	40			47	53	59	70	80	88	123	56
	45		50	54	61	69	82	94	102	147	66
	50		56	61	69	78	94	108	116	169	74
	55		63	68	77	88	105	121	129	191	84
	60		69	75	85	99	119	135	146	217	93
	65	70	75	83	94	109	133	149	166	244	103
60 200	15					21	24	27	28	36	20
	20				26	28	33	37	39	52	28
	25				33	36	43	48	51	70	36
	30			37	40	45	53	60	64	88	44
	35			43	48	54	64	72	78	108	55
	40		46	50	56	64	76	86	93	135	67
	45		52	58	64	74	89	101	109	159	77
	50		59	65	73	83	101	115	123	182	88
	55	60	65	72	81	94	115	130	139	209	97
	60	67	72	80	90	105	130	145	161	238	108

런타임은 Cybo-tronics DFA 스프트웨어를 사용해 각 정지부터 출발시간이 계산되었다. 회색열의 감압 런타임들은 EAN 78%를 사용해 마무리해야 한다. 증가된 FiO_2는 CNS O_2 값을 증가시킨다. 반복그룹을 찾기 위해서는 공기가속 감압 테이블을 참조한다.

EANx 78% 가속 데코를 사용한 EAN 25% 다이빙의 런타임 테이블

수심 m	수심 ft	분	미터 12 / 피트 40	9 / 30	6 / 20	4.5 / 15	% CNS
27	90	70			76	95	30
		80		83	88	111	37
		90		94	100	125	41
		100		105	112	144	49
		110		117	124	162	57
		120		128	136	180	62
		130		140	149	197	69
		140		152	161	214	76
		150		164	173	232	84
		160		175	184	249	89
		165		181	190	258	92
		170	172	187	196	267	95
		175	178	193	204	277	98
		180	184	199	212	287	102
30	100	60		65	68	86	35
		70		76	80	103	39
		80		88	93	118	46
		90		100	105	138	55
		100	103	112	119	159	61
		110	114	125	132	178	70
		120	126	138	146	198	77
		130	138	152	160	218	84
		135	144	158	166	228	88
		140	149	164	172	238	93
		145	155	171	179	248	96
		150	162	178	187	259	100

수심 m	수심 ft	분	미터 15 / 피트 50	12 / 40	9 / 30	6 / 20	4.5 / 15	% CNS
33	110	50			56	58	74	34
		60			68	71	93	42
		70		74	81	85	110	47
		80		86	94	99	131	57
		90		98	107	114	155	68
		100		110	121	129	176	77
		110		123	136	144	197	86
		115		130	143	151	209	90
		120		136	150	158	220	95
		125		142	157	162	231	100
		130		149	164	172	243	105
36	120	40			46	48	63	31
		50		54	59	62	82	39
		60		66	72	76	102	47
		70		79	87	92	123	57
		80		92	101	108	149	69
		85		98	108	117	161	74
		90	94	105	116	124	173	79
		95	100	112	124	133	185	85
		100	106	119	132	140	196	90
		105	111	126	140	149	209	95
		110	117	132	147	155	221	100

수심 m	수심 ft	분	미터 18 / 피트 60	15 / 50	12 / 40	9 / 30	6 / 20	4.5 / 15	% CNS
39	130	30				36	38	48	23
		40			44	49	52	67	32
		50			57	64	67	89	41
		60			70	78	83	110	50
		70		75	84	94	100	138	63
		80		87	98	110	118	165	75
		85		94	106	119	127	178	79
		90		100	113	127	135	190	85
		95		105	120	135	143	203	90
		100		112	128	144	152	218	98
		105		118	136	152	161	231	102
		110		125	144	160	172	246	108
42	140	20				25	26	32	19
		30			35	38	40	51	27
		40			48	53	56	73	36
		50		54	62	68	72	97	47
		60		67	76	85	90	123	60
		65		73	84	93	100	139	66
		70		79	91	101	109	153	74
		75		86	99	111	119	167	81
		80	84	92	107	120	128	181	86
		85	89	99	115	129	137	195	92
		90	96	106	123	138	146	211	99

(계속)

EANx 78% 가속 데코를 사용한 EAN 25% 다이빙의 런타임 테이블

수심 m	수심 ft	분	21 / 70	18 / 60	15 / 50	12 / 40	9 / 30	6 / 20	4.5 / 15	% CNS
			미터 / 피트				≥ 78% O_2			
45	150	20					26	28	35	22
		30				37	40	44	56	31
		40			44	51	56	61	81	43
		50			58	66	73	79	106	55
		55			65	74	82	89	121	64
		60		64	71	81	91	98	137	72
		65		70	78	89	100	109	153	79
		70		76	85	98	110	119	169	87
		75		82	92	106	120	129	183	94
		80		88	99	114	129	138	199	100
48	160	15					21	22	27	20
		20				25	28	30	37	24
		25				31	35	37	48	31
		30				38	43	46	60	38
		35			41	46	52	55	74	45
		40			47	54	61	65	88	52
		45			55	62	70	75	101	60
		50		58	61	70	79	85	116	69
		55		62	68	78	89	95	134	78
		60		68	76	87	98	106	151	87
		65		74	83	96	109	117	167	94
		70	74	81	90	105	120	128	184	103

수심 m	수심 ft	분	21 / 70	18 / 60	15 / 50	12 / 40	9 / 30	6 / 20	4.5 / 15	% CNS
			미터 / 피트				≥ 78% O_2			
51	170	15					22	23	28	22
		20				27	29	31	39	24
		25			30	34	37	40	52	32
		30			36	41	46	49	65	40
		35			43	50	55	59	80	46
		40		45	50	58	65	69	94	54
		45		52	58	67	75	80	109	63
		50		58	64	75	84	90	128	73
		55	60	65	73	85	95	103	148	84
		60	66	71	80	94	106	114	165	91
		65	72	78	88	104	118	126	182	99

런타임은 각 정지에서 출발하는 시간을 Cybortronics DPA 소프트웨어를 사용해 계산한 것이다.

검은 세로칸의 감압 런타임은 EAN 78%로 완료해야 한다.

FiO_2 증가는 CNS O_2 수치를 증가시킨다.

반복 그룹을 찾으려면 EAN 26% 가속감압 테이블을 참조하거나 EAD로 전환시켜 공기가속 감압 테이블에 있는 반복그룹을 사용해야한다.

EANx 78% 가속 데코를 사용한
EAN 29% 다이빙의 런타임 테이블

수심 m	수심 ft	분	미터 피트 ≥ 78% O_2 9 / 30	6 / 20	4.5 / 15	% CNS
24	80	70			84	29
		80			98	35
		90			112	39
		100		103	126	45
		110		113	139	50
		120		125	156	56
		130		136	172	61
		140		147	189	69
		150		158	204	73
		160	163	170	219	79
		170	173	181	234	86
		180	184	192	250	92
		190	195	203	266	98
		200	206	214	281	105
27	90	70		74	92	39
		80		86	107	45
		90		97	121	52
		100	103	109	136	59
		110	114	120	155	67
		120	125	132	173	75
		130	137	145	190	83
		140	148	157	206	90
		150	159	168	222	99
30	100	60	64	66	82	40
		70	74	78	99	47
		80	86	90	114	54
		90	97	102	130	63
		100	109	114	150	73
		110	121	127	169	83
		120	132	140	187	91
		130	145	153	205	101

DEPTH m	DEPTH ft	Min	미터 피트 ≥ 78% O_2 15 / 50	12 / 40	9 / 30	6 / 20	4.5 / 15	% CNS
33	110	40				45	55	29
		50			55	57	72	39
		60			66	69	89	48
		70			78	82	106	57
		80			90	95	122	66
		90		95	103	108	145	76
		100		106	116	123	166	88
		110		118	129	137	186	96
		120		130	143	151	206	107
36	120	30				35	43	22
		40			45	48	60	32
		50			57	61	77	43
		60		64	69	74	97	50
		70		76	83	89	115	60
		80		88	96	103	138	71
		90		100	110	118	161	82
		95		106	117	126	172	87
		100		113	125	134	184	94
		105		120	132	141	195	98
		110		126	139	148	205	103

EANx 78% 가속 데코를 사용한 EAN 29% 다이빙의 런타임 테이블

수심 m	ft	분	미터 15 피트 50	12 40	9 30	6 20	4.5 15	% CNS
			≥ 78% O_2					
39	130	20				25	29	18
		30			35	37	46	29
		40			48	50	64	40
		50		53	61	65	84	48
		60		67	75	79	104	59
		70		80	89	95	127	72
		75		87		103	141	80
		80	84	93	104	111	153	86
		85	90	100	111	119	165	92
		90	96	107	120	128	178	99
42	140	20			97	25	31	23
		30			37	39	49	36
		40		46	50	53	69	47
		50		59	65	69	91	59
		60	64	72	79	85	112	73
		65	70	79	88	93	127	81
		70	76	86	96	102	141	89
		75	82	93	103	111	155	97
		80	89	101	112	120	169	105

런타임은 각 정지에서 출발하는 시간을 Cybortronics DPA 소프트웨어를 사용해 계산한 것이다.

검은 세로 칸의 감압 런타임은 EAN 78%로 완료해야 한다.

FiO_2 증가는 CNS O_2 수치를 증가 시킨다.

반복그룹을 찾으려면 EAN 26% 가속감압 테이블을 참조하거나, EAD로 전화시켜 공기가속감압 테이블에 있는 반복그룹을 사용해야 한다.

(계속)

EANx 78% 가속 데코를 사용한 EAN 31% 다이빙의 런타임 테이블

수심 m	수심 ft	분	9 m / 30 피트	6 m / 20 피트	4.5 m / 15 피트	% CNS
			≥ 78% O_2			
24	80	90			110	46
		100			124	52
		110			137	57
		120		123	152	64
		130		134	168	70
		140		145	185	78
		150		156	200	84
		160		168	215	91
		170		179	230	97
		180		190	244	104
27	90	70		74	90	42
		80		85	105	48
		90		96	119	56
		100		107	133	63
		110	113	119	151	71
		120	124	130	169	79
		130	135	142	186	88
		140	146	154	202	96
		150	157	166	218	104
30	100	60		65	81	39
		70	74	77	97	46
		80	85	89	112	54
		90	96	101	127	61
		100	107	113	146	71
		110	119	125	165	80
		120	131	138	183	89
		130	142	150	200	97
		140	158	162	217	106

수심 m	수심 ft	분	15 m / 50 피트	12 m / 40 피트	9 m / 30 피트	6 m / 20 피트	4.5 m / 15 피트	% CNS
			≥ 78% O_2					
33	110	50			54	56	70	38
		60			65	68	87	47
		70			77	81	104	57
		80			89	93	119	64
		90			101	106	139	76
		100		104	113	119	160	86
		110		116	124	134	181	96
		120		128	140	148	200	105
36	120	40			44	47	59	36
		50			56	60	76	47
		60			68	73	94	58
		70		74	81	86	112	67
		80		86	94	100	133	78
		90		98	107	115	156	90
		100		110	121	130	178	103
39	130	30			35	36	45	34
		40			47	49	63	45
		50		54	60	63	82	57
		60		66	73	77	102	68
		70		79	87	93	123	83
		80		91	101	108	147	97
		90	94	104	116	124	171	112

런타임은 각 정지에서 출발하는 시간을 Cybortronics DPA 소프트웨어를 사용해 계산한 것이다.

검은 세로 칸의 감압 런타임은 EAN 78%로 완료해야 한다.

FiO2 증가는 CNS O2 수치를 증가시킨다.

반복 그룹을 찾으려면 EAN 26%가속감압 테이블을 참조하거나, EAD로 전화시켜 공기가속감압 테이블에 있는 반복그룹을 사용해야한다.

EANx 78% 가속 데코를 사용한 EAN 33% 다이빙의 런타임 테이블

수심 m	수심 ft	분	미터/피트 9 / 30	6 / 20	≥ 78% O_2 4.5 / 15	% CNS
24	80	100			122	51
		110			135	56
		120			148	62
		130		133	164	69
		140		143	180	75
		150		154	196	83
		160		166	211	89
		170		177	225	95
		180		188	240	101
27	90	80		84	103	48
		90		95	117	54
		100		106	131	61
		110		117	147	69
		120		129	164	77
		130	133	140	181	86
		140	144	152	198	93
		150	155	164	213	100
30	100	70		76	95	50
		80	84	88	110	58
		90	95	99	125	67
		100	106	111	142	76
		110	118	123	161	86
		120	129	136	179	96
		130	140	148	195	105

수심 m	수심 ft	분	미터/피트 12 / 40	9 / 30	6 / 20	≥ 78% O_2 4.5 / 15	% CNS
33	110	60		65	67	85	53
		70		76	80	102	63
		80		88	92	117	71
		90		99	104	136	83
		100		111	117	156	96
		110	114	123	131	175	105
36	120	50		55	59	74	54
		60		67	72	92	66
		70		79	84	109	78
		80	84	92	98	128	91
		90	97	105	112	151	103

런타임은 각 정지에서 출발하는 시간을 Cybortronics DPA 소프트웨어를 사용해 계산한 것이다.

검은 세로 칸의 감압 런타임은EAN 78%로 완료해야 한다.

FiO_2 증가는 CNS O_2 수치를 증가시킨다.

반복 그룹을 찾으려면 EAN 26%가속감압 테이블을 참조하거나 EAD로 전환시켜 공기가속감압 테이블에 있는 반복그룹을 사용해야한다.

160에서 180 피트(48에서 54m)
수심을 위한 트라이믹스 감압 런타임 테이블

바닥믹스 범위: O_2 16% – 22%, He 10% – 18%

		첫정	EAN 35%						EAN 75%				
	*B/T (분)	지까지	90f 27m	80f 24m	70f 21m	60f 18m	50f 15m	40f 12m	30f 9m	20f 6m	15f 4.5m	% CNS	OTU
160 f 48 m	10	13							14	15	19	6	23
	15	18						19	22	24	32	11	38
	20	23					24	26	30	32	45	17	53
	25	28					29	33	38	41	58	24	69
	30	33				34	37	41	47	51	72	30	85
	35	38				39	42	47	55	59	84	36	103
	40	42			43	46	50	57	65	71	101	42	119
	45	47			49	52	57	65	75	81	116	49	136
	50	52			54	58	64	73	84	91	132	56	156
	55	57		58	61	65	72	82	94	102	149	63	175
	60	62		63	67	72	80	92	105	114	168	70	194
	65	67		68	73	79	87	100	115	124	184	77	214
	70	72		73	79	86	95	109	125	135	203	84	233
	75	77		78	84	91	102	117	134	146	223	92	255
	80	82		84	91	98	110	127	145	157	242	100	278
170 f 51 m	10	13							14	15	20	7	26
	15	18						20	22	24	33	13	42
	20	23					24	28	31	33	47	21	59
	25	28				29	32	37	41	45	63	27	75
	30	33				34	37	42	48	52	75	34	94
	35	38			39	42	46	53	60	65	92	41	112
	40	42			44	47	52	61	69	75	108	47	131
	45	47		48	50	54	60	70	80	86	126	55	150
	50	52		53	56	60	67	78	89	97	142	62	171
	55	57		59	63	68	76	89	101	110	163	70	191
	60	62		64	68	74	82	96	110	119	178	78	213
	65	67	68	71	76	83	93	108	123	133	200	86	234
	70	72	73	77	83	90	101	117	133	145	222	94	257
	75	77	78	83	89	97	109	127	144	157	243	103	282
180 f 54 m	10	14						15	16	17	23	8	28
	15	18					19	22	25	27	38	15	46
	20	23				24	25	29	32	35	52	24	64
	25	28				29	32	37	42	46	67	31	82
	30	32			33	36	39	45	52	56	82	39	102
	35	37			39	42	46	54	62	68	99	46	121
	40	42		43	46	49	54	64	73	79	116	54	142
	45	47		49	52	56	63	73	84	91	135	63	164
	50	52	53	55	58	63	71	83	95	104	155	71	186
	55	57	58	60	64	70	78	92	105	114	173	80	210
	60	62	63	66	71	78	87	102	117	127	194	89	232
	65	67	69	73	79	86	97	113	129	141	217	98	257

* B/T = 바닥시간

160에서 180 피트(48에서 54m) 수심을 위한 트라이믹스 반복 다이빙 런타임 테이블

바닥믹스 범위: O_2 16% – 22%, He 10% – 18%

			EAN 35%						EAN 75%				
	*B/T (분)	첫정지까지	90f 27m	80f 24m	70f 21m	60f 18m	50f 15m	40f 12m	30f 9m	20f 6m	15f 4.5m	% CNS	총 OTU
반복 160 f 48 m	10	13							14	15	21	7	49
	15	18						19	23	25	37	13	80
	20	23					24	27	31	34	52	19	93
	25	28					30	34	40	44	67	27	148
	30	33				34	37	42	50	55	86	35	183
	35	38				39	43	50	59	65	107	43	224
	40	42			43	46	50	58	68	75	127	52	264
	45	47			49	52	58	67	79	87	154	61	307
	50	52			54	58	65	75	88	96	178	72	356
	55	57		58	61	66	74	86	101	111	204	82	403
	60	62		63	67	73	81	94	110	122	226	92	448
	65	67		68	73	79	88	102	120	134	250	101	493
반복 170 f 51 m	10	13							15	16	23	8	55
	15	18						20	23	25	38	15	89
	20	23					24	29	33	36	55	23	125
	25	28				29	32	37	43	47	73	31	161
	30	33				34	37	43	50	55	90	39	203
	35	38			39	42	46	54	63	69	116	49	246
	40	42			44	47	52	62	72	80	141	59	292
	45	47		48	50	54	61	72	84	92	169	70	342
	50	52		53	56	61	69	82	95	105	196	81	393
	55	57		59	63	69	77	91	106	118	220	92	442
	60	62		64	68	74	83	98	115	129	243	102	491
	65												
	70												
	75												
반복 180 f 54 m	10	13						14	16	17	26	10	61
	15	18					19	22	25	27	43	19	98
	20	23				24	26	31	35	39	61	27	136
	25	28				29	32	37	43	47	77	41	191
	30	32			33	36	39	47	55	61	102	45	222
	35	37			39	42	47	56	65	72	126	56	270
	40	42		43	46	50	56	66	77	85	156	68	321
	45	47		49	52	56	63	75	88	97	184	80	377
	50	52	53	55	58	64	72	86	100	111	211	92	431
	55	57	58	60	64	70	79	94	110	124	236	104	484
	60												
	65												

* B/T = 바닥시간

190에서 220 피트(57에서 66m) 수심을 위한 트라이믹스 감압 런타임 테이블

바닥믹스 범위: O_2 14% – 18%, He 17% – 36%

	*B/T (분)	첫정지까지	EAN 35%									EAN 75%			% CNS	OTU
			120 36m	110 33m	100f 30m	90f 27m	80f 24m	70f 21m	60f 18m	50f 15m	40f 12m	30f 9m	20f 6m	15f 4.5m		
190 f 57 m	10	13								14	15	17	19	27	9	31
	15	18							19	22	25	28	31	45	15	49
	20	22						23	25	28	32	37	41	60	24	69
	25	27					28	29	31	35	40	46	52	77	31	88
	30	32					34	36	39	44	50	58	64	96	39	110
	35	37				38	40	43	47	53	61	70	78	118	47	133
	40	42				43	45	48	53	60	69	80	88	136	56	157
	45	47			48	49	51	55	60	69	79	91	101	159	65	182
	50	52			53	55	58	62	68	77	89	103	114	183	75	209
	55	57			58	61	65	70	77	87	101	117	129	208	85	236
	60	62			64	67	71	76	83	94	109	126	140	227	95	278
	65	67		68	71	75	79	85	93	106	122	142	157	253	104	288
200 f 60 m	10	13								14	16	18	20	29	10	33
	15	17						18	20	21	24	27	31	54	18	53
	20	22					23	24	26	28	32	37	41	61	26	74
	25	27					28	30	33	37	43	50	56	82	34	96
	30	32				33	35	37	41	46	53	61	68	103	43	120
	35	37			38	39	40	43	48	54	63	73	81	124	52	145
	40	42			43	44	47	51	57	64	74	86	95	148	62	170
	45	47			48	50	53	57	63	71	82	95	106	170	72	199
	50	52		53	54	57	61	66	74	83	97	112	124	200	83	228
	55	57		58	60	63	67	72	80	90	105	122	136	221	94	256
	60	62		63	66	70	74	80	89	101	117	136	151	244	104	284
210 f 63 m	10	14							15	16	17	20	21	31	11	36
	15	18						19	20	22	25	30	33	48	20	58
	20	23					24	26	28	31	35	42	46	67	29	80
	25	28				29	30	33	36	40	46	54	59	88	37	103
	30	33			34	35	36	40	44	49	57	67	74	111	47	129
	35	38			39	41	43	47	52	58	68	80	87	134	57	156
	40	43		44	45	47	50	55	60	68	78	92	101	159	68	185
	45	48		49	51	54	58	64	70	79	92	107	117	188	79	216
	50	53		54	56	59	63	69	76	85	100	117	129	211	91	246
	55	58		60	63	67	71	78	86	97	112	135	146	237	102	277
220 f 66 m	10	14							15	16	18	21	23	34	12	39
	15	18						19	21	23	26	31	34	51	22	62
	20	23				24	25	27	29	32	37	44	48	71	31	85
	25	28				29	31	34	37	42	48	57	62	94	41	112
	30	33			34	36	38	42	46	52	60	70	77	118	51	139
	35	38		39	40	42	45	50	55	62	72	85	92	144	62	168
	40	43		44	46	48	51	57	62	70	82	96	106	170	74	199
	45	48	49	51	53	56	60	66	73	82	96	112	123	201	87	234
	50	53	54	57	59	63	67	74	82	93	108	127	141	229	99	266
	55	58	59	63	66	70	75	83	91	104	121	143	157	255	110	298

* B/T = 바닥시간

190에서 220 피트(57에서 66m)
수심을 위한 트라이믹스 감압 런타임 테이블

바닥믹스 범위: O_2 14% – 18%, He 17% – 36%

	*B/T (분)	첫정지까지	EAN 35% 120 36m	110 33m	100f 30m	90f 27m	80f 24m	70f 21m	60f 18m	50f 15m	40f 12m	EAN 75% 30f 9m	20f 6m	15f 4.5m	% CNS	총 OTU
반복 190 f 57 m	10	13								14	15	17	20	32	10	66
	15	18							19	22	25	29	33	51	18	106
	20	22						23	25	28	32	38	43	71	28	150
	25	27					28	29	31	36	42	50	56	96	38	196
	30	32					34	36	39	45	52	61	69	127	50	252
	35	37				38	40	43	47	54	63	74	83	157	63	308
	40	42				43	45	48	53	61	71	84	95	183	74	364
	45	47			48	49	51	55	60	69	81	96	109	215	87	424
	50	52			53	55	58	62	68	77	91	108	123	245	100	487
	55															
	60															
	65															
반복 200 f 60 m	10	13								14	16	18	21	33	11	72
	15	17						18	20	21	25	30	34	54	21	114
	20	22					23	24	26	30	35	41	47	78	31	162
	25	27					28	30	33	37	43	51	58	103	43	214
	30	32				33	35	37	41	46	54	64	72	137	56	275
	35	37			38	39	40	43	49	55	65	77	87	167	69	336
	40	42			43	44	47	51	57	65	76	90	102	198	82	395
	45	47			48	50	53	57	64	72	85	101	116	231	97	464
	50															
	55															
	60															
반복 210 f 63 m	10	14							15	16	19	22	24	37	13	78
	15	18						19	20	22	25	31	34	56	23	124
	20	23					24	27	29	32	37	45	50	84	34	176
	25	28				29	30	33	36	41	48	57	64	115	47	233
	30	33			34	35	36	40	44	50	59	71	79	150	62	300
	35	38			39	41	43	47	52	59	69	83	93	179	75	363
	40	43		44	45	47	50	55	60	68	81	97	110	217	90	430
	45	48		49	51	54	58	64	70	79	93	112	127	252	105	502
	50															
	55															
REP. 220f 66m	10	14							15	16	18	22	24	30	14	84
	15	18					19	21	22	24	28	34	38	61	25	134
	20	23				24	25	27	29	32	38	46	51	89	38	190
	25	28				29	31	34	37	42	49	59	66	123	52	255
	30	33			34	36	38	42	46	52	62	74	83	159	68	323
	35	38		39	40	42	45	50	55	63	74	89	100	194	82	391
	40	43		44	46	48	51	57	63	71	85	102	116	232	98	465
	45															
	50															
	55															

* B/T = 바닥시간

230에서 260 피트(69에서 78m) 수심
트라이믹스 감압 런타임 테이블

바닥믹스 범위: O_2 12% – 16%, He 24% – 45%

		첫정지까지	바닥믹스				EAN 35%							EAN 75%				
	*B/T (분)	첫정지까지	140f 42m	130f 39m	120 36m	110 33m	100f 30m	90f 27m	80f 24m	70f 21m	60f 18m	50f 15m	40f 12m	30f 9m	20f 6m	15f 4.5m	% CNS	OTU
230 f 69 m	10	13								14	15	16	19	22	24	37	13	43
	15	18						19	21	22	23	25	30	35	38	57	23	67
	20	23					24	25	27	29	32	36	43	50	54	82	33	93
	25	28				29	30	31	34	37	41	46	55	64	70	109	44	122
	30	33				34	36	38	41	45	49	56	66	77	84	135	56	154
	35	38			39	42	44	46	51	55	61	69	82	95	104	171	69	189
	40	43			44	47	49	52	57	62	69	78	92	108	120	200	82	225
	45	47		48	50	54	57	60	65	71	78	89	106	125	138	230	95	259
	50	52		53	57	62	65	69	75	81	90	101	121	143	159	265	108	295
240 f 72 m	10	13								14	15	18	20	23	25	39	16	45
	15	18						19	20	21	23	27	31	36	40	61	25	72
	20	23					24	26	28	30	33	38	44	52	57	88	37	101
	25	28				29	31	34	36	39	43	49	57	67	73	116	48	133
	30	33			34	36	38	41	44	48	53	61	71	83	92	149	61	166
	35	37		38	40	43	45	49	53	57	64	73	86	100	110	184	75	205
	40	42		43	46	50	53	57	61	67	74	86	100	118	131	218	89	242
	45	47		49	53	58	61	65	70	76	85	97	114	135	150	250	103	279
250 f 75 m	10	13							14	15	16	18	20	23	27	41	17	48
	15	18					19	20	21	22	24	28	33	38	43	65	28	76
	20	23				23	25	26	28	30	33	39	45	53	60	93	39	108
	25	28			29	31	34	36	38	41	45	52	61	71	79	125	52	141
	30	32		33	34	37	40	42	45	49	54	63	74	86	96	159	66	180
	35	37		38	41	44	47	50	54	59	66	76	89	105	118	196	82	221
	40	42	43	45	48	52	56	59	64	70	78	90	106	125	140	232	96	260
260 f 78 m	10	14							15	16	18	20	23	27	31	46	19	53
	15	19					20	21	22	23	26	29	34	40	45	68	30	82
	20	24				25	27	29	31	34	38	43	50	58	65	100	43	115
	25	29			30	34	36	38	41	45	50	57	66	77	85	135	57	152
	30	33		34	37	41	43	46	50	54	61	69	81	94	104	173	73	194
	35	38	39	41	44	49	52	55	59	65	73	83	96	113	127	211	89	237

* B/T = 바닥시간

230에서 260피트(69에서 78m) 수심 트라이믹스 반복 다이빙 런타임 테이블

바닥믹스 범위: O_2 12% – 16% He 24% – 45%

	*B/T (분)	첫정지까지	바닥믹스(BT) 140f 42m	130f 39m	120 36m	110 33m	EAN 35% 100f 30m	90f 27m	80f 24m	70f 21m	60f 18m	50f 15m	40f 12m	EAN 75% 30f 9m	20f 6m	15f 4.5m	% CNS	총 OTU
반복 230 f 69 m	10	13								14	15	17	20	24	27	44	15	93
	15	18						19	21	22	23	26	32	38	42	71	28	147
	20	23					24	25	27	29	32	36	43	51	57	105	42	211
	25	28				29	30	31	34	37	41	46	56	67	75	146	59	285
	30	33				34	36	38	41	45	49	56	68	81	92	183	75	359
	35	38			39	42	44	46	51	55	61	69	83	100	113	229	92	441
	40																	
	45																	
	50																	
반복 240 f 72 m	10	13								14	15	18	21	25	28	47	18	99
	15	18						19	20	21	23	27	32	38	42	75	31	159
	20	23					24	26	28	30	33	39	46	55	61	115	47	230
	25	28				29	31	34	36	39	43	50	59	70	79	156	64	309
	30	33			34	36	38	41	44	48	53	61	73	87	99	201	81	387
	35	37		38	40	43	45	49	53	57	64	74	87	106	121	251	101	479
	40																	
	45																	
반복 250 f 75 m	10	13							14	15	16	19	22	26	30	49	20	105
	15	18					19	20	21	22	24	28	34	41	47	87	34	170
	20	23				24	26	27	29	31	34	40	48	57	64	124	51	247
	25	28			29	31	34	36	38	42	46	54	64	76	87	170	69	239
	30	32		33	34	37	40	42	45	49	55	64	77	93	107	218	89	421
	35																	
	40																	
반복 260 f 78 m	10	14							15	16	18	20	23	28	32	52	22	114
	15	19					20	21	22	24	27	31	37	44	50	88	37	184
	20	24				25	27	29	31	34	39	44	52	62	70	135	57	268
	25	29			30	34	36	38	41	45	51	58	69	82	94	184	75	354
	30	33		34	37	41	43	46	50	54	61	69	82	99	114	234	97	453
	35																	

* B/T = 바닥시간

270에서 280피트(81에서 84m) 수심 트라이믹스 감압 런타임 테이블

바닥믹스 범위: O_2 12% – 14%, He 38% – 50%

	*B/T (분)	첫정지까지	바닥믹스					EAN 35%							EAN 75%			% CNS	OTU
			150f 45m	140f 42m	130f 39m	120f 36m	110f 33m	100f 30m	90f 27m	80f 24m	70f 21m	60f 18m	50f 15m	40f 12m	30f 9m	20f 6m	15f 4.5m		
270 f 81 m	10	14							15	16	18	19	21	24	29	32	49	19	56
	15	19					20	21	22	23	26	29	33	38	46	50	77	31	88
	20	24				25	27	28	29	31	35	39	44	52	62	68	109	45	124
	25	28			29	32	34	36	38	41	46	51	58	68	81	90	149	61	167
	30	33		34	36	39	43	45	48	51	57	63	72	84	100	112	189	78	214
	35	38	39	40	43	48	53	56	59	64	71	79	90	106	127	141	235	94	257
280 f 84 m	10	14							15	16	18	19	21	24	30	33	51	21	59
	15	19					20	21	22	24	27	30	34	39	47	51	80	34	93
	20	23			24	25	27	28	30	32	36	40	46	54	65	71	116	49	133
	25	28		29	31	33	36	38	40	43	48	54	61	72	86	95	160	66	180
	30	33	34	35	38	41	45	48	51	55	62	68	78	91	109	121	203	84	228
	35	38	39	41	45	49	55	58	62	67	74	83	94	112	134	150	250	102	276

290에서 300피트(87에서 90m) 수심 트라이믹스 감압 런타임 테이블

바닥믹스 범위: O_2 12% – 14%, He 38% – 50%

	*B/T (분)	첫정지까지	바닥믹스						EAN 35%							EAN 75%			% CNS	총 OTU
			160f 48m	150f 45m	140f 42m	130f 39m	120f 36m	110f 33m	100f 30m	90f 27m	80f 24m	70f 21m	60f 18m	50f 15m	40f 12m	30f 9m	20f 6m	15f 4.5m		
290 f 87 m	10	14							15	16	18	19	20	22	27	32	35	54	22	62
	15	19					20	22	23	24	27	29	32	37	44	52	58	90	35	99
	20	23			24	25	27	30	32	34	38	42	46	53	63	74	82	133	51	141
	25	28		29	31	33	35	39	41	44	48	53	59	67	80	95	106	179	70	192
	30	33	34	35	38	41	45	50	53	56	62	68	76	87	104	123	137	229	88	241
	35	38	39	41	45	49	54	60	63	68	74	81	90	103	124	148	165	282	109	297
300 f 90 m	10	14						15	16	18	19	20	21	25	29	34	38	59	23	66
	15	18				19	20	22	23	25	27	30	34	40	47	55	61	97	38	104
	20	23			24	26	28	31	33	36	39	43	48	56	66	77	86	142	55	151
	25	28		29	31	33	36	40	43	47	51	56	62	72	85	101	113	192	76	206
	30	33	34	37	39	42	46	52	55	60	65	71	80	92	109	130	145	245	95	258

* B/T = 바닥시간

270에서 280피트(81에서 84m) 수심 트라이믹스 반복다이빙 런타임 테이블

바닥믹스 범위: O_2 12% – 14%, He 38% – 50%

		첫정	바닥믹스					EAN 35%							EAN 75%				
	*B/T (분)	지까지	150f 45m	140f 42m	130f 39m	120f 36m	110f 33m	100f 30m	90f 27m	80f 24m	70f 21m	60f 18m	50f 15m	40f 12m	30f 9m	20f 6m	15f 4.5m	% CNS	총 OTU
반복 270 f 81 m	10	14							15	16	18	19	21	25	31	35	58	23	122
	15	19					20	21	22	23	26	29	33	39	48	54	99	40	200
	20	24				25	27	28	29	31	35	39	45	53	65	73	146	61	292
	25	28			29	32	34	36	38	41	46	51	58	70	85	97	201	83	394
	30																		
	35																		
반복 280 f 84 m	10	14							15	16	18	20	22	26	32	36	61	25	130
	15	19					20	21	22	24	27	30	35	41	50	56	105	44	214
	20	23			24	25	27	28	30	32	36	40	46	55	68	77	157	65	311
	25	28		29	31	33	36	38	40	43	48	54	62	74	91	104	216	89	422
	30																		
	35																		

290에서 300피트(87에서 90m) 수심 트라이믹스 반복다이빙 런타임 테이블

바닥믹스 범위: O_2 10% – 13%, He 38% – 50%

		첫정	Bottom Mix						EAN 35%							EAN 75%				
	*B/T (분)	지까지	160f 48m	150f 45m	140f 42m	130f 39m	120f 36m	110f 33m	100f 30m	90f 27m	80f 24m	70f 21m	60f 18m	50f 15m	40f 12m	30f 9m	20f 6m	15f 4.5m	% CNS	총 OTU
반복 290 f 87 m	10	14							15	16	18	19	20	23	29	35	39	67	26	138
	15	19					20	22	23	24	27	29	32	37	45	54	60	119	47	230
	20	23			24	25	27	30	32	34	38	42	47	54	66	79	90	181	70	333
	25	28		29	31	33	35	39	41	44	48	53	59	68	82	101	116	247	96	456
	30																			
	35																			
반복 300 f 90 m	10	14						15	16	18	19	20	21	25	30	36	40	72	29	147
	15	18				19	20	22	23	25	27	30	34	40	48	58	65	131	51	245
	20	23			24	26	28	31	33	36	39	43	43	56	67	81	93	193	76	357
	25	28		29	31	33	36	40	43	47	51	56	62	73	88	108	124	267	105	492
	30																			

* B/T = 바닥시간

310에서 330피트(93에서 99m) 수심 트라이믹스 감압 런타임 테이블

바닥믹스 범위: O_2 10% – 12%, He 40% – 60%

	*B/T	첫정지까지	Bottom Mix								EAN 75%											
	(분)		180f 54m	170f 51m	160f 48m	150f 45m	140f 42m	130f 39m	120 36m	110 33m	100f 30m	90f 27m	80f 24m	70f 21m	60f 18m	50f 15m	40f 12m	30f 9m	20f 6m	15f 4.5m	% CNS	OTU
310f 93 m	10	14							15	16	18	19	20	21	23	27	32	38	43	67	26	74
	15	18					19	20	22	24	26	28	30	33	37	44	52	62	69	112	44	121
	20	23				24	26	28	30	34	37	40	43	47	53	62	73	87	98	167	65	179
	25	28		29	31	33	35	38	42	48	52	56	61	66	74	85	101	120	135	227	87	237
	30	33	34	35	37	40	43	48	54	61	66	70	76	83	92	107	128	153	172	294	112	303
320f 96 m	10	15							16	18	19	20	21	23	27	31	36	42	47	73	28	79
	15	19					20	22	24	27	29	31	33	36	41	47	55	65	73	119	47	129
	20	24			25	26	28	30	33	38	40	43	46	51	58	67	78	93	105	179	70	191
	25	29		30	32	34	37	40	45	52	55	59	64	70	79	90	106	127	143	243	93	253
330f 99m	10	14						15	17	18	19	20	21	24	27	31	36	44	49	77	30	84
	15	19				20	21	23	26	28	30	32	35	39	43	49	58	69	77	128	51	137
	20	24			25	27	29	31	36	40	43	46	50	56	62	71	83	100	112	190	75	203
	25	29	30	31	33	35	38	41	47	53	56	60	65	73	81	93	111	134	149	258	100	270

* B/T = 바닥시간

트라이믹스 런타임

다이빙 감압 테이블

바닥믹스 : 23% O_2 와 17%에서 21% HE

TRIMIX RUNTIME TABLES

수심	BT \ 정지	90ft 27m	EAN 36%				EAN 75%			CNS
			70ft 21m	60ft 18m	50ft 15m	40ft 12m	30ft 9m	20ft 6m	15ft 4.5m	
130 ft 39 m	15	18						22	28	8
	20	23					26	28	38	12
	25	28					33	35	48	17
	30	33				36	39	41	57	22
	35	38				43	47	50	69	28
	40	43			46	49	54	58	81	33
	45	48			51	55	61	65	90	38
	50	53			57	63	70	75	104	43
140 ft 42 m	15	18					21	23	29	9
	20	23					27	30	39	15
	25	28				31	34	37	51	20
	30	33				38	42	46	62	26
	35	38			41	44	49	54	74	32
	40	43			47	51	57	62	84	37
	45	48			53	59	66	72	99	42
	50	53		55	58	65	73	79	111	49
150 ft 45 m	15	18					21	24	31	11
	20	23				26	29	32	43	17
	25	28				33	36	39	54	23
	30	33			36	39	43	47	65	29
	35	38			42	46	52	57	79	35
	40	43		45	47	52	59	65	91	42
	45	48		49	53	59	66	72	102	48
	50	53		56	61	68	77	83	119	55
160 ft 48 m	15	19				22	24	26	34	13
	20	24				27	31	33	45	20
	25	29			32	35	39	42	58	26
	30	34			39	43	49	53	73	33
	35	39		41	44	48	55	59	83	40
	40	44		47	51	57	65	70	99	47
	45	49	51	52	57	64	73	78	112	54
	50	54	56	59	64	72	83	89	129	62
170 ft 51 m	15	19				22	24	26	35	16
	20	24			27	30	33	35	49	23
	25	29			33	37	41	44	61	30
	30	34		36	39	44	50	54	76	37
	35	39		42	45	52	59	64	90	45
	40	44	46	48	52	60	68	73	104	52
	45	49	51	54	59	68	77	83	121	61
	50	54	51	61	67	77	87	95	139	69

TRIMIX RUNTIME TABLES

트라이믹스 런타임

반복 다이빙 감압 테이블 / 바닥믹스 : 23% O_2 와 17%에서 21% HE

TRIMIX RUNTIME TABLES

수심	BT	정지 90ft 27m	EAN 36% 70ft 21m	EAN 36% 60ft 18m	EAN 36% 50ft 15m	EAN 36% 40ft 12m	EAN 75% 30ft 9m	EAN 75% 30ft 9m	EAN 75% 15ft 4.5m	CNS
반복 130 ft 39 m	15	18					21	22	30	9
	20	23					27	29	42	15
	25	28				31	33	35	53	20
	30	33				37	41	44	66	26
	35	38				43	49	52	80	33
	40	43			46	49	55	60	96	40
	45	48			51	56	63	68	112	47
	50	53			57	64	72	78	132	55
반복 140 ft 42 m	15	18					21	24	33	11
	20	23				26	28	31	44	16
	25	28				32	35	39	58	23
	30	33			36	38	43	47	72	31
	35	38			41	45	51	57	89	38
	40	43			47	52	59	65	106	46
	45	48			53	60	68	75	125	54
	50	53		55	58	65	74	82	145	64
반복 150 ft 45 m	15	18					22	25	35	13
	20	23				25	29	32	48	19
	25	28			31	33	37	41	62	27
	30	33			36	40	46	51	79	35
	35	38			43	48	55	61	98	43
	40	43		45	48	54	62	69	116	52
	45	48		50	54	61	70	78	138	63
	50	53		55	60	68	79	88	161	73
반복 160 ft 48 m	15	19				22	25	27	39	15
	20	24				29	33	36	54	23
	25	29			32	35	41	45	69	31
	30	34			39	43	50	55	87	40
	35	39		41	44	50	58	63	106	49
	40	44		47	51	58	68	75	129	60
	45	49	51	53	58	66	77	85	154	71
	50	54	56	59	65	74	87	95	177	82
반복 170 ft 51 m	15	19				22	25	27	40	18
	20	24			26	30	33	36	55	26
	25	29			33	38	43	47	73	35
	30	34		36	39	45	52	57	93	45
	35	39		42	46	54	62	68	116	56
	40	44	46	48	53	62	72	80	143	68
	45	49	51	54	60	70	81	89	167	80
	50	54	57	61	68	79	92	102	192	92

TRIMIX RUNTIME TABLES

트라이믹스 런타임

다이빙 감압 테이블 / 바닥믹스 : 19% O_2 와 25%에서 35% HE

수심	BT	STOP	EAN 36%							EAN 75%			CNS
		130 ft	100ft	90ft	80ft	70ft	60ft	50ft	40ft	30ft	20 ft	15ft	
		39 m	30m	27m	24m	21m	18m	15m	12m	9m	6m	4.5m	
150 ft 45 m	15	17							21	24	26	34	11
	20	22						26	28	31	34	47	16
	25	27						32	35	39	43	61	22
	30	32					36	38	42	47	52	73	28
	35	37					42	45	50	56	61	87	34
	40	42				45	47	51	57	65	71	104	41
	45	47				50	53	58	65	73	81	119	47
	50	52				55	60	65	73	83	91	136	54
160 ft 48 m	15	17							22	26	27	37	12
	20	22						27	30	34	37	51	18
	25	27					31	33	36	42	45	64	25
	30	32					37	40	45	52	56	80	31
	35	37				40	42	46	52	60	65	95	38
	40	42				45	48	53	60	70	75	111	45
	45	47				51	55	60	68	78	85	128	52
	50	52			55	58	62	68	77	89	96	146	60
170 ft 51 m	15	18						22	25	27	29	41	13
	20	23					27	29	33	37	40	56	21
	25	28					33	35	40	45	49	69	27
	30	33				36	38	40	47	53	58	84	34
	35	38				42	45	49	56	64	69	102	42
	40	43			46	47	50	55	64	73	80	120	50
	45	48			51	53	57	62	72	82	89	136	58
	50	53			55	58	63	70	80	92	100	155	66
180 ft 54 m	15	18						22	26	29	31	45	15
	20	23					27	29	33	37	40	58	23
	25	28				31	33	36	41	47	51	74	30
	30	33				37	39	43	50	57	62	92	38
	35	38			41	43	46	51	59	67	73	110	46
	40	43			46	49	53	58	67	77	84	129	55
	45	48		51	52	55	60	66	76	87	94	147	64
	50	53		56	58	62	67	75	86	98	107	170	73
190 ft 57 m	15	18					22	24	26	29	32	45	18
	20	23				26	27	30	33	38	42	61	26
	25	28				32	34	38	43	49	55	79	33
	30	33			36	38	41	46	52	60	66	98	42
	35	38		41	42	44	47	53	61	70	78	117	51
	40	43		46	47	50	55	62	71	82	90	138	60
	45	48		51	54	58	63	71	81	93	102	158	70
	50	53		57	60	64	69	78	90	103	114	182	81
200 ft 60 m	15	19					23	25	28	31	35	49	20
	20	24				27	30	32	36	41	45	65	42
	25	29			32	34	37	40	46	53	59	85	37
	30	34		37	38	40	44	49	55	63	70	104	47
	35	39		42	44	47	52	57	65	75	83	126	57
	40	44		48	50	55	59	65	75	87	95	147	67
	45	49	51	52	55	59	64	73	84	97	107	170	78
	50	54	56	58	61	65	72	80	93	107	118	193	90
210 ft 63 m	15	19				21	22	24	27	32	35	50	22
	20	24			27	29	31	33	37	44	48	69	31
	25	29			33	36	38	42	48	56	61	89	41
	30	34		37	39	42	45	50	57	67	73	110	51
	35	39	41	42	44	48	53	59	68	79	86	132	63
	40	44	46	48	51	56	61	68	78	91	99	155	74
	45	49	51	53	55	61	67	75	87	101	111	180	87

TRIMIX RUNTIME TABLES

TRIMIX RUNTIME TABLES

트라이믹스 런타임

반복 다이빙 감압 테이블 / 바닥믹스 : 19% O_2 와 25%에서 35% HE

TRIMIX RUNTIME TABLES

TRIMIX RUNTIME TABLES

수심	BT	STOP				EAN 36%				EAN 75%			CNS
		130 ft	100 ft	90 ft	80 ft	70 ft	60 ft	50 ft	40 ft	30 ft	20 ft	15 ft	
		39 m	30 m	27m	24 m	21 m	18 m	15 m	12 m	9 m	6 m	4.5 m	
반복 150 ft 45 m	15	17							21	24	27	40	13
	20	22						26	28	32	36	54	19
	25	27						32	35	40	45	71	26
	30	32					36	38	43	49	54	90	36
	35	37					42	46	52	60	67	116	45
	40	42				45	48	52	59	68	76	139	55
	45	47				50	54	60	67	77	86	161	65
	50	52				55	60	66	75	87	97	183	74
반복 160 ft 48 m	15	17						22	23	27	29	43	14
	20	22						27	30	35	38	59	21
	25	27					32	34	38	45	49	79	31
	30	32					37	40	46	54	59	100	40
	35	37				40	42	46	52	61	68	125	51
	40	42				45	48	53	61	72	79	150	62
	45	47				51	55	60	69	81	90	172	72
	50	52			55	58	62	68	78	92	103	198	83
반복 170 ft 51 m	15	18						22	25	28	31	47	16
	20	23					27	29	33	38	41	64	25
	25	28					33	36	42	48	53	87	35
	30	33				36	38	42	49	57	63	111	45
	35	38				42	45	50	58	67	74	138	58
	40	43			46	47	51	56	66	77	85	163	69
	45	48			51	53	57	63	74	87	97	187	80
	50	53			56	59	64	71	83	97	109	215	92
반복 180 ft 54 m	15	18						23	27	30	33	51	18
	20	23					27	29	33	38	42	69	28
	25	28				31	33	36	42	49	54	93	38
	30	33				37	40	44	51	59	66	122	51
	35	38			41	43	46	51	60	70	77	149	64
	40	43			46	49	53	59	69	81	90	175	75
	45	48		51	52	55	60	67	79	93	105	206	88
	50	53		56	58	62	67	75	88	103	116	234	101
반복 190 ft 57 m	15	18					22	25	28	32	36	55	21
	20	23				26	27	30	34	40	45	74	31
	25	28				32	34	38	44	51	57	99	43
	30	33			36	38	41	47	54	63	71	133	57
	35	38		41	42	44	48	54	63	74	83	161	70
	40	43		46	47	50	54	63	73	86	98	190	83
	45	48		51	54	58	63	72	84	99	113	223	98
	50	53			no	repetitive	dive	available	!!				
반복 200 ft 60 m	15	19					23	25	28	32	36	56	23
	20	24				27	30	33	38	44	50	82	35
	25	29			32	34	37	41	47	55	62	110	48
	30	34		37	38	40	44	49	57	67	75	143	64
	35	39		42	44	47	52	58	67	79	89	172	77
	40	44		48	50	53	59	66	77	91	104	204	92
	45				no	repetitive	dive	acailable	!!				
	50				no	repetitive	dive	available	!!				
반복 210 ft 63 m	15	19				22	23	25	28	34	37	59	26
	20	24			27	29	31	34	39	47	52	88	39
	25	29			33	36	39	43	50	59	66	120	54
	30	34		37	39	42	46	51	60	72	80	154	70
	35	39	41	42	44	48	53	60	70	84	94	184	85

트라이믹스 런타임

다이빙 감압 테이블 / 바닥믹스 : 20% O_2 와 25% HE

TRIMIX RUNTIME TABLES

TRIMIX RUNTIME TABLES

수심	BT	정지	트라이믹스				EAN 70%				CNS
		90 ft	80 ft	70 ft	60 ft	50 ft	40 ft	30 ft	20 ft	15 ft	
		27 m	224 m	21 m	18 m	15 m	12 m	9 m	6 m	4.5 m	
130 ft 39 m	10	12							14	18	3
	15	17						19	20	27	7
	20	22						25	27	38	11
	25	27					29	31	33	48	16
	30	32					35	39	42	59	20
	35	37					40	45	48	69	25
	40	42				44	47	53	57	81	29
140 ft 42 m	10	12							15	18	5
	15	17						19	21	28	9
	20	22					24	26	29	40	14
	25	27					30	33	36	51	19
	30	32				34	36	40	44	63	24
	35	37				40	43	49	54	76	30
	40	42				46	50	56	62	88	36
150 ft 45 m	10	12							15	19	5
	15	17						20	23	31	10
	20	22					24	27	30	43	16
	25	27				29	31	34	38	54	21
	30	32				35	38	43	47	68	27
	35	37				42	46	52	57	81	33
	40	42			44	49	54	61	67	96	39
160 ft 48 m	10	13						16	17	21	6
	15	18					20	23	25	34	12
	20	23					26	30	32	46	18
	25	28				31	34	39	42	60	24
	30	33			35	38	41	48	52	75	31
	35	38			41	46	51	58	63	90	37
	40	43			47	53	58	67	72	106	44
170 ft 51 m	10	13						16	17	22	7
	15	18					21	21	25	35	14
	20	23				25	28	31	33	48	21
	25	28				33	37	42	45	65	27
	30	33			36	40	45	51	55	79	34
	35	38		40	43	49	55	62	67	98	41
	40	43		45	50	58	64	73	79	117	48
180 ft 54 m	10	14						16	17	24	8
	15	19					22	25	27	39	16
	20	24				26	30	33	36	53	23
	25	29			30	34	38	43	46	69	30
	30	34		35	38	43	49	55	60	88	38
	35	39		41	45	52	58	66	71	107	46
	40	44		47	52	61	68	77	84	128	54
190 ft 57 m	10	14						17	19	26	10
	15	19				21	23	26	29	42	18
	20	24			25	29	32	36	40	58	25
	25	29			32	37	41	47	52	75	33
	30	34		36	40	47	52	59	65	95	42
	35	39	40	42	47	56	62	71	78	117	50
	40	44	45	49	55	66	73	83	91	139	60
200 ft 60 m	10	14					16	17	19	27	12
	15	19				22	24	27	30	44	20
	20	24			27	31	34	39	43	63	28
	25	29		30	35	40	44	50	56	81	37
	30	34		37	42	49	54	62	68	102	46
	35	39	41	45	52	61	68	77	85	128	56
	40	44	47	52	61	71	79	90	98	151	66

트라이믹스 런타임

반복 다이빙 감압 테이블 / 바닥믹스 : 20% O_2 와 25% HE

TRIMIX RUNTIME TABLES

수심	BT	정지	트라이믹스				EAN 70%				CNS
		90 ft	80 ft	70 ft	60 ft	50 ft	40 ft	30 ft	20 ft	15 ft	
		27m	224 m	21 m	18 m	15 m	12 m	9 m	6 m	4.5 m	
REP 130 ft 39 m	10	12							14	19	4
	15	17						19	20	30	8
	20	22						25	27	42	13
	25	27					29	32	35	55	18
	30	32					35	40	43	68	24
	35	37				39	42	48	52	85	30
	40	42				44	48	55	60	101	37
REP 140 ft 42 m	10	12							15	21	5
	15	17						20	23	34	10
	20	22					24	26	29	45	16
	25	27					30	34	38	59	22
	30	32				34	37	42	47	75	29
	35	37				40	44	50	56	93	37
	40	42				47	52	60	67	114	45
REP 150 ft 45 m	10	12						14	16	22	7
	15	17						20	23	35	12
	20	22					25	28	32	50	19
	25	27				29	31	36	40	64	25
	30	32				36	39	45	51	83	33
	35	37			39	42	47	54	60	104	42
	40	42			44	50	55	64	72	129	52
REP 160 ft 48 m	10	13						16	17	25	8
	15	18					20	23	25	39	14
	20	23				25	27	31	34	53	21
	25	28				31	34	40	44	71	29
	30	33			35	38	42	50	55	93	38
	35	38			41	46	51	60	66	117	48
	40	43			47	55	61	72	79	147	58
REP 170 ft 51 m	10	13						16	18	26	9
	15	18					21	24	26	41	16
	20	23				26	30	34	37	58	24
	25	28			30	33	37	43	48	79	33
	30	33			36	41	47	54	59	103	43
	35	38		40	43	50	56	65	72	133	54
	40	43		45	50	59	67	78	86	164	65
REP 180 ft 54 m	10	14						17	19	29	10
	15	19					22	25	27	44	19
	20	24				27	31	36	39	64	27
	25	29			31	35	40	46	51	87	37
	30	34		35	38	43	49	57	63	114	48
	35	39		41	45	53	60	70	77	149	61
	40	44		47	52	62	70	82	91	178	73
REP 190 ft 57 m	10	14					16	18	21	31	12
	15	19				21	23	26	30	48	21
	20	24			25	29	32	37	42	69	30
	25	29			32	38	43	50	56	97	41
	30	34		36	40	48	53	62	70	129	54
	35	39	40	42	47	57	64	75	84	164	68
	40	44	45	49	56	67	75	88	100	195	80
REP 200 ft 60 m	10	14					16	18	21	33	14
	15	19				22	25	28	32	51	24
	20	24			27	31	34	40	45	76	34
	25	29		30	35	40	45	53	60	106	46
	30	34		37	42	50	56	66	74	142	61
	35	39	41	45	52	62	69	81	91	178	75
	40	44	47	52	61	73	82	96	109	214	89

TRIMIX RUNTIME TABLES

트라이믹스 런타임

다이빙 감압 테이블 / 바닥믹스 : 16% O_2 와 40% HE

TRIMIX RUNTIME TABLES

수심	BT	정지	트라이믹스			EAN 36%							EAN 75%			CNS
		150 ft	130 ft	120 ft	110 ft	100 ft	90 ft	80 ft	70 ft	60 ft	50 ft	40 ft	30 ft	20 ft	15 ft	
		45 m	39 m	36 m	33 m	30 m	27 m	24 m	21 m	18 m	15 m	12 m	9 m	6 m	4.5 m	
200 ft 60 m	10	12									15	17	19	22	32	11
	15	17							19	21	23	26	30	34	50	19
	20	22							25	28	31	35	40	45	66	27
	25	27						29	31	35	39	45	52	57	86	36
	30	32					34	35	37	41	46	53	61	68	105	45
	35	37					39	41	44	49	55	64	74	82	128	54
	40	42				44	45	47	51	57	64	74	86	96	153	65
	45	47				49	51	54	58	65	73	85	98	109	178	76
210 ft 63 m	10	12								15	16	18	21	23	34	12
	15	17							20	21	23	26	31	34	51	20
	20	22						24	26	28	31	36	43	47	70	29
	25	27					29	30	33	36	40	46	55	60	92	39
	30	32					34	36	40	44	49	57	67	74	115	48
	35	37				39	40	42	46	51	57	66	78	85	135	59
	40	42				44	46	49	54	59	67	78	91	101	164	70
	45	47			49	50	52	56	61	68	76	89	105	116	191	82
220 ft 66 m	10	12								15	16	18	21	23	35	13
	15	17							20	22	24	27	33	36	54	23
	20	22						24	27	29	32	37	44	48	73	31
	25	27					29	31	34	37	42	48	57	63	97	42
	30	32				34	35	37	41	45	50	59	70	77	121	53
	35	37				39	41	44	49	54	61	70	83	91	145	64
	40	42			44	46	48	51	56	62	70	82	96	106	175	77
	45	47			50	52	55	59	65	72	81	95	112	124	204	89
230 ft 69 m	10	12								15	17	20	23	25	38	14
	15	17						20	21	23	25	30	35	38	57	25
	20	22					24	26	28	30	34	41	48	52	79	34
	25	27				29	30	32	35	38	43	51	59	65	101	46
	30	32				34	36	39	42	47	53	63	74	81	128	57
	35	37			39	41	43	47	51	56	64	76	88	97	157	70
	40	42			45	47	50	55	59	66	74	88	103	114	189	84
	45	47		49	52	54	57	62	68	75	85	100	117	130	216	97
240 ft 72 m	10	13							15	16	18	20	23	25	39	16
	15	18						20	21	23	26	30	35	39	60	27
	20	23					25	27	29	32	37	43	50	55	85	38
	25	28				29	32	34	37	41	47	55	64	71	111	49
	30	33			34	36	39	42	46	51	59	68	80	87	139	62
	35	38		39	41	43	46	49	53	59	68	80	93	103	171	77
	40	43		44	47	49	53	57	62	69	79	93	109	121	202	91
250 ft 75 m	10	13							15	16	19	21	24	28	42	18
	15	18					20	21	22	24	28	32	37	42	63	29
	20	23				25	26	27	29	32	37	43	51	57	88	41
	25	28			29	31	33	35	38	42	48	57	67	75	118	54
	30	33		34	35	38	40	43	47	52	60	70	82	91	147	68
	35	38		39	42	45	48	52	56	62	71	84	98	109	182	83
	40	43	44	45	49	53	56	60	66	73	84	98	115	129	215	99
260 ft 78 m	10	13							15	17	19	22	26	30	45	20
	15	18					20	21	23	26	29	34	40	45	68	31
	20	23				25	26	28	30	34	39	45	53	59	92	44
	25	28			31	33	35	37	40	46	52	61	71	79	125	58
	30	33		34	37	39	41	44	48	54	62	73	85	95	157	74
	35	38	39	40	44	46	49	53	58	66	75	89	104	116	194	91
270 ft 81 m	10	13						15	17	18	20	23	28	31	47	22
	15	18					20	22	25	27	30	35	42	46	70	34
	20	23			25	26	27	29	33	36	41	48	57	63	99	48
	25	28		30	32	34	36	39	44	49	55	64	76	83	133	63
	30	33	34	36	38	40	42	46	51	57	65	77	91	101	169	81
	35	38	39	43	47	49	52	56	62	69	79	93	111	124	207	98

TRIMIX RUNTIME TABLES

트라이믹스 런타임

반복 다이빙 감압 테이블 / 바닥믹스 : 16% O_2 와 40% HE

TRIMIX RUNTIME TABLES

수심	BT	정지	트라이믹스			EAN 36%							EAN 75%			CNS
		150 ft	130 ft	120 ft	110 ft	100 ft	90 ft	80 ft	70 ft	60 ft	50 ft	40 ft	30 ft	20 ft	15 ft	
		45 m	39 m	36 m	33 m	30 m	27 m	24 m	21 m	18 m	15 m	12 m	9 m	6 m	4.5 m	
반복 200 ft 60 m	10	12									15	17	20	23	37	13
	15	17							19	21	23	26	31	35	57	22
	20	22						24	25	28	31	36	43	48	82	34
	25	27						29	31	35	39	45	53	60	111	47
	30	32					34	35	37	42	47	55	65	73	142	60
	35	37					39	41	44	49	55	64	76	87	171	73
	40	42				44	45	47	51	57	65	77	91	104	207	88
	45		!!!! REPETITIVE DIVE NOT AVALABLE !!!													
반복 210 ft 63 m	10	12								15	16	18	22	25	40	14
	15	17							20	22	24	27	33	37	60	24
	20	22						24	27	29	32	38	46	51	88	37
	25	27					29	30	33	36	41	48	58	65	122	51
	30	32					34	36	40	44	49	58	70	78	152	65
	35	37				39	40	42	47	52	59	69	83	94	185	79
	40	42				44	46	49	54	59	67	79	95	108	219	95
	45		!!!! REPETITIVE DIVE NOT AVALABLE !!!													
반복 220 ft 66 m	10	12								15	16	18	22	25	41	16
	15	17							20	22	24	28	34	38	64	27
	20	22						24	27	29	33	39	48	54	94	40
	25	27					29	31	34	37	42	50	61	68	131	56
	30	32				34	35	37	41	46	52	61	74	83	163	71
	35	37				39	41	44	49	54	62	73	88	100	199	86
	40		!!!! REPETITIVE DIVE NOT AVALABLE !!!													
	45		!!!! REPETITIVE DIVE NOT AVALABLE !!!													
반복 230 ft 69 m	10	12								15	17	20	24	27	44	17
	15	17						20	21	23	26	32	38	42	70	30
	20	22					24	26	28	31	35	42	50	56	101	44
	25	27				29	30	32	35	39	44	53	63	70	138	61
	30	32				34	36	39	42	47	54	65	77	87	173	77
	35	37			39	41	43	47	51	56	64	77	92	105	214	95
	40		!!!! REPETITIVE DIVE NOT AVALABLE !!!													
	45		!!!! REPETITIVE DIVE NOT AVALABLE !!!													
반복 240 ft 72 m	10	13							15	16	18	21	25	28	47	19
	15	18						20	22	24	28	33	39	43	75	32
	20	23					25	27	29	32	38	45	53	60	112	49
	25	28				29	32	34	37	41	47	56	67	75	149	66
	30	33			34	36	39	42	46	51	59	70	83	94	188	84
	35		!!!! REPETITIVE DIVE NOT AVALABLE !!!													
	40		!!!! REPETITIVE DIVE NOT AVALABLE !!!													
반복 250 ft 75 m	10	13							15	16	19	22	26	30	49	21
	15	18					20	21	22	24	28	33	40	45	79	36
	20	23				25	26	27	29	32	38	45	54	62	118	53
	25	28			29	31	33	35	38	43	50	59	71	81	159	72
	30	33		34	35	38	40	43	47	52	61	73	87	100	203	91
	35		!!!! REPETITIVE DIVE NOT AVALABLE !!!													
	40		!!!! REPETITIVE DIVE NOT AVALABLE !!!													
반복 260 ft 78 m	10	13							15	18	20	23	28	32	52	23
	15	18					20	21	23	26	29	35	42	48	85	39
	20	23				25	26	28	30	34	39	47	57	65	126	58
	25	28			31	33	35	37	40	46	53	63	75	86	169	77
	30		!!!! REPETITIVE DIVE NOT AVALABLE !!!													
	35		!!!! REPETITIVE DIVE NOT AVALABLE !!!													
반복 270 ft 81 m	10	13						15	17	18	20	23	29	32	54	25
	15	18					20	22	25	27	31	37	45	50	89	42
	20	23			25	26	27	29	33	37	42	50	61	68	135	64
	25	28		30	32	34	36	39	44	49	56	67	81	92	182	84
	30	33		34	37	39	41	44	48	55	63	76	91	105	216	99
	35		!!!! REPETITIVE DIVE NOT AVALABLE !!!													

TRIMIX RUNTIME TABLES

트라이믹스 런타임

다이빙 감압 테이블 / 바닥믹스 : 14% O_2 와 50% HE

TRIMIX RUNTIME TABLES

수심	BT	정지	트라이믹스					EAN 36%							EAN 75%			CNS
		170 ft	150 ft	140 ft	130 ft	120 ft	110 ft	100 ft	90 ft	80 ft	70 ft	60 ft	50 ft	40 ft	30 ft	20 ft	15 ft	
		51 m	45m	42 m	39 m	36 m	33 m	30 m	27 m	24 m	21 m	18 m	15 m	12 m	9 m	6 m	4.5 m	
230 ft 69 m	10	12									15	16	18	21	24	27	41	15
	15	17							19	21	22	23	26	31	36	40	61	25
	20	22						24	25	27	29	32	36	43	50	55	86	36
	25	27					29	30	31	34	37	41	46	55	65	71	114	47
	30	32					35	37	39	43	47	52	59	70	81	90	146	60
	35	37				39	41	43	46	50	54	60	68	81	95	105	177	74
	40	42				45	49	52	55	60	65	71	81	95	112	124	208	87
240 ft 72 m	10	12								15	16	17	19	21	25	28	44	16
	15	17							20	21	22	24	28	33	39	43	67	27
	20	22						24	26	28	30	33	39	45	53	59	93	38
	25	27					30	32	35	37	40	44	51	59	69	75	122	50
	30	32				34	36	38	41	44	48	53	61	72	84	93	156	65
	35	37				40	43	45	49	52	57	63	73	85	100	112	190	80
	40	42			44	47	51	54	58	62	68	75	86	101	120	133	224	94
250 ft 75 m	10	12								15	16	17	20	23	27	31	47	18
	15	17						20	21	22	23	25	29	34	40	45	69	29
	20	22					24	26	27	29	32	36	42	49	57	64	100	42
	25	27				29	31	33	35	37	41	45	52	60	71	79	129	56
	30	32				35	38	41	44	47	51	57	65	77	90	100	168	71
	35	37			39	41	45	49	52	56	61	67	78	91	108	121	203	87
260 ft 78 m	10	13								15	16	18	20	23	27	31	48	19
	15	18						20	21	22	23	26	29	34	41	46	72	31
	20	23					25	26	27	29	32	37	42	50	59	66	105	44
	25	28				29	33	35	37	40	44	49	56	65	76	85	140	59
	30	33			34	36	40	42	45	48	52	59	67	79	93	105	178	77
	35	38		39	40	43	48	51	54	58	64	72	82	96	114	128	216	92
270 ft 81 m	10	13							15	16	18	19	21	24	30	33	51	21
	15	18						20	21	22	25	28	32	37	45	49	77	33
	20	23				25	27	28	30	32	36	40	45	53	64	70	112	48
	25	28			29	32	34	36	38	41	46	51	58	68	81	90	150	65
	30	33		34	35	38	42	44	47	50	56	62	71	83	100	112	190	83
280 ft 84 m	10	13							15	16	18	19	21	25	31	34	52	23
	15	18					20	21	22	23	26	29	33	39	47	52	82	36
	20	23				25	27	28	30	32	36	40	46	54	65	71	116	52
	25	28			30	32	35	37	39	42	47	53	60	71	85	94	160	70
	30	33		34	37	40	44	47	50	54	60	66	76	89	107	119	202	89
290 ft 87 m	10	13							15	17	18	20	22	27	32	35	54	24
	15	18					20	21	22	25	27	30	35	42	50	55	87	39
	20	23			25	26	28	29	31	34	38	42	48	57	68	75	124	56
	25	28		30	31	33	36	38	41	45	49	55	63	76	90	100	171	76
	30	33	34	36	38	41	45	48	51	56	62	69	79	95	113	126	214	95
300 ft 90 m	10	13						15	17	18	19	20	24	28	33	37	58	26
	15	18				20	21	22	24	26	29	32	38	45	53	59	94	41
	20	23			25	27	29	31	34	37	41	45	53	62	73	81	135	60
	25	28		30	32	34	38	40	44	47	52	58	68	80	95	106	182	81
310 ft 93 m	10	13						16	17	18	19	21	25	30	35	40	61	28
	15	18				20	22	24	25	27	30	34	40	47	55	62	99	45
	20	23		25	26	28	30	33	35	38	42	47	55	65	76	86	144	65
	25	28	30	31	33	36	40	44	47	50	55	61	71	83	99	112	192	87

TRIMIX RUNTIME TABLES

트라이믹스 런타임

반복 다이빙 감압 테이블 / 240분 S.I.
바닥 믹스 : 14% O_2 와 50% HE

수심	BT	정지	트라이믹스					EAN 36%							EAN 75%			CNS
		170 ft	150 ft	140 ft	130 ft	120 ft	110 ft	100 ft	90 ft	80 ft	70 ft	60 ft	50 ft	40 ft	30 ft	20 ft	15 ft	
		51 m	45m	42 m	39 m	36 m	33 m	30 m	27 m	24 m	21 m	18 m	15 m	12 m	9 m	6 m	4.5 m	
반복 230 ft 69 m	10	12									15	16	18	22	26	29	48	18
	15	17							19	21	22	24	27	33	39	43	76	31
	20	22						24	25	27	29	32	37	45	54	60	115	47
	25	27					29	30	31	34	37	41	47	56	67	76	151	63
	30	32					35	37	39	43	47	52	59	71	85	96	195	81
	35						!!!! REPETITIVE DIVE NOT AVALABLE !!!											
	40						!!!! REPETITIVE DIVE NOT AVALABLE !!!											
반복 240 ft 72 m	10	12								15	16	17	19	22	27	30	51	19
	15	17							20	21	23	25	29	34	41	46	83	34
	20	22						24	26	28	30	33	39	46	55	61	122	51
	25	27					30	32	35	37	40	44	51	60	72	81	163	68
	30	32				34	36	38	41	44	48	53	61	73	88	100	209	88
	35						!!!! REPETITIVE DIVE NOT AVALABLE !!!											
	40	42					!!!! REPETITIVE DIVE NOT AVALABLE !!!											
반복 250 ft 75 m	10	12								15	16	17	20	23	28	32	53	21
	15	17						20	21	22	23	25	30	35	42	48	87	37
	20	22					24	26	27	29	32	36	42	50	60	68	133	56
	25	27				29	31	33	35	37	41	45	53	63	76	87	176	75
	30	32				35	38	41	44	47	51	57	66	78	95	109	227	97
	35						!!!! REPETITIVE DIVE NOT AVALABLE !!!											
반복 260 ft 78 m	10	13								15	16	19	21	25	30	35	58	22
	15	18						20	21	22	23	27	31	37	44	51	93	40
	20	23					25	26	27	29	32	37	42	50	60	69	139	60
	25	28				29	33	35	37	40	44	50	57	68	82	94	192	81
	30						!!!! REPETITIVE DIVE NOT AVALABLE !!!											
	35						!!!! REPETITIVE DIVE NOT AVALABLE !!!											
반복 270 ft 81 m	10	13							15	16	18	19	21	25	31	35	60	26
	15	18						20	21	22	25	28	32	38	47	53	100	43
	20	23				25	27	28	30	32	36	40	46	54	66	75	150	65
	25	28			29	32	34	36	38	41	46	51	58	70	85	97	203	88
	30						!!!! REPETITIVE DIVE NOT AVALABLE !!!											
반복 280 ft 84 m	10	13							15	16	18	20	23	27	34	38	65	28
	15	18					20	21	22	23	26	29	34	41	50	56	109	48
	20	23				25	27	28	30	32	36	40	46	55	68	77	158	70
	25	28			30	32	35	37	39	42	47	53	61	73	90	103	217	95
	30						!!!! REPETITIVE DIVE NOT AVALABLE !!!											
반복 290 ft 87 m	10	13							15	17	18	20	23	29	35	39	68	29
	15	18					20	21	22	25	27	30	35	43	52	58	116	51
	20	23			25	26	28	29	31	34	38	42	49	60	73	83	171	75
	25						!!!! REPETITIVE DIVE NOT AVALABLE !!!											
	30						!!!! REPETITIVE DIVE NOT AVALABLE !!!											
반복 300 ft 90 m	10	13						15	17	18	19	20	24	29	35	39	72	32
	15	18				20	21	22	24	26	29	33	39	47	57	64	128	56
	20	23			25	27	29	31	34	37	41	46	54	65	78	89	185	81
	25						!!!! REPETITIVE DIVE NOT AVALABLE !!!											
반복 310 ft 93 m	10	13						16	17	18	19	21	25	30	37	42	76	35
	15	18				20	22	24	25	27	30	34	40	48	58	66	134	60
	20	23		25	26	28	30	33	35	38	42	47	55	67	81	94	197	88
	25						!!!! REPETITIVE DIVE NOT AVALABLE !!!											

트라이믹스 14/50 런타임 감압테이블

		14/50 트라이믹스															50 EAN					산소		
피트		220	210	22	190	180	170	160	150	140	130	120	110	100	90	80	70	60	50	40	30	20	15	CNS
미터		66	63	60	57	54	21	48	45	42	39	36	33	30	27	24	21	18	15	12	9	6	4.5	%
200 ft 60 m	10													14	15	16	17	18	19	20	22	24	29	15
	15											18	19	20	21	22	24	25	27	29	32	34	44	22
	20										23	24	25	26	28	30	32	34	36	39	44	47	61	31
	25										28	29	30	32	34	38	40	42	45	50	56	60	78	39
	30										33	34	36	38	41	45	47	50	54	59	67	71	93	46
	35										38	40	42	45	48	53	56	59	63	70	79	84	110	55
	40										43	45	47	50	54	60	63	67	72	79	90	95	125	62
210 ft 63 m	10												14	15	16	17	18	19	20	21	24	25	32	15
	15										18	19	20	21	22	24	25	27	29	31	35	37	48	23
	20									23	24	25	26	27	29	32	34	36	39	42	48	51	66	33
	25									28	29	30	31	34	36	40	42	45	48	53	60	63	83	41
	30									33	34	35	37	40	43	47	50	53	57	63	71	76	99	52
	35									38	39	41	43	47	50	55	58	62	67	73	83	89	117	61
	40									43	45	46	50	53	58	63	67	71	76	84	95	102	134	71
220 ft 66 m	10											14	15	16	17	18	19	20	21	23	26	27	35	16
	15									18	19	20	21	22	24	26	27	29	31	34	38	41	52	27
	20								23	24	25	26	27	29	31	34	36	38	41	45	51	54	70	35
	25								28	29	30	31	33	35	38	42	44	47	51	56	63	67	88	45
	30								33	34	35	37	39	42	46	50	53	56	60	67	76	81	106	55
	35								38	39	41	43	46	49	53	59	62	66	71	78	90	95	126	64
	40								43	44	46	49	52	56	61	67	71	75	81	90	102	109	144	76
230 ft 69 m	10										14	15	16	17	18	19	20	21	23	25	28	30	37	19
	15								18	19	20	21	22	23	25	27	29	31	33	36	41	43	56	28
	20							23	24	25	26	27	28	30	33	36	38	41	44	48	55	58	76	39
	25							28	29	30	31	33	35	37	41	44	47	50	54	59	67	72	94	51
	30							33	34	35	36	38	41	44	48	53	56	60	64	71	81	86	113	59
	35							38	39	40	42	44	47	51	56	61	65	69	74	82	93	100	131	71
	40							43	44	46	48	51	54	59	64	71	75	80	86	95	109	116	153	81
240 ft 72 m	10										14	15	16	17	18	19	31	33	35	38	44	46	60	20
	15							18	19	20	21	22	23	24	26	29	31	33	35	38	44	46	60	30
	20							23	24	25	26	27	29	31	34	37	39	42	45	50	56	60	78	42
	25						28	29	30	31	32	34	36	39	43	47	50	53	57	63	72	77	100	53
	30						33	34	35	36	38	40	43	46	51	56	59	63	68	75	86	91	120	62
	35						38	39	40	42	44	47	50	54	59	65	69	73	79	88	100	107	141	76
	40						43	44	45	47	50	53	56	61	67	74	78	83	90	100	114	121	160	84
250 ft 75 m	10									14	15	16	17	18	19	20	22	23	24	27	30	32	40	21
	15								19	20	21	22	23	25	27	29	31	33	36	39	44	47	61	33
	20						23	24	25	26	27	28	31	33	36	40	42	45	49	53	61	64	85	43
	25					28	29	30	31	32	34	36	38	42	45	50	53	57	61	68	77	82	108	58
	30					33	34	35	36	38	40	42	45	49	54	59	63	67	72	80	91	97	128	69
	35					38	39	40	41	43	46	49	52	57	62	69	73	78	84	93	106	113	150	80
	40					43	44	45	47	49	52	55	59	64	71	78	83	88	95	105	121	129	170	91
260 ft 78 m	10								14	15	16	17	18	19	20	22	23	25	27	29	32	34	44	23
	15							19	20	21	22	23	24	26	28	31	33	35	38	42	47	50	65	35
	20					23	24	25	26	27	28	30	32	35	38	42	45	47	51	56	64	68	90	48
	25				28	29	30	31	32	33	35	37	40	43	47	53	56	60	65	71	82	87	115	61
	30				33	34	35	36	37	39	41	44	47	51	56	62	66	70	76	84	96	103	135	74
	35				00	30	10	41	43	45	48	51	55	60	65	73	77	82	89	99	113	120	159	85
	40				43	44	45	46	48	51	54	57	62	67	74	82	87	92	101	111	127	136	180	99
270 ft 81 m	10									15	10	17	18	10	30	22	24	25	27	29	33	35	45	24
	15						19	20	21	22	23	24	26	28	30	33	35	38	40	45	50	54	70	39
	20				23	24	25	26	27	28	29	31	34	37	40	44	47	50	54	60	68	73	95	52
	25				28	29	30	31	32	34	36	38	41	45	49	54	58	61	66	73	84	89	117	63
	30			33	34	35	36	37	39	41	43	46	50	54	59	66	70	75	81	90	102	109	144	79
	35			38	39	40	41	42	44	47	50	53	57	62	69	76	81	86	93	103	118	126	167	92
280 ft 84 m	10								15	16	17	18	19	20	21	23	25	28	20	01	05	37	47	25
	15					19	20	21	22	23	24	25	27	29	32	35	37	40	43	47	54	57	74	39
	20			23	24	25	20	27	20	20	31	33	35	39	42	47	50	53	57	64	72	77	101	55
	25			28	29	30	31	32	33	35	37	40	43	47	52	57	61	64	70	77	88	94	124	69
	30		00	04	05	36	37	38	40	42	45	48	52	57	62	70	74	79	86	95	109	116	153	83
	35		38	39	40	41	42	44	46	49	52	56	60	65	72	80	85	90	99	109	125	134	177	99
290 ft 87m	10							15	16	17	18	19	20	21	23	25	27	28	30	33	37	40	51	28
	15				19	20	21	22	23	24	25	26	28	31	34	37	39	42	45	50	57	60	79	42
	20		23	24	25	26	27	28	29	30	32	34	37	40	44	49	52	56	60	67	76	81	107	59
	25		28	29	30	31	32	33	35	37	39	42	45	49	54	60	64	68	74	82	93	100	131	74
	30		33	34	35	36	37	39	41	43	46	49	53	58	64	72	76	81	88	97	112	119	157	86
300 ft 90 m	10						15	16	17	18	19	20	21	22	24	26	28	30	32	35	39	42	53	30
	15			19	20	21	22	23	24	25	26	28	30	32	36	39	42	44	48	53	60	64	84	47
	20			24	25	26	27	28	29	31	33	35	38	41	45	51	54	57	62	69	79	84	110	60
	25	28	29	30	31	32	33	34	36	38	41	44	47	52	57	64	68	72	78	87	99	106	140	79
	30	33	34	35	36	37	38	40	42	45	48	51	56	61	67	75	80	85	92	102	117	125	165	93

하강속도 60fpm. 상승속도 30fpm. 바닥시간은 상승시간이 포함되었음. 정지시간은 정지 사이 이동시간이 포함되었음. 해수면수심에서 1000ft까지 적용.

위의 테이블은 VPM-B를 기반으로 작성되었고 V-planner 소프트웨어를 사용해 계산되었다.

△ 경고: 앞의 모든 테이블들은 공기가 아닌 혼합기체 사용에 대해 모두 교육을 받고 자격증이 있거나, 공기가 아닌 혼합기체 감독관의 관리하에 사용하기 전에는 사용하지 말아야 한다. 테이블들의 적절한 사용은 감압병과 산소중독의 위험을 감소시키지만, 테이블이나 컴퓨터는 이러한 위험들을 완전히 제거 할 수 없다.

Technical Diver 백과사전

발 행 일	2014년 4월 06일 1판 발행
역 　 자	지혜미
발 행 인	김정찬
발 행 처	도서출판 정담
주 　 소	서울특별시 송파구 가락동 13-10번지 2층
전 　 화	02-443-2683, 2791
팩 　 스	02-430-7370
홈페이지	www.jdb.co.kr
등 　 록	세 22-135호
정 　 가	47,000원

ISBN 978-89-8085-501-8